货币双轨制、政府治理和金融稳定

伍志文 著

经济科学出版社

图书在版编目（CIP）数据

货币双轨制、政府治理和金融稳定／伍志文著.—北京：经济科学出版社，2007.10
ISBN 978-7-5058-6620-1

Ⅰ.货… Ⅱ.伍… Ⅲ.金融－研究－中国 Ⅳ.F832

中国版本图书馆 CIP 数据核字（2007）第 148238 号

内容摘要

20世纪80年代以来，世界范围内不断爆发的金融危机说明，资本主义的货币金融体系存在诸多弱点，货币金融体系的失序与不和谐成为资本主义面临的新挑战。尤其是1997年爆发的东南亚金融危机，对传统危机理论提出了严峻的挑战。如何解释1997年东南亚奇迹和东南亚危机并存的怪现象，破解"新型金融危机之谜"，如何有效地治理金融危机这一顽症，成为各国政府面临的重大问题。

本书以转型时期中国的金融不稳定作为重点研究对象，把中国的金融不稳定放在20世纪80年代以来国际金融不稳定的大背景下进行研究，通过国内外的比较研究，寻找影响金融不稳定的共性和特殊性因素，重点对金融不稳定的源头、成因及其诊断评估进行分析。关于金融稳定的研究，至今缺乏一个科学的理论分析框架。传统的宏观模型，尤其是新古典经济学的宏观理论，对货币金融因素的忽视，导致它们对金融危机的解释缺乏说服力。本书批判了金融的天生自然和谐观，对传统的货币、经济和金融的关系进行了反思。在批判吸收传统的宏观经济理论和货币理论的基础上，尝试建立了一个广义货币存量—流量一致的二元结构模型（GSFC模型），作为分析金融不稳定的理论框架。

本书认为，货币经济天生就是不和谐的，具有内在的不稳定缺陷，金融不稳定是货币经济的特质，深深根植于内生的货币当中，围绕货币展开的利益冲突是金融不稳定的总根源。经济—金融关系的大转型，导致货币运行发生了显著的变化，货币双轨制运行的特征越来越明显，本书把金融不稳定放在经济—金融转型及其带来的货币双轨制运行的大背景下进行研究。

本书总体思路和研究框架是：金融不稳定导源于利益关系不和谐，表现为货币循环过程中的货币分布结构失衡。造成货币分布结构失衡的关键在于政府治理缺损。金融不稳定实质上是政府管理风险的失败。政府采用传统的方式管理风险，应对危机，政府治理转型跟不上变化了的经济金融环境。虚拟经济部门的发展壮大，改变了传统的货币运行格局，在新的变化了的货币双轨制运行格局下，必须转变政府管理货币金融的方式，加强对货币虚拟化过程中的风险管理，加快政府治理的转型，建立一个强化市场型政府，促进政府和市场的和谐共处。

本书的主要内容如下：

第一，对金融不稳定内涵的重新理解和界定。本书认为金融不稳定归结到底是货币经济条件下利益冲突显化的结果，反映了利益关系的不和谐。通过对金融不稳定的相关文献的梳理，可以发现两条研究金融不稳定的路线：一条是马克思—凯恩斯—明斯基路线，强调市场的内在缺陷与不和谐，强调政府（治理）在金融稳定中的重要性，更多关注金融不稳定的非技术性因素。另一条是遵从斯密传统的主流的新古典经济学分析路线，坚持市场的完美无缺，将金融不稳定归结为外部冲击，而不是寻找金融不稳定的源头，强调技术因素的重要性。本书遵循的是马克思传统，强调利益和制度因素的重要性，而不是信息和技术因素。正是从这个角度，将本书标题定为金融稳定的政治经济学分析。在文献整理过程中可以清晰地发现，两条路线具有越来越明显的融合趋势。一是金融不稳定的金融观点具有融会贯通的趋势。对金融因素的重视，使得新古典的分析越来越接近"金融凯恩斯主义"。二是源于两条不同路线的治理观点也开始走到一起。主流的新古典经济学强调信息在治理中的重要性，而马克思—明斯基强调政府和制度设计在治理中的重要性。在诸多解释金融不稳定的观点中，金融观点和治理观点得到越来越多的重视。

第二，货币分析范式和利益分析范式的结合。本书将金融不稳定放在经济—金融关系大转型的背景下进行研究，提出了一个广义货币存量—流量一致的二元结构模型，作为分析金融稳定的基础模型。我们利用货币收支表、资产负债表和现金流量表对马克思所说的复杂的社会利益关系进行了具体的刻画和项目分解。本书认为过度利益冲突不利于金融稳定，这种利益冲突在不同的层面展开并表现出来，主要有组织（包括个人）之间和组织内部的利益冲突，市场之间和市场内部的利益冲突，国家之间和国家内部不同阶层或者集团的冲突。本书主要从这三个层次来分析金融不稳定的利益冲突来源及其表现，这些利益冲突都将通过货币表现出来，货币是衡量利益冲突的最好形式和载体。通过从宏观层面分解和监测现金流量表、资产负债表和货币收支表的变化情况，可以寻找金融不稳定的利益冲突之源。透过货币现象去发现背后的深刻的利益关系及其冲突，是解决和洞悉金融不稳定的关键所在。

第三，在 GSFC 模型的基础上，提出了一个政府 G—市场 S—组织 C 的 GSCP 假说来解释金融不稳定。本书认为金融不稳定是利益冲突程度和治理水平的函数。利益冲突和组织行为异化是金融不稳定的微观基础和总根源。货币双轨制运行使得金融危机的发生成为可能，货币双轨制的异化是造成金融不稳定的直接原因。政府治理缺损是金融不稳定演变为金融危机的关键，是导致金融不稳定成为必然的决定性因素。我们利用国际数据对政府治理缺损和货币双轨制异化假说进行检验。通过对金融不稳定的实体观点、金融观点、治理观点的实证检验和比较分析，较好地支持了政府治理缺损和货币双轨制异化假说。

第四，本书结合中国的实际情况，将动态的 GSFC 模型修正为一个静态的广义货币数量论模型，并用之来解释转型时期令人关注的"中国之谜"和"中国悖论"。通过引入以资本市场为代表的虚拟经济部门将传统的仅仅局限于实体经济部门的货币数量论拓展为包括资本市场、商品市场和货币市场的广义货币数量论模型，在新的模型框架下分析了"货币供应量与物价反常变动"以及"通货紧缩与资产膨胀并存"的两大金融怪现象。本书认为两大谜团是虚拟经济和实体经济发展相背离的结果，反映了中国目前存在的货币分布结构严重失衡问题。

第五，开发出了多个连续的金融稳定指数来监测中国的宏观金融风险状况。利用主体分解法和市场分解法等四种方案对中国金融稳定状况进行了判断，并对金融稳定状况进行了国际比较。本书总的结论是目前中国金融体系处于比较脆弱状态，金融稳健性程度有待提高。

第六，中国金融不稳定的成因及其治理。在梳理国内外关于中国金融不稳定的不同理论观点的基础上，对影响中国的金融不稳定因素进行了检验。结合中国的国情，对 GSCP 分析框架进行适当的修正并用来分析我国的金融不稳定，在此基础上，提出了一个中国式的货币双轨制异化假说来解释金融不稳定，然后利用中国的数据对假说进行了检验，实证分析结果较好的支持了我们的判断。

第七，本书提出以利益共容观为指导，建立一个强化和服务市场型政府，实施以政府治理为核心的综合治理战略，维护金融稳定的政策建议。

本书把金融不稳定放在货币双轨制运行的大背景下进行研究，强调政府治理对于金融稳定的重要性，构建了一个广义的货币流量—存量一致的二元结构模型，作为分析 20 世纪 80 年代以来金融不稳定的理论框架。本书的贡献与理论创新主要有以下几点：

1. 将货币分析范式和利益分析范式结合起来，将金融不稳定放在经济—金融关系大转型的背景下进行研究，提出了一个广义货币存量—流量一致的结构主义模型，作为分析金融稳定的基础模型。

2. 提出了一个货币双轨制异化假说来解释金融不稳定，并利用国际数据和中国数据进行检验，实证分析结果较好地支持了货币双轨制异化假说。实证分析发现，实体经济和金融部门关系的异化不利于金融稳定。

3. 广义货币数量论模型的提出。我们通过引入以资本市场为代表的虚拟经济部门将传统的仅仅局限于实体经济部门的货币数量论拓展为包括资本市场、商品市场和货币市场的广义货币数量论模型，并利用新的模型分析了"中国之谜"和"中国悖论"。

4. 连续金融稳定指数的开发。利用中国的数据，采用四种方法开发出多个连续的金融稳定指数。与传统的离散指数的比较，我们开发的金融稳定指数具有以下几个优点：（1）有助于更好地确定干预时机。（2）为寻求最优金融稳定水平提供了基础。（3）为寻找金融不稳定的原因提供了条件。（4）便于观察和操作，为政府部门实施有效监控、制定相关的政策提供了动态依据。（5）具有坚实的理论模型基础。

关键词：货币双轨制　政府治理　金融稳定

Abstract

Since the 1980s, the continually happened financial crises in the worldwide show that there are a lot of flaws in the Monetary and Financial System. The financial crisis of South-east Asia in 1997 challenged traditional financial crises theories especially. How to explain the strange phenomenon that South-east Asia miracle and South-east Asia financial crisis coexisted, how to solve "the puzzle of the new type of financial crises", how to deal with financial crises effectively, have become one of the most important problems that all the governments are confronted with.

This dissertation focuses on the financial instability in China, and makes a domestic and international comparative ananlyses on the root, causes and appraisal of financial instability since the 1980s. There is lack of a formal and good analysis framework of financial instability at present. Traditional Macro-economics models, especially the Neoclassic Macro-economics theories, have little use in explaining financial crises, due to their ignorance of currency and financial factors. This paper criticizes the standpoint that finance is harmonious by nature, and then rethinks the relationship between money, economy and finance. Based on traditional Macro-economics Theories and Monetary Theories neutrally, We develops a GSFC model as the framework of financial instability analysis.

Our viewpoint is that monetary economy is disharmonious by nature. Financial instability is one of the tributes of monetary economy and is originated from endogenous money. Financial instability mainly results from conflicts of interest concerning money. The big transformation of the relationship between economy and finance has lead to remarkable changes in the operation of currency. Tributes of double-track operation of currency are becoming more and more obvious, So we study financial instability under such a new background.

Our general thoughts are as follows: Financial instability is disharmonious interest relationship per se, reflects the unbalance of economy and finance structure in currency circulation. The distribution structure of money is unbalanced because of the absence of good government's governance. We should establish a government which aims to strengthen market function in order to improve the compatibility of interests between government and market.

The main contents of this dissertaiton are as follows:

First, This dissertation redefines financial instability in a new way. Our view is that financial instability comes from conflicts of interest in monetary economy. Through a review of relative literaturets about financial instability, we find there are two lines in researching financial instability: One is Marx-Keynes-Minsky group. They emphasize on market's inherent flaw and disharmony, emphasizes on the importance of government governance in financial stability, and pays more attention to some non-technical factors of financial instability. Another emphasizes on the importance of technical factors, and attributes financial instability to exterior shocks by following Adam Smith's traditional analysis. We emphasize that interest and institution are important in explaining new financial crises by following Marx analyses. By reading relerant literature, we clearly find that the two methods of analysis are increasingly becoming combined with each other. On one hand, The financial standpoints of financial instability are coming together. Neoclassical analysis is approaching to "Finance Keynesnism" by taking finance into account. On the other hand, different viewpoints of governance stemmed from the two methods are staying together. Neoclassical economics emphasizes that information is important in governance. Many researchers of financial instability are paying more and more attention to the currency & finance liewpoint and governance liew.

Second, this paper takes an analyses of financial instability under the background of transformation of economy-finance relationship by combining currency analysis paradign with interest analysis paradign, and then brings forward a General Currency Stock-Flow Coherent Dualistic Analysis Framework (GSFC), using it as the basic model for financial stability. Our viewpoint is that excessive conflicts of interest is the root of capitalist economy's financial instability. This paper mainly makes an analyses on the sources and exhibition of interest conflicts which lead to financial instability from three angles. We argue that money is the best way of refleeting interest conflicts. Looking through the phenomena of money to find out the interest relationship behind it is critical for woto understand and deal with financial instability.

Third, based on the GSFC model, we put forward a G (Government)-S (Structure)-C (Conduct) hypothesis (GSCP) to explain financial instability. We take financial instability as a function of the extent of interest conflicts and governance. We regard interest conflicts and dissimilation of organization behaviors as the micro-fourdation of financial instability. Dissimilation of Currency Double-Track cycle is the direct cause of financial instability. The absence of government governance is the key of making financial instability to become a financial crisis. Our empirical findings supports our hypothesis of government governance absence and dissimilation of Currency Double-Track circulation preferably.

Fourth, we modify dynamic GSFC model to a static General Quantity Theory of Money, and then use it to explain the attractive "Puzzle of China" and "Paradox of China" during the big transformation. Our conclusion is that these two strange phenomena is the result of deviation of the virtual economy and the real economy, which reflcects the problem of serious unbalance of money distribution structure at present.

Fifth, we develop several continuous indexes to monitor macro financial risks of China by using Player-Decomposed Method and Market-Decomposed Method. Our conclusion is that the finance system of China now is very fragile and we have to improve the level of financial stability.

Sixth, We probe into the causes and governance of financial instability of China based on the survey of different standpoints concerning financial instability of China. we make some relevant modifications of GSCP model to analyze the financial instability of China, and bring out the hypothesis of dissimilation of monetary cycle and financial cycle in China to explain financial instability, then use statistics data of China to test the hypothesis. The result supports our hypothesis preferably.

At last, we suggest is that we should establish a government that service and strengthen the market function under the guideline of share of interests in order to maintain financial stability.

This paper makes an analyses of financial instability under the background of the currency double-track circulation and emphasizes the importance of government governance, then constructs a General Currency Stock-Flow Coherent dualistic analysis framework as a new model to explain financial instabilities since 1980s. Our main contribution and innovations are as follows:

First, by combining currency analysis paradign with interest analysis paradign, our paper brings forward a General Currency Stock-Flow Coherent Dualistic Analysis Framework (GSFC model) using it as the basic model for analyzing financial stability.

Second, we put forth a hypothesis of abnormal Currency Double-Track circulation to explain financial instability, and then make use of international and domestic statistics data to test it. Our empirical analysis supports the hypothesis preferably, and shows that the abnormal relationship between the real economy and financial sector has an adverse impact on financial stability.

The third, this book develops a General Quantity Theory of Money which includes capital market, goods market and currency market through introducing the virtual economy sector, then uses it to explain "Puzzle of China" and "Paradox of China".

The fourth is the development of continuous financial stability indexes. By using Chinese statistics data, we develop sereval continuous indexes to measure financial stability in four different ways. Compared with traditional discrete indexes, our indexes have some advantages: First is that it is more convenient for us to ascertain the timing of interruption. The second is that it is more useful for us to find the best level of financial stability. The third is that it helps us to probe into causes of financial instability. The fourth is that it is convenient for government to supervise and deal with financial stability. And the last is that it is reliable due to coming from the GSFC model.

Key words: *Currency Double-track Circulation   Government Governance   Financial Stability*

目 录

第一章　导论 1
第一节　选题的背景、源起及其意义 1
第二节　基本概念及其比较 5
第三节　结构安排与内容简介 13
第四节　主要贡献与理论创新 18
第五节　研究方法 20

第二章　金融稳定：理论文献综述 22
第一节　金融稳定的界定 22
第二节　金融不稳定：不同理论观点述评 29
第三节　小结 66

第三章　金融稳定：二元结构的存量—流量分析框架（GSFC）
　　　　——基于实体经济和虚拟经济的两分法思考 70
第一节　金融稳定的二元结构分析框架提出的背景 70
第二节　金融稳定：基于广义货币存量—流量模型的分析
　　　　——基于实体经济和虚拟经济的两分法思考 85
第三节　金融不稳定的生成机理及其决定因素 106
第四节　小结 134

第四章　金融脆弱性的成因：跨国比较研究 137
第一节　引言 137
第二节　经济基本面和金融稳定：国际经验证据 138
第三节　虚拟经济和金融稳定：国际经验证据 150

第四节 三级治理缺损假说的提出及其检验 158
  第五节 三大观点的再检验及其比较 191
  第六节 货币双轨制异化假说的提出及其检验 193
  第七节 小结 196

第五章 广义货币存量—流量模型（GSFC）的修正及其应用
——兼论中国的货币稳定、物价稳定和金融稳定 198
  第一节 中国的金融稳定问题浮出水面
  　　　——中国宏观经济金融运行中的怪现象及其解读 198
  第二节 物价稳定和货币稳定的冲突及其例证
  　　　——"中国之谜"及其解释 200
  第三节 货币供应量与物价反常规关系的深层原因探讨
  　　　——基于不确定性理论的分析 232
  第四节 物价稳定与金融稳定的冲突及其典型案例 247
  第五节 小结 274

第六章 中国金融稳定的综合判断 275
  第一节 金融不稳定的测度：文献述评 275
  第二节 关于中国金融稳定程度的不同判断 301
  第三节 中国金融稳定的综合判断方案（1）
  　　　——主体分解法 304
  第四节 金融脆弱性的量化分析及其国际比较 311
  第五节 中国金融稳定的判断方案（2）
  　　　——市场分解法 323
  第六节 中国金融稳定的判断方案（3）
  　　　——混合方法 334
  第七节 中国金融稳定的判断方案（4）
  　　　——辅助性的国内国际证据 341

第七章 中国金融不稳定的成因及其治理 348
  第一节 不同理论观点述评 348
  第二节 影响中国金融稳定因素的实证检验 359

第三节　转型时期中国的金融稳定：基于中国式GSCP假说
　　　　分析 …………………………………………………………… 365
第四节　对"中国式"货币双轨制异化假说的再检验 ……………… 386
第五节　中国金融不稳定的综合治理 ………………………………… 392
第六节　小结 …………………………………………………………… 399

第八章　结论 …………………………………………………………… 400

参考文献 ………………………………………………………………… 405
附录 ……………………………………………………………………… 418
后记 ……………………………………………………………………… 437

图表目录

图 1-1　货币双轨制、政府治理和金融稳定的关系 ………………… 12
图 2-1　不同流派对货币金融不稳定的解释 ……………………………… 67
图 2-2　金融危机理论的发展演变 ………………………………………… 67
图 3-1　日本经济增长率和日经变化率趋势 …………………………… 73
图 3-2　日本经济增长率和日经变化率趋势 …………………………… 73
图 3-3　日本国内生产总值和日经指数变化 …………………………… 74
图 3-4　日本经济增长率和日经指数变化率 …………………………… 74
图 3-5　美国名义经济增长率和标普变化率 …………………………… 75
图 3-6　美国名义经济增长率和标普变化率 …………………………… 75
图 3-7　美国名义 GDP 增长率和股指变化率 …………………………… 76
图 3-8　美国名义 GDP 和标普 500 综合股指变化 ……………………… 76
图 3-9　德国 GDP 和股票价格指数变化趋势 …………………………… 77
图 3-10　日本 GDP 和日经 225 指数变化趋势 ………………………… 77
图 3-11　加拿大 GDP 和股票价格指数变化趋势 ……………………… 78
图 3-12　英国 GDP 和股票价格指数变化趋势 ………………………… 78
图 3-13　美国 GDP 和纽约股票价格指数变化趋势 …………………… 79
图 3-14　上海综合股指和工业增加值变化趋势 ……………………… 79
图 3-15　实体经济和虚拟经济条件下的货币金融循环（平面图）…… 95
图 3-16　实体经济和虚拟经济条件下的货币循环（立体图）………… 104
图 3-17　实体经济部门的货币循环过程 ………………………………… 108
图 3-18　虚拟经济部门的金融循环过程 ………………………………… 111
图 3-19　现代经济下的货币双轨运行及其功能转换 ………………… 113
图 3-20　金融稳定的 GSCP 假说 ………………………………………… 116
图 4-1　81 个国家 1984~2000 年的平均储蓄率比较 ………………… 148
图 4-2　不良贷款率与技术选择指数的散点图 ………………………… 178
图 4-3　18 个国家 1982~2001 年财富结构变动和金融波动的关系 … 194
图 5-1　1978~2000 年中国的 M_2 与 RPI 变动趋势 ……………… 204
图 5-2　1978~2000 年中国的 M_1 与 RPI 变动趋势 ……………… 205

图 5-3　虚拟经济和实体经济条件下的广义货币流程 …………………… 214
图 5-4　表示货币市场 …………………………………………………… 217
图 5-5　表示证券市场 …………………………………………………… 217
图 5-6　表示最终产品市场 ……………………………………………… 217
图 5-7　货币市场 ………………………………………………………… 220
图 5-8　证券市场 ………………………………………………………… 220
图 5-9　最终产品市场 …………………………………………………… 220
图 5-10　1994年1月~2001年12月中国的上证综合指数和CPI
　　　　　指数变化趋势 ……………………………………………… 249
图 5-11　实体经济与虚拟经济部门之间的变动情况 ………………… 255
图 6-1　以银行为核心的资金循环 ……………………………………… 304
图 6-2　1988年1季度~2004年3季度中国金融稳健性指数的演变
　　　　 趋势 ……………………………………………………………… 308
图 6-3　1986~2003年中国银行稳定指数（加权）…………………… 309
图 6-4　5个国家的金融脆弱性指数 …………………………………… 313
图 6-5　15个国家的金融脆弱性指数 ………………………………… 313
图 6-6　19个国家的金融脆弱性指数 ………………………………… 313
图 6-7　21个国家的金融脆弱性演变趋势 …………………………… 313
图 6-8　1967~2004年美国、英国和日本三国金融脆弱性比较 …… 314
图 6-9　1988~2004年五大洲的比较 ………………………………… 319
图 6-10　1967~2004年三大洲的比较 ………………………………… 319
图 6-11　"九五"时期五大地区的金融稳健性指数 ………………… 320
图 6-12　中国金融稳定指数的编制原理 ……………………………… 326
图 6-13　1953~2003年中国宏观经济稳定指数 ……………………… 327
图 6-14　1986~2003年中国债务市场稳定指数 ……………………… 328
图 6-15　1986~2003年中国的国家综合债务率 ……………………… 329
图 6-16　1953~2003年中国银行体系稳定指数 ……………………… 330
图 6-17　1987~2003年中国的房地产市场稳定指数 ………………… 331
图 6-18　1952~2003年中国对外经济部门稳定指数 ………………… 331
图 6-19　1993~2004年中国股市稳定指数 …………………………… 332
图 6-20　1952~2002年的简单平均的金融稳定指数 ………………… 333
图 6-21　1953~2002年的中国金融稳定指数FSI29和FSI5 ………… 333
图 6-22　1991~2000年中国金融脆弱性总体趋势 …………………… 338

图 6-23	1991~2000年中国银行系统脆弱性变化情况	339
图 6-24	1991~2000年中国金融市场脆弱性变化情况	339
图 6-25	1991~2000年中国金融监控子系统脆弱性变化情况	340
图 6-26	1991~2000年中国宏观经济环境脆弱性变化情况	341
图 6-27	1980~2004年中国国有银行的不良贷款率和政府救助成本（不良贷款占GDP比例）	343
图 6-28	2004年59个国家的穆迪金融稳健指数及其比较	346
图 7-1	中国式的GSCP分析框架	366
图 7-2	1980~2002年中国农村货币化和城市货币化程度比较	373
图 7-3	1980~2002年中国农村金融深化水平与全国金融深化水平比较	373
图 7-4	1959~2001年中国城镇人均储蓄存款与农户人均储蓄存款比较及其演变	374
图 7-5	1981~1998年中国城市财富结构与农村财富结构的比较	375
图 7-6	1980~2001年中国非国有贷款比总贷款与非国有工业产值比总产值的比较	376
图 7-7	1952~2004年中国工资占GDP比例比与税收占GDP比例的比较	378
图 7-8	1992~2004年中国工资、税收、利息、利润占GDP的比例及其比较	378
图 7-9	1982~2003年中国的财富结构变动和金融稳定的关系	388

表 3-1	1970~2000年8个国家的财富结构分布及其演变（比GDP）	81
表 3-2	美国居民家庭的财富构成情况分析	81
表 3-3	美国非金融企业部门财富或者资产构成情况构成	82
表 3-4	英国家庭和非盈利企业、非金融企业和政府部门资产构成情况	82
表 3-5	日本家庭、非金融企业和政府部门资产构成情况	82
表 3-6	小农经济（自给自足经济）下的资产负债情况	85
表 3-7	物物交易经济下的资产负债情况	86
表 3-8	货币经济下的资产负债	87
表 3-9	金融经济下的资产负债	88

表3-10	现代经济交易账户的最一般形式（实体交易和金融交易）	93
表3-11	五大主体的货币收入——货币支出分解（9个项目）	94
表3-12	五大主体的资产负债表的分解	101
表3-13	五大主体的资金来源及其去向的分解	102
表3-14	借贷博弈的支付矩阵	129
表4-1	81个国家的经济基本面和金融稳定OLS回归分析结果（CC）	146
表4-2	81个国家的经济基本面和金融稳定Logit模型估计结果（CC）	146
表4-3	81个国家的经济基本面和金融稳定Probit回归分析结果（CC）	147
表4-4	45个国家的经济基本面和金融稳定Probit回归分析结果	147
表4-5	18个国家1982~2001年金融发展、金融结构与金融稳定的面板数据分析	153
表4-6	68个国家金融发展与金融稳定的Probit分析（CC）	153
表4-7	51个国家金融发展与金融稳定的Logit、Probit分析（CC）	153
表4-8	80个国家法律制度和金融稳定的Probit分析结果（CC）	163
表4-9	81个国家法律制度和金融稳定的Logit、Probit分析结果（CC）	163
表4-10	81个国家政府干预、控制和金融稳定Logit分析结果（CC）	168
表4-11	81个国家政府治理和金融稳定的Logit分析结果之一（CC）	172
表4-12	81个国家政府治理和金融稳定的Logit分析结果之二（CC）	173
表4-13	81个国家政府治理和金融稳定的Logit分析结果之三（CC）	173
表4-14	81个国家政府治理和金融稳定的Logit、Probit分析结果（CC）	175
表4-15	82个国家腐败、金融自由化与金融稳定的OLS分析结果	175
表4-16	53个国家政府治理、发展战略和金融稳定的OLS分析	176
表4-17	36个国家透明度、收入分配和金融稳定的OLS分析结果	179

表4-18	45个国家金融监管与金融稳定的OLS分析结果	187
表4-19	36个国家金融监管和金融稳定的Probit分析结果	188
表4-20	66个国家金融监管与金融危机的Logit、Probit分析结果	188
表4-21	82个国家银行治理和金融稳定的OLS分析	190
表4-22	82个国家2000~2004年银行治理和金融稳定的面板数据分析	190
表4-23	53个国家经济基本面、银行行业变量、政府治理和金融稳定的OLS分析（NPLPJ）	192
表4-24	18个国家1982~2001年财富结构变动和金融稳定的面板数据分析	195
表4-25	18个国家1982~2001年金融结构、财富结构和金融稳定的面板数据分析	195
表5-1	通货膨胀与货币供应量变动的因果关系检验	205
表5-2	通货膨胀对货币供应量滞后的回归	205
表5-3	1970~2000年8个国家的金融资产结构分布及其演变（比GDP）	211
表5-4	短期货币供应量变化与物价以及资产价格变化情况	218
表5-5	长期货币供应量增加时物价和资产价格变动可能存在的9种情形	222
表5-6	1979~2000年中国金融资产总量变化情况	224
表5-7	1994年1季度~2001年4季度的相关分析结果	227
表5-8	1978~2000年年度数据的相关分析结果	227
表5-9	1978~2000年非货币金融资产与货币供应量的因果关系检验	228
表5-10	1994年1月~2001年4月季度的股票交易额与货币供应量因果关系检验	228
表5-11	货币供应量与物价反常关系成因的Probit模型估计结果	231
表5-12	实体投资和金融投资收益率对比（%）	238
表5-13	美、日、中三国物价指数和股票价格指数变化	248
表5-14	实体经济与虚拟经济部门均衡之间的几种情形	255
表5-15	一般物价水平和资产价格变动情况对比（1929~1963年）	263
表5-16	货币化、货币虚拟化水平测度	273
表5-17	初级证券化、高级证券化水平测度	273

表6-1	金融危机的事件分析法和统计分析法的优缺点比较	279
表6-2	16个国家衡量金融脆弱性的指标比较及其汇总	280
表6-3	若干国家当局采用的金融脆弱性指标的比较	283
表6-4	各国对于参与金融稳定评估计划的调查反映情况	286
表6-5	国际货币基金组织的研究成果汇总	286
表6-6	关于金融危机的若干最新研究成果所采用的衡量指标	292
表6-7	若干金融危机研究的最新指标汇总	294
表6-8	各种组织和机构制定的货币状况指数和金融状况指数（MCI与FCIs）	297
表6-9	1986~2003年中国银行稳定指数的指标数据	310
表6-10	"九五"时期39个样本国家地区的金融稳健性	315
表6-11	39个国家和34个国家2003年、2004年的金融稳健性指数	316
表6-12	1958年1季度~2004年2季度金融稳健性程度比较	321
表6-13	金融市场子系统若干脆弱性指标及临界值	335
表6-14	银行子系统若干脆弱性指标及临界值	335
表6-15	金融监控子系统若干脆弱性指标及临界值	335
表6-16	宏观经济环境子系统若干脆弱性指标及临界值	336
表6-17	金融市场子系统综合指数	336
表6-18	银行子系统若干脆弱性指标综合指数	336
表6-19	金融监控子系统综合指标数值	336
表6-20	宏观经济环境子系统综合指标数值	337
表6-21	金融脆弱性综合指标数值	337
表6-22	金融脆弱性子系统各自影响因子	337
表6-23	1986~2004年四大国有银行脆弱性指数BGH	344
表6-24	1995~2004年四大国有银行脆弱性指数BS1和BS2	345
表6-25	80多个国家2000~2004年6个银行行业变量的统计分析	346
表7-1	影响中国银行体系脆弱性因素Probit模型估计结果	363
表7-2	影响国有银行体系脆弱性因素的Logit、Probit分析	364
表7-3	1995~2004年京津冀、珠三角和长三角三大地区金融发展及其比较	371
表7-4	1981~1998年中国居民人均资产存量结构的统计分析	374
表7-5	中国工资、税收、利息、利润占GDP的比例的统计分析	377

表7-6	1982~2003年中国的财富结构变动和金融稳定的因果关系检验	388
表7-7	货币双轨制异化假说的实证检验之一	389
表7-8	货币双轨制异化假说的实证检验之二	390
表7-9	货币双轨制异化假说的实证检验之三	391
表7-10	财富结构变动和金融稳定的Probit分析	391

第一章

导 论

第一节 选题的背景、源起及其意义

1. 不断爆发的金融危机带来巨大的社会成本，对劳动人民的生活带来严重的冲击，不利于社会的和谐与稳定。

综观全球，金融危机的爆发日渐频繁。20 世纪 80 年代初，智利和摩洛哥遭遇金融危机。80 年代末，美国储蓄与贷款协会遭受金融危机的打击。90 年代初，危机登陆瑞典、芬兰、挪威以及很多处于转型期的社会主义经济体。1994~1995 年，危机席卷委内瑞拉、巴西和墨西哥；1997 年，韩国、泰国、印度尼西亚以及其他几个亚洲国家也遭殃及。1998 年，俄罗斯因债务拖欠引发的震荡，冲击波甚至波及远在南美的巴西。阿根廷、乌拉圭和土耳其至今仍在继续努力解决严重的金融问题。此外，巴西、中国、日本和印度的金融系统也潜藏着一些问题。过去的 1/4 个世纪，与之前的 25 年不同，世界发生了很多金融危机。Caprio 和 Klingebiel（1996，1999）列举了从 70 年代后期以来发达国家和新兴市场国家经历的 69 次危机。Bordo、Eichengreen、Klingegiel 和 Martinez-Peria（2001）研究发现 1945 年后的 25 年间仅仅发生了一次银行危机，但是此后却发生了 19 次。

20 世纪 70 年代中后期以来，国际范围内金融危机不断爆发，导致巨大的经济产出的实质性损失，给社会福利带来了严重的影响。国际货币基金组织（IMF，1998）考察了 53 个发达国家和发展中国家在 1980~1995 年之间的状况，确定了 158 次货币危机和 54 次银行危机。该研究估计，与这 158 次货币危机相关累积产出损失平均占潜在 GDP 的 4.3%。而银行危机的损失更为严重，54次银行危机中累积的产出损失平均占潜在GDP的11.6%。当货币危机和银行危机在一年中同时发生时，损失更是显著增大，平均占潜在GDP的14.4%。平均而言，危机带给新兴经济体的产出损失大于带给发达经济体的损失。Glenn Hoggarth、Ricardo Reis和Victoria Saporta（2001）[①] 发现危机期间累计的产出损失很大，粗略估计平均为GDP的15%~20%。与以前的研究相比，他们发现发达国家在危机时期的产出损失平均来讲与新兴市场经济的损失一样高或者更高。此外，发达国家在危机时期的产出损失与毗邻的当时没有遭受银行危机的国家相比要明显地高10%~15%。

大量的国际经验表明，金融不稳定和金融危机会造成极为严重的、破坏性的危害。自20世纪80年代中期以来，特别是在货币和金融领域内的，资本主义积累过程中的明显不和谐现象有增无减。现有的经济理论对这种不稳定性对于劳动人民生活水平的冲击性几乎丝毫不感兴趣。金融稳定事关老百姓的安居乐业和社会稳定，金融不稳定造成的金融危机会造成巨大的社会成本，引发的财富分配效应可能加剧收入分配差距，造成社会利益主体的矛盾激化，不利于社会的和谐稳定。正如伊诚藤等所说，政治经济学，特别是它的马克思主义流派，不能够具有当代主流理论的技术性诡辩，而应该继续成为一种重点关注当代资本主义货币与金融不稳定性的社会科学。本书利用马克思政治经济学，并吸收新政治经济学的营养来研究20世纪80年代中后期以来的金融不稳定问题。

2. 金融不稳定成为一种常态，金融危机理论面临着理论的危机。

20世纪80年代以来不断爆发的金融危机，尤其是1997年爆发的东南亚金融危机，向传统危机理论提出了严峻的挑战。如何解释1997年东南亚奇迹和东南亚危机并存的怪现象，使金融危机理论面临着严峻的挑战，出现了理论的危机，客观上要求我们寻求新的理论，破解"新型金融危机之谜"。金融危机成为21世纪困扰世界的一大顽症，被当作金融领域的艾滋病。如何管理货币金融和治理金融艾滋病，成为各国政府面临的重大问题。

金融不稳定的源头何在？金融不稳定是通过什么渠道传导并影响实体经济？现有的研究都没有给出令人满意的回答，此外现有的研究几乎都集中在发达国家和新兴市场国家，而对转型国家的研究不多，即使是针对发达国家的研究，至今也缺乏一个分析金融稳定的一般性分析框架，导致金融稳定的国际比

[①] Glenn Hoggarth, Ricardo Reis and Victoria Saporta, Costs of banking system instability: some empirical evidence, Bank of England 2001, ISSN 1368-5562, *Working Papers* are also available from the Bank's Internet site at www.bankofengland.co.uk/workingpapers/index.htm.

较研究和国别研究进展有限。1997年东南亚金融危机之后，金融危机理论研究进入了一个新的阶段，一些国家尤其是亚洲新兴市场在探讨建立金融稳定模型的问题上，刊发金融稳定分析报告的做法亦开始成为一股风气。20世纪90年代中期以来，"金融稳定"这个词在国际政策讨论中显得很突出，已经成为被讨论得很活跃的一个学术课题。对金融稳定的重视达到前所未有的高度，对金融体系自身弱点的诊断评估成为国家安全战略的重要内容。1999年IMF开始实施FSAPS金融稳定评估计划，试图对一国或者地区的金融稳定状况进行全面深入的诊断，以便更好的管理风险，应对危机。20世纪80年代以来，世界范围内不断爆发的金融危机说明资本主义的货币金融体系存在诸多弱点，货币金融体系的失序与不和谐成为资本主义面临的新挑战。金融不稳定是一个世界性难题，进一步找出金融不稳定的症结所在，对于治理金融危机和维护金融稳定具有世界性意义。

3. 转型时期中国宏观经济金融运行过程出现了一系列的怪现象，引发了国际社会对中国金融不稳定的种种猜测，认真研究中国转型时期的金融稳定状况，科学测度和诊断金融不稳定的来源，对于澄清种种谣言和猜想，对于维护中国金融稳定具有重要的意义。

中国目前经济金融处于大幅度变化阶段，不确定因素增加，尤其是加入WTO后，中国经济金融对外开放步伐加快，体制性风险可能加大，维护金融体系的稳定和发展成为关系到今后中国经济能否继续稳定发展的一个大问题。转型时期中国的货币金融运行出现了一系列不正常的现象，中国金融之谜越来越多、越来越严重，表现为货币化之谜、金融发展与经济增长背道而驰之谜、银行业资本金谜团、银行存差谜团、银行低效率—高稳健之谜等，这些谜团引起了各界的关注和猜测。有人甚至预言，中国经济即将崩溃，将成为金融危机的下一站，《经济学家杂志》1998年发表的一篇文章认为中国的金融体系在整个亚洲中是最差的，并预言当中国着手进行金融体系和国有企业重组时，即使不会出现全面衰退，至少也会不可避免地导致增长速度下滑。中国的金融体系相当脆弱，而最脆弱、最危险的地方则是银行体系。大量的银行不良贷款为中国银行体系的稳定带来了隐患。中国的金融稳定程度如何，中国是否会成为金融危机发生的下一站？在存在一系列中国金融之谜的情况下金融稳定是否可以持续，社会主义国家是否可以免于金融危机呢？中国金融稳定的基础是什么呢？这些是需要我们认真研究和回答的问题。迄今为止，关于中国金融体系是否陷入困境，金融体系的脆弱性程度有多高，存在不同看法。深入探讨中国金融之谜的深层原因，认真研究中国转型时期的金融稳定状况，科学测度和诊断金融不稳定的来源，对于澄清种种谣言和猜想，对于维护中国金融稳定具有重要的意义。

4. 个人的经历与兴趣、相关知识的积累，也是笔者选择这个课题的重要背景。

对金融危机的影响笔者有着切身的感受，由此引发了笔者对金融危机的研究兴趣。对金融危机的关注直接源于1997年东南亚金融危机带来的巨大影响。笔者亲身感受了1997年东南亚金融危机的这种影响。当时校园内外都是关于1997年东南亚金融危机和人民币汇率贬值的讨论。金融危机对笔者的直接影响是，造成笔者毕业之后找工作面临困难，国际贸易陷入困境，国际贸易专业由热转冷，步入低谷，国际金融专业升温。笔者惊诧于金融危机的破坏性影响，并开始对金融危机产生兴趣。1997年东南亚金融危机使笔者改变专业方向，并开始转入对金融问题的研究和学习。后来通过理论学习，发现金融危机是一个国际性难题，至今没有揭开金融危机的神秘面纱，探寻金融危机根源，成为一个极具挑战性的课题。研究金融危机，无论是对个人还是对国家，都具有重大的意义。

总的说来，本书的研究具有以下几个方面的意义，（1）是对马克思政治经济学和邓小平金融理论的进一步丰富和发展。本书对马克思的第二种类型危机作了深入的剖析，是对马克思政治经济学关于金融危机理论的丰富和发展。本书对现代经济条件下货币和金融的作用进行了重新审视，进一步印证了邓小平同志关于金融是现代经济核心的科学判断。本书的研究有助于更好的理解马克思关于第二种类型危机和邓小平同志关于金融是现代经济核心的论述，是对马克思政治经济学和邓小平金融理论的进一步丰富和发展。（2）研究金融稳定是构建和谐社会的题中之意和重要内容，有利于维护整个社会的公平、稳定和协调发展，具有重要的理论和现实意义。在中国转型时期，随着金融核心作用的不断提升，金融市场化进程中的负效应凸显，货币拜物教思想重新泛滥，金融稳定令人担忧，如何正确认识货币金融的功能，使得金融市场平稳健康运行，防范金融危机，如何建设一个和谐的社会主义货币金融新秩序，成为社会主义国家的重大课题。因此，研究金融稳定具有重要的时代意义，可以说是与时俱进，解决中国当代面临的问题，建设和谐社会的重要内容。（3）本书的研究对政府宏观金融政策制定、行业的规划与管理及金融机构的决策具有重要的参考价值，对中央银行维护金融稳定，进一步推进金融改革提供理论支持和政策指导。（4）治理金融危机和提高宏观调控政策有效性的客观需要，有利于促进金融部门和实体经济部门的协调发展，从而为经济增长服务。我们认为，处理好经济和金融部门的关系，是现代经济条件下货币顺利运行的关键所在。认真研究中国转型时期的金融稳定状况，科学测度和诊断金融不稳定的来源，对于澄清种种谣言和猜想，对于维护中国金融稳定具有重要的意义。(5) 中国作为一个转型国家，研究中国的金融不稳定问题将为其他国家和地区，尤其是转型国家维护金融稳定提供有利的可供借鉴的资料。

第二节 基本概念及其比较

一、概念的比较

金融脆弱性、金融稳定、金融波动、金融系统性风险、金融安全、宏观金融风险、金融危机、金融风险这几个概念，经常交织在一起。金融安全更多的是一个社会学和政治学概念，而不是一个学术性的经济学概念，一般使用较少，带有明显的意识形态和政治色彩，主要是从国家战略高度来研究金融风险问题。金融波动是金融不稳定的外化形式。金融不稳定可以定义为金融过度波动，也就是金融波动超出正常的范围。金融风险的定价、承担及其管理是金融的基本功能。金融不稳定意味着金融风险的过度承担，也就是超出了金融体系的正常承受能力和范围之内，可以将金融不稳定义为金融风险管理的失败。金融稳定关注的是宏观金融风险，而不是个体的、微观的金融风险。这是我们对金融波动、金融风险和金融稳定的初步看法。下面拟重点对金融脆弱性、金融系统性风险、金融危机和金融稳定的关系进行比较分析。

(一) 金融脆弱性、金融系统性风险与金融稳定的关系

与金融稳定相关的概念是金融脆弱性、金融不稳定。关于金融稳定的界定，目前并没有达成一致。总的说来，可以分为两大类观点：一类是新古典经济学为代表的主流观点，具体又可以分为两小类：一是直接定义法，从正面界定金融稳定。二是间接或者迂回定义法，从金融稳定的反面进行界定。另一类是明斯基为代表的非主流观点，围绕金融脆弱性的定义展开。

新古典主流经济学对金融稳定的界定，观点五花八门。有人直接定义金融稳健性或者金融稳定，主要有弹性观、能力观、功能观、结构观、影响观等，代表人物包括 Mishkin、Garry J. Schinasi 等。有人从反面进行，通过定义金融

脆弱性或者金融不稳定来展开分析，主要有三标准观、四要素论、状态和后果论等，代表人物包括 Crockett、John Chant 等。在主流经济学内部，也发生了分野。早期主流经济学对投资金融的研究似乎有一个纯粹的微观经济目标，尤其是那些从公司金融角度所做的研究，对金融因素的重视还不够，对金融稳定主要从外部冲击角度进行解释，对金融稳定的分析还没有深入到问题的本质，仅仅停留在表面或者浅层次分析阶段，对货币金融体系以及金融脆弱性问题的价值认识不够，对金融脆弱性的影响尚没有联系到金融危机和经济波动及其增长等深层次问题。对于金融脆弱性的分析缺乏一个系统的深入的分析框架，而仅仅是一个概念性的解读，强调技术和外部冲击的重要性。与金融稳定相关的另一个概念是系统性风险，这是主流经济学研究现代金融危机理论的一个分支。关于系统性风险与金融脆弱性的关系，一直是争论的焦点。至今，关于系统性风险，尚没有一个严格的定义，约翰·查德在《作为政策目标的金融稳定性》一文指出，系统性风险指的是最初影响一个银行或是一些银行的压力可能传播并影响到金融系统其他的部分，并且如果很严重，能危害到整个系统的稳定性。有人认为系统性风险是指证券价格收益率的相关性。Olivier De Bandt 和 Philipp Hartmann（2000）[①] 对系统性风险作了一个很好的综述。

  以明斯基为代表的金融凯恩斯主义对传统的经济分析进行了全面的批判，对金融和经济的关系给出了全新当中强调制度性、多维性和历史性特征，并试图对金融脆弱性进行模型化。明斯基认为货币金融不仅不是可有可无的，而是至关重要的，是资本主义的核心。正是由于对资本的追求，对利润的追逐，以利润和资本为核心的货币金融体系在资本主义发展过程中扮演了关键角色。这种独特的货币金融体系成为资本主义的精髓所在。内在天生的脆弱性是资本主义货币金融体系的特征之一。明斯基把金融脆弱性当作资本主义的核心概念，以金融脆弱性来解释资本主义经济波动及其危机，资本主义发展的周期性演变与货币金融体系密切相关，货币金融的脆弱性是资本主义经济周期的根源，也是资本主义市场经济失灵的根源。这种思想是十分深邃的，明斯基的思想有助于加深对现代金融核心作用的认识，有助于更好地理解资本主义经济的波动及其发展，是对金融乃现代经济核心的最好解读。明斯基的金融脆弱性理论实质是危机理论的分支，承认了金融危机的内生性。通过对经济和货币金融关系的重新理解来界定金融脆弱性，把金融脆弱性看作是资本主义的本质特征之一，这是十分有见地的。

[①] Olivier De Bandt and Philipp Hartmann, systemic risk: a survey, european central bank, working paper No. 35, November 2000.

就这两个分支的发展比较而言，金融脆弱性具有更为深厚的理论基础，并取得了巨大的进步，有助于更好地把握金融危机的本质。而金融系统性风险理论有助于更好地洞悉金融危机的内在机理和现代传染扩散特征。金融系统性风险更多的是一个技术性概念[①]，20世纪90年代以来在主流经济学和金融学研究中使用较多，是新古典学派研究金融危机理论的一个新分支和新方向。这个词具有新古典所固有的重视技术分析，忽视制度和利益分析的局限，越来越强调技术色彩和模型化。这个概念的意义在于强调金融网络的技术性特征和金融传染，揭示了金融交易的复杂性和关联性。金融系统性风险与金融脆弱性比较而言，系统性风险更多强调金融体系的技术性特征及其网络性特征带来的风险传染与扩散问题，更多的是一种技术分析，强调金融安全网的设计和金融网络的设计，而忽视了更为深层次的制度分析和利益分析。金融系统性风险的技术性色彩强于理论色彩，并没有真正抓住现代金融的本质特征所在，也不利于深入理解和认识金融在现代经济当中的作用及其两面性，金融系统性风险是新古典经济学研究金融危机的衍生和拓展，开始走入一个死胡同，越来越强调技术性的因素，而越来越远离金融危机的真面目[②]。

最近的主流经济学的研究，也开始从内部突破传统研究的局限，现代金融危机理论中的"脆弱论"的兴起就是一个证明。他们为更好地了解宏观金融波动，挖掘金融危机的内在机理和传导渠道，对金融稳定的理解越来越接近明斯基的方向，经济学界带有典型的明斯基的烙印。随着主流经济学的危机理论朝着明斯基的方向前进，对金融稳定的理解，越来越具融合趋势，强调金融稳定的多维性、不确定性、动态性和连续性等特征，但是在方法上仍然差别很大。在主流经济学中，金融因素的宏观作用通过 Bernanke 和 Gertler（1995）所说的"金融加速器"发生作用。同样地，金融因素是冲击的扩散机制。它们有助于解释为什么波动很大，但是它们不能解释波动的源泉。在明斯基的理论中，金融—支出之间的联系不仅使不稳定性发生，而且正是不稳定性之源。明斯基写道，"不稳定性由系统内部的机制而不是外部的机制决定。我们的经济是不稳定的，不是因为石油、战争和意料之外的货币的变化，而是由于经济的内在本质。"这种观点可能与主流的信贷渠道观点不一致，但是更为深刻且更具普遍意义。在主流经济学模型中，作为外生冲击来刻画的因素，明斯基将

---

① Andrew Crockett, Marrying the micro-and macro-prudential dimensions of financial stability, Financial Stability Forum, Basel, Switzerland 21 September 2000.

② 系统性风险不利于寻找金融不稳定的源头，但是有利于我们加深对传染和扩散机制的理解，有助于我们更好地认识金融风险演变的过程。系统性风险对过程和技术的分析，这是其优点。

其作为现代资本主义固有的、内生的特征来加以解释。

关于金融脆弱性的定义存在不同的看法，这些不同的定义反映了研究者对金融脆弱性内涵的不同认识，通过比较可以发现明斯基对于金融脆弱性的认识是十分深刻的，明斯基将金融脆弱性作为理解资本主义发展及其波动的一个关键词，贯穿在他对资本主义发展和危机分析的始终。金融脆弱性成为明斯基反对斯密法则和瓦尔拉斯法则的核心武器，对凯恩斯法则提供了有力的支持。资本主义的经济波动关键在于一个特殊的货币金融体系，在于这个特殊的货币金融体系的不稳定性或者内在的脆弱性。货币金融的不稳定或金融脆弱性成为理解资本主义经济波动的关键所在。相比较而言，主流经济学对金融危机的研究还没有抓住危机的内核，还徘徊在危机的边缘地带，围绕金融加速器和传染过程展开分析，并没有揭开金融不稳定的源头。

通过对明斯基的金融脆弱性观点和主流的新古典金融稳定观点的比较，本书更偏好金融脆弱性这一概念，对金融稳定的研究主要是沿着马克思—凯恩斯—明斯基路线的深化和拓展，从金融脆弱性（金融不稳定）的对立面来研究金融稳定。金融脆弱性这一概念具有重要的学术价值和理论渊源，抓住了金融的本质特征。通过对文献的梳理，可以清楚地发现，明斯基的研究具有深厚的马克思、凯恩斯渊源，吸收了马克思、凯恩斯、卡莱茨基等研究的精华。在马克思、凯恩斯和明斯基内部，对金融脆弱性根源的解读同样存在差别，马克思将金融危机建立在劳动价值论至上，而凯恩斯强调预期、不确定性和三大心理规律的重要性。明斯基由于重点研究的是经济周期，对金融脆弱性本身的讨论并没有深入展开，明斯基将金融脆弱性看作是资本主义经济的本质特征，强调预期、现金流和融资的重要性。主流经济学大多对金融不稳定的源头存而不论，将金融不稳定归结为外部冲击，更多强调的是过程和技术分析。

本书把金融不稳定放在货币、经济和金融三者关系的大视野下进行解读，通过进一步深挖金融脆弱性的源头，重新理解货币、经济和金融的关系来研究金融稳定。本书认为，货币经济天生就是不和谐的，具有内在的不稳定缺陷，金融不稳定是货币经济的特质，深深根植于内生的货币当中，围绕货币展开的利益冲突是金融不稳定的总根源。金融脆弱性是内生的，是利益冲突在金融领域的集中反映和结果，金融不稳定的背后是利益之手的博弈，协调经济金融活动主体的利益关系，是维护金融稳定的根本之道。

（二）金融危机与金融稳定的关系

关于金融危机和金融稳定的关系，也是一个富有争议的问题，有人认为金融稳定理论实质上就是金融危机理论，是"新瓶装旧酒"，这的确是有一定道理的，但是细细想来，金融危机和金融稳定还是存在一定的差别，不能等同视之。正如约翰·查德在《作为政策目标的金融稳定性》一文中所说，金融不稳定是分等级的，金融危机是金融不稳定的极端程度，两者存在密切的关系。金融危机是金融不稳定的表现形式和结果。从范式上来看，金融稳定作为金融危机研究的一个新分支，金融稳定意味着一个新的研究金融风险范式的诞生，与20世纪80年代以来不断爆发的金融危机的大背景有关。本书主要从范式的角度来比较金融稳定和金融危机。金融稳定范式和金融危机范式存在以下联系和区别：

（1）金融危机分析范式往往只关注于一点或者事件，是一种事后的分析法，而金融稳定研究强调对金融体系弱点的事前诊断，重视对风险演变过程及其扩散的研究。1997年东南亚金融危机掀起了金融稳定研究的高潮，越来越多的关注金融运行过程，对金融体系的研究由事后走向事中的过程和事前的预警分析。从事前、事中和事后探讨金融体系运行的全过程，对金融体系的稳健状况进行全方位的跟踪研究，对金融风险的研究从危机这种极端状态走向一般化，这是一种全面的动态的风险管理方法，反映了一种全新的风险研究意识或者范式，大大拓宽了风险研究的范围。

（2）金融稳定研究突破了传统的以危机事件作为分析对象的局限，将研究对象针对金融体系或者金融系统，而不仅仅是金融危机事件本身。金融不稳定是一种与生俱来的常态现象，有其存在的必然性和合理性。一个国家发生了危机并不一定是一件坏事。通过危机这种方式，该国的金融体系得到新生，金融变得更为稳定。一个国家虽然没有发生危机，但是并不意味着该国的金融体系就没有问题，就十分稳定。与传统的只针对危机结果的分析法不同，大大拓展了研究的对象。对于一些没有发生金融危机的国家比如中国，金融稳定范式较危机分析范式更为合适。

（3）金融稳定意味着风险管理方式的重大转变，由过去政府消极无为、自由放任的市场调节到政府主动寻找金融体系的弱点，积极进行宏观金融风险管理的转变，这是对金融危机认识的一大转变。根据传统的理论，金融危机是无法预测和无从管理的，是一个偶然的外部冲击造成的事件而已，强调危机的偶发性和外生性。对危机发生的内在规律的否认，导致了一种消极的无政府主义的孳生。20世纪80年代以来不断爆发的金融危机，是对传统的自由主义主张的一次嘲讽，彻底击破了自由主义的美梦。对政府管理金融危机的呼声越来越高，1997年以来，对宏观金融风险的管理上升到国家层次。金融稳定理论开创了一个由事后转向事前，由结果走向过程，由例外走向常态，由外因转向内因的[①]新的风险分析和管理范式，标志着危机研究范式的转换。

二、货币双轨制

关于经济和金融的关系，一直存在各种不同看法。经济稳定影响金融稳定，反过来，逆否命题同样成立，就是金融不稳定影响经济不稳定。我们常常只注意到了经济对金融的基础性作用，即经济稳定对金融稳定的重要性，而忽视了金融对经济的反作用，尤其是金融不稳定对经济稳定的反馈和影响。一直以来，大多数研究主要关注宏观经济波动，对两者的研究处于分割状态，而忽视对金融不稳定的研究，导致对金融危机的各种解释五花八门，缺乏统一的分析框架。

现代经济是由实体经济和金融（虚拟经济）组成的、金融处于主导地位的货币经济。传统的经济和金融关系发生了重大的变化，导致货币运行出现了双轨制运行的特征。货币双轨制与全球进入金融经济时代的大背景有关。为更好理解货币双轨制，可以将现代经济看作是一个二层的复式楼，这个小楼由五大主体（居民家庭、企业、银行、中央银行（或者外来主体）、政府）构成的五根支柱支撑而起，银行是这个二层楼的核心或者中间枢纽（银行可以看作是复式楼的楼梯），底层代表的是以产品市场为核心的货币循环，上层代表的是以资本市场为核心的金融循环。货币循环和金融循环一起构成广义的货币循环系统，我们称之为货币双轨制。现代经济实质上是一个货币经济，是由货币循环和金融循环组成的货币双轨制运行的过程，我们对现代经济的运行给出了不同于过去的单一货币循环的（单轨制）判断。

货币双轨制反映了国际上20世纪80年代以来的经济—金融新格局，对分析80年代以来的金融稳定具有重要的意义。此外，货币双轨制对于分析中国的金融稳定具有特殊的意义。中国经济转型初期，货币化程度很低，金融处于高度控制状态，这为大幅提高货币化水平创造了条件，转型初期货币化提供的大量货币成为中国经济奇迹的重要来源。随着货币化进程的减速，货币虚拟化进程的出现，大量的超额货币可能成为中国金融危机之源。正是基于对中国金

---

① 传统的金融危机研究往往是一种事后的结果分析，把金融危机当作一种偶发事件来对待，从金融系统÷外部寻找金融危机的原因，对危机的管理处于一种救火队的事后管理状态，而忽视了对危机的事中的常态管理和事前预防。金融稳定将对金融风险的关注从危机这一极端走向中间的广泛不稳定状态，重视对金融体系内部弱点的诊断和评估，将金融不稳定的管理常规化和全面化。

融在不同阶段作用的改变，货币化和货币虚拟化的双轨制才被提出用来解释中国的金融周期演变。"货币双轨制"比"价格双轨制"更为关键和隐蔽。在新时期，货币双轨制呈现多元双轨特征，货币分布结构失衡越来越严重，可能成为中国金融不稳定的隐患，但是目前还没有引起足够的重视。货币双轨制将金融部门和经济部门同时纳入进来，以货币作为链接纽带，可以克服传统的经济和金融分裂研究的不足，有助于更好地研究经济和金融之间的内在关联，从而为分析金融稳定提供一个更为一般的、统一的分析框架。

三、政府治理

什么是治理，简单说来，治理即对经济参与者相互行为进行管理的游戏规则。政府治理就是政府管理经济金融活动参与者相互行为和博弈的游戏规则，从而保障交易的公平、公开和公正，同时也是化解利益冲突的重要制度保障。我们这里所说的政府治理具有双重含义：一是治理政府本身，使得政府更好的发挥维护金融稳定的职能；二是治理金融活动的利益相关者。也就是说，我们这里的政府治理不仅仅包括直接的政府治理，如中央政府、地方政府的治理等，而且包括与政府治理密切相关的市场治理和组织治理。金融稳定作为社会公共产品，因此政府受社会大众的委托负有维护金融稳定的责任。政府治理对金融稳定的影响可以分为直接和间接两大类。从最广泛意义上而言，单单金融监督（比如金融监管局）、中央银行、财政部并不能为国家的金融稳定承担全部。金融稳定的实现，需要政府进行综合治理，而不能单单依赖于某一种力量。好的政府治理通过强化监管机构（以及中央银行）的信誉和道德权威，来提高金融监管质量，促进市场参与者的正当行为。政府在解决集体理性和个体理性的冲突过程中扮演着关键性的角色。好的政府治理提高了整个金融体系的集体理性，有助于阻止不正当的市场行为和道德风险的出现，也提高了整个体系对金融风险管理的效率。而差的治理有损于政府信誉，导致金融监管走形变样，金融组织的行为异化，从而损害金融体系整体的稳定性。推动和实行良好的治理是市场参与者与政府机构的共同责任。

我们将政府治理作为一种宏观金融风险管理模式，提出通过以政府治理为核心的综合治理战略来维护金融稳定。金融稳定作为一个公共产品，关键取决于政府治理的正常进行。政府治理的目标是致力于建设一个强化和服务市场型政府，实现政府利益和市场主体（组织）利益相容，进而促进金融体系的稳定运行和健康发展。通过政府治理建设一个好的政府进而达到建设一个好的金融市场的结果。通过政府治理建设一个好的政府，为规范组织行为提供制度约束和保障。与政府治理相关的是市场治理、组织治理。本书提出一个包括政府治理、市场治理和组织治理在内的3级治理假说，强调政府治理在治理链中的决定性作用，也就是"上梁不正下梁歪假说"。政府作为现代经济活动的管理者，提供货币游戏规则，通过对货币金融的管理，确保货币循环顺利进行和金融稳定。政府治理的主要内容是负责设计公共制度和提供与金融稳定相关的公共金融产品服务。

四、货币双轨制、政府治理和金融稳定的关系

为更好地理解货币双轨制、政府治理和金融稳定的关系，我们描述了一个简单的图形（图1-1）。现代经济实际上是货币经济，一个由实体经济和金融部门（虚拟经济）构成的复合经济。货币化进程实际上就是一个货币不断被创造出来并服务于实体经济发展的过程，由此形成一个以产品生产为核心的货币循环；金融化（货币虚拟化）进程实际上就是一个货币不断被用于虚拟经济部门发展的过程，由此形成一个以金融资产生产为核心的金融循环。货币循环和金融循环构成现代的货币双轨运行格局，这一格局的出现，使得政府的货币金融管理变得更为复杂，使得金融不稳定成为可能。市场参与主体围绕货币

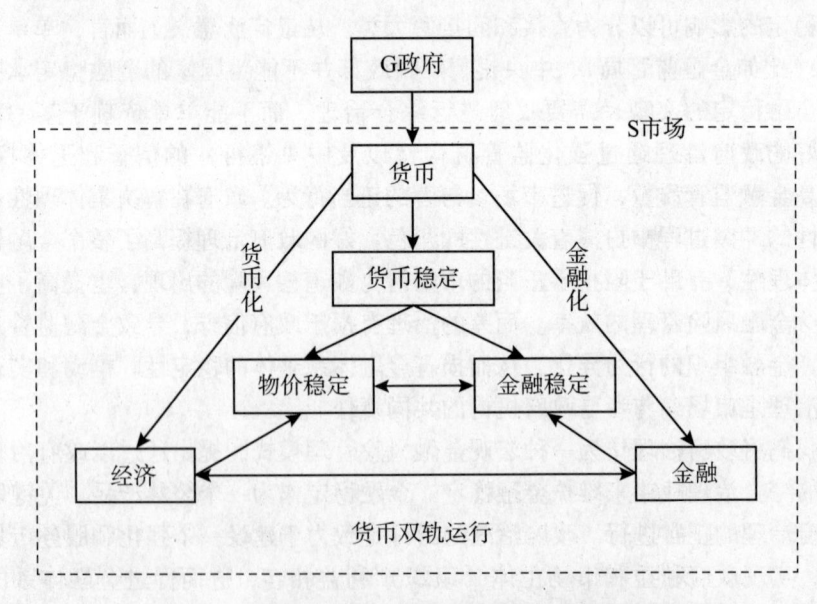

图1-1 货币双轨制、政府治理和金融稳定的关系

的争夺而展开的内部的利益冲突，使货币双轨制运行的异化成为可能，并显现为货币在不同市场的分布结构失衡，在缺乏好的政府治理的情况下，金融不稳定不断恶化进而会最终演变为金融危机。

第三节 结构安排与内容简介

本书的总体思路和研究框架是：金融不稳定源于经济主体利益关系不和谐，表现为货币循环过程中的经济—金融结构失衡，造成货币分布结构失衡的关键在于政府治理缺损，因此必须转变政府管理货币金融的方式，建立一个强化市场型政府，实现政府和市场的利益相容与和谐共处。

本书把金融不稳定放在货币双轨制运行的大背景下进行研究，强调政府治理对于金融稳定的重要性，构建了一个广义的货币流量—存量一致的二元结构分析框架，作为分析20世纪80年代以来金融不稳定的理论框架。

本书共有八章，由四部分组成。第一部分是导论，第二部分包括第二～四章，通过对文献的梳理，提出了一个解释金融不稳定的新模型，我们称之为广义货币存量—流量的二元结构模型（GSFC模型）。在此基础上，提出了一个新的政府—市场—组织的三级治理假说（简称GSCP假说），本书强调政府治理的重要性，政府治理高于一切，政府治理决定市场结构，进而决定组织行为。然后利用国际数据对GSCP假说进行检验，政府治理观和货币双轨制异化假说得到了较好的支持。第三部分包括第五～七章，是模型的修正、运用和再检验（中国篇）。从静态的角度利用修正的广义货币数量论模型对"中国之谜"和"中国悖论"进行解释，然后对中国金融不稳定进行综合测度，在此基础上对中国的金融不稳定成因进行分析。利用中国的数据对中国式的GSCP假说进行检验，结果较好地支持了中国式的货币双轨制异化假说。第四部分是总的结论，由第八章构成。

第一章导论。导论阐述了选题的背景、缘起及其意义，对本书的基本概念和研究对象进行了界定，对本书的逻辑结构和理论创新进行了说明，最后指出了本书研究的基本方法。

第二章金融稳定：理论文献综述。通过对金融不稳定的相关文献的梳理与回顾，可以发现两条研究金融不稳定的路线，一条是马克思—凯恩斯—明斯基路线，强调市场的内在缺陷与不和谐，强调政府（治理）在金融稳定中的重要性，更多关注金融不稳定的非技术性因素，也就是制度因素。另一条是遵从斯密传统的主流的新古典经济学分析路线，坚持市场的完美无缺，强调技术因素，将金融不稳定归结为外部冲击，而不是寻找金融不稳定的源头，更多的是着眼于金融不稳定的外围现象（比如，传染和金融加速器），以系统性风险为代表，强调结算技术和金融网络的重要性。本书研究遵循的是马克思传统，强调利益和制度因素的重要性，而不是信息和技术因素。

在文献整理的过程中清晰地发现，两条路线具有越来越明显的融合趋势，对金融因素的重视，使新古典越来越接近金融凯恩斯主义，金融不稳定的金融观点具有融会贯通的趋势。除此之外，源于两条不同路线的治理观点也开始走到一起，主流的新古典经济学强调信息在治理中的重要性，而马克思—明斯基强调制度设计在治理中的重要性。在诸多的解释金融不稳定的观点中，货币金融观和治理观得到越来越多的重视，并呈现融合的趋势，而自由观和冲击观由于对危机无能为力，采取消极的放任自流的态度，对金融不稳定的解释和对策越来越难以令人信服。本书强调危机的可预测和可治理，强调政府在维护金融稳定中的重要性。

第三章金融稳定：二元结构的存量—流量分析框架。本书通过纳入货币金融因素修正传统的宏观模型，提出了一个广义的货币存量—流量一致的二元结构模型（简称 GSFC 模型），作为分析金融不稳定的基础框架。将货币、经济、金融和政府放在一个模型中考虑，这是本书模型的特色之一。由于对货币金融的忽视，导致传统分析难以解释金融不稳定现象，对新型金融危机的解释不得要领。虽然主流经济学逐渐纳入货币金融因素，但是金融并没有在新古典经济学中获得高度重视，和马克思—凯恩斯—明斯基对货币金融因素的重视程度相比，还远远不够。明斯基通过对传统分析的批判，对货币金融因素的重新理解，开创了二元价格模型，提出了华尔街范式来替代传统的乡村范式，对金融因素的重视达到了一个新的高度，但是明斯基主要是解释经济波动而不是金融波动。金融因素主要是通过引入资产价格来实现，对金融不稳定本身的分析没有深入展开。后来者一直致力于将明斯基的金融脆弱性思想模型化，本书的工作很大程度与此有关。除此之外，本书还有一个更为深远的根源，那就是马克思的两类型危机理论。马克思提出了四大法宝来解释第一类危机，但是马克思对于第二类危机并没有深入展开，本书的工作很大程度上在于补充和继续这一方面的工作。本书的研究重点在于解释第二类危机，我们称之为新型金融危机。新型金融危机在 20 世纪 80 年代以来表现得越来越明显，1997 年东南亚危机就是一个典型的例子。马克思关于第一种类型危机的分析，利益分析和剩余分析范式及其对货币功能、信用和政府作用的分析，对于分析第二种类型危机仍具有极大的参考价值。马克思将资本主义的第一种类型危机归结于资本主义的无政府状态，归结于资本主义的基本制度缺陷，这是十分深邃的思想，对于分析第二种类型金融危机依然适应。本书将马克思的基本分析方法，并结合变化了的经济金融环境，来解释20世纪80年代以来的金融不稳定和新型金融危机。我们借用马克思的观点，同样认为利益冲突和无政府主义是资本主义金融不稳定的总根源，这种利益冲突在不同的层面展开并表现出来，主要有组织之间和组织内部的利益冲突，市场之间和市场内部的利益冲突，国家之间和国家内部不同阶层或者集团的冲突。本书主要从这三个层次来分析金融不稳定的利益冲突来源或者利益诱因及其表现。这些利益冲突都将通过货币表现出来，货币是利益冲突的最好表现形式和载体。一是从微观层面，以货币形式外化出来的利益冲突，主要表现为组织（企业或者个人）之间的现金流、资产负债表和货币收支的不平衡。货币过度集中于某一类主体（资本家）或者少数人（富人）当中，不利于参与主体的和谐共处。本书的模型可以很好地证明这一点。二是从中观层面，货币经济条件下的利益冲突，主要表现为货币过度积聚于某一类市场（比如，房地产市场）。货币过度偏在于金融，可能导致实体经济部门以资本积累为核心的货币循环和虚拟经济部门以金融资产为核心的金融循环关系出现异化，导致货币双轨制运行出现失灵，不利于金融稳定。货币分布结构的失衡，是观察现代货币经济条件下的利益冲突的很好形式。三是从宏观层面，随着经济开放和金融全球化进程的提高，货币经济条件下国家之间和国家内部不同阶层或者阶级之间的利益冲突，表现得越来越明显。本书利用三大表对马克思所说的复杂的社会利益关系进行了具体的刻画和分解，通过从宏观层面分解和监测现金流量表、资产负债表和货币收支表的变化情况，可以寻找金融不稳定的利益冲突之源。

利益冲突的多层次和结构性特征，客观上要求利用多层次的工具和方案进行治理，本书相应地提出组织治理、市场治理和政府治理的综合治理观来协调货币经济下的利益冲突。透过货币现象去发现背后的深刻的利益关系，这是洞悉和解决金融不稳定的真正的关键。本书将马克思的利益分析范式和货币分析范式结合起来研究金融危机，货币理论的基础是价值关系或者利益关系，这样将货币理论建立在马克思的价值理论基础之上，将货币理论和价值理论融会贯通。

在第三章的模型的基础上，本书提出了一个政府G—市场S—组织C三位一体的GSCP分析框架来解释金融不稳定，在此基础上，进一步提出了一个货币双轨制异化假说来解释金融不稳定。本书认为利益冲突和组织行为异化，是金融不稳定的微观基础和总根源。货币双轨制运行使得金融危机的发生成为可能，货币双轨制的异化是造成金融不稳定的直接原因。政府治理缺损是金融不稳定演变为金融危机的关键，是导致金融不稳定成为必然的决定性因素。

第四章金融脆弱性成因：跨国比较研究。通过国际比较研究尝试为第三章的模型和新假说提供经验支持。为检验 GSCP 分析框架和货币双轨制异化假说，进一步利用国际数据进行检验。根据第三章的 GSFC 模型，在现代货币经济条件下，金融不稳定既与实体经济部门有关，又与金融部门有关。实证分析发现影响金融不稳定的因素是多种多样的，既有经济基本面（实体经济部门），又有现代的金融部门（虚拟经济部门），还有政府因素。在这些因素当中，我们发现经济基本面并不是解释金融不稳定的关键，金融不稳定更多的来自于金融部门和政府。相比较而言，政府治理更为重要。好的政府治理有利于金融稳定，能够协调利益冲突，化解金融不稳定，比听任经济发展和金融深化等自由市场的力量来化解金融不稳定更为重要。实证检验发现，民主的、法治程度高的、信任度高的、权力受到干预约束的政府，有利于金融稳定，能够更好的协调利益冲突。好的政府对于维护金融稳定至关重要。这较好地印证了马克思的判断。无政府和差的政府都不利于金融稳定，关键是要建立一个适度的好政府。政府的放任自由和过度干预都不利于金融稳定，如何科学地进行货币金融管理，设计好的制度规则，对于治理金融稳定至关重要。金融稳定作为一个公共品，为防止公地悲剧重演，必须加强政府对货币金融的治理。本书选择了一系列指标进行检验，通过对金融不稳定的实体观点、金融观点和治理观点的实证检验和比较分析，较好地支持了政府治理缺损和货币双轨制异化假说。

第五章广义货币存量—流量模型（GSFC）的修正及其应用。这是承上启下篇，主要是对模型的修正及其应用，并结合中国的实际，重点讨论了物价稳定和金融稳定的冲突、物价稳定与货币稳定的冲突，进而引申出对中国金融稳定的讨论。中国转型时期出现的一些新问题，引发了各界对中国金融稳定的猜测，其中"中国之谜"和"中国悖论"，尤其引人关注。第三章主要从动态的角度对 GSFC 模型进行了解释。第五章则主要从静态的角度进行分析，通过对中国现实的观察，将模型修正为一个广义货币数量论模型，并用之来解释转型时期令人关注的中国之谜和中国悖论。在前人研究基础上通过引入以资本市场为代表的虚拟经济部门将传统的仅仅局限于实体经济部门的货币数量论拓展为包括资本市场、商品市场和货币市场的广义货币数量论模型，在新的模型框架下分析了"中国之谜"的生成机理；通过对中国之谜的现实成因的综合分析，发现货币在资本市场的大量积聚是货币供应量与物价关系反常的直接原因。"中国之谜"暴露的不仅仅是一个货币总量失衡问题，更多的是货币结构失衡问题，是货币虚拟化过程中虚拟经济部门和实体经济部门关系失调的表现和结果。"中国之谜"归结到底是由于货币虚拟化过程带来的种种不确定性导致两种投资的收益率差别不合理所致。然后运用修正的广义货币数量论模型，对转型时期中国通货紧缩与资产膨胀并存的金融怪现象进行了分析，提出了一个货币过度虚拟化假说。本书认为"中国悖论"是货币过度虚拟化造成货币结构严重失衡的产物，是虚拟经济和实体经济发展相背离的表现和结果，中国货币政策更多的应关注货币结构而不仅仅是货币总量问题。

第六章中国金融稳定的综合判断。科学诊断中国的金融稳定状况，是澄清谣传和治理金融不稳定的前提。在借鉴国内外研究的基础上，本书采用了主体分解法和市场分解法等四种方案，利用大量的数据指标从不同侧面对中国金融稳定状况进行了测度和比较，开发出了多个连续的金融稳定指数。利用主体分解法的测度和国际比较发现，中国金融处于脆弱状态，排名靠后，金融脆弱性程度令人担心。利用辅助性的国际国内证据发现，我国银行体系处于十分脆弱的状态，根据银行业六大指标的国际比较来看，我国银行排名都十分靠后，与主体分解法建立的金融稳定指数 BSF3 得出了类似的结论，就是中国金融处于不稳定状态，排名靠后，中国宏观金融风险程度较高，这是利用两种方法进行国际比较得出的结论。利用市场分解法得出中国处于脆弱的阶段，但是脆弱性程度并不是很高，这与方案一和方案三的研究结论存在一定的差异。造成这种差异的一个主要原因在于测度过程中采取的口径不同和指标选择的差异。根据宽口径，中国金融整体稳定，金融风险呈现下降趋势。根据窄口径，中国金融整体不稳定，处于脆弱阶段，但是金融风险呈现下降趋势。通过对中国金融稳定状况的测度和国际比较，可以得出以下几点结论：一是我国金融体系稳健性状况不容乐观，处于脆弱状态，尤其是 1998~2001 年间我国金融体系相当脆弱。二是从金融脆弱性的演变趋势来看，通过国内的历史趋势比较，可以发现我国金融体系稳健性经历了由低到高再降低的过程，近年来我国金融体系不稳定状况有所好转。三是目前我国银行稳定状况依旧不容乐观，处于相当脆弱的状态。四是新兴市场的不稳定同样值得关注，尤其是房地产市场和股市的稳定性值得关注。五是债务风险呈现明显的上升趋势，值得关注。

第七章中国金融不稳定的成因及其治理。在梳理国内外关于中国金融不稳定的不同理论观点的基础上，本书对影响中国金融不稳定的因素进行了检验。

结合中国的国情，对GSCP分析框架进行适当的修正并用来分析我国的金融不稳定，在此基础上，提出了一个中国式的货币双轨制异化假说来解释金融不稳定，然后利用数据对假说进行了检验，实证分析结果较好地支持了本书的判断。随着中国市场化进程的拓展，越来越多的利益冲突反映在市场层面，表现为中国典型的货币在一些新型市场过度积聚，比如，房地产、股票、外汇等市场。中国的货币运行具有典型的多重双轨特征，表现为货币的体制内和体制外二元循环、城市和农村二元循环、国内和国外二元循环、发达地区和欠发达区域二元循环、实体经济和虚拟经济（金融）二元循环等，转型时期中国的多个货币双轨制循环反映了中国货币运行的特殊性和复杂性，货币的跛行、块状运行和分割，容易造成货币分布结构的失衡，为金融不稳定的孳生提供了土壤。这种条块分割的货币循环和货币割据，不利于形成统一的、公平的货币金融市场，也不利于整个货币金融的顺利运行。本书认为中国的货币金融结构失衡，更多的与政府过度控制货币金融有关，而这与西方国家是不同的。西方国家的货币双轨制进程中的异化，与经济—金融大环境的变化和政府政策调整落后有关，更多是与政府对货币金融的忽视和放任自由有关。防止货币双轨制的过度脱节乃至背离，协调各方利益，对于维护中国的金融稳定至关重要。

第八章结论。中外政府治理的差别，表现为西方弱势政府治理，以放任自由为特征，而中国是强势政府治理，以直接行政控制为特征。一个共同的特点就是政府与市场不相容，治理效果都不理想，不是强化和服务市场型政府。最后，本书提出以利益共容观为指导，致力于建立一个强化和服务市场型政府，通过实施以政府治理为核心的综合治理战略，更好地管理货币金融，维护金融稳定的政策建议。

第四节 主要贡献与理论创新

本书把转型时期中国的金融不稳定放在国际金融不稳定的大背景下进行研究，试图通过国内外的比较研究，寻找影响中国金融不稳定的共性和特殊性因素，探寻金融不稳定的源头及其治理之道。本书的贡献与理论创新主要有以下几点：

1. 经济学基本问题的重新理解。本书对货币、经济和金融的关系给出了重新的解读。通过重新审视货币金融的作用，对金融脆弱性进行了重新定义和界定。本书认为，货币经济天生就是不和谐的，具有内在的不稳定缺陷，金融不稳定是货币经济的特质，深深根植于内生的货币经济当中，围绕货币展开的利益冲突是金融不稳定的总根源。本书重点从马克思政治经济学和新政治经济学角度来分析金融脆弱性之根源，并吸收了制度经济学、凯恩斯、后凯恩斯主义的研究成果，较之从信息不对称、外部宏观经济因素等分析角度能更好地解释金融危机爆发的原因和理解金融制度的变迁，丰富了相关理论。

2. 金融稳定模型的提出及其应用。本书的研究有别于传统的要么是强调经济因素，要么是强调金融因素的两分法，将货币、经济、金融和政府统一在一个模型框架中进行研究，提出了一个广义货币存量—流量一致的二元结构分析框架，作为分析金融稳定的基础模型。至今，关于金融稳定的研究缺乏一个统一的分析框架，新模型可以较好的弥补这一不足。

3. 货币双轨制异化假说的提出及其检验。把金融不稳定放在经济—金融关系大转型的背景下进行研究，提出了货币双轨制异化假说来解释20世纪80年代以来的金融不稳定，并利用国际数据对假说进行检验，结果较好地支持了该假说。实证分析发现，实体经济和金融部门关系的异化不利于金融稳定。来自中国的数据的实证分析同样较好地支持了货币双轨制异化假说。

4. 广义货币数量论模型的提出及其检验。经济—金融关系的转型对货币政策带来了巨大的冲击，导致传统的货币政策失灵，货币循环出现了新的变化，本书结合中国的实际，通过引入以资本市场为代表的虚拟经济部门将传统的仅仅局限于实体经济部门的货币数量论拓展为包括资本市场、商品市场和货币市场的广义货币数量论模型，在新的模型框架下分析了"中国之谜"和"中国悖论"。

5. 连续的金融稳定指数的开发。本书利用主体分解法和市场分解法等四种方案对中国的金融稳定状况进行了判断。就综合指标和核心指标这一构建金融脆弱性监测预警指标体系的难点和重点提出了一套新的设计方案，建立了一套衡量和监测金融脆弱性水平的指标体系，提出了一个核心指标和综合指标集合，这是金融脆弱性量化分析的一个突破。与传统的离散指数的比较，本书开发的连续金融稳定指数具有以下几个特点：（1）为更好地选择干预时机提供了理论基础，当然这依赖于数据的开发。（2）有助于更好地确定最优稳定水平。（3）为寻找金融不稳定的原因提供了条件，有利于更好地监测金融不稳定的发展变化情况。（4）本书的研究为政府部门实施有效监控、制定相关的政策提供了动态依据，便于观察分析和操作，具有较好的国际可比性。（5）具有坚实的理论基础和模型架构。

第五节 研究方法

1. 实证分析和规范分析相结合。本书收集了约 100 个国家数十个指标，利用大量的数据和模型对影响金融不稳定的因素进行实证检验。利用时间序列、面板数据、横截面数据等多种数据，采用离散 Logit、Probit 模型、OLS、WLS 等多种方法进行检验。此外，还利用包括中国在内的约 40 个国家的季度数据和年度数据，开发出了三个具有国际可比性的连续金融稳定指数。利用中国 1952～2004 年的数据开发出了多个连续的金融稳定指数。计量和统计分析法在本书中得到了大量的使用，为模型和假说提供了实证支持。

2. 静态分析法和动态分析法相结合。这一方法很好地体现在广义货币存量—流量一致的二元结构分析框架之中。本书提出了一个流量—存量分析框架，并分别采用总—分的方法，从动态的流量角度和静态的存量角度，利用货币分析范式对金融不稳定的成因展开分析。在第三章利用动态的货币化和货币虚拟化（金融化）构成的货币双循环模型来分析金融不稳定。在第五章采用静态的广义货币数量论模型对"中国之谜"和"中国悖论"进行解释。这种静态和动态相结合的分析，有助于更好地认识金融不稳定的生成机理及其发展演变规律。

3. 比较分析法。通过历史的纵向比较，对中国 1952～2004 年金融不稳定状况进行了实证分析，这样有助于更好地洞悉金融不稳定的演变趋势及其变化。此外，还利用 20 世纪 80 年代以来的大量的国际数据，对 40 多个国家的金融稳定演变趋势进行了比较分析，对国际金融不稳定的演变趋势有了一个更加清楚的把握。同时，通过横向的国际和区域比较，对金融不稳定的国别差异进行了分析，进一步澄清了关于中国金融状况的一些谣传和错误认识。坚持国际国内的横向和纵向比较，有助于更好地认识影响金融不稳定的共性和特殊性因素。

4. 马克思政治经济学和新政治经济学相结合的分析方法。本书利用马克思的利益范式来分析 20 世纪 80 年代以来的金融不稳定问题，同时吸收借鉴了新政治经济学和新制度经济学的最新成果和研究方法，尤其是关于政府重要性的相关研究。本书大量使用了哈佛大学 Andrei Shleifer 教授和他的同事们在过去 10 年里整理出的 100 多个国家的政治、法律、宗教、文化、经济等方方面面的量化数据。

5. 多学科结合的方法。此外还吸收利用社会学、法律、哲学、经济史和经济思想史、转型经济学、组织和制度经济学、产业经济学、信息经济学和博弈论等学科的知识，采用历史分析法、归纳与演绎等研究方法来研究金融稳定问题。

第二章

金融稳定：理论文献综述

第一节 金融稳定的界定

什么是金融稳定？至今关于金融稳定并没有公认的定义，大多数研究者在研究金融稳定问题时，对金融稳定概念存而不论。维特根斯坦（1967）指出，概念引领我们思考，准确的概念能为读者了解研究对象是什么提供一个基础，因此，讨论金融稳定的定义仍然有其必要性。这里，本书将对金融稳定的定义进行探讨，在对不同的金融稳定定义的梳理基础上，给出本书的理解和看法。

总的说来，关于金融稳定的定义可以分为两大类观点：一类是新古典经济学为代表的主流观点，具体又可以分为两小类：一是直接定义法，从正面直接界定金融稳定。二是间接或者迂回定义法，从金融稳定的反面进行界定。另一类是明斯基为代表的非主流观点，围绕金融脆弱性的定义展开。

下面重点介绍新古典主流经济学家关于金融稳定的不同观点，而对明斯基为代表的金融凯恩斯主义关于金融脆弱性的不同观点只进行简单介绍，放在第二节进行分析。

新古典主流经济学家对金融稳定的界定，观点五花八门。总的说来，大体可以分为直接派与间接派两类。一是直接派，从正面来界定金融稳定。为了更好地推动金融稳定工作，近年来一些中央银行和专家学者也开始尝试直接定义金融稳定，包括弹性观、能力观、功能观、结构观、影响观等。二是迂回派，从金融稳定的对立面进行界定，将金融稳定定义为"不存在金融不稳定"，强调的是金融不稳定的影响。正如 Issing（2003）[①] 和 Padoa-Schioppa（2003）[②] 所提到的，一些研究者发现对金融不稳定很容易定义，而对它相反的另一面就很难。很多人选择从其对立面，也就是金融不稳定的角度进行定义。

一、金融稳定：直接派的不同观点

直接派的不同观点及其代表人物主要有：

1. 弹性观，代表人物包括 Mishkin（1991，1997）、Padoa Schioppa（2003）、Haldane 等（2001）、Udaibir S. Das、Marc Quintyn 和 Kina Chenard（2004）、Kenneth Scott 和 George Kaufman 等。斯坦福大学 Kenneth Scott 和 George Kaufman 教授认为，金融稳定指的是金融体系的系统性稳定，而不是个别金融机构的稳定，也不是金融业某些部门的稳定。他们从弹性和金融系统吸纳冲击能力的角度进行定义，强调金融体系的弹性是稳定的关键因素，本书称之为弹性观。他们认为，单个的银行破产并不一定是金融不稳定的证据，这样的一个事情甚至有助于维持和提高稳定性。他们认为微观层次的不稳定不等于宏观层次的金融不稳定，金融稳定并不存在简单的加总法则。具体可以参见 Mishkin（1991，1997）、Padoa Schioppa（2003）、Haldane 等（2001）、Udaibir S. Das、Marc Quintyn 和 Kina Chenard（2004）等。

2. 系统观和结构主义观，代表人物包括 Wim Duisenberge（欧洲中央银行，2001）、Michael Foot（英国金融服务局，2003）。Michael Foot 认为，金融稳健性包括：（1）货币稳健性；（2）就业水平接近经济的自然就业率水平；（3）对经济中关键的金融机构和市场的运行有信心；（4）在满足 a 或 b 的经济中不存在实际资产或金融资产的相对价格运动。欧洲中央银行 Tomasso Padoa-Schioppa 认为，金融稳定是指金融机构、金融市场和金融基础设施运行良好，在遭到各种冲击时仍能维持储蓄向投资的有效转化的状态。Garry J. Schinasi（2004）在《金融稳定的界定》一文中将金融稳定看作一个连续体，而不是静态的概念，包括了金融（和金融体系）的不同方面——基础设施、机构和市场。私人和公共部门的人都参与到市场和金融基础设施（包括法律体

[①] Issing, O., Monetary and financial stability: is there a trade-off?, conference on Monetary stability, financial stability and the business cycle, March 28 – 29, 2003, Bank for International Settlements, Basle. 2003.

[②] Padoa-Schioppa, Tomasso, 2003, "Central Banks and Financial Stability: Exploring the Land In Between," in *The Transformation of the European Financial System*, ed. by Vitor Gaspar and others (Frankfurt: European Central Bank), pp. 269 – 310.

系和金融规制和监管的官方框架）中来。政府在市场上借款、进行风险抵补、通过市场来传导货币政策和维持货币稳定以及运作清算支付系统。因此，"金融体系"可以看作是包括货币体系（正式协议、协定、惯例、同程序的机构和机构）以及私人金融行为的惯例。[①] 考虑到所有的这些金融体系组成部分之间有紧密的内在联系，任何单个成分的干扰都可能会破坏整体的稳定性。在任意给定的时间，不稳定性可能是私人机构或者官方机构中的任意一个导致的，也可能是它们同时发生和/或反复发生导致的。我们对此表示认同，第三章建立的模型可以很好的反映这一思想。这是从金融结构角度定义金融稳定，具有明显的系统观色彩。

3. 功能观，代表性的形式包括 Deutsche Bundesbank（2003）、Norges Bank（2003）、Frederick Mishkin[②]（哥伦比亚大学，1999）。他们从金融功能的角度进行界定，金融稳健性不仅意味着金融在配置资源和管理风险、聚集存款和推动财富积累、发展和增长方面能充分地发挥作用；它同时也意味着经济中的支付系统运行平稳（官方和私人部门之间、零售和批发、正式和非正式的支付机制）。这就需要法定货币和它的密切的替代物——衍生货币（如支票账户存款和其他银行账户）——能充分地发挥它作为普遍接受的支付手段和计价单位，以及在适当时候，发挥储存手段的作用。换句话说，金融稳定和货币稳定在很大程度上是重叠的。任志刚指出，无论在任何地区，金融体系的角色，一方面是金融中介——将储蓄转化为投资，另一方面是促进经济交易活动。金融体系快捷有效地发挥这些基本作用，便能推动经济增长与发展，符合公众的最佳利益。因此，维持金融稳定可以视为主要是确保金融体系结构稳定，使这些基本而重要的功能得以有效地持续发挥，不受任何干扰。总之，他们从金融功能的角度来研究金融稳定，把金融脆弱性理解为金融功能的部分乃至完全丧失，我们称之为功能观。

4. 能力观，代表人物为 Garry J. Schinasi。他们从能力角度定义金融稳健性。Garry J. Schinasi[③]（2004）认为，广义上，金融稳健性可以从金融体系能力方面来考虑，金融稳健性的概念不仅与真实金融危机的消失相关，而且与金融体系减少、遏制和处理突发的不平衡事件的能力相关。Garry J. Schinasi（2004）认为金融稳健性的界定通常是根据它推动和增强经济运行、管理风险

[①] Garry J. Schinasi, Defining Financial Stability, IMF Working Paper, WP/04/187, October 2004.
[②] Mishkin, Frederick, 1999, "Global Financial Instability: Framework, Events, Issues," *Journal of Economic Perspectives*, Vol. 13 (Fall), pp. 3–20.
[③] Garry J. Schinasi, Defining Financial Stability, IMF Working Paper, WP/04/187, October 2004.

第二章 金融稳定：理论文献综述

和消化吸收冲击的能力来进行的。金融稳健性既需要从预防方面考虑又需要从补救方面来考虑。有人认为金融稳定性是指，在既定的冲击下，金融体系防止危机发生的能力（十国集团，2001，第126页）。在界定金融稳健性时强调的是金融体系抵抗风险的能力而不是结果，这实际上是一大进步。

5. 结果或者影响观，他们从结果或者影响来界定金融稳健性，通过是否发生危机来判断金融稳健与否，认为金融稳健性可以表示为真实经济的潜在结果，代表人物包括 Nout Wellink（De Nederlandsche 银行，1986）、Tommaso Padoa-Schioppa（欧洲中央银行，2003）、Anna Schawartz（美国国民经济研究局）。他们认为，如果金融市场或单个金融机构的扰动整体上没有损害经济活动，就不需要看作是对金融稳健性的威胁。他们将金融稳健性视为没有银行业危机而且资产价格稳定的状况，这样的定义带有结果决定论的味道。在整体上它的概念阐述不清，因为"没有银行业危机"仍然没有提供金融体系相对稳健程度的直观印象。荷兰银行 Nout Wellink 认为，金融稳定是指一个稳健的金融体系能够有效地配置资源，吸收冲击并阻止冲击对实体经济造成的破坏性影响，而且这个系统本身不应该成为冲击的发源地。金融结果或者金融影响观，以金融对经济的最终影响来判断金融是否稳定。如果金融对经济存在负效应，则不稳定，否则稳定，以金融是否不利于经济增长为依据。

6. 金融观，代表人物包括 Wim Duisenberge（欧洲中央银行）[1]、Michael Foot（英国金融服务局）[2]。他们强调经济的货币化、不确定性和金融结构在金融稳定中的重要性。他们从金融或者金融体系的历史源头和对金融重新理解（或者金融体系）定义的角度来界定金融稳健性，认为金融脆弱性根植于货币经济和不确定性当中。金融稳健性可以看作是一个随着时间而变化与金融组成成分的多种多样的组合相一致的连续体，认为金融稳健性是金融体系以预期为基础的、动态的并且依赖于众多部件的良好运行。把金融稳健性具体分为金融机构的稳定性、金融市场的稳定性和金融基础设施的稳定性等几部分，具有明显的系统观和结构主义色彩。

7. 生物进化观。他们借用生物学的概念来理解金融稳定性。金融稳健性被认为是连续发生体。一个更加清楚的例子是有机物的健康，也是一个连续发生的过程。一个健康的有机物通常可以达到一个更高水平的健康和福利状态，

---

[1] Duisenberg, Wim F., 2001, "The Contribution of the Euro to Financial Stability," in *Globalization of Financial Markets and Financial Stability—Challenges for Europe* (Baden-Baden: Nomos Verlagsgesellschaft), pp. 37 – 51.

[2] Foot, Michael, 2003, "What Is 'Financial Stability' and How Do We Get It?" The Roy Bridge Memorial Lecture (United Kingdom: Financial Services Authority), April 3.

而且正常的范围是宽广的、多维度的。此外，不是所有的不健康（生病）状态都是显著的、系统性的或有生命危险的。而且有的疾病，甚至是暂时严重的疾病，可以使有机体继续运转并且具有清除功能，这样还能使有机体达到更高的健康水平。从这个角度来理解金融稳健性，意味着保持金融稳健性并不需要金融体系的每一个部分都总是处于最佳状态。它的结论是金融体系可以"间歇休息"的方式来进行运作。这个连续体的概念是相关的，因为金融事实上包括不确定性，是动态的（即跨时期的和革新的），是由很多内在联系和进化的元素（基础设施、机构、市场）组成的。因此，金融稳健性是以预期为基础的、动态的并且依赖于金融体系众多部件的良好运行。在一个时点是稳定的，可能在其他时点变得更加稳健或更不稳健，这取决于经济体系的其他方面——如技术、政治和社会发展。

二、金融稳定：迂回派的不同观点

迂回派的不同观点及其代表人物主要有：

1. Roger Ferguson 的三标准观。Roger Ferguson（2002）[①] 认为，对中央银行和其他当局来说，最有用的金融不稳定概念与可能会对真实经济行为产生潜在损害的市场失灵和外部性密切相关。他遵从三个基本标准来判断金融不稳定：(1) 某些重要的金融资产的价格似乎与其基础有很大脱离；(2) 国内的和国际的市场功能和信贷的可获得性都存在明显地扭曲。(3) 总支出与经济的生产能力出现明显的偏离（或即将偏离）。

2. Andrew Crockett 的四要素论。Andrew Crockett[②] 把金融稳健性定义为没有不稳健性。他集中从四个方面进行界定。"第一，应该存在真实经济成本……。第二，它是潜在的损坏而不是真实损坏……。第三，我的界定偏好于……不只对银行还有非银行和市场同样也对机构……。第四，我的界定允许我提出银行是否特殊这个问题……所有的机构都有很大风险——所有的机构都存在很大程度的内在联系，不论它们是不是直接进入到了支付体系中——如果倒闭了，它们拥有在系统中产生大范围损坏的能力。"在金融不稳定的情况下，金融资产价格波动或金融机构不能履行它们的合同义务，可能对经济绩效产生

[①] Roger W. Ferguson, Jr, Should Financial Stability Be An Explicit Central Bank Objective?, Challenges to Central Banking from Globalized Financial Systems, Conference at the IMF in Washington, D. C., September 16 - 17, 2002.

[②] Crockett, Andrew, 1997, "The Theory and Practice of Financial Stability," *GEI Newsletter Issue No. 6* (United Kingdom: Gonville and Caius College Cambridge), 11 -12 July.

损害。他强调金融不稳定应该存在真实经济成本，它是潜在的损坏而不是真实损坏，它不只对银行还有非银行和市场同样包括其他金融机构，如果这些机构倒闭了，它们拥有在系统中产生大范围损坏的能力。这是 Andrew Crockett 定义所强调的四要素。

3. John Chant 的状态和后果论。John Chant 等（加拿大银行）[1] 认为，金融不稳定是指金融市场通过它对金融体系运行的影响，损害或者即将损害经济的正常运行的一种金融市场状态。它由源自金融系统内部的冲击通过那个系统传导或由源自金融系统的其他方面的冲击的传导而引起。这样的不稳定以多种方式损害了经济的运行。John Chant 认为金融不稳定是指金融市场的负面状况通过影响金融体系而危害经济运行的状态。

在主流经济学内部，对金融稳定的理解也发生了分野。早期主流经济学对金融的研究似乎是有一个纯粹的微观经济目标，尤其是那些从公司金融角度处理问题的研究，对金融因素的重视还不够，对金融稳定主要从外部冲击角度进行解释，对金融稳定概念本身存而不论，对金融稳定的分析还没有深入到问题的本质，仅仅停留在表面或者浅层次分析阶段，强调技术和外部冲击的重要性。

最近主流经济学的研究，也开始从内部突破传统研究的局限，现代金融危机理论中的"脆弱论"的兴起就是一个证明。他们为更好地了解宏观金融波动，挖掘金融危机的内在机理和传导渠道，对金融稳定的理解越来越接近明斯基的洞察，带有典型的明斯基烙印。主流经济学的危机理论朝着明斯基的方向前进，对金融稳定的理解，越来越具有融合趋势，强调金融稳定的多维性、不确定性、动态性和连续性等特征，但是在方法上差别很大。在主流经济学中，金融因素的宏观作用通过 Bernanke 和 Gertler（1995）所说的"金融加速器"发生作用。同样地，金融因素是冲击的扩散机制。他们有助于解释为什么波动很大，但是他们不能解释波动的源泉。在明斯基的理论中，金融—支出之间的联系不仅使不稳定性扩散，而且正是不稳定性之源。明斯基写道，"不稳定性由系统内部的机制而不是外部的机制决定。我们的经济是不稳定的，不是因为石油、战争和意料之外的货币的变化，而是由于经济的内在本质。"这种观点可能与主流的信贷渠道观点不一致，但是更为深刻且更具普遍意义。在主流经济学模型中，作为外生冲击来刻画的因素，明斯基将其作为现

---

[1] Chant, John, 2003, "Financial Stability As a Policy Goal," in *Essays on Financial Stability*, by John Chant, Alexandra Lai, Mark Illing, and Fred Daniel, Bank of Canada Technical Report No. 95 (Ottawa: Bank of Canada), September, pp. 3 – 4.

代资本主义固有的、内生的特征来加以解释。主流经济学将金融不稳定看作是外生的，坚持认为金融市场是完美无缺的，而明斯基等非主流经济学则认为，金融不稳定是内生的，金融不稳定是资本主义的固有缺陷，这是两者最大的分歧。

关于金融脆弱性的定义存在不同的看法，这些不同的定义反映了研究者对金融脆弱性的内涵的不同认识。通过比较可以发现明斯基对于金融脆弱性的认识是十分深刻的。明斯基将金融脆弱性作为理解资本主义发展及其波动的一个关键词，贯穿在他对资本主义发展和危机分析的始终。金融脆弱性成为明斯基反对斯密法则和瓦尔拉斯法则的核心武器，对凯恩斯法则提供了有力的支持。资本主义的经济波动关键在于一个特殊的货币金融体系，在于这个特殊的货币金融体系的不稳定性或者内在的脆弱性。货币金融的不稳定或金融脆弱性成为理解资本主义经济波动的关键所在。相比较而言，主流经济学对金融危机的研究还没有抓住危机的内核，还徘徊在危机的边缘地带，围绕金融加速器和传染扩散过程展开分析，其中系统性风险是主流经济学研究金融危机的一个新的分支，并没有揭开金融不稳定的源头。主流经济学大多数对金融不稳定的源头存而不论，将金融不稳定归结为外部冲击，更多强调的是过程和技术分析。

三、金融稳定的再思考及其界定

关于金融脆弱性的界定，研究者提出了不同的看法。虽然存在诸多分歧，但是也可以发现，对金融稳定的定义，越来越具有融合的趋势，强调金融稳定的多维性、不确定性、动态性、连续性、多标准。赞成从重新理解货币金融的角度来界定金融稳定，本书把金融不稳定放在货币、经济和金融三者关系的大视野下进行解读，通过进一步深挖金融脆弱性的源头，重新理解货币、经济和金融的关系来研究金融稳定。

金融一般是指货币资金融通过程，因此金融不稳定可以定义为货币资金融通过程的中断或者融资失败，也就是货币向资本转换过程中货币没有实现保值增值，融资主体和（或）筹资主体由于利益冲突陷入不合作的金融困境，结果导致整个社会陷入金融危机的状态。简单说来，就是"钱生钱"过程的失败。金融实际上就是将不同筹资和融资主体之间的不确定性和不信任转化为确定性和信任的过程，也就是一个协调利益冲突，促进金融合作的过程。协调参与主体的利益冲突，促进金融合作，这是金融最基本的功能。在此基础上金融体系进一步衍生出诸多的其他功能,包括对金融风险进行定价,管理金融风险,生产信息,将储蓄转换为投资等功能。本书把金融功能的分析放在利益关系的基础上进行分析,强调金融功能和金融能力在界定金融稳定中的重要性,金融稳定不仅是金融体系自身抵抗风险能力的提升,而且包括金融服务经济能力的提升,是金融功能的改进,因此金融稳定具有三重意义:一是从金融体系自身而言,强调金融体系自身抵抗风险,处理、化解和管理风险的能力或者功能。二是从实体经济而言,强调金融体系对经济的服务能力或者功能。三是两大功能都要兼顾,不能因为强调金融服务经济功能,而忽视了金融体系自身的利益和稳定。计划经济条件下给金融体系加载了太多的责任,把金融体系看作第二财政和附属物,而忽视了金融体系自身的稳定和利益、独立性和新兴的衍生功能,比如风险管理功能。同时要防止过分强调金融体系的独立性,防止金融体系过度虚拟化和自我循环,而忽视了金融的基本服务功能。本书坚持金融服务观与经济金融和谐观,也就是从金融和经济的关系角度来判断和理解金融稳定。

第二节 金融不稳定:不同理论观点述评

自从20世纪70年代以来,世界资本主义正在经历着一场深刻的历史转变,这一时期货币与金融的不稳定对于大多数人民的生活具有灾难性的意义。主要资本主义经济相继采用的经济政策似乎加重了货币与金融的不稳定性。为什么现代资本主义要想带来货币与金融秩序的和谐,是如此之难?这一问题是相当复杂的,主要的经济思想流派以不同的方式对此给出了不同的解释,下面拟对一些代表性的理论观点进行总结分析。

一、马克思政治经济学观点和"四大法宝"

在古典学派的论著中,资本主义经济代表着一个自然与和谐的社会秩序。相反,对于马克思来说,资本主义经济是内在不稳定的,经济不稳定性有一些货币与金融方面的问题。马克思重点关注的是经济不稳定而不是金融不稳定,这与马克思所处的时代有关。马克思关于金融不稳定性的论述,最早体现在马克思的两类型危机理论中。马克思(1867)在一个关于货币支付手段的这一功能的第50条注释①中指出：本书所谈的货币危机是任何普遍的工业与商业总危机的一个特殊阶段，应同那种也被称为货币危机的特种危机区分开来，后者可以单独地产生，仅仅对工业和商业发生反作用。这些危机的运动中心可以在货币资本中发现，因此，它的直接范围是银行业、股票交易所和金融。该注释区分了两种货币危机：形成工业与商业总危机的一个特殊阶段的货币危机（第一种类型）和独立于工业与商业总危机的货币危机②（第二种类型）。马克思从三个层次对货币与金融不稳定性展开分析：第一，在简单商品流通条件下，经济不稳定的可能性纯粹产生于货币的社会功能。货币作为流通手段的功能意味着"只要没有人购买，也就没有人能卖。但谁也不会因为自己已经卖出，就一定要马上去购买"（马克思，1867）。在货币经济中，买卖的脱节、交易的时间和空间差为危机埋下了可能性，也就是说，在货币经济中，萨伊定律不再成立。第二，在一个具有由先进信用与金融支持的发达交换过程的经济中，影响范围与复杂性次序各不相同的金融危机的爆发成为可能。第三，在资本主义经济中，资本主义积累的实质运动会不可避免地导致金融危机。这里关键性的一点是，从抽象角度来看，在工业资本主义积累基础上建立起来的货币经济中，货币危机的内在可能性成为了必然性。无论是产生于其社会功能的货币不稳定性还是第二种类型的货币危机都不是资本主义经济所特有的。一般来讲，在商业资本主义时期，中产阶级和富人手中萌发的货币资产是不能通过工业投资系统的自我扩张来实现的。货币资产不可避免地流向对债券与股票的投机贸易，导致了投机的繁荣和第二种类型的货币的危机。马克思重点关注的是第一种类型的危机，而非第二种类型的危机。

马克思主义关于资本主义货币与金融不稳定性的分析强调以下三点：第一，资本主义货币与金融不稳定性不仅存在于市场运行（和政府有关当局对这些运行的影响），同时也存在于资本积累本身的过程之中。货币与金融的不稳定并不仅仅是由于政策的错误，或者货币与金融机制的缺陷所造成的。要想全面地确定这种不稳定的根源，有必要全面地考察实际资本积累同货币与金融的

---

① 参见 Karl Marx, capital: a critique of political economy. Volume i: the process of capitalist production (1867) url of original htmL file: http://oll.libertyfund.org/Home3/HTML.php?recordID = 0445.01, p. 274（第50条注释）。

② 这就是我们所称的新型金融危机，是我们研究的对象，这种危机主要与货币的价值储存功能有关。根据该注释，《资本论》中对于支付手段与货币危机之间关系的分析专指第一种类型的危机。然而对于《资本论》的仔细阅读没有发现为什么该分析不适用于第二种危机的理由（后者被包含在《资本论》的注释中意味着已经认识到了这一点）。曾诗鸿（2004）在其博士论文中曾提及这一问题。

社会联系，并证明它们的矛盾冲突和经常的不合理特征①。第二，在历史条件中，货币与金融不稳定性的特点一直是复杂与变化的。由信用关系扩展的发达的前资本主义市场必然具有使货币与金融产生不稳定性的因素。资本主义已经表现出格外的、本质的不稳定性。这种不稳定性产生于货币、金融同实际积累之间的必然的联系（将这一观点模型化）。在资本主义发展的历史过程中，货币与金融不稳定性的属性与影响已经发生了极大的变化②。要想充分了解当代货币与金融不稳定性，必须对其历史演进进行评价。第三，在其适当的历史情况下，对竞争理论的关键性评价对于货币与金融理论的发展也很重要③。在资本主义社会条件下，自发地产生一种金字塔式的社会关系，这个金字塔相继是由商品、货币、竞争中周转的资本、商业信用、银行、货币市场和中央银行所构成的④。在无政府的状态下，高度联系在一起的货币与金融制度产生出来，在历史发展的不同背景下，一定程度上相应地承认社会与政治控制。经济学家和政治家在历史上就一直想要通过利用联合信用与金融的社会机制减少资本主义的不稳定性。对货币与金融的管理常常与中央银行操作相关联，这些甚至一直被相信资本主义自然和谐性质的人们所提倡。

在马克思所有的论著中可以发现四种不同的危机观点，可以归结为比例失衡假说、消费不足假说、过度积累假说、劳动力短缺假说，我们称之为马克思危机理论的四大法宝。资本主义发展阶段早期，比例失调理论是非常流行的，这可以从Tugan-Baranewsky（1913）和希法亭（1910）的著作得到印证。第二次世界大战以后，马克思主义消费不足理论的威望日隆，因为它同凯恩斯主义相类似。消费不足理论被认为是马克思主义危机理论的主流，在Kautsky

---

① 这是十分深邃的思想，我们的模型可以很好地反映和证实这一结论，在我们的模型中，实体经济、金融部门和货币市场三者放在一起，实体经济代表实际资本积累，虚拟经济代表金融，货币代表政府治理，通过重新思考三者的关系来挖掘金融不稳定的根源。

② 这种性质或者属性的变化，可能反映为好向坏的转变，货币金融不稳定越来越成为资本主义的腐蚀性力量而不是一种发展的动力，当投机成为一种主导型的力量的时候，当实际资本积累过度造成的投资机会和赢利能力下降的时候，对虚拟经济的投机成为主导型的时候，这时候货币金融不稳定越来越具有独立化的趋势，货币金融不稳定越来越脱离于实体经济的创新和发展，而变成了一个虚拟经济投机的产物，货币金融的不稳定越来越不利于经济增长和金融发展，而是成为危机的来源，货币金融的作用由正效应演变为负效应，货币金融的破坏性越来越明显，货币金融市场成为赌场，成为悠闲资产价格和寄生者、食利者的乐园，资本家也消费，只是他们消费的不是普通商品，而是一种特殊的金融产品，能够为他们带来利润和价值增殖的金融工具，这逐渐形成了一个富人俱乐部和独立的虚拟经济系统，这是由资本的嫌贫爱富的天性决定的，这是自由金融的罪恶，自由成为资本家剥削和掠夺的借口，金融是一种更为隐蔽的剥削方式。金融体系或者系统不应该成为富人或者有钱人的乐园和天堂，虚拟经济同样如此。

③ 这的确很重要，对于资本主义的货币金融体系的作用，应该分阶段来看，而不是一概否定，在资本主义中前期，货币金融的积极性十分明显，这时期的自由竞争值得充分肯定。

④ 我们将这种金字塔形的复杂社会关系，结合现代金融资本主义的时代特征，利用一个立体图来刻画这种复杂关系，可以参见第三章的立体图。

(1901~1902，1911)、Luxemburg（1913）、Varga（1937~1938）和 Sweezy（1966）的著作中可以找到证据。20世纪70年代以后，凯恩斯主义的失灵和世界经济的持续困难又推动过度积累理论在马克思主义经济学中声望突起。把马克思的四大法宝作为一个工具箱，有选择地使用其中的概念来对资本主义经济危机的历史特殊情况进行分析，具有很大的吸引力，因为它能够灵活地分析资本主义经济危机的历史特殊性及其产生的直接原因。面对着纷繁复杂的资本主义危机的历史发展，机械地应用危机理论的一方面，不是一种令人满意的可取的方法，马克思的四大法宝以其灵活性的优点，成为解释力很强的危机理论。马克思主义经济学家常常通过有选择地引用马克思著作中的论述，来强调四个危机理论中的一个或另外一个。然而，这一方法的不足之处在于，它实际上是可以任意选择的，因此不能导致产生完全同信用与金融分析联系在一起的具有前后一致性的资本主义经济周期理论，这是一个严重的不足。本书建立的广义货币存量—流量模型，试图弥补这一不足。

马克思主要是从资本主义的生产方式来论述经济危机造成的信用危机，开创了剩余分析的新范式[①]。马克思否认了萨伊定律，也就是供求分析范式，即供求自我调节实现均衡。马克思关于金融系统性风险的积聚及其崩溃的基本观点是，他承认这种系统性危机的存在，将之归结为资本主义的基本矛盾。马克思政治经济学把金融危机归结为利益关系的不和谐，财富积聚过程中的利益关系严重失衡。

马克思重点在于分析第一类危机，认为固定资本更新危机是第一种类型危机的基础。在实体投资主导下可以解释工业资本的货币危机，本书称为实体型金融危机。对于第二类危机，利用固定资本更新难以解释，必须寻找新的金融危机的基础。在虚拟投资主导的情况下，金融危机变得越来越不规则。在金融业和股份资本作为现代经济核心的情况下，金融危机越来越具有虚拟化的色彩，因此必须超越实体投资去寻找金融危机的根源。在拥有大量货币的情况下，为什么货币沉淀不流动呢？在货币总量富余的情况下，为什么会发生流动性不足危机？需要解释的是货币储存现象，或者流动性陷阱问题，本书称为虚拟型金融危机。全球已经进入金融资本主义的新阶段，表现为新经济或者金融经济的崛起和壮大。随着虚拟资本的积聚和虚拟资本的膨胀，爆发第二类危机的可能性和条件越来越充分。现在所处的时代，与马克思所处的时代不同，经

---

① 马克思承认资本主义市场的内在缺陷，否认市场完美的假设，从分析商品的内在矛盾入手分析危机的可能性和必然性，是以剩余范式作为主要研究方法的，剩余价值成为马克思分析资本主义经济的核心理论。

济—金融关系发生了重大变化。马克思关于第一类危机的分析，为分析第二类危机提供了理论准备。马克思坚持危机分析的综合历史视角，强调货币金融不稳定性产生于货币、金融同实际积累之间的必然的联系当中，具有典型的结构主义色彩。这是十分深邃的思想，受此启迪，本书在第三章将马克思的这一观点模型化①。

二、金融不稳定的经济周期观

经济周期学派的代表人物包括凡勃伦、欧文·费雪等。经济周期学派的研究重点是经济波动，金融不稳定并不是他们研究的重点。经济周期学派越来越多的从金融系统角度来寻求经济不稳定的根源，将货币金融的不稳定归结为经济不稳定之源，但是他们的很多分析都是将经济周期和金融周期交织在一起，经济周期学派的研究为本书分析金融不稳定提供了极具价值的参考。他们认为宏观经济的周期性波动导致了金融系统的周期性波动，造成金融体系结构的脆弱—稳定循环，将金融不稳定归因于经济基本面的周期性波动。

美国经济学家凡勃伦在马克思的危机理论的基础上，提出了金融不稳定假说。他在《商业周期理论》和《所有者缺位》中认为：一是证券交易的周期性崩溃在于市场对企业的估价逐渐脱离企业的盈利能力；二是资本主义的经济发展最终导致社会资本所有者的缺位，结果其本身存在内生的周期性动荡力量，这些力量主要地集中在金融体系中（T. Veblen，1904）。对于金融脆弱性的经典解释是由欧文·费雪②（1933）作出的，费雪是最早对市场经济条件下产生金融不稳定性的机制进行系统性研究的经济学家。费雪曾于1933年认真总结了以往经济学家与自己观点的异同。他分析了1837年和1873年发生在美国的大萧条以及始于1929年的全球性经济危机，认为同时出现负债过度和通货紧缩现象是金融市场产生大动荡的最根本原因。经济状况的好坏表面上是由设备投资过剩与否、投机活动的多少或对经济的预期是否过于乐观引起的，但是归根到底，根源就在于负债过度。在此，可以认为金融的"变异"会致使实体经济"变异"③。总的说来，欧文·费雪的"债务—通货紧缩理论"的核心思想是：经济繁荣时期为追逐利润"过度负债"，当经济不景气，没有足够

---

① 在我们的模型中，将实体经济、金融部门和货币市场三者放在一起，利用实体经济代表实际资本积累，虚拟经济代表金融，货币代表政府治理，通过重新思考三者的关系来挖掘金融不稳定的根源。

② Fisher, Irving, "The Debt Deflation Theory of Great Depressions," Econometrica (1933), pp. 337 – 57.

③ 在后面，我们提出了货币双轨制异化假说来解释金融不稳定，这与费雪的思想比较一致。

的"头寸"去清偿债务时，引起连锁反应，导致货币紧缩。其传导机制是：为清偿债务廉价销售商品（导致）→廉价销售商品→存货减少、货币流通速度降低→总体物价水平下降→企业债务负担加重、净值减少→破产、失业→社会成员悲观和丧失信心→人们追求更多的货币储藏、积蓄→名义利率下降、实际利率上升→资金盈余者不愿贷出、资金短缺者不愿借入→通货紧缩。

费雪根据对1929～1933年金融大危机的亲身体会，发展了由凡勃伦、霍特里（Hawtery）等提出的"债务—通货紧缩理论"。他认为金融体系的脆弱性与宏观经济周期密切相关，尤其是与债务的清偿紧密相关，认为金融危机是周期性的，是由于过度负债引起债务—通货紧缩过程的金融事件引起的。根据费雪的理论，金融脆弱性很大程度上是由经济基本面恶化所致。对于欧文·费雪的"债务—通货紧缩"理论，后来的经济学家有了丰富和发展，主要有明斯基的"金融不稳定假说"、金德尔伯格的"过度交易"理论，以及沃尔芬森的"资产价格下降"理论，托宾的"银行体系关键论"。

总的说来，关于金融危机和宏观经济的关系的解释，存在不同看法，有人从融资角度将两者联系起来，认为金融危机内生于宏观经济的周期性变化之中，强调金融危机的内生性。有人则将两者分割开来，把宏观经济的周期性波动看作一种外部冲击，强调金融危机的外生性。虽然都是从宏观经济角度来解释金融危机，但是由于对经济和金融关系的不同回答，导致对于危机的性质得出了不同的看法：一种是金融危机的外生论；另一种是金融危机的内生论。金融危机的外生论认为金融危机来自外部宏观经济因素的冲击。而内生论认为金融危机是内生于宏观经济之中的。金融危机的经济周期学派将金融脆弱性归因于实体经济或者经济基本面，强调实体经济发展及其周期性波动在金融危机中的重要性。具体又可以分为传统派和现代派，其中经济长波理论是传统版，真实经济周期假说是现代版。

三、明斯基的金融脆弱性和非主流金融观点的发展演变[1]

在大多数主流宏观经济学家认为金融不重要的时代，海曼·明斯基的研究强调金融在现代经济中的核心作用。在其学术生涯中，海曼·明斯基主要研究金融在现代经济绩效中的核心作用。在20世纪六七十年代，他的"金融凯恩斯（主义）"观点，与主流宏观经济学认为金融因素作用有限的观点形成了鲜

---

[1] Steven M. Fazzari, Minsky and the Mainstream: Has Recent Research Rediscovered Financial Keynesianism? The Jerome Levy Economics Institute of Bard College, Working Paper No. 278, August 1999.

明对比。根据强 M—M 定理，金融状况与实际经济决策无关。与作为经济活动潜在引擎的偏好和技术相比，金融只是一个附属物。明斯基的研究强调金融和经济活动之间的基本联系。明斯基①（1986，第172页）曾经批判性的指出，"在今天的标准经济理论中，分析的是一个抽象的非金融经济。关于这种抽象经济的公理，实质上假定对于一个存在复杂的金融和货币制度的经济也有效"。在主流经济学中，金融因素的宏观作用通过 Bernanke 和 Gertler（1995）所说的"金融加速器"发生作用。同样地，金融因素是冲击的扩散机制。它们有助于解释为什么波动很大，但是它们不能解释波动的源泉。在明斯基的理论中，金融—支出之间的联系不仅使不稳定性扩散，而且正是不稳定性之源。在关于投资和金融联系的一段引言式的评论中，明斯基写道，"不稳定性由系统内部的机制而不是外部的机制决定。我们的经济是不稳定的，不是因为石油、战争和意料之外的货币的变化，而是由于经济的内在本质"。这种观点可能与主流的信贷渠道观点不一致，但是更为深刻且更具普遍意义。在主流经济学模型中，作为外生冲击来刻画的因素，明斯基将其作为现代资本主义固有的、内生的特征来加以解释（Steven M. Fazzari，1999）。

明斯基②被公认为系统地提出现代金融脆弱性假说的杰出代表。明斯基的金融脆弱性理论是金融危机理论的一个分水岭和标志，此前的可以归于传统金融危机理论，此后出现了分岔，一个是沿着明斯基的理论深化；另一个是沿着传统主流金融危机理论进行研究。明斯基作为《梅耐德·凯恩斯》传的作者，很好地吸收和继承了凯恩斯的思想衣钵，并弥补了凯恩斯对金融部门分析的不足，对货币、经济和金融的关系作了更为详细深入的考察，对20世纪80年代新型金融危机的分析具有很好的解释力。因此，本书把明斯基作为金融凯恩斯主义的代表，重点介绍明斯基和"金融凯恩斯主义"的发展演变脉络。

沿着明斯基的研究路线，大约有三个展开研究的分支③。第一个分支，代表是 Fazzari 和 Papadimitriou（1992）及 Bellofiore 和 Ferri（2001，第一卷），他们主要是对明斯基的思想观点进行文字性和描述性分析。第二个分支，代表人物是 Nasica（2000，第5章和第6章），主要是（正式）讨论与新凯恩斯分析类似的话题。第三个分支，（规模相对要小得多）代表人物是 Nasica（2000，

---

① Hyman P. Minsky, Stabilizing an Unstable Economy, Yale University Press, 1986.
② 关于明斯基的地位，存在不同的看法，经济周期学派喜欢将明斯基归为其中的一员，而后凯恩斯主义也不例外。但是明斯基本人，却更喜欢"金融凯恩斯"的称谓，这鲜明地指出了明斯基和凯恩斯的联系和区别。
③ Claudio h. Dos santos, a stock-flow consistent general framework for formal minskyan analyses of closed economies, the levy economics institute, February 2004.

第75页）。他们在标准的宏观经济框架当中引入一些简单的金融变量（利率和负债率）或者更为复杂的变量（稳定和脆弱指标）。同时，试图证明在某种环境下他们所研究的波动与明斯基所想象的一致，但是没有很好的模型化。这些作者一致认为明斯基的理论不论是微观经济层面，还是制度层面都是详细的、具体的，是丰富的和富有启发性的，超越了单纯的代数公式。他们对新凯恩斯文献采取忽视态度，主要理由：一是新凯恩斯更多关注的是微观经济而不是宏观经济模型，尤其是，在他们的文献中提出了许多可能的微观基础。在这些微观基础中，怎样选择并不清楚。或者把这些讨论的微观基础合并进入一个宏观经济结构当中，同样不清楚。二是新凯恩斯作者提出的简化的宏观模型（关于这方面的模型可以参见，Fair，2002，Arestis 和 Sawyer，2002）。这些模型用来预测现实经济的效果十分糟糕，所以，不适合于用来解释明斯基的思想（Lavoie，1992，第6~10页）。Hannsgen（2003）提出了一个有趣的新凯恩斯式的模型，具有明显的明斯基风味（Taylor 和 O'Connell，1985，第1页）。尤其是，明斯基的脆弱和稳定的概念是多维度的，金融创新和制度变化意味着精确的定义这些维度不得不依赖于历史的和制度的内容（Skott，1994，第52页）。Nasica's（2000，第51页）指出，由于缺乏模型化，有时候使得明斯基的观点的一致性很难检验。Claudio H. Dos Santos（2004）在《存量—流量一致的一般分析框架：对封闭经济条件下的明斯基分析的模型化》，对明斯基的思想进行了正式的模型化，提出了一个基于 SFC 基础上的 FML 模型。本书在第三章的模型当中吸收了他的最新研究成果，这里不再介绍。下面重点介绍明斯基的金融脆弱性假说。

（一）明斯基对主流新古典理论的四大批判[①]

明斯基在凯恩斯的基础上进一步对主流新古典理论进行批判，对金融资本主义运行方式的内在缺陷提出了较凯恩斯更为深邃的洞察，比凯恩斯方法更进一步。明斯基对传统方法中微观和宏观模型的基础假设作了全面深入的批判，在此基础上提出了自己的替代模型。明斯基通过对金融资本主义的观察，开创了一个金融分析的新范式，这较凯恩斯的货币分析范式更具时代气息，更符合金融资本主义的特征。明斯基对传统微观模型和宏观模型的批判，集中表现在4个方面。传统方法下的微观模型的基础是简单的物物交换范式，价格是行为方程式的参数。在其中，拍卖人报出一系列的价格并且收到投标，这个过程一

---

① Hyman P. Minsky, The Capital Development of the Economy and The Structure of Financial Institutions, The Jerome Levy Economics Institute Bard College, Working Paper No. 72, 1992.

直持续到达到一个均衡价格。在均衡价格达到之前没有交易发生——也就是说，没有"失败的交易"发生。通过设计，这个模型没有货币（钱），实际上也没有制度（像 Kregel，1995 年所说的那样，这个模型实际考虑的是一个非常特殊的市场形式——拍卖市场——但是这通常是看不出来的），没有寿命期长的资产也没有融资头寸。模型把形成现代金融资本主义经济的制度排除在外。明斯基批判指出，证明基于物物交换的交换经济能达到均衡与证明现代资本主义经济能同样达到均衡是不一样的。即使这个一般均衡模型中已经证明了均衡的存在，它也没有证明均衡是惟一的或稳定的。明斯基经常引用 Ingrao 和 Israel（1990）一书中的观点，认为正是制度约束的缺乏使得其无法证明均衡的惟一性和稳定性。明斯基用这个来证明他自己的观点——自由市场在没有由制度约束所提供的最高点和最低点（天花板和地板）时将是不稳定的。明斯基重点对传统分析方法的四个特殊特征进行批判，并提出了自己不同的看法：一是价格作为信号的作用；二是对资本的看法；三是储蓄的作用；四是货币的作用。在此基础上提出了自己的替代模型。

第一，对新古典主义模型中价格作为信号的作用的批判。在完全竞争的新古典主义模型中，没有经济代理人可以影响价格，从而每个人把价格当作是既定的（价格是参数）。明斯基认为，在实际世界中，有些公司（比如，分利集团等特殊组织）能影响价格，预期也起一定的作用。在极端的情况下，代理人对价格进行投机。实际上，投资一般是预期价格的函数而不是现有价格的函数，所以自由市场无法达到均衡。在新古典主义模型中只有真实的或者相关的价格是重要的，因为它们使得稀缺资源在无限的需求中分配。而在明斯基的理论模型中，所有的金融债务都是名义变量，所有的收入流也是名义变量。一个经济单位的名义流入量是否大于它的名义流出量是很重要的。货币在这种类型的世界中不可能是中性的。这个观点与 Marx、Veblen 和 Keynes 提出的"生产的货币理论"很相似，但是明斯基的分析更多的集中于现代金融关系。明斯基（1986，第 7 章）认为在金融资本主义中价格有五个作用，一个正常的价格应该：（1）确保盈余的产生；（2）价格确保资本家有利润；（3）价格确保需求价格与供给价格的一致从而资本资产能被生产出来；（4）价格确保公司能履行起债务；（5）价格确保资源能被用来投资从而资本能得到积累[①]。明斯基对价格的五大功能展开了详细的论述，这里不再多介绍。

第二，明斯基对新古典资本观的批判及其新观点。新古典主义理论不能处

---

① 根据明斯基的价格五大功能假说，货币供应量和物价之间的简单关系不再成立，这也可以解释中国之谜，明斯基对传统的货币数量论进行了批判。

理像资本之类的存在于实际世界中的任何东西的存在，所以它无法处理由长期资本资产导致的投资。新古典主义的资本是一种可以立刻获得的物质。它会产出一些物质产品并基于其物质生产力而获得一个真实收益。根据现代金融理论，物质资本以什么样的方式取得完全没有区别——不管是通过收益、储蓄、出卖股份还是债务融资取得。明斯基认为，在实际世界中，情况大不相同。今天购买的资本资产是基于对其未来价格的预期，所有头寸都是融资头寸。实际上资金是怎么筹集到的确实有区别。今天购买的资本不一定会在未来由未来的收入流所认可（有效）。现期的收入流认可过去的投资决策，且如果现金流比在做出投资决策时的预期值要小的话，说明过去的投资决策没能得到实现（认可或者有效）。这意味着合同上的融资承诺不能满足，这会对未来的预期产生影响，因而会影响现期的投资从而影响现期收入。这导致了一个非均衡解：投资的减少的反馈作用使得情况变得更糟——在头寸没有得到实现的情况下系统向离均衡更远的地方移动——导致投资进一步减少。这个反馈作用，则会产生持久的"错误"，因为回顾过去，过去的投资决策都是基于对未来的不正确的预期。

第三，明斯基对传统的储蓄作用观的批判及其新看法。所有传统的长期模型实际上是储蓄带动的，在这些模型中，节省是好事，因为更多的储蓄会导致更多的投资，而更多的投资会导致更多的增长。明斯基否认传统的长期增长模型时，他的注意力集中于对新古典主义的短期模型的批判。明斯基（1986）对可贷资金理论提出了三点主要批判。（1）传统模型忽略了降低的消费对投资的影响。因为在新古典模型中，今天不消费的决策就是明天消费的决策。在实际世界中，今天不消费的决策并不代表明天或以后消费的决策。（2）传统理论忽略了内生的金融义务（债务）。换句话说，如果名义的金融债务存在的话，非均衡就会存在。（3）传统理论认为利率只是实际变量的函数，货币没有起任何作用。这是明斯基所否认的实际—名义两分法的另一方面。

第四，明斯基对传统理论看待货币的方式的（传统的货币数量论）批判及其新观点。Hahn很好地总结了当前传统货币理论的情况："货币的存在引起的最严重的挑战是：发展得最好的模型中找不到它的一席之地。发展得最好的模型当然是Arrow Debreau版本的瓦尔拉斯一般均衡"（Hahn，1983，第1页）。在传统模型中，货币是作为最后的考虑加进去的，货币使得交易更方便，并且降低了物物交易产生的成本。由于没有不确定性，只有傻瓜才会持有货币，因为它不能赚到利润——在传统模型中流动性是没有价值的①。在长期，货币必须是中性的，货币只决定名义价格，尽管它在短期可能是非中性的（派别之内有一些不同意见，比如，古典货币主义和理性预期新古典货币主义）。传统的货币理论忽视了金融制度以及融资头寸。总之，传统模型是基于一个物物交换的经济（传统的实物经济常被称之为乡村范式，而现代的金融经济，常被称之为华尔街范式），把实际或相对价格作为参数。正如 Friedman 所说，尽管货币以及其他制度使得分析变得复杂，所有现代资本主义经济的重要特征都应该包括在交换经济的简单模型中。但在实际世界中，在金融资本主义世界中，货币是一个关键的制度。它是内生于正常的经济过程的。使用货币的权力具有力量，不只是购买力还包括市场力量。在资本主义经济中，通常投入货币进行生产来获得更多的货币（用货币生产货币），不存在基于物物交换的经济，货币也不是作为一个降低成本的交换媒介而产生的。实际上，货币更有可能产生于税收的强迫执行，这比私人市场的产生早了很长时间（Wray，1998）。货币作为交换媒介的功能来自于它的记账功能，在所有的现代经济中，是由国家来决定用什么作为记账单位。不管怎么样，货币是现在和未来的关键连接，它是一个单向的时间机器，允许资本家现在购买、生产并在随后支付。明斯基对货币的功能给出了不同的看法，对传统的货币数量论提出了批判。对货币功能认识的深化，是导致明斯基和传统模型不同的根本所在②。

（二）明斯基的金融脆弱性假说

人们公认系统地提出金融体系不稳定假说的是美国经济学家海曼（Hyman）·P·明斯基③。他在 1963 年任布朗大学经济学教授时就曾发表过一篇著名论文《大危机会再次发生吗》④，开始提出了"金融不稳定假说"。明斯基（1985）在《金融体系的内在脆弱性假说》中，提出了金融体系的内在不稳定假说。明斯基的金融脆弱性理论阐明了一种由经济发展而产生的一种导致金融危机的内在机制，且这种内在机制和经济周期的变化发展密切相关。1991 年

---

① 根据第三章的模型，持有流动性是有价值的，它可以投资于金融部门，变为增殖的金融资产，实现闲置的货币向增殖货币的转换。货币是一种原始的预付，是一种现代经济生产的基因或者原材料。

② 第三章开发的 GSFC 模型中，将同时考虑货币的交易和财富储存功能，而不仅仅是货币的数量和单一的货币的交易功能，这样更接近于真实世界，同时也使得分析更为复杂化。

③ Minsky, Hyman, "The Financial Fragiliy Hypothesis: Capitalist Process and the Behavior of the Economy" in Financial Crises, ed. Charles. Kindlberger and Jean-Pierre Laffargue. Cambridge: Cambridge University Press, 1982.

④ MINSKY, H. (1982) Can "it" happen again? Essays on instability and finance. New York: M. E. Sharpe.

他再次撰文《金融不稳定假说：一种澄清》对该假说做了系统阐释。他认为：以商业银行为代表的私人信用创造机构和借款人的相关特性使金融体系具有天然的内在不稳定性。

海曼·P·明斯基的"金融不稳定假说"建立在对传统分析方法的批判基础之上，吸收和继承了凯恩斯模型的精华。明斯基（1982）曾明确指出其理论是建立在凯恩斯模型基础之上的。明斯基模型和凯恩斯模型有着密切的联系。凯恩斯在《通论》中，提及了金融在经济中的作用，但未加以详细、系统的分析。凯恩斯没有详细分析金融是如何影响经济体系的。在说明货币的投机需求问题时，凯恩斯认为利率是个十分重要的变量，但却忽略了资本资产的预期价格。明斯基为了使分析更为充实，提出应当用货币需求函数来表示资本资产的价格，在分析影响资本资产价格的变量时，应考虑到流动性偏好带来货币流量的变化、流动性偏好的不确定性、投机预期的变化等因素。明斯基认为，凯恩斯在解释流动性偏好时，将利率作为贷款资金的利率和资本资产价格二者之间的变量，使得含义模糊不清，明斯基试图明确这个问题。在说明投资动态时，凯恩斯认为，以资本资产的供给价格为前提条件，谋求预期收益的贴现值等于资本资产供给价格时的资本边际效率，当资本资产的边际效率等于贴现率时，就确定了资本资产的需求价格。如果需求价格超过资本资产的重置成本，就会出现新的投资。明斯基更为重视的是资本资产需求价格的决定方式。为此，他十分重视预期收益与贴现要素的资本化过程，认为应当建立一个模型，借助模型可以清楚地分析收益预期是如何形成、贴现率与金融市场的利率是如何随资本资产的流动性和评估情况的变化而变化的。明斯基模型在凯恩斯模型中融入"投资的金融理论"，将金融制度、金融惯例的变革等因素一并考虑进去，在继承凯恩斯模型的同时超越凯恩斯模型，开创了金融凯恩斯主义的先河，进一步完善、丰富了凯恩斯的理论。在明斯基的理论体系中，不难看到凯恩斯和卡莱茨基的影子。作为《凯恩斯传》（明斯基，1975）的作者，明斯基对凯恩斯理论的推崇自不待言。同时，和大多数当代凯恩斯主义者一样，他也非常重视卡莱茨基的理论贡献。马克·布劳格（1992，第135页）曾断言卡莱茨基比凯恩斯早三年就提出了《通论》中的大部分观点，而且"比凯恩斯还要深刻，可以说是超越了凯恩斯"。明斯基深以为然，他甚至继承了卡氏传统，将凯恩斯经济学与马克思主义经济学糅合在一起。

1. 以现金流量为重点的资产选择模型。明斯基认为，体现资本主义经济中各经济主体行为的基本结构是"资产负债的构成，即所持有的实物资产、金融资产与金融债务的组合（资产组合）"。譬如，某企业的实际运作情况不仅取决于这个企业所生产出来的财富及服务的市场行情、生产所必需的非金融性投入要素（劳动力、原材料、中间产品等）的市场动态，而且也与借款、发行债券或股票等融资情况密切相关，同时还与所持有的金融资产的出售情况相关联，总而言之，还要取决于金融市场的动向。后者所涉及的金融市场交易是面向未来的交易，并且未来是不确定的，因此，最终结果是各经济主体均选择了不确定条件下的资产组合作为经济活动的全部内容，资本主义经济运作只能是不稳定的（资本主义经济内含着不稳定性）。各经济主体对未来进行主观判断，在此基础上选择资产组合，各种场合下的主观成分多少不一，所以，在不确定条件下选择资产组合是投机性的行为。其中最关键的核心是如下所述对现金流的选择。

"企业、家庭、金融机构依据日常的经济活动来预测未来的现金流，从中进行选择，判断出将来要偿付金融债务的本金是多少，留出多少资金用以支付利息……债务偿还能力的高低，取决于所持有的资产中派生出来的现金流量，在复杂的金融交易中，这一资产具有多重性质，它也许是其他经济主体的债务。"

在此，明斯基认为造成经济局势不稳定的始发因素在于金融领域，实体经济随着金融领域、现金流量的变化而变化。例如，实体经济活动中最不稳定的是设备投资，而设备投资在很大程度上取决于投资者们对未来的主观评价；通过以下内容可知，设备投资深受资本资产价格变化的影响，而资本资产的价格又在很大程度上取决于对未来经济的预期。这样，人们必须在不确定性、预期、时间等综合条件下自行选择融资、投资的规模以及金融资产的持有规模。如果以现金流量为基础来考察这种选择方式，则可以认为，筹集资金时，用以支付将来本息的现金流量已确定下来，另一方面，持有实物资产或金融资产，也就确定了将来可能获取的现金流量。对这两种情况下的现金流量进行比较，可为各个经济主体分析问题提供思路，即各经济主体通过检测整体经济形势的稳健程度，可以分析何种机制会导致金融扩张或收缩、昙花一现的繁荣或不景气是否会引起金融危机，等等。此外，须稍加补充的是，金融当局试图通过平衡以上两种情形下的现金流量的关系，以彻底消除经济中的不稳定因素。这在市场经济机制下是不可能实现的。换言之，不稳定性是内生性的因素。

2. 投资的决定要素。与凯恩斯模型相同，明斯基模型也认为投资是带动整体经济变动的原发性因素。投资与金融交易关系密切，投资规模是确定的，但是由于市场经济条件下，金融交易中常常隐含着不确定因素或发生意外的事件，因此投资的动向也是不稳定的。

投资的规模由资本资产价格（p_k）与经常性产品价格（p_0）之比以及金融市场的行情所决定。p_k 影响投资商品的需求价格，一般地，如果 p_k 高于 p_0，则新增投资将不断涌现。影响 p_k 的因素有以下四点：（1）货币的需求与供给；（2）借款人的债务结构；（3）金融资产的供给；（4）资本资产可能获取的资产组合收益。对 p_0 施加影响的因素有三个：（1）企业在短期内的预期收益；（2）产品的需求情况；（3）产品的生产成本（主要是劳动力成本）。简言之，可以将影响 p_k 的因素归纳为两点：对长期收益的预期，以及如何主观判断为防止不确定性而将资产变现为货币或流动资金的能力。而影响 p_0 的因素也可以简化为两点：对短期内需求的预期以及货币工资率。

如果希望了解为何列举上述因素，就必须先理解金融对实体经济会产生影响这一命题。一提及金融，首先涉及的是货币，这里所指的货币不仅仅是进行有效商品交换的手段（出于交易动机的货币需求），而且还是储藏财富的手段（出于投机动机的货币需求）。由于分析对象是面向未来的金融行为，因此必然要将不确定性和时间因素考虑进去，在预测的基础上，确定 p_k、p_0 以及各经济主体的债务结构。随着金融市场的发展，利用货币以外的其他类型的金融资产成为可能，货币或整个金融领域对实体经济施加影响成为司空见惯的现象。

这种情形与凯恩斯模型描述的大体相似，各经济主体在选择财富的持有方式时，首先，要选择的是持有货币资产还是持有非货币资产；其次，在选择非货币资产的情况下，还要选择是金融资产（如贷款）还是实物资产。货币的供求关系取决于流动性溢价或利率。实物资产的价格由上述影响 p_k 的四个因素决定。按照这个思路来考虑，就可以清楚地认识到，选择何种方式持有财富是一个综合判断、选择的过程。资产必然受到不确定性因素的影响，因此，投资也受其影响。另外，企业、家庭、金融机构的资产负债结构均受到不确定性因素的影响，因而，金融扩张或金融收缩的现象时常发生是十分自然的。

3. 金融理财的三种类型——按现金流对财务状况进行分类。在讨论金融部门总体表现之前，必须先分析单个金融行为主体（个人、企业、政府）的财务状况，这涉及对他们未来现金流的考察。从现金流入方面看，可以细分为四种情况：（1）由经营产生的现金收入（包括利润、工薪、税收）；（2）由债务人兑现支付承诺而产生的现金收入；（3）通过借入或资产变卖产生的收入；（4）少量的手持现金。明斯基认为，资产和负债分别能够产生现金流入和流出的时间序列，故分析行为主体的资产负债表即可按现金流的未来表现将其财务状况分为三类：第一类称为套期保值；第二类称为投机理财；第三类称为庞兹理财。

明斯基将资金借方的金融理财分成这三种类型，着重分析各种类型的变化情况。划分的标准是比较偿债现金流与预期现金流，即借款人的金融债务派生出的本息以及借款人实际经济活动（创造工资的生产过程等）带来的收益。

上述景气时期的金融扩张过程是借款人的金融头寸从避险金融开始向投机性金融转移，而在景气崩溃时期及金融缩水过程中，主要的变化趋势是由套期保值理财向投机理财转变，进而向庞兹理财转化。这个过程中最具代表性的契机是利率的上升。通过这个过程，利润减少，资本资产的价格下跌。在整个经济领域中，检测金融稳健程度的一个办法就是：套期保值理财所占比重越高越健全，庞兹金融的比重越高则越不健全，投机性金融比重高则表示需要关注。为何多数经济主体从事套期保值理财等稳健活动的局面不能持续，而不得不倒向投机性金融或庞兹金融呢？关键就在于明斯基模型中"市场经济内含金融不稳定性"这一命题所揭示的内容。现将明斯基的原文摘录如下。

"随着金融债务的本息及时顺利地偿付，银行及客户的债务融资需求增加。持有货币所体现出来的（相对于不确定性）保险的价值随着经济的稳健运行而下降。经历过景气周期且带有资本上升性质的金融机构在其发挥作用的现实世界中，正是因为安定、平稳才导致了不稳定性。"

假设庞兹金融环境中的经济主体因迫于资金缺乏而出售现有的资产，则资产价格将急剧贬值。在某些情况下，资产价格甚至低于当初投资时的成本价格。随着投资项目的开发，风险溢价上升，企业家和银行均倾向于在资产负债表中降低投机性金融的比重。此时，如果没有中央银行或财政当局的后援，很容易陷入"金融危机"之中。明斯基（1982）对"金融危机"和"金融困境"作了明确定义。根据明斯基的定义，"金融危机"是指"无数的经济部门陷入金融困境，如果外部不迅速采取救助措施，几乎所有的民间经济部门都会处于金融困境时的状态"，而"金融困境"指的是"某个经济部门所持有的资金不足，而必须的应急资金又无法一时到位时的情形"。明斯基（1975，1982）在凯恩斯模型的基础上，提出了最具影响的关于金融不稳定性与危机的理论。明斯基的金融不稳定性对于解释20世纪80年代以来的新型金融危机具有较好的解释力。

四、金融不稳定的银行观

金融不稳定的银行学派具体又可以分为古典银行学派和现代自由银行学派。银行学派强调的是货币的流向或者作用对象，而不是货币的数量，强调货币功能的复杂性方面，反对将货币功能过于简单化。对货币和实体经济的关系，提出了与货币学派完全不同的看法。银行学派与马克思、后凯恩斯主义具有极深的渊源，对货币的理解表现出比货币学派更为深邃的思想。本书在第三章的模型中关于货币价值储存功能的分析吸收了银行学派的思想。

（一）古典银行学派及其代表人物——图克、富拉顿等

银行学派是与货币学派相对立的一个学派，他们强烈反对货币原则。银行学派的主要代表者是托马斯·图克、约翰·富拉顿、詹姆斯·威尔森、詹姆斯·斯图亚特·穆勒。托马斯·图克在《价格史》中，经验性地考察了重要商品75年的价格运动。图克的研究发现价格决定货币数量，而不是货币数量决定价格，这是与货币数量论的观点相反的，是对李嘉图和休谟观点的明确反驳，是75年后对斯图亚特论点的重新发现。图克和富拉顿都强调货币的贮藏功能。（图克，1844，第2章；富拉顿，1844，第4章）。图克（1826，第1节）承认，利润"支配着"利率。他区分了"货币资本"和"通货"[①]。把利息率称之为"货币资本"的价格，并证明银行纸币发行的增加会压低利息率。持相反观点的银行学派，受到货币数量论还不能满意地解释19世纪前半期英国货币现象的情况所激励，主要的工作在于使货币理论重新回到讨论货币功能的复杂性方面[②]。在这一方面，反货币数量论学派重新发现了重商主义货币观点的某些有效性。然而，古典学派的这一分支甚至也依然坚持，把货币当作资本主义交换的和谐要素的自然主义观。尽管有着对资本主义经济货币与信用作用的丰富的分析，银行学派既没有推进资本主义经济危机理论，也没有提出解决周期性经济波动的政策性建议。两种思潮都被禁锢在对自然和谐的理想分析

---

① 我们把货币分成交易货币和资产货币，这与富拉顿的分类有些类似，交易货币实际上就是现金或者通货，而其他归结为资本货币或者资产货币，它们的增值性和功能是不同的，而利息率是影响交易货币转化为资产货币的重要变量，信用体系是实现这一转化的不可或缺的一环。

② 我们赞成银行学派的观点，主张对货币功能的复杂性进行研究，反对将货币功能简单归结为交易媒介的观点。我们认为，货币的价值储藏功能的存在，是现代经济不稳定的重要原因。在分析金融不稳定的过程中，我们强调货币储存功能的重要性。否则我们难以理解流动性陷阱和金融危机时的"货币非理性"现象。

方面。银行学派及其现代版的后凯恩斯主义，以及货币学派及其现代版的货币主义对于解释资本主义货币金融的不稳定虽然存在分歧，但是也存在一个共同的前提，就是都承认资本主义是自然和谐的社会秩序，是在这一大前提下讨论金融危机。货币主义是一个不彻底的自由主义，在自由和管理之间存在矛盾和冲突；而银行学派是一个比较彻底的自由主义，但是对于危机无能为力。马克思主义货币理论虽然在很多方面同反货币数量理论的分析是一致的，但却能够清楚地确认由货币与信用传导给经济再生产的不和谐与不稳定要素。在资本主义交换中，货币功能的复杂性，货币应用于经济生活而产生的社会与经济力量同资本主义经济的不稳定、不可避免地产生危机的特征是密不可分的。马克思是一个彻底的反货币数量论者，他的劳动价值论为货币和危机理论奠定了基础，劳动的差异成为利益冲突的一个重要来源。而在资本主义的私人所有制下，劳动果实占有的巨大差异成为利益冲突的总根源，使得这种利益冲突严重化而且不可调和。

（二）现代自由银行学派及其代表人物——银行学派的复兴和回归

银行学派，货币学派的主要反对者，对于资本主义信用体系的运行与资本主义货币功能表现出更为深刻的理解。银行学派的论点与后凯恩斯主义论著之间存在着很大的相似性。马克思主义政治经济学倾向于赞成银行学派的理论（包括凯恩斯本人的见解），反对货币学派的简单化观点。同时，马克思主义政治经济学同样反对凯恩斯的心理与主观因素，并力图建立一个以社会为基础的货币与金融理论。与银行学派的主张不同的是，马克思主义的货币与金融理论力图把货币与金融不稳定的最终原因放置在资本主义自身积累过程之中。对于资本主义积累来说，资本主义货币与金融危机既是不可避免的，同时又是必要的。另一方面它们的特殊性依赖于它们产生的历史与制度结构。没有政策可以永久性地解决资本主义货币与金融的不稳定性。对于整个经济的社会主义重建，包括货币与金融领域的重建，可以提供货币与金融稳定性的最终答案。然而，一个社会主义经济想要通过自觉组织的"货币"与"信用"手段来实现对资本主义货币与金融功能替代的方式还不是很清楚，必须重新进行考察。资本主义的货币金融功能与社会主义的货币金融功能是否一样？历史上，中国曾经严格限制货币金融的功能，而现在，货币金融功能得到拓展和发挥。历史似乎说明，货币功能不因资本主义和社会主义而不同。问题不在于货币金融功能的复杂简单与否，而在于背后的所有制和管理制度。在资本主义，货币和劳动是对立的，资本家利用货币来剥削劳动者，而在社会主义，应该实现货币和劳动的和谐共处。

(三) 自由银行业、自由主义和银行学派的最新发展

自由银行业比中央银行独立性具有更为深厚的理论根源,该理论在很大程度上要归功于哈耶克(Hayek,1976),虽然他的先驱至少还可以追溯到 Pamell(1827,1832)。自由银行业的倡议者实质上相信资本主义市场的内在和谐,并试图把它扩展到货币领域。政府在历史上所实行的对于货币控制与垄断被假定为经济不稳定和危机的最终原因:"过去市场经济的不稳定是对市场机制最重要的调节者—货币—被市场过程调节的自身排斥的结果"(哈耶克,1976,第79~80页)。因此,自由银行业的支持者必须强调,中央银行不是自发产生的,也不是金融体系自然发展的结果。中央银行应该是法币发行的垄断者,在运用廉价金融供应国家方面具有特别的用处。由于提供这样的金融,并且仅仅是通过运用它们在金融市场所具有的强有力的垄断地位来实现的,因此成为经济不稳定的根源。中央银行不是银行业发展的一个自然产物,它是从外部强加进来的,或者作为政府安排的结果而出现的(Smith,1936,第169页)。自由银行业的支持者指出,中央银行的作用在整个19世纪是不稳定的。因此,要想保障货币价值的稳定,一个具有中央银行的银行体系应该被"自然的"自由银行业所取代。除了应用于所有公司的规则以外,新进入银行不需要增加任何特殊的管理规则。应该允许银行破产,所有的银行负债都不应该是法币。对于自由银行业的支持者来说,在上述条件下,银行之间竞争的存在将会阻止单个银行过度地发行负债(White,1984,第1章;Dowd,1989,第1章)。最近一个流行的论点认为,银行的恐慌和挤兑可以会仅仅因为其他某一个银行自我确认的关于破产的谣言而引起(Diamond 和 Dybvig,1983)。在信用与实际积累之间不存在自然的和谐。以 D—D 论文为代表的银行业不稳定的最新理论吸引了相当多的关注,声称这为政府存款保险及现代中央银行的其他特征提供了严格的理论上的辩护。这些文献中的核心论文是戴蒙德和迪布维格(Diamond 和 Dybvig,略称为 D—D,1983)。这篇论文提出了主导着随后文献的两个问题:首先,为什么金融机构具有不稳定性。作为补充性的问题,为什么这种不稳定性有破坏性?其次,如果有的话,对于这种不稳定性,政府或者中央银行应该做些什么? D—D 认为不稳定性的出现是因为存款者的流动性需求是不确定的,而银行的资产流动性比负债差。他们认为不稳定性是有害的,因为它破坏了风险分担的安排,损害了生产。他们也认为这种不稳定性创造了对政府存款保险或者提供给银行紧急贷款的最后援助贷款人的需求。具 D—D 传统的后来的文

献进一步发展了这些观点,并被用来证明另一些政策,例如,利率上限(Anderlini,1986;Smith,1984)和储备要求(Freeman,1988)是合理的。新近自由银行业的支持者凯文·多德对 D—D 的论文提出了质疑,对干预主义的政策主张及其理由给予了全面的批判,主张重新回到自由银行业。他对 D—D 为代表的新的银行不稳定理论模型的批判集中在四个方面:(1) D—D 讨论的银行并不是现实中的银行,并没有抓住银行的特征,而是一种特殊的共同基金,前提假设的错误导致对银行不稳定的解答是不成立的。凯文·多德指出,这类文献的基本问题是它很少讨论真实世界的金融机构。它讨论"银行"、"活期存款"合同等等,但是这些名字下的机构和合同与其现实中所对应的是很不同的。D—D 文献事实上较少讨论现实中的银行业,也远没有解释我们需要存款保险、最后贷款人及现代中央银行的其他特征的原因,因此它试图解释金融中介机构及为中央银行进行的辩护是失败的。(2) D—D 模型不能解释银行的存在及其发展,自然也就不能解释银行的失败及其死亡,更无法解释银行的不稳定。如果要解释银行业不稳定及促进政府在银行系统中的作用,相关模型首先也必须能解释金融中介机构存在的原因。(3) 以 D—D 为代表的金融干预主义所依据的基础是不牢固的,对政府干预优于自由放任不能提供令人信服的理由。(4)对银行传染和挤兑的经验证据重新表明,传染和挤兑是结果而不是原因。一位评论家在对 20 世纪 20 年代晚期美国银行家协会的一项研究进行总结时,"把作为(银行)暂停真正原因的挤兑……归入到一个重要性较小的位置。据发现,挤兑是银行业困境产生的效应而不是原因,这个一般性命题与公众甚至很多银行家的固有观念相反"。证据还表明,寻找原因的主要方向是从真实部门的问题到银行业的问题,而不是相反。即银行挤兑和银行破产是整体经济紧缩和困境产生的效应,而非其原因(Kaufman,1987,第 13 页)。尤金·怀特(Eugene White)指出,1930 年银行破产浪潮最初是由经济活动的衰退导致的。无论如何,因果关系的主要方向可能是从经济衰退到银行破产而不是相反(Benston, et al.,1986,第 53 页),因此银行破产不仅对经济活动的影响有限,而且甚至不能说它是经常与之伴随的经济混乱的原因(Tallman,1988)。

自由银行业在 21 世纪重新出现抬头的趋势,如何全面深入地认识自由银行业和干预银行业的不同观点及其理由,是一个尚未完成的工作。自由和干预的争论,将持续很长的时间。尽管自由银行业给出了一些新的证据,但是,不断爆发的金融危机,对自由银行业的主张是一个灾难性打击,自由银行业还在为还银行自由而呼喊,但是残酷的现实,已经让自由银行业的支持者寡,而干预主义的支持者众。

对于自由银行业理论的批判可以分为三个方面：第一，伊诚藤曾经证实，资本主义经济是以货币危机为特征的，不管这些危机是否同生产与交换的不稳定相联系（第一种类型危机），或是否直接产生于信用体系的独立与投机性的运行（第二种类型危机）。认为信用过程对资本主义不稳定有深刻影响的观点有着比自由银行论更为久远的历史。银行学派的图克，一个主要的自由贸易者和信用货币自我调节概念的捍卫者，非常引人注目地摈弃了自由银行业的想法："说到自由银行业，用它有时所具有的含义，我同意在一本美国杂志上一位作者的观点，银行业的自由贸易是欺诈性自由贸易的同义语"（Tooke，1840，第206页）。图克所提到的欺诈同我们称之为第二种类型（新型金融危机）的危机有关。银行学派同时还认识到"过度银行业"，即在上升过程最后阶段银行信用的过度扩张，是危机的根源。在当代的经济研究成果中，信用结构的内在不稳定性（一系列的承诺与反承诺）同样受到广泛的接受。最近，一个流行的论点认为，银行的恐慌和挤兑可以会仅仅因为某一个别银行自我确认的关于破产的谣言而引起（Diamond 和 Dybvig，1983）。在信用与实际积累之间不存在自然的和谐。第二，认为信用货币的数量与价值以通过银行竞争与清算过程实现稳定的观点是"逆流法则"的现代版本。从总体上看，自由银行业的支持者承认他们自己的分析与"逆流法则"之间的密切关系，后者则认为是关于信用货币行为的广泛的描述（Glasner，1989，第3章）。"逆流法则"在稳定信用货币价值方面所假定的有效性被自由银行业的支持者夸大了。清算所能起到的最大作用是确保银行互相之间能够步调一致地发行负债，以避免损失储备。然而，即使某些银行在重要的时段内能够维持与其竞争者不同的负债定价，这也不是很确定的（Goodhart，1985，第30页）。依靠竞争与清算自身——即"逆流法则"的简单形式——不能和谐地调节相对于实际积累的信用货币总量。无论是独立的中央银行还是自由银行业理论都承认，中央银行拥有一些在资本主义经济中进行总体组织的能力，他们这两派都部分地代表资本主义的现实。然而，中央银行所能做到的具有非常明显的局限，这主要是由于：第一，信用是关于不可知未来的预测。第二，实际资本主义积累的基本过程存在无政府状态。

强调中央银行独立性的目的在于，通过中央银行的力量带来和谐，而这夸大了中央银行的作用。自由银行业学派的目的在于，通过废除中央银行，这个假定的不和谐的根源来引进和谐。而这一主张，除了它值得怀疑的可行性以外，最多可以使不稳定性的最坏方面有所改善。自由银行不仅不能为经济生活带来和谐，而且可能还会导致资本主义贸易与生产的更加不稳定。

本书对于中央银行、政府和金融稳定的关系给出了与自由银行业不同的理解，中央银行和政府可能成为金融不稳定的来源，这取决于中央银行和政府治理是否到位，好的政府治理和中央银行治理有助于发挥政府、央行维护金融稳定的积极作用，否则，可能事与愿违，甚至成为金融不稳定的来源之一。不能因为政府和中央银行对金融不稳定可能存在的消极影响，而放弃乃至取消政府和中央银行对货币金融的管理。市场的内在不和谐客观上要求政府和央行进行管理，加强对管理者的监管和约束，这无疑是提升政府和央行管理有效性的出路。不能因噎废食，这是消极的也是错误的态度，不利于金融危机的治理，这也是本书强调政府治理的原因所在。文章在第四章利用国际数据也证实了上述观点。

五、金融不稳定的货币观

从货币角度来探寻危机之源和治理之道，历史源远流长。金融不稳定的货币观的代表人物包括马克思、弗里德曼、伊诚藤等。他们主要从货币功能、货币数量等角度来解释货币金融的不稳定，具体可以分为货币功能观、货币数量论、现代货币主义学派等，强调货币管理在维护经济金融稳定中的重要性。

关于货币和金融不稳定的关系，一直以来存在不同的看法。有人从货币功能的角度分析金融危机，最早可以追溯到马克思。马克思分析第一种类型危机的时候，强调货币的社会功能，尤其是支付功能在危机中的重要性，认为任何干扰货币支付手段功能的因素，都可能引发危机。他们从分析货币的起源、货币的本质、货币的功能等角度来探寻金融危机的源头，这无疑是很有见地的。货币作为现代金融的核心要素之一，从货币角度尤其是货币功能角度分析金融不稳定，有助于更好地认清金融不稳定的来龙去脉。

古典政治经济学反对重商主义者认为财富只是货币的观点，并反对他们把货币当作经济活动的促进剂来强调。古典政治经济学家认为，自然的和谐普遍存在于市场经济运行之中，且这种和谐一直延伸至货币与信用领域，引申出来的一个观点就是货币金融市场的运行是和谐自然的，比如储蓄能够完全顺利的转化为投资，货币供给等于货币需求，不需要治理或者管理，主张自由放任。在该领域，古典经济学可以区分为两个明显不同的学派。一方面，货币数量论（或货币学派）强调商品的产出总量同商品货币的总量的和谐均衡，并论证，

货币双轨制、政府治理和金融稳定

无论是在资本主义的国内市场还是在国际市场之中，均不需要政府或其他组织的干预。按照这一观点，货币在资本主义交换中是次要的，是实际经济活动的"面纱"。银行创造的信用能够扰乱可能存在的和谐，并导致商品价格的波动，货币不会影响实际变量包括产出和就业，而只是影响名义价格变量，货币是中性的。因此，传统的货币学派支持《1844年英国银行法》的实施，并希望英格兰银行所实行的对信用货币数量的紧缩性管理能够减少资本主义的市场波动。古典货币学派强调货币在经济危机中的重要性，并主张通过调节货币供给来维护经济稳定。他们关于货币和经济危机关联的研究，对于研究货币和新型金融危机的关系，具有重要的借鉴意义。另一方面，反对货币数量论的学派（银行学派）则强调，只要银行贷款的支付是以非投机性为原则的，在商品产出与信用货币关系之间的和谐同样具有很大的可能性。为了能够支持这些观点，该学派的经济学家不得不重新检验资本主义交换中商品的作用，并通过强调货币储藏和支付的功能，反对货币数量论。

新古典学派将货币看作经济活动的面纱，货币可有可无。在新古典理论中，找不到货币的立足之地，从而也不可能从货币角度来研究金融危机，寻找金融不稳定的货币因子。新古典经济学将金融危机看作外部冲击的产物，强调金融不稳定的技术性因素，有时认为货币是中性的，不会影响实际财富变化，而只是引起价格变化。

现代货币主义学派的代表人物是弗里德曼和斯瓦茨。他们强调政府政策失误应该对危机负责，认为金融危机是政府管理货币金融的失败。现代货币主义，他们的基石是对货币供给的控制，是货币学派的现代翻版。这一理论学派的一般自由主义信念（特别是在它强调市场的自由方面）同它对货币进行管理的主张之间存在着明显的矛盾。货币主义具有严重的理论缺陷，从来不可能为资本主义货币与金融的稳定提供一个必要的结构。货币主义提出货币过度供应假说、流动性不足假说来解释金融危机。货币过度供应假说的支持者认为如果没有货币的过度供应，金融体系的动荡不太可能发生或者即使发生也不会太严重。货币政策的失误引发了金融风险的累积，或者使小的金融风险演变成一场灾难。货币主义的解释首先排除了非货币因素产生金融动荡的可能性，金融危机根源于货币的过度供应。对于金融脆弱性进行货币解释的另一个代表是霍斯特。Friedman（1962，第38页）认为大萧条，像大多严重失业的其他时期，是由政府管理不当造成的而不是源于私人经济内在不稳定性。Ross H. Mcleod 在"金融脆弱性新时代"中指出，金融危机是风险管理的失败。

流动性不足假说以著名的 D—D 模型为代表。该模型的基本思想是：银行贷长借短，在完成流动性转换的过程中，既增进了社会福利，又汇聚了金融风险，使得自身促成的银行挤兑成为可能。Radelet 和 Sachs（1998）用银行挤兑模型来解释亚洲金融危机，认为东南亚国家实体经济还不足以导致其金融市场的崩溃。危机的发生是由于国际金融市场具有内在的不稳定性。为了说明这种危机与实体经济无关，他们强调对流动性困难和无偿还能力的区分。流动性困难是企业的现金流和债务偿还的现金流在期限上不匹配，企业眼下缺少现金流来偿还到期的债务，但是从长期来看，企业具有债务偿还能力，因此认为亚洲危机是流动性困难的结果。具体的机理如下：理性预期和囚徒困境（不合作）—金融市场流动性陷阱—流动性困难—金融脆弱性—金融危机。D—D 模型的多种均衡，其中一种就是个体理性和集体非理性的冲突会导致挤兑。Chang 和 Velasco（1998）将银行挤兑模型拓展应用于开放经济，在固定汇率制度和中央银行充当最后贷款人的条件下，那些从银行提出存款的挤兑者将向银行购买硬通货，如果挤兑者预期他们的行动将导致中央银行外汇储备的耗尽，那么挤兑就是最优选择，这样，因为流动性不足造成的对银行的挤兑将转变为对中央银行的挤兑，银行业的恐慌成为固定汇率制度崩溃的主要诱因。这两种观点强调重点不同，一个强调的是非理性因素，一个强调的是理性行为的结果。金融脆弱性既可能是理性行为的产物也可能是非理性行为的结果。

本书从古典货币学派吸收营养，坚持从货币角度分析 20 世纪 80 年代以来的金融不稳定。超越具体的货币数量和货币功能，从货币制度的角度来分析货币金融不稳定。货币就像血液，深深的融入经济和金融活动当中，形成一张不可分割的复杂的社会关系网。货币的力量无所不在，货币是一套复杂的社会制度，货币关系在本质上是一种利益关系。

六、金融不稳定的心理观和不确定观

我们简要介绍凯恩斯主义到新凯恩斯主义再到后凯恩斯主义关于金融不稳定的理论观点及其发展演变。凯恩斯[①]（1936）对于预期与投机作用的强调，对分析经济周期过程中货币与金融作用是一个贡献。凯恩斯认为，货币的利息率是由作为存量货币的供给与需求来决定的。对于货币的需求或流动性偏好产生于三个动机：交换、谨慎与投机。另一方面，货币的供给是外生决定的，即根据货币当局的基本政策选择来决定。一些传统的斯图亚特、银行学派和马克

---

① Keynes, John M. 1936. The General Theory of Employment, Interest and Money. London: Macmillan.

思的观点在凯恩斯对传统理论的攻击中被重新揭示出来：货币职能在资本主义经济中的复杂性，尤其是货币储藏手段的重要性；资本主义积累中注定导致不均衡与危机的倾向；不确定性与对未来的预期在资本主义积累过程中的作用等等。这些因素一起为凯恩斯支持政府干预经济生活，即财政政策与货币政策提供了理论基础。20世纪70年代国际范围内的通货膨胀危机却在一个极短的时间内摧毁了第二次世界大战后凯恩斯主义。从那时开始，尽管一些有影响力的理论潮流又回到了前凯恩斯的传统理论，但却没有一个学派可以在经济理论领域中占据主导地位。第二次世界大战后凯恩斯主义的衰落也源于货币主义的挑战，这个学派代表了由休谟、李嘉图和货币学派一些主要观点重新兴起的经济思想流派，它主张通过对货币供应的控制来稳定资本主义经济，但由于货币主义的药方没有能够带来经济稳定，所以很快导致了这种理论威信的丧失与衰落。新凯恩斯主义者普遍接受自由市场最优性与有效性的观点，但他们同时也确立了"市场失败"的微观经济理由。新凯恩斯主义认为，价格刚性是市场失败的主要原因，价格刚性的产生原因在于经济机构对待风险的态度以及雇佣合同的特殊性。

（一）凯恩斯的金融不稳定模型——不确定性和三大心理规律

凯恩斯（1936）构建起了宏观经济模型，在该模型中，将市场经济中的金融交易作为不确定的、充满风险的经济行为来分析，并且十分重视分析那些与经济主体的发展前景密切相关的变量，诸如货币持有量、利率、资产价格、设备投资等。凯恩斯模型的创新之处在于其基本立足点富有新意，该模型分析了市场经济的运作方式。凯恩斯以前的主流经济学家认为，生产的诸要素是确定的，其他的相关情况也都是预知的，对未来的预期是可以计算出来的，风险也是可以测量而不是变幻莫测的。而凯恩斯则认为，未来是不明了、不确定的，总是在变化着，无法进行定量的计算，财富很容易受到未来不确定性的影响，因此，用以往的经济学模型难以解释财富效应；在现实经济中，经济主体就是在不确定的情况下作出各种选择，凯恩斯（1937）认为，人类在经济活动中的经济行为往往如下所示：

（1）人们在思考未来可能出现的情况时，往往不是由考察过去入手，而是立足于现在，认为未来就是现在的延续。换言之，由于未来不可须知，人们容易认为未来和现在毫无二致。（2）人们在判断当前的价格及产品的特性时，往往容易过于乐观，即使情况不妙，也尽量往好处想。这样，不论将来发生何种情况，从心理上都欣然接受。（3）人们都知道个人的判断不足为信，认为其他的经济主体比自己更见多识广，因而往往依赖他人的判断。换言之，人们总是使自己的行为与其他大多数人的步调保持一致。其结果，是形成"大多数人的判断就是正确的判断"的局面。

"朝前看而不是向后看"、过于乐观、从众心理，这就是凯恩斯所描述的人类三大特性。在市场经济的前提下，不确定性的存在使得人们往往采取相同的行为，这在任何国家都不例外。未来是无法预知的，所以在分析现实经济状况时，应当考虑到人们的预期可能突然发生很大变化；基于这个观点，凯恩斯强调，资产价格、设备投资是不能预测的，一旦发生剧烈变动，就会引发经济动荡。

凯恩斯认为，危机的形成机制在于：在有序组织的投资市场，一旦人们意识到存在"过度乐观引致抢购风潮的市场"，觉醒的力量将势不可挡，资本的边际效率倘若受到冲击，则可能使经济出现大倒退。如前所述，此处的资本边际效率也同样依赖于"对资本未来收益的预期"，而这种预期是不平稳的，常常受一些子虚乌有的因素影响而迅速发生改变，一旦人们的信心崩溃，要使其恢复决非易事。资本的边际效率发生大范围崩溃时，不确定性增加，利率随人们的流动性偏好上升而上扬，另一方面，个人消费欲望又因股价的下挫而下降，经济整体受到巨大的下滑压力。在这样的背景下，当局即使下调利率也无助于恢复投资，为了市场经济能正常运行，仅仅依靠民间机构来增加投资并非安全可靠的良策。在凯恩斯模型中列举出的"危机"这一概念，重点关注的是在不确定条件下人们的预期、对风险形成的判断以及信心。凯恩斯强调，影响投资的预期、对风险的判断是长期的因素，而以事实为依据、有具体内涵的预期以及对风险的判断是在短期内就可形成的；二者相对照。长期预测缺乏事实根据，是在依据不充分的情况下形成的，从而使信心难以确立起来。简言之，长期预期容易受到心理因素的左右，信心也易于动摇，建立在这个基础之上的投资活动只能不断地发生变化。随后，凯恩斯从以下两个要点，就金融市场的发展会加剧信心与投资之间不稳定的关系问题进行了分析。

（1）随着组织有序的投资市场不断发展，企业所有权与经营权进一步分离，股票市场上股票价格的变动影响着资本边际效率，并左右着投资。此处提及的取决于股票市场的股票价格是由短期市场变动情况所决定的，并非取决于该企业基础要素在未来的变化情况。凯恩斯还进一步指出，企图尽早获利的投资家们并不看重已成型的基础性分析，而是参照以往的惯例及其他大多数投资者们对市场动向（大多数投资者的投资态度）的看法行事，这一点较为合理。换言之，股票价格影响着投资，其变化是跌宕莫测的。假如在这样的市场心理预期下，股票投资等投机行为增加，而实体经济活动中立足于长期收益的企业活动比重下降，则投资活动很不稳定，仅仅依靠利率的变化无法保持稳定，整个经济将陷入危机之中。凯恩斯利用人类的三大心理规律来解释资产价格的变化。

（2）筹资主体对"借款人风险"的判断以及资金供给主体对"贷款人风险"的判断也是十分重要的因素。当然，在投资活动的资金全部来源于内部资金的情况下，不牵涉到与贷款人风险的关系问题。然而，在通过外部环境筹集资金时，对贷款者的风险判断就会对投资产生举足轻重的影响。这时候融资结构对风险的影响变得十分重要。比如，贷款者风险很高时，投资成本将随风险的加入而增加，从而会抑制投资。反之，经济发展势头良好的情况下，对借款者的风险及贷款者的风险均作乐观判断，风险降低，投资成本下降，从而将刺激投资活动。综上所述，凯恩斯最早在《通论》中提出了相关经济模型，强调对资金借贷双方的风险判断会影响投资及其他经济活动。

总的说来，凯恩斯从支出角度来解释大危机，认为有效需求不足是危机的根源，对策就是扩大有效需求。本书对有效需求不足提出了另一种解释，一旦考虑二元流通模型，引入金融流通或者金融循环的话，凯恩斯的宏观经济模型不得不修正和拓展为更一般化的模型，这时候可以发现金融流通或者金融循环对工业流通的破坏，是造成大危机的根源，由此可以对1929~1933年大危机重新予以解释。从凯恩斯《通论》中可以找到货币双轨制的影子，凯恩斯关于工业流通和金融流通的论述就是一个典型的例子。此外通过分析凯恩斯的货币价值的基本方程式，分析货币收入—支出模型及其流程图，可以清晰地发现二元分析的影子。凯恩斯以流通环节作为起点，强调货币的用途和功能，重视货币循环，强调货币的购买力，这实际上是一种价格理论。本书赞成凯恩斯从货币用途角度分析货币总量和货币结构问题，分析问题的关键指向对货币的分析和认识，货币用途归结为消费、储存和投资三大功能，贯穿生产、交换、分配和消费四个环节，每一个环节货币的作用和价值都不一样，货币是经济的血液。但是凯恩斯没有对金融部门和金融交易展开分析，本书在第三章的模型通过加入金融部门（虚拟经济部门），重点对以金融交易为核心的金融循环展开分析，从而将凯恩斯的货币分析拓展为更一般的均衡分析。

（二）后凯恩斯主义关于金融不稳定的观点

凯恩斯几乎没有考虑金融不稳定性在经济周期和周期性经济危机中所起的作用。凯恩斯对货币金融因素的忽视，导致他难以解释金融危机，尤其是对20世纪90年代以来的金融危机事件缺乏解释力，这正是弗里德曼攻击凯恩斯宏观经济模型的时候所强调的①。20世纪60年代以来所出现的经济危机中，信用与金融扮演了相当重要的作用，这鼓励一些凯恩斯主义者去发展金融不稳定性理论。

第二次世界大战后官方凯恩斯主义在很大程度上忽略了凯恩斯最初对"不确定性"、资本主义企业家的"动物精神"及货币持有的心理因素的强调。随着各种天才成果的出现，后凯恩斯主义已经成为自19世纪70年代中期以来主要的经济思想流派。它已经吸引了许多把自己视为真正的凯恩斯继承者的经济学家和更多卡拉奇（Kalecki）宏观经济学派、斯拉伐的新李嘉图主义者和马克思主义的激进学者。然而，该思潮成分性质的不同已经阻碍了连贯的、清晰可辨的后凯恩斯主义政策方案的提出。内生信用货币的交换价值，对后凯恩斯主义货币分析来说，仍然存在一个深刻的问题，即信用货币交换价值的稳定性问题，这一问题使对于货币供给内生性的强调变得模糊。这在摩尔的著作中特别明显，他的著作以既否定货币的独立需求同时又规定货币供给可以创造自身的需求为基础。如同伊诚藤等（2001）讨论过的那样，在所有阶段，都存在着与价格、价值、流动性相适应的一定量的货币。要表明银行贷款准备过程必然要联系到实际积累，必然导致信用货币的创造，完全不等于去表明信用货币的最终数量实际上是与价格、价值、流通性相适应的量。信用货币也包括在某些人的资产组合中，甚至从个人主义角度上讲，应该是人们"自愿"持有的，但是这样的货币量不会因此而必然地与资本积累的其他变量相和谐。这种和谐的存在取决于前一阶段提供的贷款多大程度上成功地被用来生产剩余价值，以及剩余价值多大程度上在商品市场上实现②。这种和谐也依赖于公司利用商业信贷的程度，依赖于这种信贷的波动性以及与银行信用的结合，这种现象必须进一步与真实积累的运动相一致。信用货币供给的内生性，即银行贷款创造货币，而贷款需求主要由真实积累过程决定的事实，不能保证在信用货币交换价值中存在着稳定性。在发达资本主义里，信用体系在其运行过程中提供了交换手段、支付手段和储藏手段，在资本主义运转的过程中，必然与生产者和交易者相联系。信用运动最初与实际资本的积累活动相联系，反映并且加剧了后者的内在不稳定性。是否商业机会首先存在，资本家是否成功地生产了剩余价值，商品资本是否售出，以及是否售出及时，都最终决定信用的需求和偿还。

---

① 威廉·布雷特和罗杰·L·兰塞姆著：《经济学家的学术思想》，第267页。
② 这里存在两个转换过程：一个是货币被用来生产剩余价值，这是一个生产过程；另一个是剩余价值通过交换得到实现，货币得以增殖汇流，在货币生产更多的价值时，存在一些不确定性可能造成这个过程不能顺利实现，这就是一个钱生钱的过程，形成金融循环和虚拟经济系统。我们更强调由于新的金融部门的存在，导致货币分流到金融系统而不一定流转于实体经济（产品市场）。

真实积累过程本来就不具稳定性，而把它建立在信用基础上则使这种不稳定性倍增。银行资产负债表上所表明的货币创造和销毁量部分反映了这种内在不稳定性。不存在事先保证，使信用过程可以稳定、和谐地创造出与商品价格、价值及流动性相适应数量的银行纸币，所以产生于货币领域的价格不稳定性始终是可能的。伊诚藤等（2001）指出，中央银行经常在资本主义的历史中扮演重要的角色，在其发展过程中不断对价格和信用货币的交换价值进行着强制性地调整。因此，只要商品货币和信用货币之间存在可以转换的关系，信用货币的价值就获得了一个锚。甚至在它为了保护银行体系所持有的商品货币储备的要求来运行时，锚仍是可以起作用的。在任何时候，信用体系不受约束的运行都可以按照人们持有的意愿，创造出大量与实际积累不一致的信用货币，而这与实际积累是不和谐的。这就可能存在着纯粹由于货币因素、股票交易及其他资产交易产生的投机泡沫导致的通货膨胀增加的可能性（本书称之为虚拟型通货膨胀）。在这一方面，后凯恩斯主义学派所提倡的收入政策不仅与通货膨胀不相关，同时还损害了工人的利益，因为它阻止了对名义（因此实际）工资的适当调整。建立信用货币供给内生性理论尽管重要，但它仅仅是在分析货币与价格关系中的一步。从价格和实际积累方面来看，内生创造的信用货币可能是极度不稳定的。此外，分析信用机制在真实积累中促进和妨碍的作用，还要运用比后凯恩斯主义学者们当前所采用的方法更广泛、更有历史意识的方法。更加坚定地以马克思理论为基础并使之有所发展的斯图亚特学派和银行学派的理论对于分析我们这个时代的积习很深的金融不稳定问题是绝对必要的。而且，只要金融不稳定源自内生的信用货币，中央银行就要考虑更为广泛的与信用和实际积累相关联的任务，而不仅仅是明智地确定利率。最后，货币与金融政治经济学同时还必须考虑资本主义的发展是如何显示了信用货币的更大的社会化，以及这种社会化对于未来的民主和对信用与金融实行社会控制的含义。我们赞成从更大更广泛的视角来研究金融不稳定。伊诚藤等（2001）的研究是极具价值的，为进一步的金融不稳定研究指明了方向，受到伊诚藤研究的启发，在借鉴后凯恩斯主义学派的 SFC 模型的基础上，提出了一个包括实体经济和金融部门的二元的广义货币存量—流量一致性模型。

七、金融不稳定的信息观

在流行的新古典宏观经济学模型中，货币需求函数为 LM 曲线奠定了基础，而金融因素主要是通过货币需求函数才得以进入主流经济模型，尽管也有例外（譬如詹姆斯·托宾的许多研究）。处于支配地位的宏观经济学方法支持了 M—M 定理的强形式，根据强 M—M 定理，金融状况与实际经济决策无关，与作为经济活动潜在引擎的偏好和技术相比，金融只是一个附属物。然而，金融因素在主流宏观经济学中的作用，在 20 世纪 80 年代初期发生了变化。始于 20 世纪 70 年代的信息经济学的发展，导致建立在新古典最优化原则基础之上的资本市场理论的产生，根据该理论，M—M 的"金融无关论"不再成立。主流研究开始从理论和经验上探讨金融因素对投资的重要性。20 世纪 80 年代，主流经济学正开始发生变化，新的研究从主流经济学内部对非金融微观投资理论提出了挑战。掀起这个变化的创新来自于信息经济学。阿克洛夫（1970）说明买卖者之间的不对称信息会导致市场不可能按照完全信息时交易最优这样一种方式运行。斯蒂格利茨和维斯（1981）开始将这种思想用来分析信贷市场。该研究产生了大量的理论和经验研究文献，在主流经济学中得到了广泛的关注。迄今为止，大量的经验研究支持金融约束的存在。明斯基在解释企业投资依赖于资金的可获得性时，从来没有论及信息不对称。然而，Fazzari 和 Variato（1994）认为不对称信息确实有助于解释明斯基、凯恩斯和后凯恩斯主义理论中的那种投资——金融联系的存在。简而言之，他们认为实际上这种情况确实存在，即一个受到金融约束的企业，为有价值的项目寻求外部资金，却发现并不能按照一个使项目值得去做（有利可图）的成本获得必要的资金。这种结果要求企业和借款人在信息不对称情况下评估项目。斯蒂文·珐乍里认为不对称信息是一个分散经济的基本特征，因为分散必然导致信息差别。所以不对称信息不是资本市场的小瑕疵，而是现代经济的固有缺陷。

随着信息经济学和博弈论的发展，一些经济学家利用信息经济学的理论来分析金融不稳定，将金融不稳定归结于金融交易过程中的信息不对称和不完全，代表人物包括米什金、斯蒂格利茨和维斯等，其中以斯蒂格利茨和维斯[1]（1981）、Bernanke 和 Gertler[2]（1990）、Mankiw（1986）[3] 理论模型最具代表性。在 Mankiw（1986）模型中，由于逆向选择，信贷市场可能在货币市场利率（银行的再融资成本）小幅升高之后出现崩溃。Bernanke 和 Gertler（1990）模型表明由于道德风险的存在，总体金融状况（借款人的信贷价值，或银行的支付

---

[1] Stiglitz, J. and L. Weiss (1981): Credit rationing in markets with imperfect information. American Economic Review 71 (June): 393 – 410.

[2] Bernank, B., and M. Gertler (l990): Financial fragility and economic performance. Quarterly Journal of EcononIics 105 (1): 87 – 114.

[3] Mankiw G. (1986): The allocation of credit and financial collapse. QuarterIy Journal Of Economics 101 (3): 455 – 470.

能力）能够影响宏观经济运行。

根据信息经济学的观点，由不对称信息引起的潜在问题通常划分为如下几类：（1）逆向选择。（2）道德风险。（3）搭便车问题。（4）委托代理和监督问题。（5）理性的羊群行为。（6）传染。在理论和实务中无数的事例说明了以上六大问题导致了金融脆弱性。大量的研究成果从不同侧面证明信息问题在维护金融稳定中的重要性。米什金（1996）的论文中提出贷款人和借款人之间的信息不对称导致了逆向选择问题。Guttertag 和 Herring（1984）的论文将不对称信息理论拓展到对信用配给的可能现实上。在真实投资收益存在不确定性的情况下，贷款人和借款人对投资收益的预期可能会出现差别。当贷款人对某项投资的预期收益低于其将这笔资金投资于替代途径的收益时，借款人可能会被定额配给。他们的分析揭示出信用配给会随着不确定性水平，以及金融脆弱性的增加而提高。引入存款保险机制经常被看作是减轻这一问题的一种途径。但是，Keeley（1990）指出存款保险机制中可能存在的道德风险问题，会导致金融机构承担比其他情况下更多的风险。最近的研究表明金融市场上存在的不对称信息是金融危机在国与国之间传染的原因。这是一个至关重要的因素，因为越来越多的国家已经将其市场自由化从而与其他国家的市场高度关联，通过这一渠道，负面的外部冲击可能会直接地传递给健全国家。例如，Kodres 和 Pritsker（1998）的论文发展了一个解释传染决定因素的理论性的、多资产、理性预期模型，在这一模型中，传染的负效应取决于受影响国家对常见宏观经济风险和经济中不对称信息水平的敏感性。他们还指出，在存在对冲机制的情况下，如果投资者通过对冲来降低其对于新兴市场整体风险的话，两国即便没有常见的宏观经济风险也有可能出现传染问题。Davis（1996）的论文提出机构投资者可能会因为基金经理及其客户间关系的委托—代理问题助长了金融脆弱性，即如果没有适当监管的话，基金经理可能不会努力实现客户利润的最大化。Scharfstein 和 Stein（1990）指出通过降低相对于市场平均水平来说业绩不佳的风险，模仿其他投资者可以维持该经理的声誉。于是，某一投资者认为的不利事件可能会导致金融资产价格的大幅变动。

金融理论强调代理问题是金融市场失灵的关键原因。米什金（1998）[1]在《亚洲金融危机的教训》中，提出了一个分析金融危机的不对称信息框架。他认为金融市场信息的弱化是导致这场危机的关键因素。从不对称信息的角度理解金融危机，将金融危机定义为逆向选择和道德风险等信息不对称问题的严重

---

[1] Mishkin, Frederic S., 1998. "Lessons from the Asian Crisis," mimeo, Columbia University, November.

恶化，使金融市场无法有效地将资金导向那些拥有最佳生产性投资机会的人。这一分析强调危机是由一些基本因素决定的，特别是金融体系中的问题。这与Corsetti、Pesenti 和 Roubini（1999）①、Goldstein（1998）和 Krugman（1998）②等人最近的研究结果相一致。然而，这一分析并没有否定由 Radelet 和 Sachs（1998）提出的非流动性和多元平衡也在金融危机中起一定作用的观点。对绝大多数危机，尤其是东南亚金融危机，促使信息不对称问题恶化并导致金融危机的关键因素是资产负债状况的恶化，特别是金融机构的资产负债状况。在缺乏适当贷款条件的情况下，最终贷款者的行为造成的道德风险会增加金融的不稳定。Mishkin（2001）③ 将金融危机界定为"金融市场被瓦解了，在其中逆向选择和道德风险问题更加严重，所以金融市场不能稳定有效率地为拥有最佳生产效率的投资机会的人融通资金。"许多学者（如，Zingales，1998）认为好的治理在减轻信息不对称问题引发的潜在无效率上起了很重要的作用。

Banerjee（1992）、Bikchandani（1992）、Caplin 和 Leahy（1994）、Lee（1997）、Chari 和 Kehoe（1998）等认为，宏观经济基础和金融资产价格之间之所以缺乏惟一的对应关系而产生多重均衡，原因在于投资者在信息不完备或信息不对称环境下的预期所导致的羊群行为。羊群行为理论与由奥伯斯斐尔德（Obstfeld）等人提出的第二代危机模型有很多相似的地方，即都是由于部分人先失去信心，然后出现从众行为，实际宏观经济状况和微观经济主体（如银行等金融机构）可能是健康的。羊群行为理论与 Obstfeld 等人提出的第二代危机模型的差别是：Obstfeld④ 等人提出的第二代危机模型主要是针对汇率的。羊群行为理论主要是针对资产市场价格与收益波动的。即 Obstfeld 等人提出的第二代危机模型是羊群行为理论的一种特殊情况。有效银行挤兑理论认为引发银行挤兑的原因是银行贷款组合的不良运营所导致的漏损，银行挤兑的经验证据似乎也表明了这一方向。因此，银行挤兑又有一个基本起因，即来自于对银行经营状况的悲观预期，直接与不良贷款相关。随着对信息在金融不稳定中的重要性的关注，近年来，越来越多的人呼吁增加金融体系透明度。通常认为，企业披露更多的信息，有助于改善经济中的资源配置。

---

① Corsetti, Giancarlo, Paolo Pesenti and Nouriel Roubini, 1999, What Caused the Asian Currency and Financial Crisis? NBER Working Paper.

② Krugman, P. (1998), Bubble, Boom, Crash: Theoretical Notes on Asia's Crises, Working paper, MIT, Cambridge, Massachussetts.

③ Mishkin, F. S. 2001. "Financial Policies and the Prevention of Financial Crises in Emerging Market Countries." NBER Working Paper No. 8087.

④ Obstfeld, M (1986), 'Rational and self-fulfilling balance-of-payments crises', American Economic Review, Vol. 76 (1), pp. 72~81.

关于信息和金融不稳定的关系，至今存在一个没有解决的争论就是信息问题是金融脆弱性的充要条件，还是充分不必要条件。在信息经济学兴起之前，关于金融脆弱性的探讨早已展开。明斯基认为信息问题是金融脆弱性的非必要条件。打个比喻金融体系病了，不一定是由于信息问题造成的，可能是由于金融体系自身的特点造成的。

八、金融不稳定的治理观

相比起其他观点或者假说，对于制度设计和治理的重要性的关注，似乎还是近几年来的事情。但是，如果要溯源，我们可以在马克思政治经济学中找到源头。马克思将资本主义的无政府性质归结为危机之源（伊诚藤，2001）。在经历了19世纪后半期和20世纪早期的金融紊乱之后，全球的市场被严格的监管和控制了，世界进入了一个相对稳定的时期。但是，正如 Allen 和 Gale[①]（2002）指出的，对严格监管的依赖造成了经济效率损失的成本，后来的重新思考和金融违规暴露了许多金融市场的缺陷并且导致了全球重新回到金融不稳定的状态之中。因此开始寻找金融脆弱性的源头，以期在没有过多监管成本的情况下能消除金融危机带来的成本。从1998年的亚洲危机开始，治理在决定金融市场脆弱性中起着重要的作用这一观点越来越成为人们的共识（Rajan 和 Zingales，1998）。与强调信息问题造成的金融市场失灵不同，治理派强调的是制度或者游戏规则在维护金融稳定中的重要性，尤其是政府治理的重要性。Michael Francis（2003）认为代理问题是金融脆弱性的根本原因，强调好的治理在减轻金融脆弱性方面所起的作用[②]。梯若尔（2003）在《流动性、国际金融体系和金融危机》一书提出了双重代理的观点来解释金融危机，同样强调代理问题在金融危机中的重要性。Bernanke 和 Gertler（1989）[③]、Kiyotaki 和 Moore（1997）[④] 在他们的论文里面，也强调代理问题的重要性。近期关于系

[①] Allen, F. and D. Gale. 2002 "Financial Fragility." Working Paper No. 01~37, Wharton Financial Institutions Center, University of Pennsylvania. Available at http://fic.wharton.upenn.edu/fic/papers/01/0137.pdf.

[②] 关于委托—代理问题的背后原因，信息观和治理观给出了不同的解释。信息经济学将委托—代理问题归结为信息不对称和信息不完全。而治理观将这归结为游戏规则或者制度的不合理，制度缺陷使得委托—代理问题严重化。

[③] Bernanke, B. and M. Gertler. 1989. "Agency Costs, Net Worth, and Business Fluctuations." American Economic Review 79 (1): 14–31.

[④] Kiyotaki, N. and J. Moore. 1997. "Credit Cycles." Journal of Political Economy 105 (2): 211–48.

统性银行危机①（如 Demirguc-Kunt 和 Detragiache，此后用 DKD 表示，1998，2002；Santor，2003②）的研究文献发现，更加完备的所有权会降低危机发生的可能性，最近公司治理方面文献的发现也证实了这一点③（见 Zingales，1998；La Ports, Lopez-de-Silances, Shleifer 和 Vishny，用 LLSV 表示，1998）。Michael Francis（2003）对治理机制和法律影响危机发生的可能性进行了实证研究，实证结果表明，无论是从降低银行危机的可能来说还是降低投资的不稳定性来说，治理确实会影响金融的稳定性。此外，治理机制的本质也是很重要的。特别地，更好的官僚机构似乎有益，治理机制让政府更能对公众负责，如政治进程中的民主和竞争，而且约束了行政力量。另一方面，增加政府控制力和影响力的制度将增加危机的可能性。其结论与 Johnson 等④（2000）的实证研究相类似。Michael Francis（2003）在《治理和金融脆弱性：跨国证据》一文认为治理通过三个渠道影响金融稳定。首先，更好的治理会消除多个均衡的可能性；其次，它能降低金融加速器的规模；最后，它可以降低小而短时间的冲击导致贷款和投资出现不可逆的急剧下滑的可能性。麦金农和比尔（1998）⑤从发展中国家经济体制的内在缺陷来分析金融脆弱性根源，他们分析了发展中国家存款担保与过度借贷之间的关系。他们认为存款保险或者其他政府救护措施的存在，导致国内银行体系的道德风险。在没有资本管制的情况下，国内银行从国际金融市场上借取大量资金，投入国内投机性项目，过量的外债使本国金融体系变得十分脆弱，一旦遭受外部不利冲击或者资本流向突然逆转，将导致金融体系崩溃和经济衰退。Krugman（1998）认为亚洲金融危机的根源在于这些国家的金融过度，金融体系的脆弱性和裙带资本主义，主要表现为过度投资和过度投机。Corsetti（1998）等也认为道德风险是亚洲金融危机国家发生过度投资和过度借贷的原因。韦列（Weller，1999）在《对金融自

---

① Demirgüç-Kunt and Detragiache, 1998a, Financial Liberalization and Financial Fragility, IMF Working Paper 98/83 (Washington: International Monetary Fund).
Demirgüç-Kunt and Detragiache, 1998b, The Determinants of Banking Crises in Developing and Developed Countries, IMF Staff Paper, Vol. 45, No. 1, 81 – 109.
Demirgüç-Kunt, A. and E. Detragiache. 2002. "Does Deposit Insurance Increase Banking System Stability: An Empirical Investigation." Journal of Monetary Economics 49 (7): 1373 – 1407.
② Santor, E. 2003. "Banking Crises and Contagion: Empirical Evidence." Bank of Canada Working Paper No. 2003 – 1.
③ La Porta, R., F. Lopez-de-Silanes, A. Shleifer, and R. W. Vishny. 1998. "Law and Finance." Journal of Political Economy 106 (6): 1113 – 55.
④ Johnson, S., P. Boone, A. Breach, and E. Friedman. 2000. "Corporate Governance in the Asian Financial Crisis." Journal of Financial Economics 58: 141 – 86.
⑤ Mckinnon, R. and Phill, H (1998), International Overborrowing: A Decomposition of Credit and Currency Risks, Working paper, Stanford University, palo Alto, California.

由化和金融不稳定性的若干观察》一文中指出，金融自由化和金融开放使得新兴市场化国家更容易遭受金融危机。斯蒂格利茨在分析亚洲金融危机的原因时，明确指出金融过度自由化是亚洲金融危机的一个重要原因。过度金融自由化的持有者将金融脆弱性归因于金融发展战略的失误。IMF的经济学家Asli-Demirg-Kunt and Enrica Detragiache对53个国家在1980～1995年间的金融危机和金融自由化相关关系做了实证分析，结果表明实施金融自由化的金融体系更容易发生金融危机。在金融自由化经济金融环境条件不具备的情况下，过度的金融自由化会加剧金融体系脆弱性，增加金融危机发生概率。Das和Quintyn（2002）最早系统地研究了监管治理对金融稳定性的作用，他们提供了金融监管治理的操作机构，建立了"治理联系"来强调金融体系管理对非金融部分正常运作的重要性，并基于IMF和世界银行1999年以来在金融部门评估项目（FSAP）背景下所做的工作，对当前金融监管治理的质量进行了评价。Udaibir S. Das，Marc Quintyn，和Kina Chenard（2004）《监管治理对金融体系稳定性有影响吗？一个经验分析》[①]一文继续了那些早期的工作并揭示了金融监管治理与金融体系稳定性的关系。他们的实证研究发现，金融监管质量的确影响到银行体系稳健。

总的说来，与强调先天的信息问题和利益冲突不同，治理派强调后天的制度设计和安排的重要性，将信息不对称和不完全、利益冲突作为假定的前提条件，这也是金融市场的基本特征。根据治理派的观点，正是政府失灵和政府治理不力、不当等原因，造成道德风险、金融腐败、金融过度自由化等的泛滥，造成金融不稳定。如果政府治理得当，管理到位，那么金融稳定可以得到实现。他们强调金融制度设计和货币金融管理的重要性。

九、新四代金融危机理论和新古典主流金融观点的发展演进

20世纪80年代以来金融危机不断爆发，对主流经济学提出了严重的挑战。主流经济学家提出了各种各样的理论模型来解释新型金融危机，总结起来具体可以分为六类：（1）金融恐慌（多种均衡）；（2）商业周期（实质的危机）；（3）政府宏观经济政策不协调；（4）泡沫的产生和破灭；（5）扩大

---

① Udaibir S. Das, Marc Quintyn, and Kina Chenard, Does Regulatory Governance Matter for Financial System Stability? An Empirical Analysis, International Monetary Fund WP/04/89, IMF Working Paper, Monetary and Financial Systems Department, May 2004.

(传染性和脆弱性);(6)有缺陷的政府微观经济政策。Kindleberger(1978)详细描述了一种因为恐慌而自发产生的危机,提出了危机的自我实现观点。Bryant(1980),Diamond 和 Dybvig(1983)发展了危机的现代观点。他们的分析基础是多种均衡的存在,至少有一个均衡存在恐慌而另一个则没有。恐慌观点由于缺乏预见力而受到批评。近期,经济学家已经作了大量的模型,可以预见到惟一的结果(恐慌或者不恐慌),可以参阅 Morris,Shin(1998),Rochet,Vives(2000)的研究①。商业周期理论同样有悠久的历史(Mitchell,1941),其基本思想是经济不景气或衰退时,银行资产的回报率将很低。如果他们的固定债务是以存款或债券的形式存在的话,则他们无法保证其偿付能力,这便会造成银行的挤兑。这类危机在 Chari 和 Jagannathan(1988),Jacklin 和 Bhatta-charya(1988),Hellwig(1994),Alonso(1996)以及 Allen 和 Gale(1998)中都有正规的分析。货币危机是政府政策与固定或钉住汇率制度不协调造成的,在这方面拥有大量文献。在 Krugman(1979)与 Flood 和 Garber(1984)的基础上建立的所谓第一代模型是这些文献的研究起点。在此基础上,以克鲁格曼(Krugman,P.S)、奥伯斯菲尔德(Obstfeld,Maurice)为主的经济学家创建了第一代、第二代、第三代、第四代危机模型,其中每一代危机模型又有许多版本。根据第一代危机模型,不良贷款增加,可能导致中央财政赤字,为了解决财政问题和避免财政危机,政府新增货币的发行并且收取铸币税,结果导致影子汇率向上攀升,货币危机的发生不可避免。货币危机的根本原因是政府政策的无能。由于政府采取的矛盾政策——持续的赤字加上汇率钉住,为投机者提供了袭击目标。因此,这些模型实际暗示着政府得到了他们应得的危机作为惩罚。第一代危机模型仍然无法解释大量的价格变动,特别是放弃固定汇率所发生的变动。上述缺陷带来了第二代模型的发展,第二代危机模型以"博弈论"为核心,由 Obstfeld(1996)等人提出。他们认为在资本市场上对于外汇的买卖有持有者,有卖出者,他们在买卖过程中形成"博弈"。参与这样"博弈"的既有广大的投资者,又有中央银行,由于各自掌握的信息不同,在"博弈"中有不同的行为选择,会形成"多重的均衡"。如果投资者的情绪、预期发生了变化,就会发生。"从众行为"和"羊群效应"推动着危机爆发。这一类理论适用于 1992 年英镑退出欧洲汇率机制的解释,当时英国面临着失业与汇率之间的政策两难选择,结果放弃了有浮动的固定汇率制。第二代危机模型是以多种均衡为基础的,该危机类似于银行危机理论中的恐慌,是均衡变

---

① 让·梯若尔:《金融危机、流动性与国际货币体制》,中国人民大学出版社 2003 年版,第 39~40 页。

化的结果。在银行危机理论中均衡的选择没有正规地建模，解决的方法是运用"太阳黑子"方法，即一种均衡伴有太阳黑子而第二种没有。这种方法没有解释为什么一种特定的均衡有太阳黑子，而另一种没有。从这一点来看，它是完全武断的。Morris 和 Shin（1998）[①] 描述了 Carlsson 和 Van Damme（1993）的全球博弈方法（博弈论方法）怎样用于证明均衡的惟一性。这个均衡是否存在危机，关键在于经济的基本面。第三代危机模型以"脆弱论"为核心，即认为金融体系本身是脆弱的，如果再加上人为的因素，如"道德风险"、"隐性赤字"、"负担过重"，则会使金融体系本身更脆弱。在这种状况下，一国的经济容易遭受"自我促成"式的冲击，比如投资者对投资的前景失去信心，大量的投资被撤出，同时向银行挤兑，货币不得不贬值。再如，企业的财务状况很困难，限制了企业的发展，为了寻求出路不得不抛售资产，迫使本币贬值等。这一理论假设的前提条件和研究的着力点与上述两类一样，不同的是从金融系统本身寻找答案。这类理论用来解释东南亚国家金融危机的产生是适合的。因为东南亚国家除泰国外，财政收支基本平衡，外贸赤字并不大，也不像英国那样面临就业与外汇政策的两难选择。东南亚国家的问题主要是出在金融体系本身，在那里金融机构大量投资，呆账、坏账很多，难以为继。正如克鲁格曼（2001）所说"一些第三代模型实质上非常像伯南克（Bernanke）和格特勒（Gertler, 1989）提出的封闭经济条件下金融脆弱性模型。第四代危机模型可能根本不会是货币危机模型，它将是一个更一般的金融危机模型，其中，其他资产价格起了重要作用"。第四代危机模型也是以"脆弱论"为核心，这一理论假设的前提条件和研究的着力点与上述三类不一样，在第四代危机模型中，经济可以是开放的，也可以是封闭的。汇率不必是固定的，它是以资产的价格变化为核心。从第一代危机模型到第四代危机模型，可以发现，越来越强调金融因素的重要性。

1945~1971 年间，货币危机是单独发生的，但是 Kaminsky 和 Reinhart 发现接下来的时期中，货币危机和银行危机通常是以"孪生危机"的形式同时发生。尽管银行危机和货币危机理论是独立发展的，这种"孪生危机"的频繁发生带来了解释他们的模型的发展。在银行危机理论中有两种方法适用于金融恐慌和商业周期理论。Chang 和 Velasco（2000, 2001）[②] 发展了一个多均衡

[①] Morris, S and Shin, H S (1998), 'Unique equilibrium in a model of self-fulfilling currency attacks', American Economic Review, Vol. 88, pages 587–597.

[②] Chang, R and Velasco, A (2001), 'A model of financial crises in emerging markets', Quarterly Journal of Economics, Vol. 116 (2), pages 489–517.

模型。Allen 和 Gale（2000）发展了一个以经济基本面为基础的模型。有许多金融危机的例证发生在资产价格的泡沫破灭以后，揭示了关于泡沫的形成、破灭以及其对金融系统的影响。最近发生的这种现象中最重要的例子是日本。日本当然不是这种现象的惟一例子，亚洲金融危机似乎也可以归为这一类。亚洲危机说明了另外一种重要的现象，即金融危机的传染性。事件开始于泰国，传染了很多其他的国家和地区，包括南韩、马来西亚、印度尼西亚、中国香港、菲律宾和新加坡。研究许多危机之间的传染性成了研究文献的重要论题。大量关于传染性的理论，有的是以贸易和真实经济联系为基础，有的是以银行间市场为基础，有的建立在金融市场之上，还有的则是基于支付系统展开的。关于危机理论最新的发展是信息经济学和博弈论的运用，利用博弈论来分析金融市场上的冲突和危机[1]。

　　总的来说，六种不同的危机理论代表了不同的危机观点。主流经济学对金融危机的解释就像西游记中的孙悟空，变化多端。新近主流经济学的危机模型大多与明斯基不相关，主要着眼于泡沫、恐慌、传染的分析。主流经济学的"脆弱论"似乎也越来越接近明斯基的金融脆弱性理论，但是对于脆弱原因的分析，主流经济学和明斯基存在明显差异，与马克思的观点存在天壤之别[2]。

　　新古典经济学把资本主义当作一种自然的和没有历史阶段的社会秩序。货币与金融的不稳定典型地应该归因于有关当局错误的和误导的货币与金融管理。一些关于政策的正确组合可以恢复资本主义货币与金融和谐的预期是值得高度怀疑的。新古典主义认为，只要价格是可以自由浮动的，资本主义就可以免除危机，或者通过明智的经济政策来避免危机。新自由主义（新古典主义）一直强调合理预期与持续的市场出清，并且通过对政府所引发的对经济积累过程不可预测的货币冲击的分析，阐述了理论上的不稳定性。自 20 世纪 70 年代中期以来，特别是在货币和金融领域内，资本主义积累过程中明显的不和谐现象继续有增无减。经济理论对这种不稳定性对于劳动人民生活水平的冲击性几乎丝毫不感兴趣。为了弥补在经济和社会状态方面理论上的不足，当代经济理论便向日益深奥的数学技术方面发展。把这种现象同哥白尼前的天文学界的状况相比，那是一个充满大量复杂概念和完全错误的时代，是非常相似的。政治经济学，特别是它的马克思主义流派，不具有当代主流理论的技术性诡

---

[1] Franklin Allen, Historical and Recent Crises, April 7, 2003, available at: http://finance.wharton.upenn.edu/~allenf/.

[2] 即使在马克思、凯恩斯和明斯基之间，同样存在差异，马克思将金融不稳定建立在劳动价值论之上，强调利益冲突和政府的重要性，而凯恩斯强调的是不确定性、预期和三大心理规律，明斯基强调的是预期、现金流和融资的重要性，主流经济学将脆弱归结为外部冲击。

辩，而应该继续成为一种重点关注当代资本主义货币与金融不稳定性的社会科学。

根据新古典的观点，货币金融不稳定或者危机关键不在于金融市场本身，而在于政府设计的管理货币金融的政策措施。对策建议不外乎两种选择：一是放弃政策设计，主张自由放任，这是自由市场之手的信奉者，这种观点遭到越来越多的批判。在20世纪几乎销声匿迹。不过进入21世纪，有重新抬头的趋势，表现为自由银行学派的兴起。二是加强对政策的设计和政府管理，包括改良和革命。政府的货币与金融政策对于资本主义经济的影响是很难确定的，对于该问题的理论争论可能在未来还会继续下去。

第三节 小 结

前面的文献回顾发现，影响金融不稳定的因素众多，研究者从不同角度探索金融不稳定的根源，提出了各种各样的观点，但是大多数停留在假说阶段，缺乏一个统一的理论解释框架。

从上面可以发现，金融危机理论的发展是有一定规律可循的，从单因素分析走向多因素分析，从单一危机模型走向双危机模型，越来越强调综合性，金融危机理论的综合色彩越来越明显。关于金融危机的不同理论并不总是对立，而是呈现融合和互相补充的趋势。对金融危机和金融稳定理论的梳理可以发现，金融不稳定的金融观点和治理观点得到了越来越多的重视（图2-2）。从20世纪90年代以来，随着金融危机理论的发展，开发出一个更一般的金融稳定模型，将多种理论联合起来使用已经取得了越来越多的共识。关于金融危机的不同理论应该结合起来，而不应被看作是互相竞争的解释，马克思的"四大法宝"在这方面作出了表率。金融危机的理论研究者并没有利用一种理论来反对另一种理论，各个学派都是从不同的侧面研究金融危机，得出了金融危机在不同视角下的局部真相（图2-1）。明斯基为代表的金融凯恩斯主义开创的金融分析范式获得了长足的发展，但是其缺陷也十分明显。在金融稳定的不同研究范式当中，试图通过将各种视角联合起来，从而寻找金融危机更为圆满的解释，已经成为一种强烈的共识。

金融危机的原因是真实的还是虚拟的，也就是说金融危机的根源是真实经济还是符号经济？是货币金融因素还是真实冲击呢？金融不稳定的经济观点和金融观点的争论一直没有停息。关于金融不稳定的研究，主要可以分成两条主

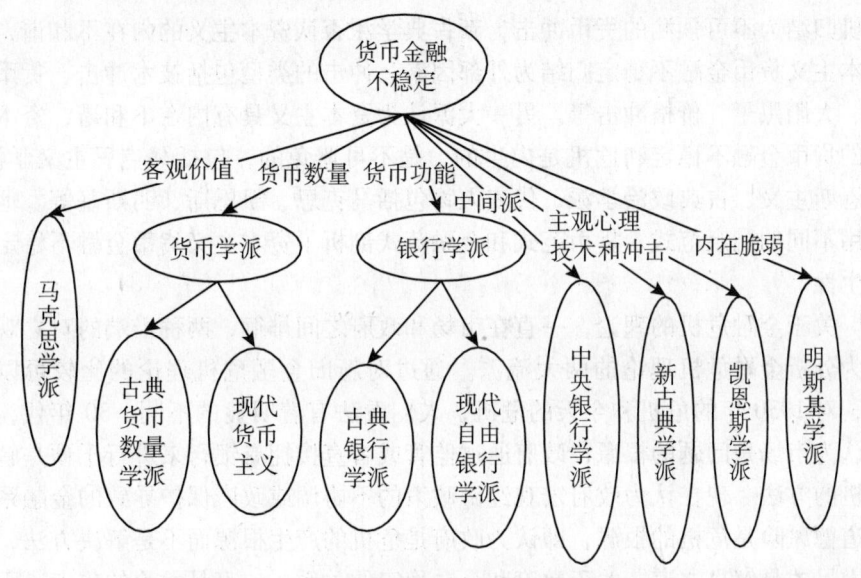

图 2-1　不同流派对货币金融不稳定的解释

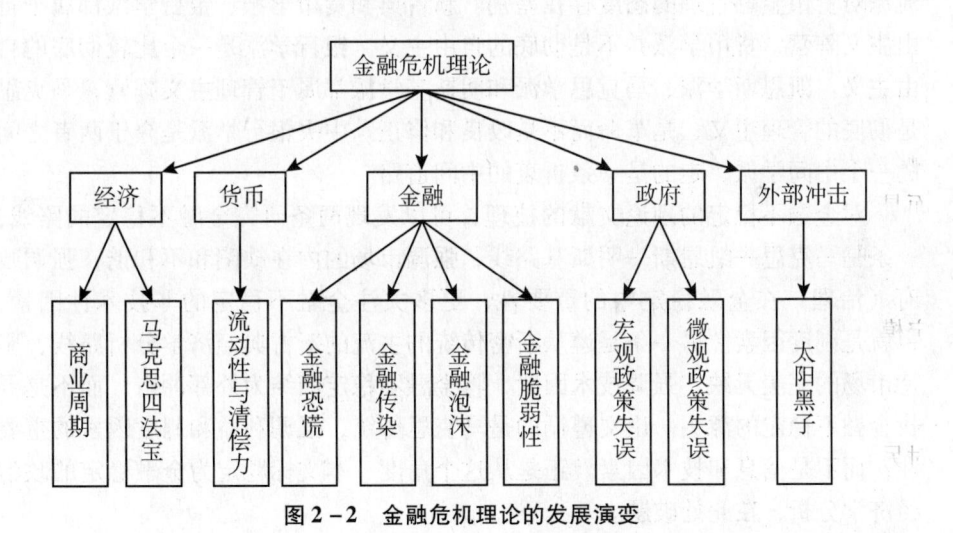

图 2-2　金融危机理论的发展演变

线：一条是从外部寻找原因；另一条是从内部寻找原因。总的来说，根据资本主义危机的内生与外生性质，可以将这些理论观点分成两大派，一个派别是相信和接受资本主义经济具有内在和谐的观点，包括货币数量论学派、自由银行业学派、真实经济周期学派等，代表人物包括弗里德曼、Prescott 等，他们否认金融危机的内生性。真实经济周期学派将危机归结为技术冲击，货币学派将危机归结为不可预测的货币冲击，新古典学派否认资本主义的内在不和谐，将资本主义货币金融不稳定归结为外部因素，冲击的类型包括技术冲击、货币冲击、太阳黑子、价格冲击等。另一大派认为资本主义具有内在不和谐，资本主义的货币金融不稳定和危机是内生的，是不可避免的，包括马克思主义学派、凯恩斯主义、古典政治学派，代表人物包括马克思、凯恩斯、明斯基等。他们运用不同的剩余范式、货币范式和金融范式剖析了资本主义货币金融不稳定的内生性。

关于金融危机的理论，一直在市场和政府之间徘徊，两种极端的对立观点成为分析金融危机理论的两大流派。通过对新旧金融危机理论的比较可以发现，对1930年的危机和今天的危机，人们看法有着明显的不同。30年代，人们认为市场是问题的根源，政府通过监管或者直接拥有银行来进行干预是解决危机的方法。现在认为政府宏观经济政策的不协调或政府保护导致的金融系统的道德风险是危机的根源，即认为政府是危机的产生根源而不是解决方法，市场力量才是解决之道。关于政府和金融稳定的关系，一直是争论的焦点。不同流派对货币金融管理的态度存在差别。新古典和货币学派、银行学派都属于自由主义阵营，货币学派并不是彻底的自由主义，银行学派是一个比较彻底的自由主义。凯恩斯学派、马克思学派和明斯基学派都属于管理主义阵营，马克思是彻底的管理主义，是革命而不是改良和修正。中央银行学派是介于两者之间的一个中间学派，走的是一条折衷的中间道路。

对金融不稳定的理论文献的梳理，可以发现两条研究金融不稳定的路线，一条是马克思—凯恩斯—明斯基路线，强调市场的内在缺陷和不和谐，强调政府（治理）在金融稳定中的重要性，更多关注金融不稳定的非技术性因素，也就是制度因素。另一条是遵从斯密传统的主流的新古典经济学分析路线，坚持市场的完美无缺，强调技术因素，将金融不稳定归结为外部冲击，而不是寻找金融不稳定的源头。论文遵循的是马克思传统，强调利益和制度因素的重要性，而不是信息和技术因素。正是从这个角度，本文标题定为金融稳定的政治经济学分析，在此处破题。

在文献整理的过程中也清晰地发现，两条路线具有越来越明显的融合的趋势，对金融因素的重视使新古典越来越接近金融凯恩斯主义，源于两条不同路线的治理观点也开始走到一起。金融危机理论越来越强调金融因素的重要性。除此之外，主流的新古典经济学强调信息在治理中的重要性，而马克思—明斯基强调制度设计在治理中的重要性。在诸多的解释金融不稳定的观点中，货币金融观点和治理观点得到越来越多的重视，并呈现融合的趋势，而自由观和冲击观由于对危机采取消极的放任自流的态度，对金融不稳定的解释和对策越来越难以令人信服。治理和管理金融危机的呼声越来越高。各个学派都是从不同的侧面研究金融危机，得出其在不同视角下的局部真相。如何吸收借鉴、调和各种不同的竞争性理论，建立一个包容性良好的危机理论成为未来的方向。

第三章

金融稳定：二元结构的存量—流量分析框架（GSFC）

——基于实体经济和虚拟经济的两分法思考

第一节　金融稳定的二元结构分析框架提出的背景

在经济学说史上，采用两个部门模型来讨论经济、金融危机具有很深的传统。马克思的双危机假说、凯恩斯的二元流通观点、明斯基的二元价格模型，都体现了二元结构主义的色彩。在他们的眼里，二元具有不同的内涵，但是也可以发现一些共同的东西，那就是"虚实"的对立，具有明显的实体经济和虚拟经济（金融）各自的不同内涵，只是具体的代表变量不同而已。

通过对金融危机理论文献的回顾，可以发现一条清晰的分析金融不稳定的逻辑主线：马克思的过度积累、消费不足、比例失调假说——费雪的过度负债假说——凯恩斯坏的货币与信用过度假说——明斯基的企业过度融资假说和内在脆弱性假说——金德尔伯格的过度交易假说——克鲁格曼金融过度假说——再到斯蒂格利茨的金融约束假说，一个共同的特点就是强调"过度或者不足"问题，具有典型的结构主义分析特征。结构的不和谐、不合理与金融危机密切相关。研究者一直在寻找最适合的管理货币金融的"度"，寻找一个最优的货币金融结构。与此同时，可以发现金融危机理论的融合趋势越来越明显，如何吸收借鉴、调和各种不同的竞争性理论，建立一个包容性良好的危机理论成为未来的方向。

本书通过对现实经济——金融关系的观察和反思，在前人研究的基础上，

>>>>>>> 第三章 金融稳定：二元结构的存量—流量分析框架（GSFC）

尝试开发出了一个更一般的具有综观结构主义色彩的金融稳定模型。我们的模型由实体经济和虚拟经济（金融部门）组成，同时考虑货币的交易和储存功能，我们称之为二元结构的广义货币存量—流量模型（GSFC），并用来研究20世纪80年代以来国际上的金融不稳定问题。

一、大转型：20世纪80年代以来金融不稳定的新背景

我们通过对现实世界的观察发现，20世纪80年代以来，全球金融市场有着惊人的发展，金融资产规模不断膨胀，全球的金融倒金字塔的趋势越来越明显，金融与实体经济的关系出现了反常规变化，金融发展与经济增长出现明显的背离，股经背离现象越来越明显，货币与物价的关系也出现了反常变动，金融危机发生在经济基本面良好的国家，出现了东亚危机与东亚奇迹并存的怪现象。这些宏观经济金融运行中的怪现象对传统经济金融理论提出了严峻的挑战。传统分析方法抛开了现代货币、金融和投机活动等所具有的重要特征，难以解释上述的变化过程。由 Corsetti，Pesenti，Roubini（1999）和 Burnside，Eichenbaum，Rebello（1999，2000，2001）建立并发展起来的"基本面"观点将一个国家的危机归结为该国经济基本面的薄弱。然而经济学家普遍认为，这种陈旧的观点无法为近期的危机提供一个恰当的解释。例如，1997年东亚国家的基本面状况似乎很好，没有或者只有少量的预算赤字，合理的公债水平，较低的通货膨胀，较高的储蓄率。主流的"基本面"观点强调政府援助的作用，但是 Caballero and Krishnamurthy（2001）强调指出，私人部门的基本面状况恶化是导致危机的根源[①]。"基本面"观点在解释20世纪80年代以来尤其是1997年东亚金融危机遇到了前所未有的挑战，对于不断爆发的金融危机我们无法轻易地全部用基础因素来解释。我们深信，70年代中后期以来全球金融危机的频繁爆发，金融危机从过去30年的销声匿迹到最近30年间的不断爆发，这种金融风险格局的重大转变，应该有更深刻的经济——金融背景和制度背景。本书认为，全球正处于财富结构和制度大转变的时代，经济——金融关系的重大转变对货币运行及其管理带来了新的挑战，并刺激政治和公共政策进行转变。大转型是80年代以来金融不稳定的新背景。下面将从以下几个方面进行说明。

[①] 让·梯若尔著：《金融危机、流动性与国际货币体制》，中国人民大学出版社2003年版，第34～39页。

（一）经济和金融的关系异化，出现了"股经背离"的怪现象

根据传统的金融发展理论和标准的资产定价理论，股票市场发展与经济增长呈现一种大致平行的关系，虽然在某种意义上"帕特里克之谜"仍然困扰着学术界，但是股市发展对经济增长的促进作用获得了广泛的认同，股市发展与经济增长的因果关系得到了一定的实证支持。几个较早的研究都发现（Barro，1990；Fama，1990；Lee，1992，Schwert，1990）在美国股票回报率的季度和年度变动中确实有相当一部分可以由整体实物经济活动的度量值来解释。佩罗（Peiro，1996）对其他几个工业国家的研究进一步证实了这一结论，在他的研究中使用股票价格变动代表股票回报率的变动。Domian 和 Loutan（1997）发现股票回报率对工业生产增长率的预测性是不对称的，萧条时期预测能力强，繁荣时期预测能力差。这一结论得到了 Estrella 和 Mishkin（1996）的支持。早先的研究几乎都发现国内生产总值、工业生产总值和股票价格之间在两年以上的时间区域内存在着传统的密切关系。

斯宾维杰在法玛的基础上将数据进行拓展对1953～1995年的数据进行了重新检验，发现1984年之后股票市场和实物经济活动的传统关系断裂了。股票市场不是实物经济活动的晴雨表。M. 斯宾维杰对美国经济增长和股票市场发展背离的现象进行了深入分析，并提出了金融窖藏假说来解释这种反常现象。这是目前在研究股市发展和经济增长背离原因方面十分有见地的一位经济学家。斯宾维杰用股票回报率对美国实物经济活动度量指标在1953～1995年间进行回归似乎进一步论证了法玛（Fama，1990）和其他人所得出的结果：股票回报的很大部分可以由实物经济活动度量指标的将来值解释。然而对20世纪80年代以来的数据的回归得出了相反的结论。无论是使用月度、季度和年度真实股票回报率，也无论实物经济活动由生产率还是 GDP 增长率来代表，发现股票回报率和实物经济活动之间的相关关系断裂，两者不存在相关性甚至出现负相关，这是与传统理论相悖论的。

受宾斯维杰研究的启发，我们对西方"股经背离"的存在性做了进一步的研究。通过对日本1951～2002年的数据分析，发现无论是从绝对数指标还是相对数指标来看，日本股票市场和经济增长的背离十分明显。由图3-3，可以发现日本进入80年代中后期股票价格一路走低，出现了"股经背离"的格局。进一步观察日本股指收益率和经济增长指标的变化情况，由图3-2和图3-4可以清楚发现，日本股指变化率和经济增长率在日本的高速成长期出现了背离，存在一个"发散型股经背离"和"收敛型股经背离"，然后进入一

个向下的平行变化轨道，在日本的高速经济成长期，经济波动和股市波动幅度都相当大，而且呈现相反的态势。这可以通过过滤之后的趋势变化得到清楚的反映。日本模式的股经背离对中国极具借鉴意义。

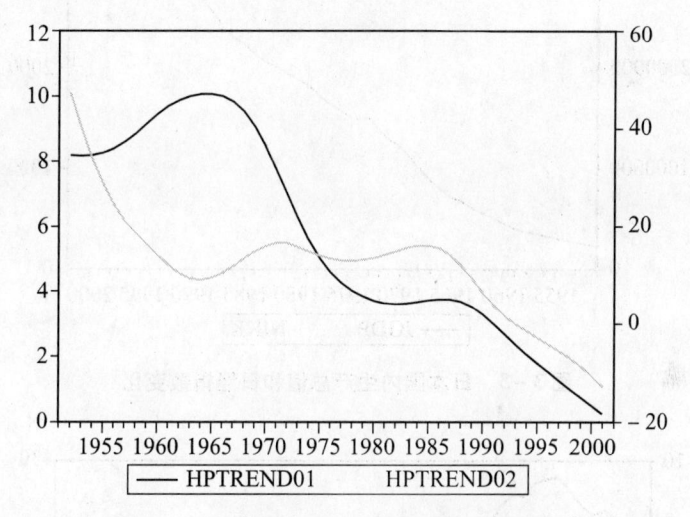

图 3-1 日本经济增长率和日经变化率趋势①

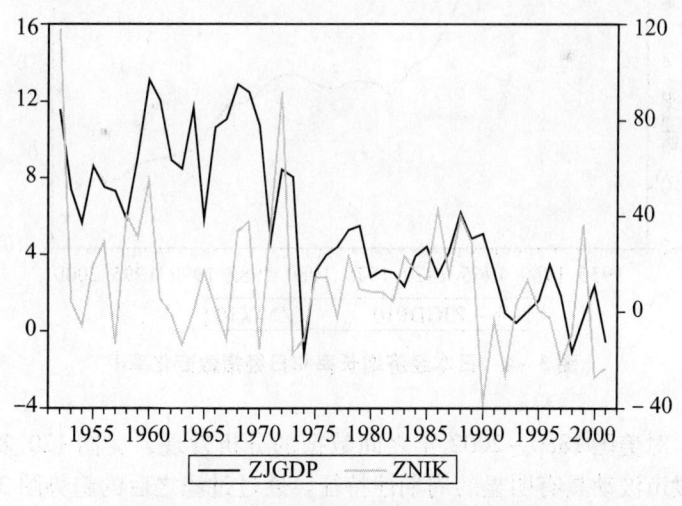

图 3-2 日本经济增长率和日经变化率趋势

---

① 经过 HP 过滤。

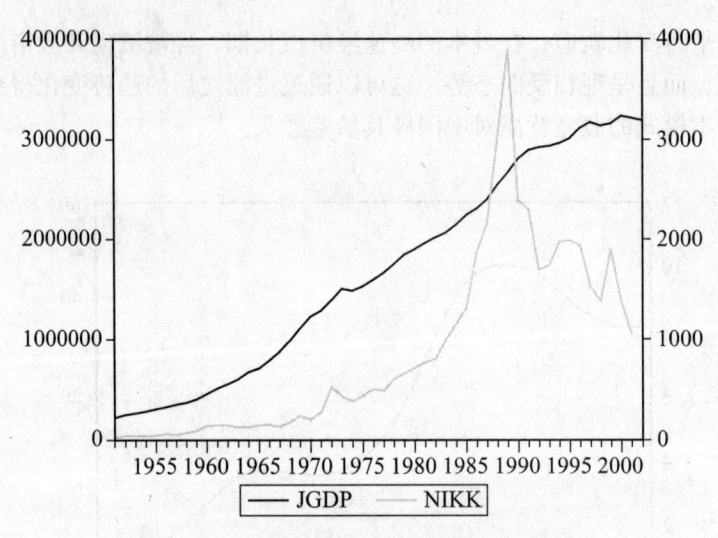

图3-3 日本国内生产总值和日经指数变化

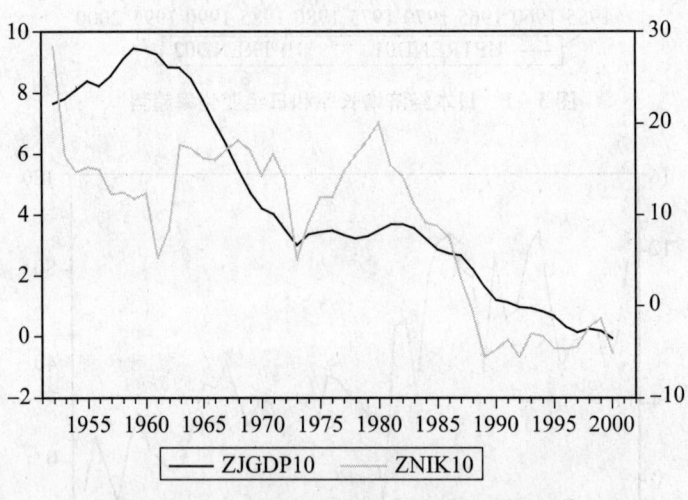

图3-4 日本经济增长率和日经指数变化率①

同样，对美国1880~2002年之间数据的分析发现，美国120多年来的经济波动和股市波动具有明显的周期性特征。通过过滤之后的趋势图3-6发现，美国经济波动幅度越来越小，但是股市波动幅度越来越大，股市波幅大大超过经济波动幅度。从图3-6可以发现，美国股市近年来出现明显下跌趋势，股

---

① 10年移动平均值。

指收益率降到历史最低水平。从图3-5~图3-12，可以发现，股经背离并不是新近才出现的事情，股经背离可以说是早已有之，具有相当长的历史，只是由于新近股市波动的幅度加大，股经背离的趋势越来越明显，背离的持续时间越来越长，股经背离越来越严重才引起了广泛的关注。

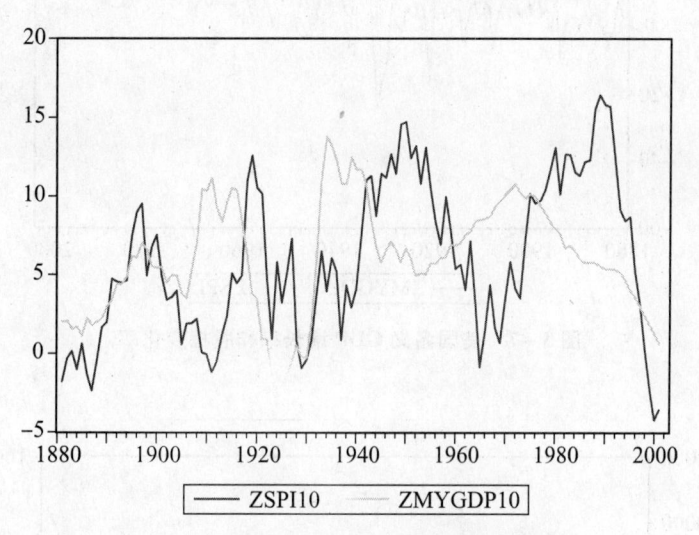

图3-5 美国名义经济增长率和标普变化率[1]

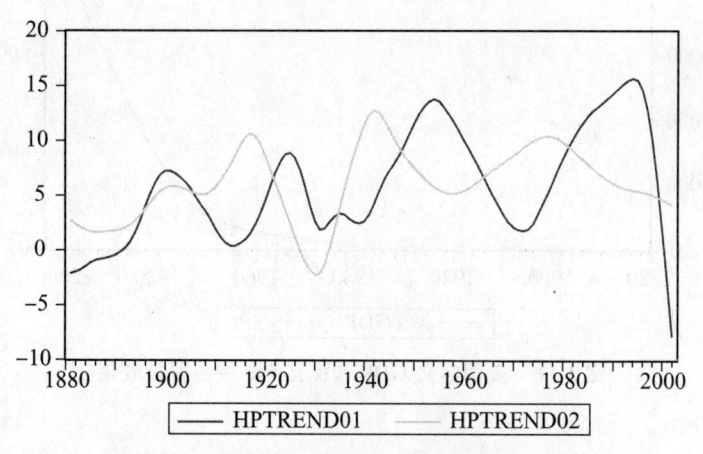

图3-6 美国名义经济增长率和标普变化率[2]

[1] 10年移动平均值。
[2] 经过HP过滤。

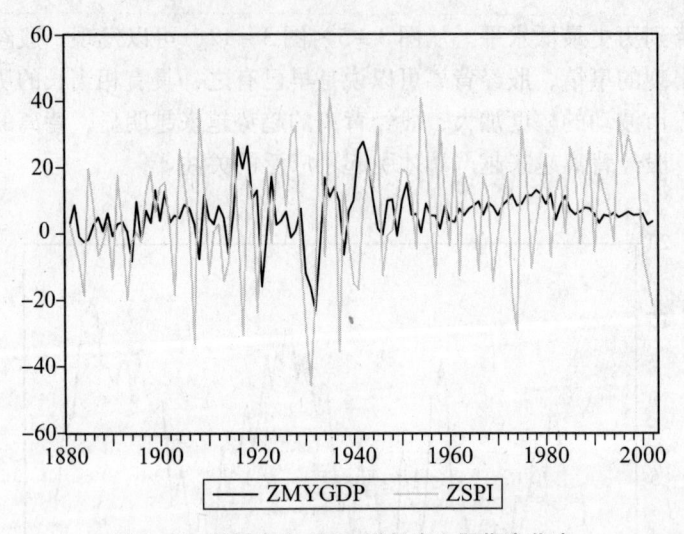

图 3-7 美国名义 GDP 增长率和股指变化率

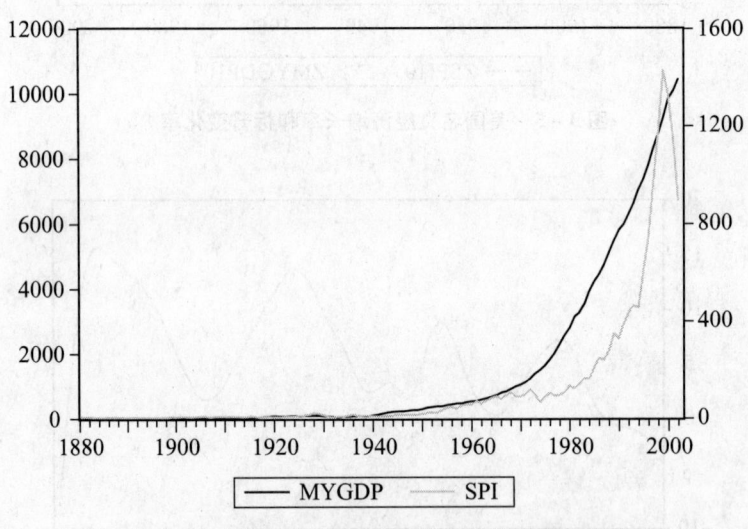

图 3-8 美国名义 GDP 和标普 500 综合股指变化

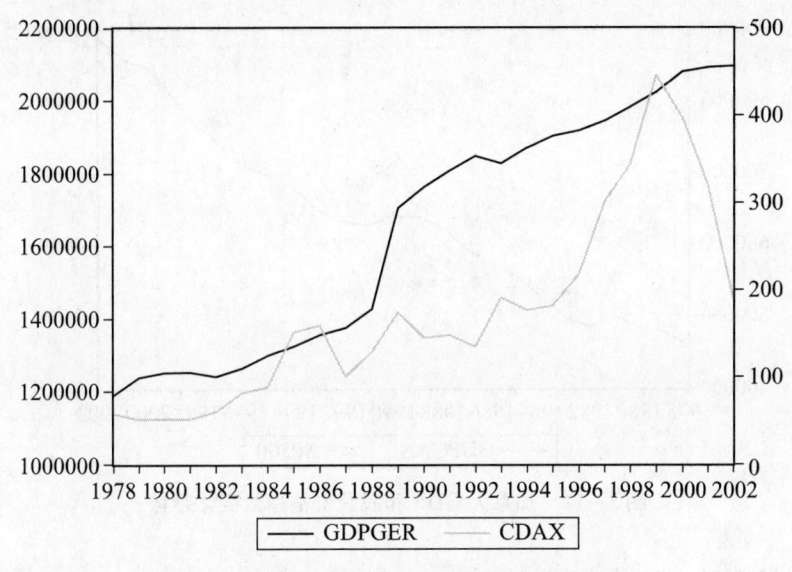

图 3-9 德国 GDP 和股票价格指数变化趋势

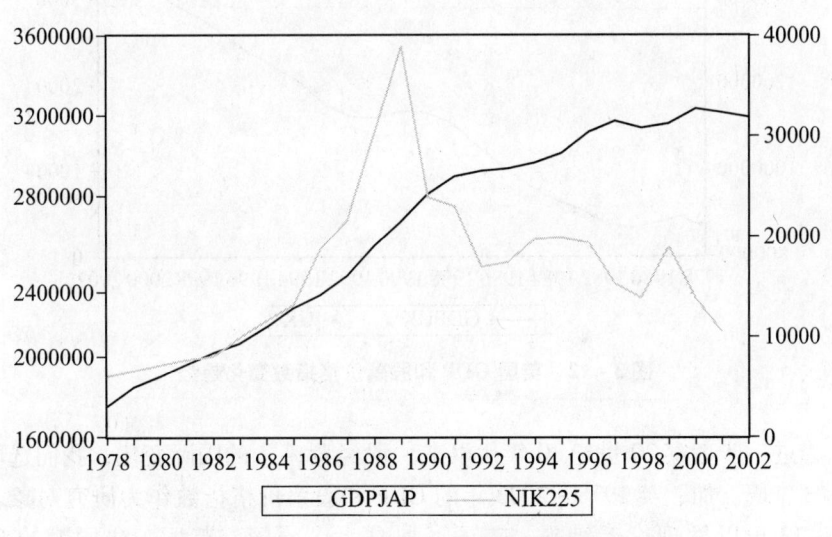

图 3-10 日本 GDP 和日经 225 指数变化趋势

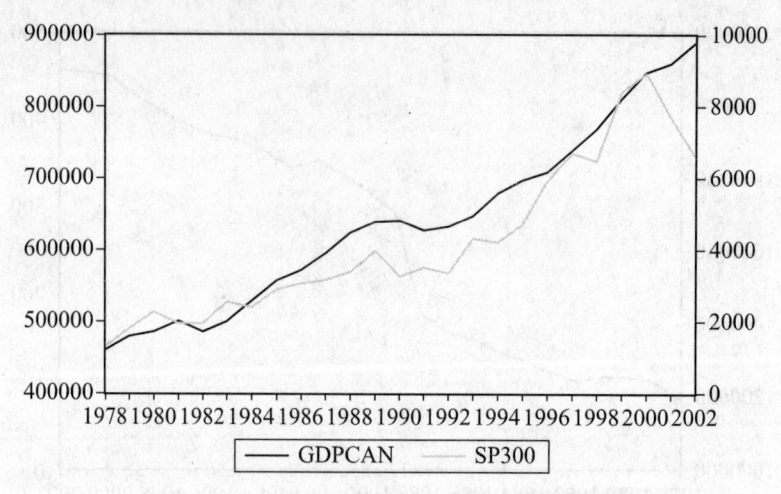

图 3-11 加拿大 GDP 和股票价格指数变化趋势

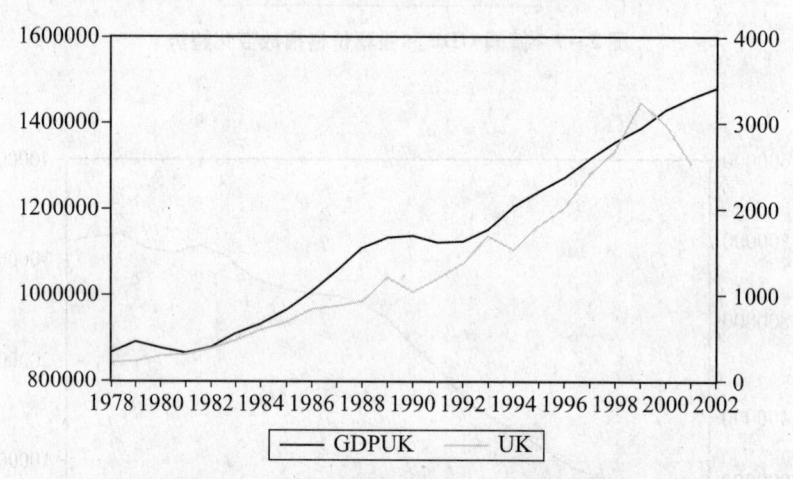

图 3-12 英国 GDP 和股票价格指数变化趋势

为进一步考察20世纪80年代以来"股经背离"的国际变化,我们选取了美、日、德、加、英1978~2002年的GDP和股票价格指数作为研究对象。由图3-13可以发现,近年来,美国、加拿大、德国、英国、法国都出现了"剪刀差"迹象,并呈逐渐扩大的趋势。在这5个国家中,日本经济增长和股市发展背离出现的时间最早,背离的趋势最为严重,持续的时间也最长。近年来,股市发展与经济增长的轨迹逐渐出现了明显的背离,而且这种背离已经成为经济运行中的常态,不再是短期的反常现象。宾斯维杰曾经运用美国数据证

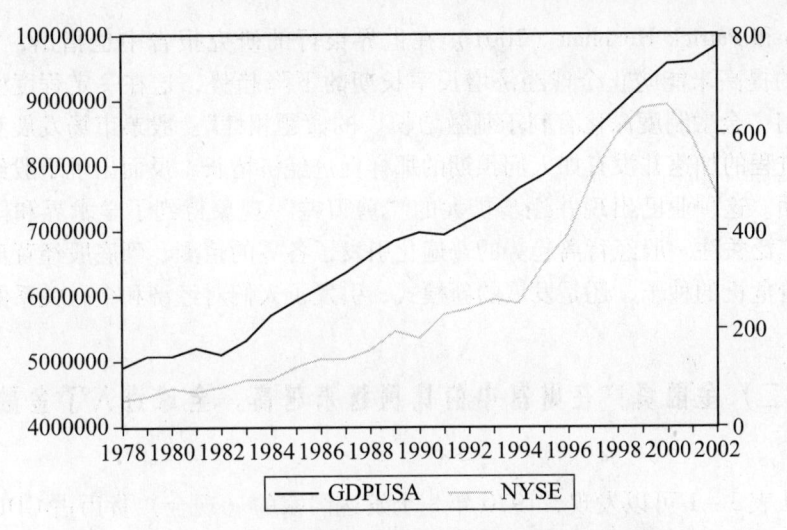

图 3-13 美国 GDP 和纽约股票价格指数变化趋势

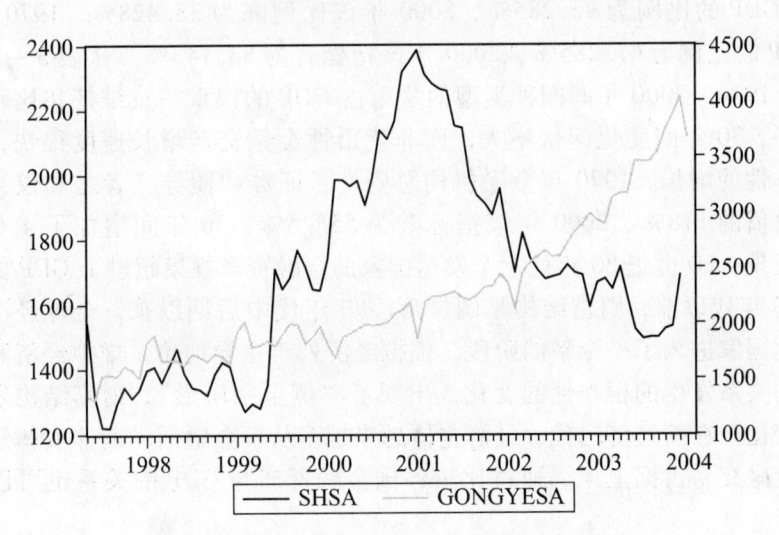

图 3-14 上海综合股指和工业增加值变化趋势

明了股经背离在美国是客观存在的，股经背离的断点发生在 1984 年的二季度左右。我们在斯宾维杰的基础上继续拓展原有数据（1953～2002 年）并通过跨国比较发现，直到最近这种反常关系依然存在，并且越来越严重和明显，股经背离呈现国际化和普遍化趋势。股经背离的客观存在得到了越来越多的国际证据的支持，在西方很多国家已经引起广泛的关注和讨论。Gerard

Caprio 和 Patrick Honohan（2001）在世界银行的研究报告中也指出，"金融深化的提高未能防止全球经济增长率长期的下降趋势，这在一定程度上似乎与我们'金融制度深化有利于刺激增长'的命题相悖"。股票市场发展和股市深化进程的加速并没有如人们预期的那样促进经济增长，反而出现了股经背离的局面。这种业已出现并逐步扩大的"剪刀差"现象得到了学术界和国际社会的广泛关注。股经背离趋势的普遍化引发了各界的猜测，到底股经背离背后蕴涵着危机的种子，还是发展的新模式，引发了人们对经济和金融关系的重新反思。

（二）金融资产在财富中的比例越来越高，全球进入了金融经济时代

从表 3-1 可以发现，1970 年 8 个发达国家的（现金）货币占 GDP 比例为 7.285%，2000 年（现金）货币占 GDP 的比例下降为 6.428%，1970 年 M_2 与 GDP 的比例为 45.285%，2000 年该比例降为 38.428%，1970 年 M_3 与 GDP 的比例为 67.285%，2000 年该指标升为 83.143%。从表 3-1 可以发现，1970~2000 年间四种类型的货币占 GDP 的比重一直维持在比较稳定的水平，30 年间变化起伏不大，而非货币性金融资产增长速度很快，出现了爆炸性的增长。1970 年金融机构总资产、证券和债券三者之和仅为国内生产总值的 118%，2000 年该指标升为 553.5%，30 年间增加了 4.69 倍。可以发现，20 世纪 80 年代七个发达国家的金融资产规模超过了 GDP 的 2 倍多。70 年代以前，财富结构是圆锥形。80 年代中后期以来，全球经济尤其是发达国家进入了一个新的阶段，虚拟经济处于主导地位，虚拟经济和实体经济的关系发生的根本性的变化，出现了"倒金字塔形"，财富结构发生了重大变化。在新经济时代，经济主体越来越多从事金融活动而非实体经济活动，金融交易占据上风。通过比较各国金融资产与 GDP 的关系也可以印证这一点。

从表 3-2 发现，1983 年美国居民家庭的金融资产是实物资产的 1.22 倍，2001 年升为 1.63 倍。金融资产在财富总量中的比例上升。从表 3-3 可以发现，1952 年美国非金融企业部门的金融资产占总资产的比例为 22.78%，2003 年升为 52.02%，是 1952 年的 2 倍多。从表 3-4 可以发现，英国家庭和非盈利企业部门 2003 年金融资产占该部门总资产的 47.32%。2003 年英国非金融企业部门的金融资产占该部门总资产的 51.4%，与 1990 年的 33.02% 相比，增加了 18 个百分点左右。金融资产在英国社会总资产中占据重要位置。从表

3-5可以发现，2003年日本家庭部门的金融资产占总资产比例为57.07%，金融资产是实物资产的5.88倍，比1990年的3.89倍增加了约2倍左右。1990年日本政府部门的金融资产占该部门总资产的71.61%，2002年占比为73.14%。金融资产在日本社会总财富中扮演着重要角色。通过对美国、日本、英国三国财富总量和财富结构的比较分析可以发现，金融资产占社会财富的比重不断上升，经济的金融化趋势越来越明显。80年代全球财富和经济结构的转型，给全球经济金融格局带来了重大影响，对全球金融稳定提出了严峻的挑战。

表3-1　　1970~2000年8个国家的财富结构分布及其演变（比GDP）

8个国家平均	1970年	1980年	1990年	2000年
1 货币	7.285714	5.857143	6	6.428571
2 M_1	24.57143	22.42857	22.14286	24.85714
3 M_2	45.28571	49.85714	53.71429	38.42857
4 M_3	67.28571	76.71429	87.71429	83.14286
5 银行总资产	78	105	146.75	185.5
6 金融机构总资产	119	160.25	246	325.25
7 证券	21.28571	14	30.85714	94.71429
8 债券	22	40.71429	71.57143	102.4286
9=6+7+8	118	222.25	369	553.5

资料来源：数据整理自2004年IMF的IFS，DOT，BOP（CD-ROM），2004年世界银行的WDI（CD-ROM）。注意：八个国家为美国、德国、日本、法国、意大利、荷兰、加拿大、英国。

表3-2　　　　　　　　美国居民家庭的财富构成情况分析　　　　　　单位：%

年　份	1983	1989	1992	1995	1998	2001
金融资产	54.8	55.9	55.5	58.6	61.1	62
实物资产	45	44.2	44.5	41.4	39	38
金融资产比实物资产	121.77	126.47	124.71	141.54	156.667	163.15

资料来源：Working Paper No.407, Changes in Household Wealth in the 1980s and 1990s in the U.S. by Edward N. Wolff, The Levy Economics Institute and New York University, May 2004。
注意：金融资产＝非公司证券＋流动性资产＋养老金＋金融证券＋公司股票和共同基金＋个人信托权益资产，实物资产＝住宅房地产＋其他不动产。

表 3-3　　　　美国非金融企业部门财富或者资产构成情况构成　　　　单位：%

年份	1952	1960	1970	1980	1990	2003
设备 A/E	15.31	18.58	20.46	20.96	19.87	16.58
存货 B/E	12.96	11.72	11.67	11.05	9.23	6.51
金融资产 D/E	22.78	23.72	25.69	28.03	36.65	52.02
实物资产 A+B/E	28.27	30.31	32.13	32.01	29.11	23.10

资料来源：美国资金流量分析表（1952~2003年）。总资产 E = 设备 A + 存货 B + 金融资产 D。

表 3-4　英国家庭和非盈利企业、非金融企业和政府部门资产构成情况　单位：%

	家庭和非盈利企业部门			非金融企业部门			政府部门		
年份	1987	1990	2003	1987	1990	2003	1987	1990	2003
实物资产 A/E	2.75	2.776	1.4	38.86	36.61	32.47	36.45	38.137	51.11
金融资产 C/E	45.40	45.30	47.32	31.44	33.02	51.40	37.5	35.25	24.73

资料来源：同表 3-2。其中，实物资产 + 房地产 + 无形资产 + 金融资产 = 总资产 E。

表 3-5　　　日本家庭、非金融企业和政府部门资产构成情况　　　单位：%

	家庭		非金融企业		政府部门	
年份	1990	2002	1990	2002	1990	2002
存货 A/E	1.092246	0.711052	3.725592	3.751724	0.308682	0.185721
固定资产 B/E	8.32643	9.003741	22.78664	33.93623	14.72064	18.94974
金融资产 D/E	36.639	57.0726	41.84633	42.28535	71.61217	73.14042
金融资产比实物资产	389.0037	587.4814	157.8379	112.1986	476.4828	382.2244

资料来源：同表 3-2。注意：实物资产 = 存货 + 固定资产 + 地产；实物资产 + 金融资产 = 总资产 E。

二、金融部门的兴起和传统金融危机理论的危机

20世纪80年代以来的金融危机呈现新特征和新趋势，金融危机的虚拟化和独立化越来越明显，出现了东亚奇迹和东亚危机并存的怪现象。在宏观经济状况良好的情况下，金融危机爆发频繁，金融危机爆发越来越脱离于经济基本面。从传统的经济基本面来预警金融危机越来越缺乏可信度。全球进入了金融危机的新时代。经济金融环境的变化，客观上要求对货币、经济和金融关系进行反思。

传统的新古典宏观模型，对货币和金融因素的关注一直不够。在瓦尔拉斯

>>>>>>> 第三章 金融稳定：二元结构的存量—流量分析框架（GSFC）

一般均衡模型和发展经济学中，难以找到货币和金融的影子。货币面纱论和金融中介论长期以来占据了绝大多数研究者的头脑，在经济学界被奉为信条。货币中性论被广为接受，金融被作为可有可无的因素，这些在 M—M 定理中得到体现。对斯密思想的误读，导致自利思想和自由主义的泛滥和对"看不见的手"的顶礼膜拜。经济学思想史可以还斯密一个真实的面貌。先验自发的先定和谐秩序观是斯密思想的哲学基础，马克思哲学对此给出了不同的看法①。对于政府和市场的作用，马克思政治经济学给出了与斯密经济学不同的看法。

凯恩斯与马克思思想有着深厚的渊源，对政府作用的重视，是他们的共同之处。明斯基在凯恩斯的基础上，进一步对传统的主流观点进行挑战，明斯基对传统理论提出了极富洞察力的批评。从马克思、凯恩斯和明斯基的著作中，可以清晰发现另一条不同于斯密的研究路线。政府这只看得见的手，在马克思、凯恩斯和明斯基的著作中得到前所未有的重视，而市场这只看不见的手，则在以斯密为代表的经济学中一统天下。两条研究路线，反映了两种不同的哲学观。明斯基对传统"斯密式经济学"的批判，是继马克思、凯恩斯之后极富见地的一位。明斯基提出的观点与传统理论不同。传统理论认为，经济本身是稳定的，看不见的手会指导经济趋向于均衡。根据明斯基的观点，经济天生是不稳定的（也就是不和谐的），政府之手可能指导经济趋于稳定。冲击可能会使经济体暂时偏离均衡，但是把经济拉回均衡的力量是强大的。此外，传统理论认为制度是达到均衡的障碍而不认为制度有利于经济稳定。相反，明斯基则坚持认为（Minsky and Ferri, 1991, 第4页）"制度和干预阻碍了市场经济中天生的不稳定性产生的动态过程，它们可以打断内生的过程并使得经济可以从初始条件为非市场决定的价值开始"。此外，"为了抑制市场系统可能造成的破坏，资本主义经济制定了很多套制度和权力机构，它们的特征可以看作是自动开关的对等物"（明斯基等，1994，第2页）。明斯基经常引用 Ingrao and Israel（1990）一书中的观点，认为正是制度约束的缺乏使得传统分析无法证明均衡的惟一性和稳定性。明斯基用这个来证明他自己的观点——自由市场在没有由制度约束提供最高点和最低点（天花板和地板）时将是不稳定的。随

---

① 我们更倾向于接受马克思的后天的自觉构建的和谐秩序观，更加强调人的主观能动性对于社会秩序构建的意义。因此，从经济学角度，我们更倾向于接受和赞成演进－构建学派的秩序观，这在转型经济学和制度经济学中得到体现，而不是斯密的先定自发秩序观，这一思想在哈耶克和华盛顿共识中得到继承和发扬。我们认为，秩序并不是先定和谐的，而是要经过后天的努力构建出和谐的秩序。在中国，人性本恶和人性本善的争论，也可以反映出不同的秩序观。日本学者清泷信宏指出，邪恶是货币产生的渊源。对人性的不同理解和判断，也会导致不同的秩序观。人性认识和哲学观的差异，导致我们对政府和市场作用的不同认识。这里，我们不再多说。关于经济秩序的讨论可以参见南开大学卿志琼《有限理性、思维成本与经济秩序》博士论文，2003年。

着认识的深入，对于要不要制度的争论，似乎已经结束，政府派相对于市场派而言占据上风。关键不是要不要制度，而是什么样的政府和制度有助于维护金融稳定。本书在第二章详细介绍了明斯基对传统分析方法的批判及其新观点、新模型，这里不再展开。

明斯基认为，美国为首的资本主义世界应该认真讨论经济的金融结构对经济绩效到底有何影响。只有那些被新古典主义理论所蒙蔽的人才会否认以下的论断：（1）资本主义经济体，或市场经济体，就是一个金融体系。（2）新古典主义经济学将金融系统和所谓的实体经济分裂开，对金融系统对经济运行的影响不屑一顾，认为金融结构没有什么作用。（3）与第二次世界大战刚刚结束的时候相比，1992年早期的金融结构更加脆弱。（4）虽然在萧条过后低水平的停滞是不可避免的，但是金融结构脆弱性使我们的经济与第二次世界大战后期相比，要维持在一个更高的停滞水平上。（5）停滞与萧条并存的资本主义经济的一个主要特征是"经济的资本发展"不会前进。（6）长期的停滞与萧条可以通过金融结构的改革和政府的财政力量避免。明斯基对传统分析进行了批判，提出了六个不同于新古典经济学的观点，强调政府和货币金融因素的重要性，开创了金融分析的新范式，被称为金融凯恩斯主义代表。

对货币金融因素的忽视，几乎成为大多数宏观经济模型的通病。后凯恩斯主义出现了许多有影响力的宏观模型，比如琼·罗宾逊、卡尔多和卡莱茨基模型，但是他们的模型对货币方面的讨论是不足的（Davidson，1972，第127页）。大多数后凯恩斯的宏观模型确实加入了货币因素，例如，戴维森（1972）或明斯基（1975，1982，1986），但是他们"仅仅利用叙述的方法，这给读者留下了扭曲的印象还有很难解决争端"（Godley，1999，第349页）。此后，大多数扩展的文献试图将明斯基的观点模型化[1]（Delli Gatti 等，1994；Semmler，1989；Fazzari 和 Papadimitriou，1992）。他们虽然进行了详细阐述，但仍有一点程式化，而且缺乏逻辑上的一致性[2]（Dos Santos，2004）。传统的研究，将金融危机和经济增长看作一个硬币的两面，将两种等同起来研究。20世纪80年代以来的金融危机，呈现出与以往不同的特征，金融危机与经济增长出现脱节乃至背离的悖论，从经济增长视角来探讨金融危机，走入了一条死

---

[1] Delli Gatti, D., M. Gallegati and H. Minsky. 1994. "Financial Institutions, Economic Policy and the Dynamic Behavior of the Economy." Working Paper No. 126. Annandaleon-Hudson, N. Y.: The Levy Economics Institute.

[2] Claudio H. Dos Santos, A Post-Keynesian Stock-Flow Consistent Macroeconomic Growth Model: Preliminary Results, The Levy Economics Institute And Gennaro Zezza, University of Cassino, Italy, and The Levy Economics Institute, Working paperNo. 402, February 2004.

胡同，似乎已经失去了曲径通幽的效果。传统的宏观经济模型没有纳入货币金融因素，导致对金融危机的分析缺乏理论基础。

第二节　金融稳定：基于广义货币存量—流量模型的分析
——基于实体经济和虚拟经济的两分法思考

一、对货币、经济和金融关系的重新审视：从一个故事谈开去[①]

金融部门的兴起及其作用的凸显给传统经济理论提出了严峻的挑战。为了更好地理解和认识货币金融的作用，下面我们从一个故事谈起，分析经济形态从自然经济（自给自足经济）——市场经济（物物交换经济）——货币经济——金融（虚拟）经济的演变过程中的主体的资产负债的变化情况，并尝试对货币、经济和金融的关系进行新的解读。

首先分析自给自足的原始经济——鲁宾逊孤岛经济。假设孤岛上由A，B，C，D四个人组成，每个人都需要四种产品以维持生存，包括一斤麦子、一个果子、一双鞋子、一个小木屋，以满足基本的吃穿住的需要，这里没有考虑用和行的需求，这时候每个人的资产负债表都一样，见表3-6。

表3-6　小农经济（自给自足经济）下的资产负债情况

	A 资产	A 负债和权益	B 资产	B 负债和权益	C 资产	C 负债和权益	D 资产	D 负债和权益
麦子	1		1		1		1	
果子	1		1		1		1	
鞋子	1		1		1		1	
小木屋	1		1		1		1	
合计	4		4		4		4	

在这个孤岛上，为满足4个人的需要，需要的总产品数量为16，假设这

[①] 我们的故事受到刘培林的启发，参见"金融资产、资本和要素禀赋结构"。

四个人是鲁宾逊 A, 星期五 B, 元旦 C, 泥瓦匠 D。他们各自的专长是种麦子，摘果子，做鞋子和造小木屋，由于在孤岛上，他们首先各自不认识，因此不得不自给自足，同时从事4种活动。后来他们彼此交往发现了各自的特长，于是由自给自足走向分工合作，通过互相交换来满足需要，于是进入了物物交换的经济。由于他们彼此分工，大大提高了各自生产效率，4 种产品的总产量达到10 单位（3 麦子，3 果子，3 鞋子，1 小屋）。在满足了各自的基本需求之后，出现了 6 单位的产品剩余。这时候他们开始渴望交换到其他产品。终于有一天，孤岛之外的另一个孤岛来了一个猎人（2 个部落之间的交换，这里是一种简化观点，有可能是从内部产生出来的商人，而不是来自外部），他把这些剩余的产品拿过去换回来 24 只兔子，他将换来的兔子分给每人 4 只，自己留下 8 只（他把拿到自己部落的 4 种产品每样要了 1 个，自己也过上了鲁宾逊式的生活，其他的就给了原来的部落，此外还留了 4 只兔子）。这个猎人从中尝到了甜头，于是干脆变成了商人 E，也成了鲁宾逊孤岛的一员。这个小岛上的 5 个人的福利得到了改进，资产负债表变为表 3-7。

表 3-7　　　　　　　　　物物交易经济下的资产负债情况

	A 资产	A 负债和权益	B 资产	B 负债和权益	C 资产	C 负债和权益	D 资产	D 负债和权益	E 资产	E 负债和权益
麦子	1		1		1		1		1	
果子	1		1		1		1		1	
鞋子	1		1		1		1		1	
小木屋	1		1		1		1		1	
兔子	4		4		4		4		4	
合计		8		8		8		8		8

这时候，总产品数量为 40 单位，消费水平提高了 1 倍，由 4 单位变成了 8 单位，而且养活了一位商人。随着劳动熟练程度的提高，加上有专门的商人来调节余缺，从事交易活动，鲁宾逊孤岛上的 4 个人有更多的时间从事生产活动，每个人的产品总量都达到了 12 个（3 麦子，4 果子，4 鞋子，1 小屋），剩余产品越来越多，商人发现直接的物物交换越来越繁重，他到了一个很发达的城市，换回来了 24 只兔子，还得到了 8 块贝壳（货币的代表）（另一种是内生货币思想，就是从众多的过剩产品中比较选择出一种作为货币，也就是众多商品中分离出一种货币，并逐步固定化下来，这就是马克思的学说）。这种东

西可以随时在那里换取那里有的产品,于是他很高兴的把这种东西带回来了,这就是货币。

于是他将得到了 8 块贝壳分给每人 1 块,自己留了 4 块,另外每个人分给 4 只兔子,自己也得到了 8 只兔子(同样他把拿到那里交换的 4 种产品每样要了 1 个,自己也过上了鲁宾逊式的生活,其他的就给了其他人,此外还留了 4 只兔子),商人开始变成了银行家(货币的闲置、货币的管理者和银行家的产生)。这时候每个人的福利也得到了改善,因为他们都有了 1 个货币,可以自由选择购买自己想要的东西。这时候的资产负债表变为表 3-8。

表 3-8　　　　　　　　　　货币经济下的资产负债

	A 资产	A 负债和权益	B 资产	B 负债和权益	C 资产	C 负债和权益	D 资产	D 负债和权益	E 资产	E 负债和权益
麦子	1		1		1		1		1	
果子	1		1		1		1		1	
鞋子	1		1		1		1		1	
小木屋	1		1		1		1		1	
兔子	4		4		4		4		4	
现金(贝壳)	1		1		1		1		4	
合计	9		9		9		9		12	

这时候总产品是 48 个单位,社会福利进一步得到改善。出现了分配上的不平等问题,银行家(商人转变为银行家)变成了先富者,拥有 12 个单位的资产。随着剩余产品越来越多,换回来的贝壳也越来越多,于是他们都将那些暂时不用的贝壳交给银行家管理,银行家发现了一个秘密,于是创造了存款或者银行券……慢慢的虚拟资产越来越多。

可以假设银行家以剩余的闲置货币为基础,创造出来存款、证券等金融资产。在没有货币等金融资产的经济体当中,微观层次上,所有微观主体各自占有的实物形式的财富量,就是其实际占用的财富量;货币的产生,使得实际占有的财富与名义占有相分离。货币等金融资产的本质之一,是为了方便交易,是担当价值尺度的职能,货币还可以担当财富储存的职能。随着经济金融的发展,货币的功能多样化,货币成为财富的象征,占有货币就是占有名义财富。鲁宾逊孤岛由实体经济向金融(虚拟)经济发展演变正是这样一个过程,鲁宾逊的资产结构或者财富构成的变化为我们了解虚拟经济发展提供了证据。鲁宾逊孤岛经济是一种原始的生存经济，是简单实体经济的缩影，慢慢的发展成为一种发展享受型经济，金融（虚拟）经济逐渐居于主导。这样就进入了一个金融经济时代。随着银行业的发展，越来越多的金融资产并创造出来。货币经济的发展和金融资产的规模不断扩大，逐渐改变了传统的分配方式，货币的重要性是其大大拓展了交易的自由度，改变了实物储藏的局限，使得财产的实际占有与名义占有，实际交换和名义交换相分离，货币并不是可有可无的东西，同样金融资产进一步拓展了货币的功能，提升了货币的利用效率，使得原来闲置没有回报率的货币成为可以获得增殖的资产。

表3-9 金融经济下的资产负债

	A 资产	A 负债和权益	B 资产	B 负债和权益	C 资产	C 负债和权益	D 资产	D 负债和权益	E 资产	E 负债和权益
果子	200		130		170		100			
现金（贝壳）	30		25		10		35		100	
存款	300		250		100		350		1000	
		530		405		280		485		

从这个简单的故事当中，可以发现货币的双重转换和双重分离功能，货币可以向前转换为作为真实财富代表的果子，同时，货币还可以向后转换为作为虚拟财富代表的存款，这就是货币的双重转换过程。相应地，货币可以实现真实财富和名义财富占有的分离，同时，实现真实财富和虚拟财富的进一步分离，这就是货币的双重分离过程。货币不是可有可无的，一手牵着实体经济，一手牵着金融部门，货币是衔接过去和未来的巧妙的中转站，货币是链接时空差异的精美机器和巧妙的制度安排。

假设，随着交换的发展，银行家累积了100个贝壳（或者钞票），创造出了1000个银行存款。这时候实物产品的种类越来越丰富，为了简化，将吃穿住用行的实物产品统一换算为果子，作为实物财富的代表，共计600个单位果子。这时候虚拟资产为1000个单位，货币资产100个单位（不包括存款，存款是由现金货币衍生出来的虚拟资产，发挥货币作用和功能），真实资产为600个单位。可以计算虚拟资产和真实资产之间的转化比例为1000/600，货币资产与真实资产之间的转换比例为100/600。社会总财富或者社会总权益1700

单位（也可以说是一种待实现的虚拟的未来的权益和真实的可以直接占有的权益）（见表3-9）。

考虑4个经济个体都参与社会总权益或者社会总财富的分配，暂不考虑银行参与分配的情况。假定这个假想的经济体要清盘。在后文的分析中，我们不把这当做假定，而是重点分析为什么要清盘或者出现危机清算，可以清楚地发现，利益格局的改变是根本，当某一个人占有的虚拟资产越来越多的时候，他最终获得的实物财富分配越来越多，导致另一个主体一无所有，正如克鲁格曼的保姆公司的破产一样，正是利益分配格局的重大变化，造成清盘和危机，货币的存在使得实际占有和名义占有发生了分离，危机是财富分配极端不平衡的状态，也就是说发生金融危机的时候，金融危机带来的财富效应对不同财富结构的主体的影响是不一样的。同样可以根据上面的故事进行分析。实际上，即使社会不清盘，四个主体实际可以动员的真实财富（果子量），也应该是上面揭示的那样的格局。如果出现清盘的话，那么4个人分得的真实的财富数量为：

$$A\ 实际占用的果子 = \frac{A\ 的权益}{权益之和} \times 社会果子总量$$

A 实际占有的果子 = 530/1700 × 600 = 187.05

B 实际占有的果子 = 405/1700 × 600 = 158.82

C 实际占有的果子 = 280/1700 × 600 = 98.82

D 实际占有的果子 = 485/1700 × 600 = 171.17

对应的财富结构，也就是虚拟资产比真实资产的比例为1.65，2.12，0.65，3.85。这时候真实财富分配发生了明显有利于D的变化，D的财富结构虚拟化（或者金融化）程度最高，而C财富结构的金融化程度最低，占有的真实财富数量反而减少，分配发生了有利于D的变化，D占有了更多的真实果子。因为从个体的角度看，D的资产结构也就是虚拟资产/真实资产为3.85，高于整个社会的平均资产结构水平2.83，这样D在分配真实果子的过程中居于有利位置，可以占有其他人的真实资产或者果子。各个微观主体最终占有的真实财富的多少，取决于他们在整个社会总的真实财富和金融资产量当中的相对比例，取决于个体资产构成与社会资产构成比例之对比。这决定了他们在分配真实资产过程中是否具有竞争优势，高于平均水平的人将获得更多真实资产。通过上面的分析，我们可以对金融的作用有一个比较初步的认识。人们为什么需要虚拟资产，一个重要的原因就是通过虚拟资产的融通可以达到或者实现"融物"的目的，"融资"是为了"融物"，调节各自的需求和供给。从中可以发现货币金融的"融物"作用，"物随钱走"可以得到清楚地证明。拥有更多金融资产的主体，可以占有更多的真实财富（消费品或者资本品）。金融改变了财富的占有方式，改变了真实财富的时空分布。金融的分配和占有效应值得重视。虚拟经济发展进一步放松了实物经济的约束，提高了人们的生活自由度，增加了选择机会。虚拟经济是人的需求提升的需要，是人的基本生存性需求得到满足的同时满足人的发展性需求的需要。同时我们应该警惕这种功能带来的负效应。金融发展可能造成财富分配的极化效应，导致富人更富，穷人更穷。金融资产意味着其持有者对于社会上所有其他人的真实财富的要求权。金融资产在总财富中的比重越高，意味着最终可以获得更多的真实财富，这种财富构成的不同，造成分配差别，反映为富人对穷人的剥削，拓展到一个国家，反映为发达国家对其他国家的剥削，从个体的角度来看，财富的虚拟化程度越高，剥削性和寄生性越强。虚拟经济的发展如果没有服务于实体经济，从而做大蛋糕，那么将会加剧贫富差距，削弱乃至动摇实体经济基础。从这个故事当中，可以看到金融带来的财富分配效应具有典型的二重性。

通过上面的故事，论文对金融带来的财富分配效应进行了分析，除此之外，金融还会对传统的实体经济的生产、交换和消费过程产生全面而深远的影响。如果金融和实体经济的关系协调，有利于促进实体经济的发展。金融部门的存在大大放松了实体经济部门面临的金融约束，金融部门的资金成为实体经济部门的产业后备军和蓄水池，马克思对此有过精彩的分析。在实体经济投资回报率高于金融投资的情况下，金融资产的持有者可以随时把他持有的金融资产，兑换为生产所需要的资本品投入实体生产，这样财富就实现了从金融资产向实物产品的转换。金融部门的存在，大大改变了传统的消费模式和财富储存模式，金融可以降低人们对未来生活的担忧，也可帮助平衡个人一辈子的消费水平。当存在金融部门的时候，一个人可以不依靠实体经济部门的"收入流量"来决定消费和生产，而可以根据实体经济部门的收入流量和虚拟经济部门的财富存量的增殖来决定，这时候传统的消费和投资函数都要进行适当的修正，可以看作是实体经济部门的收入流量和虚拟财富存量增殖的函数。

金融并不总是促进实体经济发展，金融的负面效应，如果缺乏制度的约束，将泛滥开来。金融（虚拟经济）的好处很多，这里不多说。我们重点关注的是金融发展带来的负效应，尤其是金融不稳定问题。货币金融具有典型的二重性，在发展金融过程中，对于金融作用的异化我们应该警惕。本文引入一个故事，对货币和金融功能进行了重新解读，这样有助于更好的理解货币、经济和金融的关系，同时有助于更好的理解后文的模型。

二、金融稳定：基于广义货币存量—流量一致模型（GSFC）分析

传统的危机理论面临危机，金融稳定至今缺乏合适的理论模型。拉沃伊和哥德莱（2001~2002，我们称之为 L&G）[①]的研究取得了重大突破，他们提供了一个新模型，其中假设银行创造货币来满足企业产品决策的融资要求。这一假设与后凯恩斯主义学派的戴维森（1972），明斯基（1975）和"循环者"学派的观点一致。此外，假设投资主要依赖于"金融变量"，特别是企业的借款/资本比率和托宾的 Q。最后，拉沃伊和哥德莱将他们的模型称为完全封闭的存量—流量一致的账户框架。存量—流量一致的（SFC）宏观经济模型通过整合资产负债表、资金流量表和国民收入—支出表，将模型建立在详尽的账户框架上。这些框架不仅提供了一个简练（但是仔细）的模型描述，而且提供了一个一致性的机制来检验他们的理论假说（因为他们确信每个假设的流量来源都有去处，并且储蓄和资本收益会增加财富和/或负债的存量）。当然他们承认账户框架只是"骨架"（Taylor，2004，第 1 页）[②]，当加入了行为假设后，可以"使生活像（…）经济模型（…）"（Backus 等，1980，第 262 页）。SFC 学者相信他们的分析框架所具有的内在的一致性比其他宏观经济学家提供的"人造经济"更加接近真实经济。正如 L&G 所指出的，SFC 模型对后凯恩斯的理论化是足够的，因为他们强调后凯恩斯（和马克思）观点（特别是产品、部门所处的金融状况和资产负债表的内在依存的重要性）长期成立，而且考虑了所有与此相关的后凯恩斯假说。他们似乎对从后凯恩斯角度进行长期的经济分析（基本上是不确定的）也特别有用，因为人们确信的关于短期连续的存量—流量关系，证明是与预期的变化无关的。Claudio H. Dos Santos（2004）通过考虑政府部门（包括中央银行）和通货膨胀的存在扩展了拉沃伊和哥德莱（2001）的分析。

本文借鉴了 Edwar A·Downe（1987），Fontana（2000）；Lavoie（2001）[③]，

[①] Lavoie, M. and Godley, W. 2001 - 2002. "Kaleckian Growth Models in a Stock and Flow Monetary Framework: A Kaldorian View. *Journal of Post Keynesian Economics*. Winter.
[②] Taylor, L. 2004. Reconstructing Macroeconomics: Structuralist Proposals and Critiques of the Mainstream. Harvard University Press.
[③] Marc Lavoie, Endogenous Money in a Coherent Stock-Flow Framework, Canada, March 2001.

Lavoie，M. and Godley①（2001~2002），Claudio H Dos Santos（2004）②的研究成果，通过纳入金融部门（虚拟经济）建立了一个广义货币存量—流量模型来分析宏观经济金融运行过程中的金融稳定。本书的模型有以下特点：第一，引入虚拟经济部门，大大复杂了原来的分析。第二，同时考虑货币的交易和储存功能。第三，将现代经济分为实体经济和虚拟经济（金融）两大部分，将金融和实体经济并列。第四，假设银行创造货币来满足企业等经济主体的融资要求，并通过管理和创造货币衍生出一个新的金融部门，银行成为现代经济的核心，实现货币功能的转换。银行行为是我们分析的重点。第五，不同于传统的，也不同于后凯恩斯的宏观经济模型，我们同时考虑实体经济、货币和金融因素，并且将三者的关系图形化和立体化了。我们重点研究金融部门及其稳定，而不是经济增长。主要内容如下：

我们假定：

1. 现代经济金融活动由5个主体参与，包括居民家庭、企业、银行、政府、中央银行（国外部门），这样可以建立一个5大主体参与的货币循环流模型，分析货币在现代信用货币经济体系中的循环情况。五大主体的行为共同决定了货币的供给和需求，货币是内生而不是外生的。

2. 整个现代经济系统包括两大经济系统：实体经济系统和虚拟经济系统。现代经济是由两大部门构筑的复杂的网络系统，论文以产品市场作为实体经济的代表，以资本市场作为虚拟经济（金融）的代表。金融居于核心地位，成为现代经济的上层建筑。

3. 货币主要扮演交易媒介和价值储存两大功能。货币不是可有可无的，而是经济运行的血液。货币是精巧的连接过去和未来的时间机器。

4. 所有的收入—支出都是用货币来表示的，收入—支出的时间差客观上要求进行资金融通。论文假定每个主体的活动都包括实体经济活动和虚拟经济活动（金融活动），相应地，五大主体的货币收入—支出都分成两部分，一是来自于实体经济活动的货币收支，二是来自于虚拟经济活动的货币收支。我们考虑了10余种收支项目，具体分解见表3-11。

5. 每一个主体都有一张自己的资产负债表，进行经济计算。我们考虑了7个项目，对五大主体的资产—负债表的具体分解见表3-12。

---

① Lavoie, Marc, and Wynne Godley. 2000. "Kaleckian Models of Growth in a Stock-Flow Monetary Framework: A Neo-Kaldorian Model." Working Paper no. 302.

② Claudio H. Dos Santos, a stock-flow consistent general framework for formal minskyan analyses of closed economies, The Levy Economics Institute, Working Paper No. 403, February 2004.

6. 五大主体的现金流量的来源及其去向分析。我们考虑了7个项目，具体分解见表3-13。

7. 采用复式记账法。通过资产负债表、收入支出表和现金流量表的内在逻辑结构构成了一个一致性的结构框架，形成一个总的宏观经济约束。

（一）模型的基本结构和主要内容

1. 现代二元经济下的货币的收入—支出分解。为了便于理解，首先我们构筑一个由五大主体参与的高度抽象化的现代经济的交易矩阵，这提供了一张全景式的现代货币运行监测图。其中表3-10中的行表示货币收入，表3-10中的列表示货币支出。A、B、C、D、E分别代表家庭、企业、银行、央行（或者国外部门）和政府，每一个主体的活动都包括两种类型：一是实体经济交易活动，二是金融交易（虚拟经济）活动。每一种交易结果都可以用货币表示出来，其中A1、A2分别表示家庭参与实体经济交易和金融（虚拟经济）交易的货币支出。a1，a2分别表示家庭参与实体经济交易和金融（虚拟经济）交易的货币收入，其他的类似定义。这是一个最一般的抽象形式，越复杂的模型，考察的项目越多，理论上，最多达80项。如果只考虑实体经济或者金融部门，则最多有20项，项目的多少与该国的经济金融发展程度有关。

表3-10　　现代经济交易账户的最一般形式（实体交易和金融交易）

		A（家庭）		B（企业）		C（银行）		D（央行）		E（政府）	
		A1	A2	B1	B2	C1	C2	D1	D2	E1	E2
A	a1	a1A1	a1A2	a1B1	a1B2	a1C1	a1C2	a1D1	a1D2	a1E1	a1E2
	a2	a2A1	a2A2	a2B1	a2B2	a2C1	a2C2	a2D1	a2D2	a2E1	a2E2
B	b1	b1A1	b1A2	b1B1	b1B2	b1C1	b1C2	b1D1	b1D2	b1E1	b1E2
	b2	b2A1	b2A2	b2B1	b2B2	b2C1	b2C2	b2D1	b2D2	b2E1	b2E2
C	c1	c1A1	c1A2	c1B1	c1B2	c1C1	c1C2	c1D1	c1D2	c1E1	c1E2
	c2	c2A1	c2A2	c2B1	c2B2	c2C1	c2C2	c2D1	c2D2	c2E1	c2E2
D	d1	d1A1	d1A2	d1B1	d1B2	d1C1	d1C2	d1D1	d1D2	d1E1	d1E2
	d2	d2A1	d2A2	d2B1	d2B2	d2C1	d2C2	d2D1	d2D2	d2E1	d2E2
E	e1	e1A1	e1A2	e1B1	e1B2	e1C1	e1C2	e1D1	e1D2	e1E1	e1E2
	e2	e2A1	e2A2	e2B1	e2B2	e2C1	e2C2	e2D1	e2D2	e2E1	e2E2

然后，我们根据研究的需要和对现实的观察，将不同类型的货币收入—支出具体化。表3-11是由5大主体参与的社会交易关系（实物交易和金融交

易）的具体化①。从表3-11中的行可以发现，每个主体的收入都可以分解成为两部分，一个是来自实体经济活动的收入，一个是来自虚拟经济活动的收入。相应的支出也可以分解为2部分，这是与传统的没有资本市场的实体经济不同的。表3-11就是对这些抽象项目的具体化和分解，这与传统的仅仅从事实物交易的收入—支出分析相比，更为复杂，我们的立体图3-16可以很好地反映这种复杂的非线性关系。

表3-11　　　　五大主体的货币收入—货币支出分解② （9个项目）

居民家庭		企业		银行		央行		政府		产品市场(实体经济)		资本市场(金融部门)		社会合计	
收入	支出	收入	支出	收入	支出	收入	支出	收入	支出	收入	支出	收入	支出	收入	支出
+W	-C	+Ft	-Fd	+iL	-iM-Fb	+iA	-Fc	+IT	-G	+IG	-IG	+Sh	-IF	+Yh	-Yh
+Fd	-DT		-iL	+iBb	-iA		+iBc	+DT	-iBh	+C	-W	+Fu		+Yf	-Yf
+iMh+Fb			-TF					+TF	-iBb	+G	-FT	+SG		+Yb	-Yb
+iBh						+Fc	-iBc	+I	-IT	+Sb		+Yc	-Yc
										+Sc		+Yg	-Yg
+Sh		+Fu		+Sb		+Sc		+Sg		+Sx		+Sf		+I2	-Sav
+Yh		+Yf		+Yb		+Yc		+Yg		+YX	-YX	+YF	-YF	+WN	-WN

为了简化，我们可以将五大主体各自的收入（或者支出）部分分解为消费和储蓄，假设：S1、C1为家庭居民的储蓄和消费支出，S2、C2为企业的储蓄和消费支出，S3、C3为中央银行的储蓄和消费，S4、C4为政府（或者国外主体）的储蓄和消费支出，S5、C5为银行的储蓄和消费，这是最一般的理论情形（见图3-15）。可以根据现实状况和研究的需要，进行相应的调整。五大主体的消费性的货币支出主要媒介于产品市场的商品交易，通过银行活动连接成货币循环，对应的是实体经济部门的活动，我们将流转于实体经济部门的货币称之为收入货币。同样地，五大主体的储蓄性或者资产性的货币支出主要媒介于资本市场中的金融交易，通过银行衔接成金融循环，对应的是虚拟经济部门的活动，我们将流转于虚拟经济部门的货币称之为资产货币。这样就出现

---

① 根据马克思的观点，货币不是物，而是一套复杂的社会关系，我们利用三大表可以将马克思所说的复杂的社会关系进行分解和具体化，这样大大方便了我们对利益关系及其冲突的分析。
② 理论上，根据复式记账法的原理，这里的项目分解必须严格一致，我们考虑到表述的方便，作了简化，利用i作为五种不同资产的收益率（或者利率）的统称，这是为了简化图表的表达。这样可能导致表中的加总不能收支相等。在具体的计算过程中，需要进行适当的调整和细化。其中：r_l, r_b, r_m, r_a, r_e分别表示贷款利率，国库券（债券）利率，银行存款利率，央行贷款（预付金）利率，证券收益率。其中S3 = Sb, S5 = Sc。

了一个由实体经济和虚拟经济组成的现代货币循环（图 3-15），这是最一般的情形。在比较简单的 SFC 模型中，一般假定银行和中央银行是不参与具体的经济活动的，不存在消费支出，也不存在储蓄，而是货币的创造和管理者，这时候 S3 = C3 = 0，S5 = C5 = 0。图 3-15 是对货币收支的抽象分解。

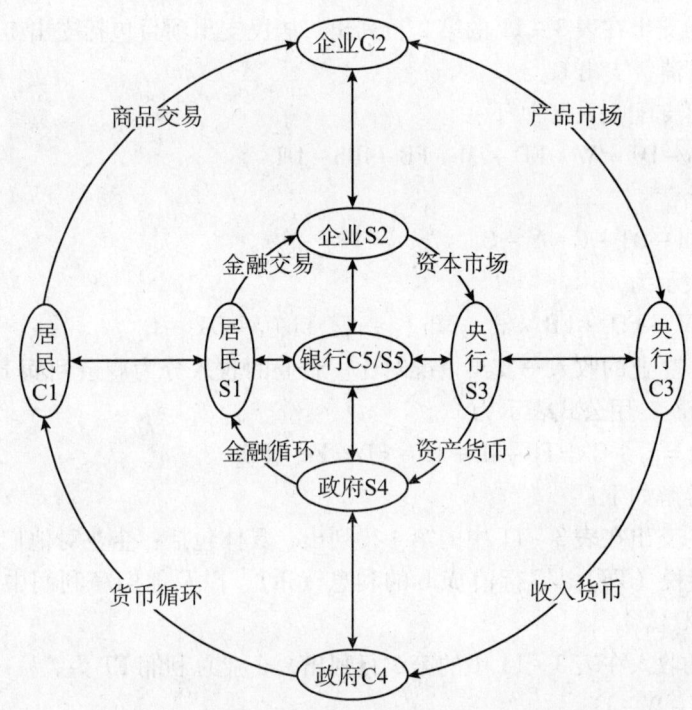

图 3-15　实体经济和虚拟经济条件下的货币金融循环（平面图）

我们利用 T 字账户对五大主体的收入—支出情况、资产—负债情况和货币资金来龙去脉进行分析。我们利用 T 字账户对五大主体的收入—支出情况的分解汇总在表 3-11 中，表 3-11 总结了现代货币经济中所有部门的货币流量的假设。表 3-11 中的列表示以货币形式进行的支出，而表 3-11 中的行表示货币收入。根据复式记账法，从表 3-11 可以得出一个有 7 个恒等式的系统，其中一个恒等式是其他几个的线性组合。用公式表示，具体如下：

第一，居民的收入—支出情况对比。居民的收入分为消费和储蓄两部分，用公式表示为：

$$Y_h = S_1 + C_1 = Sh + C_1 \tag{3.1}$$

具体分解如下：

居民的收入在表 3-11 的第 1 行列出。居民收入 Yh 来源具体构成为以下项目：工资（W），银行存款 M 的利息偿付（iMh）以及国库券 B 的利息偿付（iBh）；企业分配的利润（FD）和银行分配的利润（FB）；其中来自实体经济部门的收入为工资 W，企业分配的利润（FD），来自虚拟经济部门的收入为 iM, iBh, FB。

居民的支出在表 3-11 的第 2 行列出。居民支出项目包括支出工资的直接税（DT），消费支出 C。

居民可支配收入 Y 如下：

$$Y \equiv Yh - DT \equiv W + FD + iM + FB + iBh - DT \tag{3.2}$$

居民储蓄，

$$Sh \equiv Yh - DT - C \equiv Y - C \tag{3.3}$$

或者表示为

$$Sh_t = W_t + FD_t + FB_t + r_{mt-1} M_{h t-1} + r_{bt-1} B_{h t-1} - DT_t - C_t \tag{3.4}$$

第二，企业的收入—支出情况对比。企业的收入分为剩余利润 FU 和投资成本支出 FZ_3，用公式表示为，

$$Y_f = Ft = S_2 + C_2 = Fu + iL + TF + FD = Fu + FZ_3 \tag{3.5}$$

具体分解如下：

企业的支出在表 3-11 中的第 4 行列出，具体包括：企业对他们的净利润 F 支付直接税（TF），银行信贷 L 的利息（iL），以及他们净利润中分给家户的部分（FD）。

企业的收入在表 3-11 中的第 3 行列出，企业总利润 FT 为，

$$FT = S - W - IT \tag{3.6}$$

企业剩余利润 FU 为，

$$FU \equiv FT - (FD + iL + TF) = FT - FZ_3 \tag{3.7}$$

第三，银行的收入—支出对比。银行的收入分为银行利润 FB 和营业支出费用 BZ_2，公式表示如下：

$$Y_b = S_3 + C_3 = FB + BZ_2 \tag{3.8}$$

当 FB=0，则有

$$Y_b = S_3 + C_3 = 0 + iA + iM + FB \tag{3.9}$$

具体分解如下：

银行的收入在表 3-11 中的第 5 行列出，银行收入（Yb）由他们从企业贷款 L 中获得的利息收入（iL）和国库券 B 的利息收入（iBb）组成。

银行的支出在表 3-11 中的第 6 行列出，包括银行支付给居民存款 M 的

利息（iMh）和央行对银行的预付金 A 的费用（iA），

银行利润 FB 为，

$$FB \equiv Yb - (iM + iA) \equiv iL + iBb - (iM + iA) = Yb - BZ_2 \qquad (3.10)$$

哥德莱（1999）的研究假设私人银行与家户部门的收入支出没有区别，他们没有累积财富，即银行的储蓄（或者剩余利润）为 0。我们对此进行修正，考虑银行利润变化情况，采用公式（3.8）而不是（3.9）。这对于分析金融稳定尤其是银行稳定具有特殊的意义。银行的收入同样可以分为银行利润 FB 和银行支出 BZ_2。银行与一般的家庭不同，银行会创造货币，银行是剩余资金和闲置的停滞货币的集中管理和经营者，是货币的管理和创造者。银行扮演着两个基本的业务，一个是交易性货币的管理和分配（比如现金和活期存款业务就是如此）。另一个是货币的创造和货币的增殖服务（定期存款等借贷业务），后一个业务构成银行的主要利润来源，并派生出了一个新的虚拟经济或者金融产业。对于银行作用的不同认识及其假定，导致对银行收入—支出分析有别。

第四，政府的收入—支出对比。政府的收入分为政府储蓄 SG 和支出 GZ_4，公式表示为，

$$Y_g = S_4 + C_4 = S_g + iBb + iBh + iBc + G = SG + GZ_4 \qquad (3.11)$$

具体分解如下：

政府的收入在表 3-11 中的第 9 行列出，政府从三种不同的税收上得到收入：产品直接税（IT），工资间接税（DT）和利润税（TF）[①]。

政府的支出在表 3-11 中的第 10 行列出，包括四个项目，其中 G 表示政府购买支出，iBh、iBb、iBc 分别是家户持有的，银行持有的，中央银行持有的政府债券的利息支付。

政府储蓄为：

$$SG \equiv IT + DT + TF + Fc - (G + iBh + iBb + iBc) \qquad (3.12)$$

进一步可以表示为：

$$SG = T + Fc - G - r_b B \qquad (3.13)$$

其中，SG 表示政府现在的储蓄（或负值表示政府当期的赤字）。

第五，中央银行的收入支出情况。中央银行的收入分解为央行利润 Fc 和

---

① 总税收公式为：$T_t = IT_t + DT_t + TF_t$。其中：
$IT_t = v \cdot S$——直接税
$DT_t = \tau d \cdot W_t$——间接税
$TF_t = \tau f \cdot FT_t$——利润税
$FD_t = (1 - \phi)(FT_t - r_{lt-1} \cdot L_{t-1} - TF_t)$——分配利润
$FU_t = FT_t - r_{lt-1} \cdot L_{t-1} - TF - FD_t$——未分配利润

支出 FZ_2，公式表示为，

$$Y_c = S_5 + C_5 = iA + iBc + Fc = Fc + FZ_2 \qquad (3.14)$$

具体分解如下：

央行的收入在表 3-11 中的第 7 行列出，具体包括 2 项，它提供给银行准备金所获得的利息支付 iA 和他持有的政府债券的利息支付 iBc。

央行的支出在表 3-11 中的第 8 行列出。中央银行的收入来自中央银行实现的利润 Fc，中央银行的利润为：

$$Fc \equiv iA + iBc \qquad (3.15)$$

假设中央银行实现的利润 Fc 会迅速转移给政府，所以中央银行不会积累净资产，则中央银行的储蓄（剩余利润）为 0。这里我们假设中央银行没有财富积累，也就是没有储蓄。对中央银行作用的不同认识，会导致对中央银行的货币收支分析结果的不同。这里的假设是高度简化的，可能存在与现实情况不一致。尤其是对于转型国家，比如中国，中央银行的角色是多样化的，承担着政策性贷款等业务，因此，中央银行的货币收支更为复杂。在中国，政策性贷款造成的贷款损失成为金融风险的一个重要的来源。因此，更好的对中国央行的收支项目进行分解，有助于我们更好的认识央行在经济金融交易中的作用[①]。通过上面的分析，我们得到了 5 大主体的货币收入—支出公式，汇总如下[②]：

$$Y_h = S_1 + C_1 = Sh + C + Dt = W + Fd + iMh + Fb + iBh \qquad (3.16)$$

$$Y_f = Ft = S_2 + C_2 = Fu + iL + TF + FD = Fu + FZ_3 \qquad (3.17)$$

[①] 注意：我们这里采用的是总额分析法而不是净额分析法，是对所有交易结果的汇总而没有进行抵消。净额分析法，采用抵消方法进行计算结果导致货币无处容身，对货币的重要性得不到说明，计算的结果往往是货币是面纱，可有可无，而总额分析法可以避免这一局限。

[②] 需要说明的是，我们这里重点关注的不是项目的分解，而是强调每一个主体的活动都可以分为实体经济活动和金融活动两大类，并进而将货币收支分解为消费性支出（产品消费）和资产性支出（储蓄）。为便于理解，这里我们列出以下符号和公式的内容，具体如下：

$FT_t = \rho_t W_t$ ——总利润

$FB_t = r_{lt-1} \cdot L_{t-1} + r_{bt-1} Bb_{t-1} - r_{mt-1} M_{t-1} - r_{at-1} A_{t-1}$ ——银行利润

$FC_t = r_{et-1} Bc_{t-1} + r_{at-1} A_{t-1}$ ——中央银行利润

$S_t = C_t + I_t + G_t$ ——产品销售收入

$Y_t = W_t + FD_t + r_{mt-1} M_{t-1} + FB_t + r_{bt-1} Bb_{t-1} - DT_t$ ——居民家庭可支配收入

$SH_t = Y_t - C_t$ ——居民家庭储蓄

$SG_t = G_t + r_{bt-1} Bh_{t-1} + r_{bt-1} Bb_{t-1} + r_{bt-1} BC_{t-1} - IT_t - DT_t - TF_t - Fc_t$ ——政府储蓄或者赤字

$V_t = V_{t-1} + Y_t - C_t + CG_t$ ——家庭财富存量

$CG_t = (p_{et} - p_{et-1}) E_{t-1}$ ——资本收益

$I_t = K_t - K_{t-1} = \Delta K$ ——投资

$rfc_t = FU_t / K_{t-1}$ ——现金流比率

$lev_t = L_t / K_t$ ——杠杆率（贷款比资本存量）

$q_t = p_{et} E_t / K_t$ ——托宾的 q（重置成本）

第三章 金融稳定：二元结构的存量—流量分析框架（GSFC）

$$Y_b = S_3 + C_3 = Sb + BZ_2 = iL + iBb \tag{3.18}$$

$$Y_g = S_4 + C_4 = Sg + iBC + iBh + iBc + G = IT + DT + TF + Fc \tag{3.19}$$

$$Y_c = S_5 + C_5 = iA + iBc = Sc + Fc \tag{3.20}$$

其中（3.16）~（3.20）式分别表示家庭部门的收入—支出公式，企业的收入—支出公式，银行的收入—支出公式，政府的收入—支出公式，中央银行的收入—支出公式。如 Moudud（1999）[①] 所指出的，这些公式可以被解释为他们相对应部门的预算约束。在五大主体的收入—支出公式的基础上，通过部门加总，可以得到实体经济部门的收支总公式和虚拟经济部门的收支总公式，进一步加总得到现代货币经济的收支总公式。

（1）实体经济部门的收入—支出及其约束。将消费性货币相加得到实体经济部门的货币支出，得到

$$Y_{rz} = C + I + G = C_1 + C_2 + C_3 + C_4 + C_5 \tag{3.21}$$

产品市场为代表的实体经济部门的总货币收入 Y_{rs}，即产品的最后销售收入由表 3-11 中的第 11 行给出。中间商品净值为 IG，假设产品与最终销售相等，因此没有任何存货，也就是 IG=0。因此有：

$$Y_{rs} \equiv C + I + G \tag{3.22}$$

其中，C 和 I 表示对私人部门销售的消费品和投资品的最后销售额，同时 G 表示政府购买消费品的最后销售额。

产品市场为代表的实体经济部门的总货币支出 Y_{rz}，由表 3-11 中的第 12 行给出，有，

$$Y_{rz} = W + FT + IT \tag{3.23}$$

其中，FT 表示利息支付和直接税收产生的利润损失，IT 表示直接税收，W 表示企业的工资支出。收入—支出差额为 Sx，也就是实体经济部门的储蓄，有

$$Y_x = C + I + G = Sx + W + FT + IT$$

这样就得到产品市场或者实体经济部门的平衡公式，可以分析产品、销售和有效需求的关系。通过分析实体经济部门收入—支出来分析交易货币的循环过程。

（2）虚拟经济部门的收入—支出及其约束。将储蓄性货币相加得到虚拟经济部门的货币支出。得到

$$Y_{FS} = Sh + Sg + Fu + Sb + Sc \tag{3.24}$$

虚拟经济部门的货币收入 Y_{FS}，由表 3-11 中的第 13 行给出，主要包括 5 大块：一是家庭的储蓄 Sh；二是企业的剩余利润或者留存收益 Fu；三是政府

---

① Moudud, Jamee K. 1999. "Finance in Classical and Harrodian Cyclical Growth Models." Working Paper no. 290, Annandale-on-Hudson, N. Y. : The Jerome Levy Economics Institute.

的储蓄 Sg；四是银行的储蓄（剩余）Sb；五是中央银行的储蓄（剩余）Sc。我们还强调银行的货币创造功能，因此，虚拟经济部门的货币来源还有一块，就是银行新创造的货币 ΔM_t，在分析的过程中，可以考虑将它加入。虚拟经济部门的货币支出 Y_{FZ}，由表 3-11 中的第 14 行给出，包括两大部分，一部分参与实体投资，成为实体投资的融资资金 IF_{R1}（一级市场）；另一部分停留在金融市场当中，没有参与实体经济循环 IF_{F2}（二级市场）。于是有，

$$Y_{FZ} = IF_{R1} + IF_{F2} = IF \tag{3.25}$$

虚拟经济的收入—支出差额为 Sf，也就是虚拟经济部门的储蓄，有

$$Y_x = Sh + Fu + Sg + Sb + Sc = Sf + IF$$

这样就得到虚拟经济部门的平衡公式，可以通过分析虚拟经济部门的收入—支出来分析资产货币的循环过程。

（3）现代经济的收入—支出（约束）——总量宏观约束（两大块）。在前面分析的基础上，可以进一步分析整个经济的收入—支出及其构成的宏观约束。现代经济的货币收入来源，由表 3-11 中的第 15 行给出，包括两大块：实体经济收入和虚拟经济收入，公式表示为，

$$GY_S = Y_{RS} + Y_{FS} = Yh + Yf + Yg + Yb + Yc + I2 \tag{3.26}$$

GY_Z 现代经济的货币支出来源，由表 3-11 中的第 16 行给出，包括两大块：实体经济支出和虚拟经济支出，公式表示为，

$$GY_Z = Y_{RZ} + Y_{FZ} = Sav2 + Yh + Yf + Yg + Yb + Yc \tag{3.27}$$

现代经济的收入—支出差额为 Sav，也就是储蓄，有

$$WN = GY = Yh + Yf + Yg + Yb + Yc + I2 = Sav + Yh + Yf + Yg + Yb + Yc$$

其中，I2 = I + IF，Sav = Sx + Sf。也就是说投资分为实体投资和金融投资，储蓄分为传统储蓄和金融储蓄。这样就得到现代经济部门的平衡公式，可以通过分析现代经济部门收入—支出来分析广义货币的循环过程。

考虑时间因素，实体经济部门的货币收支不仅取决于当期的收支，而且与前期的财富存量，也就是虚拟经济部门有关。表 3-12 进一步分解了表 3-11 中的储蓄和投资项目（虚拟经济部门项目）来表示我们"人造经济"中宏观经济部门资金的使用和前后的来源。任意部门的货币支出（1 美元）都必须是来自某处的。它可能是当期收益，或者是从其他什么部门借来的，或者是以前的财富里面的。存量（将约束下一期的流量行为）可以被当期的流量所修正。表 3-12 中五大主体的净财富因为账户的一致性与表 3-11 中的资本账户流量有关。我们分析五大主体的财富存量，假设一个部门的净财富会因为他当期的储蓄而增加，本身再加上因为当期资产市值变化而产生的资本收益。即：财富

存量净值 = 前一期的财富净值 + 储蓄 + 资本收益。通过分析五大主体的财富存量，然后加总得到整个社会的财富存量公式。理论上，中央银行和银行同样有自己的财富存量，分别设为 V_c、V_b。为了简化分析，可以假设中央银行和银行没有储蓄，也就是没有财富存量。因此，有：

$$V_t = V_{t-1} + Sh_t + \Delta pe_t E_{t-1} \tag{3.28}$$

$$B_t = B_{t-1} - Sg_t \tag{3.29}$$

$$Vf_t = Vf_{t-1} + Fu_t - \Delta pe_t E_{t-1} \tag{3.30}$$

$$NW_t = NW_{t-1} + S_t + CG_t \tag{3.31}$$

公式（3.28）~（3.31）分别表示家庭部门的财富存量，政府的财富存量，企业的财富存量，整个社会的财富存量。可以进一步将财富 W 分解为实体财富（以设备等资本品作为代表）和虚拟财富（以金融资产作为代表），则有

$$W_t = JRZC_t + GDP_t \tag{3.32}$$

表 3-12 五大主体的资产负债表的分解[①]

居民家庭		企业		银行		央行		政府		社会合计	
资产	负债	资产	负债	资产	负债	资产	负债	资产	负债	资产	负债
+ Hh		+ Mf	− L	+ Hb	− A	+ A	− H		− B	+ Vf	− B
+ Mh		K	− EPe	+ L	− M	+ Bc				+ Vh	
+ Bh				+ Bb							
+ EPe											
+ Vh		+ Vf		+ Vb		+ Vc			− B		+ K

根据前面的故事，可以发现不同主体的财富结构的差异，导致他们对真实财富的占有权的差异，金融资产在财富中的比例越高，最终占有真实财富的比例越高，财富的结构及其分配对于参与主体所能支配的现金流量存在的影响越明显。可以发现现金流与资产负债表、金融结构密切相关（前面的故事也可以很好的证明这一点）。资本流量实际上就是资产负债表的变化，资产负债表项目决定现金流（表 3-13）。现金流是以下三项的产物，一是收入—支出体系，由工资等项目构成；二是金融结构，由利息，红利，贷款本金等构成；三是资本资产和金融工具的交易。除了红利，由金融结构决定的现金流是契约承诺

[①] 表 3-12 中的 H，M，B，A，E 分别表示高能货币，银行存款，债券，央行预付金，证券。h，f，b，c，g 代表居民，企业，银行，央行和政府。Pe 表示证券价格，E 表示证券数量。K，L，V 分别表示投资，贷款，财富存量。

（或者债务）（明斯基，1975，第118页）[1]。

表 3-13　　　　　　五大主体的资金来源及其去向的分解[2]

居民家庭		企业		银行		央行		政府		社会合计	
来源	去向	来源	去向	来源	去向	来源	去向	来源	去向	来源	去向
$+\Delta Hh$		$+\Delta Mf$	$-\Delta L$	$+\Delta Hb$	$-\Delta A$	$+\Delta A$	$-\Delta H$		$-\Delta B$	$Sh+\Delta EPe$	$-B$
$+\Delta Mh$		ΔK	$-\Delta EPe$	$+\Delta L$	$-\Delta M$	$+\Delta Bc$				$Fu-\Delta EPe$	
$+\Delta Bh$				$+\Delta Bb$						Sg	
$+\Delta EPe$											
Sh		Fu		Vb		Vc		Sg		Sav		总额
$Sh+\Delta EPe$		$Fu-\Delta EPe$		ΔVb		ΔVc		Sg		Sav		净值

　　通过上面的分析可以发现，现代经济具有典型的复合经济特征，资产负债表、收入支出表和现金流量表在时间的隧道中构成一个内在一致的逻辑结构，货币资金循环由上下两个子循环（狭义货币循环和金融循环）构成，收支的时间差由货币金融制度灵巧地加以处理和对接，实现货币在不同时空的转换和融通，演绎出来一副真实而复杂的货币什锦图。货币的用途和功能、流向变得越来越复杂而多样。货币金融在凸显其积极作用的同时，也给我们带来了许多新的问题和挑战。我们重点关注的是现代货币金融运行的金融不稳定问题，因此金融（虚拟经济）部门的货币收支及其运行过程，是我们重点研究的对象。

　　根据本书的模型，现代经济实际上是货币经济，由两大部门组成。一个是传统的实体经济部门，以产品市场和企业为核心，另一个是金融部门，以资本市场和银行为核心。现代经济条件下货币循环格局发生了重大的变化，形成一个双轨或者双层的货币循环格局。一个是传统的收入货币循环（流量），另一个是资产货币的循环（存量）。货币金融制度成为现代经济的关键制度安排，货币是现在和未来的关键连接，它是一个单向的时间机器，允许资本家现在购买、生产并在随后支付（明斯基）。信用和金融制度使得两者能够转换，连接过去和未来，打通了历史和未来的时间隧道，大大改变了货币的空间分布。货币金融制度的核心功能就是把不确定性转换为确定性，把时间隧道打通，化短

---

[1] Minsky, Hyman P. 1975. John Maynard Keynes, New York: Columbia University Press.
[2] 由表3-12有以下7个公式：H = Hh + Hb，B = Bh + Bc + Bb，V + Vf - B = K，V = Hh + Bh + M + E，Vf = K - L - E，Hb + L + Bb = M + A，H = A + Bc。我们可以由上述模型公式证明货币的内生性，对现金的需求等于供给，具体过程省掉。对于证明过程感兴趣者可以参见《后凯恩斯的存量—流量一致的宏观经济增长模型：初步结果》一文。

期为长期,化有形为无形,化固定为流动,化实为虚,使得存量资本和流量资本实现转换,大大提升了经济效率和经济自由度,拓宽了经济活动的空间和财富的范畴,同时也带来了新的风险和问题。

正如明斯基所言,全球进入了金融资本主义时代,经济和金融关系发生了重大转变。正是经济——金融结构的巨大转变,使得传统的货币数量论失灵,大大改变了货币资金循环和运行过程,论文正是基于金融部门越来越发展壮大成为一个相对独立的新部门的现实,引入了一个媒介于虚拟经济部门的金融循环过程,将传统的狭义货币循环的拓展为广义货币循环模型。论文认为,现代经济实质上是货币经济,是一个用货币生产货币的经济,因此分析货币的收入和支出,货币的来龙去脉,货币的总量及其结构分布,货币的使用及其变动,无疑具有重要意义。传统的收入货币循环,是以企业为核心展开的,企业以现金流来投融资,货币主要发挥交易媒介功能,作为产品交易的媒介。新型的货币循环(称之为金融循环)是以银行为核心展开的,银行以资产抵押发行货币,实现闲置货币向增殖性金融资产的转换,货币主要发挥价值储藏功能,货币转换为金融资产的形式存在,财富积累方式发生了重大的变化。

为了更好地理解现代经济的二元特征和货币循环的双轨制特征,我们根据博弈主体来构建一个广义的货币资金循环系统和模型,具体见图3-16。图3-16很好的将前面表3-11~表3-13中所蕴涵的内容和思想显性化了(关于图3-15中不同符号的具体内容见前面的分析)。实体经济包括家庭部门和企业部门等5个部门,同样虚拟经济系统也包括5个主体,这是从参与主体角度来分析,我们称之为主体分解法。此外,也可以从产业或者市场角度分析货币资金循环,一般地,可以将实体经济分解为工业、农业和第三产业,而虚拟经济系统分解为股市、债市、期市、外市、地产等,金融部门包括金融机构和非金融中介机构,它处于模型中心,体现了金融是现代经济核心的思想。我们称之为市场分解法,这里重点介绍主体分解法。

前面对五大经济主体的收入支出进行了具体的分解,由于存在时间差和不确定等因素导致每个人的货币收入都可以分成两部分:消费支出和储蓄剩余。这样当期货币收入就变成了当期的消费支出和当期储蓄。当期消费支出的货币主要用于购买产品,五大主体的消费性支出货币构成了一个以产品为作用对象的货币循环,循环中的货币,我们称之为收入货币,主要用来媒介实体经济部门的交易活动。收入的剩余变成储蓄,以留待将来消费之用,五大主体的闲置的、剩余的货币构成了一个以银行为核心的金融循环,金融循环中的货币,我们称之为资产性货币,银行将这些非生产性的货币资本化,创造出更多的金融产品,从而实现货币的增殖,这是一个"钱生钱"的过程。金融循环中的原始货币可能来自于居民的收入剩余（居民储蓄），企业的折旧和收益留存，政府盈余，国外收入盈余等。银行的功能一方面汇集并经营这些剩余资金或者储蓄资金，将这些原本用于交易的货币变为了资产货币或者货币资金，用于增殖获利，同时在调节资金余缺的过程中，还可以创造货币，形成了一个以货币为中心的虚拟经济部门或者金融资产池。

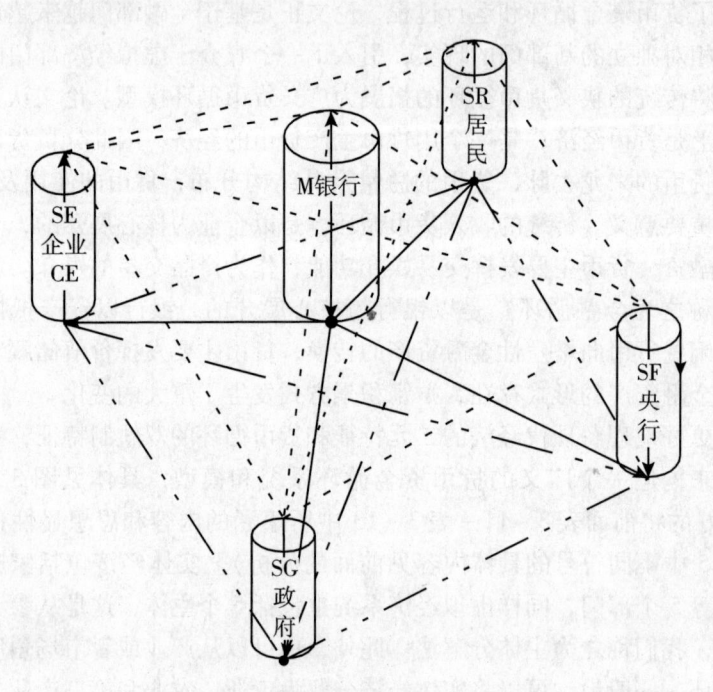

图 3-16 实体经济和虚拟经济条件下的货币循环①（立体图）

我们利用一个立体图描述货币循环和金融循环的关系，这张图为分析经济和金融的关系提供了理论框架。图3-16是一个反映实体经济和虚拟经济关系的立体图，这是一个没有时间的静态经济，在同一个平面，难以处理和理解实体经济和虚拟经济的动态关系及其演变。实体经济和虚拟经济的关系并不是简单的线性关系，而是具有典型的层次性和结构性特征（1997年香港经历的立

---

① 其中实线中的粗线条表示融资和实体投资过程，虚线中的粗线条表示储蓄和虚拟投资过程。其中圆柱形上方表示储蓄，是前期投资收益减去消费后的剩余，表示T+1时期或者事后。圆柱形下方表示投资，表示T时期或者当期。我们将银行置于核心，强调银行的重要性。我们认为，正确认识银行的功能是理解金融危机的钥匙。我们重点关注的是银行而不是企业，这是我们分析需要强调和提醒注意的地方。

体型投机,就说明了这一点)。如果引入时间因素,考虑两者所处的不同发展阶段,这样可以动态的考虑实体经济和虚拟经济的关系。图3-16相当于一个由五大支柱支撑起来的现代"经济——金融"复式楼。可以适当发挥一下想象,我们看到的是一个正方形小屋,这说明实体经济和虚拟经济处于势均力敌的状态,这时候的现代经济实际上是一种混合经济。如果我们看到的是锥形小屋,或许这是100年前或者50年前的经济状态,这时候实体经济处于支配地位,虚拟经济还处于初级阶段,这是一个实体经济支配的传统经济,我们称之为前工业化时代(小农经济或者旧经济),这时候的财富结构是实体财富至上,经济结构或者财富结构呈圆锥形,上小下大。虚拟经济对实体经济的影响有限,这时候货币金融的作用并不明显,货币主要充当交易媒介,是一种面纱,货币还没有扮演财富储藏的关键性功能,没有成为财富至高无上的存在形式。随着货币功能的演变,货币的财富储藏功能越来越重要,金融资产规模越来越大。这时候实体经济相对于虚拟经济重要性下降,出现"正梯形"小屋向"倒梯形"小屋的转变,这是一个混合阶段。如果我们看到的是一个倒金字塔形小屋,那么进入了金融主导的新经济时代,我们称之为金融经济时代。金融部门处于核心的主导地位,金融与经济的传统关系发生了根本性的变化。通过对现实的观察,我们认为现代经济金融结构关系发生了重大变化,全球进入一个虚拟财富占主导地位的新时代,进入虚拟经济主导的时代,这种经济——金融结构的重大转换,对全球经济金融运行带来了重大的影响,对货币政策带来了新的挑战,货币资金循环出现了新的特征,我们提出广义货币的双轨制循环来分析新经济条件下的货币资金运行,进而为分析金融不稳定提供一个理论框架。

在金融经济时代,广义货币资金循环由两大块组成,一个是收入货币循环,主要是媒介于实体经济部门,称之为狭义货币循环,另一个是资产货币循环,主要是媒介于虚拟经济或者金融部门,称之为金融循环。货币循环和金融循环通过银行为核心的金融部门连通起来,利用图3-16中位于中心的黑体圆柱体来表示这一中间枢纽。通过以银行为核心的中转站或者中间枢纽,金融循环和货币循环能够对流,从而实现资产性货币向收入性货币的相互转换,实现储蓄与投资转化的过程。究竟是储蓄决定投资还是投资决定储蓄,新古典和凯恩斯针锋相对,问题的关键在于时间。如果从实体经济出发,经济中的货币收入出现了剩余才有储蓄的存在,这时候无疑是投资决定储蓄,也就是实体经济决定虚拟经济,无疑凯恩斯主义是对的。如果从虚拟经济出发,这时候是储蓄决定投资,这是新古典的观点。根据论文的模型,更倾向于赞成凯恩斯的观点。

本书的研究是基于既有理论和现实观察基础上进行的发现和探索。关于金融循环的影子，在马克思、凯恩斯和明斯基等作品都可以找到痕迹。马克思关于生息资本循环过程的分析，凯恩斯关于工业流通和金融流通的分析，明斯基的二元价格模型，都留下了金融循环的痕迹。通过对马克思—凯恩斯—明斯基的作品的研读，可以清楚地发现二分法或者二元分析的线索，货币金融作为新的一元，在他们的作品中得到越来越多的关注，并反映在他们的理论分析当中。这里把金融上升到与实体经济并列的高度，从而构筑了一个新的广义货币循环来分析之。此外，模型还引入了经济金融活动的博弈主体，这样有助于更好的认识货币的内生性。关于货币的本质、性质及其决定一直争论不清。韦森认为（2003）货币是集体意向性的产物，是约定俗成的。我们对此表示认同。根据模型，可以清楚发现货币是由5大利益主体共同或者集体决定。在五大博弈主体参与的货币循环流模型中，可以发现货币是集体合作的产物，具有典型的内生性。货币的扩张与收缩并不单单取决于政府意愿，而是取决于五大博弈主体之间力量的对比和制衡，货币扩张和权力制衡密切相关。在一个高度民主的权力分散的自由市场和权力集中型的高度计划的政府主导下的经济当中，支配货币的力量是大不相同的。在这两种极端的模式当中，货币的用途及其流转、功能及其结构，往往也是大不相同。现实的经济，往往是混合经济，是居于两者当中的一种情形。论文把金融不稳定放在全球经济——金融格局大转型的背景下进行研究，提出了一个关于实体经济和金融（虚拟经济）的新的两分法。通过着眼宏观过程的广义货币资金循环——两个子循环——来分析金融不稳定的生成机理及其演变过程，把金融稳定放在货币化和金融化过程中进行研究。

第三节 金融不稳定的生成机理及其决定因素

一、货币双轨制视角下的金融不稳定及其生成机理[①]

变化的经济金融环境对货币及其运行产生了深刻的影响。金融经济时代的

---

① 我们利用五大主体编制而成的收入—支出表、资产负债表和现金流量表，将马克思所收的复杂的社会关系进行了具体分解。金融不稳定产生于复杂社会关系过程中的种种利益冲突，是参与主体利益冲突恶化和合作破裂的结果。因此，可以从分析三大表的内在关联来剖析金融不稳定的生成机理。根据我们的 GSFC 模型，金融不稳定可能来自于五大参与主体的任意一个，与经济交易和金融交易密切相关。前面，我们对三大表进行了具体的分解，从中我们可以很好的挖掘金融不稳定的各种来源。这里我们在分解三大表的具体项目的基础上，通过进行适当的汇总来分析金融不稳定的生成机理，这样大大减少了工作量。

第三章 金融稳定：二元结构的存量—流量分析框架（GSFC）

到来，对传统的货币数量论提出了严峻的挑战。对于货币的作用，我们应该跳出传统的数量论和商品论的窠臼，重新审视现代经济条件下的货币功能。货币与语言作为人类的两大发明，对货币的作用应该进行重新审视。明斯基对货币的作用提出了与传统观点不同的看法。明斯基认为，在实际的金融资本主义世界中，货币是一个关键的制度，内生于正常的经济过程中。使用货币具有的力量，不只是购买力还包括市场力量。在资本主义经济中，通常投入货币进行生产来获得更多的货币（用货币生产货币）。不管怎么样，货币是现在和未来的关键连接，它是一个单向的时间机器，允许资本家现在购买、生产并在随后支付。明斯基强调说，最重要的是，它是在为资产头寸融资的过程中产生的。银行在它们与借款人一样认为资产头寸或所筹资的活动将会产生足够的现金流的时候会增加货币供给。如果未来比预期的要差，则可能无法满足承诺。货币和名义金融约定事项也是这样。根据论文的模型，更倾向于赞成货币是集体意向的产物，是各方力量一致认识的结果①。必须超越具体的数量来认识货币的功能。金融经济时代的到来，改变了货币运行方式，使得货币的核心功能开始发生转移，由交易媒介功能转向货币的财富储存功能，由手段走向目的。论文强调货币的功能（尤其是价值储存功能）而不是数量，货币不是简单的物，货币的力量无所不在。现代经济实质上是一个货币经济，货币不仅能作为财富的计算尺度和表征，而且发挥着交易媒介和财富储存功能。因此根据货币的作用对象来分，货币主要作用于实体经济和虚拟经济两大部门。货币的功能依赖于他所作用的对象，货币已经渗透到现代经济的方方面面。

现代经济实际上是一个复合经济，货币运行发生了重大的变化，这种变化改变了财富的储存和消费方式，改变了货币的功能、用途和流向，使得货币循环过程变得越来越难以管理。根据 GSFC 模型，现代货币运行具有典型的双轨制或者二元特征，一边是以收入流量为核心的货币循环，另一边是以资本存量为核心的金融循环。

1. 五大主体参与的狭义货币循环及其利益冲突。表现为货币化进程中的经济结构失衡，可能成为金融不稳定的间接来源。

图 3-3 构筑了一个 5 主体（部门）的狭义货币资金循环，也就是传统的收入货币循环及其分配，称之为收入货币循环。狭义货币循环主要对应的是实

---

① 韦森教授（2005）借鉴塞尔语言哲学的理论，把货币归结为在人类经济活动和市场交往中凝汇着人们"集体意向性"的一种制度实在（Institutional facts），并引述了塞尔的思想："是什么使这片纸成为货币呢？塞尔的回答是，只有当、且仅当人们都把这片纸认作是货币时，它才是货币。"（2005，第 62 页）这可谓是"普遍接受"更深刻含义的表达。参见韦森：《市场深化过程与中国社会法治化的道路》，载《东岳论丛》2005 年第 3 期，总第 26 卷。

体经济部门，货币资金主要用于实物投资和实物消费。我们将货币资金媒介于实体经济的过程称之为货币化过程。货币资金循环流转于实体经济部门构成的循环称之为货币循环，对应的是图形中的底层——实体经济中的产品交易。

我们结合前面的GSFC模型进行分析，暂不考虑金融循环，假定有2种或者3种产品，比如消费品、资本品、外贸品，具体又可以分为内贸和外贸产品。

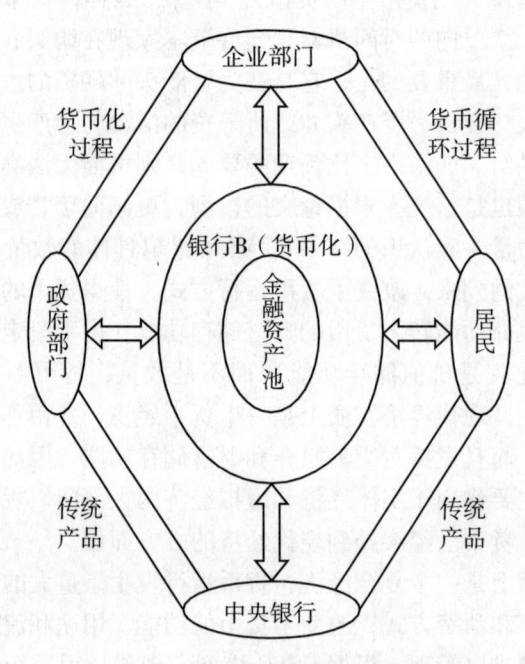

图 3-17 实体经济部门的货币循环过程

我们可以根据市场分解法和主体分解法进行分析。货币循环内的经济结构失衡往往会造成经济危机，主要表现为过度积累、过度消费和过度进口。这也就是马克思所说的第一种类型的危机，这一类危机主要与生产过程有关。至于具体的来源可以根据五大参与主体的三大表的项目进行求解，我们这里不予展开。总的说来，货币化进程中的经济结构失衡，将损害金融稳定的基础。我们发现发达国家的货币化水平已经处于一个高原状态，货币化进程处于成熟阶段。交易货币的货币流通速度及其变化不是很大，这与转型国家是不同的，我国的货币化过程经历了一个显著的变化过程。在货币化初期，大量的货币积聚在重化工业等国家优先发展部门，由于还处于货币短缺时代，这时候物价稳定

>>>>>>> 第三章 金融稳定：二元结构的存量—流量分析框架（GSFC）

成为关注的焦点问题，金融不稳定还缺乏市场基础，这也可以部分解释中国为什么能够躲过1997年东亚危机，因为当时中国的金融部门并不发达，缺乏恐慌的金融基础。在货币化后期，随着货币化进程的减缓和实体投资回报率的下降，使得大量的货币游离于实体经济之外，狭义货币循环出现萎缩现象，大量的货币积聚在金融部门，不利于金融稳定。金融不稳定是货币化进程发展到一定阶段的产物。货币化进程的发展有利于金融稳定，为金融部门的发展提供坚实的物质基础。货币化进程中的经济结构失衡和投资回报率的下降，可能成为金融不稳定的间接来源。处理好货币化和货币虚拟化的关系，以及优化货币循环内部的货币分布结构，对于维护现代经济条件下的金融稳定意义重大。

2. 五大主体参与的金融循环及其利益冲突，表现为货币虚拟化进程中的金融结构失衡，可能成为金融不稳定的直接导火线。

本书同样构筑了5部门的金融循环。金融循环实际上是交易货币转变为资产货币的过程，相对应的是货币虚拟化过程，流转于虚拟经济部门的货币资金主要用于从事金融投资，即图形中的上层。参与金融循环的货币同样作为交易媒介，但是它的根本目的在于价值增殖，在于作为资产存在，这时候更根本的是作为财富储存形式而存在，因为价值增殖只有在流动或者运动当中才能实现，因此大量的过剩货币充当了资产货币，实现钱生钱的目的。货币虚拟化带来的收入形式多样，包括资本利得、利息、佣金和红利等，其中赚取资产价差和利息是一个重要获利方式。货币虚拟化过程实际就是金融发展过程，是金融循环不断拓展和扩充的过程，货币虚拟化给宏观经济金融运行带来了重大的影响。虚拟经济部门的存在放松了实体经济部门的金融约束，增加了投资的灵活性和选择机会，大大增加了经济主体的自由度，一定程度上缓解了实体投资的不可逆性和固化缺陷，分散和降低了实体投资的风险，有利于资本加速集中和积聚，为企业融资提供了一个大舞台和资金池。虚拟资本相当于实体资本的后备军，这是实体资本过剩的产物，同时又进一步为实体资本的积累创造了条件。以货币和信用为基础的金融创新，构建了一个新的虚拟经济部门，这个部门的建立，在质上扩大了劳动的社会分工体系，由此扩大了既有的交换价值体系，为资本创造了对等价值的新的源泉。资本积累可以通过这个内生金融市场创造，凭借自身的力量周期性地克服他在运动中、在时间中遇到的限制。虚拟经济的发展壮大，使得利润率下降趋势得到缓解，使得资本积累矛盾得到缓和[①]。

---

① 参见张宇等主编：《高级政治经济学》，中国人民大学出版社2002年版，第260页。

货币虚拟化（金融化）的一个重要影响就是带来了财富储存方式的变革，虚拟经济的发展使得人们对传统财富内涵和外延，财富本质认识不断深化，财富和权利、价值、力量的内在关系开始显现，财富的价值化积累方式由幕后走向台前，财富成为经济权力和货币力量的化身。货币虚拟化是财富储存形式的一次重大变革，改变了传统的财富储存方式，从储存实物到储存代表实物财富的权利证书（初级金融证券）再到储存与实体财富相关的金融资产（高级金融证券等）。对实物财富的储存形式经历了从实物储存到货币储存再到金融资产储存形式的变化，储存形式越来越超脱实物形式和货币形式，越来越注重财富储存形式的增殖性和流动性。财富积累的方式大体可以分为三类：一类是实物积累；二是现金或者货币积累；三是金融资产积累。实物积累也就是使用价值的积累，货币和金融资产形式的储存实际上就是价值或者权利的积累。货币积累相对实物积累而言，更为安全和经济，但是并不一定就能产生更多的利润或者增殖，人们在财富的篮子中，到底是持有多少实物、多少货币和多少金融资产，取决于资产选择者的对安全性、收益性和流动性的偏好。总的来说，人们越来越偏好于储存货币和储存金融资产，而实物储存方式日益开始退出历史舞台，除了一些特殊的物品比如古董，货币已经成为财富储存的一般形式。虚拟经济（金融）的发展逐渐改变了传统的财富储存（实物储存或者现金储存）方式，由非增殖性的实物和现金储存转变为增殖性的金融资产储存，同时改变了消费模式。货币虚拟化进程大大拓展了交易的自由度和价值增殖空间，同时，货币的虚拟化又给新型危机的发生创造了条件，使得金融结构失衡问题凸显，所以必须高度重视和关注货币虚拟化带来的负效应。

我们结合前面的 GSFC 模型进行分析，暂不考虑狭义货币循环。假定有 5 或者 7 种金融资产，比如股票、房地产、债券、外汇、黄金、存款、现金，具体又可以分为债权性资产和股权性资产两大类，现代金融危机主要表现为债务危机和股权性资产危机（典型的金融泡沫）。我们可以根据市场分解法和主体分解法进行分析，进一步分析金融结构失衡的可能来源。对某一种金融资产的过度偏好将导致金融资产结构的扭曲，金融资产结构不合理结果导致泡沫的孳生。如果某一类金融资产在财富篮子中所占比重过高或者大幅变动，这会导致财富结构的自我调整。金融资产在总资产或者财富中的比重过高，意味着大量的财富以金融资产形式存在，大量的货币积聚在金融市场或者投资或投机于金融市场。金融泡沫归结到底是一种财富结构失衡，是大量货币追逐房地产等形式财富的结果。随着货币虚拟化进程的发展，金融资产作为一种重要的财富形式，使财富的积累越来越脱离具体的商品，而呈现财富积累的价值化和虚拟化趋势。财富积累的货币化、虚拟化和价值化带来的一个负面影响就是金融市场的泡沫化趋势越来越明显，金融市场变得越来越难以管理和脆弱，这增加了金融市场的系统性风险。金融循环内的金融结构失衡往往会造成金融危机，比如大量的资金过度积聚于股市、债市、房地产市场等。这就是马克思所说的第二种类型的危机[①]。

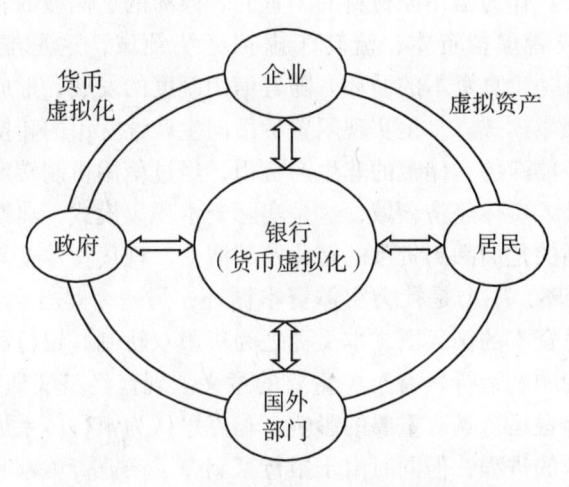

图 3-18 虚拟经济部门的金融循环过程

3. 五大主体参与的货币双轨运行及其利益冲突，表现为货币化和货币虚拟化进程中的货币功能异化和经济——金融结构关系失衡，大大增加了金融不稳定发生的可能性。

货币循环和金融循环存在复杂的转换关系，可以利用图 3-19 进行说明。假定货币充当交易媒介和财富储存两大功能，在由实体经济和虚拟经济两大部

---

① 关于储藏或者闲置货币的来源及其原因、规模及其用途，马克思的分析有待拓展。货币的闲置与信用发展程度有关，信用越发达，越能积累闲置的货币，闲置货币规模越大，而且闲置的货币的利用也成为一个新的问题，而是衍生出了一个新的货币循环形式，我们称之为金融循环或者虚拟化循环。这一部分货币同样需要参与利润率的平均化过程，需要获得平均的利润率。大量的闲置货币逐渐培育了一个新的产业，叫做金融业，我们可以把它单独分离出来，称之为虚拟经济或者金融经济。金融经济的货币运行和实体经济的货币运行构成了一个现代的货币循环系统。对货币的争夺反映了背后的利益冲突。货币金融市场的和谐平稳运行是需要条件的，如果不具备一定的条件，将出现不和谐。比如不同的货币制度，不同的币材，不同的货币用途和功能，不同的信用体系及其等级等差别都可能造成不和谐，而根源在于异质性的个人带来的利益差别，由于个体能力和心智差别，包括劳动能力、计算能力等的差别造成个体权利的差别。

门组成的现代货币经济条件下，财富储存包括传统储存和金融储存两种形式。传统储存主要包括实物和现金储存，金融储存主要是以证券等增殖性金融资产存在。相应地，交易包括实物交易和金融交易。实物交易主要对象是产品，金融交易主要对象是金融资产。这样就会出现货币功能的复杂转换关系，主要包括实体经济内部的货币功能转换，虚拟经济内部的货币功能转换，以及两大经济部门之间的货币功能转换，具体又可以分为以下类型：一是实现闲置货币向虚拟资本的转换。作为信用原材料的闲置的、停滞的、储藏的非生产货币，转变为金融资本或者虚拟资本，流转于虚拟经济领域，这是虚拟资本积累模式——典型的就是生息资本的循环。随着信用制度的发展，形成了一个相对独立的虚拟资本积累模式。二是实现闲置货币向生产性货币的转换。作为信用原材料的闲置的、停滞的、储藏的非生产货币，经过信用机制转变为生产货币或者流通货币，进入实体经济领域，这是实际资本积累模式，典型的就是工业资本循环——遵循的是商品到货币的转化及其演变。现代资本主义经济就出现了2个大的资本循环，一个是社会实体资本循环，另一个是社会虚拟资本循环，这构成了社会总资本的循环图，本文称之为货币双轨制。银行和信用机制对于促进两大循环的顺利运行具有至关重要的意义。现代经济实质上是信用经济，信用对于货币金融运行具有重要的影响。马克思认为银行体系加速了私人资本转化为社会资本的进程，但同时由于银行家剥夺了产业资本家和商业资本家的资本分配能力，自己也成为引起银行危机的最有效工具，加之其驱利性，虚拟资本运动的相对独立性为银行信用崩溃创造了条件，这是从信用制度的角度来分析金融脆弱性，其见解是十分深刻的。三是金融窖藏向金融交易的转换，是货币两大功能在金融部门内部之间的转换。四是现金窖藏向现金交易的转换，是货币两大功能在实体经济内部之间的转换。五是金融窖藏通过金融解封参与实体经济交易，六是金融窖藏转换为现金窖藏。七是现金窖藏通过现金解封进入虚拟经济部门，参与金融交易。八是现金窖藏转变为金融窖藏。总的说来，货币的两大功能在两大部门之间，理论上有12种转换关系。信用是构成现代金融的核心要素之一，信用机制在金融循环和狭义货币循环之间的转换过程中扮演着关键角色。在不确定的现代经济条件下，银行和信用制度在货币资金的转换和调节过程中十分重要，是现代货币双重循环的中枢神经。这些转换是货币循环和金融循环关系正常与异化的表现。可以通过观察这些转换现象，分析货币运行是否正常。流动性陷阱实际上是典型的现金窖藏，如果大量的货币（财富）都以传统的现金和实物形式存在，向最安全的财富形式转换，这意味着不安全、不确定性程度很高，往往与危机相对应。如果大量的财富积聚在金融市场，以某一种金融资产窖藏或者囤积起来，比如股票、房地产等，会导致货币分布结构的严重失衡，不利于两大循环的顺利运行，可能导致金融泡沫乃至危机。本文将货币媒介流转于实体经济部门，称之为货币化过程，货币媒介流转于虚拟经济部门，称之为货币虚拟化（金融化）过程。货币化和货币虚拟化构成货币双轨制运行，货币从实体经济流入虚拟经济部门，称之为货币化向金融化的转换，反之，成为金融化向货币化的转换。这些转换关系是否合理顺畅，影响整个宏观经济——金融运行。大量货币偏在于金融部门，可能造成金融泡沫，不利于金融稳定，尤其是大量的货币过度积聚在某一类金融资产身上的时候。大量的货币以传统的现金和实物窖藏起来，反映了一种落后的经济模式，也可能与环境的高度不确定性有关。货币的极端的不合理分布不利于货币正常运行，不利于金融稳定。金融危机归结到底是一种财富（货币）转换危机，是以货币为载体的不同类型的财富的转换危机。复杂的货币循环和金融循环内在关系及其转换使得两者的关系异化成为可能。维持一个恰当的收入流量和资本存量的比例关系，这对于维护金融稳定至关重要。

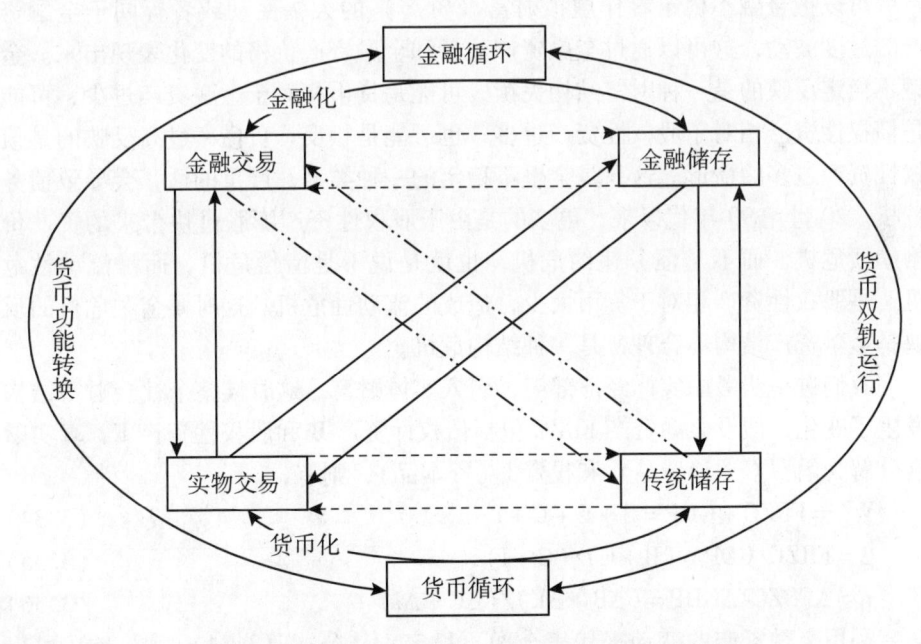

图 3-19　现代经济下的货币双轨运行及其功能转换

二、金融不稳定：综观结构主义的 GSCP 假说的提出

前面构筑了一个广义货币流量—存量一致的二元模型，并利用新模型分析了金融不稳定的生成机理。货币双轨制运行和货币功能的复杂化，为金融不稳定创造了条件，使得金融危机的爆发成为可能，然而究竟是什么因素使得这种可能成为现实呢？我们提出了一个综观结构主义的 GSCP 假说，试图对此进行解答。

根据 GSFC 模型，金融不稳定可以定义为金融部门的不稳定性，这里金融是与实体经济并列的新部门。根据 GSFC 模型，假定社会的虚拟财富包括货币、债权性资产和股权性资产三大类，利用公式表示如下：

$$W = M + B + P_e E = M + F$$
$$B/W = (F - E)/W = F/W - E/W = 1 - M/W - E/W$$
$$F/W = B/W + P_e E/W = 1 - M/W$$
$$\Delta F = \Delta W - \Delta M = \Delta B + \Delta(P_e E) \tag{3.33}$$

可以把金融不稳定看作虚拟财富（资产）的大幅变动或者等同于金融资产的过度波动，这可以通过金融资产数量和金融资产价格的变化表现出来。金融不稳定反映的是一种财富结构失衡，可能是货币相对于金融资产过少，可能是债权性资产相对于股权性资产过多，也可能是相反。负债率过高反映的是债权性资产过多的情形。这只是金融不稳定的一种类型，严重的话，会导致债务危机。20 世纪 90 年代以来，更多的是由于股权性资产膨胀过快带来的资产价格崩溃危机，而不是债务违约危机，也就是说不是清偿危机，而是流动性危机，是股权性资产相对于货币太少，造成的流动性危机。这时候金融危机的反映是金融资产结构不合理，是一种结构危机。

我们进一步考虑实体经济部门，引入实体财富。这时候整个社会财富结构发生了变化，假设金融资产 FRZC 包括债权性资产 B 和股权性资产 E，真实财富分解为消费 C（消费品）和投资 I（资本品），则有，

$$W^* = FRZC + GDP = B + E + C + I \tag{3.34}$$
$$\beta = FRZC/GDP = (B + E)/(C + I) \tag{3.35}$$
$$\eta = \Delta FRZC/\Delta GDP = (\Delta B + \Delta E)/(\Delta C + \Delta I) \tag{3.36}$$

利用金融资产的变动来代表金融不稳定，从公式（3.34）~（3.36）可以发现，金融不稳定可能来自金融部门，来自金融资产数量的过度膨胀，也可能来自实体经济部门的衰退。当不考虑金融部门的时候，马克思的四大法宝可以

第三章 金融稳定：二元结构的存量—流量分析框架（GSFC）

很好的解释第一种类型的危机。当不考虑实体经济部门变化的时候，第二种类型危机需要从金融部门寻找答案，我们提出新的四大法宝来解释第二种类型的危机。现代经济是一个复合经济，金融不稳定具有复合型特征，也就是说，金融不稳定既有来自实体经济方面的因素，又有虚拟经济方面的因素，随着经济虚拟化（金融化）程度的提高，越来越与金融部门的变动尤其是金融结构有关。金融危机说到底就是金融资产转换为真实资产的危机，是转化危机[①]。信心在这里起着十分重要的作用。著名的格里芬两难可以应用在这里，其原理是一样的，虚拟资产（美元外汇）太多，人们担心它不能兑换成为真实资产（黄金），这样危机就出现了。什么因素影响虚拟资产向真实资产的转化呢？根据 GSFC 模型，可以发现真实资产增长太慢也就是经济基本面出现了问题，或者虚拟资产增长太快，都可能导致危机。这里关键是虚拟资产和真实资产的协调发展。金融不稳定是一种金融资产过度膨胀（或者缩水）现象，是一种货币过度进入（或者大量退出）某一类金融资产市场的产物，是货币失衡的结果。五大主体参与的内生性货币双轨制循环，使得脱节成为可能，金融不稳定的大背景在于金融化主导的经济已经形成，容易出现金融资产扩张和实际资本积累扩张背离的矛盾，使得经济结构和金融结构容易发生脱节。本书认为，金融主导型经济的形成和货币双轨制运行特征是造成 20 世纪 80 年代以来金融不稳定的重要条件和背景。当然，信息不对称，参与主体的异质性和有限理性及不确定性，这些都是市场先天性的缺陷和基本特征，对金融不稳定的影响不可忽视。相比于这些先天性的缺陷而言，论文更为强调后天的治理，尤其是政府治理对于金融稳定的重要性。本章提出广义的 GSCP 框架来解释金融不稳定，也就是 G 政府权力—S 市场结构—C 组织行为—P 金融稳定的框架[②]（图 3-20）。

[①] 明斯基等主要关注的是经济波动和债务危机，而对股权性资产主导的新型危机，典型的表现为股市崩溃，缺乏解释力。我们认为，新型危机更多表现为资产价格危机，而不是债务危机。这是 1997 年东亚危机的特征，不同于以前的债务危机。1997 年东南亚危机实际上是流动性危机，而不是债务危机。金融资产结构失衡引发的资产价格危机越来越值得关注。

[②] 我们的广义 GSCP 框架，来自产业经济学 SCP 框架。我们曾经受到产业经济学的启发，纳入政府，将传统的 SCP 框架修正为广义的 SCP 框架，我们称之为 GSCP，并利用该模型来分析中国的银行绩效问题（内部打印稿，尚未发表），这里我们拓展来分析中国的金融绩效（也就是金融不稳定问题）。西方国家是弱政府乃至无政府，而中国是强政府，政府对货币金融体系控制程度的差别，是中国和西方国家的最大的不同。中国过去是政府办银行，银行办社会，金融被当作工具而不是产业来发展，很大程度上，银行主导的货币金融体系是政府有意识控制和安排的产物。银行成为政府高度控制的工具，不是真正的四自主体，组织行为的异化不可避免。正是基于此，我们认为中国金融体系的病根在于政府，在于政府对货币金融的高度行政控制和垄断。

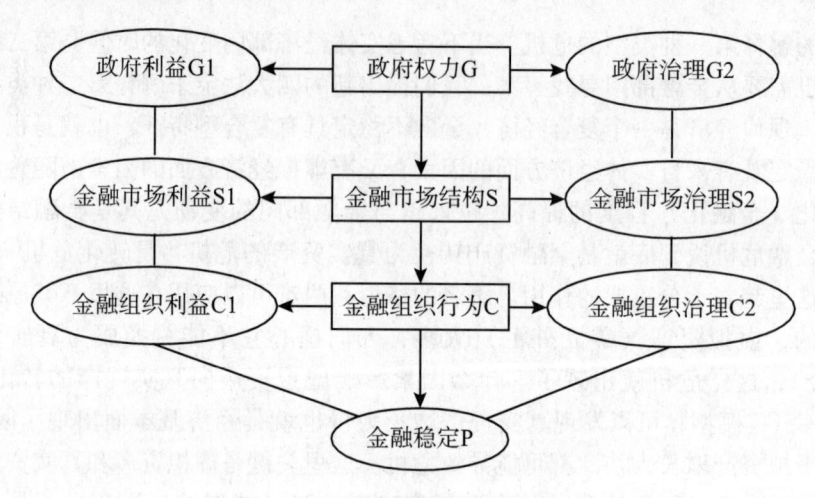

```
                    ┌──────────┐
     政府利益G1 ◄────│ 政府权力G │────► 政府治理G2
         │          └──────────┘         │
         │               │                │
         ▼               ▼                ▼
                    ┌──────────┐
   金融市场利益S1 ◄──│金融市场结构S│──► 金融市场治理S2
         │          └──────────┘         │
         │               │                │
         ▼               ▼                ▼
                    ┌──────────┐
   金融组织利益C1 ◄──│金融组织行为C│──► 金融组织治理C2
                    └──────────┘
                         │
                         ▼
                     金融稳定P
```

图 3-20　金融稳定的 GSCP 假说

GSPC 假说的逻辑就是政府权力决定金融市场结构，进而决定金融组织行为（类型）。政府权力的大小与政府利益偏好、政府治理（约束）有关，政府对权力的追求是政府利益和政府治理的函数，政府追求自身利益的动因越强，对权力的偏好越大，这时候加强对政府权力的治理，是防止政府成为金融不稳定来源的一个重要措施。同样地，金融市场结构也是市场利益和市场治理（纪律）的函数，金融组织行为也是组织利益和组织治理（约束）的函数。最后，政府利益决定金融市场利益，进而决定金融组织利益。与此对应的是，政府治理高于市场治理，高于组织治理。利益的层次结构和治理的层次结构互相对应。利益的冲突反映在三个层次，表现为利益的过度冲突和利益结构过度失衡，如果缺乏适当的治理，最终将以危机结束。因此，我们可以将金融不稳定看作 3 个层次的利益冲突程度和治理水平的函数。利用公式表示为：

$$FS = (G, S, C) = (G_1, S_1, C_1, G_2, S_2, C_2) \quad (3.37)$$

在利益冲突和治理水平 6 个变量当中，本文强调政府治理的重要性。利益冲突作为一种时刻存在的货币经济的特质，是金融不稳定的总根源，是金融脆弱性的内在动因。政府治理可以通过科学设计和安排货币金融制度等一系列游戏规则，来弱化和协调利益冲突，政府治理是防止利益冲突超过一定度的关键所在。在利益冲突一定的情况下，政府治理和政府能力对于维护金融稳定变得至关重要。我们的 GSCP 假说很好地综合了"政治经济学假说"与"政府无能假说"的观点①。"政府无能假说"认为，金融危机治理失败是因为该国政治家和官僚们的无能。而"政治经济学假说"则认为，政府没有采取有效措施来治理金融危机，是因为政府缺乏这样作的利益动因。利益冲突往往导致政府在处理危机的过程中只能观望，这在日本体现得十分明显。利益冲突成为制约政府行为的重要因素。当治理金融危机与政府的政治利益相冲突，政府往往选择"放任自流"。下面从三个层次展开分析，并在第四章和第七章利用数据进行检验。

（一）异质性组织、利益冲突和行为异化：金融不稳定的微观基础

我们认为由五大主体博弈行为决定的内生货币，是金融不稳定的货币基础。金融不稳定归结到底是一种货币现象，与货币密切相关，深深根源于货币的内生性质。在现代货币经济条件下，货币作为财富和利益的象征，它的争夺成为一切矛盾的焦点，金融不稳定取决于货币争夺过程中五大博弈主体的力量对比。根据 GSFC 模型，五大主体的行为共同决定货币的供给和需求，货币具有典型的内生性质，五大主体的行为互相影响、互相决定，货币的增长变化是多方力量共同作用的结果，而不是某一个因素控制使然，即使是中央银行也不例外。五大主体同时参与货币循环和金融循环过程，形成了一个复杂的社会关系网络。货币循环和金融循环互相连通，不同形式的实体财富和虚拟财富互相转换，构成了一副真实而复杂的经济金融网络图。银行是中枢机构，是关键的链接点和中转站。活动主体将剩余的货币收入以银行存款的方式进入银行，银行然后将存款转化为银行贷款给了企业，而这个银行贷款又以工资等形式转给了家户。因为家户和政府将他们的货币支出在商品上，而且家户对股票进行金融投资，所以企业能够部分支付他们向银行部门的借款，使得银行能够降低他对央行的借款。期末的时候私人银行需要的借款总额由现金需求给定，这不能由央行贷款给政府来满足。因为银行支票作为支付手段而被普遍接受，银行只需要向央行借入来满足经济对现金的超额需要。五大主体的活动环环相扣，形成了内在的逻辑结构和约束。这只是立体图中展示的一个画面而已。五大主体互相博弈构成的经济——金融关系错综复杂。通过对不同主体的货币收支分析，可以发现银行和工人（居民家庭）是净剩余单位或者货币资金的净供给单位，而企业和政府是货币资金的净需求单位或者是赤字单位，他们之间存在根本的利益冲突（时空差异和不确定性，使得货币的分布不均，货币收支存在

---

① 让·梯若尔：《金融危机、流动性和国际货币体制》，中国人民大学出版社 2003 年版，第 27～28 页。

缺口）。资金供给方和资金需求方在利润方面的争夺和矛盾成为经济波动和金融不稳定的总根源，这就印证了马克思利益矛盾分析法的正确性。当企业、居民、银行三者的利润分享出现矛盾，严重偏向某一方的时候，比如利润分配严重有利于资本家或者企业家的时候，经济金融危机就爆发了，如果政府采取财政政策来调节这种矛盾，维持稳定的企业利润率，协调三者的矛盾，那么经济波动和金融危机可以缓和，所以政府财政政策调节具有重要意义。

根据 GSFC 模型，货币资金在各主体之间进行分配，五大主体进行博弈以获得尽可能多的货币（以现金流最大化为目的，这是主流和非主流都接受的观点）。为更好的洞悉不同主体之间的利益冲突，对收支进行分解。首先考虑三大参与主体的情况，因此收入可以分成三大块：政府税收等收入 GR，个体工资 W，企业利润 FU，相应地，支出可以分成三大块：政府购买等支出 G，工人的消费 C，企业投资 I。因此有：

$$FU = G + I + C - W - GR \tag{3.38}$$

假设工人消费等于工人工资，也就是工人没有剩余，则

$$FU = I + G - GR \tag{3.39}$$

如果进一步考虑个人剩余或者储蓄 SH，则有，

$$FU = I - SH + SG \tag{3.40}$$

其中，SG 为政府净支出或者储蓄。

从中可以发现企业利润与家庭或者居民的收入支出，政府的收入支出密切相关，如果引入银行的话，同样如此。比如增加银行利息收入和利息支出，那么银行利息收入 − 利息支出 = 银行净利润 FB。这时候，则有：

$$FU = I - SH - FB + SG \tag{3.41}$$

变形为：

$$FB = I - SH - FU + SG \tag{3.42}$$

可以根据研究的需要，对收支项目作进一步的细分。假定社会新增财富（以新增的货币为代表）由家庭（工人）、企业、银行、中央银行、政府五大主体参与分配，则整个社会的新增财富存量为，

$$\Delta NW_t = \Delta NW_{t-1} + \Delta S_t + \Delta CG_t = \Delta FRZC + \Delta X = \Delta FRZC + \Delta GDP \tag{3.43}$$

$$\Delta m = \Delta NW_t = \Delta h + \Delta f + \Delta b + \Delta c + \Delta g \tag{3.44}$$

其中，公式 (3.44) 表示新增社会财富的分配格局。假设不考虑历史的财富存量，而只考虑一年内新增利润，这时候新增货币就是新增的总利润。变形为：

$$\Delta b = \Delta m - \Delta h - \Delta f - \Delta c - \Delta g \tag{3.45}$$

这时候银行新增利润取决于新增的货币总量，家庭新增的货币（新增工资），企业新增货币（利润），中央银行利润，政府新增收入（新增税收）。以银行利润波动作为金融不稳定的代表变量，这比资产负债率和不良贷款率更为合适。这是一个狭义的金融稳定概念，进一步把金融资产拓展为包括银行存款、债券和股票等多种金融资产，那么金融不稳定的概念相应拓展了，公式表示为：

$$\Delta FRZC = \Delta D + \Delta L + \Delta B + \Delta E = \Delta FB + \Delta FE \qquad (3.46)$$

新增的金融资产包括新增的存款、贷款、债券、证券，还可以将房地产、外汇等包括进来，进一步分为债权性资产和股权性资产。

$$\Delta m = \Delta NW_t = \Delta FRZC + \Delta GDP = \Delta h + \Delta f + \Delta b + \Delta c + \Delta g \qquad (3.47)$$

$$\Delta FRZC = \Delta h + \Delta f + \Delta b + \Delta c + \Delta g - \Delta GDP \qquad (3.48)$$

$$\Delta FRZC = \Delta h + \Delta f + \Delta b + \Delta c + \Delta g - \Delta GDP$$

$$= \Delta h_f + \Delta f_f + \Delta b_f + \Delta c_f + \Delta g_f \qquad (3.49)$$

新增金融资产等于五大主体新增的金融资产的总和。无疑银行是最为主要的金融活动参与者和金融资产的占有者，通过分析一国的金融资产结构就可以印证这一点。以中国为例，银行持有的金融资产占总的金融资产的90%以上。在发达国家，这一比例相当低，相反股票和房地产占的比例比较高。因此，可以发现金融不稳定与金融结构密切相关。在银行主导的，金融不稳定主要取决于银行，而在资本市场发达的国家，非银行资产对于金融稳定至关重要。往往表现为资产价格崩溃危机，比如房地产泡沫和股市泡沫、债务危机等。这时候金融资产变化作为金融不稳定的代理变量，金融不稳定的来源及其表现更加多样化。从中可以发现财政政策对于维持稳定的银行利润十分重要。银行利润波动，导致投资波动，造成经济波动。银行为核心的金融不稳定，是由五大主体的行为互相决定的，实际上是一个利益分配结构失衡的产物。利益冲突成为金融不稳定的实质所在。

金融不稳定与五大主体的行为密切相关，一是家庭行为和资产选择。居民家庭的行为，随着金融市场的加入，变得复杂化。家庭行为对金融不稳定的影响及其传导作用机制，随着金融的发展和居民参与金融活动的增加，变得越来越复杂。家庭对金融部门的影响，主要通过居民的金融决策体现出来。家庭在GSFC模型中有三个关键的作用。首先，他们的消费支出是总需求中关键的一部分。其次，他们的金融决定对金融市场行为起决定性作用。第三，他们的名义工资需求影响价格因此也影响通货膨胀。居民家庭的金融活动和金融行为直接对金融稳定产生影响，此外，家庭的经济行为可能通过影响金融活动进而影响金融稳定。家庭对金融稳定的影响存在两条路径：一个是直接渠道，另一个是间接渠道，具体又可以细分。比如家庭的债务负担，家庭的融资和借贷，家庭的资产选择，家庭的消费支出和现金需求都可能造成金融不稳定。比如银行挤兑，家庭债务负担过度，家庭的房地产投机行为和羊群行为等。二是企业的行为和投融资决策。企业对金融不稳定的影响及其传导作用机制，已经引起了较多的关注，明斯基主要从企业角度分析金融不稳定。三是银行作为现代金融的核心，银行作为货币的创造者和管理者，银行行为无疑是影响金融稳定的关键所在。什么因素导致银行由信贷扩张向信贷紧缩逆转？为什么银行货币供应不能无限制扩张下去？银行不良资产的根源何在？银行对金融不稳定的影响及其传导作用机制，还有待深入挖掘。四是中央银行。中央银行和金融稳定的关系，近年来引起越来越多的注意和争论。中央银行要不要将金融稳定纳入政策视野？如何操作和应对金融不稳定？中央银行对金融稳定的影响及其作用机制，是一个全新的课题。五是政府在金融稳定中扮演什么角色？政府究竟是金融不稳定的制造者还是相反？政府对金融稳定的影响及其作用机制有哪些？这些都有待研究。政府行为对金融稳定的影响，相比较而言，比较薄弱，有待深入展开。我们强调政府在维护金融稳定中的重要性。根据 GSFC 模型，五大主体的行为变化都可能影响金融稳定，由五大主体决定的宏观金融结构对于金融稳定的维护也是十分重要，金融不稳定是多个经济活动主体共同作用的综合结果。为克服金融不稳定的不良效果，中央银行、政府等提供的制度安排至关重要。相对于信息和不确定性、利益冲突而言，我们更为强调治理的重要性。因为前两者都是既定事实和经济的内在缺陷，这一内在缺陷需要通过政府和中央银行等新的力量和制度安排来治理纠正，政府是维护金融稳定的后天力量。

假定存在五大参与主体，并假定政府和央行都是内生的，五大主体（统称为组织）的利益冲突可能存在各种各样的表现形式。金融不稳定取决于五大博弈主体的力量对比。当政府作为普通的组织与其他组织（统称为市场）争夺货币，这时候政府和市场的冲突取决于两者的力量对比，在强政府格局下，比如转型时期的（计划条件下的）中国，政府凌驾于其他一切组织之上，政府对货币金融的行政控制，使得除政府之外其他组织之间的利益冲突大大减少，从而可以消除由于其他组织造成的利益冲突带来的金融不稳定，这是符合计划经济条件下中国的情况。强政府可以通过限制货币功能等根本措施来弱化利益冲突。强政府对金融风险的处理，也可以通过运用财政和货币政策，在不同组织之间进行分担，比如中国对不良贷款的处理就是采用非市场化方式，是通过政府来分担的。在弱政府格局下，利益冲突可能超出政府控制能力之外，并

第三章 金融稳定：二元结构的存量—流量分析框架（GSFC）

进而引发危机，这是西方资本主义国家的情形。资本主义国家对风险的处理采用的是市场化方式。两种不同的危机处理方式，折射出两种不同的政府管理货币金融模式。总之，利益冲突具有多种可能的组合形式，科学识别利益冲突的来源，并防止利益冲突严重化，对于维护金融稳定至关重要。利益冲突是进步之源，也是危机之源。把握利益冲突的度，是寻求发展和稳定的平衡点的关键。

根据第三章提出的 GSCP 分析框架，金融稳定是利益冲突和治理的函数。从微观层面来看，与组织层面的利益冲突和组织治理有关。如果组织之间的利益冲突严重，加上组织治理缺损，那么金融不稳定就具备了微观的组织基础。市场参与主体的利益冲突成为金融不稳定的源头，利益成为主体行为异化的诱因。关于主体行为异化的原因，可以从信息、不确定性、竞争、代际遗忘等角度进行解释。本文强调特殊组织和个体异质性在维护金融稳定中的重要性，认为组织和个体能力的差异是金融不稳定的深层次原因。异质性的个体（组织）应对风险的能力是不同的，从中获利的能力也存在差别，再加上特殊利益组织的存在，好的组织和差的组织并存，市场失灵不可避免，这客观上要求政府进行干预和管理。主流经济学将金融市场失衡的根源归结为价格和工资刚性。为什么工资和价格不能及时进行调整，为什么会出现大量的非自愿失业，劳动力不能自由流动呢？奥尔森从分利集团或者分利组织的角度进行了新的解释，认为特殊利益集团的阻力和利益分化，特殊的利益组织是市场不能自动出清和政府干预失灵的一个重要根源。本书将明斯基的企业类型和奥尔森的特殊利益集团和组织结合起来进行分析。奥尔森的关于组织类型和明斯基的企业类型存在共通之处，他们都强调组织的重要性，只是对于组织或者企业的分类存在不同标准，但是认真思考，仍然可以发现两者的相通之处，就是都强调那种特殊的企业或者组织的坏作用，国家的衰落和金融市场的崩溃都与这种特殊的组织有关，这种组织具有投机性、寄生性、垄断性和非生产性，主要通过不正当的手段来转移财富而不是创造财富，只会损害社会利益而达到增进集团或者部门利益，对社会的发展进步是有害的，是社会经济金融稳定和国富民强的毒瘤。这些寄生性的腐蚀性的特殊利益组织或者集团，成为公平的阻碍者，导致严重的负向激励，使得价格机制和竞争失灵，成为不稳定的孽生者。好的组织和坏的组织之间的利益冲突的严重化，结果导致货币功能异化，大量的货币用于投机而非投资活动。大量的货币被用于转移财富而不是创造价值，投机、欺诈和掠夺盛行。蓬茨企业在整个组织中的比重越来越高。我们认为金融不稳定与异质性组织及其博弈行为异化密切相关，与明斯基所说的旁氏企业/组织，或者奥

121

尔森所说的分利集团和特殊组织密切相关。人的心智差异和自身能力的差别，决定了在财富创造和财富分配过程中，单纯依靠看不见的手来调节的话，必然出现弱势群体和强势群体的分化，利益分化不可避免，社会的公正客观上要求政府作为正义的化身，利用政府之手来维护社会公平，消除严重的利益分化乃至利益对立，减少剥削和绝对的贫穷，使得社会各方的利益尽可能实现一致和利益相容。合理设计金融制度，对于维护金融稳定至关重要。

明斯基主要是从企业利润角度来分析经济波动，本书关注的是银行利润而不是企业利润，因为我们研究的是金融稳定而不是经济波动。可以发现凡是影响银行利润的因素都可能影响金融稳定。对公式（3.44）进行各种假设和分解，从而分析出导致银行利润变化的各种来源，还可以进一步分析银行的资产负债表、收入支出表、现金流量表，分析银行过度风险承担和利润来源，找出银行不稳定的根源所在。从 GSFC 模型可以发现，银行资产负债表的重组再造，与其他主体的资产负债表重组密切相关。中国国有银行改革必须放在更大的视野下进行统筹考虑，国有银行注资及其引发的争论就是一个典型的例子。由公式（3.44）可以发现，中央银行和政府的作用对于维护和协调市场主体的利益冲突变得十分重要。如果中央银行和政府对银行进行补贴或者财政转移支付，防止银行利润过度下降，这样就可以避免银行破产，大政府—大银行格局的重要性由此得到印证。

（二）货币功能冲突和货币分布结构异化：金融不稳定的直接原因

现代经济的增长过程实际上就是货币的增长和拓展过程，是财富的增长过程。货币成为财富的化身，两者合而为一。货币不是面纱，而是深深嵌入到经济运行的方方面面，货币已成为经济的灵魂，而物只是外在的壳，要分析资本主义和经济运行过程，必须坚持货币分析方法。资本主义实质上就是一个"钱生钱"的运动和游戏过程。所有的矛盾和问题都通过这一运动过程展现出来。货币金融不稳定与货币功能的复杂多样及其冲突直接相关。前面，我们已经对货币功能的复杂转换关系进行了初步的分析，这种复杂的功能转换使得金融不稳定成为可能。现代经济下的货币双轨制运行和货币功能的复杂化，使得货币流向容易发生反转，出现货币分布结构失衡。本书认为货币双轨制下的货币金融偏在，是造成金融不稳定的直接原因。金融部门的不断发展壮大，使得货币循环发生了变化，货币以金融资产形式窖藏起来成为可能，大量货币积聚于以资本市场为核心的金融部门，成为金融不稳定的直接来源。内生货币和利益冲突，使得货币分布结构失衡在所难免，货币偏在现象的出现也就不难理解。

第三章 金融稳定：二元结构的存量—流量分析框架（GSFC）

在前面分析的基础上，本书提出货币偏在于金融部门或者货币过度积聚于资本市场假说来解释金融不稳定，也就是说货币在实体经济和金融部门的分布不均，过度偏在于金融部门，是造成金融不稳定的直接原因。本书使用 MDI 指数来衡量货币偏在现象。

短期，货币供应量是一定的，货币总量约束成为现代经济最为严格的约束条件，这在货币经济条件下相比自然资源禀赋约束更为重要。这在较短时期是不会发生较大改变的，而一旦考虑长期，货币总量的约束条件将得到放松。这时候需要考虑货币总量和货币结构问题。金融不稳定原因就在于货币资金配置结构出现严重的失衡，货币资金长期的低效率使用和投机是货币资金偏在的产物。关键是如何测度一个国家或者地区的货币资金分布结构，是否存在一个最优的货币金融结构。理论上存在一个最优的货币金融结构，这遵循马克思的利润率平均化规律。货币结构分布过度偏离正常状态，这是对马克思利润率平均化规律的背离。

本书尝试构建一个货币选择指数或者货币分布指数（MDI），并以实际的 MDI 和理论上最优的 MDI 来测度一个国家的货币资金管理是否合理，是否得到最有效的配置和使用，国家对货币资金的管理战略是否科学。为了测度货币资金是否得到最有效的使用和配置，可以构筑一个货币资金偏在指数，首先定义一个实际的货币资金分布结构指数 MDI_R，等于进入实体经济的货币资金总量比上整个社会的货币资金总量。

$$MDI_R = MSR/MS = M_0/M_2$$

MDI_F 等于进入虚拟经济（资本市场）的货币资金总量比上整个社会的货币资金总量。

$$MDI_F = MSF/MS = (M_2 - M_0)/M_2$$

或者可以用某一种资产（或者某部门）的货币资金回报率和社会资金的平均回报率之对比，可以衡量货币资金偏在现象，这是一个替代方法。如果可以计算出最优的货币分布结构，假定为 MDI^*，那么可以间接地测度政府对货币资金的管理配置是否最优，是否出现严重的货币资金偏在现象。第五章使用减差或者除比的形式，构筑了一个货币过度虚拟化指数，测度了货币资金过度进入虚拟经济部门的现象。如果政府采取了偏好虚拟经济的发展战略，就会出现货币过度虚拟化现象，这时候主要是政府偏好虚拟经济或者执行赶超，如果采取偏好重化工业等实体经济的发展战略，就会出现货币过度实体化现象，这时候主要是保护传统实体经济部门。相减变为：

$$dm_1 = MDI - MDI^*$$

相除变为：

$$dm_2 = MDI/MDI^*$$

在第二种定义方式下，如果政府采取均衡发展战略，货币资金分布合理的话，就不会出现严重的货币偏在现象，则 $dm_2 = 1$，如果政府采取不均衡发展战略，货币偏向实体经济，比如重工业，则 $dm_2 < 1$，如果是偏好于虚拟经济的发展战略，则 $dm_2 > 1$。不管是采用第一种或第二种定义方式，最优的货币分布结构指数都是不可直接观测到的，所以，dm_2 是不可直接观测的。不过通常可以只用可观察到的 MDI，而不需要直接观察 MDI^*。

以上是一个高度简化的衡量货币资金分布结构是否合理的指标，具体还可以构筑一系列指标来进行监测，比如根据交易主体进行监测，现金流量表就是按照5大经济主体来监测货币资金流量的分布。还可以根据产业或者行业进行监测，还可以根据地区进行监测，还可以根据交易对象或者产品进行监测，还可以根据子市场进行监测，方法五花八门。一个关键问题是如何在理论上测度最优货币分布结构指数，这是一个难题，是根据历史还是国际比较来决定，或者其他？一个国家最优的货币资金分布结构可能是动态变化的，在不同国家的不同发展阶段不同，这面临着与林毅夫开发的技术选择指数同样的问题。本书的货币分布结构指数可以解决技术的异质性问题，因为货币是同质的，同等数量的货币要求同样的报酬，这与技术选择相比是一种改进。

赶超发展战略主要表现为超额货币供应或者货币过度发行，而保守型发展战略主要表现为货币发行不足或者货币供应不足，即典型的货币金融抑制政策。从金融角度同样可以测度林毅夫的国家发展战略或者技术选择指数，我们称之为金融偏在现象，货币资金过度集中于某一个产业或者地区。尤其是在"物随钱走"的现代经济，比观察劳动力和技术进步更为有效，观察货币资金的流向就可以观察技术变化，观察一个国家的战略调整变化。如果大量的货币资金投资于传统的落后的经济部门，没有得到有效率的使用，那么这就是缺乏比较优势的发展战略，如果货币资金得到高效率的使用，那么就是有效率的发展战略。我们是通过比较货币资金的使用效率而不是技术来衡量一个国家发展战略的优劣。关键在于货币资金是否得到合理高效的使用，这比什么都重要[①]。

在现代经济条件下，货币分布结构失衡的表现同样是多种多样的。一方

---

① 我们受到林毅夫先生开发的技术选择指数的启发，编制了货币分布结构或者货币选择指数，指数编制的方法可以借鉴林毅夫先生的研究。具体参见章奇：《要素禀赋、发展战略与金融结构》，博士论文，北京大学，2002年。

面，可能表现为货币在金融部门和实体经济部门的分布失衡，另一方面，可能表现为金融部门内部和实体经济内部的货币分布失衡。在转型时期的中国，由于市场分割和发展不平衡，可能形成众多的二元货币循环。第七章将对此展开分析。

（三）政府治理缺损，金融不稳定的关键所在

自从新制度经济学重新唤起人们对制度和政府结构对市场经济正常运行的重要性的关注以来的二十年里，越来越多的实证显示制度（以及政府的重要性）对经济发展和宏观经济增长具有主导性作用。我们这里主要强调制度和政府对于维护金融稳定的重要性。

1. 三级治理链和上梁不正下梁歪假说的提出。什么是治理，简单说来，治理即管理经济参与者（利益相关者）之间的相互行为的游戏规则，是化解利益冲突的重要制度保障。政府治理就是政府管理经济金融活动参与者（利益相关者）相互行为和博弈的游戏规则，从而保障交易的公平、公开和公正。政府治理在维护金融稳定性中的重要性越来越被重视。Borio（2003）提到，在过去的二三十年里，监督者的生活已经发生了巨大的变化。当我们察看战后那段时期出现的受管制的金融体系时，金融监管质量几乎不成问题。如今，金融监管中什么是他们负责的或者什么不是他们负责的以及他们怎样干预常常成为新闻的头条。加强对金融监管者的监督，呼声越来越高。对管理者和监督者而言，治理的作用是非常重要的。金融体系的稳定与包括管理者、监督者还有市场参与者在内的利益相关者的治理活动、金融制度的稳健以及市场基础建设的效率相一致。推行良好的治理是市场参与者与管理机构的共同责任。好的治理有助于防止和遏制不正当的市场行为和道德风险的出现，也提高了整个经济体系对金融风险管理的效率。通过强化政府等管理机构（包括中央银行）的信誉和道德权威来实现好的治理（包括监管治理）有助于促进市场参与者的正当行为。定义错误或模糊不清的不当治理措施无益于所要求的信誉，并且将使缺乏管理的机构的不当行为扩大，从而损害金融体系稳定。谁来监督监管者，提高金融监管的质量，政府的作用不可替代，与此同时，在维护金融稳定的过程中，加强对政府本身的监管，也变得越来越重要。

根据我们的模型可以发现，宏观金融运行中的5个主要的利益相关者集团之间互相影响。中央银行和政府作为管理者与被管理者（比如银行、企业等）并不是在真空中运行的。中央银行作为金融稳定的维护者，他们要受到其他机构（政策和经济机构）以及治理质量的影响，特别是公共部门治理（在范围

更广的公共部门的治理行为）质量对金融监管和金融部门治理的影响。政府治理对中央银行会产生直接或间接的影响，来影响银行等组织的行为及其治理。这样就出现了一个政府治理—监管治理—银行组织的治理链。治理链指每一层（政府、监督者、金融机构和公司部门）的治理行为对下一层的影响。存在治理链的看法始于新制度经济学派（更广泛的观点可以参看 Williamson（2000）等人的著作）。我们将此框架用来分析金融稳定。具体来说，（1）金融机构对在机构中如何建立良好的公司治理以获得和保持来自客户和市场的信任负最终责任。作为公司部门的贷款人，从而也是利益相关者，他们热衷于确定客户的有效公司治理（Caprio 和 Levine，2002）。然而，他们只有在自己的行为正当的时候才能对公司进行有效的公司治理。良好的银行治理有助于推动经济中资源的有效配置从而有助于实现金融体系的稳健。（2）金融监管治理在推动和监督金融机构实施正当行为中起了关键作用。为达到这一目标，金融监管自身需要进行正当的治理活动。从良好的公司治理到金融部门治理是通过机构信誉得以实现的。持续地实行良好的治理有助于建立机构的信誉。在不能实行良好的治理原则的情况下，管理机构就会失去信誉，也失去向受其监督的机构传播良好行为的道德权威。这可能引起道德风险问题并导致市场上的不当行为。（3）反过来，没有良好的公共部门治理，就不可能维持良好的监管治理。良好的公共部门治理是良好的金融监管（及由此形成的金融体系稳健）的先决条件之一。它包括对腐败的消除、竞争政策和正当的方法、有效率的法律体系和"一臂距离"（an arm's lenth）的治理。只要干预管理过程或直接干预金融体系对政治家而言成本并不高，金融监管不可能会有效。良好的治理实际上是一个系统，具有结构性和层次性。我们提出一个以政府治理为龙头的三级治理链假说来解释金融稳定。政府公共治理质量高，进而影响监管治理，进而影响银行治理质量，进而影响金融稳定，也就是存在一个自上而下的治理链条。我们强调政府治理的决定性作用，政府治理的缺损会导致金融监管治理行为走形变样，进而导致金融组织治理行为异化，套用中国的一句俗语，我们称之为"上梁不正下梁歪"假说。

  因为金融媒介具有公开的良好的社会形象，金融监管比对经济领域其他部门的监督更为关键。维护金融体系稳定的严厉的监管工具如制裁、强制措施（包括吊销执照）对利益相关者的财产会产生深远的影响。为了避免监管权力的滥用，保证监管活动的公正性成了关键目标，这应当建立在高质量治理行为基础上。然而，保持监督者活动的公正性是很困难的。为保证效率，监督者的活动通常是看不到的，而正是这种不可预见性使它常常难以抵御来自政界和监督单位的干预。许多国家常常出现以容忍形式表现的政府干预，使金融机构继续违反规定而不被惩罚和制裁。在一些特例中，它延续了那些无清偿能力的金融机构的存在（并因此导致对纳税人在以后阶段不公平的竞争和更高的成本），而在一些极端的例子中，它会威胁到部门的稳定性并导致整个体系的问题，这些说明高质量的治理十分重要。

2. 好的治理的四要素和政府治理对金融稳定的四大作用渠道。什么是好的治理？政府治理是通过什么渠道来影响金融稳定？坚实的制度基础是良好的治理的先决条件。Das 和 Quintyn（2002）确定了构建良好的金融监管基础的四个组成要素：独立性、责任、透明和公正。这些因素在推进良好治理的各个水平上的互相作用和支持。良好治理的制度基础包括四个要素：（1）独立。减少管理过程中干预的可能性的方法之一是建立充分独立的制度安排。管理机构不应当受到来自政界和被监督单位的不当影响。支持把与经济和社会管理相关的任务委托给独立的机构而不是政府机关某个特定的部门或地方单位，两个主要的理由是：独立机构在专业知识上拥有优势，当需要对复杂情况进行反映时更是如此；独立机构在抵御来自政界的干预从保证工作的透明与稳定性上具有优势。这样，机构的独立性增加了制定可信政策的可靠性。（2）责任。没有责任就不可能实现有效的独立。责任对于管理机构反对受到幕后指令的正当性是非常重要的。独立机构应当对委托其承担责任的部门—政府或立法机关—负责，也应当对置于其工作范围内的那些人负责，对整体公众负责。（3）透明。透明指这样一种环境：管理机构的目标、框架、决定及理论基础、数据和其他信息以及职责都是以一种广泛的、可接触的和及时的方式提供给公众（IMF，2000）。透明性本身已日益被认为是"好事"，但它还有助于实现与治理的其他因素相关的其他目的。政策制定者正在认识到全球化特别是金融市场和产品的整合需要货币与金融政策以及管理领域与过程透明性达到更高程度，并以此作为控制市场不确定性的一种手段。此外，透明性已成为反对糟糕的操作行为和政策的有力工具。（4）公正。公正指保证管理机构的工作人员能达到制度的目标而不会因为他们自身的行为或私利而损害这些目标的实现。公正性在各个层面上影响到了管理机构的工作人员。任命程序，任期和免职规定应当使管理层被任命人的公正性得到保证。其次，通过内部审计办法来保证管理机构的日常活动的公正性，它使得管理机构的目标能明确地被设定和得到遵守，决策能得到制定以及职责能得到坚守。这样，确保管理机构活动的质量就必须维持制度的公正性并加强它对外的信誉度。第三，公正性也意味着官员和工作人员的个人事务行为要遵守一定的标准以防止对利益冲突的不当利用。第四，公正性也意味当履行公务时，管理机构的工作人员应当得到法律保护。得不到法律保护时，工作人员面对贿赂或威胁时，其客观性就可能会受到怀疑，而制度的整体效率和信誉都会因此受到损害。

政府治理对金融稳定的影响可以分为直接和间接两大类：主要存在以下四种渠道，一是政府治理—市场（金融监管）治理—组织治理—金融稳定；二是政府治理—市场治理—稳定，三是政府治理—组织治理—稳定，四是政府治理—稳定。政府对金融稳定的影响及其机制，大体包括以下几个方面：一是财政税收政策，用以改变财富分配和货币分布关系；二是游戏规则和制度设计；三是成立专业性的金融管理组织，比如中央银行，金融管理局等专业性组织；四是货币政策，保障货币稳定和物价稳定；五是金融生态环境和金融基础设施，金融信用文化和观念教育；六是直接的产权控制、法律法规；七是反垄断和利益集团。良好的政府公共部门治理，对构建监管治理的公司制度以及会计基础是必需的，良好的政府治理有利于改进金融治理的质量和效果，并可以对金融体系中的参与者包括股东的行为作出改善。

金融不稳定可以看作是金融制度的崩溃。金融不稳定与政府和制度设计密切相关。政府治理缺损和金融制度设计不合理将导致在货币争夺的过程中，出现掠夺的泛滥，一方面表现为政府对私人的掠夺，政府成为掠夺之手。另一方面，表现为私人掠夺，掠夺和转移财富替代了财富的创造。差的政府往往是和坏的游戏规则相连，在现代货币经济条件下，差的政府将导致货币的滥用，不利于货币资金的顺利循环和高效使用，不利于整个金融体系的稳定健康运行。

可以通过几个例子来说明好的制度和制度设计对于金融稳定的重要性。一个简单的例子就是四个人打纸牌，如果无限地玩下去，大家都遵守规则，可以发现这是一个零和博弈的游戏。这说明，在存在一个好的制度情况下，只要参与者都是理性人（都知道计算），那么利益分配的结果不可能出现严重的分化。假如打纸牌的4个人当中，有人作假，而且没有被发现，或者即使被发现，也没有得到有效的处罚，那么作假的人将成为最大的赢家，制度设计不合理将导致能力强的个体对能力弱的个体的掠夺，破坏游戏规则的人将成为最大获利者，结果使得强者更富，弱者更穷。另一个例子是克鲁格曼保姆公司的破产和危机[①]。克鲁格曼假定游戏规则是合理的，科学的，不存在问题，并不试图纠正市场的游戏规则，而是通过事后进行治理，也就是不通过事中和事前的治理，通过管理型通货膨胀和多发货币来诱导货币囤积者尽快使用货币，否则

---

① 克鲁格曼：《萧条经济学的回归》，中国人民大学出版社1999年版，第12页。

会出现通货膨胀型货币贬值,从而破解流动性陷阱,事后再收缩货币供应量,这是一种总量调节方式,而不是结构性的货币调节。我们对保姆公司破产原因给出另一种解释。如果某些人过度积聚和囤积货币,会造成货币分配的极端不平衡乃至影响整个货币资金的流通格局,从而出现流动性不足和清偿力危机。这时候为防止货币分配的极端不合理,修正游戏规则就变得十分重要了。我们认为保姆公司的破产与不合理的游戏规则有关,并提出不同的治理对策。比如可以修正游戏规则,不允许囤积看护券的数量超过 5 张或者 7 张,尽可能平均持有,也就是保持一个完全竞争的态势,反垄断实际上是反对某一个利益集团或者某一类利益主体。

关于政府治理对于金融稳定的重要性,Michael Francis(2003)利用一个故事对此进行了很好的说明,本书对之进行介绍。表 3 - 14 表明了在一个借款人(需要对正净现值的投资计划进行融资的企业)和贷款人(家户)之间的委托游戏中的支付矩阵。为了从投资计划中产生收入,借款人和贷款人都需要向计划投入资源。因此,贷款人决定是否向借款人提供贷款,而借款人决定是否向该计划投入资源(如,土地,人力资本)。该游戏的结果依赖于两个玩家所面临的支付。一个好的结果是借款人按照承诺偿付了贷款而贷款人也愿意提供贷款。在表 3 - 14 中,这个结果表示为 A。还存在其他可能的结果。B 意味着坏结果,两个玩家都不准备对该计划投入资源。依赖于双方的支付,该游戏可以产生多种均衡结果,其中 A 和 B 也是均衡结果。

表 3 - 14　　　　　　　　　借贷博弈的支付矩阵

	守信用(供给贷款)	不守信用
守信用(提供资源)	A	
不守信用		B

OStrom(1998)[①] 将表 3 - 14 的游戏成为二阶游戏。尽管这些游戏的结果都很重要,但是一阶游戏决定了治理二阶游戏的规则和机制,它对经济来说非常重要。原因很简单,因此是游戏规则基本上决定了参与者所面临的支付,以及得到的二阶游戏的结果。如果选择了正确的规则(即治理参与者行为的规则允许他们解决他们之间的利益冲突),那么一阶游戏将肯定会得到好的结果。在这里考虑的情况中,借款者和贷款者之间的一阶游戏的意图是建立一套治理

---

① Ostrom, E. 1998. "A Behavioral Approach to the Rational Choice Theory of Collective Action." *American Political Science Review*: 92 (1): 1 - 22.

规则使双方都能分享到投资计划带来的收益,然而并没有普遍的理论用以解释这些游戏应该怎样进行。Zingales(1998,2000)①认为对关于剩余利益分配的治理机制的理解,是公司财务中的一个关键问题。然而,这些规则是非常重要的,因为大家同意的规则(不管是隐性或显性的)决定了支付结构并最终决定投资计划是否能得到融资。例如,考虑这样一种情况,两个参与者,没有任何规则和权利:很可能会这样,即使双方都投资于投资计划,接下来的自由寻租将会导致投资产生的剩余价值的净损失。结果,均衡结果 B 很可能产生。然而,如果双方都由认可私有权的系统治理,权利都写在契约上,并且可以自由的交换,那么便可能达到 A 均衡。而两个均衡中间,双方可能由一个弱财产权的系统来治理。在那种情况下,依赖于规则的精确本质,任何形式的游戏结果都是可能的,包括多个均衡的情况,正如"保证"游戏(即其中一个游戏者实行"如果你承诺我也会承诺"的战略)。此外,克鲁格曼的保姆公司破产故事也很好的说明了这一点。

同样,这个游戏规则可以用来分析货币管理及其使用,一个好的货币制度可以保证货币流到最有效率的地方。比如银行规定贷款的指定用途和偿还期限,规定一系列的信贷条件。由于货币制度不合理,在货币经济条件下往往导致两种掠夺形式的泛滥,一种是政府对私人的掠夺,另一种是私人对政府的掠夺。私人掠夺可以是私人掠夺私人,也可以是私人掠夺国家。在现代货币经济条件下,通过货币金融体系进行的私人掠夺更为隐蔽、复杂和难以管理,比如一个基金管理人通过很复杂的手段把投资人的钱、存款人的钱、国家的钱变成自己的。私人掠夺的对象可以多种多样,可以是消费者、生产者、投资者、贷款者、农民、工人等,拖欠工人工资就是一个例子。私人掠夺不一定只发生在不发达国家。即使在发达国家如美国,这样的事情也会发生。比如美国的储蓄信贷机构在二十几年前通过破产的形式实行掠夺。中国股市的低迷不起,与私人对私人的掠夺泛滥有关,最终导致游戏者的退出②。

第二种掠夺是政府掠夺。有几种情况:第一情况是政府作为一种组织,如地方政府、政府部门或政府整体的掠夺。通货膨胀是一种政府掠夺,本来 100 块钱的货币资产,因为通货膨胀就变成 95 块钱,那 5 块钱被政府拿走了。在经济学上叫"铸币税",是一种财富的转移。第二种情况是政府的一些官员利

---

① Zingales, L. 1998. "Corporate Governance." In *the New Palgrave Dictionary of Economics and the Law*. London: MacMillan. Available at http://gsbwww.uchicago.edu/fac/luigi.zingales/research/gov.htm.
Zingales, L. 2000. "In Search of New Foundations." *Journal of Finance* 55 (4): 1623–1653. Available at http://gsbwww.uchicago.edu/fac/luigi.zingales/research/gov.htm.
② 钱颖一:《如何走向好的市场经济》,载《经济观察报》,2006 年 4 月 10 日。

第三章 金融稳定：二元结构的存量—流量分析框架（GSFC）

用政府权力为自己的掠夺，即腐败。它是利用手中的各种审批权力，把财富转移到自己手中。第三种情况是私人通过政府权力进行的掠夺。这里的形式比较多样化，但实质都是与政府的权力有关。比如，企业内部人控制、证券公司挪用客户保证金，看起来跟掠夺无关，实际上是非常有关的。因为这些都是要政府补窟窿，或给予低息贷款来变相补贴，实际上用的都是老百姓的钱，是对老百姓的掠夺（钱颖一，2006）。还有一种掠夺，比如对坏账的处理，采用"撇账"和破产的方法，这实际上是对普通大众的掠夺。"撇账"是一种政府掠夺形式，是公权对私权的掠夺，是坏的市场经济的一种表现，实际上是修改游戏规则，改变了参与主体的宏观约束，将损害政府的信誉。制度的核心是承诺和信任，"撇账"将导致逆向选择和道德风险，不利于公平和资金使用效率的提高。掠夺破坏了公平竞争的环境，更为根本的是导致负向激励和效率损失。如果人们发现，这个社会的私人掠夺和政府掠夺很多，那么任何一个理性的人都会减少创造财富、提高效率的活动。相反，他会去增加掠夺和寻租的活动。因此，掠夺的结果是降低了经济的效率。它不是简单的财富转移问题和由此而来的不公平问题，而是把整个的饼变小的问题。掠夺好像是安装在市场经济上的一个水龙头，掠夺形成了一个漏斗型经济，形成了一个新的货币循环。这样就出现了货币双轨制循环。掠夺形成的货币体制外循环，其中一个结果是导致货币使用的低效率，导致金融体系的萎缩和脆弱。

本书认为货币双轨制下的政府治理缺损是造成金融偏在的关键因素。货币双轨制使得金融偏在成为可能，为金融不稳定的形成制造了条件，但是政府治理的缺损和政府货币管理的不当，使得这种可能成为必然，因此本书强调政府作用的重要性。货币的双轨制运行使得金融和经济的脱节具有内在的可能性，这需要一种力量来治理货币的偏在现象，促进资产货币（存量货币）向交易货币（流量货币）的转换，协调货币化和金融化进程。建立一套合理的有效的游戏规则，确保货币双轨制的顺利平稳运行，促进金融和经济的和谐协调共处。

前面的分析发现，货币双轨制下的利益冲突内生于货币金融体系之中，竞争不足以治疗市场的内在缺陷，结果往往是导致货币功能和金融功能异化，导致货币分布结构的严重失衡，进而可能诱发危机。好的游戏规则和制度约束的缺乏，会进一步加剧利益冲突。为了说明政府的重要性，可以重新回到模型，假设新增的利润（货币）在五大主体进行分配，可以表示为：

$\Delta \pi_m = \Delta Sh + \Delta SG + \Delta Fu + \Delta Fb + \Delta Fc$

变形为：

$$\Delta Fb = \Delta \pi_m - \Delta Sh - \Delta SG - \Delta Fu - \Delta Fc$$

可以发现，政府赤字有助于维护银行利润，中央银行利润也是影响银行利润的一个因素，中央银行和政府对于协调企业、家庭和银行三者的利润争夺矛盾具有不可忽视的影响。基于此，明斯基提出了大政府—大银行的对策建议，我们的模型可以很好地支持明斯基的观点。政府和中央银行的参与可以改变利益分配的结果，并通过转移支付和补贴等措施弥补弱势主体，从而维护市场稳定和公平。一个好的政府，关键是要防止货币财富过度集中于某一类主体或者少数人当中，通过对货币的管理实现利益相容。放任自由的政府和实施金融抑制型政府，都不利于金融稳定，同时也需防止政府通过权力掠夺市场主体，演变成为差的政府。总之，致力于建设一个强化和服务市场型政府，实现政府利益和其他主体利益的协调一致，实现利益共容，这是建立好的政府治理的宗旨。

关于政府治理、制度设计对于维护金融稳定的重要性，在马克思、凯恩斯和明斯基的著作中可以找到大量的证据。第二章对文献的回顾发现，不同学派对货币金融管理的态度存在差别。新古典和货币学派、银行学派都属于自由主义阵营，货币学派并不是彻底的自由主义，银行学派是一个比较彻底的自由主义。而凯恩斯学派、马克思学派和明斯基学派都属于管理主义阵营。马克思是彻底的管理主义，是革命而不是改良和修正。而中央银行学派是介于两者之间的一个中间学派，走的是一条折中的中间道路。

政府对于金融稳定的影响，取决于政府的市场定位。前面把政府当作内生的普通组织，并假设政府和其他组织一样竞争，参与经济金融活动，这样就会出现政府与市场（组织或者主体）冲突的情形，政府和市场冲突的结果，可能是政府被打败，也可能是市场被政府俘获。这时候利益冲突恶化的根源可能来自于政府，比如来自政府的通货膨胀政策（为战争融资等），进而引发危机。在强政府格局下，金融稳定主要取决于政府本身。这时候政府本身治理的好坏，政府利益能否与其他主体（组织）的利益相容，对金融稳定至关紧要。在强政府加上坏政府（不善治）的情况下，将出现低效率和低稳定的格局，强政府格局，如果不能有效调动其他组织的积极性，将出现其他组织搭便车的情形，最终拖累政府，使之难以为继，这是转型时期中国应该特别警惕的。推进市场化进程，是解决激励不足的有效措施，但是同时应该注意对各方利益的协调，防止利益冲突严重化。当前中国关于市场化的反思及其争论，暴露了转型时期如何处理效率和稳定的两难冲突，寻求一个合适的利益差别的度是中国转型必须认真对待的课题。实际上，政府是一个特殊的组织，而不是一般的市

第三章 金融稳定：二元结构的存量—流量分析框架（GSFC）

场参与主体，是游戏规则的制订者和契约的维护者，也是公共产品的提供者。金融稳定作为一项公共产品，维护金融稳定是政府的重要职责。政府应该是市场的服务者，通过服务市场，增进市场主体的利益并实现自身利益。一个好的政府应该是致力于服务和强化市场型政府，而不是与市场争利型政府，更不是包办型政府。效率和稳定的两难，实质是政府权力集中和民主约束的两难。为维护金融稳定，政府有通过加强对金融的行政控制和高度集权以消除利益差别的冲动，但是这样做抹煞了效率增加和利益激励的因子，长久下去，为不稳定埋下了种子。适当的分权和放权是提供激励和提高效率的一个有效手段。加强对政府权力的约束，对于维护转型时期中国的金融稳定具有重要意义。强政府格局有利于维护短期的金融稳定，但是不利于长期的金融稳定，强政府格局如果不进行改革将导致金融稳定难以为继。这是转型时期中国特别需要留意的重大问题。中国的金融不稳定正是长期以来强政府格局的产物，政府对金融的高度行政控制，导致货币使用效率低下。长期以来，采用金融抑制，消除利益差别的做法不利于货币的顺利循环和增殖。但是，同样需要警惕的是，我们要防止由一个极端走向另一极端，警惕由于放松金融控制，实施金融自由化政策带来的市场风险的释放。寻求一个合适的政府控制货币金融的度，实现效率和稳定的协调，这是调控货币金融应该注意的地方。

在西方国家，政府的作用和地位与转型时期的中国存在很大的差别。资本主义国家，更多是一个弱政府格局。对效率和自由的追求，使政府治理危机的能力受到极大的约束，政府的放任自流和无为的结果使利益冲突恶化，最后往往导致不稳定演变为危机，最终以危机的方式来自我疗伤。我们认为，20世纪80年代以来西方国家不断爆发的金融危机，与政府对货币金融的治理缺损、金融的自由化密切有关。弱政府乃至无政府格局是80年代以来西方国家金融不稳定演变为危机的关键所在。正是基于此，本书提出建立一个适度的强化和服务市场型政府。

总之，本书的货币双轨制与明斯基的价格双轨制相比，进一步深化了对货币和价格作用的认识。市场经济不仅仅是价格，在价格的背后，是人的激励。价格现象和货币现象，归结到底反映了一种利益关系。本书认为金融不稳定的导源于资产负债表、收入—支出表、现金流量表（三大表）编织出来的复杂的社会关系（利益冲突），而不是信息不对称、不确定性等市场内在缺陷，这些内在缺陷难以解释新旧金融危机的差别。在主流经济学中，金融因素的宏观作用通过 Bernanke 和 Gertler（1995）所说的"金融加速器"发生作用。同样地，金融因素是冲击的扩散机制。他们有助于解释为什么波动很大，但是他们不能解释波动的源泉。在明斯基的理论中，金融—支出之间的联系不仅使不稳定扩散，而且是不稳定之源。明斯基主要研究经济波动而不是金融不稳定，本书重点研究金融不稳定。我们将明斯基的模型进一步拓展，修正了明斯基的外生货币假设。本书认为，货币不是物，而是一套复杂的社会关系，货币是唐僧肉，围绕货币这块唐僧肉（利益）引发的冲突时刻存在。金融不稳定导源于五大主体编织的货币收支表、资产负债表和现金流量表（三大表）之间的复杂的内在联系，货币循环—金融循环之间的复杂联系不仅使金融不稳定扩散，而且正是金融不稳定之源。

第四节 小　　结

　　本书将货币、金融和经济放在一个模型中考虑，通过纳入货币金融因素修正传统的宏观模型。由于对货币金融的忽视，导致传统分析难以解释金融不稳定现象，对新型金融危机的解释不得要领。虽然主流经济学逐渐纳入货币金融因素，但是金融并没有在新古典经济学中获得高度重视，和马克思—凯恩斯—明斯基对货币金融因素的重视程度相比，还远远不够。明斯基通过对传统分析的批判，对货币金融因素的重新理解，提出了二元价格模型。利用华尔街范式来替代传统的乡村范式，对金融因素的重视达到了一个新的高度，但是明斯基主要是解释经济波动而不是金融波动，对金融因素的分析主要是通过引入资产价格来实现，对金融不稳定本身的分析没有深入展开。其后来者一直致力于将明斯基的金融脆弱性思想模型化。本书的工作很大程度与此有关，但是除此之外，本书还有一个更为深远的根源，那就是马克思的两类型危机理论，马克思提出了四大法宝来解释第一类危机，但是马克思对于第二类危机并没有深入展开。本书的工作很大程度上在于补充和继续这一方面的工作，重点在于解释第二类危机，本书称之为新型金融危机。新型金融危机在20世纪80年代以来表现得越来越明显，1997年东亚危机就是一个典型的例子。马克思关于第一种类型危机的分析，无疑为分析第二种类型危机提供了可供借鉴的思想和方法，马克思的利益分析和剩余分析范式，及其对货币功能、信用和政府作用的分析，对于分析第二种类型危机，仍旧具有极大的价值。马克思将资本主义的第一种类型危机归结于资本主义的无政府状态，归结于资本主义的基本制度缺陷，这是十分深邃的思想，对于分析第二种类型金融危机依然适用。本书利用马克思的基本分析方法，并结合变化了经济金融环境，来解释80年代以来的

第三章 金融稳定：二元结构的存量—流量分析框架（GSFC）

金融不稳定和新型金融危机。

利益冲突是资本主义金融不稳定的总根源，这种利益冲突在不同的层面展开并表现出来，主要有组织（包括个人）之间和组织内部的利益冲突，市场之间和市场内部的利益冲突，国家之间和国家内部不同阶层或者集团的冲突。本书主要从这三个层次来分析金融不稳定的利益冲突来源及其表现。这些利益冲突都将通过货币表现出来，货币是衡量利益冲突的最好形式和载体。

从微观层面，以货币形式外化出来的利益冲突，主要表现为组织（企业或者个人）之间的现金流、资产负债表和货币收支的不平衡。货币过度集中于某一类主体（资本家）或者少数人（富人）当中，不利于参与主体的和谐共处。

从中观层面，货币经济条件下的利益冲突，主要表现为货币过度积聚于某一类市场（比如房地产市场）。在现代二元经济条件下，主要表现为经济—金融部门的货币分布及其冲突，表现为货币双轨制循环中的货币分布结构失衡。货币过度偏在于金融部门，可能导致实体经济部门以资本积累为核心的货币循环和虚拟经济部门以金融资产为核心的金融循环的关系出现异化，导致货币双轨制运行出现失灵，不利于金融稳定。货币分布结构的失衡，是观察现代货币经济条件下的利益冲突的很好形式。

从宏观层面，货币经济条件下国家之间和国家内部不同阶层或者阶级之间的利益冲突，随着经济开放和金融全球化进程的提高，表现得越来越明显。从宏观层面分解和监测现金流量表、资产负债表和货币收支表的变化情况，可以寻找金融不稳定的利益冲突之源。

利益冲突的多层次和结构性特征，客观上要求利用多层次的工具和方案进行治理，本书相应地提出组织治理、市场治理和政府治理的综合治理观来协调货币经济下的利益冲突。通过货币现象去发现背后的深刻的利益关系，这是解决和洞悉金融不稳定的真正的关键。本书将马克思的利益分析范式和货币分析范式结合起来研究金融危机。货币理论的基础是价值关系或者利益关系，这样将货币理论建立在马克思的价值理论基础之上，将货币理论和价值理论融会贯通。

总之，本书从三个层面来分析利益冲突对金融不稳定的影响。利益结构和利益层次决定了治理结构和治理层次，金融不稳定可以看作利益冲突和治理的函数，不仅取决于利益冲突的严重程度，而且取决于治理的水平或者利益协调能力。利益冲突是根源，而治理是化解之道。本书认为过度利益冲突不利于金融稳定，为防止和化解过度的利益冲突造成的金融危机，必须高度重视政府治理的作用。

关于金融危机的理论，一直在市场和政府之间徘徊，两种极端的对立观点成为分析金融危机理论的两大流派。本书借鉴奥尔森的研究，提出一个强化金融市场型政府，试图调和金融市场与政府的冲突与对立。政府应该以强化和完善金融市场功能作为政策的理论基础和制定依据，政府的政策不是替代市场，更不能损害金融市场的功能和金融市场的健康运行。一个好的政府政策，应该建立在对金融市场运行的内在规律及其弱点的深刻洞察的基础之上，了解金融脆弱性的来源，并制定相应的措施来纠正金融市场弱点，让金融市场更好地发挥作用。市场和政府不是替代也不是互补的关系，而是社会生态学上的共生关系。政府不是守夜人和中立者，而是致力于纠正市场缺陷和弱点的帮助者，为金融市场的健康平稳运行创造更好的大环境和提供基础设施等公共服务。

第四章

金融脆弱性的成因：
跨国比较研究

第一节 引 言

　　第二章对金融脆弱性相关理论文献的梳理发现，影响金融不稳定的因素有很多。现有的文献大多关注金融稳定的宏观经济决定因素，较少地关注金融业决定因素，对政府和制度因素的关注还不多。早期的研究认为经济基本面的变动是造成金融危机的原因，大多数早期文献没有特别全面地考察可能的宏观审慎指标体系，只是试图揭示出危机的主导因素，而不是考察金融稳健性的当期指标。而近期的研究强调投资者可获得的信息及其预期在解释金融不稳定中的作用，最近许多研究的重点已经转移到了金融稳健性的当期指标。近年来，研究人员已经发展了各种理论假说来解释金融不稳定。然而，目前的研究工作还未就评估金融稳健性最相关的一套指标或有效预警体系达成共识。单个指标的统计显著性通常是不明显的，而且一些研究的结果还得出了相互冲突的结果，这可能是由于危机存在差异，从而具体的指标或多或少地与具体情况有关。

　　随着理论的发展，对金融不稳定的研究越来越深入，开始跳出经济基本面的传统研究窠臼，致力于寻找金融不稳定的新来源，货币金融因素得到越来越多的重视，除了对经济和金融变量的关注之外，越来越多的研究开始挖掘金融不稳定背后的深层次原因，并对一些难以量化的因素进行量化和实证检验，大大突破了传统的"非经济即金融"的两分法的局限，信息、法律和政府等关键变量开始进入实证分析的视野。总的说来，大体可以分为经济基本面因素、货币因素、金融因素、信息因素、政策因素、外部冲击等。我们将之归结为三大类：一是实体经济观点，二是金融观点，三是治理观点。在众多互相竞争的不同理论假说当中，寻找有利于自己的经验证据，对不同的理论假说进行检验，是金融稳定研究的重要内容。一些研究者纷纷投入这一工作当中，探寻金融不稳定的决定性因素。本书第三章提出了一个 GSFC 模型，并提出了一个 3 级治理结构假说（GSCP）来分析金融稳定，强调好的政府治理对于利益协调和维护金融稳定的重要性，这是本书不同于传统分析之处。我们拟利用国际数据对金融不稳定的实体观点、金融观点和治理观点进行实证检验，试图为本书的理论模型和新假说提供经验证据。

第二节　经济基本面和金融稳定：国际经验证据

金融脆弱性的量化是一个国际性难题，科学的测度金融稳定，是探寻金融不稳定来源的前提条件。为探寻金融不稳定的决定性因素，笔者采用连续指标和离散指标两大类指标来衡量金融不稳定。连续指标包括笔者开发的连续金融稳定指数 BSF 和不良贷款率 NPL。离散指标包括 Z、CC、ZS、ZM 等 4 个虚拟变量，其中 CC 表示金融危机，ZS 表示系统性危机，当存在系统危机时 ZS = 1，不存在时取 0。ZM 表示重大的危机。Z 表示金融危机，是 18 个国家 1982～2002 年的面板数据。本书关于金融危机的虚拟变量设定，主要是基于 Caprio 和 Klingebiel（1997）、Domaç 和 Martinez Peria（2000）、Caprio 和 Klingebiel（2003）、Alicia García Herrero 和 Pedro del Río（2003）的研究[①]。我们采用离散的 Logit、Probit 模型、OLS 等多种方法进行检验。由于本书重点研究的是 20 世纪 80 年代以来的金融不稳定，数据跨度为 1984～2002 年，如果没有说明，本书所采用的指标数据都以此期间的平均数为准（详见附表 1）。

第二章从实体经济角度对金融不稳定的相关理论及其新进展进行了总结分析。从实体经济角度来解释金融不稳定，是一个主流的传统分析方法，主要包括经济周期学派等。他们认为宏观经济的周期性波动导致金融系统的周期性波动，最后造成金融体系结构的脆弱—稳定循环。林捷瑞恩等（1997）认为，银行倒闭或出现大量不良债权的原因是多方面的。尽管银行稳定与否首先是各家银行自身的问题，但当全部或大部分银行都出现问题时，则很有可能表明银行经营面临的宏观经济状况恶化。Gorton（1998）认为宏观经济环境不稳定是

[①] Alicia García Herrero and Pedro del Río, financial stability and the design of monetary policy, Documento de Trabajo no 0315, 2003.

造成银行体系脆弱的一个重要因素。Calomiris（1995）认为，在很多程度上金融脆弱性是动态（发展变化的）资本主义经济一个不可避免的后果，它的根源不能通过政府干预消除，试图通过政府干预预防和消除金融脆弱性的努力可能加剧金融脆弱性而不是相反。从经济基本面寻找金融不稳定的成因，涌现了大量的经验研究成果。实证研究发现，在宏观经济因素中，低增长或者衰退会增加银行业危机爆发的可能性。反过来，太高的实际利率（国外或者国内），对通货膨胀或价格水平的冲击，也会增加银行危机发生的可能性。Goldfajn 和 Valdes（1995）、Eichengreen 和 Rose（1998）、Kaminsky（1999）实证研究发现，国外实际利率和银行业危机存在正向关系。Mishkin（1998）、Demirgüç-Kunt 和 Detragiache（1998）研究发现，国内实际利率和银行业危机存在正向关系，实际利率高企不利于金融稳定。传统观点将金融脆弱性归因于实体经济或者经济基本面，强调实体经济发展及其周期性波动在金融危机中的重要性，以经济周期学派的研究最具代表性。这里我们拟对金融不稳定的实体经济决定论进行检验。

本书选择 8 个指标作为经济基本面的代表变量，包括储蓄率（ASS）、固定资本形成比 GDP（GIBGDP）、人均经济增长率（GDPPAZ）、通货膨胀率（GPDZ）、经常账户赤字比 GDP（CABGDP）、经济发展阶段（DEVP）、为 1980 年人均 GDP 的对数、产业竞争（ICOMPETITION）、宏观经济波动（SD）[①]。重点对以下假说进行检验（详见附表1）。

一、通货膨胀与金融稳定

假说 1：通货膨胀不利于金融稳定吗？

我们构筑一个关于通货膨胀和金融稳定的计量检验方程：

$$CC_k = C_1 + \alpha_1 \cdot INF_k + \alpha_2 \cdot D_k + \varepsilon_1 \tag{4.1}$$

其中，C_i，$\varepsilon_i(i=1)$ 分别是截距项和误差项，$\alpha_j(j=1,2)$ 为待估系数，下标 k 代表第 k 个国家。INF 为通货膨胀率，这里利用国民生产总值冲减指数来衡量通货膨胀水平（GPDZ），D 代表控制变量。

关于物价稳定和金融稳定的关系，存在不同的看法，大体可以分为三大派。一互补派，这是一种传统的主流观点，代表人物包括施瓦茨等。他们认为物价稳定与金融稳定之间具有一致性，两个目标之间是互补的关系。Schwartz

---

[①] 宏观经济波动 SD 数据整理自 Shinobu Nakagawa, Naoto Osawa, Financial Market and Macroeconomic Volatility-Relationships and Some Puzzles, Bank of Japan, May 2000。

认为物价稳定和金融稳定二者是高度统一的，前者是后者的充分条件。Bernanke 和 Gertler（1999）认为价格稳定和金融稳定是互补而且一致的货币政策目标。这个论点基于价格稳定会产生稳定的宏观经济环境而高通货膨胀和资产价格的冲击都会被高利率抵消掉这一事实。Governor Svein Gjedrem（2005）在名为"货币政策与金融稳定"的会议上说到："在我看来，货币和金融稳定是相互补充的①。金融稳定对价格稳定有正效应。首先，它提升了稳定的信贷供给和资本流，这对经济的发展是很关键的。其次，金融稳定会支持货币政策的传播机制。一个稳定的金融体系可以确保货币政策工具的变化对市场产生应有的效果。因此，货币政策的变化才能影响消费者和企业的行为，最后影响通货膨胀和经济行为。此外，价格稳定对金融稳定也有正效应。一个成功的货币政策可以通过纠正高而不稳定的通货膨胀所产生的扭曲的价格信号来提高金融稳定。低而稳定的通货膨胀为家庭和企业提供了相对价格变化的清晰指示。资源配置将更有效率……" Alicia Garcia Herrero 和 Pedro del Rio 使用 79 个国家 1970~1999 年的年度数据进行检验，发现当中央银行只拥有价格稳定这一单一目标时，会降低银行危机的可能性。从这个结果大体上对广义和狭义银行危机以及不同的国家而言都是强健的。金融稳定性目标并不与货币稳定相矛盾。Bordo 和 Wheelock（1998）②、Bordo、Dueker 和 Wheelock（2000）③ 放松了该条件认为货币稳定对于金融稳定是有益的，物价稳定有助于金融稳定，但并不一定能保证金融稳定。互补派认为物价稳定和金融稳定互相补充，一起构成货币稳定，与货币政策的最终目标是一致的。他们的总观点是一致的，认为物价稳定和金融稳定正相关，是一种大体平行的关系，但是关于物价稳定和金融稳定的作用传导机制，物价稳定和金融稳定的内部关系及其作用方向，对物价稳定和金融稳定的因果关系存在不同看法，进一步形成了两个分支。

第一个分支学派认为物价稳定影响金融稳定，第二个分支学派则认为金融稳定影响物价稳定。前者的代表人物包括费雪等。费雪是第一个对两者间的传导机制及其作用方向做出描述的学者（Fisher，1932，1933），他提出了著名的商业周期假说。他从商业周期角度分析了价格水平降低对金融状况的影响。根

---

① Governor Svein Gjedrem, "The Macroprudential Approach to Financial Stability" at the conference entitled "Monetary Policy and Financial Stability", Hosted by the Oesterreichische National bank in Vienna on 12 May 2005.
② Bordo and Wheelock (1998): "The relation between inflation and financial distress is well in line with Lucas monetary misperception model".
③ Michael D. Bordo, Michael J. Dueker 和 David C. Wheelock, "Aggregate price shocks and financial instability: an historical analysis", NBER Working Paper No. 7652, 2000.

据费雪的观点，外生因素推动的商业周期好转将为经济的关键部门提供新的利润机会。价格和利润的上升鼓励了更多的投资以及为了获得资本收益而进行的投机。通过银行贷款融资的债务增加了存款和货币供给，升高了价格水平。普遍的乐观和亢奋增加了货币流通速度进一步加快了货币扩张，同时上升的价格通过降低未偿清债务的实际值来进一步鼓励借款。这个过程持续到"负债过多"的状况出现，在这一点个人、企业和银行不能产生足够的现金流来支付他们的负债。在这一点上，任何价格水平从他们期望值上的下跌，不管是什么原因，都将使借款人不能偿还他们的负债导致出售压力。因为人们偿还了借款，银行存款和货币供给降低了，进一步降低了价格水平。通货紧缩增加了借款的实际负担，导致了更多的破产并降低了经济行为——这便是"债务—通货紧缩"过程。Bordo 和 Wheelock (1998)，从相同角度对物价稳定和金融稳定进行了研究，得出了类似的结论。Boyd、Levine 和 Smith (1999)[①] 发现平均而言较高的通胀率会伴随着银行向私人部门贷款扩张数量的显著减少，银行未偿清负债数量的显著减少和股票市场成交量的明显下降。他们还发现除了在保持高通胀率的经济中，通胀的升高将降低股票的真实回报率并且降低增加股票回报的易变性。因此这些经验实例表明通胀率的持续增加会损害金融体系的健康状况，同样的道理，通胀率的持续降低对银行和整个金融体系都是有益的。他们的一个共同特点就是强调信贷和债务在链接物价稳定和金融稳定中的重要性，遵循的是债务清偿—通货紧缩—金融危机的逻辑路线。与费雪不同，Hutchinson 和 Mc Dill 提出了利率传导假说，强调利率的重要性。Hutchinson 和 Mc Dill (1999) 的研究表明高的通货膨胀会增加银行危机发生的概率。在危机前，较高的通胀降低了真实利率，可能引起信贷扩张的迅速增长，同时借款者的平均信用水平降低。真实利率的升高标志着信贷扩张过程的结束和借款者压力增加的开始。Schwartz 等提出了信息不对称假说，对货币（物价）不稳定性导致金融不稳定性提供了另一个解释（Schwartz, 1988, 1995, 1997）。Schwartz 认为货币政策造成通胀率的波动时，会造成更严重的信息问题，从而加重逆向选择和道德风险。因为通货膨胀的存在，使得贷款方在区别借款人和项目的质量上变得更加困难，进而增加了金融不稳定。她并没有对这个影响过程正式建模，但她的描述与卢卡斯（Lucas, 1972, 1973）的"货币幻觉"（Monetary Misperceptions）模型非常相似。在该模型中，个人无法区分相对价格变化和总体价格水平的变化。而这种不确定性导致了资源的错误配置。这种

[①] Boyd, John H., Ross Levine, and Bruce D. Smith, "The Impact of Inflation on Financial Market Performance", manuscript. 1999.

不确定性很容易扩展到金融决策上来，再加入投资和借款决策之后，容易看到通货膨胀可能造成预期回报的过度乐观，因此导致信贷繁荣从而增加金融不稳定性。此外，Stiglitz 和 Weiss（1981）、Bernanke 和 Gertler（1989）、Mishkin（1994，1998）以及 Allen 和 Gale（1999，2000）① 也是从逆向选择和道德风险的问题出发来研究两者关系的。虽然他们认为的传导机制不完全一样，但是普遍认为信贷扩张、价格冲击和利率冲击增加了金融危机发生的概率。Evans、Leone、Gill 和 Hilbers（2000）② 认为通货膨胀同样会通过更标准的宏观经济渠道导致银行问题。例如，如果它伴随着相对价格的大幅变动，高通货膨胀可能增加经济的不确定性。这可能会造成商品和资产价格更大的变动，这些又反过来导致经济中更高程度的预期违约。如果银行没有正确地对这个易变性的升水定价的话，非预期的损失会增加。一些学者同时也注意到通货膨胀中的急剧衰退会导致更低的名义收入和现金流，因此对银行的财务健康状况造成不利影响。他们都认为是物价稳定影响金融稳定，并从不同渠道分析了物价稳定对金融稳定的传导作用机制。他们遵循的是货币稳定—物价稳定—金融稳定的逻辑路线。Bergman、U. M. 和 J. Hansen（2002）③ 对瑞士的金融不稳定和货币政策之间的关系进行检验，他们沿用了 Bordo、Dueker 和 Wheelock（2000，2001）开发的金融不稳定指数。研究发现正的价格水平冲击会增加金融不稳定性。价格冲击对金融状况产生的影响比货币政策冲击要大，这是来自单一国家的实证研究，结果较好的支持了第一分支学派的观点。Herrero 和 Rio（2003）利用 Caprio 和 Klingebiel（2003）提供的银行危机数据，使用统计计量方法，对银行危机发生与中央银行货币政策目标之间的关系进行了统计回归。他们的回归结果表明，在其他条件给定的情况下，一般来说将中央银行的政策目标专注于货币和价格水平的稳定减少了银行危机发生的可能性，但是依据不同的情形会略有不同。

第二个分支学派则认为是金融稳定影响物价稳定，并给出了他们的证据和理由。他们同样认为金融稳定和物价稳定之间存在正向关系，但是究竟谁先谁后，给出了不同的答案。有人认为资产价格的变动有助于预测通货膨胀，这种观点可以上溯到费雪（1911）。他认为货币供应量的增长首先引致资产价格的

---

① Allen, F. och D. Gale, "Bubbles, Crises, and Policy", Oxford Review of Economic Policy, 15, 9–18 (1999).
② Evans. O. Leone, A. Gill. M. and Hilbers. P., "Macroprudential indicators of Financial System Soundness", IMF Occasional Paper 192, April, Washington DC, (2000).
③ Bergman, U. M. and J. Hansen, "Financial Instability and Monetary Policy: The Swedish Evidence", Sveriges Risksbank Working Paper Series NO. 137 June., 2002.

上升然后才是消费物价的上升。他们遵循的是货币稳定—金融稳定—物价稳定。这种观点导致 Shiratsuka、Goodhart 与 Hofmann 等人格外关注利用包括房地产价格与股价在内的当前资产价格预测几年后的消费者物价变动的能力，并得到了《经济学家》杂志的赞同。过去的 20 年间，已有大量的实证研究对资产价格变动与随后的通货膨胀、实际经济变化进行了探讨。Fama 和 Schwert（1977）利用美国数据、Gultekein 和 Roll（1983）利用很多国家的一个大样本得出了股票回报与通货膨胀之间是负相关性的结论，此后，大多数的研究工作都是基于对此结论的检验。在 Fama（1981）的研究中，他认为此负相关性可由股票回报与实际经济增长之间的正相关性以及通货膨胀与实际经济增长之间的负相关性的结合加以解释。Geske 和 Roll（1983）进一步认为，实际增长与通货膨胀之间的负相关性是由于政策链的缘故，即经济增长的下降将会导致预算赤字，而预算赤字则需通货膨胀性货币政策予以融资。从这些研究文献可以看出，资产价格与通货膨胀的负相关性可能取决于制度与政策环境，在不同的时期与不同的国家两者之间的关系也是不稳定的。Shiratsuka（1999）也检验了资产价格的信息内涵是否可以作为通货膨胀的先行指示器。首先，他运用了不同结构的 VAR 模型对包含 GDP 平减指数与总资产价格指数的几个宏观经济指标进行了格兰杰因果关系检验，发现在 5% 的统计显著水平上，总资产价格指数是引致 GDP 平减指数的格兰杰原因，而 GDP 平减指数不是引致总资产价格指数的格兰杰原因。Clarida、Gali 和 Gertler（1999）建立的新凯恩斯模型，引入了可能的非理性和自我实现的金融不稳定性恐惧来增加模型的不确定性。他们证实了价格稳定和金融稳定矛盾存在的两个条件：一是如果存在一个最优的政策规则，那么这个规则将对太阳黑子危机做出反映。因为没有太阳黑子的标准规则，在存在太阳黑子的时候政策不再是最优的。二是在太阳黑子情况中的最优规则下，下一期的预期通货膨胀与没有太阳黑子情况下的标准规则做出的通胀预期不一样（通常是前者较大）。

　　二是交替派，他们认为这两个目标之间存在交替而不是互补的关系，代表人物包括米什金等。他们认为，传统意义上来说，货币稳定会带来金融稳定，这在 20 世纪 90 年代或许成立。然而 90 年代发生的事情表明，情况并不必然如此。他们也承认长期来说这两个目标是互补的，但是短期内并不一定成立。一个稳定的宏观经济环境——低而稳定的通货膨胀、持续增长和低利率——会使人们对未来经济的展望过于乐观而对风险不予重视。因此，金融不稳定往往开始于宏观经济稳定时期，宏观经济稳定并不必然在中长期拥有金融稳定，因此中央银行现在也更多地关注于维持金融稳定。从历史上来看，央行对价格稳定和金融稳定都很关注，虽然不是同时（Crockett，2004）[①]。而从90年代开始，中央银行开始同时追求价格和金融稳定。Cukierman（1992）[②]认为，保持低通胀的政策要求迅速和实质性地提高利率，如果银行不能迅速地进行资产和负债的转化，就会加大利率的不匹配，从而面临较大的市场风险。Mishkin（1996）认为控制通货膨胀所必需的高利率会影响银行的资产负债表和企业的净金融财富，如果他们吸引了资本流便更是如此。这是因为资本流可能造成过度借贷和增加信贷风险，如果国外的资本流进入国内货币借贷市场的话，可能导致币种的不匹配。他们从控制通货膨胀所要求的高利率出发来论述物价稳定和金融稳定存在交替关系。另一种类型的交替来源于过低的通货膨胀或通货紧缩，使得银行的利润降低并损害了借款人的利益（通货膨胀时没有损害贷款人）增加了银行资产负债表上不良贷款的数量（Fisher，1933）。有的学者认为是央行过度关注于通货膨胀的政策忽略了金融不稳定而导致了两者的不一致，（Crockett，2003）。如果央行坚持的是在短期控制通货膨胀这一单一目标，就不能对金融不稳定的产生提供充分的保护，因此埋下了很多金融不稳定的根源。如果关注于短期通货膨胀控制，意味着监管当局没有充分地紧缩货币而使信贷过度扩张，资产价格上升时便更是如此。用专业的话说，如果货币政策的反映函数没有包括金融稳定，那么货币政策将不能保证金融体系的稳定。还有的学者考虑到有时通货膨胀压力并没有在通货膨胀中显示出来，因为一是降低了企业的定价能力，二是供给侧的正移动以及低通货膨胀预期，所以价格稳定时也存在金融风险。总的说来，他们遵循的是货币稳定—物价不稳定—金融稳定的逻辑路线和货币稳定—金融不稳定—物价稳定的逻辑路线，认为物价稳定和金融稳定不能同时并存。Michael D. Bordo、Michael J. Dueker 和 David C. Wheelock（2000）建立了两个金融状况指数对美国1790~1997年的数据进行了分析，使用probit模型来估计总体价格的冲击对每个指数产生的影响。他们发现价格水平冲击在1790~1933年间导致了金融不稳定，通货膨胀率冲击是1980~1997年间金融不稳定性的原因之一。他们得出的结论是总体价格的扰动导致或恶化金融不稳定性不是必然的，其条件是：通胀率波动必须在某种程度上是没有预期到的，借款人和贷款人不能完全对冲所有可能的通货膨胀结果。另外他们还检验了制度环境对两者关系的影响，结论是一个国家的制度环

[①] Crockett, A., "The Interaction of Monetary and Financial Stability", Monetary Bulletin, Central Bank of Iceland, 2004/3.

[②] Cukierman, A. (1992). Central bank strategy, credibility and independence: theory and evidence, MIT Press.

境会影响总体价格冲击对金融不稳定的形成及其严重程度,但对于货币不稳定导致金融不稳定这个结果是无关紧要的。

三是无关论,认为金融稳定和物价稳定不相关,两者并不存在必然联系,而是需要一定的条件,代表人物包括小川一夫等。他们认为资产价格的波动性太大了,与经济行为不相关(Goodfreind,1998),而且资产价格的失调难以发现,因此对资产价格的错误响应只会增加产出的波动(Cogley,1999)。小川一夫等(1998)认为央行将资产价格纳入一般物价目标,通过介入资金分配来稳定资产价格,从经济理论上看有违市场效率原则,从技术层面上看,也缺乏有效的手段,所以政府所能做的就是规范市场信息披露制度,最大限度地抵制市场噪声,中央银行只应将长期实物价格稳定作为货币政策的最终目标,而无需关注股价等资产价格的变动,其在设定与调整利率水平时,只需对预期的通货膨胀与产出变动做出反映。

下面我们拟对通货膨胀与金融稳定的关系进行实证检验。从表4-1回归方程(2)可以发现,通货膨胀不利于金融稳定,通过了置信水平为5%的显著性检验,但是,经过调整的可决系数仅为0.0446,说明通货膨胀对金融稳定的解释能力并不强,这是利用OLS分析得出的结果。从表4-2回归方程(2)的probit回归分析发现通货膨胀GPDZ会增加金融危机发生的概率,通过了置信水平为5%的显著性检验。从表4-2的回归方程(1)发现通货膨胀的代表指标GPDZ通过了置信水平为10%的显著性检验,但是没有通过置信水平为5%的显著性检验,通货膨胀对金融稳定存在一定的不利影响。从表4-3回归方程(1)和回归方程(2)可以发现,通货膨胀GPDZ和金融危机存在正向关系,通过置信水平为10%的显著性检验,但是没有通过5%的显著性检验,这是来自81个国家的回归结果。从表4-4回归方程(2)发现,通货膨胀不利于金融稳定,通过了置信水平为5%的显著性检验,这是来自45个国家的证据。Bordo和Murshid(2000)、English(1996)、Hardy和Pazarbasioglu(1999)、Demirgüç-Kunt和Detragiache(1998)的研究发现,高的通货膨胀水平不利于金融稳定。我们的实证分析与之类似。整体来说,通货膨胀不利于金融稳定。但是值得注意的是,通货膨胀的解释能力并不强。此外我们还利用24个国家1992~2002年和18个国家1982~2002年的面板数据进行实证研究,结果发现金融稳定和物价稳定存在替代而非互补关系,金融稳定对物价变动存在显著的负向影响,而物价变动对金融稳定的影响并不显著[①]。利用横截面数

---

① 作者曾单独撰文研究物价变动和金融稳定的关系,这里没有列出详细的面板数据回归分析方程。

据和面板数据得出的结论存在一定的差异，但是总体来说，通货膨胀不利于金融稳定的假说并没有得到强有力的支持。

表4-1　81个国家的经济基本面和金融稳定 OLS 回归分析结果（CC）

变量	相关系数 (1)	概率	相关系数 (2)	概率	相关系数 (3)	概率	相关系数 (4)	概率
ASS	-0.005266	0.6358			-0.015974	0.0336		
GIBGDP	-0.010157	0.4931						
GDPPAZ	-0.010011	0.8012						
GPDZ	0.000417	0.1302	0.000514	0.0324				
SD							0.050358	0.0509
C	0.813103	0.0021	0.473180	0	0.805512	0	0.303223	0.0283
R^2	0.088231		0.056611		0.055914		0.063059	
$\bar{R}^2$	0.039603		0.044670		0.043964		0.047179	
D.W	2.028294		2.137294		2.086919		2.301782	

表4-2　81个国家的经济基本面和金融稳定 Logit 模型估计结果（CC）

变量	相关系数 Logit (1)	概率	相关系数 Probit (2)	概率	相关系数 Logit (3)	概率	相关系数 Logit (4)	概率
DASS							-0.050109	0.0415
ASS	-0.001	0.978			-0.07141	0.042		
GIBGDP	-0.031	0.64						
GDPPAZ	-0.062	0.71						
GPDZ	0.04147	0.064	0.028	0.01				
C	0.21562	0.862	-0.40	0.04	1.363862	0.051	-0.00925	0.967
Proty(LR stat)	0.0067		0.0002		0.0286		0.0297	
Obs with Dep=0	39	80	40	81	40	81	40	80
Obs with Dep=1	41		41		41		40	

第四章 金融脆弱性的成因：跨国比较研究

表4-3　81个国家的经济基本面和金融稳定Probit回归分析结果①（CC）

变量	相关系数	概率	相关系数	概率	相关系数	概率
	(1)		(2)		(3)	
ASS	0.065675	0.2517				
GIBGDP	-0.079720	0.1578				
CABGDP	-0.092120	0.1468	-0.028790	0.4362		
GDPPAZ			-0.049668	0.5668		
GPDZ	0.024394	0.0710	0.024167	0.0528		
SD					0.130688	0.0514
C	-0.158177	0.8377	-0.343507	0.2068	-0.508510	0.1489
Proty（LR stat）	0.002650		0.001801		0.047923	
Obs with Dep = 0	39	80	40	81	28	61
Obs with Dep = 1	41		41		33	

表4-4　45个国家的经济基本面和金融稳定Probit回归分析结果

变量	相关系数	概率	相关系数	概率	相关系数	概率	相关系数	概率
	CC		CC		CC		ZS	
	(1)		(2)		(3)		(4)	
ICOMPETITION	-0.84224	0.0090						
GPDZ			0.05401	0.0219				
DEVP					-0.0001	0.0055		
GIBGDP							-0.0914	0.0400
C	2.586811	0.0178	-0.8753	0.0043	0.63716	0.0686	1.92812	0.0515
Prob（LR stat）	0.005905		0.00023		0.00391		0.03131	
Obs with Dep = 0	21	35	26	45	26	45	24	45
Obs with Dep = 1	14		19		19		21	

---

① 这里需要注意的问题，就是数据跨度不一样，这可能存在一定的影响，但是并不会影响我们的研究。

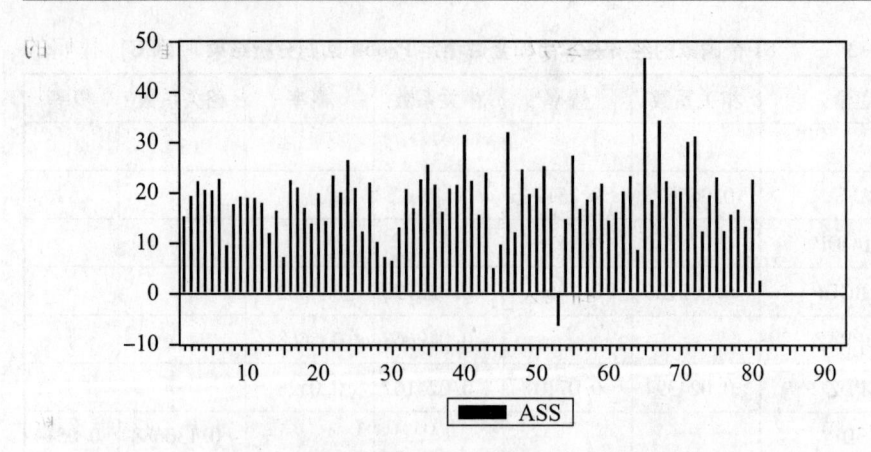

图 4-1 81 个国家 1984~2000 年的平均储蓄率比较

二、储蓄率与金融稳定

假说 2：低储蓄率不利于金融稳定吗？

设定一个关于储蓄率与金融稳定的计量检验方程：

$$CC_k = C_2 + \alpha_3 \cdot ASS_k + \alpha_4 \cdot D_k + \varepsilon_2 \tag{4.2}$$

其中，C_i，$\varepsilon_i(i=2)$ 分别是截距项和误差项，$\alpha_j(j=3,4)$ 为待估系数，下标 k 代表第 k 个国家。ASS 为储蓄率，D 代表控制变量。

关于储蓄率和金融稳定的关系，大体存在以下几种观点：一是储蓄率无用论。二是防火墙论。在国内，徐滇庆把高储蓄率看作是中国成功避免 1997 年东亚危机的一道防火墙，认为储蓄率的下降，可能成为中国未来金融危机的导火线。他根据储蓄率的变化规律，进而预测中国在 2012 年前后将发生金融危机。三是无关论或者不确定论。从表 4-1 回归方程（3）可以发现，储蓄率 ASS 和金融危机存在负向关系，通过了置信水平为 5% 的显著性检验，也就是说储蓄率的提高有助于金融稳定。表 4-2 回归方程（3）发现储蓄率提高有助于减少金融危机发生的概率，同样通过了置信水平为 5% 的显著性检验。实证检验发现，储蓄率越高，金融危机发生的概率越小，储蓄率越低，金融危机发生的概率越高。储蓄率和金融稳定存在显著的正向关系，储蓄率的降低不利于金融稳定，我们的实证支持了徐滇庆的观点。但是同时值得注意的是，从可决系数来看，储蓄率对金融危机的影响并不是十分强烈，经过调整的可决系数仅为 0.0439，不应该高估储蓄率水平对金融稳定的影响。本书的观点是储蓄率并不是一道坚实的防火墙，不应夸大高储蓄率在防范金融危机的重要性。根据储蓄率变化来预测中国是否会发生金融危机的科学性是值得商榷的,我们的研究发现,储蓄率对于金融危机的解释能力并不是很强,虽然存在一定作用,但是不应该夸大。

三、宏观经济波动与金融稳定

假说3:宏观经济波动不利于金融稳定吗?

设定一个宏观经济波动与金融稳定的计量检验方程:

$$CC_k = C_3 + \alpha_5 \cdot SD_k + \alpha_6 \cdot D_k + \varepsilon_3 \tag{4.3}$$

其中,C_i,$\varepsilon_i(i=3)$ 分别是截距项和误差项,$\alpha_j(j=5,6)$ 为待估系数,下标 k 代表第 k 个国家。SD 为宏观经济波动,D 代表控制变量。

关于宏观经济波动与金融危机的关系,一直存在不同的看法。坚持从宏观经济波动角度解释金融危机,这是传统观点。经济周期学派将金融危机归结为经济周期性波动的产物。我们对宏观经济波动与金融危机的关系进行实证检验,从表 4-1 回归方程(4)可以发现宏观经济波动对金融危机存在较为显著的影响,通过了置信水平为 10% 的显著性检验,但是没有通过置信水平为 5% 的显著性检验,宏观经济大起大落会加剧金融危机的可能性,不利于金融稳定。宏观经济波动对金融危机具有一定的解释力,调整后的可决系数为 4.7% 左右,解释能力较弱。从表 4-3 回归方程(3)发现宏观经济波动不利于金融稳定,会增加金融危机发生的可能性,通过了置信水平为 10% 的显著性检验,但是没有通过置信水平为 5% 的显著性检验。总的说来,宏观经济波动对金融稳定存在一定的影响,但是,对金融危机的解释能力并不强。

四、经济衰退与金融稳定

假说四:经济增长率下降不利于金融稳定吗?

设定一个经济增长率与金融稳定的计量检验方程:

$$CC_k = C_4 + \alpha_7 \cdot GDPPAZ_k + \alpha_8 \cdot D_k + \varepsilon_4 \tag{4.4}$$

其中,C_i,$\varepsilon_i(i=4)$ 分别是截距项和误差项,$\alpha_j(j=7,8)$ 为待估系数,下标 k 代表第 k 个国家;GDPPAZ 为经济增长率,D 代表控制变量。

单一回归分析发现,实际经济增长率和三个金融危机代理变量 ZM、ZS、CC 都通过了显著性检验,存在负向关系。从表 4-1 回归方程(1),表 4-2

回归方程（1）、表4-3回归方程（2）可以发现，经济增长率GDPPAZ和金融危机变量之间存在负向关系，但是并不显著，都没有通过置信水平为10%的显著性检验。因此，不能得出经济增长率越低，越不利于金融稳定的结论。Kaminsky（1999）、Frankel和Rose（1998）研究发现，实际经济增长率和金融危机之间存在负相关关系，经济衰退不利于金融稳定。我们的实证结论与之不同。经济增长率对金融危机影响并不显著。

此外，我们还利用多个经济基本面的代表变量和金融稳定的关系进行了检验。从表4-4可以发现，产业竞争有助于稳定、固定资产投资率提高有助于稳定。

经济发展阶段与CC通过了显著性检验，但是和ZM/ZS都没有通过置信水平为10%的显著性检验。总的说来，通过单一回归分析，发现通货膨胀不利于金融稳定，宏观经济波动也不利于金融稳定，高储蓄率有利于金融稳定，产业竞争有利于金融稳定，但是解释能力较差，从经过调整的可决系数来看，一般都不超过5%。从表4-1回归方程（1）和表4-2回归方程（1）的综合回归分析来看，经济基本面变量对金融稳定的影响并不显著，都没有通过置信水平为5%的显著性检验。总的说来，经济基本面因素对解释20世纪80年代以来的新型金融危机，越来越缺乏说服力，经济基本面因素对金融不稳定的解释能力并不强，传统的经济基本面决定观没有得到实证的有力支持。

第三节　虚拟经济和金融稳定：国际经验证据

从经济基本面的角度解释20世纪80年代以来的金融危机，越来越缺乏说服力。一些研究者开始从金融系统（虚拟经济）内部寻找金融不稳定的根源。从金融系统内部寻找金融不稳定根源的实证研究开始增加。McKinnon和Pill（1994）发现，大规模的资本流入会增加银行危机发生的可能性。Calvo（1997）、Demirgüç-Kunt和Detragiache（1998）、Kaminsky（1999）发现，资本流出或者资本外逃与银行危机存在正向关系，不利于银行稳定。我们利用中国的数据，对资本外逃与金融稳定的关系进行了实证检验，得出了类似的结论[①]。Céspedes等（2000）和Arteta（2003）对货币币种搭配和银行危机的关

---

① 参见笔者和蒋丽丽合作的论文：《资本外逃与金融稳定：基于中国的实证检验》，载于《财经研究》，2006年第3期，第93页。

系进行了研究，前者发现货币币种搭配错位和银行危机存在显著的正向关系，而后者得出了两种互相矛盾的结果，未有定论。关于汇率体制和金融稳定的关系，至今没有达成共识。Eichengreen（1998）就固定汇率体制和银行危机的关系进行了研究，发现如果危机来自外部冲击，固定汇率制度不利于银行稳定，会增加银行危机，两者存在正向关系；如果威胁来自内部，固定汇率制度有利于银行稳定，两者存在负向关系。Domaç 和 Martínez Peria（2000）研究发现，固定汇率制度不利于银行稳定，一旦发生危机代价更大。Eichengreen 和 Arteta（2000）的研究，得出了两种不同的结果。金融不稳定的虚拟经济观（金融观）得到了越来越多的关注，这里拟对金融稳定的虚拟经济（金融）观作进一步的实证检验。下面重点从金融发展、银行集中度、金融自由化和融资结构等方面进行分析，并分别检验他们和金融稳定的关系[①]。

一、金融深化与金融稳定

假说1：金融深化有利于金融稳定吗？

我们设定一个关于金融发展与金融稳定的计量检验方程：

$$BSF_k = C_1 + \alpha_1 \cdot FDEVP_k + \alpha_2 \cdot D_k + \varepsilon_1 \tag{4.5}$$

其中，C_i，$\varepsilon_i(i=1)$ 分别是截距项和误差项，$\alpha_j(j=1,2)$ 为待估系数，下标 k 代表第 k 个国家。D 用来控制其他一系列可能会对金融稳定产生影响的变量。FDEVP 表示金融发展。

我们选择多个指标来衡量金融发展，具体包括广义货币供应量比 GDP（M2BGDP），银行信贷比 GDP（CREDITBGDP），股票市值比 GDP（STVBGDP），金融机构对私人部门信贷（PRIVATEC），每十万人的银行数量（NOBP10WP），净利率差（NIM），债券市场发展（BONDBGDP2），存款货币银行资产比 GDP（DMBABGDP）用来衡量银行市场发展（详见附表1）。

从表4-5回归方程（2）可以发现，股市发展 SMCBGDP 和金融危机存在负向关系，通过置信水平为5%的显著性检验，这说明股市发展有利于减少危机发生的概率。从表4-5的回归方程（3）可以发现，存款货币银行资产比 GDP 与金融稳定并不存在显著的负向关系，银行发展有利于金融稳定，但是没有通过显著性检验。从表4-5回归方程（4）可以发现，债券市场发展和

[①] 金融发展和金融结构数据指标来自 Beck, T.; A. Demirguc-Kunt, and R. Levine, 1999, "A New DataBase on Financial Development and Structure," Washington, D. C.: World Bank mimeo.

金融危机存在正向关系，但是没有通过置信水平为10%的显著性检验，说明债券市场发展对金融稳定并不存在显著的不利影响。从表4-6的回归方程（2）可以发现，金融发展有利于金融稳定，通过了置信水平为5%的显著性检验。从表4-6回归方程（4）可以发现，银行对私人部门信贷的发展有助于金融稳定，通过了置信水平为5%的显著性检验。Gavin 和 Hausmann（1996）、Sachs 等（1996）、Kaminsky（1999）、Eichengreen 和 Arteta（2000）研究发现银行给私人的信贷增加和银行危机存在正向关系。我们的结论与之相反。私人部门信贷扩张究竟是金融危机的前兆，还是经济增长的信号，争论一直存在。经济增长文献通过测度私人国内信贷和流动负债（Levine，2000）指出私人信贷扩张对金融发展有正面效果；另一方面，银行与货币危机文献指出，国内信贷是金融危机及其相关的经济衰退最好的衡量指标之一（Kaminsky，1999）。Norman Loayza、Romain Ranciere（2002）[①] 对金融中介的这两种貌似矛盾的作用进行了实证检验。他们借鉴 Pesaran（1999）等人的研究方法，使用跨国的面板数据以及时间序列数据估计了一个包含长短期效果的模型，得出的主要结论是：金融中介对于产出增长存在长期的正面效果，但是在短期却大多存在负面效果。从表4-7的回归方程（2）发现金融组织密度 NOBP10WP 和金融危机存在负向关系，说明金融密度越高越有利于金融稳定。表4-7 的回归方程（3）发现银行利差 NIM 和金融危机存在正向关系，说明高利差不利于金融稳定。高利差往往意味着流动性差，不利于金融稳定。Calvo（1997）、Bordo 等（2001）、Eichengreen 和 Arteta（2000）研究发现，银行体系流动性和银行危机存在显著的负向关系，银行流动性越差，发生银行危机的可能性。我们的实证结论与之一致。表4-7 回归方程（4）发现银行信贷扩张 CREDITBGDP 和金融危机存在负向关系，通过置信水平为5%的显著性检验。然后，我们考虑引入控制变量，从表4-7 回归方程（1）可以发现，金融发展有助于减少危机发生的可能性，在考虑控制变量之后，结论依然成立。从表4-7 可以发现，四个衡量金融发展的指标都和金融危机存在显著的关系，通过了置信水平为5%的显著性检验。来自表4-5、表4-6、表4-7 的实证结果发现，金融深化程度越高，越有利于减少金融危机发生的概率。总的来说，金融深化进程有利于金融稳定而不是相反。

[①] Norman Loayza, Romain Ranciere, FINANCIAL DEVELOPMENT, FINANCIAL FRAGILITY, AND GROWTH, CESifo Working Paper No. 684（5），March 2002.

表 4-5　18 个国家 1982~2001 年金融发展、金融结构与金融稳定的面板数据分析[①]

Variable	相关系数	概率	相关系数	概率	相关系数	概率	相关系数	概率
	probit		logit		logit		logit	
	(1)		(2)		(3)		(4)	
FINSTR	-0.004504	0.0287						
SMCBGDP			-0.6415	0.0203				
DMBABGDP					-0.2816	0.4757		
BONDBGDP2							0.28818	0.5855
C	-0.498151	0	-0.6573	0.0004	-0.8761	0.0029	-1.4795	0
Proba(LR stat)	0.016374		0.01459		0.47455		0.58853	
Obs with Dep = 0	262	351	259	354	262	352	124	157
Obs with Dep = 1	89		95		90		33	

表 4-6　68 个国家金融发展与金融稳定的 Probit 分析（CC）

Variable	相关系数	概率	相关系数	概率	相关系数	概率	相关系数	概率
	(1)		(2)		(3)		(4)	
M2BGDP	-0.02520	0.0005	-0.0255	0.0004				
M2BRE	0.001544	0.8203			0.010259	0.6278		
CREDITBGDP					-0.00290	0.5402		
STVBGDP					-0.00623	0.4713		
PRIVATEC							-1.527	0.016
C	1.177339	0.0005	1.21631	0.0003	0.285584	0.3590	0.620259	0.1054
Probabiy (LR stat)	0.000285		7.38E-05		0.394378		0.009206	
Obs with Dep = 0	30	68	30	68	23	50	26	45
Obs with Dep = 1	38		38		27		19	

表 4-7　51 个国家金融发展与金融稳定的 Logit、Probit 分析（CC）

Variable	相关系数	概率	相关系数	概率	相关系数	概率	相关系数	概率
	Logit		Probit		Probit		Probit	
	(1)		(2)		(3)		(4)	
GPDZ	0.015626	0.4399						
GC90	0.533327	0.5608						
RG	-0.205731	0.7618						
POLRISK	-0.011043	0.6643						
ASS	-0.027671	0.7687						
CABGDP	0.146502	0.2503						

[①] 18 个国家 1982~2001 年的面板数据分析，Z 为被解释变量。

续表

Variable	相关系数	概率	相关系数	概率	相关系数	概率	相关系数	概率
	Logit (1)		Probit (2)		Probit (3)		Probit (4)	
M2BRE	0.037777	0.2215						
GIBGDP	0.125037	0.2644						
M2BGDP	-0.039969	0.0103						
NOBP10WP			-2.525	0.008				
NIM					33.613	0.007		
CREDITBGDP							-0.012	0.011
C	0.174815	0.9259	0.82311	0.013	-1.4423	0.003	0.73023	0.072
Probab（LR stat）	0.003507		1.94E-06		0.001826		0.007879	
Obs with Dep=0	22	51	26	45	25	44	26	45
Obs with Dep=1	29		19		19		19	

二、垄断、竞争与金融稳定

假说2：竞争有利于金融稳定吗？

我们设定一个关于金融竞争与金融稳定的计量检验方程：

$$BSF_k = C_2 + \alpha_3 \cdot COMP_k + \alpha_4 \cdot D_k + \varepsilon_2 \quad (4.6)$$

其中，C_i，$\varepsilon_i(i=2)$ 分别是截距项和误差项，$\alpha_j(j=3,4)$ 为待估系数，下标 k 代表第 k 个国家。D 用来控制其他一系列可能会对金融稳定产生影响的变量。COMP 表示金融竞争或者金融市场集中度。

关于金融市场集中度和金融稳定关系，存在不同看法，总的说来，可以分为两大派。第一派认为垄断不利于金融稳定，而竞争有利于稳定。持有该观点的人大都是完全竞争理论的信奉者。传统竞争理论认为，竞争性市场具有在失衡后实现更高层次的恢复均衡能力，竞争有助于市场均衡的恢复。根据 Boyd 和 Granham（1996）实证研究，竞争性贷款市场会降低金融脆弱性，他们还指出，一旦银行规模超过特定门槛，就存在规模不经济。Broecker（1990）、Riordan（1993）、Caminal 和 Matutes（1997）、Matute 和 Vives（2000）等的研究认为竞争会促使均衡破产风险增加进而使得信贷市场不稳定。这一结论得到了欧洲国家广泛的支持。欧洲国家20世纪90年代以来的银行并购浪潮正是银行危机之后的调整，银行集中提高了银行稳定。在国内，赵旭较早研究了银行竞争和银行稳定关系，赵旭（2002）利用 EKRS 模型分析了银行信贷市场竞争和银行脆弱性的关系，发现贷款市场的竞争能够降低贷款利率，有利于银行的稳健经营和金融稳定，同时也使得社会净福利增加。这是国内较早研究银行市场结构和银行稳健性关系的文章。赵旭的结论就是信贷市场的竞争有助于提高金融稳健性。反对者认为，由于 EKRS 模型是以西方发达国家的银行市场作为研究对象，存在严格的前提假设，没有考虑企业的非债务融资，也没有考虑逆向选择和道德风险问题，此外还没有考虑破产的潜在社会成本，还有对银行准公共产品的特殊性的忽视等诸多缺陷，导致他们得出了与传统产业经济学分析相类似的结论。他们的结论是值得重新审视和认真反思的。本书后面的实证结论不支持 EKRS 模型的结论。

"竞争—稳定观"的持有者认为垄断不利于稳定，而竞争有利于稳定，原因在于信息不对称情况下的竞争会降低道德风险，从而有利于银行稳定。赞成竞争有利于稳定的证据主要包括：市场竞争可以降低道德风险，在有限债务责任制度下，银行追求利润最大化成为银行天生愿意承担最大风险的内在动机，而道德风险是内在的。换句话说，金融市场在信息不对称不完全情况下，具有内生的不稳定性。银行脆弱性与信息不对称不完全情况下银行追求利润最大化的动机有关。Petersen 和 Rajan（1995）研究发现，信贷市场竞争会对银行借贷者的能力施加约束，这种市场纪律效应使得银行在竞争市场上能够获得比垄断市场更高的利率。Besanko 和 Thakor（1993）、Von Thadden（1995）解释了具有较强市场力量或者市场纪律约束的银行有内在动力来监督借款者的项目并与其建立长期关系。Erkki Keskela and Rune Stenbacka（2000）研究了信贷市场竞争和风险的关系，发现信贷市场的竞争可以降低利率，在不增加借款者的均衡破产风险的情况下而使得投资总量增加，因此信贷市场竞争和金融脆弱性之间不存在均衡点。

第二派认为垄断有利于稳定，而竞争不利于稳定。垄断有利于金融稳定的代表人物包括 Bergstresser 等。Dell'Ariccia（2000）研究了银行对企业筛选的情况，发现随着银行数量的增加，银行筛选企业的可能性降低了，这可能与筛选的费用有关。在经济衰退期，银行筛选严格。而在经济扩张期，银行降低筛选标准甚至不筛选。在垄断性银行市场，不论是衰退还是高涨时期，银行一般会对企业进行严格筛选。这样就在一定程度上降低了银行信贷随经济周期波动的风险，有利于经济金融稳定。他们提出了与第一派针锋相对的观点。他们认为依靠竞争来恢复均衡需要经历一个长期而痛苦的过程，需要付出高昂的代价。对于银行而言，银行过度竞争造成的银行危机代价惊人。银行业经不起一般企业破产的折腾。此外古典竞争理论忽视了市场内部因素造成的市场失衡。银行市场具有内在的不稳定性，这种不稳定性与银行的行业特征有关。银行业是一个特殊产业，银行不同于一般工商企业，银行的特殊性决定了银行业不适合采用一般的产业经济学理论来直接评价日益激烈的银行竞争的后果。欧洲中央银行 ECB（1999）研究认为，日益激烈的市场竞争对于银行风险有着显著的影响。Gehrig（1996）从瑞士银行业的研究中发现，与利差相比较，瑞士银行业的准备金、贷款损失的增加源于银行竞争程度的增加。Berger 等（1999）考察了全球金融一体化过程，并评估了金融机构并购前后对金融一体化的影响，强调金融危机期间政府对有问题金融机构的并购提供金融援助和支持的必要性，发现在金融不稳定时期，金融机构的并购有利于市场稳定，银行的集中有利于市场稳定而不是相反。

有人强调银行市场信息不对称的重要性，从道德风险和逆向选择角度来分析银行市场结构和银行稳定关系。他们坚持认为垄断有利于稳定，而竞争不利于稳定，原因在于信息不对称情况下的竞争会导致逆向选择和道德风险，从而不利于银行稳定。Broecker（1990）、Nakamura（1993）和 Riordan（1993）研究了在借款者特征不可观察的情况下逆向选择的后果。研究发现，银行竞争是否有利于银行绩效改善与借贷者之间的信息不对称、信息不完全密切相关。他们发现，当借款者在一家银行提交贷款申请而后又转向其他银行申请贷款，这样激烈竞争会使得逆向选择后果更为严重。随着银行数量的增加，银行竞争程度的提高，银行投资项目的平均质量会降低，竞争在借贷者信息不对称的情况下会降低银行绩效。Caminal 和 Matutes（1997）研究了银行为减轻内在的道德风险而在信贷配给与监督选择时，增加借贷市场集中度的福利效果。发现日益增加的市场力量也就是竞争会使银行提高贷款利率并加强对特定项目的监督。信贷市场集中度的增加将会提高贷款利率及项目监督的积极性。Matutes 和 Vives（2000）发现银行存款竞争和银行存款保险的结合导致银行出现过度风险。银行可能选择风险高的贷款项目形成不顾风险的放款行为，而当银行陷入财务困境，破产概率比较高的时候，就有动力进行赌博。银行的治理结构、银行竞争和政府管制影响着银行的道德风险。Smith（1984）探讨了 D—D 模型环境下银行的竞争结构，考察了利用利率来竞争存款资源的商业银行，得出在逆向选择的情况下，将出现一个经典的不存在性难题。他将这种均衡的不存在解释为存款市场上的一种不稳定性，并指出对存款利率进行监管是合适的。Smith 的结论是竞争虽然会降低利率但是会加剧金融脆弱性。

有人提出了垄断利润和"平静生活"假说来解释银行市场结构和金融稳定的关系。根据该假说，垄断有利于银行稳定。勾结或者合谋有利于银行稳定，达到减少互相残杀和冲突的效果（Hicks，1935）。Bergstresser（2001）利用1980~1994年的数据检验了另一版本的平静生活假说：具有更大的市场势力的银行倾向于比其他银行承担更小的风险。Bergstresser发现位于市场集中度更高市场上的银行倾向于在他们的贷款组合中持有更低份额的建筑和土地开发贷款。这个结论与当前银行业反托拉斯的做法一致。他的结论就是市场集中度越高越有利于稳定。

还有人从资产组合理论角度对垄断有利于银行稳定给出了解释，他们指出银行多元化经营除了能够给银行带来范围经济效应之外，还可以分散银行非系统性风险，实施多元化经营的银行能够提高抗风险能力，这就是"大而不倒"的含义。此外垄断带来的特殊权价值，也是垄断有利于稳定不可忽视的一个重要因素。凯利（keeley，1990）以银行机构为例进行的研究发现，银行的"特殊权价值"中包括私有的客户关系等，很难通过市场全部变现，当银行倒闭时，破产成本会很高。因此，足够高的"执照"价值会避免股东承担过高的风险。

金融机构间更加激烈的竞争——可能是由于监管制度的变化——倾向于有相反的效果。Davis（1999）、Demirgüç-Kunt 和 Detragiache（1998）的研究发现，银行竞争加剧不利于金融稳定。Hoggarth 和 Soussa 也强调在竞争变得激烈时中央银行有义务对陷入困境的金融机构提供支持。破产的危险在垄断的情况下最低，在完全竞争的情况下最高。拥有更少银行的银行系统可能是更加安全的。Hellman、Murdock 和 Stiglitz（2000）指出，当存款者的利息率由银行间无拘束的竞争所决定时，银行的资本充足率不能达到帕累托最优。因为竞争与资本充足率一起破坏了银行的特殊权价值，而且使赌博的动机在监管中被松绑。

总的说来，关于竞争、垄断和金融稳定的关系及其冲突，一直是争论不休的问题。下面，我们拟对此进行检验。我们选择PD5和CONCENTRATION作为衡量银行市场结构的指标，其中PD5表示最大5家银行占有的存款份额，CONCENTRATION表示3家最大银行资产占该国银行总资产的比重。我们以经济发展阶段DEVP和好的政府治理GG作为控制变量，从表4-5回归方程（3）可以发现，银行集中度CONCENTRATION和金融危机存在负向关系，通过了置信水平为5%的显著性检验，这说明市场集中度越高越有利于金融稳定，而不是相反。此外，我们利用PD5也得出了类似的结论。我们的实证分析较好的支持垄断—稳定观。

三、其他金融变量与金融稳定

此外，我们还对金融自由化，融资结构和金融稳定的关系进行检验。从表4-6回归方程（1）和（3），以及表4-7回归方程（1）可以发现金融自由化变量 M2BRE 和金融危机存在正向关系，但是并不显著，没有通过置信水平为 10% 的显著性检验，金融自由化假说没有得到有力支持。Demirgüc-Kunt 和 Detragiache（1998）、Eichengreen 和 Arteta（2000）发现，金融自由化战略不利于银行稳定。我们的研究没有支持该假说。此外我们还选择 FINSTR 作为融资结构的代表变量，FINSTR 为股市交易总额比银行对私人部门的信贷。从表4-5回归方程（1）可以发现，FINSTR 和金融危机存在负向关系，通过了置信水平为 5% 的显著性检验，也就是说直接融资占比越高，发生金融危机的可能性越小。我们发现金融结构向直接主导型转变有助于金融稳定。一个可能的解释就是股市有助于分散集中在银行部门的风险。

总的说来，金融深化程度的提高有利于金融稳定。垄断有利于金融稳定，而不是相反。融资结构的多样化有助于金融稳定，而金融自由化对金融稳定的影响并不显著。"新环境假说"主要关注新的金融部门发展壮大对金融不稳定的影响，将金融不稳定归结为变化了的虚拟经济部门的爆炸性增长。根据新环境假说，金融发展不利于金融稳定，我们的实证检验没有支持"新环境假说"。我们的实证分析发现金融主导型经济形成的新环境，本身并不必然增加金融不稳定，我们的实证分析得出了与新环境假说相反的结论[①]。总的说来，金融不稳定的虚拟经济决定性并没有得到实证的有利支持。

第四节 三级治理缺损假说的提出及其检验[②]

关于金融不稳定，存在不同的理论解释，传统理论强调经济周期波动和经济基本面在解释金融稳定中的重要性，新近的研究开始强调金融结构等金融因素在金融稳定中的重要性。上面我们对金融不稳定的两大理论观点进行了实证

[①] Monetary stability, financial stability and the business cycle: five views, Monetary and Economic Department, BIS Papers, No 18, September 2003.

[②] 我们使用的治理数据主要来自 Aggregate Governance Indicators Dataset，相关链接 http://www.worldbank.org/wbi/governance/wp-governance.htm。

检验，结果发现，经济基本面变量对金融危机的解释能力较差，从可决系数来看，一般都不超过10%。总的说来，经济基本面因素对解释20世纪80年代以来的新型危机，越来越缺乏说服力，传统的经济基本面决定观没有得到实证的有力支持。就金融变量而言，金融深化有利于金融稳定，金融自由化对金融稳定的影响并不确定。总的说来，金融不稳定的新环境假说（虚拟经济观点）同样没有得到有利的支持，出现了与新环境假说相反的结果。

金融稳定：政府还是市场？一直以来，对于金融危机的研究主要围绕这一对矛盾展开。我们在研究中国金融不稳定成因的过程中，发现很难利用经济基本面和金融行业变量来解释金融稳定的原因，于是开始寻找金融脆弱性的新来源，通过不断的排除和搜寻，得到一个新的线索。我们认为中国的金融脆弱性可能与政府行政金融控制和公有产权制度安排有关。这是在研究中国金融脆弱性过程中萌生出来的一个初步想法。我们反对"非经即融"（非经济即金融）的传统二分法，主张超越经济基本面和金融体系本身去研究金融不稳定的来源，从政府角度探寻金融不稳定的成因及其维护之道，跳出传统的市场分析窠臼。更多着眼于大环境，也就是宪政制度、政府治理、法律、发展战略等社会和制度变量，跳出头痛医头、脚痛医脚的传统研究局限，开辟研究金融不稳定的第三条道路。维护金融稳定需要大视野，需要在更高层次、更宽视野和更大范围内进行统筹思考和把握。因此我们提出了一个政府主导的三级治理假说，遵循政府治理—市场治理（行业治理）—组织治理（银行治理）的治理链（结构）路线。存在治理链的看法始于新制度经济学派（更广泛的观点可以参看Williamson（2000）等人的著作）。他们强调制度及其治理对经济发展与稳定有重要影响，我们这里主要用于分析金融稳定。治理链或者链接指每一层（政府、监督者、金融机构和公司部门）的治理行为对下一层的影响。自上而下，由政府治理—金融监管治理—银行组织治理三个环节构成一个综合的层级式治理链条。（1）金融组织治理。金融机构对在机构中建立良好的公司治理以获得和保持来自客户和市场的信任负最终的责任。作为公司部门的贷款人，从而也是利益相关者，他们热衷于确定客户的有效公司治理（Caprio和Levine，2002）。然而，他们只在自己行为正当的时候才能对公司进行有效的公司治理。良好的银行治理有助于推动经济中资源的有效配置从而有助于实现金融体系的稳健。（2）金融监管治理。金融监管在推动和监督金融媒介实施正当行为中起了关键作用。为达到这一目标，金融监管当局自身需要建立和进行正当的治理活动。从公司治理到良好的金融部门的治理的渠道需通过机构信誉才能实现。持续地实行良好的治理有助于建立机构的信誉。不能实行良好的治理的情况下，管理机构就会失去信誉和向受其监督的机构传播良好行为的道德权威。这可能引起道德风险问题并导致市场上的不当行为。（3）政府治理。同样，没有良好的政府治理，就不可能维持良好的金融监管。良好的政府治理是良好的金融监管（及由此形成的金融体系稳健）的主要先决条件之一。我们这里的政府治理是一个广义的概念，既包括一般的公共部门治理，又包括腐败、法律体系等治理。我们认为宏观治理重于微观治理，政府治理重于公司治理，监管治理重于银行治理。我们主张治理要从最上头抓起，要先抓政府治理，再是金融监管部门的治理，然后是银行治理，这是解决金融不稳定尤其是中国的金融不稳定问题的长远之道和根本之计。政府治理缺损对金融稳定存在不利影响，突出表现为中国的股市和银行问题。我们认为在影响金融稳定的因素中，最关键的是政府因素。这也是研究金融稳定必须上升到国家层次的内在原因。金融稳定是一个公共产品，取决于政府本身。我们强调政府治理在维护金融稳定中的重要性，提出以政府治理为核心的三级治理缺损假说来解释20世纪80年代以来的金融不稳定。我们的三级治理缺损假说是在第三章的分析基础上提出的，下面将从3个层次进行检验。

一、政府治理与金融稳定

第二章对金融不稳定的治理观进行过总结分析。相比经济基本面变量和金融变量而言，制度变量和政策设计没那么受重视（虽然对它们的重视在增加），法律体系、存款保险制度和金融自由化除外。一个运转良好的法律体系能减少银行业危机发生的可能性，而存款保险制度，特别是如果该制度无约束或约束不明确，会增加银行危机发生的可能性。金融自由化也是这样，特别是当监管使用不当的时候。Demirgüç-Kunt 和 Detragiache（2000）发现，存款保险制度安排不利于银行稳定，与银行危机存在正向关系。Michael Francis（2003）对治理和金融脆弱性的关系进行了实证检验，认为治理通过三个渠道影响金融稳定。治理措施降低了迫使（隐性或显性）借款人执行合同的成本，同样也降低了金融脆弱性。梯若尔（2003）提出双重和共同代理观点，来解释危机，这种双重和共同代理，使得治理在维护金融稳定过程中变得更为复杂和重要。自从新制度经济学重新唤起人们对制度和政府结构对市场经济正常运行的重要性的关注以来的二十年里，越来越多的实证显示制度（以及政府的重要性）对经济发展和宏观经济增长的主导性作用。我们认为信息不对称和利益冲突，是金融交易活动中不可避免的前提条件和特征，而好的制度和治理有助于减轻这些先天内生的缺陷带来的严重不良后果，治理观较信息观和利益冲突观是一大进步。

什么是治理，简单说来，治理即管理经济参与者（利益相关者）相互行为的游戏规则，是化解利益冲突的重要制度保障。政府治理就是政府管理经济金融活动参与者（利益相关者）相互行为和博弈的游戏规则，从而保障交易的公平、公开和公正。类似地，我们可以定义组织治理和市场治理。本书认为治理具有层次性和结构性，可以分为企业治理（银行治理就是其中的一种）、监管治理、政府治理或者分为组织治理、市场治理和政府治理，分别强调组织自律、市场纪律和政府管理的重要性。支持制度首要性观点的实证研究越来越多，可以参看 Rodrik 等人（2002）的著作。论文将此框架应用于分析治理和金融稳定性的关系，重点分析政府治理、金融监管治理和银行（金融组织）治理对金融体系稳健的影响。治理尤其是监管治理在维护金融稳定性中的重要性越来越被重视。人们一致认为在那些决定因素中，对所有金融体系利益相关人的治理行为是一个关键因素，加强了金融稳定性的三个支柱（稳健的宏观经济条件，有效的监管和稳固的市场基础）。现在还没有系统的实证分析来检验治理和金融体系稳健之间的关系。下面我们试图对政府治理和金融稳定的关系进行实证检验。

本书在 Rafael La Porta、Florencio Lopez-de-Silanes、Andrei Shleifer 和 Robert Vishny（1998）、Michael Francis（2003）、La Porta、Lopez-de-Silanes 和 Shleifer（2002）[1]、Udaibir S. Das、Marc Quintyn 和 Kina Chenard（2004）[2] 等研究的基础上，对金融不稳定的政府治理观进行检验[3]。我们从法律、法规，政府干预与控制、其他公共治理三个方面来研究政府治理和金融稳定的关系，并对一些具体的假说进行检验。我们采用一套复杂的指标来衡量政府治理的好坏[4]，具体包括以下变量：COR，BQ，DA，GE，GR，GS，IP，LAWORD，PCON，POLRISK，PRIGHT，PS，RG，VA，ROL，RICON，COMLAWA，GG。

---

[1] La Porta, R., F. Lopez-de-Silanes, and A. Shleifer. 2002. "Government Ownership of Banks." Journal of Finance 57 (1): 265–301.

[2] *Udaibir S. Das*, *Marc Quintyn*, *and Kina Chenard*, Does Regulatory Governance Matter for Financial System Stability? An Empirical Analysis, IMF Working Paper, WP/04/89, 2004.

[3] Michael Francis, Governance and Financial Fragility: Evidence from a Cross-Section of Countries, Bank of Canada Working Paper 2003–34, October 2003。关于政府治理的指标数据主要由 Rafael La Porta、Florencio Lopez-de-Silanes、Andrei Shleifer and Robert Vishny（1998）、Michael Francis（2003）整理而来。

[4] 政府质量（好的政府与差的政府）的讨论可以参见 Rafael La Porta、Florencio Lopez-de-Silanes、Andrei Shleifer and Robert Vishny、THE QUALITY OF GOVERNMENT、Second Draft、August 1998。他们重点对影响政府质量的因素进行了检验。我们认为好的政府治理（质量好的政府）有利于金融稳定。

（一）法律制度和金融稳定

我们选择4个法律、法规变量，通法的国家COMLAWA为普通法的国家，用来衡量法律的起源及其类型。另外，选择LAWORD、ROL、IP等3个变量作为好的法律制度的代表变量。其中LAWORD是用来衡量法律制度的强度、公正和遵守情况的综合指标，指数值越高，法律的公正、遵守、强度越好。ROL是衡量一个国家的法律规则的综合指标，指数越高，说明该国法律规则越完善。IP衡量投资风险和投资保护情况的综合指标。根据金融的法律观点，法律对于金融发展起着重要作用，据此类推，法律对金融稳定同样十分重要。因为，一个社会可以通过好的法律制度来减少代理问题并促进契约的执行，减少道德风险和逆向选择等问题。是否如金融发展的法律观所说的那样，金融稳定同样依赖于法律制度的完善呢？我们对金融稳定的法律观点进行检验，具体对以下两个假说进行检验：

H1：普通法更利于金融稳定吗？

H2：好的法律制度有利于金融稳定吗？

我们利用81个国家的横截面数据进行分析发现，法律、法规和投资者保护对于金融稳定具有显著的正向影响，能减少金融危机发生的概率。从表4-9可以发现，单一回归结果显示，LAWORD、COMLAWA、ROL、IP四个变量都通过了置信水平为10%的显著性检验，而且符号都为负，这与预期的理论结果一致。来自80多个国家的实证检验结果发现，法律的公正、遵守、程度越好，越有利于金融稳定。该国法律规则越完善，越有利于金融稳定。一国的投资风险和投资保护情况的综合水平越高，越有利于金融稳定。相比较而言，法律起源变量没有通过置信水平为5%的显著性检验，而其余3个变量都通过置信水平为1%的显著性检验。这一结果似乎可以说明，是否实施普通法对于减少金融危机并不重要，与法律起源相比，法律执行和实施、法律是否公正和得到遵守、法律是否健全、投资者保护程度，对于维护金融稳定更为关键。表4-8发现，在控制了法律起源的情况下，发现投资者保护、法律是否健全、法律公正和遵守对于金融稳定具有显著的正向影响。从表4-8中的回归方程（1）-（3）中发现COMLAWA和金融危机都没有通过置信水平为5%的显著性检验，但是都通过了置信水平为10%的显著性检验。我们的研究发现好的法律制度有利于金融稳定，这与Rajan和Zingales（1998）、La Porta等（1998）、Michael Francis（2003）的研究结论比较一致。Rajan和Zingales（1998）认为，有着大众法律体系的国家，法庭更容易遵守"法律精神而不是契约的文

第四章 金融脆弱性的成因：跨国比较研究

表4-8　80个国家法律制度和金融稳定的 Probit 分析结果（CC）

变量	相关系数 (1)	概率	相关系数 (2)	概率	相关系数 (3)	概率
COMLAWA	-0.53587	0.0993	-0.4294	0.1685	-0.5744	0.0762
IP			-0.3736	0.0071		
LAWORD					-0.4055	0.0003
ROL	-0.62716	0.0001				
C	0.372219	0.0525	2.55716	0.0048	1.70520	0.0002
Probay（LR stat）	9.61E-05		0.00596		0.00018	
Obs with Dep = 0	40	80	40	80	40	80
Obs with Dep = 1	40		40		40	

表4-9　81个国家法律制度和金融稳定的 Logit、Probit 分析结果（CC）

变量	相关系数 Probit (1)	概率	相关系数 Logit (2)	概率	相关系数 Logit (3)	概率	相关系数 Logit (4)	概率
COMLAWA	-0.49717	0.0984						
LAWORD			-0.66062	0.0004				
ROL					-1.05233	0.0002		
ip							-0.71463	0.0044
C	0.166295	0.3365	2.484491	0.0007	0.34218	0.1927	4.650393	0.0047
Pro（LR tat）	0.09647		0.000115		3.76E-05		0.001861	
Obs with Dep = 0	40	80	40	81	40	81	40	81
Obs with Dep = 1	40		41		41		41	

字"，因此使契约提供了更多的投资者保护。如果是这样，大众法律体系可以为狡猾的企业家提供"摇摆的空间"——特别是如果司法系统很容易腐败的话[1]。La Porta 等（1998）发现，法律规定和银行危机存在负向关系，好的法律制度有利于银行稳定。Michael Francis（2003）对法律、法规和金融脆弱性的关系进行了检验。他使用 ICRG 的法规（LAWORD）和投资保护变量（IP）以及 KKZ 的法规变量（ROL）检验了治理的这个方面，结果发现促进法规的制度似乎对金融脆弱性的影响是统计显著的。以投资易变性作为金融脆弱性的代理变量，同样发现，ICRG 法规和投资者保护，KKZ 法规以及 EFOW 所有权

---

[1] Rajan R. and L. Zingales, 1998b, "Financial Dependence and Growth", *American Economic Review*, vol 88, pp. 559-586.

和司法体系变量都得到所期望的符号,并通过了显著性检验。例如,阿根廷的投资易变性分数为 0.967,他的 ICRG 法规分数为 3.9。如果他在推进法规的治理机制中投资,将他的法规分数升到与西班牙(4.6)的一样,实证结果表明阿根廷将使他的投资易变性下降 0.30 点(-0.44×0.7),或者下降 30%。银行危机有相似的结果。简单 t 检验表明了所有的法规变量都有预期的符号,而其都通过了置信水平为 1% 的显著性检验,这支持了建立和执行所有权的制度对减少危机起着重要作用的观点。这与以前的研究者(DKD,1998,Santor,2003)的发现一致。

关于法律起源和金融稳定的回归结果,我们发现法律起源对于金融稳定的影响并不十分显著。法律起源和金融稳定的关系是很混合的。LLSV(1998)研究发现法律起源对于金融稳定起了很重要的作用[1]。Michael Francis(2003)发现,非普通法的国家经历更少的投资易变性,但是变量不是统计显著的。然而跨国银行危机的结果更倾向于支持普通法国家经历更少的投资易变性。危机国家中大约 28% 是普通法国家,而非危机国家中有一半是普通法国家。这个区别是统计显著的,但是只在 10% 的水平上显著。我们的结论与 Michael Francis[2](2003)比较一致。另外,我们还分别利用 ZS、ZM 作为被解释变量与四个法律变量进行回归分析,发现结果几乎一致。总的来说,我们的研究初步支持好的法律制度有利于金融稳定,而法律起源相比而言并没有得到实证的有力支持。

(二)政府干预控制与金融稳定

我们选择 8 个指标作为政府干预和控制的代表变量,其中利率控制变量(RICON),价格控制变量(PCON),政府转移支付和补贴变量(GOV)3 个指标作为政府直接干预控制的代表变量。另外,选择 5 个指标作为反映政府对银行产权控制的变量,分别为 Gob、GB-per、Gc20、Gc50、Gc90。GB-per 测量给定国家前 10 大银行的资产中政府所有或控制的比例。Gc20、Gc50、Gc90 分别表示国家是最大的股东并控制银行资产至少为 20%、50%、90% 的情况。Gob 测量私营银行持有的存款百分比,其中 10 对应 0~5%,1 对应于 100 到

---

[1] La Porta, Rafael; Lopez - de - Silanes, Florencio; Shleifer, Andrei; and Vishny, Robert W. "Law and Finance," *Journal of Political Economy*, 1998, 106 (6), pp. 1113 - 1155.

[2] Michael Francis, Governance and Financial Fragility: Evidence from a Cross - Section of Countries, Bank of Canada Working Paper 2003 - 34, October 2003.

90%，作为衡量政府所有权或控制权的变量，来源于 EFOW 数据库[①]（Gwartney 等 2002）。我们在研究中使用 EFOW 数据检验经济中政府干预的作用，观测值从 1985 年向前，五年一间隔。包括银行的政府所有权比例 GB-per，政府转移和补贴 GOVT，实际利率控制 RICON 和价格控制 PCON。使用的指标取值从 1 - 10，更高的值对应较少的政府干预。GB-per、Gc20、Gc50、Gc9 数据来自 La Porta、Lopez-de-Silanes 和 Shleifer（2002）（以后表示为 LLS）的收集。

关于政府和金融稳定的关系，一直以来未有定论。从第二章的文献回顾可以发现，马克思政治经济学家将资本主义的金融危机归结为资本主义生产的无政府主义，而自由主义者提出了相反的判断，认为资本主义是天生和谐的，正是政府的干预导致了金融不稳定。政府在金融危机中究竟扮演什么角色，从实证角度进行回答无疑有助于揭开这一对矛盾。随着研究的发展，哈佛大学以 Shleifer 为首的新政治经济学家开发出了一套衡量政府干预的变量，使得原来一些难以量化和检验的因素得以进行。本书在借鉴 Shleifer（2002）等研究的基础上，试图对政府和金融稳定的关系进行检验。具体检验以下假说：

假说 1：政府对银行的产权控制越严格，越有利于金融稳定吗？或者说是公有产权相比私有产权更有利于金融稳定吗？

假说 2：政府干预越多越有利于金融稳定吗？也就是说利率和价格的自由化不利于金融稳定吗？

首先对政府产权控制和金融稳定的关系进行检验。

关于产权制度和金融稳定的关系，大体可以归结为三大类：一类是产权无关论，有人提出了超产权论，认为竞争才是关键；二是产权至关重要论，具体又分为私有化有利于金融稳定论和公有化有利论。主张银行公有的研究者认为，政府对银行的所有权及政府对金融部门的监管可以消除金融脆弱性。政府通过它对政府所有或政府控制的银行的影响，可以消除低投资低信贷均衡来消除非稳定性的一个来源。此外，有可能政府比私营银行能更好地解决一些代理问题。根据这个观点，政府所有权和控制权可以降低金融危机的发生倾向。反对者认为，政府对银行的所有权和控制可能恶化代理问题，不利于金融稳定，主张私有化战略。首先，政府所有的银行可能通过自利的政府官员和借款者的互相勾结，导致金融贪污泛滥。其次，政府所有银行对投资工程筹资的倾向于建立在政治动机基础上，而不是纯粹的经济动机，导致资金利用的低效率乃至无效率。

[①] Gwartney, J., R. Lawson, W. Park, C. Edwards, and S. Wagh. 2002. "Economic Freedom of the World Annual Report." Available at http：//www.freetheworld.com.

关于产权和金融稳定的关系，至今没有定论。Nicols（1967）、O'hara（1981）对互助合作产权和私有产权的金融机构作了比较，结果发现，私有产权形式的银行比互助合作产权形式的银行效率高、成本低。Sumon、Kumar bhaumik 和 Paramita Mukherjee（2001）研究发现，印度国有银行的净资产利润率、人均业务量、人均利润低于私营银行，而不良贷款率却大大高于私营银行。国内，丁志杰、王秀山、白钦先（2002）对韩国、泰国、印度尼西亚等东亚国家，墨西哥、阿根廷等拉美国家，以及英国、德国、法国等欧洲国家的银行绩效进行了比较，发现在拉美地区，国有银行的经营效率比私营银行要低得多。而在欧洲，国有银行和私营银行效率差异不大。赵旭（2000）、王丽等（2000）、秦宛顺、欧阳俊（2001）赵昕等（2002）、周小全（2003）运用 DEA 非参数分析法对我国商业银行尤其是国有独资商业银行效率进行了研究，结论是国有独资商业银行的效率远远低于股份制商业银行①。张新（2003）运用 EVA 方法也得出类似的结论②。黄宪、王方宏（2003）对国有商业银行、股份制银行、信用合作社的经营绩效进行比较发现，国有独资银行的 ROA 指标大大低于股份制银行，两者的 ROE 指标差距更大。

我们利用 65 个国家的数据进行检验，发现 5 个产权代理变量，只有 GC90 通过显著性检验。从表 4 - 10 可以发现，GC90 和金融稳定变量 CC 存在显著的正向关系，通过了置信水平为 5% 的显著性检验，说明政府对银行产权的高度控制不利于金融稳定，会增加金融危机发生的概率。降低政府的银行产权控制有利于金融稳定。Gob 与金融危机变量 CC 负相关，但是并不显著，GC20、GC50、GOB、GB-PER 都没有通过显著性检验，说明产权对金融稳定的影响并不是十分强烈。从表 4 - 10 回归方程（4）可以发现，当政府对银行产权的控制达到 90% 的时候，高度集中的产权控制不利于金融稳定，也就是说从产权制度的角度考虑，高度严格的产权控制不利于金融稳定，而控制 50% 和 20% 都没有产生显著的影响。因此，我们提出适度控制论，反对金融抑制和金融自由化。

为进一步研究产权和金融稳定的关系，本书在 Barth、Caprio 和 Levine（2001）研究的基础上，进一步利用 SOBA、TBAFO、TBAGO 三个产权控制指标进行检验。其中：TBAGO 指政府占有银行总资产的比例，TBAFO 指外国投资者占有银行总资产的比例，SOBA 指国有银行的资产。我们利用 81 个国家

---

① 周小全：《竞争、产权和绩效——中国银行业产业组织问题研究》，经济科学出版社 2003 年版。
② 张新：《中国的经济增长和价值创造》，三联书店 2003 年版。

的数据也得出了类似的结论，发现政府对银行产权的控制不利于金融发展，没有发现公有产权有利于稳定的证据。单一回归分析发现 GB-Per、GC20、GC50、GC90、GOB、SOBA、TBAFO、TBAGO 都没有通过显著性检验，不论是与 ZM/ZS/CC 都如此。这说明政府产权控制对金融稳定并不显著，产权控制并不重要。

Michael Francis（2003）发现，从投资易变性等式中获得的结果没有支持银行的政府所有权对脆弱性有影响的观点。从 LLS（2002）获得的银行政府所有权的变量表明更多的银行所有权与更少的易变性之间有相互关系。EFOW 政府所有银行的存款（GOB）（测量为 1 减去私营银行存款的份额）则得到了相反的结果，没有一个变量是统计显著的；另一方面，经历了银行危机的国家更容易有更大份额的国有银行或者国有银行拥有更大份额的存款，t 统计量全部都是统计显著的。这些结果并没有支持国有和国家控制银行可以降低代理成本并消除脆弱性这一观点。它们得到的是相反的结果，至少是在银行危机方面。利用不同的产权变量进行回归，得出了一些互相矛盾的结论。Barth、Caprio 和 Levine（2001）开发出一个全球 107 个国家银行监管的综合数据库，他们研究发现对于政府所有权，大量的国家中政府所有银行资产总额不只是正的而且还相当高。在 9 个国家中，这个数字超过了 60%。在印度这个数字为 80%。德国的数字比这个低很多，但是仍然高达 42%。在另一端是美国和英国等国家，它们的国有银行资产为 0。Barth、Caprio 和 Levine（2001）使用这些数据来识别那些拥有更好的银行绩效和稳定性的非常接近的银行监管措施。尽管银行国家所有权的支持者声称银行的国家所有权有利于克服信息问题，并更好的将稀缺资本配置到高效项目上，但他们收集并整理的数据却说明了相反的事实。一般地，银行较高的国家所有权结构是与不良的金融系统运行联系在一起的。

政府干预和金融稳定。我们选择 RICON、PCON、GOVT 作为代表变量。其中，转移和补贴变量 GOVT 值越高，对应的政府转移和补贴/GDP 的比率越低。RICON、PCON 值越高对应着更少的政府介入。从表 4-10 可以发现，RICON、PCON 和金融稳定变量 CC 存在显著的负向关系，说明政府对利率和价格的控制越少，越不稳定，控制得越多越有利于金融稳定。GOVT 与金融危机 CC 存在显著的正向关系，政府转移支付和补贴越多，越有利于稳定。这说明政府对财政的控制能力越弱，也就是小政府更可能爆发危机，而大政府对于维护金融稳定具有重要意义。明斯基的大政府观点得到了实证的支持。结合中国来说，就是利率和价格的自由化有利于稳定，而不是相反。同时要发挥政府转移支付和补贴在维护金融稳定中的积极作用。此外我们还分别利用 ZS、ZM

表 4 – 10　　81 个国家政府干预、控制和金融稳定 Logit 分析结果（CC）

变量	相关系数	概率	相关系数	概率	相关系数	概率	相关系数	概率
	(1)		(2)		(3)		(4)	
GC90							2.2585	0.042
RICON	-0.26704	0.0035						
PCON			-0.2312	0.0155				
GOVT					0.25494	0.0224		
C	1.946157	0.0069	1.08762	0.0264	-1.9871	0.0262	-0.603	0.0976
Proba (LR stat)	0.001224		0.01146		0.01482		0.0142	
Obs with Dep = 0	40	81	38	78	39	76	33	65
Obs with Dep = 1	41		40		37		32	

和 8 个政府干预变量进行回归，得出的结论几乎一致，这里没有详细列出。Michael Francis（2003）研究发现，经济中通过转移和补贴、利率控制、价格控制以及普遍监管负担进行的更多干预，都会增加危机的可能性。这表明政府干预很可能恶化代理问题而不是解决代理问题。

总的说来，政府对产权的高度控制和对价格、利率的高度控制似乎不利于金融稳定，而财政转移和补贴似乎有助于金融稳定。至今关于产权和金融稳定的实证研究结论依然是混合不清的，有待进一步研究。

（三）政府其他公共治理和金融稳定

我们从法律制度、直接干预控制、金融监管三个方面对政府治理和金融稳定的关系进行了检验。政府治理是一个内容十分丰富的概念，除了上述三个方面之外，政府治理还体现在其他众多方面。为了更全面分析政府治理和金融稳定的关系，我们选择以下 4 个指标作为补充，变量包括：RG、PRIGHT、GG、POLRISK。其中 POLRISK 为 ROL、LAWORD、IP、COR、DA、VA、GS、PS、GE、GR、BQ 等 11 个指标的综合指数。其中：RG 表示干预负担，用来衡量过度的干预和控制，指标值越高，意味着过度的干预和控制越少。Pright 表示政治权力指标。GG 表示好的政府治理，是三个变量的汇总：（1）政府的征用风险；（2）腐败程度；（3）国家的法律规章制度，好的政府治理包括政府征用风险越小，更少的腐败以及更严格的法律规章制度（La Porta, 1999）。Polrisk 表示政治风险，衡量一个国家政治稳定的综合指标，指标值越高，意味着政治风险越低。Polrisk 是一个综合指标，由 ROL、LAWORD、IP、COR、DA、VA、GS、PS、GE、GR、BQ 等 11 个指标组成。DA 表示民主的可靠度或者政府的可信度、责任感指标。VA 表示选民的声音和参与度，是用来衡量市民能够参与政府选举的程度和能力的一个综合指标。GE 表示政府治理的有效性，是一个衡量政府采取和执行政策的能力的综合指标。GR 表示公共权力对私产或者私人权益的保护。PS 是衡量一个国家政治稳定的综合指数。BQ 为政府官僚质量，用来衡量在政治过渡时期在没有剧烈的政策或者干预变化的情况下，官员管理的能力和强度。GS 表示政府稳定性，衡量政府执行宣布的计划和任期长短的能力指标。其中政府稳定性 GS、投资概况 IP、腐败 COR、法规 LAWORD、民主程度 DA 和政府机构性能 BQ 来自 ICRG 政治风险指南。6 个中每个都是一个指数，指标值越高，表示制度的结果越好。我们使用从 1984～2001 年的年度观测值，每个变量都使用了整个样本的简单平均。我们选择的治理变量来自以下几个方面：国际国家风险指南（ICRG）政治风险评级表；世界经济自由（EFOW）数据（Gwartney 等 2002）；以及政治组织Ⅳ工程数据（2000）。

重点从以下七个方面进行检验。

第一，政府干预负担和金融稳定。从表 4–10 发现，RG 和金融危机变量存在显著的负向关系，RG 指标值越高，意味着过度的干预和控制越少，这样越有利于金融稳定。实证分析发现，过度的干预不利于金融稳定，这与我们前面利用利率控制、价格控制变量得出的结论类似。这里的实证分析进一步印证了过度干预和直接干预均不利于金融稳定的观点。

第二，政府权力及其约束、信任与金融稳定。LLS（2002）采用 Pright 指标来测度政治权力，他们认为阻止政府官员将资金从贷款者转向借款者的方法是约束它的行政权力。政治组织Ⅳ工程数据包含了一个变量 Exconst，它直接测量了行政能力的这一方面。该指标取值从 1～7，是测量对执行官员的决策权力实施制度化的约束的程度。值越高表示对行政能力的约束越大。在西方民主国家，这些约束都由立法机关制定；他们同样是独立公正的。Michael Francis（2003）发现 Exconst 这个变量在减少银行危机方面是显著的，这表明除了他们自己的装置，最高级的政府官员更可能增加而不是减少代理成本，而且他们可能造成借款人不愿意还款。他们的研究还发现，拥有没有责任和没有约束的政府和官员的国家更可能经历金融危机。对行政权力施加的民主和约束的结果可能是该文中最惊人的结果。Michael Francis（2003）在投资易变性回归中，只有政治权力（pright）变量是非统计显著的。然而，在银行危机跨国分析中只有自制和政治组织的测量不是统计显著的。在商业周期模型中，ICRG 民主责任和 Exconst 变量都是统计显著的。从表 4–13 回归方程（2）可以发现，pright 和金融危机变量 CC 存在显著的负向关系，通过了置信水平为 10% 的显著性检验。这说明如果使政府官员自身免受监督和问责，则他们的行为会恶化而不是解决代理问题，结果是这样的国家金融脆弱性恶化了。我们的研究发现，加强对政府权力的约束有利于金融稳定。监管政府和监管"监管者"，对于防止裙带资本主义和官商、官银勾结问题，克服委托—代理过程中的道德风险问题，具有重要的意义。这对于中国的金融改革具有重要启示。现阶段，中国金融领域大案要案不断爆发，出现了监守自盗和内外勾结作案的现象。由于政府官员和银行高层官员缺乏监督，导致信贷资金的滥用，出现大量无效的政策性贷款和金融腐败案件。解决政策性贷款发放过程中的腐败问题，就必须加强对政策性贷款的审批和主管者政府的监督。这在中国具有现实意义，我们在分析不良贷款的过程中，将大量的不良贷款归结为历史和政策性贷款，这实际上是归结到政府身上，政府对金融活动的不当干预，对贷款资源配置的过多干预，造成了资金的低效乃至无效利用。这成为我国金融脆弱性的一大来源，因此要解决历史遗留问题，就必须正视政府治理本身，加强政府治理，约束政府官员的权力，这对于减少中国的政策性不良贷款具有重要意义。

与政府治理相关的一个问题就是国有企业软预算约束，这在中国得到了很多的重视。但是中国还存在一个更为严重的问题，就是政府权力的无约束和软约束问题，政府治理和政府权力的软约束是造成企业预算软约束的背后动因，我们往往将问题归结为国有企业，而忽视了国有企业背后的政府之手。一个缺乏约束权力无限膨胀的政府之手往往会造成金融危机，它成为金融稳定的损害之手而不是帮助之手。本文提出政府权力软约束假说来解释金融不稳定，这一假说相比国有企业的预算软约束更具解释力，这更加符合中国的实际情况。我们认为，加强对政府权力的约束是解决腐败、国有企业问题等一系列病症的根本所在。中国的金融市场化过程中权力的泛化和滥用，权力的市场化是导致金融不稳定的主要根源，因此必须加快政府转型，加强对政府权力的约束和监督，以防止行政权力滥用对金融体系的破坏作用。本文的实证研究结果支持这一判断。

为进一步检验政府权力及其民主约束程度和金融稳定的关系，我们选择DA、VA指标作为补充，作进一步的检验。ICRG数据包含了变量DA（民主责任度）。这个变量测量了政府对他的人民的负责程度。KKZ数据有VA（选民的声音和责任度）。它测量了（从多个来源）政治过程，市民自由以及政治权力的不同方面。从表4-11回归方程（2）可以发现，DA和金融危机变量CC都存在显著的负向关系，通过了置信水平为5%的显著性检验。也就是说，民主的可靠度或者政府的可信度、责任感越高，政府对选民越负责，发生金融危机的可能性越小。我们可以把DA作为衡量人民对政府信任程度的指标。换句话说，如果选民对政府的信任度高的话，发生金融危机的可能性就小。根据这个指标，可以解释为什么中国没有发生严重的金融危机，一个重要的原因可能与老百姓对中国政府的高度信任有关。选民对政府的信任是防止金融危机的一个重要屏障和保证，这是一个防火墙。选民相信政府是一个负责任的政府，那么他们就不会就挤兑政府，挤兑政府所有或者担保的银行。因此培养选民对政府的信任感，加强政府公共治理，塑造一个负责、高效、可信的政府形象，对于防止金融危机，维护金融稳定至关重要，这也是防止恐慌的重要保障。建立大政府和强有力的政府形象，树立选民对政府的高度信任感对于防止由于恐慌造成的金融危机意义重大。中国的和谐社会的构建，执政党能力和先进性的教育都有利于提高人民对政府的信任水平。从表 4-11 回归方程（3）可以发现，选民的声音和参与度 VA 和金融危机变量 CC 存在负向关系，通过了置信水平为 5% 的显著性检验。该指标是用来衡量市民能够参与政府选举的程度和参与能力的一个综合指标。这说明一个有广大市民参与选举的政府，往往是一个负责任的好政府，选举出来的政府具有坚实的群众基础，市民的政治觉悟和政治素质高，这样的政府也有利于维护金融稳定。此外，以 VA 和 ZS、ZM 采用 LOGIT 模型进行回归分析，发现都通过了显著性为 5% 的检验，符号没有发生变化。对此一个可能的解释就是，如果政府是有责任感的话，那么它们更有动机为公众的利益提供服务，所以我们可以期望民主在保证政府为公众利益服务的方面起重要的作用。如果产业集中在少数人手中，而存款是广泛持有的，那么民主的政府更倾向于保证贷款者而不是借款者的利益。民主是一个保证政府采用更好的治理方式的纪律装置；另一方面，民主自身也是脆弱性的来源之一。第一，当人们在银行中有相当数量的存款时，民主政府会维持金融体系的运行，但是如果存款规模很小，那么使政府发展和维持好的治理措施的压力也很小。第二，政府不仅可以在维持实施所有权上面使用他们的强制力同样也可以摧毁他们。民主将政府放在一个处理竞争利益的位置，而为了获得和维持权力，政府可能试图对收入和财富进行重新分配，因此损害了所有权并潜在地造成了社会面临的代理问题。

  第三，政治稳定、政府稳定与金融稳定。从表 4-12 回归方程（2）可以发现，PS 和金融危机变量 CC 都存在显著的负向关系，通过了置信水平为 5% 的显著性检验。PS 是衡量一个国家政治稳定的综合指数，指数越高越稳定，金融危机发生的概率越小。这说明政治稳定有助于金融稳定。从表 4-12 回归方程（4）可以发现，GS 和金融危机 CC 同样存在显著的负向关系。政府稳定性 GS 是衡量政府执行宣布的计划和任期长短的能力指标，越高表示政府贯彻

表4-11　　81个国家政府治理和金融稳定的Logit分析结果之一（CC）

变量	相关系数	概率	相关系数	概率	相关系数	概率	相关系数	概率
	（1）		（2）		（3）		（4）	
COR	-0.54151	0.0052						
DA			-0.3696	0.0356				
VA					-0.8197	0.0048		
GE							-0.9408	0.0013
C	1.931192	0.007	1.482035	0.0425	0.37683	0.1578	0.30882	0.2241
Proba(LR stat)	0.00291		0.03049		0.00302		0.00046	
Obs with Dep = 0	40	81	40	81	40	81	40	81
Obs with Dep = 1	41		41		41		41	

实施计划的能力越强，执政时间越长。这说明政府稳定性有利于金融稳定。因此这有利于形成一个稳定的预期，有利于培育大众对政府的信心和信任。从表4-13回归方程（3）可以发现，Polrisk和金融危机变量CC存在显著的负向关系，通过了置信水平为5%的显著性检验。Polrisk是衡量一个国家政治稳定的综合指标，指标值越高，意味着政治风险越低，金融危机发生的可能性越小。根据ICRG，政府稳定性涉及政府公告计划的能力和它执政的能力。当政府稳定性很高时，显然可以为所有权提供保障（法律强制或是通过名誉或其他机制进行强制）。当政府稳定性很低时，政府变更的概率将上升，对所有权的保障会下降而且对收入和财富进行重新分配的政策可能性会上升。因此，一个合理的争论是政治稳定性加强了所有权的存在，反之不稳定会损害它们。根据这个观点，政府稳定性会解决代理问题，减少金融体系中脆弱的可能性。Michael Francis（2003）的研究支持了这个观点。他的研究发现，在跨国分析中，所有政府/政治稳定性变量都是统计显著的，表明稳定性对于保证健全的银行部门是重要的。GS变量有预期的符号，在商业周期中也是显著的。在投资易变性等式中，变量都有预期的符号，VA变量是统计显著的。本书的研究结论与Michael Francis（2003）的研究类似。维护政府稳定和政治稳定，对于维护金融稳定至关重要。

表 4-12　81 个国家政府治理和金融稳定的 Logit 分析结果之二（CC）

变量	相关系数 (1)	概率	相关系数 (2)	概率	相关系数 (3)	概率	相关系数 (4)	概率
GR	-0.95639	0.0006						
PS			-1.0756	0.0006				
BQ					-0.8032	0.0004		
GS							-0.8085	0.0026
C	0.321435	0.2061	0.19423	0.4351	1.9422	0.0012	5.68074	0.0027
Proba(LR stat)	0.000142		0.00014		0.00011		0.00092	
Obs with Dep=0	39	80	40	81	40	81	40	81
Obs with Dep=1	41		41		41		41	

表 4-13　81 个国家政府治理和金融稳定的 Logit 分析结果之三（CC）

变量	相关系数 (1)	概率	相关系数 (2)	概率	相关系数 (3)	概率	相关系数 (4)	概率
RG	-1.15225	0.0158						
PRIGHT			-0.2248	0.0792				
POLRISK					-0.0566	0.003		
GC90							2.258587	0.0429
C	0.545506	0.0926	1.19529	0.0917	3.66928	0.0032	-0.60326	0.0976
Pry(LR stat)	0.009055		0.07235		0.00154		0.014263	
Obs with Dep=0	40	81	40	81	40	81	33	65
Obs with Dep=1	41		41		41		32	

第四，政府治理质量、治理的有效性与金融稳定。可以合理地假设，一个好的政府机构可以提供有效的服务、监管，好的政府能够实现高质量的治理。这样，更高水平的治理容易伴随着较低的投资易变性和银行危机发生较低的可能性。政府机构的治理质量通过两个变量来度量：ICRG 政府机构的官僚变量（BQ）和 KKZ 政府效力的变量（GE）。

表 4-11 回归方程（4）可以发现，政府治理的有效性 GE 和金融危机变量 CC 存在显著的负向关系，通过了置信水平为 1% 的显著性检验。GE 是一个衡量政府采取和执行政策能力的综合指标，指标值越高，政府执行能力越强，

实证分析发现，一个行动果敢有力的政府有利于维护金融稳定。表4-12回归方程（3）发现，政府官僚质量BQ和金融危机变量CC存在负向关系，通过了置信水平为1%的显著性检验。BQ用来衡量政治过渡时期在没有剧烈的政策或者干预变化的情况下，官员管理的能力和强度。回归分析结果发现，该指标值越高，也就是官员治理的能力和质量越高，越有利于金融稳定。Michael Francis（2003）研究发现，更好的政府机构对应着更少的投资易变性且他们都有预期的符号同时也是统计显著的。这与银行危机的跨国研究是一样的。任用亲信会恶化代理问题增加脆弱的可能性，与此观点相一致的是在危机国家中腐败也会恶化代理问题（由ICRG的COR变量和KKZ的GR变量来测量）。这个发现在跨国银行危机数据和投资易变性数据中都是统计显著的。为进一步检验政府治理有效性和金融稳定的关系，我们选择腐败指标作为政府治理有效性的代表变量来作进一步的检验。从表4-11回归方程（1）发现，腐败指数COR和金融危机变量CC存在负向关系，通过了置信水平为1%的显著性检验。腐败指数COR数值越高，意味着腐败治理越好，金融危机发生的概率越低。这说明腐败越严重，越容易发生金融危机，这与克鲁格曼的裙带资本主义和道德风险假说的结论基本一致。

一个比较流行的观点认为，中国的金融问题尤其是不良贷款问题与腐败有关。关于腐败与不良贷款的关系，一直没有进行实证检验，而停留在一种猜测阶段，我们利用82个国家的数据对腐败与不良贷款的关系的实证检验（见表4-16）。利用3个衡量腐败的指标分别与不良贷款率进行回归，发现腐败不利于金融稳定，会增加不良贷款率。实证分析结果证实了一些人的猜测，腐败不利于金融稳定，这是一个国际命题而不仅仅成立于中国。谢平[①]等（2005）对中国的金融腐败进行了深入系统的探讨，我们对腐败与金融稳定关系的检验，进一步证明反腐败的重要性。本书的实证分析发现，腐败对于不良贷款率具有较高的解释力，经过调整的可决系数最高为0.3168。从表4-15可以发现，腐败程度越高，不良贷款率越高，金融自由化可以减少不良贷款，解释力为23.37%。腐败假说和金融自由化假说都得到了一定程度的支持。其中腐败比金融自由化的解释力更强，高达50.64%。我们的研究发现，腐败会增加不良贷款的比例。金融自由化与不良贷款率负相关，金融自由化有利于金融稳定而不是相反，这是来自53个国家的证据。

[①] 谢平、陆磊：《中国金融腐败的经济学分析》，中信出版社2005年版。

表4-14　81个国家政府治理和金融稳定的 Logit、Probit 分析结果[①]（CC）

变量	相关系数	概率	相关系数	概率	相关系数	概率	相关系数	概率
	Probit (1)		Logit (2)		Logit (3)		Logit (4)	
BQ	-1.010	0.003						
PS	-1.420	0.003						
GG			-0.224	0.0038				
GOVT					0.465	0.007		
GINI							0.0464	0.081
C	-5.3021	0.026	3.166	0.010	-3.65	0.006	-1.771	0.118
Prob（LR stat）	1.44E-05		0.0013		0.0023		0.0727	
Obs with Dep=0	40	81	26	45	25	44	28	61
Obs with Dep=1	41		19		19		33	

[①]注意：基尼系数整理自 Richard Breen and Cecilia García-Peñalosa，Income Inequality and Macroeconomic Volatility：An Empirical Investigation，14 July 1999。

表4-15　82个国家腐败、金融自由化与金融稳定的 OLS 分析结果[①]

变量	相关系数	概率	相关系数	概率	相关系数	概率	相关系数	概率	相关系数	概率
	(1)		(2)		(3)		(4)		(5)	
GCR96	2.4066	0.0001								
GCR97			3.241	0						
WDR97					3.919	0.0001				
CORI							-2.149	0		
DTLIBPJ									-12.40	0.0010
C	-1.605	0.504	-3.151	0.207	-3.166	0.286	21.893	0	17.735	0
R^2	0.3057		0.331		0.276		0.50635		0.23377	
$\bar{R}^2$	0.2888		0.316		0.260		0.49401		0.21508	
D.W	1.3734		1.411		2.137		2.15920		2.05594	
样本数	82		82		72		53		53	

[①]Daniel Kaufmann and Shang-Jin Wei，Does Grease Money Speed up the Wheel of Commerce？NBER Working Paper 7093，1999。注意腐败指数由 Kaufmann 开发的腐败数据库和此文整理而来。这里的 GCR96 和 GCR97，分别来自世界经济论坛和哈佛国际发展学院对 1996~1997 年全球竞争力报告的调查。WDR97 来自世界银行 1997 年世界发展报告。GCR 和 WDR 调查分别为 1-7 和 1-6。更低数值意味着更加腐败，为了便于解释我们进行了调整，调整后的 ADGCR＝8-原始的 GCR，调整后 ADWDR＝7-原始的 WDR。这样经过调整后的 ADGCR 和 ADWDR 数值越高意味着越腐败。我以不良贷款率 NPLPJ 为金融稳定的代表变量，是 2000~2004 年的平均值，数据来自 IMF 的金融稳定报告。注意本文的金融自由化指标 DTLIBPJ 为 1980~1998 年数据的平均数，整理自 Sachs & Warner 1995，"Economic Reform and the Process of Global Integration"。

表 4-16　53 个国家政府治理、发展战略和金融稳定的 OLS 分析[①]

变量	相关系数 (1)	概率	相关系数 (2)	概率	相关系数 (3)	概率
TCI3	0.846131	0.0988	0.81495	0.0927	1.96633	0.0006
LOGGNP	-0.38981	0.6263	-0.3661	0.6339		
POLRISK	-0.38992	0.0016	-0.3819	0.0011		
CREDITOR	-0.24738	0.7655				
C	38.48826	0.0003	37.0459	0.0001	2.48568	0.1278
R^2	0.665398		0.65888		0.33110	
$\bar{R}^2$	0.607207		0.61795		0.30880	
D.W	2.143742		2.07221		3.01386	

①注意：NPLPJ 作为被解释变量，这里的不良贷款率 NPLPJ 为 2000~2004 年的平均值，存在数据的时期不一致问题，我们假定一个国家的整体技术变迁需要一定的时间，短期内很难发生根本性的改变，由一种战略（赶超）调整为（比较优势）另一种战略。这样就不会影响我们的分析结论。技术选择指数 TCI3 来自林毅夫 1990~1992 年的 3 年平均值。指数水平越高，说明实施赶超战略越明显。指数水平越低说明保护就业的意愿越明显。

第五，财产保护、其他公共治理和金融稳定。从表 4-12 回归方程（1）可以发现，公共权力对私产或者私人权益的保护 GR 和金融危机变量 CC 之间存在显著的负向关系，这说明政府对私产的保护程度越高，越有利于金融稳定。因为这样有利于培养私有财产者对政府的信任，建立安全感，不至于轻易发生大规模的财富转移。政府治理的其他形式对降低代理成本来说同样重要。例如，政府可以通过在经济中的直接控制和监管来保证借款者会还款。通过减少竞争，使这些控制可以因政府的偏好为企业创造稳定的租金，失去这些租金的冲击可以影响企业和银行的行为。例如，Lam（2002）认为经济和政治的劝告在亚洲危机中阻止香港经历货币投机冲击起到了重要的作用。这些治理在保证企业和政府可以维持强关系中同样重要。政府使用这些经济权力和资源来消除代理问题，产生这些效应的变量应该和危机的可能性负相关；另一方面，如前面所讨论的，政府可以轻易地滥用他的权力或是对私人企业的利益进行贪污。Backman（2001）的分析表明任用亲信在东亚政府中很普遍，与政府的联系在商业运行和存款者资金分配中起着重要的作用。此外，监管可以扭曲经济决策。无论在哪种情况，增加政府的监管会增加危机发生的可能性。

总的说来，我们的实证检验发现，政府公共治理对于维护金融稳定具有重要意义，政府公共治理缺损不利于金融稳定。

第六，技术选择、国家发展战略与金融稳定。一个国家的发展战略是一国政府治理的重要内容，尤其是在发展中国家。因此可以把政府发展战略作为政府治理的一个代表变量。林毅夫认为，在一国的经济发展过程中存在两个最重要的变量：一个是在任何一个时点上对任何微观的决策者，包括政府和企业，都是不可改变的、给定的要素禀赋结构；另一个是政府可以主观选择的发展战略，其他变量，如宏观政策环境、宏观稳定性、企业预算约束的硬化程度和其他一系列的社会、经济现象等均内生决定在给定的要素禀赋结构下，政府主观的发展战略的选择。根据林毅夫的观点，可以推断认为金融不稳定同样内生于在给定的要素禀赋结构下，政府发展战略的主观选择。也就是说金融危机取决于政府的发展战略，因此对此进行检验就是一件十分有意义的工作。

从表4-16可以发现，在没有考虑控制变量的情况下，我们发现发展战略的确与不良贷款率存在正相关关系，意味着实施赶超战略的国家不良贷款率越高，但是存在一定的自相关。T检验和F检验都显著，可决系数为0.3088，意味着国家实施的赶超发展战略可以解释不良贷款率的30.88%左右[①]。然后考虑控制变量，结论依然成立。表4-15可以发现，赶超战略与不良贷款率存在显著的正相关关系，可决系数高达0.6654。在考虑了控制变量之后，依然成立。来自45个国家的Logit分析与81个国家的结论一致。这可以拓展用来分析中国不良贷款率的成因。由此推论，中国的不良贷款率高企与国家长期实施的赶超战略密切相关[②]。

---

① 章奇（2002）在《要素禀赋、发展战略与金融结构》博士论文中曾经证明，金融危机与国家不适当的发展战略有关，但是他采取的是虚拟变量法，我们采用的是OLS方法，采取的被解释变量不同。从我们的回归分析当中，可以更好的分析两者的关系。

② 我们试图利用省份面板数据进行检验，但是由于不良贷款率数据的不可获得，不得不放弃。我们尝试利用城市商业银行的不良贷款率和不同省份的TCI进行比较发现，结论具有惊人的相似性，也就是沿海发达城市的商业银行绩效好于落后地区，因为这些发达城市不需要实施赶超战略，而是被赶超的对象，因此我们提出用省市层面或者地方政府的赶超战略来解释不同地区不良贷款率的差异。我们认为对于中国而言，地方政府的赶超战略应该对城市商业银行乃至国家商业银行的不良贷款负责。中国的赶超战略实施主体主要是地方政府，存在典型的双重赶超现象。区域赶超现象在中国十分明显，反映为政府频频出台的区域发展战略及其调整。这种过于频繁的区域发展战略的赶超及其调整，不利于金融稳定，会大大增加银行不良贷款率。因为基础设施等项目投资存在较长的周期，政府反复不定、频繁变更的区域发展战略赶超不利于投资，会产生大量的重复建设和坏账。比如近年来中国出台了一系列区域发展战略——开发大西部、东北老工业基地、京津冀都市圈、中部五省崛起、新农村运动等重大的战略举措，这种走马观花式的重大政策频频出台，一方面说明区域利益协调越来越困难；另一方面也说明政府调控能力和发展战略值得反思。频频变更的重大区域政策，将对金融体系的健康运行带来严重的后遗症，成为未来引发金融危机的重大隐患。保持相对稳定的区域发展战略而不是一味地实施区域赶超，这值得当局者思考。

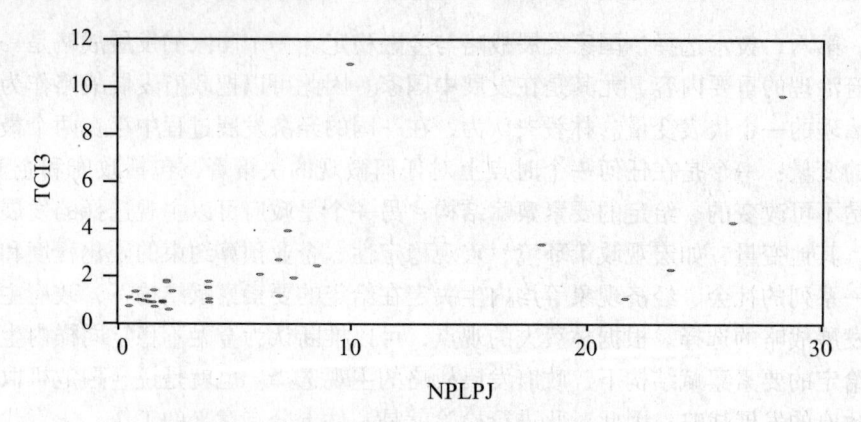

图4-2 不良贷款率与技术选择指数的散点图

第七，信息透明、收入不平等和金融稳定。信息披露制度的建设，是政府治理的重要内容。一些比较落后的国家，处于控制金融的目的，往往采用愚民政策，实施的是金融不透明政策。因此，信息透明度可以作为衡量政府治理的代表变量。第二章文献回顾部分对金融不稳定的信息观进行过总结。目前关于信息披露与金融稳定的关系，存在不同看法。根据信息经济学的观点，信息不对称、不完全是金融不稳定的根源。因此信息公开和透明，有助于金融稳定。有人指出，危机时期或者危机前期坚持愚民政策十分必要，有利于防止利益矛盾公开化和不利消息扩散引发的恐慌。主张尽可能少的信息披露，坚持金融黑箱政策取向，一直以来，金融黑箱没有很好地打开，愚民政策在金融领域盛行。有人认为，信息披露有利于金融稳定，减少金融腐败和内幕交易，阳光是最好的监督剂和防腐剂，主张尽可能的信息披露。R. Gaston Gelos、Shang-Jin Wei（2002）[①] 的研究给出了类似的观点，他们发现透明度指数与金融危机存在反向关系，透明度越高，金融越稳定。Erlend W. Nier（2005）对透明度和银行稳定进行了检验，发现透明度的提高有助于减少银行危机发生的可能性[②]。这里拟对这一假说进行检验。我们以不良贷款作为被解释变量，与一组反映信息透明的指标进行回归分析[③]。利用36个国家的数据实证分析发现，

[①] R. Gaston Gelos, Shang-Jin Wei, TRANSPARENCY AND INTERNATIONAL INVESTOR BEHAVIOR, NBER Working Paper 9260, http://www.nber.org/papers/w9260, 2002.

[②] Erlend W. Nier, Bank stability and transparency, Journal of Financial Stability 1 (2005) 342–354.

[③] 这里主要是考虑不良贷款数据的可获得性问题，不良贷款率数据为2000~2004年的平均数，整理自2000~2005年的IMF《金融稳定报告》统计附录。信息透明度数据由R. Gaston Gelos, Shang-Jin Wei（2002）一文整理而来。这里存在数据时间跨度不一致的问题，但是我们认为这并不会影响结论的可靠性。

信息披露，反腐败对于减少不良贷款具有显著的影响。其中公司透明度与宏观经济透明度对于不良贷款的影响尤其显著。从表4-17可以发现，宏观经济政策透明度MAPOP和不良贷款率存在正相关关系，宏观经济政策透明度越差，不良贷款率越高。公司透明度COROP与不良贷款率正相关，公司透明度越低，不良贷款越多。综合透明度指数COFA和不良贷款率正相关，综合透明度越低，不良贷款率越高，解释力为20.23%。会计透明度ACCOP与不良贷款率的关系不显著。信息透明度的综合指数对于不良贷款率的解释力较好，为20.24%。宏观经济透明度和不良贷款率并不存在显著的关系。本文的结论与Erlend W. Nier（2005）一致。加强信息、信用制度的建设，对于维护金融稳定，意义重大。

表4-17　36个国家透明度、收入分配和金融稳定的OLS分析结果

变量	相关系数	概率	相关系数	概率	相关系数	概率	相关系数	概率	相关系数	概率	相关系数	概率
	NPLPJ		NPLPJ		NPLPJ		NPLPJ		NPLPJ		CC	
	(1)		(2)		(3)		(4)		(5)		(6)	
MAPOP	1.88	0.054										
COROP			4.78	0.018								
COFA					0.554	0.0095						
ACCOP							0.152	0.207				
MAOP									0.735	0.726		
GINI											0.011	0.078
C	5.22	0.19	-4.87	0.45	-9.56	0.221	3.43	0.54	11.36	0	0.077	0.77
R^2	0.14		0.18		0.23		0.07		0.003		0.051	
$\bar{R}^2$	0.11		0.154		0.202		0.032		-0.026		0.035	
D.W	2.22		1.880		1.541		1.98		2.465		2.136	
样本数	36		36		36		36		36		81	

收入不平等同样可以作为政府治理的重要代表变量。根据古典的马克思政治经济学的观点，利益关系的不和谐，财产占有的不公平是资本主义金融不稳定的根源，而这与资本主义的无政府的自由放任有关。我们选择收入不平等作为代理变量，对该假说进行检验。从表4-22回归方程（5）可以发现，收入分配差距扩大不利于金融稳定，会增加金融危机发生的可能性，但是收入不平

等对金融危机的解释力并不高①。

总的说来，就政府治理变量而言，我们的实证发现所有权和产权控制对金融稳定的影响并不显著，政府干预负担过度、价格控制、利率控制不利于金融稳定，而政府财政转移支付和补贴占GDP比例越高越有利于金融稳定。就法律变量而言，法律似乎是一个关键变量，法律起源和金融稳定的关系比较混合。就其他公共治理变量而言，政治稳定（POLRISK）是一个关键变量。政府对金融的干预控制不利于金融稳定，法律观得到了较好的支持。好的政府治理有利于金融稳定，而坏的政府治理将成为危机之源。本书的政府治理缺损假说得到了大量实证分析的支持。

二、金融监管及其治理和金融稳定②

关于金融稳定和它的关键部分的政策讨论与研究日益发现良好治理的重要性，特别是金融市场监督治理的重要性。从最广泛意义上而言，单单监督者并不能为国家的金融稳定性负责。要实现这一目标，还得依赖于监督者直接控制之外的因素和行为。这些因素包括宏观经济政策，货币稳定性和金融部门安全网络的存在及其质量。另一些因素，很明显的就是中央银行在货币政策中的作用，通过寻求货币稳定性从而对寻求金融稳定性有重要责任。越来越多的研究在探索货币与金融稳定性之间的联系，以及中央银行角色的转变。许多中央银行正在要求，或已经获得了，在他们货币稳定性授权（典型地表现为价格稳定）之外的寻求金融稳定性的正式授权。这种趋势反映了寻求货币稳定性和金融稳定性之间的互补性。中央银行寻求金融稳定性的任务得到了监督机构所做工作的补充。后者的任务主要在于维持在他们监督之下的公司的审慎的金融稳健。然而，为了实现完全互补，应当要求监督者不仅像传统授权中所要求的关注个体机构的稳健，还要监督更广泛意义上的体系稳健。最近的学术成果和政策为中央银行和监督者共同努力提供了工具。Borio（2003）提倡发展金融监管的总体审慎框架。作者比较了监管的总体审慎方法（限定为与随着整体经济

---

① 基尼系数的数据整理自 Richard Breena and Cecilia García - Peñalosab, Income Inequality and Macroeconomic Volatility: An Empirical Investigation, July 1999 一文。

② Das 和 Quintyn（2002）第一个系统地研究了监管治理 RG 对金融稳定性的重要性。他们的论文（Ⅰ）提供了监管治理 RG 的操作机构；（Ⅱ）建立了"治理联系"来强调金融体系管理对非金融部分正常运作的重要性；（Ⅲ）基于 IMF 和世界银行 1999 年以来在金融部门评估项目（FSAP）背景下所做的工作来评价当前金融监管的质量。Udaibir S. Das、Marc Quintyn 和 Kina Chenard（2004）在 Das 和 Quintyn（2002）的基础上对监管治理与金融体系稳定性的关系进行了实证检验。

产量巨大下降出现的周期性金融困境相关的风险）和个体审慎（传统的着眼于单个银行对储户和投资者保护方面风险的方法），认为监督者应当在他们的工作中吸收总体审慎方法中的一些因素。为了加强这样的总体审慎方法，Evans等人（2000）以及Sundararajan等人（2002）在FSAP的工作和IMF的监督指令的背景下，发展了一套金融稳健指标，并推动各国政府在对金融部门外部分析中采用这些指标（IMF，2003）。金融体系监督者在推动金融稳定性中的这种更广泛的作用在最近修订一些机构权限时被清楚地意识到了，常作为重新构建部门监督责任的一部分。例如在智利、德国、日本、瑞典和英国的监督机构获得寻求部门稳定性的明确授权。然而其他许多国家，对单个机构的审慎监督仍是其监督权限的核心。金融监管治理这个概念应当非常明确从而使管理者和监督者能够对这一目标的实现负相应的责任。

Borio（2003）提到在过去的二三十年里，监督者的生活已经发生了巨大的变化。当我们查看战后那段时期出现的受管制的金融体系时，金融监管质量几乎不成问题。如今，他们的监管中什么是他们负责的或者什么不是他们负责的以及他们怎样干预常常成为新闻的头条。因此，对管理者和监督者而言，治理的作用被认为是非常重要的。两个因素促使了这个转变，一是金融自由化和风险管理的进展。这些发展对金融稳定性有几个方面的意义：导致竞争压力的提升，流动性的结构性增长，安全网络所内含的期权价值的上升以及能引起跨市场和跨部门金融衰退的一般因素的高度重要性。在这种新的环境中，金融体系的稳固与包括管理者监督者还有市场参与者在内的利益相关者的治理活动、金融制度的稳健以及市场基础建设的效率相一致。二是推动和实行良好的治理是市场参与者与管理机构的共同责任。它提高了整个体系集体行为阻止不正当的市场行为和道德风险的能力，也提高了整个体系对压力管理的效率。通过强化管理机构（以及中央银行）的信誉和道德权威，好的金融监管有助于促进市场参与者的正当行为。模糊不清乃至错误的治理措施无益于所要求的信誉并将在管理疏忽下使机构的不当行为扩大，从而潜在地损害了金融体系整体的稳定性。在这种观点看来，寻求金融稳定性是持续和永久的过程，而不是因某个特定机构危机所引发的活动。金融市场中的两个主要的利益相关者集团——监督者与金融机构——并不是在真空中运行的，他们要受到其他机构（政策和经济机构）以及治理质量的影响。特别是政府公共部门治理的质量对金融监管和金融部门治理将产生影响。政府治理行为对下一层的金融监管治理行为产生直接和间接的影响，政府治理通过金融监管治理得到进一步的落实和实现。金融市场治理主要是金融监管治理，此外还包括金融市场纪律、金融市场秩序的整顿、信用环境和金融生态治理等。对金融市场治理的进行科学的定义并不容易。根据 Kaufman 等人（2000）对公共部门治理的定义，可以把良好的金融监管定义为，有效管理资源和规划、实施并执行正当慎重的政策和规定——被看做是符合代理目标的责任——的能力；以及管理机构对议事机构更广泛的目标和政策的尊重。监督者——尤其是银行业监督者，也包括金融体系的其他部门的监督者——已经得到了广泛的认同。金融部门的监督比对经济领域其他部门的监督更为关键，这是因为金融机构具有公开的良好的表象。确保金融体系稳定的严厉的监管工具如制裁、强制措施（包括吊销执照）对利益相关者的财产会产生深远的影响。为了避免这些权力的滥用，保证监管活动的公正性成了关键目标。这应当建立在高质量治理行为的基础上。然而，保持监督者活动的公正性是很困难的。为保证效率，监督者的活动通常是看不到的。而正是这种不可预见性使它常常难以抵御来自政界和被监督单位的干预。在许多国家都发生了常常以容忍形式表现的政府干预，使金融机构继续违反规定而不被惩罚和制裁。在一些特例中，它延续了那些无清偿能力的金融机构的存在，而在一些极端的例子中，它会威胁到部门的稳定性并导致系统性的不稳定问题。所有这些都说明了高质量的治理是多么必要。坚实的制度基础和政府治理是良好的金融监管的先决条件。Das 和 Quintyn（2002）确定了共同构建良好的金融监管基础的四个组成要素：独立性、责任、透明和公正。这些因素在推进良好治理的各个水平上互相作用和支持。独立和责任是一个问题的两个方面。透明则支持其他三个因素。它是保证独立的载体。通过行为和决策的透明，干预的机会减少了。它也是使工作负责的一个关键办法。公开的安排甚至为监督机构的工作人员提供了更好的保护。从这个意义上说，透明也有助于建立和维护公正。独立和公正也互相支持。对监督机构工作人员的法律保护以及明确的任命和解除机构领导的规则支持他们的独立性和公正。最后，责任—公正这一对因素也互相支持。因为责任有额外的理由要求监督机构的领导和工作人员保持公正性。

Sander Oosterloo、Jakob de Haan（2004）在《中央银行与金融稳定：一个调查》指出，现代中央银行有两个核心功能：（i）维持货币稳定（ii）维持金融稳定。中央银行的货币功能在其他文献中已讨论的相当详细，金融稳定的职能还没有太多的讨论。因此，为更好的理解转移到中央银行的金融稳定职能，中央银行是如何行使这些职能的，以及是否存在民主责任安排。他们设计了一个调查问卷（Oosterloo 和 de Haan，2003），而且把它发送给所有的 OECD 国家。收到了 30 个 OECD 国家中的 28 家中央银行的答复。2002 年的调查结果显示中央银行维护金融稳定的职能并没有明确的法律依据。此外，中央银行维护金融稳定的方法有很大区别。调查结果还反映出，中央银行维护金融稳定职能的民主责任安排有待提高。金融稳定被广泛认为是公共商品，因为金融危机管理要花费公众的钱，金融稳定决策要由政府和议会通过。如果维护金融稳定的职能交给中央银行或者其他专业监管机构，那么须以法律或其他形式明确注明金融稳定的职能目标。为了在独立性与责任性之间达到一个良好的平衡，中央银行需要一个明确的法律基础描述其权利与职能（Quintyn 和 Taylor，2002）。定义得越明确，监督中央银行越容易。他们的调查结果显示，绝大多数中央银行并没有明确的法律基础描述其维护金融稳定的权利与职能。虽然很多中央银行在银行业法案或其他形式的文件中对金融稳定有所描述，但绝大多是情况下仅仅是说要提高金融稳定性。目前关于金融监管及其治理对于维护金融稳定的重要性，尚处于起步阶段，实证分析尚不多见。第一个系统地研究监管治理对金融稳定性作用的工作由 Das 和 Quintyn（2002）完成。Das 和 Quintyn（2002）提供了金融监管治理的操作机构，建立了"治理联系"来强调金融体系管理对非金融部分正常运作的重要性，并基于 IMF 和世界银行 1999 年以来在金融部门评估项目（FSAP）背景下所做的工作对当前金融监管治理的质量进行评价。Udaibir S. Das、Marc Quintyn 和 Kina Chenard（2004）[1] 继续了那些早期的工作并揭示了金融监管治理与金融体系稳定性的关系。他们开发了一个金融监管治理指数，该指数由独立性、责任、透明和公正四种因素加权组合计算而来，可以从 FSAP 的测评中导出，对四个因素加权的方法是 Sundararajan，Das 和 Yossifov（2003）发明的，他们建立了一个关于货币与金融政策的类似指数。他们的实证研究发现，金融监管质量的确影响到银行体系稳健。在公共部门，整体上当得到良好的治理支持时，良好的监管治理的影响就得到了强化。通过这种间接的联系，政府治理的变量对金融体系稳健有着直接或间接的影响。结果显示在管理和监督机制的各个层面制度上的提高，对保持金融体系稳健而言是至关重要的。下面我们拟对金融监管及其治理和金融稳定关系作进一步的实证检验。

我们选择 14 个指标作为金融监管及其治理质量的代表变量[2]，包括：PSPB，INS，SEC，ZEDIS，ZSLLFA，RESTRICT，REALEST，OAAORE-

---

[1] Udaibir S. Das, Marc Quintyn, and Kina Chenard, Does Regulatory Governance Matter for Financial System Stability? An Empirical Analysis, International Monetary Fund WP/04/89, IMF Working Paper, Monetary and Financial Systems Department, May 2004.

[2] 我们的金融监管数据指标来自 James R. Barth Gerard Caprio, Jr. and Ross Levine, The Regulation and Supervision of Banks Around the World A New Database, May 2001.

STRICT, NFFOB, BONFF, BB10BIA, ZC, ZD。其中 INS 表示对保险业的限制情况，SEC 表示对证券业的限制情况，REALEST 表示对房地产业的限制情况。RESTRICT 表示一国对银行业务的管制情况。OAAORESTRICT 为银行行为与所有权的综合管制指数。BB10BIA 表示 10 家最大银行被国际机构排名或者评估情况。PSPB 表示监管专业人员数量。ZEDIS 表示是否有显性的存款保险制度，ZSLLFA 表示监管者是否应该对他们的行为承担法律责任。ZC 表示是否存在多头监管（也就是多个监管机构），如果是，则为 1，否则为 0。ZD 表示监管的权威性，监管机构如果对议会或者国会负责，则为 1，对财政部或者中央银行或者总督之类的机构或者个人负责则为 0。ZD、ZC 由我们自己在 Barth、Caprio 和 Levine（2001）金融监管数据库的基础上开发整理而来[①]。

　　金融监管是金融市场（行业）治理的重要内容，关于金融监管和金融稳定的关系，引起了越来越多的关注。第二次世界大战后至 20 世纪 70 年代前期的 30 年间金融危机销声匿迹，一些研究者认为与金融监管的加强直接相关，70 年代中后期以来，金融危机的重新泛滥，尤其是亚洲金融危机以来，一些研究者认为，金融监管的放松、金融监管的不力、不当是造成金融危机的重要原因。Caprio 和 Levine（2000）、Barth、Caprio 和 Levine（2001）开发的金融监管数据库，为研究金融监管和金融稳定的关系提供了数据基础。

　　什么样的监管环境和监管制度安排有利于金融稳定，什么样的制度安排是不合意的，下面拟就金融监管的不同方面和金融稳定的关系进行检验。

　　第一，混业经营和金融稳定。这里有三类反映银行重要行为的监管变量。这三类变量包括了证券、保险和房地产行为。Barth、Caprio 和 Levine（2001）构造出 RESTRICT 来衡量银行参与混业经营的限制情况，其内容包括：（1）商业银行能在多大程度上参与证券业的活动；（2）银行参与保险业的能力；（3）银行参与房地产业（包括投资、发展和管理）的能力；（4）银行拥有或控制非金融公司的能力。RESTRICT 取值范围为 1~4，RESTRICT 值越大代表该国对银行业务的管制力度越大，反之则越小。1~4 分别代表的含义如下：1 表示无限制——在给定种类的所有业务银行都是可以直接进入；2 表示允许——所有的业务都能参与，但是所有或其中一些必须是有条件的；3 表示受限制——不是全部业务银行都能进入或有限参与进入；4 表示禁止——所有的业务银行都不能参与或有限参与。

[①] Barth, James R., Gerard Caprio, Jr. and Ross Levine（2001）, "The regulation and Supervision of Banks Around the World: A New Database," http://www.worldbank.org/research/projects/finstructure/database.htm.

从表4-19回归方程（3）可以发现，SEC和CC存在显著的正向关系。从表4-19回归方程（2）和（4）可以发现，REALEST和CC存在显著的负向关系，都通过了置信水平为10%的显著性检验。这说明对房地产的限制有利于金融稳定，对证券业的限制不利于金融稳定，而且会增加金融危机的发生概率。INS和CC并不存在显著的关系，对保险业的限制并不会对金融稳定产生显著影响。单一回归分析发现SEC无论是与ZS，还是ZM都能通过显著性检验。这与Barth、Caprio和Levine（2001）的研究结论类似，作者发现对商业银行从事证券交易存在较多监管限制的国家存在相比较大的遭受到银行危机的可能性。更加特殊的是，禁止银行参与证券承销、经纪、交易和其他所有共同基金业务的国家存在更脆弱的金融系统。

第二，产融结合、交叉持股与金融稳定。Barth、Caprio和Levine（2001）开发了BONFF、NFFOB两个指标来衡量对银行与商业结合程度的限制情况。指标数值为1~4，指数值越高，表示限制越严格。1~4所表示的含义如下：（a）非金融企业拥有和控制银行的能力NFFOB。1无限制——一个非金融企业可以拥有一个银行100%的股份。2允许——在授权或批准上没有限制。3限制——对所占股份有限制，例如拥有银行资本或股份的最大百分比。4禁止——不能对银行进行股票投资。（b）银行拥有和控制非金融企业的能力BONFF。1无限制——银行可能拥有非金融企业股份的100%。2允许——银行可以拥有非金融企业的企业100%股份，但是根据银行的股权资本金对所有权加以限制。3限制——一个银行只能拥有非金融企业少于100%的股份。4禁止——银行不能对非金融企业进行任何股权投资。他们的研究发现，许多国家允许银行和商业企业之间自由地交叉持股。

从表4-19回归方程（1）、（2）、（4）可以发现，BONFF和金融危机变量存在显著的正向关系，通过了置信水平为5%的显著性检验，这说明对银行拥有非金融企业股权的限制越严格，发生金融危机的可能性越大。而NFFOB和CC并不存在显著的关系，没有通过实证检验。这说明对非金融拥有银行机构股权的限制程度与金融稳定并不存在显著的关系。Barth、Caprio和Levine（2001）发现，对商业银行参与经营股票和拥有非金融企业股权的限制与银行的不稳定之间有很大的联系。这与我们的结论是一致的。更大的金融脆弱性和限制银行与商业的混合经营之间是存在联系的。银行不稳定性的产生是与限制银行拥有非金融企业股权联系在一起的，而限制非金融企业拥有商业银行股权则并不一定会导致金融脆弱性。我们的研究结论不支持通过限制银行与商业的混合来降低金融脆弱性的观点。这一发现在对亚洲金融危机的反省中尤其显著。几十年来非金融企业与商业银行的这种联系并没有引起危机，我们的研究表明对金融部门发展和金融脆弱性的担忧并不应该增加对产融结合的监管力度。我们没有发现对商业银行参与证券、保险和房地产活动的限制与金融稳定存在可靠的统计联系。确实，基于这些不同国家的证据，很难得出关于限制商业银行是妨碍还是促进金融稳定的结论。尽管限制商业银行活动可能带来一些对银行效率负面影响，但是整体看来对银行的监管约束和整体的金融稳定之间并没有多少联系。我们的实证研究结论不主张或者不支持通过限制产融结合程度来维护金融稳定，对主银行制度的批判值得再反思。我们没有发现限制银行业和商业混合经营所带来的良性效果，产融结合并不一定不利于金融稳定。

第三，金融监管的有效性和金融稳定。下面对监管独立性、权威性和金融稳定的关系进行检验，同时对多头监管和单一监管（监管组织结构）和金融稳定的关系进行检验。ZC 表示是否存在多头监管（也就是多个监管机构），如果是，则为 1，否则为 0；ZD 表示监管的权威性，监管机构如果对议会或者国会负责，则为 1，对财政部或者中央银行或者总督之类的机构或者个人负责则为 0。从表 4-18 回归方程（2）可以发现，监管的权威性和金融稳定没有通过置信水平为 10% 的显著性检验，监管的权威性对金融稳定的影响并不显著。多头监管和金融稳定同样没有通过置信水平为 10% 的显著性检验。总的说来，监管的独立性和权威性对金融稳定影响并不显著，金融组织设计是否存在多头监管对金融稳定的影响也不明显。我们还就金融监管密度、监管责任和金融稳定的关系进行了检验。从表 4-18 回归方程（3）和表 4-20 回归方程（4）可以发现，专业监管人员数量越多，发生金融危机的可能性越大。PSPB 与 3 个被解释变量都通过显著性检验，这是令人回味和反思的。一个可能的解释就是监管过程中的道德风险和逆向选择，这是监管人员权力滥用和道德风险泛滥、寻租的结果。此外，我们利用 32 个国家的数据进行分析，从表 4-18 回归方程（1）可以发现存款保险制度有利于金融稳定，通过了置信水平为 10%的显著性检验，但是没有通过置信水平为 5%的显著性检验，而监管者的行为应该承担法律责任和金融稳定存在显著的负向关系，通过了置信水平为 1%的显著性检验，也就是说监管者应该对监管行为承担法律责任不利于金融稳定，这是有些令人奇怪的。一个可能的解释就是金融监管者的法律约束可能导致监管当局不能及时做出反映，反而不利于金融稳定，保持监管的灵活性，这是因为应对危机需要作出快速反映的需要。

总的说来，加强对监管者的监管，更多借助于非专业监管，发挥市场纪律和舆论监督的作用,提高金融监管的质量,加强对金融监管本身的治理,对于维护金融稳定同样重要,不当的金融监管可能反而成为金融不稳定的因素。

表 4–18　　　　45 个国家金融监管与金融稳定的 OLS 分析结果

变量	相关系数	概率	相关系数	概率	相关系数	概率
	BSF3		BSF3		CC	
	(1)		(2)		(3)	
ZEDIS	0.210153	0.0746				
ZSLLTA	-0.405284	0.0019				
ZC			0.154123	0.3024		
ZD			-0.208805	0.2005		
PSPB					0.052995	0.0587
C	-0.258573	0.0133	-0.259825	0.0058	0.274305	0.0209
R^2	0.348906	-0.253879	0.092025	-0.262229	0.098389	0.432432
$\bar{R}^2$	0.304003	0.372782	0.027170	0.375890	0.072628	0.502247
D.W	1.915119	0.001985	2.142277	0.258841	2.285373	0.058689
样本数	32		32		45	

第四,综合监管限制和金融稳定。监管的越多越有利于金融稳定吗?我们对此进行检验。从表 4–20 回归方程(5)可以发现,OAAORESTRICT 与 CC 通过置信水平为 10% 的显著性检验,说明银行业务活动和产权限制越多,发生危机的可能性越大,即并不是监管的越多越好。实证检验发现,并非监管的越多越好,监管越多反而可能出现负效应,引发危机。关键在于监管的有效性、效率和质量。我们大胆地猜测 20 世纪 80 年代以来不断爆发的金融危机很可能是 50 年代以来监管过度造成的后遗症。这种无效率的监管最终走向了反面,使得监管的基础发生了根本性的变化,转而采取了金融自由化的极端形式,这是对长期以来无效率监管极度不满意的结果。为什么会放弃长达 20 多年的监管制度呢?这是值得分析的。我们的分析发现,大多数监管形式和手段都达不到意想的目标,甚至出现了事与愿违的结果,这是我国在强化金融监管过程中应该吸取的教训。我们的监管应该建立在尊重金融市场规律的基础上进行,本文提出强化市场型监管,而不是弱化乃至取代市场型监管,在强化金融监管的过程中,我们应该注意市场纪律的建设和金融组织自我监管作用的发挥,处理好政府监管、市场纪律和组织自我治理三者的关系。专业监管人员数量越多,发生金融危机的可能性越大,这是令人回味和反思的。

表 4-19　　　36 个国家金融监管和金融稳定的 Probit 分析结果

变量	相关系数	概率	相关系数	概率	相关系数	概率	相关系数	概率	相关系数	概率
	probit		probit		probit		probit		logit	
	ZM		ZM		CC		CC		CC	
	(1)		(2)		(3)		(4)		(5)	
SEC	0.319	0.403			0.8749	0.081				
INS	0.143	0.66								
REALEST	-1.057	0.040	-0.936	0.033			-0.847	0.07		
SOBA	2.596	0.060	2.6581	0.042	-2.242	0.066	-0.3461	0.78		
ICOMPETITION	-0.37	0.26	-0.340	0.28	-1.183	0.003	-1.381	0.002		
BONFF	0.935	0.036	0.995	0.013			0.781	0.04		
TBABGDP									-0.0146	0.0145
C	-0.094	0.946	0.251	0.849	2.886	0.024	4.9439	0.013	1.596	0.025
Prol (LR stat)	0.084		0.035		0.001		0.0019		0.00085	
Obs with Dep = 0	21	36	21	36	20	36	20	36	19	36
Obs with Dep = 1	15		15		16		16		17	

表 4-20　　　66 个国家金融监管与金融危机的 Logit、Probit 分析结果

变量	相关系数	概率	相关系数	概率	相关系数	概率	相关系数	概率	相关系数	概率
	PROBIT		PROBIT		LOGIT		logit		logit	
	ZM		zs		ZM		CC		CC	
	(1)		(2)		(3)		(4)		(5)	
SEC	0.451031	0.0376	0.78935	0.0147						
ICOMPETITION			0.58122	0.1124						
CONCENTRATION					-2.9314	0.0481				
DEVP			0.00027	0.0409	4.43E-0	0.6845				
GG			-0.3996	0.0064	-0.1159	0.1693				
PSPB							0.23321	0.0738		
OAAORESTRICT									0.94603	0.0829
C	-1.03518	0.0180	1.56540	0.3028	3.00091	0.0501	-0.9670	0.0588	-2.4641	0.0561
Probability (LR stat)	0.034712		0.005437		0.134496		0.05299		0.07008	
Obs with Dep = 0	38	66	20	41	34	57	21	37	26	45
Obs with Dep = 1	28		21		23		16		19	

总的来说，就金融监管而言，我们发现加强对银行参与房地产业务的限制有利于金融稳定，而对银行参与证券业的限制不利于金融稳定。实证发现大多数金融监管措施无效乃至存在负效应，解决问题的关键不是削弱监管权力，而是加强监管的针对性和有效性，提高监管的质量。而不是放任自由，取消监管。我们应该对20世纪80年代的放松监管和放任自由的金融政策进行反思。

三、银行治理和金融稳定

假说3：好的银行治理有利于金融稳定吗？

我们设定一个银行治理与金融稳定的计量检验方程：

$$BSF_k = C_3 + \alpha_5 \cdot BG_k + \alpha_6 \cdot D_k + \varepsilon_3 \tag{4.7}$$

其中，C_i，$\varepsilon_i(i=3)$ 分别是截距项和误差项，$\alpha_j(j=5,6)$ 为待估系数，下标 k 代表第 k 个国家。D 用来控制其他一系列可能会对金融稳定产生影响的变量。BG 表示银行治理。

我们这里选择银行不良贷款拨备率、银行股本回报率 ROE、资本充足率三个变量作为银行治理（或者银行功能）状况的代表变量，对银行治理或者功能与金融稳定的关系进行检验。其中银行贷款损失拨备率指标用来衡量银行风险管理功能，ROE 代表银行综合治理能力，资本充足率代表银行内部控制和资本管理能力。这里我们以不良贷款率作为衡量金融不稳定的代理变量。从表 4-21 回归方程（1）可以发现，银行贷款损失拨备率越高，银行不良贷款越低。从表 4-21 回归方程我们的实证分析还发现资产回报率与不良贷款并不存在负向关系，而是正向关系。因此，监控资本回报率比监控资产回报率对于降低银行不良贷款更为有效。从表 4-22 回归方程（2）可以发现，银行贷款损失拨备率对银行不良贷款率存在显著的负向影响，具有一定的解释力，可决系数为 0.14，也就是说银行不良贷款拨备率可以解释不良贷款率的 14% 左右。从表 4-22 回归方程（3）可以发现，股本回报率和银行不良贷款率之间存在负向关系，通过了置信水平为 1% 的显著性检验，但是 ROE 解释能力十分有限，调整后的可决系数仅为 0.0365。我们发现银行风险管理功能对于银行不良贷款存在显著的影响。从表 4-21 回归方程（1）发现，发现资本充足率与银行不良贷款存在正向关系，通过置信水平为 5% 的显著性检验。从表 4-22 回归方程（1）同样发现资本充足率与不良贷款率成正相关关系，通过置信水平为 1% 的显著性检验。风险加权资本充足率越高，不良贷款率越高，这是与一般的理论解释相反的。传统研究认为，资本充足率指标提供了有关金融脆弱性的重要信息。风险加权资本充足率的最低标准已经被巴塞尔银行监管委员会采纳，但是对这些标准仍有一定的保留，并仍在评估之中。巴塞尔银行监管委员会（BIS，1999）资料显示：10 国集团的资本充足比率从 1988 年的 9.3% 调到 1999 年的 11.2%，并没有反映出该体系的健全性有了显著的改善。目前，正在由巴塞尔委员会讨论的一些提议将用一些监管评价作为资本充足性手段的补充，要求更高的资本化水平和采用不同的风险敞口计量方法。我们的实证分析发现资本充足率并不是一个有效的指标，资本充足监管失灵具有普遍的世界性意义。为什么会出现这种反常现象，一个可能的解释就是风险加权资本充足率越高，说明银行资金利用效率越低，银行风险缓冲能力越强，可能导致银行对信贷风险管理的忽视，出现道德风险和逆向选择，结果反而不利于金融稳定。

表4-21　　　　82个国家银行治理和金融稳定的OLS分析

Variable	相关系数	概率	相关系数	概率	相关系数	概率	相关系数	概率
	NPLPJ		NPLPJ		CC		CC	
	（1）		（2）		（3）		（4）	
ECAPJ	0.470788	0.0028						
ROEPJ	-0.166249	0.0239						
BLDKZBJLVPJ	-0.067510	0.0058	-0.073279	0.0046				
M2BGDP					-0.008101	0.0001		
CREDITBGDP							-0.002779	0.0168
C	9.431388	0.0009	14.67498	0.0000	0.903074	0.0000	0.692061	0.0000
R^2	0.248977		0.118796		0.205634		0.070269	
$\bar{R}^2$	0.210789		0.105027		0.193598		0.058501	
D.W	1.551253		1.404658		2.157216		2.149567	
样本	82		82		81		81	

资料来源：不良贷款率NPL数据由2001~2005年IMF的《全球金融稳定报告》统计附录整理而来。NPLPJ为2000~2004年的不良贷款率的五年平均数，以CC作为被解释变量。

表4-22　　　82个国家2000~2004年银行治理和金融稳定的面板数据分析

Variable	相关系数	概率	相关系数	概率	相关系数	概率
	（1）		（2）		（3）	
ECA	0.264096	0.0004				
BLDKZBJLV	-0.07767	0.0000	-0.0844	0.0000		
ROE	-0.11580	0.0002			-0.1135	0.0002
C	13.34566	0.0000	16.7569	0.0000	11.4619	0.0000
R^2	0.195536		0.14027		0.03931	
$\bar{R}^2$	0.186497		0.13725		0.03657	
D.W	1.325216		1.31641		1.37845	

资料来源：82个国家2000~2004年NPL，样本414。

就银行治理而言，我们发现资本充足监管失灵，加强银行的风险管理和绩效管理对于维护银行稳定十分重要。利用82个国家2000~2004年的面板数据进行分析，与利用82个国家横截面数据得出的结论基本一致。银行治理变量对于金融稳定具有较好的解释力，经过调整的可决系数高达0.21。银行贷款损失拨备率越高，不良贷款率越低，这对于中国尤其具有启示意义。中国的贷款损失拨备率一直处于十分低下的水平，对不良贷款拨备的忽视，是造成银行不良贷款居高不下的一个重要变量。加强银行治理尤其是风险管理，有助于降低不良贷款率。总的说来，在各个回归方程中，结果都始终证实了良好的监管治理对金融体系稳健的重要性。

第五节　三大观点的再检验及其比较

总的说来，上述实证研究较好地支持了本书的政府主导的三级治理缺损假说。下面，我们拟利用连续的金融脆弱性指标，将经济基本面变量、虚拟经济变量和治理变量放在一起，做进一步的检验。我们这里选择不良贷款率这一指标来衡量金融脆弱性。以不良贷款率作为被解释变量，以期为政府治理假说提供更多的支持。

从表4-23回归方程（1）可以发现，2个实体经济变量和2个金融变量都通过了置信水平为10%的显著性检验，从表4-23回归方程（2）可以发现，政府治理变量都通过了置信水平为10%的显著性检验，从表4-23回归方程（3）可以发现，银行治理假说得到有力的支持，通过置信水平为5%的显著性检验。通过对53个国家的实证分析及其比较可以发现：影响银行不良贷款率的因素众多，但是不同类型的因素存在差别，其中经济金融变量、银行治理变量、政府治理变量对于不良贷款的解释能力存在由低到高的差别。政府因素对银行不良贷款率的影响最强，解释力高达59.51%，而银行治理变量为41.84%，经济金融变量最差，仅仅为28.32%。这样可以解释为什么在经济基本面情况良好的情况下，银行不良贷款率居高不下，比如中国的情况，这很可能与政府治理有关。同时也可以解释东亚奇迹与东亚危机并存，这主要是由于银行危机源于政府治理而不是经济基本面因素。进一步，从表4-23的回归方程（4）的综合回归可以发现，银行治理和政府治理变量与不良贷款存在显著的负向关系，银行风险管理功能和政府综合治理能力越强，不良贷款率越低。综合回归分析结果较好的支持了治理假说，具有很好的解释能力，经过调整后的可决系数为0.7124，而经济基本面和金融变量并不显著。

总的说来，我们的实证分析发现，政府治理对于维护金融稳定扮演着决定性的角色，政府对金融稳定起着至关重要的影响。大危机之后，资本主义国家的政府明显加强了对金融危机的监管，甚至走向了一个反面，出现了金融抑制或者金融监管过度现象。这一时期，金融危机几乎销声匿迹。而在大危机之前和20世纪七八十年代以后，由于政府放任金融自由发展，出现了严重的金融危机。我们的研究发现：民主的、有约束的、执行能力强的、致力于强化市场功能而不是弱化市场功能的政府有助于金融稳定，相反，缺乏约束的、削弱市场功能、与市场对立的政府可能引发危机，同样放任市场自由的无为政府也不是一个好政府。社会政治稳定有助于金融稳定，善治的政府比无为的政府更为重要，政府放任金融自由和抑制金融都不是好的选择，关键是提高政府公共产品供给的质量和数量，提供更好的游戏规则和制度环境，比如金融生态环境、信息披露、法律、法规，对政府权力的自我约束，对政府信用的培育。一个高信誉度的政府对于维护金融稳定十分重要，这也可以通过1997年东南亚金融危机时，中国的表现得到说明，本书的实证也支持这一点。政府信用重于一切其他信用，政府治理高于其他治理，但并不是取代而是共容和共生的关系。本书认为作为上层建筑的政府治理决定并影响中观的市场治理和微观的组织治理。我们可以把经济基本面、金融系统本身和政府治理看做是维护金融稳定的三大支柱[①]，我们强调政府治理在维护金融稳定中的重要性，提出强化市场型监管和强化市场型政府的概念，作为指导中国金融监管和政府改革的指南。以反腐败、提高透明度、加强法制为工作重点，以政府治理的规范化引领市场治理和组织治理。中国的转型进入了关键阶段，实施政府转型，改变政府对金融的传统控制和管理方式，重新处理好市场与政府的关系，对于中国的金融稳定和金融发展具有重要意义。

表4-23　　53个国家经济基本面、银行行业变量、政府治理和金融稳定的OLS分析（NPLPJ）

变量	相关系数	概率	相关系数	概率	相关系数	概率	相关系数	概率
	经济因素		政府因素		银行行业因素		综合因素	
	(1)		(2)		(3)		(4)	
GDPPCZ1	-1.85367	0.0480					-0.2366	0.6861
GIBGDP	0.793045	0.0153					0.32446	0.1211
CREDITBGDP	-0.05952	0.0490					-0.0139	0.5032

[①] 国际货币基金组织把宏观经济状况、监管状况和市场基础设施状况看做是维护金融稳定的三大支柱，我们的三大支柱与之有一定的联系，但是包括的内容更为广泛，我们强调政府治理的核心作用。

续表

变量	相关系数	概率	相关系数	概率	相关系数	概率	相关系数	概率
	经济因素		政府因素		银行行业因素		综合因素	
	(1)		(2)		(3)		(4)	
STVBGDP	-0.09164	0.0593					0.03156	0.3452
IP			-4.1356	0.0085				
GR			-4.2906	0.0092				
PRIGHT			-1.1637	0.0261				
RICON			1.05778	0.0139				
PCON			0.98129	0.0384				
GOB			-0.5251	0.0860				
ECAPJ					1.07528	0.0000		
ROEPJ					-0.3909	0.0010		
BLDKZBJLVPJ					-0.0679	0.0042	-0.0571	0.0041
POLRISK							-0.5335	0.0011
LAWORD							1.07122	0.4203
CAPJ							0.32877	0.2522
C	2.535957	0.6631	34.8518	0.0003	3.78595	0.2015	35.2569	0.0001
R^2	0.348414		0.64474		0.45897		0.77631	
$\bar{R}^2$	0.283255		0.59517		0.41839		0.71240	
D.W	2.188535		1.90990		1.72438		1.96010	

第六节 货币双轨制异化假说的提出及其检验

货币双轨制运行的异化是市场治理缺损的表现之一，下面我们通过检验货币双轨制异化（或者货币分布结构失衡）假说来间接检验市场治理缺损假说。根据 GSFC 模型，可以发现货币在实体经济和金融部门的分布失衡，也就是现代经济下的货币双轨运行关系的异化不利于金融稳定。根据第三章的分析有：

$M_F V_F = FRZC$,

$M_Y V_Y = GDP$,

$FSI2 = FRZC/GDP = MS_F/MS_Y = M_F V_F / M_Y V_Y$

这时候可以清楚地发现，虚拟经济（金融）和实体经济的关系，实际上就是流转循环于金融部门（虚拟经济）的货币和流转循环于实体经济部门的货币的关系，反映的是货币双轨制运行下的货币分布结构问题。这里我们提出货币分布结构失衡假说（或货币双轨制异化假说）来解释金融不稳定，并对之进行检验。我们选择 FSI2 指标衡量货币分布结构。FSI2 = 银行资产比 GDP + 股票成交市值比 GDP，就是金融资产比 GDP，这是反映财富结构（货币分布结构）的重要指标，该指标值越高，说明财富（货币）的虚拟化程度越高。根据 GSFC 模型，现代经济是由实体经济和金融部门两大部门组成的货币经济，因此，可以使用该指标来作为货币双轨制的代表变量。ZFSI2G 为财富金融化（货币虚拟化）的速度，衡量货币分布结构的变化情况。如果 ZFSI2G 大于 0，则意味着货币虚拟化速度加快，大量的货币在金融部门；小于 0，则意味着货币虚拟化速度减慢，大量的货币退出金融部门。

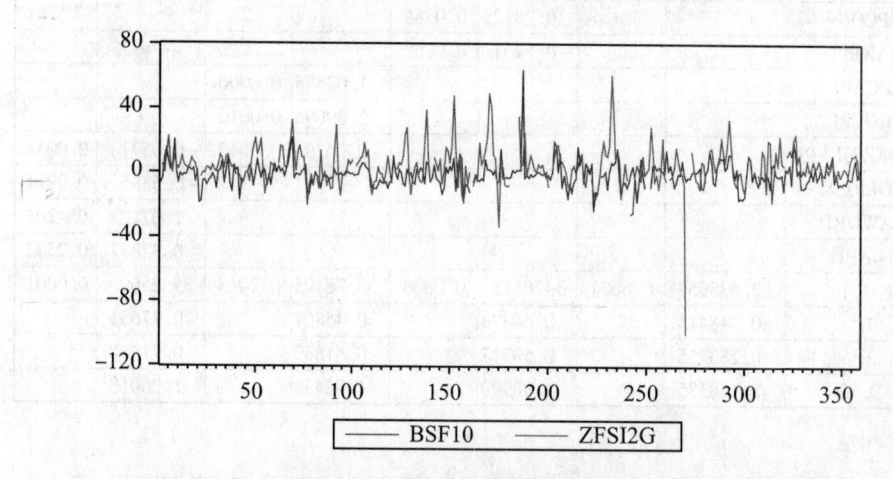

图 4 - 3　18 个国家 1982 ~ 2001 年财富结构变动和金融波动的关系①

本书利用 18 个国家 1982 ~ 2001 年的面板数据进行检验。从图 4 - 3 可以发现金融稳定和货币分布结构的变动存在正向变化关系。相关分析发现，ZFSI2G 和 BSF3 两者存在正相关关系。因果关系检验发现，滞后 1 ~ 3 期两者互为因果关系，滞后四期的 ZFSI2G 是 BSF3 的单向葛兰杰原因，通过了置信水平为 10% 的显著性检验。从表 4 - 24 的回归方程（1）、（2）可以清楚地发现，ZFSI2G 和 BSF3 存在显著的正向关系，也就是意味着货币虚拟化有利于金融稳定，如果 ZFSI2G 为负数，即货币虚拟化进程的逆转不利于金融稳定。从回归方程（4）可以发现，ZFSI2G 和金融危机的虚拟变量 Z 同样存在负向关系，也就是货币虚拟化程度的提高有利于减少危机发生的可能性，而货币虚拟化程度的下降会增加金融危机发生的可能性，利用广义最小二乘法（加权）GLS 同

---

① BSF10 = BSF3 × 10，也就是放大了 10 倍，这样便于比较观察。

样很好地支持了货币分布结构失衡不利于金融稳定的判断。从表4-24回归方程（3）也可以发现，ZFSI2G（-3）和BSF3存在负向关系，而且通过了置信水平为5%的显著性检验，这说明滞后3期的货币虚拟化程度的提高不利于金融稳定，而不是相反，货币虚拟化并不一定带来危机，关键不是货币虚拟化的水平，而是货币分布失衡是否发生转换。从表4-25回归方程（1）可以发现，利用Logit模型分析的结果同样发现，ZFSI2G和虚拟变量Z存在负向关系，经济金融化速度的下降不利于金融稳定。从表4-25回归方程（2）可以发现，FSI2和Z存在显著的负向关系，也就是经济金融化或者货币虚拟化程度的提高，并不一定增加金融危机发生的可能性，反而可能有助于减少危机的发生。实证分析发现，金融化或者货币虚拟化程度的提高有利于金融稳定。

表4-24　18个国家1982~2001年财富结构变动和金融稳定的面板数据分析①

变量	相关系数	概率	相关系数	概率	相关系数	概率	相关系数	概率
	OLS		OLS		OLS		Z	GLS
	(1)		(2)		(3)		(4)	
ZFSI2G	0.013747	0.0000	0.017631	0.0000			-0.006532	0.0000
CONCENTRATION	0.148373	0.4930						
FSI2（-3）					-0.137158	0.0213		
C	-0.266053	0.0136	-0.153614	0.0004	0.094141	0.2693	0.286620	0.0000
R^2	0.094811		0.083542		0.015458		0.035229	
$\bar{R}^2$	0.085804		0.080739		0.012571		0.034645	
D.W	1.427832		1.581542		1.261243		0.730338	

资料来源：18国1982~2001年的面板数据。

表4-25　18个国家1982~2001年金融结构、财富结构和金融稳定的面板数据分析②

变量	系数	概率	系数	概率
	logit		probit	
	(1)		(2)	
ZFSI2G	-0.038781	0.0018		
FSI2			-0.37221	0.0450
C	-0.930534	0.0000	-0.60030	0.0171
Prob（LR stat）	0.000476		0.040260	
Obs with Dep=0	245	331	259	349
Obs with Dep=1	86		90	

资料来源：18国1982~2001年的面板数据。

① 注意：BSF3为被解释变量。
② 注意：Z为被解释变量。

总的说来，实证分析发现，货币分布结构的转换对于金融稳定的影响存在不对称性。金融化程度的提高有利于而不是有损于金融稳定，财富结构的倒金字塔并不可怕，问题的关键在于防止财富结构的突然的异常转换，防止金融资产价值大起大落，尤其是要防止金融资产的突然大幅缩水，财富结构出现突然的反向变动从而不利于金融稳定。本书的实证检验没有支持"新环境假说"。"新环境假说"主要关注经济——金融的比例关系或者金融化水平，而忽视了金融化的速度及其变动方向，金融化的大起大落才是需要重点关注的，金融主导型经济形成的新环境本身并不必然增加金融不稳定，关键是金融化的速度，金融化的大起大落并不利于稳定。因此，要坚持渐进式的金融发展战略，不能一味的采取赶超和激进式发展战略。本书的实证检验发现，问题的关键不在于货币双轨制，而在于货币双轨制出现了脱节或者背离问题，表现为货币分布结构的严重失衡。本书认为，金融主导型经济的形成，是货币双轨制异化的大背景，而市场治理的缺损，政府的放任自由是造成货币分布结构严重失衡的重要因素。市场是衔接政府和组织的中间地带，加强金融市场纪律约束，提高金融市场透明度，促进金融市场一体化发展，整顿金融市场秩序，塑造良好的金融生态环境，加强市场制度设计，有助于更好地发挥政府治理的效果，减少组织行为的异化现象。

第七节 小 结

自从新制度经济学重新唤起人们对制度和政府对市场经济正常运行的重要性的关注以来的20年里，越来越多的实证显示制度（以及政府的重要性）对经济发展和宏观经济增长的主导性作用。我们的论文关注制度和政府治理对于金融稳定的影响。本书尝试从政府治理、监管治理和银行治理三个层面分析治理对金融体系稳健的影响。我们发现在那些影响金融不稳定的诸多因素当中，对所有金融体系利益相关人的治理是一个关键的因素，政府治理有助于创造稳健的宏观经济条件，提升金融监管的有效性和提供金融稳定相关的公共产品，为维护金融稳定奠定良好的市场基础。政府治理成为金融稳定的三个支柱的核心所在。

我们对金融不稳定的实体经济观、虚拟经济观点和三级治理观进行了实证检验。发现经济基本面（实体经济部门）和金融因素（虚拟经济部门）并不是解释金融不稳定的关键，金融不稳定更多的来自于政府部门。加强良好的治理将得到金融体系稳健的回报。我们强调正确地和平衡地安排监管机构独立、问责、透明和公正性以改善金融体系治理的重要性。好的政府治理是维护金融稳定的关键，差的政府治理不利于金融稳定，反而可能成为金融不稳定的来源。政府治理的改善有助于金融体系的稳健。我们从3个方面来衡量政府治理的质量，实证检验发现法律质量比法律起源更为重要，对价格、利率的直接控制不利于金融稳定，对产权的高度控制不利于金融稳定，而政府转移支付有利于金融稳定，信息透明度高、收入差距小、腐败程度低、信任度高、政治稳定、官员权力受到约束、不实施赶超战略（政府不主导投资）的政府、其他公共治理程度高的国家和政府有利于金融稳定。与传统治理观的不同之处在于，我们强调治理的结构性和层次性，强调政府治理高于其他治理，政府治理才是问题的关键。政府的放任自由和过度干预都不利于金融稳定，如何科学的进行货币金融管理，设计好的制度规则，建立一个适度的去强化市场型的好政府，对于治理金融稳定至关重要。金融稳定作为一个公共品，为防止公地悲剧的重演，必须加强政府对货币金融的治理。正是基如此，本书提出以政府治理为核心的三级治理模式，作为治理金融不稳定的对策。

第五章

广义货币存量—流量模型（GSFC）的修正及其应用

——兼论中国的货币稳定、物价稳定和金融稳定

第一节　中国的金融稳定问题浮出水面
——中国宏观经济金融运行中的怪现象及其解读

随着转型的深入和经济金融的不断发展，中国宏观经济金融运行中出现了一系列反常现象，主要表现为：一是货币化之谜。按照现代金融发展理论，当货币化达到一定程度之后，货币化进程便告结束，货币化水平会在某个区间保持相对稳定，而这个区间会在1~1.2之间。然而，中国的货币化进程似乎没有减慢的迹象，货币化水平持续升高，已经远远超出1.2的水平，2003年高达1.896，成了中国金融发展的一个谜。二是中国经济增长和金融发展背道而驰之谜。经济增长和金融发展之间的反常关系引发了人们对经济增长质量和金融发展绩效的重新思考，一种观点认为中国"经济——金融背离之谜"说明中国经济增长出现了问题，他们在坚持中国金融发展是真实可信的基础上，对经济增长的可信度及其可持续性发展问题提出了质疑。另一种观点认为中国金融发展出现了问题。他们坚持认为中国的经济增长是可信的成功的，中国经济——金融背离之谜的关键在于金融发展出现了问题，中国金融业是一种量的扩张而不是一种质的增长。张军（2003）提出了中国为什么经济发展了而金融没有发展的问题。还有一种观点认为，中国经济——金融背离之谜说明中国

的经济增长和金融发展都出现了问题。中国的经济增长质量和金融发展绩效都不高。三是存差之谜。四是物价和资产价格之间的剪刀差。五是物价和货币供应量变动之间的反常关系。六是股ვಲಲ背离之谜。此外还有失业率上升与经济增长并存之谜,能源使用下降与经济增长并存之谜,银行业的资本金谜团,银行低效率——高稳健之谜等。

诸多"剪不断,理还乱"的经济金融之谜,蕴涵的是危机的种子还是发展的新模式,是金融不稳定的信号还是其他?中外研究者给出了不同的解读与答案。悲观派认为这是中国危机的前兆,是失败的信号,中国金融异常脆弱,金融体系蕴涵巨大的风险。他们对中国经济发展的可持续和金融稳定提出了怀疑,并提出了中国经济的低增长猜想,甚至有人认为中国经济即将崩溃,中国将成为金融危机的下一站(罗斯基,2004;Gordon G. Chang,2001;Arthur Waldron,2002)[①]。乐观派认为这是中国奇迹的标志,是中国成功的信号,并将之归结为中国模式(林毅夫、蔡昉)。甚至有人认为,社会主义市场经济不会发生金融危机,中国的金融体系十分稳定。中国正在开创一个新的发展模式,这是社会主义国家优越性的体现。在大量纷纭复杂的经济和金融怪现象前面,如何透过现象认识问题的本质,找到问题的真相及其破解之道,是摆在我们面前的一个重大课题。

笔者认为应该辩证地来看待这些问题。一方面,应该认识到一些所谓的中国经济金融之谜的更大的国际背景,进而承认其存在的合理性和价值。一些经济金融之谜并不是中国所独有。米什金(1998)在《货币金融学》中曾经列举了很多金融怪现象。80年代以来,一些研究者发现了越来越多的金融怪现象,新经济的出现就是一个很好的佐证。作为处于经济金融转轨时期的中国,细心的人们发现很多世界性的新的金融之谜在中国也出现了,除此之外还有很多具有中国特色的金融谜团,这众多外国式的和中国式的金融之谜引发了人们对货币金融的重新认识。我们认为目前中国宏观经济金融领域的怪现象有其存在的深层原因,同时也折射出传统理论的局限。中国作为一个计划经济向市场经济转变的大国,为研究货币金融问题提供了大量的现实材料。因此,结合中国的国情,认真解读这些现象,对于澄清种种疑惑和猜测至关重要。变化了的经济金融环境客观上要求我们重新认识货币金融和经济的关系,认真解读中国经济金融之谜,对于探索货币金融运行规律,提高宏观调控绩效具有重要的意义。中国的经济金融之谜呼唤新的经济金融理论。

---

① 参见《China's Economic Façade》来自 March 21,2002;华盛顿邮报。

另一方面，应该保持清醒和警惕，留心经济金融运行怪现象背后的风险和陷阱。日本的例子具有借鉴意义。通过对日本 100 多年来金融制度变迁的回顾[①]，可以发现日本金融业演变经历了高发展——不正常——正常——危机的过程。在日本高速发展过程中，出现了一系列经济金融怪现象，日本曾经一度为这种不正常的金融现象担忧，后来随着时间的推移，加上对这些怪现象的解释进展有限，日本大众逐渐认可这些不正常的现象，并认为这是日本特色，将这些作为日本模式的重要内容。没有想到，这种"正常状态"并没有维持多久，日本陷入了危机的陷阱。日本的诸多经济金融之谜，最终谜底被揭开，留给日本 10 年的衰退之痛。日本的金融发展变迁史对于中国具有极大的借鉴价值，中国当前出现了许多与日本经济金融发展史中类似的现象，中国会不会重蹈日本覆辙，值得关注。

关于中国的金融稳定状况，国内外提出了很多看法和证据，悲观派的论调开始上升。关于金融不稳定的讨论开始超越经济不稳定的讨论，引起了越来越多的关注。能够对这些怪现象提出合理的解释，无疑是破解关于中国金融不稳定的种种猜想和谣言的一个关键。因此，科学的解释中国宏观经济金融运行中的怪现象，深入探讨中国金融不稳定的原因，对于促进中国金融稳健发展具有重要的意义。下面拟在第三章提出的 GSFC 模型基础上，根据中国的国情进行修正，我们提出一个广义货币数量论模型，然后利用广义货币数量论模型重点就转型时期中国经济金融之谜当中最具代表性的"中国之谜"和"中国悖论"进行解读。对于中国金融稳定的诊断，将留在下一章进行。

第二节 物价稳定和货币稳定的冲突及其例证[②]

——"中国之谜"及其解释

本书首先简要回顾了"中国之谜"的由来并通过实证分析证明了"中国之谜"的存在，然后就"中国之谜"成因的种种传统解释及其缺陷进行了总结分析。本书在前人研究基础上通过引入以资本市场为代表的虚拟经济部门将传统的仅仅局限于实体经济部门的货币数量论拓展为包括资本市场、商品市场

[①] 感谢随清远博士 2005 年在南开大学作"日本百年金融制度变迁史及其对中国的启示"的演讲期间给我们提供的日本金融史的相关资料。作为此次演讲的主持，和随清远博士的会前会后交流让我增加了对中日金融的了解，受益良多。

[②] 本人关于"中国之谜"的前期研究成果发表在《经济学季刊》2003 年第三卷第一期。

和货币市场的广义货币数量论模型，在新的模型框架下分析了"中国之谜"的生成机理；通过对"中国之谜"的现实成因的综合分析，我们发现大量货币在资本市场的积聚是货币供应量与物价关系反常的直接原因。"中国之谜"暴露的不仅仅是一个货币总量失衡问题更多的是货币结构失衡问题，同时也是货币虚拟化过程中虚拟经济部门和实体经济部门关系失调的表现和结果。

一、转型过程中的"中国之谜"

（一）"中国之谜"产生的背景、含义及其争论

1. "中国之谜"溯源：传统货币数量论在中国发展历程回顾。在分析"中国之谜"之前，首先有必要回顾一下传统货币数量论在我国的发展历程，以便对这一问题的来源有一个更清楚的认识。传统货币数量论认为货币供应量与价格同方向变化，长期以来这被作为十大经济学原理在经济学界奉行不悖。20世纪60年代初我国银行工作者通过对多年商品流通与货币流通的关系进行实证分析提出了1:8的经验公式，这是费雪交易方程式在中国的翻版，在当时这是一个简明而又实用的衡量货币流通是否正常，货币发行是否适度的重要尺度。随着经济金融形势的变化到了80年代，人们发现1:8公式失灵了，为取代业已过时的1:8公式，研究者提出了第二版本的 $\Delta M = \Delta P + \Delta Y$ 公式，并最终为货币政策当局采用，成为衡量货币供应量是否正常的重要尺度。第二版本的货币数量论公式从其提出至今经过20多年的实践，人们运用事后的会计等式 $\Delta M = \Delta P + \Delta Y$ 来检验中国的货币供应量是否正常，结果一个令人不解的现象发生了。按照传统货币数量论公式 $\Delta M = \Delta P + \Delta Y - \Delta v$ 所估计出来的货币供应量 ΔM_1，高于实际的货币存量 ΔM_R，即 $EM = \Delta M_R - (\Delta p + \Delta y - \Delta v) = \Delta M_R - \Delta M_1 > 0$，中国存在"超额货币供应现象"。我们通过对1978~2000年间的有关数据进行计算，结果发现对应于三个层次的货币供应量口径 M_0、M_1 和 M_2，我国的超额货币供应量平均为6.06%、4.136%和8.59%，中国存在大量"超额"货币供应。"超额"货币供应现象是基于货币需求函数稳定这一假设，是对货币需求函数稳定性的致命一击。按照第二版本的货币数量论公式，中国实际货币供给量大大高于理论上的货币供应量，因此相信第二版本货币数量论公式有效性的人认为中国实际货币供应量过多，中国存在严重的通货膨胀压力，担心这"超额"的货币将给中国带来严重的经济危害。但是事实上中国的"超额"货币供应自1978年以来就大量存在并呈增加趋势，人们担心多年

的"笼中虎"并没有出来危害商品市场引起通货膨胀反而出现了通货紧缩的态势。大量"超额"货币供应与低物价水平并存的现象被外国学者称之为"中国之谜"（Mckinnon，1993，第271页）。

（二）"中国之谜"是否存在之争——实证分析

关于货币供应与物价变动之间的关系在过去相当长的一段时间里人们的观点比较一致，认为货币供应量的增加无论在短期还是长期都会导致物价的上涨。"中国之谜"说明货币供应与物价变动之间存在反常规关系即货币供应变动与物价变化非正相关。围绕着"中国之谜"许多学者展开了一系列研究，开始重新审视货币供应量与物价之间的关系。在国外关于货币供应量与通货膨胀的关系之争主要存在两大基本派别（它们各有许多分支）：一个是货币主义学派；一个是经济衰退学派。亚瑟·奥肯（美国总统经济顾问委员会前主席）发现通货膨胀有一种"规则"和一种"不规则"的性质[①]。"规则"的一面与经济周期缠绕在一起；而"不规则"的一面是由心理因素所决定的。在最近分析通货膨胀指标的预测能力时，霍华德·罗恩得出了结论：认为 M_1 发生的转折点信号有很多是与通货膨胀周期无关的。M_2 也好不到哪里去，根据这些信号根本无法确定货币增长究竟是引起通货膨胀加速还是减速。他们倾向于否认两者之间存在稳定的关系。货币主义学派的 Friedman and Kuttner（1992）在检验货币供应量与通货膨胀之间的因果关系时发现两者之间因果关系消失。在国内货币供给与价格变动呈反向关系，易纲和帅勇等在研究中国的"超额"货币供应问题时已经注意到了这一问题但未进行深入分析。帅勇采用1993~2000年的季度数据对中国的"超额"货币需求问题进行实证分析时得出了一个令人意外的结果即货币供应量变动与通货膨胀之间呈现反向关系。该回归分析模型[②]如下：

$$\ln\Delta M_{2t} = 0.8026 \ln\Delta Y_t + (-0.0275)\Delta\pi_t + 0.2566 \ln\Delta W_t$$
$$(12.613) \quad\quad (-2.745) \quad\quad (3.833)$$
$$R^2 = 0.92 \quad\quad D.W = 2.1$$

同样，易纲（1996）在他的货币化模型中也得出了同样的结果，但未加解释。此外吴晶妹在分析1985~1999年中国货币供应量增长率和商品零售物价指数（RPI）关系时发现：中国 M_0 与 RPI，M_1 与 RPI，M_2 与 RPI 非协整，它们之间没有长期的稳定关系，与相关分析结果相一致，回归分析也不具有解

[①] 基本上解释通货膨胀的学派有两个（它们各自又有许多分支，一个是货币学派；另一个是经济衰退学派，参见 Michael P. Niemira，Philip A. Klein，1998，第434页）。

[②] 其中 ΔM_2 表示广义货币供给增加量；ΔY 表示国民生产总值的变化值；ΔW_t 表示资本市场扩张或广义货币化指标由 A 股市值增加值，债券发行（面值）增加值和房地产市值的增加值构成。

释性。回归分析结果如下：

M_0 与 RPI 的回归方程为：$M_0 = -1.5478 RPI + 4.0058$，相关系数为 $r = 0.210$，$t = -1.697021$；

M_1 与 RPI 的回归方程为：$M_1 = -0.2958 RPI + 2.51$，相关系数为 $r = -0.044$，$t = -0.783290$；

M_2 与 RPI 的回归方程为：$M_2 = 1.0309 RPI + 0.8834$，相关系数为 $r = 0.108$，$t = -0.697326$；

在显著性水平 $a = 0.05$ 的情况下 t 检验证明，M_0、M_1、M_2 对物价指数都没有显著的影响。该分析结果发现 M_0、M_1、M_2 与 RPI 之间的相关性较弱甚至出现负相关，但她同样没有对此展开分析。在此基础上我们通过对我国 1978～2000 年的物价与货币供应量变动关系的进一步考察发现：从 20 世纪 80 年代中后期起，我国货币供应量的改变对价格的影响不显著（见图 5-1，图 5-2）。在 1979～1998 年之间，中国货币供应变动与物价变化之间的关系在 20 年中符合货币数量论的关于货币供应量与价格成正相关结论的只有 8 年，其余 12 年是反传统的，其中有 4 年是负相关，还有 8 年是不规则的。存在货币供应量相对上一年下降而价格上涨的不合理情况如 1985 年、1987 年和 1994 年，货币供应增加而价格下降的 1990 年。出现货币供应量增加，商品价格反而下降或价格稳定不变并存的反常规关系。最奇怪的现象就是出现了政府在不断紧缩货币的同时，价格水平却不断提高。近几年来，我国货币政策一直比较宽松。广义货币供应量 1998～2001 年 4 年年均增长 14.6%，几乎是 GDP 增长的 2 倍。商业银行头寸也已经处于历史上最宽松时期，银行同业拆借利率仅比央行准备金利率高 6 个基本点，接近于实行零利率政策的日本，我国央行 8 次降低存贷款利率，2 次下调存款准备金比例，通过公开市场业务操作，再贷款和再贴现投放基础货币，频繁对商业银行实施"窗口指导"等，我国实际上实行的是扩张性货币政策，但同时我国通货紧缩压力加大。从 1997 年 11 月开始，我国的零售价格指数出现负增长，长达 5 年。据统计，2002 年 1～7 月的零售商品物价指数和消费者物价指数分别比 2001 年同期下跌了 1.9% 和 0.8%，尤其是消费者物价指数到 2002 年 10 月已经连续 14 个月下落，继 1997 年亚洲金融危机以来最为严重的通货紧缩状况正在持续。此外，生产资料和原材料价格也在不断下跌。2001 年 12 月的生产资料价格比同年 1 月下降了 7.2%，2002 年 1～4 月又比 2001 年同期分别下降了 6.3%、5.4%、4.7% 和 4.4%。原材料价格也在持续下滑，2002 年 1～4 月比 2001 年同期分别下降了 4.8%、4.6%、4.7% 和 3.8%。今年 4 月以后，两者也未能呈现止跌的迹象。

中国出现了宽松货币政策与通货紧缩并存的局面。面对越来越多令人迷惑不解的金融怪现象，基于 Friedman 等最近一些研究的启发，我们认为货币供应量变动与物价变化之间的关系存在阶段性。由于经济发展阶段的不同，随着经济金融形势的变化货币供应与通货膨胀之间的关系可能会发生变化。"中国之谜"是中国金融经济发展进入新阶段的产物，一个重要的原因就在于金融市场等虚拟经济部门的存在与发展。为了进一步检验"中国之谜"是否存在，我们认真选择了在 1950~1994 年和 1994 年 1 月~2001 年 4 月两个样本期间分别检验货币供应量变化是否是通货膨胀的原因。其中 GPD 和 CPI 代表通货膨胀水平，用 M_1 和 M_2 分别代表狭义和广义货币供应量。由表 5-1 分析结果可以发现：第一阶段样本检验结果支持两个变量之间的因果关系。1955~1994 年的样本检验结果说明我们有 90% 的把握支持 M_1、M_2 的增加导致通货膨胀（除滞后两期的 M_2 之外），但是对 1994 年 1 月~2001 年 4 月期间的样本检验结果分析不能得出 M_1、M_2 增长造成通货膨胀的结论。因此 Granger 因果检验的结果初步支持我们关于通货膨胀与货币供应变动之间关系具有阶段性的假设。为了进一步证明该假设，我们分别运用在两个样本期内 M_1、M_2 的滞后值对通货膨胀率进行回归，结果见表 5-2。研究结果表明在 1960~1994 年的样本中 M_1 和 M_2 对通货膨胀率有显著影响，在 1994 年 1 月~2001 年 4 月的季度数据中这种影响不显著。从 1960~1994 年具有 3~5 年滞后期的 M_1、M_2 增长率的 T 统计量似乎相当大，相关系数几乎都为正，说明 M_1、M_2 增长与通货膨胀存在正相关关系。但是在 1994 年 1 月~2001 年 4 月之间滞后期的 M_1、M_2 的统计量都不大，相关系数出现负数，说明两者之间存在负相关关系。越来越多的研究和事实都表明中国进入 20 世纪 80 年代中后期以来货币供应量与物价的变动呈现反向关系。

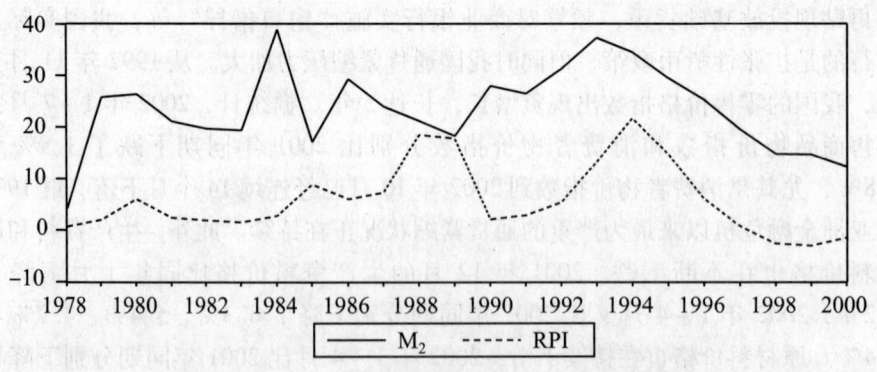

图 5-1　1978~2000 年中国的 M_2 与 RPI 变动趋势

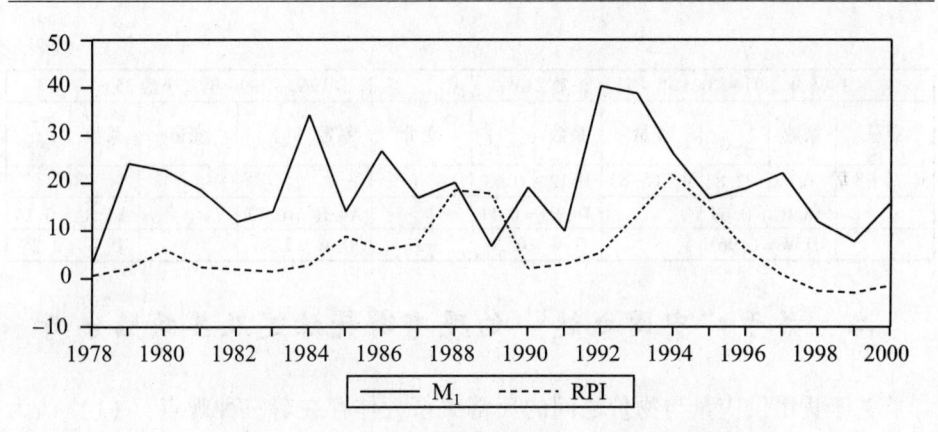

第五章 广义货币存量—流量模型（GSFC）的修正及其应用

图 5-2　1978~2000 年中国的 M_1 与 RPI 变动趋势

表 5-1　通货膨胀与货币供应量变动的因果关系检验[①]

T	样本范围：1955~1994 年 零假设：	样本数	F-统计	概率	T	样本范围：1994年1月~2001年4月 零假设	样本数	F-统计	概率
2	M_1 不是 Gpd 格兰杰原因	38	0.14	0.09	2	M_1 不是 CPI 格兰杰原因	28	0.34	0.71
2	M_2 不是 Gpd 格兰杰原因	38	0.07	0.21	2	M_2 不是 CPI 格兰杰原因	28	0.02	0.97
3	M_1 不是 Gpd 格兰杰原因	37	0.06	0.02	3	M_1 不是 CPI 格兰杰原因	27	0.18	0.9
3	M_2 不是 Gpd 格兰杰原因	37	0.01	0.03	3	M_2 不是 CPI 格兰杰原因	27	0.04	0.98
4	M_1 不是 Gpd 格兰杰原因	36	0.01	0.01	4	M_1 不是 CPI 格兰杰原因	26	0.34	0.84
4	M_2 不是 Gpd 格兰杰原因	36	0.02	0.01	4	M_2 不是 CPI 格兰杰原因	26	0.61	0.65

①注：T 表示滞后期数。Gpd 为国民生产总值冲减指数，CPI 为商品零售物价指数。

表 5-2　通货膨胀对货币供应量滞后的回归

样本 1996 年 2 月~2001 年 4 月（个数 23）				样本 1960~1994 年（个数 35）					
变量	系数	t-统计	变量	系数	t-统计	变量	系数	t-统计	变量	系数	t-统计
C	-4.18	-3.06	C	-12.5	-2.32	C	-0.12	-0.08	C	-0.65	-0.48
$M_2(-1)$	-0.01	-0.13	$M_1(-1)$	0.12	0.95	1(-1)	3.29	0.47	$M_2(-1)$	2.35	0.31
$M_2(-2)$	-0.02	-0.16	$M_1(-2)$	0.07	0.46	1(-2)	0.66	0.1	$M_2(-2)$	1.67	0.24
$M_2(-3)$	0.73	2.08	$M_1(-3)$	0.03	0.13	$M_1(-3)$	9.56	1.59	$M_2(-3)$	14.4	2.27
$M_2(-4)$	-0.3	-0.87	$M_1(-4)$	0.15	0.51	1(-4)	-16.38	-2.73	$M_2(-4)$	-16.58	-2.61
$M_2(-5)$	-0.04	-0.15	$M_1(-5)$	-0.04	-0.16	1(-5)	7.89	1.33	$M_2(-5)$	6.43	1.04
$M_2(-6)$	0.23	0.87	$M_1(-6)$	0.2	0.92						
$M_2(-7)$	0.25	0.94	$M_1(-7)$	0.08	0.36						

续表

样本 1996年2月~2001年4月（个数23）						样本 1960~1994年（个数35）			
变量	系数	t-统计	变量	系数	t-统计	变量	系数	变量	系数 t-统计
$M_2(-8)$	-0.52	-2.84	$M_1(-8)$	0.12	0.63				
	Ad. $R^2=0.69$			Ad. $R^2=0.11$			Ad. $R^2=0.12$		Ad. $R^2=0.14$
	D.W=0.96			D.W=0.26			D.W=2.38		D.W=2.25

二、关于"中国之谜"的现有解释综述及其缺陷分析

关于货币供应量与物价之间的反常关系大体存在着三种观点：(1) 认为无论是长期还是短期来看货币供应量与物价的关系都是稳定的，这是一种传统观点，否认两者之间存在反常关系，为了维护现有的第二版本的货币数量论公式，这种观点在坚持传统货币数量论的基础上对某一个和两个变量进行修改从而减小甚至消除"超额"货币供应问题，认为并不存在所谓的"中国之谜"。(2) 认为从长期来看货币供应量与物价是稳定的，但是短期来看两者关系是不稳定的，这是一种主流观点。现代货币主义和大多数凯恩斯主义者都持有这一观点。他们将"中国之谜"看做一种短期现象否认其存在的长期性。(3) 认为不论是长期还是短期两者关系都是不稳定的，这是与传统观点针锋相对的新观点，承认"中国之谜"不仅是一种短期现象而且是一种长期现象。这种观点兴起于20世纪90年代，一些学者在分析全球通货紧缩问题和"新经济"的过程中提出了这一新观点，并有学者将这种长期反常关系归因于技术进步和劳动生产率的提高。有人甚至提出了通货膨胀将要消失的大胆预测，从根本上否认货币供应与物价变动之间的稳定关系。目前关于货币供应与物价变动之间长期存在的反常关系的研究方兴未艾。关于"中国之谜"近年来一些学者提出了不同的解释，综合起来主要有下面的几种：

（一）价格决定的财政理论

"中国之谜"并不仅仅存在于中国，只是由于这种反常关系在中国存在的长期性而引起了特别的关注。早在20世纪七八十年代的美国，一些学者在研究货币需求函数稳定性时就通过实证分析发现，进入20世纪70年代中后期以后，美国的货币供应量变动与通货膨胀基本上是没有关系的，并提出了新的价格决定的财政理论学说试图来解释这种反常关系，其中以 Leeper (1991)、Woodford (1994)、Sims (1997)、Daniel (2001) 等学者的研究最具代表性。他们指出通货膨胀不仅仅是一种货币现象，政府的财政政策在决定价

水平和通货膨胀时也起着重要的作用。在国内邹恒辅（2002）等较早地注意到了货币供应量与物价之间的反常关系，并运用这一理论来分析"中国之谜"，提出了价格决定的财政学说，认为价格水平由政府债券的实际值和政府财政剩余相等来决定。价格水平决定的财政理论重新从另外的角度来看待财政和货币政策，一定程度上有助于解释货币供应量与物价水平之间的稳定联系越来越小的现实，但是这只是一种短期分析，不能有效解释长期存在的"中国之谜"。

（二）时滞效应假说

关于货币供应量与物价水平之间的反常关系，现代货币主义者将之归结为时滞效应。认为从长期来看货币供应量与物价是稳定的，在短期两者关系可能是不稳定的，而这种不稳定是由于时滞效应的存在。如弗里德曼认为时滞效应的长度大约为 6~9 个月，这只是一个平均数；David Meiselman（1969）认为滞后期为 3~6 个月甚至 3~5 年不等。在国内帅勇（2002）认为极有可能是中国货币供应量的剧烈变化和漫长的时滞效应导致了货币供应量与通货膨胀之间的这种反常关系。刘伟等（2002）认为中国狭义货币和广义货币增长率的改变对通货膨胀的有效影响滞后期分别为 9 和 13 个季度。刘斌（2002）的研究结果表明长期内货币供应量变化会对物价产生显著影响，随着货币供应量的增加，物价在 2 个季度后开始上涨，经过 12 个季度后货币供应量的变动基本上都体现在物价的变化上。究竟是什么因素导致了时滞效应的存在，加上时滞期间的测度十分困难，现代货币主义者没有给出令人满意的解答。时滞效应假说否认长期货币供应量与物价变动之间存在的反常规关系，只适合作短期分析，对长期货币供应与物价变动的反常关系无能为力。因此，将货币供应量与物价变动的反常规关系归因于时滞效应显然值得进一步探讨。

（三）货币传导机制梗阻假说

该假说认为我国的货币传导机制存在种种缺陷，使得货币供应量的时滞效应过长，货币供应量的变化不能及时反映在价格水平上，货币政策传导机制出现了梗阻。夏斌等（2001）的研究认为在利率管制和证券市场异常发展的制度约束下，公众对证券投资的收益预期和固定资产投资收益预期的非一致性导致了货币扩张传导机制受阻。"中国之谜"在于现行的经济金融制度，货币扩张到通货膨胀有一个特殊的传导机制，其中关键在于资本市场的存在缓解了货币扩张造成的通货膨胀压力。实证研究表明在存在资本市场的情况下，M_2 增加10%只会导致消费品价格水平2.53%的上涨（刘伟，2002），而在传统的两部门模型中，M_2增长10%将导致GPD增长8.6%（武剑，2001）。该假说考虑了资本市场对货币供应量和物价变动关系的影响，是对时滞效应假说的进一步发展。同样它在一定程度上可以较好的解释短期货币供应量与物价变动之间的反常关系，但是由于他们否认长期存在货币供应与物价变动之间的反常关系，没有将该假说扩展到分析长期货币供应与物价变动之间的反常关系，这是它的局限所在。

（四）货币化假说

货币化假说的主要代表有谢平和易纲等。对于"中国之谜"，易纲用货币化带来的铸币收入进行解释。易纲（1996）估计1978~1992年中央政府每年铸币收入约占GNP的3%，谢平（1994）估计1986~1993年中央政府每年得到的货币发行收入约占GNP的5.4%，1978~1992年中国年均超额货币供应率约为7.8%，扣除货币化带来的筹币税收入的影响，中国的超额货币供应率约为2.4%~4.8%。这样海外经济学家对于中国之谜至少在部分程度上得到了解释，但答案依然不能令人满意。沿着这条思路有人进一步发展了货币化假说。他们将Y分成两部分即$Y = RY + (1-R)Y$，其中RY为货币化部分或者说是交易货币，$(1-R)Y$为非交易货币如储存货币。R在1%~100%之间变化，$\Delta R > 0$即呈递增状态，但是递增的速度越来越慢，货币化存在一个拐点[①]，我国学者比较一致地认为我国货币化的转折点发生在1985年或1993年，认为中国的货币化过程在1993年以前就达到顶点。按照货币化假说，货币化比例不超过100%，货币化速度呈递减。中国的超额货币供应将随着货币化速度的递减而逐渐消失，但是实际上从1993年以来中国的超额货币供应反而越来越严重越来越明显，货币化假说对此无能为力。总的说来，货币化假说在试图解释"中国之谜"的过程中本身又带来了新的问题，缺陷相当明显。

（五）统计偏差假说

该假说将货币供应量与物价之间的反常关系归于统计方面的原因。一是源于货币供应量统计方面的偏差。有人指出我国证券交易保证金、外币存款等具有一定货币功能的金融资产原先并未被纳入货币供应量的统计口径，直到

---

① 关于货币化问题的讨论很多，从计量角度评述的著作之一是：S. Ghosh 所著《一国国民经济的货币化》（加尔各答，世界出版社1964年版）。关于拐点时间，易纲的判断是1985年，张杰1988年，谢平1992年，参见张杰：《中国国有金融体制变迁分析》，经济科学出版社1998年版，第15~16页。

2001年6月证券交易保证金才在 M_2 中得到体现,现有的货币供应量统计指标低估了真实的货币需求。由于统计方面的原因,我国货币供应量的统计口径可能失真,从而可能造成两者关系的反常。二是来自价格指数方面。有人提出了价格指数偏低假说,指出由于指数编制过程中存在的种种缺陷导致中国的价格指数存在被低估的可能,其中主要原因是包括房地产在内的服务业权数过低,而食品业的权数过高;提供食品的农业在 GDP 中的比重不到20%,而食品业在消费者物价指数中的权数极大,其影响超过了50%,因此中国的通货膨胀水平可能被低估了。三是来自货币供应量指标与物价指标之间的匹配问题。范从来等在分析通货紧缩的时候就这一问题提出了看法,指出由于不同层次货币的流动性不同,对物价的影响也不一样。他们认为通货膨胀归结到底是一种货币现象,但究竟是存量货币还是流量货币,是 M_0、M_1 还是 M_2 导致物价上涨仍存在争议。统计偏差假说在一定意义上有利于缓解两者之间的反常关系,但是即使考虑到数据失真问题和统计方面的原因,它仍然无法解释近几年来我国货币供应与物价变动之间的反常关系越来越突出的现实。

此外还有货币流通速度下降假说,货币被迫储蓄假说和货币沉淀假说,综合成因假说等(易纲、吴有昌,1999;王春同、赵东,2000;郭浩,2002;帅勇,2002等)。总的说来,关于"中国之谜"的解释主要是沿着两条路径进行的。第一条路径是在坚持传统货币数量论的基础上对某一个和两个变量进行修改从而减小甚至消除"超额"货币供应问题,认为中国并不存在所谓的"超额"货币供应量问题,因此也就不存在"中国之谜"。第二条路径是在原有的货币需求函数中加入一些新的可能影响货币需求的新的变量或修改传统货币数量论的假设,从而避免传统模型可能存在的模型误设(如遗漏一些重要的解释变量)问题,通过引入新的变量试图解释"中国之谜"。目前主要是沿着第一种路径进行,学者们提出了价格指数偏低假说、地下经济假说、被迫储存假说、货币空闲假说、货币沉淀假说,将货币化假说与价格指数偏低假说糅合在一起的所谓综合成因假说等[①]。事实上第一种路径的研究者坚持认为货币需求函数各变量之间具有稳定的关系,他们只是对个别变量进行修正,他们的努力仅仅取得了有限的成功。相比而言沿着第二条路径的研究相对较少,主要有价格决定的财政理论,货币传导机制梗阻假说,货币流通速度下降假说,货币化假说等,这方面也未能得出真正令人满意的结果。这些研究仍然局限于传统的

---

① 假说很多,这里我们根据需要和个人偏好进行了取舍,限于篇幅没有一一展开说明。

实体经济领域之中，始终没有超出传统货币数量论的两部门（即商品市场和货币市场）分析框架，研究视野的狭窄和没有考虑变化了的经济金融形式是上述假说难以对"中国之谜"作出合理解释的主要原因，基于此，我们通过着眼金融成为现代经济核心的新的现实，以资本市场为核心的虚拟经济部门日益成为现代经济的主导，整个社会正进入金融经济新时代这一新的背景，拟就"中国之谜"的成因作进一步探讨。

三、"中国之谜"生成机理：基于广义货币数量论模型的分析

20世纪70年代以来，随着信息技术和金融创新浪潮席卷全球，虚拟经济迅速发展，金融自由化和金融全球化进程加速等大大促进了各国资本市场的发展，金融自由化和金融全球化创造了大量的虚拟资产，金融资产存量急剧增加，以金融为核心的虚拟经济部门相对于传统的实体经济部门变得日益重要，整个社会已经进入金融经济时代。

从国际上看，国际经济活动的主体正从传统的以实际资产为主的跨国公司向以虚拟资产为主体的跨国银行、各种基金、跨国金融机构转化。Drucker, p. (1989) 指出，"跨国公司90%以上的金融交易不是服务于经济学家所说的传统经济功能"，金融交易不再是跨国贸易和投资的附属品，国际间虚拟资产的交易量不仅是从绝对数量还是从增长率来看都已经大大超过实际资产的交易。德努克曾经明确地指出"符号经济"（资本的流动、汇率以及信用流通）已经取代了"实体经济"（产品和服务的流通）成为世界经济的核心。由表5-3可以清楚发现，虚拟经济活动越来越独立于实体经济，金融成为现代经济的核心，而实体经济部门的地位退居第二位。从表5-3可以发现1970年西方八国金融机构总资产已经超过国内生产总值19个百分点。2000年八国金融机构总资产为GDP的325.25%，由表5-3可以清楚发现，金融资产在发达国家的财富中占有十分重要的地位，金融部门总量已经远远大于实际经济部门总量。金融部门的迅速发展，金融资产交易规模的不断壮大，对交易媒介的货币需求增加了，同时货币作为一种资产，作为财富储存手段发挥着越来越重要的作用，经济金融化（虚拟化）进程对货币的定义，货币的本质和货币的职能，货币政策传导机制以及货币政策的最终目标和中介目标等带来了巨大冲击，对传统货币数量论提出了严峻挑战。

表 5-3　1970~2000 年 8 个国家的金融资产结构分布及其演变（比 GDP）

1970 年	1980 年	1990 年	2000 年	8 个国家平均
7.285714	5.857143	6	6.428571	1 货币
24.57143	22.42857	22.14286	24.85714	2 M_1
45.28571	49.85714	53.71429	38.42857	3 M_2
67.28571	76.71429	87.71429	83.14286	4 M_3
78	105	146.75	185.5	5 银行总资产
119	160.25	246	325.25	6 金融机构总资产
21.28571	14	30.85714	94.71429	7 证券
22	40.71429	71.57143	102.4286	8 债券
118	222.25	369	553.5	9 = 6 + 7 + 8

资料来源：整理自 2004 年 IMF 的 IFS，DOT，BOP（CD-ROM），2004 年世界银行的 WDI（CD-ROM）。注意：8 个国家为美国、德国、日本、法国、意大利、荷兰、加拿大、英国。

传统货币数量论是建立在实体经济之上的，反映的是商品市场和货币市场的两部门均衡，是一个两部门收入货币流量模型。它忽视了作为资产存量的货币的存在，没有考虑证券交易量和货币供应量之间的关系，正是以资本市场为核心的虚拟经济部门的扩张打破了原有的均衡，在虚拟经济条件下货币供应量与物价之间的关系发生了变化。中国之谜是两部门之谜，是坚持传统货币数量论的产物。在虚拟经济条件下重新审视传统的货币政策和货币理论，将资本市场等虚拟经济部门纳入无疑具有重大的理论和现实意义，同时也是更好的解释我国现阶段出现的货币供应量与物价变动之间的反常关系等金融怪现象的迫切需要。我们在前人研究基础上通过引进以资本市场为代表的虚拟经济部门，将传统货币数量论扩展到既包括实体经济部门又包括虚拟经济部门的广义货币数量论，试图对中国长期货币供应与物价变动之间的反常关系做出新的解释。我们假设：（1）整个经济体系包括两大部门：一是实体经济部门，以产品市场为代表；二是虚拟经济部门，以资本市场为代表。货币市场，商品市场和资本市场三者互相联系而不是完全隔离开来。（2）货币只充当交易媒介和财富储存手段。（3）货币流通速度不是一成不变的。（4）货币总量由交易货币和储存货币或坐着的货币和飞着的货币两大部分构成。（5）交易货币一部分参与商品交易；另一部分参与股票等金融资产交易。（6）储存货币一部分以储蓄存款等初级证券形式存在；另一部分以股票债券等高级证券形式存在。具体模型如下：

$$MS = M_Y + M_K \tag{5.1}$$

（5.1）式表示一国货币供应量包括两大部分：一是充当交易媒介的货币 M_Y；二是作为财富储存手段的货币 M_K。MS 代表总货币供应量。

$$M_Y = qMS = tM_Y + (1-t)M_Y \tag{5.2}$$

（5.2）式表示充当交易媒介所需的货币量，由流入实体经济部门的 tM_Y 和流入虚拟经济部门的货币 $(1-t)M_Y$ 组成。

$$M_K = pMS = \lambda M_K + (1-\lambda)M_K \tag{5.3}$$

（5.3）式表示作为财富储存手段所需的货币量，由充当狭义储存手段 λM_K 和广义储存手段的货币 $(1-\lambda)M_K$ 组成。其中 $p + q = 1$。

$$MS = [tM_Y + (1-t)M_Y] + [\lambda M_K + (1-\lambda)M_K]$$
$$= [\lambda M_K + tM_Y] + [(1-t)M_Y + (1-\lambda)M_K] = M_{SR} + M_{SF} \tag{5.4}$$

（5.4）式由实体经济部门所需货币量 M_{SR} 和虚拟经济部门所需货币量 M_{SF} 两部分组成，表示一国货币供应量不仅与一国实体经济部门的生产活动有关，而且与虚拟经济部门的非生产活动等有关。货币供应量由实体经济部门所需货币量和虚拟经济部门所需货币量组成，即货币流向两大领域：一是实体经济领域；二是虚拟经济领域。

由 $tM_Y = GDP/V_Y$，则有：

$$tM_Y V_Y = PY = GDP \tag{5.5}$$

（5.5）式表示狭义交易货币量，代表充当商品交易媒介的货币量，对应于实体经济中的交易货币。

由 $\lambda M_K = M_X/V_K$，则有：

$$\lambda M_K V_K = M_X \tag{5.6}$$

（5.6）式表示狭义储存货币量，作为财富储存手段如以银行存款和不良资产等形式存在，对应于实体经济中的非交易货币。M_X 为狭义储存货币量。

由 $t'M_Y = P_K Q/V_Y$，则有：

$$(1-t)M_Y V_Y = P_K Q \tag{5.7}$$

（5.7）式表示广义交易货币，代表充当资产交易媒介的货币量，对应于虚拟经济部门中的交易货币。p_k 代表金融资产价格，Q 为金融资产数量。其中 $1 - t = t'$。

由 $\lambda' M_K = M_G/V_K$，则有：

$$(1-t) M_K V_K = M_G \tag{5.8}$$

（5.8）式表示广义储存货币量，作为财富储存手段如以股票等形式存在，对应于虚拟经济部门中的非交易货币。V_K 表示作为财富储存手段的货币的周转次数或货币流通速度。V_Y 表示作为交易媒介的货币的流通速度。M_G 为广义储存货币量。其中 $1 - \lambda = \lambda'$。

进一步假设

$$dMS/MS = dM_{SR}/M_{SR} + dM_{SF}/M_{SF} = dM_Y/M_Y + dM_K/M_K \quad (5.9)$$

对 (5.5) 式求导 $dM_Y/M_Y = dP/P + dY/Y - dt/t - dV_Y/V_Y$,

假设 $dV_Y/V_Y = 0$ 则有:

$$dM_Y/M_Y = dP/P + dY/Y - dt/t \quad (5.10)$$

对 (5.6) 式求导 $dM_K/M_K = dM_X/M_X - d\lambda/\lambda - dV_K/V_K$,

假设 $dV_K/V_K = 0$, 则:

$$dM_K/M_K = dM_X/M_X - d\lambda/\lambda \quad (5.11)$$

对 (5.7) 式求导 $dM_Y/M_Y = dP_K/P_K + dQ/Q - dt'/t' - dV_Y/V_Y$

假设 $dV_Y/V_Y = 0$, 则:

$$dM_Y/M_Y = dP_K/P_K + dQ/Q - dt'/t' \quad (5.12)$$

对 (5.8) 式求导 $dM_K/M_K = dM_G/M_G - d\lambda'/\lambda' - dV_K/V_K$,

假设 $dV_K/V_K = 0$ 则:

$$dM_K/M_K = dM_G/M_G - d\lambda'/\lambda' \quad (5.13)$$

由虚拟经济条件下广义货币数量论的一个基本流程框架图（见图 5-3）和上述公式可以清楚发现,相对于传统的仅仅局限于实体经济部门的货币数量论,加入虚拟经济部门之后的广义货币数量论公式变得复杂得多,虚拟经济部门的存在改变了传统的货币传导机制和货币的作用对象及其流向。货币增加之后货币的流向存在多种可能的选择和结果,货币不再局限于商品等传统实体经济部门,货币不再只是充当交易媒介职能,货币的财富储存职能更加突出和重要。在三部门模型下,货币供应量变动将影响商品价格和资产价格,至于两者变化规律则因时间、资本市场和商品市场发育程度、资本市场和货币市场联通状况以及两大市场收益对比等因素而不同。当纳入资本市场后,如果货币能够在商品市场与资本市场之间自由流动,这时不仅货币总量的改变而且货币结构的变化都可能改变各变量之间的关系,使货币供应量与物价之间的关系失去稳定性,变量之间传统的简洁明了的关系不再存在。为更好地认识和理解中国之谜的生成机理,下面在三部门模型下分析中国现阶段货币供应量与物价变动的反常关系。

货币双轨制、政府治理和金融稳定

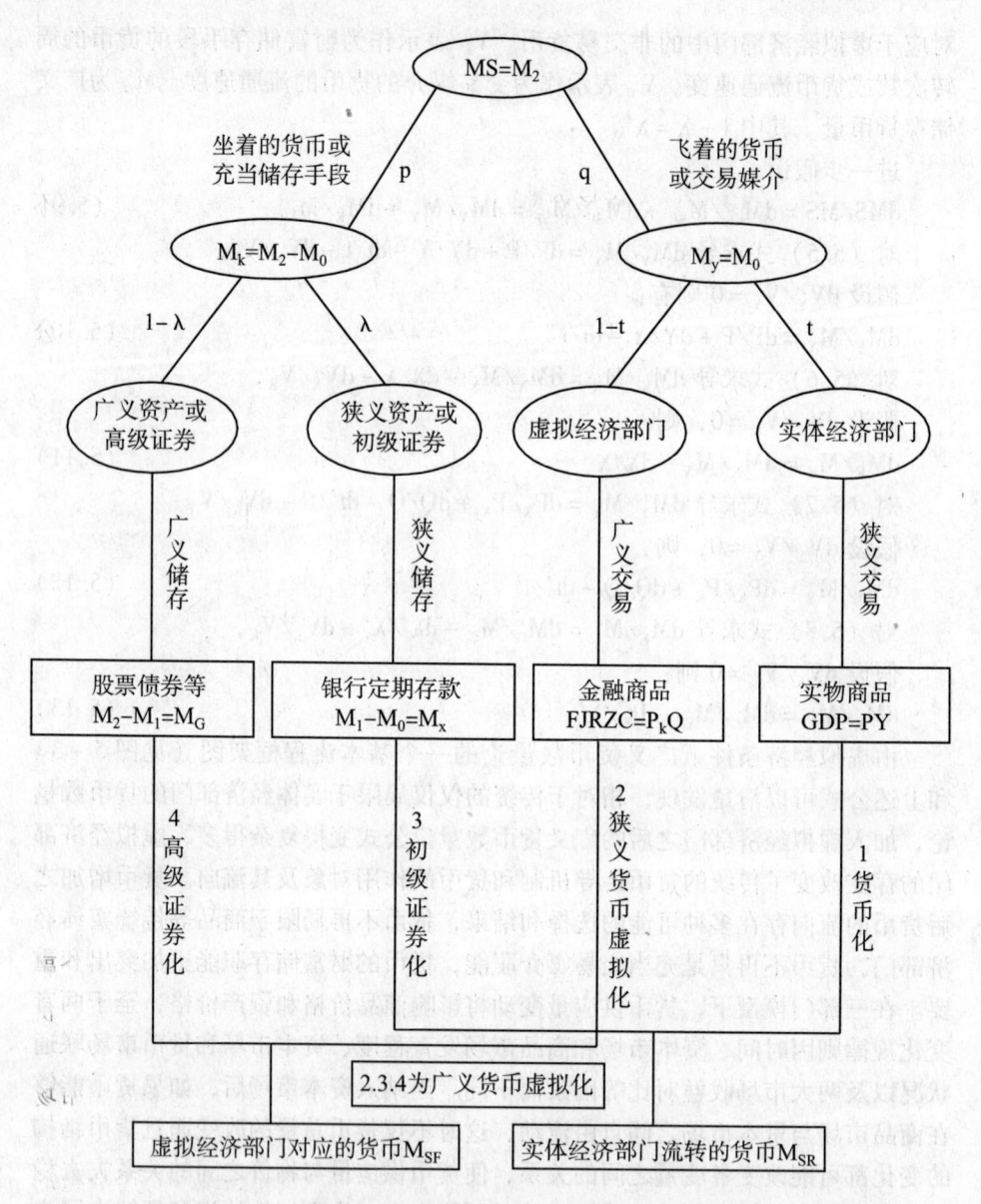

```
                              MS=M₂
                   坐着的货币或         飞着的货币
                   充当储存手段  p    q  或交易媒介
                  M_k=M₂-M₀           M_y=M₀
              1-λ        λ         1-t        t
           广义资产或   狭义资产或   虚拟经济部门  实体经济部门
           高级证券    初级证券
            广义储存    狭义储存    广义交易    狭义交易
           股票债券等  银行定期存款  金融商品     实物商品
           M₂-M₁=M_G  M₁-M₀=M_x   FJRZC=P_kQ  GDP=PY
            4高级证券化  3初级证券化  2狭义货币虚拟化  1货币化
                   2.3.4为广义货币虚拟化
           虚拟经济部门对应的货币M_SF   实体经济部门流转的货币M_SR
```

图5-3 虚拟经济和实体经济条件下的广义货币流程[①]

[①] 注：广义证券资产和狭义证券资产通称虚拟资产。2.3.4统称广义货币虚拟化。

下面是货币供应量与物价变动反常关系的生成机理——一般理论分析。为了使分析更接近和符合现实，本书同时考虑三部门的均衡情况，假设货币可以在商品市场和资本市场的自由流动,商品市场和资本市场互相影响,具体又分短期和长期两种情形来讨论当货币供应量增加时的价格变动情况。

(一)情形之一:短期——物价不变,资产价格单独变化

短期,我们只考虑资本市场发展对货币带来的交易效应和财富效应,而不考虑替代效应即不考虑货币在商品市场和资本市场的相互转化问题,同时不考虑货币结构比例变动问题,不考虑货币流通速度的变化。这样假设更接近和符合现实也比较便于分析。依据广义货币数量论模型公式,对公式(5.2)、公式(5.3)、公式(5.5)同时求导,并假设 $dV_Y/V_Y=0$, $dt/t=0$,则

$$dM_Y/M_Y = dp/p + dY/Y \tag{5.14}$$

对公式(5.7)求导并假设 $dV_Y/V_Y=0$, $dt/t'=0$ 则:

$$dM_Y/M_Y = dp_k/p_k + dQ/Q \tag{5.15}$$

这样根据模型我们知道,短期,当货币增加时物价变动取决于产量、资产价格、资产数量和 q 比例变化情况,因此可能出现多种结果(见表5-4),主要有以下几种情形:

(1)物价不变,资产价格单独变化。假设新增加的货币完全用于交易而不用来储存,即有 $dM_K=0$。这时货币流向资本市场和产品市场,参与商品和股票等金融资产的交易。这时只考虑资本市场交易的分流作用,货币供应量增加对物价影响进一步视资产价格,产量和资产数量变化而定,可能存在多种结果,具体分析如下:①dMS↑dM_K 不变—dM_Y↑dY 不变 dQ 不变—dP_K↑dP 不变。就短期而言,假设短期商品市场粘性即产品数量和价格都来不及反映,当资产数量固定不变时,货币供应量的增加表现为资产价格的单独变化。这时货币增加全部表现为资产价格上涨。一旦收益发生变化如实业投资收益低于金融投资就将导致投机货币的流动,货币的投机需求和交易需求增加,出现资产价格的大幅上涨。②dMS↑dM_K 不变—dM_Y↑dY 不变 dQ 大幅增加(如新股上市发行导致股票供应量增加)—dP_K↓dP 不变。就短期而言,假设短期商品市场粘性即产品数量和价格都来不及反映,当资产数量大幅增加时,货币供应量的增加将伴随资产价格的下跌。这时货币增加表现为资产价格下跌和资产数量的大幅增加。③dMS↑dM_K 不变—dM_Y↑dY 不变 dQ 大幅下降—dP_K 大幅上涨 dP 不变。就短期而言,假设短期商品市场粘性即产品数量和价格都来不及反映,当资产数量大幅减少时,货币供应量的增加将伴随资产价格上涨。这时货币增加表现为资产价格大幅上涨和资产数量的减少。短期来看,资本市场发展对货币供应的影响主要通过资产价格上涨和资产交易量增加两大途径体现出来。资

产价格的变动对货币需求的影响体现在三个方面：一是财富效应，资产价格上升意味着人们的名义财富增加居民收入上升，货币需求相应增加；二是交易效应，资产交易量越大需要的货币也就越多；三是替代效应，资产作为货币的替代品其价格上涨，人们调整自己的资产结构多持有资产少持有货币，这样对货币的需求下降。资产价格对货币需求的影响主要由上述三大效应决定，财富效应和交易效应增加货币需求而替代效应减少货币需求，总的影响视资本市场的发展阶段而定。货币供应量增加时资产价格单独上涨，这是短期的情形之一，当然这是建立在一系列假定前提之上的。

为进一步理解货币供应量增加和物价及资产价格变化之间的关系，我们借用凯恩斯主义的总供求模型来说明货币市场、资本市场和商品市场三者之间的关系，并就上述情形①进行分析：假定在最初均衡条件下，货币供应总量为 M_1（即 $MS = M_1$），其中用于商品和证券交易的货币为 M_Y，这里假设储蓄货币量 $M_K = 0$，则有 $M_1 = M_Y$；tM_Y 为商品交易用货币需求，它乘以商品交易的货币流通速度 V_Y 恰好等于名义国内生产总值 $GDP = PY$；$t'M_Y$ 为证券交易用的货币量或非商品交易的货币量，它乘以证券交易用的货币流通速度 V_Y 等于证券交易额 $P_K Q$。这样广义交易货币数量论公式可以写为 $MS = M_Y V_Y = PY + P_K Q$（注意此时假设储蓄货币为0），该式表明货币供应量一方面支持着实体经济增长（即当年的 GDP）；另一方面也支持着虚拟经济部门的发展（即证券交易额的扩大）。当货币供应量增加时，将流向两个市场：一是商品市场或产品市场；二是证券市场或资本市场。

我们假定名义 MS 供给增加，导致实际货币供应量 MS/P 增加，MS/P 曲线右移到 MS/P^*，实际货币供应量增加为 M_2，同时假设 GDP 不变（$Y = Y^*$，$P = P^*$）即用于商品和劳务交易的货币量 tM_Y 不变（tM_Y 表示最初均衡条件下用于商品交易的货币）。在利率水平为 R_1 的情况下，货币供给大于货币需求，人们手中过多的货币将投向证券市场，这时用于证券交易的货币供应量由 $M_1 - tM_Y$ 增加为 $M_2 - tM_Y$，结果对证券需求量上升，SD 上移到 SD^*，证券价格水平由 P_{k1} 涨为 P_{k2}，证券交易量 Q 不变。这时货币供应量的增加完全压向证券市场，并完全通过证券价格上涨体现出来。这样在短期内货币供应量增加将导致资产价格单独变化，而商品价格保持稳定，当然这是建立在一系列严格的假设前提之上的。货币供应量增加只引起资产价格膨胀的结果可能只是理论上的一种特例（如图 5-4、图 5-5、图 5-6）。

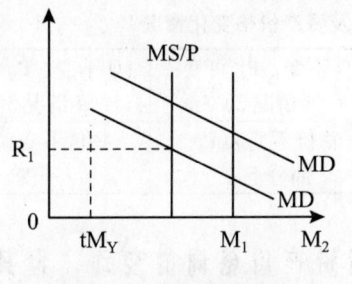

图 5-4　表示货币市场

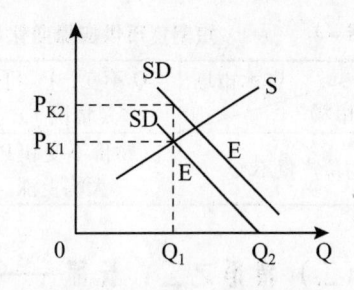

图 5-5　表示证券市场

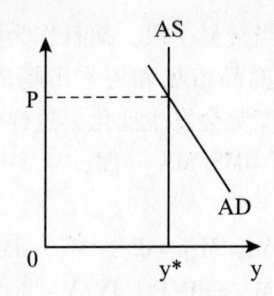

图 5-6　表示最终产品市场

（2）物价不变，资产价格也不变。短期，当我们考虑到货币充当储存手段的情形，情况会变得更加复杂，如果假设增加的货币全部留在手中持币待购，这时新增的货币完全以手持现金的形式存在，货币没有进入交易市场，而是以财富储存手段的形式滞留在交易市场之外，这时货币增加对物价不存在影响，也不表现为资产价格上涨。当货币增加 10% 时，如果 10% 都以现金等形式作为财富储存而存在，则价格不变。新增货币不会对价格造成影响，这时表现为货币增加但是物价稳定，这在理论上也是可能存在的，然而现实中却十分罕见。

（3）物价不变，资产价格部分变化。短期，更多的可能情况是既有货币进入交易市场又有部分货币作为财富储存手段而存在，这取决于货币在两大市场的分布比例。这时货币增加只是部分地表现为资产价格上涨。当货币增加 10%，如果有 5% 作为财富存在，则有 5% 进入交易市场，这时货币供应量的增加只是部分的表现为资产价格变化。上面我们就第一种情形展开了分析，对于第二和第三种情形不予展开。

表 5-4　短期货币供应量变化与物价以及资产价格变化情况①

产品市场＼资本市场	Q 不变, P_K 可变（情况 1）	Q 不变, P_K 可变（情况 2）	Q 不变, P_K 可变（情况 3）
物价产量不变	物价不变和 P_K 大幅上涨	物价不变和 P_K 部分上涨	物价不变和 P_K 不变

（二）情形之二：长期——物价和资产价格同时变动，但其变动方向视具体情况而定

长期来看，货币不仅充当交易手段，而且作为储存手段存在，由于资本市场存在的货币可以而且会在商品市场和资本市场流动，因此存在相互转化问题，货币结构和货币流通速度都会发生变化，这样问题变得相当复杂。根据广义货币数量论模型公式，有 $dMS/MS = dM_Y/M_Y - dq/q$；$dMS/MS = dM_K M_K - dp/p$；进一步假设

$$dMS/MS = dM_{SR}/M_{SR} + dM_{SF}/M_{SF} = dM_Y/M_Y + dM_K/M_K \quad (9)；$$

对 (5.5) 式求导 $dM_Y/M_Y = dP/P + dY/Y - dt/t - dV_Y/V_Y$；

对 (5.6) 式求导 $dM_K/M_K = dM_X/M_X - d\lambda/\lambda - dV_K/V_K$；

对 (5.7) 式求导 $dM_Y/M_Y = dP_K/P_K + dQ/Q - dt'/t' - dV_Y/V_Y$；

对 (5.8) 式求导 $dM_K/M_K = dM_G/M_G - d\lambda'/\lambda' - dV_K/V_K$；由此我们发现，长期内货币增加是否导致物价上涨取决于货币结构比例 q、货币结构 t、货币流通速度、产品数量资产价格和资产数量等 8 个变量的变化情况，问题变得相当复杂。首先我们分析货币在交易手段和储存手段之间的比例情况，主要考虑三种可能情况：一是当 p = 0、q = 1 时即货币全部用于交易；二是当 p = 1、q = 0 时即货币全部用于储存；三是当 p = 0.5、q = 0.5 时即货币在交易和储存手段之间平均分配。这里我们主要就第三种情况进行分析。

当 q = 0.5、p = 0.5 时，货币平均分布于交易市场和非交易市场，货币既在资本市场和商品市场作为交易手段实现增值目的，又发挥着财富储存手段职能。这时货币供应量增加导致物价变化的程度不仅取决于货币在资本市场和商品市场的流向及其分布情况即货币在交易市场的分布结构 t 与货币结构比例 q，而且还与资产价格和资产数量，商品价格和商品数量以及交易货币的流通速度 V_Y 以及 V_K 等变量密切相关。我们已经假定在货币增加前，货币平均分布在商

---

① 注：1 没有考虑货币储存手段职能；2 既考虑财富效应又考虑交易效应；3 只考虑货币储存手段职能。Q 为资产数量，P_K 为资产价格。

品市场和资本市场,但是当货币增加时,由于货币在商品市场和资本市场的流动,货币结构比例 q 可能发生变化。这时货币分布主要取决于两大市场收益率的对比,当收益率对比变化有利于资本市场时,这时货币会流向资本市场,流转于资本市场的货币比例提高;当收益率对比有利于商品市场时,流转于商品市场的货币比例会上升;当收益率对比不变时,货币结构比例 q 不变,这是第一个层次。然后就第二个层次进行分析,货币增加对物价的影响取决于货币在资本市场和商品市场的流向及其分布情况,通过资产价格和资产数量,商品价格和商品数量以及交易货币的流通速度还有货币在交易市场的分布结构 t 等 6 个变量体现出来,它取决于商品市场和资本市场发育程度,两大市场的流通状况以及各自收益率对比等因素。其中 t 相当于产品市场交易的货币数量与整个交易市场所需货币数量之比,是衡量产品市场发育程度的重要指标。由于产品市场相对于资本市场规模和地位的下降,所需的货币比例呈下降趋势,所以 $dt/t<0$。t^* 表示资本市场交易货币数量与整个交易市场所需货币数量的比例,是衡量资本市场发育程度的重要指标,相当于金融化比例,这一过程呈上升趋势,所以 $dt'/t'>0$。关于货币流通速度注意,这里指的是整个交易市场的货币流通速度而不仅仅局限于产品市场,我们认为货币流通速度反映的是货币的增值状况,取决于货币的逐利性以及套利机会多少。总的说来货币流通速度会呈下降趋势,这是因为利润率从长期来看是下降的,依据马克思的理论,我们认为长期货币流通速度变化规律是下降的,当然这是一个缓慢的长期的下降过程,因此长期来看 $dV_Y/V_Y<0$。为简化分析,我们假定货币流通速度和货币结构比例一定或假定这三者变化幅度之和为零,即金融化速度与货币化以及货币流通速度变化互相抵消,这样就可以不考虑这三个变量的变化影响,这时货币供应量对物价的影响取决于经济增长率,资产价格和资产数量的变化情况。长期,当货币供应量增加时,综合第一层次和第二层次的分析,货币供应量增加对物价的影响取决于货币结构比例 q,经济增长率,资产价格和资产数量的变化情况,主要可能出现以下结果:①dMS↑—dM_Y↑dq 不变—dQ 不变—dp↑dP_K↑,即货币供应增加导致商品价格上涨和资产价格上升;②dMS↑—dM_K 大幅↑和 dM_Y↓dq↓—dY 和 dQ 不变—dp↓dP_K↑,即货币供应量增加反而出现商品价格下降和资产价格上升。从长期来看,商品价格与资产价格反方向变动,货币供应量的增加将引起商品价格下降和资产价格上升的现象,这是效率提高和规模经济的结果;③dMS↑—dMS 大幅↑和 dM_Y↓dq↓—dY 和 dQ 不变—dP↓dP_K↓,即货币供应增加商品价格和资产价格同方向下跌;④dMS↑—dM_Y 大幅增加和 dM_K↓dq↑—dY 和 dQ 大幅增加—dp↑dP_K↓,即货币供

应量增加导致商品价格上升而资产价格下跌。从长期来看，货币供应量的增加一方面导致投资增加引起投资品的价格上涨，这是投资需求增加的结果。另一方面由于资产数量的大幅增加结果使资产价格下跌；⑤dMS↑—dM$_K$ 不变和 dM$_Y$↑dq↑—dY 和 dQ 不变—dP↑dP$_K$ 不变，即货币供应量的增加完全转化为商品价格的等比例上涨。这是传统货币数量论的观点，但这需要严格的限制条件，这种极端情形往往只是一种理想的假想状态；⑥dMS↑—dM$_k$ 变和 dM$_Y$↑dq↑—dY 增加和 dQ 不变—dP↓dP$_K$ 不变，即货币供应量增加伴随着物价单独下跌，这可能是技术进步导致劳动生产率大幅提高的结果；⑦dMS↑—dM$_K$↑和 dM$_Y$ 不变 dq 下降—dY 和 dQ 不变—dp 不变和 dP$_K$↑，即资产价格的单独上升，如日本长期存在的泡沫经济就是一例；⑧dMS↑—dM$_K$↑和 dM$_Y$ 不变 dq↓—dY 和 dQ 大幅增加—dp 不变和 dP$_K$↓，即货币供应量增加伴随着资产缩水的情况，这在大危机和东南亚金融危机过程中就曾出现过，由于信心危机导致大量抛售金融资产，结果即使增加货币供应量也无法阻止资产下跌的局面。

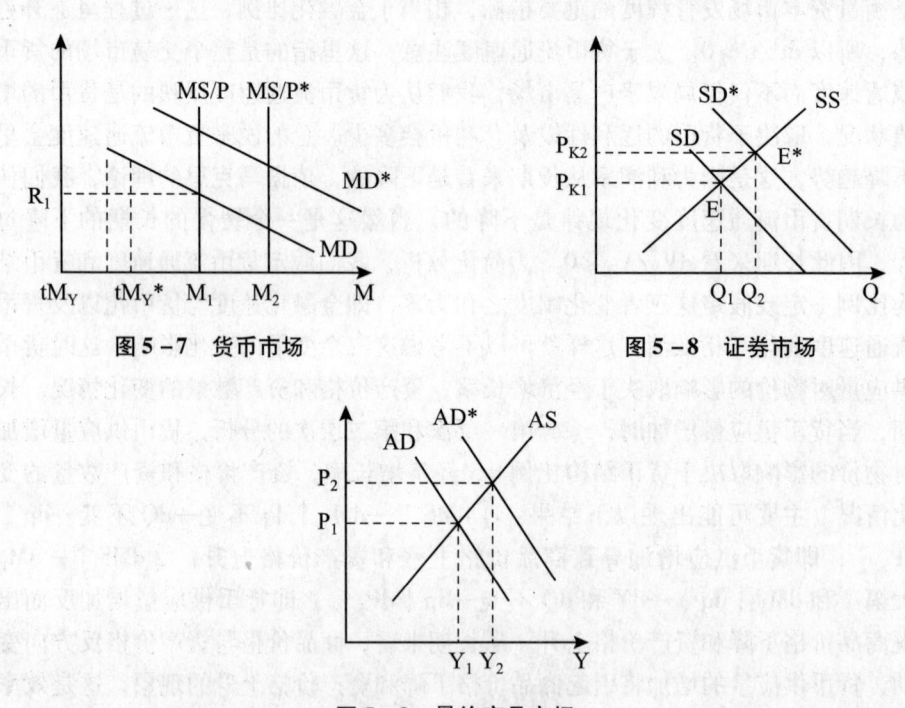

图 5-7　货币市场

图 5-8　证券市场

图 5-9　最终产品市场

同样运用凯恩斯主义的总供给模型，下面我们将就情形①进行分析。在长期，当货币供应量 MS 增加时，MS/P 曲线会右移，增加的货币供应将分成两部分。一部分进入产品市场使总需求提高，AD 曲线移动到 AD*，价格水平上升到 P_2，总产量也增加到 Y_2；另一部分进入证券市场，使证券等金融资产的需求增加。这里我们假定名义国内生产总值 GDP 增加，从而引起商品和劳务交易的货币需求由 tM_Y（tM_Y 表示最初均衡条件下用于商品交易的货币）增加为 tM_Y^*，另一方面由于物价上涨，实际货币供应量 MS/P 增加比名义货币供应量增加要小，由 M_1 增加为 M_2。这时压向证券市场的货币供应量仅是增加的货币供应量的一部分。这部分流入证券市场的货币会提高证券需求，导致证券价格上升。在这种假设条件下，货币供应量增加既引起了物价上涨又导致了证券价格上升（见图 5-7、图 5-8、图 5-9）。

总的说来，当货币供应量增加时，货币供应量与物价以及资产价格之间的关系可能出现多种情况（见表 5-5），主要有：一是反向变动，理论上具体又可能出现物价上涨和资产价格下降；物价下跌和资产膨胀。现实中由于资产价格下跌只是一种短期现象，资产价格的缩水不能为政府当局长期容忍，所以前一种情况比较少见，更多的是通货紧缩和资产膨胀并存的情形。二是同向变动，资产价格上涨作为通货膨胀的先行指标，物价上涨和资产膨胀同时存在；通货紧缩和资产长期缩水并存。由于资产长期缩水难以为政府当局接受，所以现实中后一种情况比较不常见。第一种情况是一种理想情况，现实中也不多见。三是物价单独变动，这是理论上的极端，需要一系列严格条件。

虚拟经济的发展对货币与物价的传统关系带来了巨大的影响，突出表现为资本市场发展对货币带来的财富效应、交易效应、替代效应、资产组合效应等。M_2 层次的货币与物价反常变动正是由于：一是广义货币 M_2 中有很大一部分不是作为交易媒介存在，而是作为财富储存手段，这一部分相当于 $M_2 - M_1$；二是 M_2 中作为交易媒介的部分（M_1）由于交易对象的扩大化也变得反常。这种反常关系的存在是货币作为财富储存手段退出交易市场和金融市场发展带来的虚拟资产交易对货币的分流作用综合作用的结果。在广义货币数量论模型下，不仅在短期而且在长期货币供应量与物价变动之间的关系变得复杂，既可能存在传统的正相关关系也可能存在反常规关系。上面的分析使我们对中国之谜的生成机理有了一个初步的比较深刻的认识，下面我们将结合中国的现实状况就中国自 1978 年以来就存在的货币供应量与物价反常关系的现实成因作进一步的探讨。

表5-5　　　　　长期货币供应量增加时物价和资产价格变动
　　　　　　　　　　可能存在的9种情形

	资产价格不变 A	资产价格膨胀 B	资产价格缩水 C
物价不变 a	aA	aB*	aC
通货膨胀 b	bA	bB*	bC
通货紧缩 c	cA	cB*	cC

四、资本市场货币积聚假说的提出及其应用

上面我们已经在广义货币数量论模型下探讨了货币供应量与物价反常关系出现的理论可能性，然而究竟是什么因素导致了中国货币供应量与物价关系长期异化，而且异化十分严重呢？虚拟经济的兴起无疑为我们提供了一个新的背景，如果把它放到这一新背景下进行研究，将有助于我们加深对这一问题的认识和更好理解这一问题的阶段性，基于此，我们结合变化了经济金融体系重新对中国之谜产生的背景进行分析。同时中国是一个转轨国家，经济金融体系的新变化便于观察，这也为我们的分析提供了有利条件。基于上述模型的理论分析，结合对我国现实状况的观察，本书循着货币虚拟化轨迹试图对"中国之谜"进行新的解释。

（一）货币虚拟化："中国之谜"出现的新背景

从历史来看，我们发现在新中国成立后的中国交换方式经历了市场化（物物交换）——货币化（商品—货币—商品）——金融化或虚拟化（金融资产—货币—金融资产）的变化，或者说是从物物交换（市场化）到商品货币化的初级货币化（货币化）再到金融资产货币化的高级货币化（金融化或虚拟化）阶段。经济形态也经历了小农经济或自然经济——商品经济或货币经济——金融经济或虚拟经济或新经济的三个阶段的演变，目前正处于虚拟经济或金融经济时代。在当代，以金融为核心的虚拟经济成为现代经济核心，虚拟资产与货币的关系远比实物资产与货币的关系密切得多，这在国际领域表现尤为突出。金融资产的交易额正在迅速超过产品和非金融劳务的交易额。货币作为一种资产和财富储存手段扮演着越来越重要的角色，货币作为传统产品交易手段的作用却日益下降。随着经济虚拟化程度的提高，货币虚拟化进程开始凸显，正是基于对历史和现实状况的分析，我们提出了货币虚拟化这一新概念试图反映新的经济金融形势。

面对"中国之谜",曾有学者通过对新现实的观察提出过货币化和金融化概念,本书所说的货币虚拟化既与之有关,又与之存在很大不同。本书所说的货币虚拟化是从货币职能的角度进行定义的,具体又分为广义和狭义两个层次。广义的货币虚拟化是相对于货币化而言的,是指货币日益脱离传统物质生产领域,日益与传统商品交易相分离,游离于实物商品交易之外,更多参与股票等金融商品的交易和作为一种财富储存手段而存在,主要表现为三个方面:一是金融化过程或广义货币化过程,货币越来越多地参与金融资产等虚拟资产的交易,突出表现在国际金融交易领域,而与传统的国际贸易和投资相对独立,其交易数额和增长速度大大高于国际贸易等实际领域的交易,我们将之称为狭义的货币虚拟化;二是初级证券化或传统资产的货币化,这就是传统意义上的资产选择,货币作为一种资产以银行存款或以窖藏现金等初级证券形式存在,充当财富储存手段,这时货币充当狭义储存手段;三是高级证券化或虚拟资产的货币化,这时货币充当广义储存手段,以股票债券和金融衍生品等高级证券形式存在。狭义的货币虚拟化相当于金融化,是指虚拟资产的货币化,货币作为交易媒介日益脱离于实体经济部门的商品交易,更多地参与金融资产交易。目前,我国尚处于狭义货币虚拟化的初级阶段。在我国货币化即商品的货币化(相对于物物交易而言),已经得到了较多关注,关于货币化过程是否完成一直存在争论,大多数人认为货币化在1984年或1992年已经完成,但也有人认为这一过程至今没有完成并继续用货币化来解释"中国之谜",我们研究发现,进入20世纪90年代以来"中国之谜"不仅没有随着货币化进程减轻反而恶化,用货币化假说来解释"中国之谜"越来越缺乏说服力,由于货币化假说仍然局限于传统的实体经济部门,没有考虑虚拟经济部门对货币供应量的影响,因此货币化假说并不能对"中国之谜"给出令人满意的答案。货币化主要发生在实体经济领域,而目前货币日益脱离实体经济领域流转在虚拟经济部门,主要作为虚拟资产的交易媒介同时扮演着越来越重要的财富储存手段职能,我们将之称为虚拟化过程,为便于理解我们做了一个简单的流程图(见图5-3)。我们认为目前中国货币化过程已经基本完成,进入了货币虚拟化阶段,这是一个比货币化更高级更复杂的一个阶段,是虚拟经济发展的必然结果和反映。在我国货币虚拟化过程已经涉及方方面面,并朝着深化的方向发展,目前主要处于狭义的货币虚拟化阶段。归根结底,"中国之谜"产生于中国的货币虚拟化过程之中,与虚拟经济发展壮大所带来的货币虚拟化进程的种种不确定性冲击和问题密切相关。

（二）货币虚拟化过程中的资本市场货币积聚：中国之谜的直接原因

货币虚拟化过程为中国之谜的出现提供了理论解释的可能性，它本身并不必然导致货币供应量与物价之间关系的反常，问题的关键在于中国货币虚拟化过程出现了问题，集中体现为大量非交易性货币积聚在以资本市场为核心的虚拟经济部门造成货币结构严重失衡这是导致货币供应量与物价关系反常的直接原因。我国货币虚拟化过程可以追溯到1978年，随着金融市场发展到1978年，当时我国非货币金融资产余额就达2250多亿元（见表5-6），尤其是随着20世纪90年代以来股票市场的发展，货币虚拟化进程大大加速，在金融市场流转而且与实体经济活动没有直接联系的资金开始大幅度的增加，以股票市场为例，根据全国证券2001年的一份研究报告，单是深圳股票市场每月平均冻结的新股申购资金，1999年月均在1600亿元。

表5-6　　　　1979~2000年中国金融资产总量变化情况　　单位：百亿元

年份	1979	1980	1981	1982	1983	1984	1985	1986	1987	1988	1989
金融资产总额	22.5	25.4	31	35.9	43.1	46.8	63.9	79.2	106.0	132.6	158.3
增长率	12.55	22.07	15.91	20.02	8.514	36.56	23.88	33.85	25.09	19.38	21.21
年份	1990	1991	1992	1993	1994	1995	1996	1997	1998	1999	2000
金融资产总额	191.9	219.4	264.3	290.1	411.7	539.6	685.2	920.5	1181.8	1375.6	1642.3
增长率	14.29	20.48	9.75	41.92	31.09	26.97	34.73	28.39	16.4	19.39	24.59

资料来源：整理自中国资讯行数据库，链接http://www.bjinfobank.com/。注：此处金融资产是指非货币金融资产，包括股票市值和债券余额。

2000年前9个月则平均在3300亿元以上，每年新股申购所冻结的资金数量十分惊人。另据中国人民银行对全国5000家大中型企业的检测显示，1999年1月~2000年9月企业短期投资余额约增长率高达31%，其中90%投资于证券。1999~2000年企业从股票市场筹集的资金年增长率由12%上涨为123%，而从股市筹集资金中用于固定资产投资的比例却由11%下降为5.9%。大量资金从实业投资流向股市等虚拟经济部门，虚拟经济部门和实体经济部门发展相脱离。越来越多的货币开始游离于商品交易市场之外，正如Tobin（1984）所说：金融市场上的许多证券交易与将家庭储蓄转移到公司的业务投资几乎没有什么关系。这种金融资产的囤积（Financial Hoarding），降低了通货膨胀压力，促进了股票等金融资产价格的上涨。随着新兴金融市场和众多金融工具的问世与金融创新的发展，金融资产的规模和种类大大丰富，金融资产囤积的结果是更多的资金在虚拟经济部门而不是在实体经济部门流转。由于金融资产的囤积和增加使实体经济增长很少或没有增长。额外的货币供应也并不一定会导致通货膨胀，因为多余的货币直接进入了资本市场等虚拟经济部门，并不会影响商品和服务的价格。结果货币增长伴随固定资产投资低迷，物价下跌和资产价格膨胀，货币供应量与物价关系异化。正如 Schinasi 和 Hargraves (1993) 所证明的：80 年代以来银行总贷款规模与股票价格变动之间存在因果关系，而同时货币供应与通货膨胀之间的因果关系却逐渐减弱。资本市场的扩张将通过价格上涨和交易量的增加对货币供应量起到分流作用，一些学者的实证研究对此提供了有力的支持。弗里德曼（1988）在分析股票价格与货币需求关系时注意到了股票价格与货币需求的反向关系。弗里德曼研究发现 1982～1987 年美国 M_2 增长率为 48%，名义 GDP 只增长了 40%，但是在这一时期美国物价基本处于稳定状态而美国 400 种工业股票指数则上涨了 175%，股票市值增加了近 1 万亿美元，恰好和同期的 M_2 的增加额相抵。这种现象也同样出现于日本，薛敬孝（1996）研究发现 1987～1990 年日本的货币供应量平均在 10% 以上，而 GDP 的增长率不超过 6%，物价基本上处于零增长状态，超额货币主要被股价和地价的大幅上涨所吸收。实证分析结果说明资产价格对分流超额货币供应量具有十分明显的作用。中国人民银行研究局课题组（2002）对 1996 年 1 月～2000 年 12 月的证券交易额与货币供应量的关系进行了回归分析，结果表明证券交易量与 M_2 呈反向变动，证券交易量的扩大将使滞后 1～2 个月的 M_2 增长率下降，说明资本市场对货币供应量存在明显的分流作用。我们运用 1978～2000 年的年度数据对 M_2 和 SS 以及 FJRZC 三个变量之间的关系进行了回归分析，回归结果如下：

$LNM_2 = 1.239248773 + 0.247419611 * LNSS - 0.2885722673 * LNFJRZC(-1)$
　　　　　(5.65)　　　　　　(3.85)　　　　　　　　(-2.82)
　　　　　　$+ 0.963483252 * LNM_2(-1)$
　　　　　　　(8.31)

　　　　　　$R^2 = 0.9992$　调整后 $R^2 = 0.9990$　D.W = 2.03　F = 7666.14

结果发现滞后一期的非金融资产对 M_2 有明显的分流作用，两者之间是反向变动的。当非金融资产增加 10% 时，广义货币供应量减少约 2.886%。据计算中国 1978～2000 年 M_2 超额货币供应率大约在 8.59%，而中国 1979～2000 年非金融资产增长率约为 23.03%，考虑这一因素之后中国的超额货币供应率仅为 (8.59 - 6.72) = 1.87%。当我们把非货币金融资产这一新的变量引入传统的货币数量论公式将其修正为包括资本市场的三部门模型,货币供应量与通货膨胀变动之间的反常关系即"中国之谜"也就不言自明了。正是资本市场的储水池效应,减缓了货币供应量变化对商品价格变动的影响。资产价格的不断上升使得货币储存的机会成本增大,货币与资产之间产生替代效应,会使货币供应量增长回落,非货币金融资产的增加结果导致货币供应量的减少。下面我们将在三部门货币数量模型框架下进一步分析货币供应与物价变动之间的关系,为此在原来的两部门模型基础上引进两个变量:一是代表金融市场扩展的非货币金融资产;二是充当财富储存手段的城乡居民储蓄存款。样本范围为1978~2000 年的年度数据,其中 M_2 代表广义货币数量,SS 代表城乡居民储蓄存款,FJRZC 代表非货币金融资产,GDP 代表国民生产总值,CPI 代表通货膨胀水平,回归分析结果如下:

$$LNM_2 = 1.967 + 0.291^* LNSS - 0.264^* LNFJRZC(-1) + 0.512^* LNM_2(-1)$$
$$(2.26)\quad (4.62)\quad\quad (-2.86)\quad\quad\quad (2.96)$$
$$+ 0.529^* LNGDP - 0.501^* LNCPI$$
$$(3.13)\quad\quad\quad (-2.38)$$
$$R^2 = 0.9995 \quad D.W = 1.70 \quad F = 6634.8$$

结果表明当修改传统的货币数量论公式引入金融资产等新的变量之后,货币供应与通货膨胀之间的传统关系不复存在,两者存在反向变动关系。传统货币数量论者无法解释的"中国之谜"迎刃而解。我国自 1978 年以来 20 多年一直存在"超额"货币供应问题,一个主要的原因就是忽视了新兴经济部门和金融市场的发展对货币供应问题的影响,随着我国股票市场等虚拟经济部门的不断发展壮大,虚拟资产规模的扩大已经对货币供应问题产生了越来越多的影响,一旦我们考虑到虚拟资产增加这一新的变量对货币供应的分流作用之后,中国的超额货币供应问题与"中国之谜"不攻自破。"中国之谜"与货币虚拟化过程中的金融资产膨胀密切相关,大量非交易性货币集聚在资本市场等虚拟经济部门追逐虚拟资产,这是导致货币供应量与物价关系反常的直接原因。上面的分析已经初步印证了我们的观点,为进一步验证其合理性,我们利用1994 年 1 季度~2001 年 4 季度数据就中国股票交易额 Q,股票价格 Pk 与货币供应量 M_2 之间关系的相关分析发现:股票交易额与货币供应量之间存在正相关关系,相关系数为 0.64,股票价格与货币供应量之间存在正相关关系,相关系数为 0.922(见表 5-7)。利用 1978~2000 年度数据进行的相关分析发现广义货币供应量与非货币金融资产存在正相关关系,相关系数高达 0.99,货币供应量指标和物价指数之间的相关度很低,甚至为负,即货币供应量与物价之间反向变动(见表 5-8)。相关分析已经证实了股票等虚拟资产与货币供应量之间存在正相关关系，由于相关分析不考虑变量之间的因果关系，为了进一步探求两者相关关系的方向，本书采用葛兰杰因果检验法对这两个变量进行因果关系检验。从表5-9结果可以看出，非货币金融资产是货币供应量的葛兰杰原因，尤其是滞后一期的非货币金融资产对货币供应量存在显著的因果关系，在1%置信水平上通过检验，滞后2、3、6期的在置信水平5%上通过检验，滞后4、5期的在置信水平10%上通过显著性检验，结果发现两者互为因果关系。从表5-10股票交易额与货币供应量的因果关系检验可以看出，滞后6、7、8、9个季度的股票交易额与货币供应量 M_2 同样通过了显著性水平10%上的因果关系检验，两者之间存在因果关系。因此可以得出结论，大量货币以股票和债券等非货币金融资产集聚在虚拟经济部门是造成中国货币供应量与物价关系反常的重要因素。金融资产或虚拟资产的货币化突出表现为货币以股票债券和外汇以及金融衍生品而存在，货币流转于虚拟经济部门而日益脱离实体经济部门，相对于传统的实物商品的货币化而言，这是一个更高级更复杂的阶段，货币虚拟化伴随的常常是虚拟资产的膨胀而不是实物资产的膨胀，当我们考虑经济虚拟化这一新的现实后，货币供应量增加和资产膨胀以及通货紧缩并存的奇怪现象就不难明白了。相关分析和因果关系检验已经初步支持了我们的假说，为更好地找出导致"中国之谜"的关键因素，我们利用 probit 模型进一步对"中国之谜"的成因进行综合考察分析。

表 5-7　　　　　1994年1季度~2001年4季度的相关分析结果

相关系数	M_2	P_k	Q	Cpi
	1	0.9228	0.6403	-0.828798
	0.9228	1	0.6998	-0.75697
	0.6403	0.6998	1	-0.59841
	-0.8287	-0.7569	-0.5984	1

表 5-8　　　　　　1978~2000年年度数据的相关分析结果

	FJRZC	GDP	S	V2	DD	CPI	RPI
M_2	0.9927	0.986	0.998	-0.789	0.597	-0.196	-0.289
M_1	0.993	0.984	0.996	-0.804	0.581	-0.160	-0.251
M_0	0.975	0.990	0.984	-0.845	0.621	-0.08	-0.185

表5-9　1978~2000年非货币金融资产与货币供应量的因果关系检验

滞后期数	零假设	观测数	F统计量	P值
1	FJRZC 不是 M_2 葛兰杰原因	22	38.00	6.3E-06
2	FJRZC 不是 M_2 葛兰杰原因	21	4.84	0.0226
3	FJRZC 不是 M_2 葛兰杰原因	20	4.92	0.0167
4	FJRZC 不是 M_2 葛兰杰原因	19	3.45	0.0509
5	FJRZC 不是 M_2 葛兰杰原因	18	3.03	0.0899
6	FJRZC 不是 M_2 葛兰杰原因	17	6.78	0.0424

资料来源：整理自中国资讯行数据库，链接http://www.bjinfobank.com/。注：FJRZC是非货币金融资产包括股票市值和债券余额。数据跨度为1978~2000年年度数据。

表5-10　1994年1月~2001年4月季度的股票交易额与货币供应量因果关系检验

滞后期数	零假设	观测数	F统计量	P值
6	Q 不是 M_2 葛兰杰原因	26	2.54390	0.07462
7	Q 不是 M_2 葛兰杰原因	25	4.48974	0.01650
8	Q 不是 M_2 葛兰杰原因	24	4.08524	0.03986
9	Q 不是 M_2 葛兰杰原因	23	4.88653	0.07055

（三）基于 probit 模型的进一步计量分析

1. 变量指标的选择和数据。这里我们利用离散的 probit 模型结合中国 1978~2000年的年度数据拟就"中国之谜"的现实成因作进一步的分析。因变量 Z 为二项变量，Z=0 表示货币供应量与物价正相关，Z=1 表示货币供应量与物价非正相关。经分析，1978、1979、1981、1982、1984、1989、1992、1995、1998年 Z 为 0，其余年份 Z 为 1。我们发现在 1978~2000 年间只有 9 年两者关系是正相关，其他 14 年都是非正相关的。解释变量分为三类：一是传统变量包括货币数量 M_2 及其滞后 $M_2(-1)$，$M_2(-2)$，货币流通速度 V2，GDP，CPI。其中 GDP 和 CPI 作为统计偏差假说的代理变量；$M_2(-1)$ 和 $M_2(-2)$ 作为货币时滞假说的代理变量；V2 作为货币流通速度下降说的变量。二是新的解释变量包括非货币金融资产数量 FJRZC，外汇储备额 WHCB 等。其中 FJRZC，WHCB 等作为货币虚拟化过程中资本市场货币积聚假说的代理变量。三是其他变量包括政府财政赤字占 GDP 的比例 CG；货币化比例 L，储蓄率 S 等变量。其中货币化比例作为货币化假说的代表变量；CG 作为财政政策决定假说的代理变量等。这里除了 CG 为原始数据外，其他变量取的都是相对数而不是绝对量,经过了适当处理。数据为 1978~2000 年年度数据。

2. PROBIT 模型回归结果及其分析。我们使用 eviews3.1 软件利用上述数据给出了 PROBIT 模型的估计结果。表 5-11 列出了 6 个方程的回归结果,第一个回归方程包括 5 个传统解释变量,第二个回归方程包括 2 个新的解释变量和部分其他变量,第三个回归方程只包括一个新的解释变量,第四~六个方程为综合变量。通过运用 PROBIT 模型估计,可以得出以下结论:(1)在回归方程中传统解释变量对中国之谜的影响均不显著。这说明早期学者们提出的价格指数偏低假说,地下经济假说,货币流通速度下降假说,以及将它们糅合在一起的所谓综合成因假说等传统理论解释没有得到实证支持。事实上第一种路径的研究者坚持货币需求函数各变量之间具有稳定的关系,没有考虑虚拟经济发展所带来的新变化,他们仍然局限于实体经济部门,只是对个别变量进行修正,他们的假说解释不了虚拟经济条件下的"中国之谜"。(2)在回归方程中包括 4 个不同于传统的解释变量,回归结果发现存在较强的显著性,虽然都没有通过显著性检验,其中体现货币虚拟化特征的非货币金融资产和外汇储备这两个变量显著性最为突出,回归系数显著的不等于零,表明他们对货币供应量与物价反向变动的可能性有着显著影响,其中代表狭义货币虚拟化的非货币金融资产变量对中国货币供应量与物价反常关系出现的可能性有正向的作用。这是因为金融资产规模越大,资产价格涨幅越高,参与金融资产交易所需要的货币越多,金融资产膨胀所带来的交易效应和财富效应改变了货币在实体经济部门和虚拟经济部门的配置。资产价格和资产数量的大幅膨胀结果使得货币供应量与物价之间的正常关系异化。另外外汇储备和货币化比例变化对中国之谜存在比较显著的正向影响,外汇储备占款问题曾经引起过广泛的关注,外汇储备占款越多,相当于货币的漏出越多,大量货币流转于外汇市场,外汇市场与资本市场的分流都是属于虚拟经济部门发展造成的货币虚拟化,越来越多的货币参与国际金融交易而与国际贸易脱离,新增的货币由于资本市场和外汇市场等虚拟经济部门的分流结果使得流向实体经济部门的货币不增反降,严重影响了货币供应量与物价之间的正常关系,此外货币化比例的变化对中国之谜有正向影响,货币化比例提高,货币供应量与物价关系反常关系出现可能性越大,货币化假说具有一定的解释力,但相对于非货币金融资产和外汇储备等变量而言显著性较差。而储蓄率对"中国之谜"的出现可能性有负向作用。这是因为储蓄率越高越有利于投资,因为高的储蓄率意味着高的投资率,而高投资率有利于经济增长,经济增长率越高越促使货币流向实体经济部门,货币参与实业投资的吸引力越大,从而减少投机性货币的存在。目前我国经济增长率呈下滑趋势，使得投资者对固定资产投资预期不看好，结果导致大量货币流出实体经济部门。回归方程二的结果说明新的解释变量对于中国之谜出现的可能性存在较大的影响。为进一步找出回归方程2中哪一个变量影响最大最显著，我们分别对z1和变量FJRZC，FJRZC（-1），M_2，M_2(-1)，M_2(-2)，FJRZC(-2)，WHCB，GDP，CPI，CG，V2，S，L等指标进行了逐一回归分析，结果只有非金融资产变量FJRZC通过检验，表明FJRZC对货币供应量与物价反常关系出现的可能性有显著影响。回归方程3给出了非货币金融资产与被解释变量z的回归结果，通过了显著性水平5%的检验，发现非金融资产与货币供应量与物价反常关系的出现可能性存在显著影响。相比较而言，非金融资产对"中国之谜"出现的可能性的影响最显著，较好地支持了我们的货币虚拟化过程中资本市场货币积聚假说。实证结果未能支持早期学者们提出了价格指数偏低假说、地下经济假说、货币流通速度下降假说、价格决定的财政理论、货币化假说等，说明传统理论对"中国之谜"缺乏解释力。回归方程四~回归方程六给出了将传统变量和新的解释变量放在一起进行综合考察的回归结果，结果发现除了非货币金融资产FJRZC这一解释变量外，其他变量都没有通过显著性检验，而非金融资产在回归方程三~回归方程六中都通过了显著性检验，而且符号始终保持不变。

通过上述分析发现在三类解释变量中：传统解释变量如GDP，CPI，V2，M_2(-1)等，不论是单个变量的回归分析还是传统解释变量的综合分析，效果都不显著，尤其是商品价格指数和货币流通速度这些变量效果更差；新的解释变量和部分其他变量如FJRZC，WHCB，S，L等，虽然只有非货币金融资产FJRZC这一变量通过显著性检验，其他变量的显著性都未能通过，但是这类变量总体效果比较显著，为新假说提供了较好的支持；三是综合变量考察。在综合考察中，我们发现只有非金融资产FJRZC对货币供应量与物价反常关系存在显著影响，在所有的回归方程中几乎都通过了显著性检验，而且符号不变。通过对"中国之谜"成因的综合考察分析，PROBIT模型检验结果为我们的假说提供了进一步的支持。

总的说来，实证分析结果较好地支持了我们提出的假说，研究结果有一定的解释力，但是不可否认我们的研究局限也相当明显。由于数据和指标选择以及分析方法等多重局限可能影响结论的可靠性，使得总体分析效果不理想。加之中国现阶段处于经济金融转轨时期，制度因素比市场因素发挥着更加重要的作用，在这里未能考虑产权制度等制度因素对"中国之谜"的影响，也使得分析效果大打折扣，因此科学的考察制度和转轨经济中的许多特殊因素对"中

"国之谜"的影响是今后值得进一步研究的方向。由于中国货币虚拟化尚处于初级阶段，货币虚拟化过程所带来的资本市场中的货币积聚是否是造成货币供应量与物价反常规关系的关键因素还有待在今后的研究中作进一步的跟踪分析。为弥补实证分析的不足，下面将从理论角度对中国货币虚拟化过程中的货币积聚现象的深层原因作进一步探讨。

表5-11　货币供应量与物价反常关系成因的 Probit 模型估计结果

因变量Z 自变量	回归一 系数	回归一 P值	回归二 系数	回归二 P值	回归三 系数	回归三 P值	回归四 系数	回归四 P值	回归五 系数	回归五 P值	回归六 系数	回归六 P值
FJRZC	—	—	24.68	0.06	9.59	0.04	28.2	0.03	25.9	0.03	21.99	0.02
WHCB	—	—	11.43	0.06	—	—	—	—	—	—	—	—
S	—	—	-79.16	0.1	—	—	—	—	—	—	—	—
L	—	—	36.24	0.08	—	—	-15.21	0.36	—	—	—	—
CG	—	—	—	—	—	—	-47.92	0.55	—	—	—	—
CPI	15.61	0.18	—	—	—	—	—	—	—	—	—	—
GDP	0.02	0.83	—	—	—	—	—	—	0.40	0.07	—	—
$M_2(-1)$	6.80	0.37	—	—	—	—	—	—	-13.0	0.16	—	—
$M_2(-2)$	-6.61	0.21	—	—	—	—	-23.0	0.06	—	—	-18.03	0.09
V2	-15.4	0.23	—	—	—	—	-11.8	0.25	2.99	0.63	—	—
C	-0.22	0.91	-4.52	0.06	-1.575	0.12	0.14	0.95	-1.42	0.48	0.48	0.80
Dep = 0	6		7		7		6		7		6	
Dep = 1	14		15		15		14		14		14	
显著性水平	10%		1%		5%		5%		1%		1%	

资料来源：数据主要来源于《中国金融统计年鉴》和《中国经济统计年鉴》1981~2000年各期，《中国对外经济统计年鉴》1995~2000年各期，北大经济研究中心网站 www.sinofin.net < http://www.sinofin.net >网站等。

五、小结

虚拟经济的发展和货币虚拟化进程的加速，给经济系统带来了新的种种不确定性冲击，在不确定性程度提升的新的经济金融体系下，经济体系内部的不确定性增加给管理当局造成了很多困难，货币当局缺乏有效的手段来成功应对新的不确定性冲击，在应对不确定性冲击过程中政府政策不当反而制造了新的不确定性因素，内外不确定性因素的交织破坏了原有仅仅局限于实体经济部门的货币数量论的两部门均衡，使得货币供应量与物价关系变得不确定，两者关系的反常正是这种不确定性的反映，实体经济部门和虚拟经济部门的不确定性差别使得金融投资和实业投资的收益率极端不合理，在驱利性推动下大量货币脱离传统实体经济部门的商品交易和生产过程，积聚在以资本市场为核心的虚拟经济部门追逐虚拟资产，结果导致资产价格膨胀，金融资产膨胀的直接结果必然是导致货币结构失衡，货币供应量与物价关系的异化。"中国之谜"暴露的不仅仅是一个货币总量失衡问题更多的是货币结构失衡问题，归结到底是由于货币虚拟化过程带来的种种不确定性导致两种投资的收益率差别不合理所致。"中国之谜"实质是虚拟经济部门和实体经济部门关系失调的表现和结果。为改变这一不合理状况，必须加强对虚拟经济和货币虚拟化的研究，提高政策操作水平和绩效，通过制度创新加强对股市等虚拟经济部门的规范化管理，降低新的不确定性，使得虚拟经济部门和实体经济部门的不确定性差别和预期的不确定性程度降低到一个比较合理的水平。因此，必须扭转两者预期的不一致局面，使得两者预期朝着同一个方向发展，使金融投资和实业投资的收益差别合理化，进而促进虚拟经济和实体经济的协调发展。

第三节 货币供应量与物价反常规关系的深层原因探讨[①]

——基于不确定性理论的分析

一、引言

目前就货币供应与物价变动之间的反常关系的研究方兴未艾。关于这种反常关系近年来一些学者提出了不同的解释，总的说来，主要是沿着两条路径进行的。第一条路径是在坚持传统货币数量论的基础上对某一个和两个变量进行修改从而减小甚至消除"超额"货币供应问题，认为中国并不存在所谓的"超额"货币供应量问题，否认这种反常关系的存在。第二条路径是在原有的货币需求函数中加入一些新的可能影响货币需求的新的变量或修改传统货币数量论的假设，从而避免传统模型可能存在的模型误设问题，通过引入新的变量试图解释这种反常关系。目前主要是沿着第一种路径进行，学者们提出了地下经济假说，被迫储存假说，将货币化假说与价格指数偏低假说糅合在一起的所谓综合成因假说等。事实上第一种路径的研究者坚持货币需求函数各变量之间

[①] 本人关于货币供应量与物价反常规关系的深层原因的探讨成果部分发表于《改革》2003年第3期。

具有稳定的关系，他们只是对个别变量进行修正，他们的努力仅仅取得了有限的成功。相比而言沿着第二条路径的研究相对较少，主要有价格决定的财政理论，货币传导机制梗阻假说、货币化假说等，这方面也未能得出真正令人满意的结果。这些研究仍然局限于传统的实体经济领域之中，始终没有超出传统货币数量论的两部门（即商品市场和货币市场）分析框架，研究视野的狭窄和没有考虑变化了的经济金融形势是上述假说难以对这种反常关系作出合理解释的主要原因，基于此我们拟在以资本市场为核心的虚拟经济部门日益成为现代经济的主导，整个社会正进入虚拟经济时代这一新背景下就这种反常关系的深层成因作进一步探讨。文章结构安排：第一部分我们结合变化了的经济金融形势，通过对虚拟经济的观察提出了货币虚拟化假说，分析了货币供应量与物价反常规关系出现的新背景。第二部分运用不确定性理论从货币政策调控、银行体系信贷资金配置和企业资产选择等角度分析了货币过度虚拟化的深层原因。最后是简短的结论和建议。

二、"中国之谜"出现的新背景：货币虚拟化

我们曾经在广义货币数量论模型下探讨了货币供应量与物价反常关系出现的理论可能性，然而究竟是什么因素导致了中国货币供应量与物价关系长期异化，而且异化十分严重呢？虚拟经济的兴起和壮大为我们提供了一个新的背景，如果把它放到这一新的背景下进行研究，将有助于我们加深对这一问题的认识和更好理解这一问题的阶段性，基于此我们结合变化了的经济金融体系重新对中国之谜产生的背景进行分析。同时中国是一个转轨国家，经济金融体系的新变化便于观察，这也为我们的分析提供了有利条件。基于上述模型的理论分析，结合对我国货币虚拟化过程和现实状况的观察分析，本书提出了货币虚拟化假说试图从现实角度对之进行解释。从历史来看，我们发现在新中国成立后的中国交换方式经历了市场化主导（物物交换）到货币化主导（商品—货币—商品）再到虚拟化主导（虚拟资产—货币—虚拟资产）的变化，经济形态也经历了小农经济或自然经济——商品经济或货币经济——金融经济或虚拟经济的三个阶段的演变，目前正处于虚拟经济时代。在当代，以金融为核心的虚拟经济成为现代经济核心，虚拟资产与货币的关系远比实物资产与货币的关系密切得多，这在国际领域表现尤为突出。作为金融资产的交易额正在迅速超过产品和非金融劳务的交易额。货币作为一种资产和财富储存手段扮演着越来越重要的角色，货币作为传统产品的交易手段的作用日益下降，在虚拟经济作用

和地位日益突出。随着经济虚拟化程度的提高，货币虚拟化进程开始凸显，正是基于对历史和现实状况的分析，我们提出了货币虚拟化假说来解释新的经济金融形势下的"中国之谜"之怪现象。

面对"中国之谜"，曾有学者通过对新的现实的观察提出过货币化和金融化概念，本书所说的货币虚拟化既与之有关，又与之存在很大不同。本书所说的货币虚拟化是从货币职能的角度进行定义的，具体又分为广义和狭义两个层次。广义的货币虚拟化是相对于货币化而言的，是指货币日益脱离传统物质生产领域或传统实体经济部门，货币日益与传统商品交易相分离，游离于实物商品交易之外，更多参与虚拟资产等金融商品的交易和作为一种财富储存手段而存在，主要表现为三个方面：一是金融化过程或广义货币化过程，货币越来越多的参与金融资产等虚拟资产的交易，突出表现在国际金融交易领域，而与传统的国际贸易和投资相对独立，其交易数额和增长速度大大高于国际贸易等实际领域的交易，我们将之称为狭义的货币虚拟化；二是初级证券货币化或传统资产的货币化，这就是传统意义上的资产选择，货币作为一种资产以银行存款或以窖藏现金等传统资产形式存在，充当财富储存手段，这时货币充当狭义储存手段；三是高级证券货币化或虚拟资产的货币化，这时货币充当广义储存手段，以股票债券和金融衍生品等虚拟资产形式存在。狭义的货币虚拟化相当于金融化，是指虚拟资产的货币化，货币作为交易媒介日益脱离于实体经济部门的商品交易，货币更多地参与金融资产交易。目前我国尚处于狭义货币虚拟化阶段或货币虚拟化的初级阶段。在我国货币化即商品的货币化（相对于物物交易而言），已经得到了较多关注，但是关于货币化过程是否完成一直存在争论，较多人认为货币化在1984年或1992年已经完成，但也有人认为这一过程至今没有完成并继续用货币化来解释中国之谜问题，我们研究发现，进入20世纪90年代以来中国之谜不仅没有随着货币化进程减轻反而恶化，用货币化假说来解释中国之谜越来越缺乏说服力，由于货币化假说仍然局限于传统的实体经济部门，没有考虑虚拟经济部门对货币供应量的影响，因此货币化假说并不能对中国之谜作出令人满意的解释。基于此我们提出了货币虚拟化假说试图重新解释中国之谜。货币化主要发生在实体经济领域，而目前货币日益脱离实体经济领域流转在虚拟经济部门主要作为虚拟资产的交易媒介同时扮演着越来越重要的财富储存手段职能，我们将之称为虚拟化过程以便与货币化相对应。我们认为目前中国货币化过程已经基本完成，进入了货币虚拟化阶段，这是一个比货币化更高级更复杂的一个阶段，是虚拟经济发展的必然结果和反映。在我国货币虚拟化过程已经涉及方方面面，并朝着深化的方向发展，目前主要处于狭义货币虚拟化阶段，总的说来货币虚拟化程度还不高。

货币虚拟化是一个客观过程，是虚拟经济发展的必然结果和反映，这是有利于经济发展的。货币虚拟化只是为货币供应量与物价反常规关系的出现提供了一种理论可能性，它本身并不必然带来货币供应量与物价变动的反常关系，问题的关键在于中国货币虚拟化过程出现了问题，存在货币的过度虚拟化现象。所谓货币过度虚拟化是指货币超过了虚拟经济发展的客观要求，超出了实体经济承受能力的一种不正常的货币虚拟化，本身与虚拟经济发展有关，但是更多源于虚拟经济发展过程中虚拟经济与实体经济的脱节和背离，虚拟经济发展过快而实体经济发展滞后和过慢往往导致资产过度膨胀和泡沫经济，突出表现为大量投机性货币在资本市场的集聚和囤积。据研究，截至2000年底，我国进入股市的银行资金存量在4500亿～6000亿元左右，分别占流通股市值的28%～37%，金融机构贷款总额的4.5%～6%。目前我国在虚拟经济发展过程中，出现了货币资金在资本市场等虚拟经济部门的大量聚居和囤积，大量货币流转于虚拟经济部门追逐高额利润，导致货币的过度虚拟化。通过对1979～2000年居民金融资产增长率与实物资产增长率的比较分析，我们发现中国金融资产急剧膨胀，增长速度惊人，1996年居民金融资产增长率是实物资产增长率的1.32倍，从1997年起明显加快，两者的增长速度差距扩大，1997年、1998年、1999年分别为2.05、2.39、3.15倍，2000年是1.56倍。1979～2000年平均说来金融资产增长为28.98%，实物资产增长仅为15.89%，金融资产增长速度平均说来比实物资产增长快13个百分点，前者是后者的1.82倍；同期GDP平均增长为10.7%，金融资产增长率较之快了18.28个百分点。虚拟资产的过度膨胀必然带来货币的过度虚拟化，金融资产增长率与实物资产增长率的差距指标从一个侧面反映了我国货币过度虚拟化程度。由于虚拟经济发展过快带来的货币过度虚拟化，大量货币脱离实体经济部门和超过了虚拟经济部门正常发展的货币需要，它们对于实体经济和虚拟经济的正常发展十分不利，也是造成虚拟经济和实体经济关系扭曲和背离的主要源泉。归根结底，"中国之谜"产生于中国的货币虚拟化过程之中，与虚拟经济发展壮大所带来的货币虚拟化进程的种种问题密切相关，是货币过度虚拟化的结果和反映。

究竟是什么原因导致了中国独特的货币以虚拟资产形式在资本市场的集聚和囤积呢？导致了货币在两大部门之间的这种不合理的配置。根本原因似乎在于实体投资和金融投资的收益率存在差别，违反了货币的边际收益率相等的原则。然而又是什么导致了虚拟经济部门和实体经济部门投资收益差别不合理，两者的实体收益和预期收益率的严重背离呢？为更好地理解和认识这一问题的根源。我们拟运用不确定性理论对上述问题作一点初步的探讨。

三、货币虚拟化过程中金融资产膨胀的原因剖析

预期与不确定性均是当代经济理论研究的前沿领域。在现代金融理论中，不确定性分析更是整个金融理论的核心内容。预期和不确定性是推动现代货币理论不断朝前发展的两个力量源泉。传统货币数量论把不确定性当作外生变量考虑，把经济体系分成没有联系的两大部门（货币部门和商品部门），假设货币流通速度短期内不变，这是在一个确定性程度很高的经济系统（实体经济部门）下研究货币供应量与物价的关系，由于引入资本市场等虚拟经济部门，相当于引入了一个不确定性变量，从而增加了新的经济系统的不确定性，使得传统的货币供应量与物价的关系变得不确定。在我国经济主体是在信息很不完全的情况下做出决策的，受不确定性的影响较大，预期具有较强的突变性。不确定性因素越多，不确定性程度越高，预期越困难，预期也越容易变化。对通货膨胀的预期，对资产价格膨胀的预期，对经济系统诸多变量的预期都将影响货币供应量与物价之间的关系。虚拟经济部门的引入增加了很多不确定性变量，提高了经济系统的不确定性程度和预期的难度。预期的不一致性和偏离对货币供应量与物价关系的背离起着十分重要的作用，这在短期尤为明显。虚拟经济部门是建立在预期基础之上的，而预期又是建立在不确定性基础之上的，不确定性对于金融投资收益率的决定起着关键作用。根据奈特[①]的观点，收益来自于不确定性，对收益率的预期取决于对不确定性的预期，而虚拟经济部门是制造和加剧不确定性的温床，是影响经济系统均衡的重要变量之一，正是由于虚拟经济部门的存在和壮大，打破了实体经济部门下货币供应量与物价之间的传统均衡关系。经济虚拟化和货币虚拟化过程大大提高了中国经济系统的不确定性程度，"中国之谜"与货币虚拟化过程带来的不确定性密切相关，"中国之谜"正是在这一背景下产生也只有从这一新的背景中去寻找答案。

米塞斯对于不确定性的认识主张沿着两种路径进行：一种路径与系统不确定性有关；一种路径则与认识不确定性有关。哈耶克认为只有与不确定性相联系，经济协调问题才会出现。和奈特相类似，他也是从知识的角度认识不确定性，把知识的不完全性和预期的不确定性归结为知识的分散性，从而把不确定

[①] Knight, Frank (1921), Risk, Uncertainty, and Profit. Reprints of Economic Classics, Augustus M. Keller, Bookseller, New York 1964.

性问题转化为决策中知识的利用问题,并在知识分散性的基础上,把如何利用知识以消除不确定性看成是建立合理经济秩序的起点。根据米塞斯的研究,我们知道不确定性主要来自于两个方面:一是经济系统内部,如虚拟经济部门的出现,资产价格泡沫等都可能影响两者正常关系;虚拟经济部门作为系统内一个重要部门,它的存在和壮大,增加了系统内部的不确定性。二是来自于认识或信息的不确定性。经济系统外部的不确定性可能来自于政府政策的失误,来自国外的冲击等,这些来自经济体系外部的不确定性因素往往会导致两者关系的反常。货币供应量与物价关系的不确定性根源于认识的不确定性和虚拟经济部门本身,是经济系统内外不确定性因素综合作用的结果。经济虚拟化进程大大增加了经济系统的不确定性,使货币传导机制变得十分复杂,货币虚拟化所带来的不确定性是影响两者关系的最深层原因。货币虚拟化过程带来的不确定性(内生的不确定性)在投资者、银行、货币政策当局三个层面产生了深远的影响,导致传统的货币供应量与物价正相关关系被打破,使两者关系的出现反常也就不可避免。下面我们将分别从投资者、银行和货币政策当局三个角度进行分析。

(一) 不确定性与投资者预期以及资产选择

本书循着不确定性——预期——收益——货币流向和货币结构——货币总量这样一条线进行分析。虚拟经济部门的发展壮大带来的一个重要变化就是使得财富持有进一步向居民和企业等市场主体倾斜,居民的资产组合变化对整个经济体系的影响增加。因此,从居民的投资选择和资产组合角度分析中国之谜有助于我们从微观层面加深对这一问题的认识。投资者的资产组合是指微观经济主体投资者根据不确定性和利润的变化在实业投资和金融投资之间安排自己的资金,这是广义货币数量论模型下货币传导机制中的一个重要的微观枢纽点,货币供应量的变化将通过资产组合对商品市场和资本市场发生作用,从而对货币流向和货币结构将产生深远的影响。投资者如何安排自己的资产组合,如何在金融投资和实体投资之间进行选择,其中收益率的高低无疑起着决定性作用,对未来收益的不同预期将决定投资者的资产选择。货币本质是为了增值,货币在不同市场的流通与分配归根结底取决于实业投资和金融投资的收益风险对比。假设不考虑其他因素,只考虑实业投资收益与金融投资收益对货币供应量与物价变动之间的影响,长期来看,商品市场与资产市场一起变动。如果两大市场的投资收益存在较大的差异则会出现:A 当实业投资收益低于金融投资时,货币流入资本市场,结果是资产价格膨胀;B 当实业投资收益高于金融投资时，货币流入商品市场和商品生产，结果可能出现通货膨胀；C 当两者的收益基本相当时，会出现商品市场与资本市场的良性互动，实体经济与虚拟经济协调发展。当投资于实体经济部门的收益率与投资于虚拟经济部门的收益率相等，两大部门就实现了均衡，这时货币在两大部门实现了最优配置，货币结构合理。然而这只是一种理想状态，两大部门收益率不相等是一种常态。目前我国出现了通货紧缩与资产膨胀并存的奇怪局面，通货紧缩反映了实体经济部门的货币供应量偏少或流向实体经济部门的货币偏少；资产膨胀说明流向或存在于虚拟经济部门的货币供应量过多。这暴露出两大部门之间货币分配的不合理，货币结构存在问题。我国现阶段两种投资收益率差别过大，收益率十分不合理。据统计，我国工业企业（销售规模达 500 万元以上）年均利润率约为 1.96% 左右，我国四大国有银行资本金利润率约为 4.43%，现行工业企业利润率大约要比商业银行存贷利差低近 1.5%，银行业利润率高于工业等第一、第二产业部门，而作为新兴的证券行业的利润率更大大高于传统产业。以股票市场为例，由表 5–12 可以发现 1991～1999 年 9 年间我国上海股票市场年均收益率为 198.86%，1992 年竟高达 581.52%，1985～1997 年 13 年间我国工业部门年均利润率为 13.67%，1997 年仅为 6.72%。上海股市年均收益率是工业部门年均利润率的 14.55 倍，1992 年上海股票市场年收益率是工业部门年利润率的 58.8 倍。近年来股票市场收益率有所下降，2001 年据计算股市收益率大约为 37.75%，一级市场新股申购收益率大约为 15%～25% 之间，在中国股票一级市场资金收益率是一般工业企业年均利润率的 8～20 倍，虚拟经济部门收益率大大高于实体经济部门，中国曾经的市盈率之争也折射出两大市场收益率极度不合理，高市盈率正是股市等虚拟经济部门高收益率的反映。这种不合理的利润率差异不利于实体经济部门和虚拟经济部门的协调发展，对于实体经济部门的长远发展是十分不利的。在驱利性的推动下，必然导致货币通过种种渠道进入虚拟经济部门，出现货币在资本市场的大量集聚。结果货币增长伴随物价下跌，货币供应量与物价关系异化。

表 5–12　　　　　　实体投资和金融投资收益率对比（%）

年份	1991	1992	1993	1994	1995	1996	1997	1998	1999
上证年收益率	204.06	581.52	236.36	266.5	115	151.11	113.49	36.49	85.23
工业部门利润率	11.83	9.89	10.33	10.21	8.01	7.11	6.72		

续表

年份	1985	1986	1987	1988	1989	1990		
工业部门利润率	23.76	20.43	19.95	20.53	16.79	12.2		

资料来源：整理自吴晓求主编：《中国资本市场未来10年》，中国财政经济出版社。

　　正是由于实体投资和金融投资的收益率差别过大，违反了货币的边际收益率相等的原则，导致了货币在两大部门之间的这种不合理的配置。实体经济部门和虚拟经济部门投资收益率严重不合理，差别过大是中国货币供应量与物价关系异化的深层次原因。究竟是什么因素导致了投资者对金融投资和实业投资收益率的不同预期？奈特曾通过引入不确定性打破了新古典经济学最优化企业行为的假设，为利润的来源提供一种合理的解释。奈特认为利润可以在静态意义下存在，并将利润归因于偏离了预期的条件，即未来的不确定性产生利润。这里的不确定性是指不可计量的不确定性而不是风险（这是一种可以度量的不确定性）。根据奈特的观点，利润源于不确定性，两大部门投资收益率的差别正是由于两者的不确定性有别。实体经济部门的不确定性程度低，虚拟经济部门的不确定性程度高，而预期又是建立在不确定性之上的，正是这种差别导致投资者预期非一致性问题。对虚拟经济部门投资（以证券投资为代表）和实业投资（以固定资产投资为代表）的收益率的预期不一致是导致我国货币供应量与物价反常关系长期存在的一个重要原因。由于虚拟经济部门投资收益率是建立在投资者的预期之上的，预期对金融投资收益率的决定起着十分重要的作用。信息经济学认为，关于新经济部门利润的种种利好消息将促使人们修正对投资收益的预期，如果人们提高投资收益预期，资产价格将上涨。而关于传统经济部门利润的种种利空消息，如国有企业亏损严重则将进一步恶化投资者对固定资产投资的预期，如果投资者将大量资金从实体经济移向虚拟经济部门，则物价的下跌将持续下去，正是对收益率的预期不一致，导致大量资金在资本市场的集聚。究竟是什么因素导致投资者对实体投资和金融投资预期收益率的不一致性，造成两种投资实际收益率和预期收益率差距过大，这一问题的回答最终落在了不确定性上，不确定性的差别决定了预期收益率的差别，并最终反映为实际收益率的差别。这样问题转化为对不确定性的探讨，是什么因素导致两大部门不确定性差别呢？要回答这一问题并不容易，对这一问题的回答也是众说不一。下面我们结合中国的实际就这一问题作初步的分析，归结起来主要与以下因素有关：

1. 与虚拟经济部门相对于实体经济部门所具有的自身特点有关。金融投资不同于传统的实业投资，其投资收益率决定因素不同，实体经济部门是建立在成本核算基础之上的，是以成本计算为核心的，一般有对应的实物产品，实业投资一般风险相对较小，收益率较低；而虚拟经济部门是建立在预期之上的，以预期为支撑，虚拟经济部门的投资主要取决于投资者对未来收益的预期，没有对应的实物产品，因此金融投资不确定性程度高，收益率也高。正是由于金融投资与实业投资收益率的决定方式和因素不同，使得投资收益预期不一致性极容易发生并得以维持。实体经济和虚拟经济的不同特征决定了实业投资和金融投资收益率的差别。如果这种收益率差别是合理的，那么虚拟经济部门和实体经济部门将协调发展，货币供应量增加可能同时伴随着物价适度上涨和资产价格的上升。我国目前金融市场处于调整变化之中，影响预期的因素十分复杂，既有成熟市场经济国家影响金融投资收益的一般因素，又有中国自身的特殊因素，种种不确定因素增加了金融投资的风险，因而也导致了金融投资与传统投资收益率的高差别。

2. 与货币虚拟化过程中的不完全、不完备有关。由于我国股市等虚拟经济部门尚处于不成熟的发育阶段，证券市场存在严重的制度缺陷，虚拟经济部门的不完全和不完备问题相当明显。虚拟经济作为一个新生事物，总是由不完善到完善，发展过程总会存在一些问题，自身的不完全和不完备性不可避免。虚拟经济部门的不完全和不完备性突出表现为中国股市发展的不规范，我们回顾一下中国股市发展初期的情形就不难理解。很多人利用股市发展初期的不规范和高收益率赚取了第一桶金，由于虚拟经济部门在中国是一个新生事物，加上缺乏管理经验和长期以来没有得到管理者的足够重视，突出表现在货币政策当局对虚拟经济部门资产价格变化的忽视，使得金融投资收益率远远高于实体经济投资，这也是当前许多企业将上市圈来的大量资金用于炒作股票的主要原因。在逐利性的推动下，大量资金通过种种渠道进入虚拟经济部门，出现了货币在资本市场的大量积聚，货币的逐利性和投机性表现得十分明显。

3. 源自经济系统外部的人为因素制造了新的不确定性，加剧了两种投资的收益率差别。虚拟经济是一个新生事物，由于对新生事物缺乏认识和可供借鉴的管理经验，一旦管理不当，反而会增加新的不确定性。政策因素是造成我国金融投资和实业投资收益率差别过大的一个不可忽视的因素。传统实体经济部门利润率持续下降部分由于实体经济部门不断成熟，投资机会减少等自身内部因素造成，但是政府政策等外部不利因素的冲击，也大大加剧了利润率下降的趋势和幅度。我们知道成本高低对固定投资收益率有决定性的影响，这主要表现在利率成本上。在我国由于贷款利率管制，利率尚没有市场化，使得固定投资成本居高不下。虽然经过8次降息，贷款利率已从1996年降息前（1年期）的12.06%降为5.31%，但我国现行贷款利率相对于其他行业平均利润率而言还是偏高。我国现行工业企业利润率大约要比商业银行存贷利差低近1.5%，银行业利润率高于工业等第一、第二产业部门。此外由于国企困难、体制等种种原因，即便固定投资收益率有所改善，但仍然远远低于证券投资收益。相对于实体投资收益率恶化的不利局面，证券投资收益虽然走过了暴利时代，但依然处于一个较高水平，投资者对证券投资的收益依然看好。由于我国证券市场处于发育阶段，证券市场存在种种缺陷，在现有产权制度存在缺陷情况和亏了归国家、赚了归自己的风险收益分配机制下，企业参与证券投资的风险收益预期严重不对称。政府对虚拟经济部门的忽视和管理不当，政府对股市的不合理干预，相当于为股市提供一种隐含担保，从而在投资者之间产生了一种卖出期权，刺激投资者更多地参与投机，加上金融业的垄断使得金融投资收益率过高。在我国货币虚拟化过程中种种人为的不合理干预加剧了整个经济系统的不确定性，扭曲了实体投资和金融投资的关系，结果进一步导致货币在两大部门的分布不合理，货币结构出现严重的偏向虚拟经济部门的倾向，货币虚拟化过度。总的说来，我国现阶段两大部门实际投资收益率和预期投资收益率不一致，两者严重偏离的原因很复杂，既有正常的经济系统内部的不确定性因素，又有经济系统外部人为的不确定性因素，是两者综合作用的结果。

（二）不确定性与银行信贷资金流向问题

我们循着不确定性——银行资金配置——货币流向和货币结构——货币总量这条线进行分析。在我国现行间接融资为主导的金融体系下，银行掌握了大量的资金，银行对于货币流向和货币结构的合理与否起着十分重要的作用，是广义货币传导机制的宏观枢纽点。如果银行这一宏观枢纽点出现问题，将对我国货币政策传导机制产生严重不利的影响。近几年来，我国广义货币供应量1998~2001年4年年均增长14.6%，几乎是GDP增长的2倍。商业银行头寸也已经处于历史上最宽松时期，银行同业拆借利率仅比央行准备金利率高6个基本点，接近于实行零利率政策的日本。我国实际上实行的是扩张性货币政策，但同时我国中小企业贷款难和农民贷款难问题突出，通货紧缩压力加大。从1997年11月开始，我国的零售价格指数出现负增长，长达5年。据统计，2002年1~7月的零售商品物价指数和消费者物价指数分别比2001年同期下跌了1.9%和0.8%，继1997年亚洲金融危机以来最为严重的通货紧缩状况正在持续。中国出现了宽松货币政策与通货紧缩并存的局面。造成这种奇怪局面的原因除了包括投资者资产组合这一微观枢纽点问题之外，广义货币传导机制中的宏观枢纽点银行问题也非常突出。

上面我们已经分析了在一个不确定性环境下，投资者资产选择这一微观枢纽点对于货币供应量与物价反常关系的影响。在我国目前间接融资居于主导的金融体系下，投资者更多的是通过向银行借贷来投资，银行能否有效监管投资者间接融资所得资金，使其流向实体经济部门对于确保货币政策目标的实现起着十分重要的作用。Allen和Gale（2000）已经表明，金融机构的脆弱或银行监管的不力不当创造了"实际泡沫"，导致货币流向虚拟经济部门引起资产膨胀。他们假定银行不能有效监督投资者是怎样将资金分配于两大部门的。这样的结果是投资者存在投资于风险部门的强烈动机。作为一个监管问题的结果，资产泡沫产生了。在中国由于银行国有，监管形同虚设，结果大量银行资金通过种种违规渠道进入股票等虚拟经济部门，导致资产膨胀的同时伴随通货紧缩。在信用融资条件下，银行等中介机构不能监督投资者，在有利的情况下，资产价格在投资者的驱使下超过收益的现值。作为无效监管的最极端的例子，假设银行对借款人自身投资于新经济部门的证券份额没有条件。他们既不能观察到投资者把他们的资金投资于哪一个部门，也不能索回投资者投资于项目之外的证券。由于监管问题，银行不能索回投资者投资于传统经济部门的证券，从而无论什么时候投资者申请借款，他总是最优的把自己的资金投资于传统经济部门，把借来的资金投资于新经济部门。投资者投资于新经济部门的资金都通过借款来进行，从而充分利用杠杆效应。我们假设银行不能监管投资者是怎样将资金配置于两个部门。无效监管最好被看做是脆弱的金融机构的简单反映。当脆弱的金融机构允许经济参与者转嫁部分风险于其他参与者时，将存在过度的风险承担和泡沫。在股票市场高收益率的驱动下，不少获得银行贷款的企业和个人有着强烈的改变银行资金用途，挪用银行资金进行股票投机的冲动，企业等微观经济主体利用银行贷款进行股票投机是我国银行资金进入股市的一条主要途径。由于银行对信贷资金管理不力，导致大量违规资金通过银行进入股市，结果是导致货币供应量增加伴随着物价下跌和资产膨胀，这正是由于银行没有有效监管确保借贷资金流向实体经济部门导致资金流向虚拟经济部门的结果。这种由于银行监管不力导致的泡沫问题，在中国具有相当好的解释力。在我国银行体系由于产权制度缺陷，银行治理结构问题广泛存在，银行业竞争不够、垄断度过高等原因，促使银行缺乏足够的动力去监管资金流向和提高资金使用效率，使资金得不到合理配置，因此产权制度缺陷是银行体系运行效率低下，缺乏监管积极性的总根源。"中国之谜"与金融机构监管不力密切相关，中国历史上引人注目的清理违规资金问题正是这一问题的最好反映。银行等中介机构对资金使用管理的不当，致使大量资金在股票市场高利润率的驱动下通过银行进入股票市场。这在很大程度上加剧了货币供应量与物价之间的反常关系，使两者关系严重异化。

在我国，银行不仅没能有效监督企业资金使用，确保资金合理流向实体经济部门，而且在利益的驱使下违规操作扰乱了正常的货币流向，使得货币供应量与物价关系严重异化。由于种种原因目前传统投资收益率偏低，不足以弥补风险，银行"惜贷"，银行体系存贷差日益扩大，大量货币滞留在银行内部不能有效流向实体经济部门；同时由于虚拟经济部门发展过程中的诸多原因，致使金融投资可以获得高额利润，在自身利益的驱动下，银行纵容大量违规资金进入股市。自我国股票市场建立以来，商业银行信贷资金流向股票市场的现象一直或明或暗的存在着，大多是通过违规渠道进行。据研究，截至2000年底，我国进入股市的银行资金存量在4500亿～6000亿元左右，在这数千亿的入市资金中大约有2/3左右是违规流入的。2001年7月27日，中国人民银行对沈阳4家商业银行分支机构擅自放宽条件承兑贴现商业汇票，致使5.1亿元资金违规流入股市的处罚正说明了这一点，但这只是"冰山之一角"。银行"惜贷"和违规操作结果使得货币结构严重失衡，不仅没有优化货币在不同部门的配置反而扰乱了货币秩序和流向，我国货币供应量与物价关系异化与银行密切相关。尤其是在现有产权制度存在诸多缺陷的情况下，这一问题更加严重。在中国两大市场隔离的政策下，银行监管不力，使得资金可以进入股市，如果银行管理得当，不会使问题如此严重。银行只是加剧了这一问题，清理违规资金进入股票市场这种政策操作，虽然是正确的，但依然没有抓住问题的关键和实质，长期来看只能是治标不治本。不从源头上理顺两大部门投资收益率的不合理差别，不降低货币虚拟化过程中的种种不确定性，并通过制度创新使虚拟经济部门规范发展，提高政策操作水平，问题还会长久持续下去。银行监管不力和违规操作与"中国之谜"密切相关，银行问题是现行管理模式下即隔离政策下大量货币得以在资本市场的积聚和投机的现实成因，这进一步扰乱了正常的货币供应量与物价关系。

（三）不确定性与货币政策当局的货币调控问题

我们循着不确定性——货币政策当局——货币总量这一条线进行分析。中央银行是货币传导机制的总枢纽或货币流向的总指挥。由于虚拟经济部门的存在，投机资本的增加，我国货币政策传导机制发生了深刻的变化。虚拟经济的发展和货币虚拟化进程的加速给央行货币政策操作带来了更多的不确定性，货币当局面临越来越多不确定性问题，使得货币当局的货币调控面临失灵的危险，突出表现为货币总量和货币结构失衡两大问题。"中国之谜"与货币虚拟化过程中部分由于不确定性增加造成了货币调控失灵。虚拟经济越发展，货币虚拟化程度越高，经济系统的不确定性程度越高。虚拟经济的发展会影响货币流通速度（不变还是可变），影响货币的性质（内生还是外生），影响货币的职能（投机性货币和非投机性货币）。货币乘数的不确定性，内生货币与外生货币的混淆，投机性货币与非投机性货币需求的区分是新形势下货币当局进行货币调控的三大难题。在货币供应量一定的情况下，投机性货币需求的增加会导致非投机性货币需求的减少。投机性货币因为获利高，可以支付给银行更高的利率，从而可以争取到银行更多的贷款。此外投机者还可以通过银行以外的渠道筹集资金，结果导致实体经济部门资金短缺，货币供应量不足，从而导致物价下跌。如果货币当局为了防止由于投机性货币需求扩张对实体经济生产的不利影响，就得增加货币供应量，而货币量的增加又有一部分甚至大部分进入虚拟经济部门进行投机导致泡沫膨胀，而泡沫一旦破灭将导致整个经济金融体系的崩溃。虚拟经济部门的出现增加了货币当局调控货币的难度。如何防止货币过多地流向资本市场等投机性极强的虚拟经济部门，使得实体经济部门和虚拟经济部门协调发展是当前货币当局面临的一个棘手问题。随着虚拟经济部门的发展壮大，投机性货币问题变得越来越突出和严重。

诚如弗里德曼所说，通货膨胀归根结底都是一种货币现象，资产膨胀同样如此。我国股票市场较长时期的牛市，其中资金是一个最重要的推动力量，与我国大量货币流向和流转于股市有关。中央银行作为货币调控的总指挥，中央银行货币调控政策的松紧和管理水平高低在很大程度上决定和影响投资者的资产组合和银行的信贷资金配置，进而影响流入股市资金的多少。如果总指挥出了问题，作为微观枢纽点的投资者的资产组合和宏观枢纽点银行信贷出现问题不可避免。目前在我国关于货币政策存在一些争论，其中一个关键就是中国的货币供应量是多了还是少了？关于这一问题存在三种看法：一是认为货币总量偏松；二是认为货币总量偏紧；三是认为货币总量不松不紧，总量合理。其中尤以前两种观点针锋相对。不过这两种观点都认为总指挥存在问题。当总指挥出了问题，货币结构问题在所难免。下面我们将就第一种情形：货币供应量总量失衡，货币结构也不合理的情形展开分析。

第一种情况：货币总量有问题，货币结构失衡。货币总量偏紧，货币结构问题也就不可避免。由于我国货币当局忽视了虚拟经济部门货币需求的存在，仍然按照传统模型进行操作。本来在三部门模型下货币供应量应该增加30%，而实际上只增加了20%，这时虚拟经济部门货币需求10%没有得到满足，这时候会出现明显的虚拟经济部门与实体经济部门争夺货币的情况。由于实体经济部门的收益率低于虚拟经济部门将导致货币流出生产部门，流向股票市场。假如20%中的货币有10%流向了虚拟经济部门从而满足了其需要，这时实体经济部门本来需要20%才能正常发展，由于虚拟经济部门分流了10%的货币只剩下10%货币，这时相对于实体经济部门正常需要而言出现货币偏紧。结果出现两个偏紧，一是相对于整个实体经济部门尤其是虚拟经济部门而言偏紧；二是相对于实体经济部门偏紧。这时货币总量和货币结构问题都出现了失衡。中国目前出现了货币供应量增加伴随着通货紧缩和资产膨胀的局面，这是货币总量和货币结构失衡综合作用的结果，使得货币供应量与物价关系异化十分严重。中国严重的货币结构问题，除了我们已经分析的微观枢纽点和宏观枢纽点问题之外，作为货币调控总指挥的货币政策当局问题同样是造成的货币供应总量和货币结构失衡问题的一个不可忽视的因素。中国目前由于对虚拟经济部门的不正确认识和研究的落后，担心虚拟经济产生泡沫等因素，货币当局对虚拟经济部门货币需求没有纳入货币政策操作考虑，仍然按照传统的货币政策思路进行操作。传统货币政策是建立在传统货币数量论基础之上的，以物价稳定作为最终目标，没有考虑虚拟经济部门的存在，货币供应量没有满足虚拟经济部门的需要，结果是一些货币暗地里以银行违规资金等形式进入资产市场交易。货币总量和货币结构失衡是货币当局仍然坚持按照传统的货币数量论调控货币的结果。在货币总量存在失衡的情况下，政府不合理的货币供应量人为地制造了大量的投机机会，进一步扭曲了实体经济部门和虚拟经济部门的投资收益率，这时候货币是一种稀缺品，在利益的驱使下货币将大量流向可以牟取暴利的虚拟经济部门，进一步加剧了货币结构失衡问题。此外目前由于中央银行对于货币市场和资本市场之间的关系采取了不正确的做法，人为限制资金在两大市场之间的自由流动，违背了资金平等增值的本性，进一步扭曲了两大市场投资收益率的差别，由于政府对虚拟经济部门尤其是金融业采取了限制竞争的措施，导致虚拟经济部门和实体经济部门收益率差别过大。在货币供应量偏紧情况下，政府紧紧守着货币供应量的口子，仅仅关注于物价稳定。在货币供应量总量一定或没有新的增加情况下，在利润率驱动下，在银行疏于监管的情况下，大量货币从实体经济领域流出，进入虚拟经济部门，结果是货币供应量与物价关系严重异化。政府政策不当，没有考虑虚拟经济部门货币需要，结果货币总量失衡，相对于三部门来说偏紧。目前中国不仅存在货币总量不合理的问题，更严重的是货币结构极度不合理。"中国之谜"是按照传统货币数量论来调控货币，与虚拟经济部门的发展不相适应的结果。

总之，我国货币供应量与物价反常关系源于两个方面：一方面与货币当局面对货币虚拟化所带来的种种新的不确定性缺乏研究，缺乏有效地应对货币虚拟化带来的新的不确定性的对策有关；另一方面，我们面对新的不确定性采取了不当的政策，这种政策不仅没有降低不确定性反而增加了新的人为的不确定性，扩大了两大部门收益率的差别。政府政策操作不当制造了更多的不确定性，源于政府政策层面的不确定性本身也应该对"中国之谜"负责。"中国之谜"关键在于中国货币虚拟化过程中由于虚拟经济部门本身内在的不确定性和对不确定性的认识使得两大部门之间的收益率异化，破坏了正常的实体经济和虚拟经济部门之间的关系，结果导致货币大量聚居在资本市场，使货币总量和货币结构严重失衡。"中国之谜"暴露的不仅仅是一个货币总量失衡问题，更多的是货币结构失衡问题，归根结底是由于货币虚拟化过程带来的种种不确定性促使两种投资的收益率差别不合理所致。

四、结论及建议

随着虚拟经济的发展和货币虚拟化进程的加速，经济系统不确定性程度的提升，大大增加了货币当局政策调控的难度，货币当局缺乏有效的手段来成功应对新的不确定性冲击。在应对不确定性冲击过程中政府政策不当反而制造了新的不确定性因素，内外不确定性因素的交织破坏了原有仅仅局限于实体经济部门的货币数量论的两部门均衡，使得货币供应量与物价关系变得不确定，两者关系的反常正是这种不确定性的反映。实体经济部门和虚拟经济部门的不确定性差别过大使得金融投资和实业投资的收益率极端不合理，在驱利性推动下大量货币集聚在以资本市场为核心的虚拟经济部门追逐虚拟资产，结果导致资产价格膨胀，金融资产膨胀的直接结果必然是导致货币结构失衡，货币供应量与物价关系的异化。"中国之谜"暴露的不仅仅是一个货币总量失衡问题，更多的是货币结构失衡问题，归根结底是由于货币虚拟化过程带来的种种不确定性，导致两种投资的收益率差别不合理所致。"中国之谜"实质是虚拟经济部门和实体经济部门关系失调的表现和结果。为改变这一不合理状况，必须加强对虚拟经济和货币虚拟化的研究提高政策操作水平和绩效，通过制度创新加强对股市等虚拟经济部门的规范化管理，降低新的不确定性，使得虚拟经济部门和实体经济部门的不确定性差别和预期的不确定性程度降低到一个比较合理的水平，扭转两者预期的不一致局面，使金融投资和实业投资的收益差别合理化，进而促进虚拟经济和实体经济的协调发展。

第四节 物价稳定与金融稳定的冲突及其典型案例[①]

一、一个悖论：通货紧缩与资产膨胀并存

传统理论认为，当股票价格上涨时，消费者会因为其财富的增加而增加消费，企业则由于资本成本的下降而增加投资，两者均使总需求增加进而会造成通货膨胀压力，因此股票价格上涨可能预示着通货膨胀的出现。根据传统理论资产价格上涨与通货膨胀并存，但是越来越多的事实和研究表明，资产价格上涨往往伴随着物价稳定和下降的趋势，进而出现资产价格膨胀与通货紧缩和低通胀并存的局面，这是与传统理论相悖的。从国际范围来看，过去10年物价持续稳定的下降，物价水平降到了史无前例的水平，同时资产价格急剧上升，波动性越来越大。通货紧缩和资产膨胀并存已经成为一个不容忽视的全球性问题。由表5-13可以清楚发现，美、日股票价格指数变化远远大于物价指数变动，尤其是日本1989年的股票价格指数超过物价指数几乎一倍多，出现了资产价格膨胀和低通胀并存的态势。历史上，20世纪20年代后期美国和80年代后期日本都曾经历过资产价格膨胀和一般物价水平比较稳定同时并存的局面。尤其是近20多年来多数工业化国家存在的一个显著的特点是资产价格的持续上升和急剧下降发生在消费物价下降和宏观经济稳定的环境中（IMF，2000，第77页）。自20世纪80年代以来，货币供应量增加伴随着物价下降和资产价格膨胀的情形在西方发达国家的经济运行中具有相当的普遍性。

[①] 本人关于"中国悖论"的部分成果发表于《管理世界》2003年第11期。

表 5-13　　　　　美、日、中三国物价指数和股票价格指数变化

年份	1985	1986	1987	1988	1989	1990	1991
美国股票价格指数	100	126.2	159.2	147.6	178.2	188.1	214.6
美国生产者物价指数	100	97.1	99.7	103.7	108.8	112.7	112.9
美国消费物价指数	100	101.9	105.7	109.9	115.2	121.4	126.6
日本股票价格指数	100	132.9	196.4	213.9	257.8	211.8	184.9
日本生产者物价指数	100	100.6	100.7	101.4	103.7	106.9	110.4
日本消费物价指数	100	99.7	103.1	112.9	119.7	125.3	128
年份	1994	1995	1996	1997	1998	1999	2000
中国股票价格指数	100	85.710	141.543	184.31	176.99	210.934	320.044
中国消费物价指数	100	94.359	87.268	82.83	79.935	81.62	81.14
中国批发价格指数	100	94.33	87.18	82.82	80.03	79.70	82.25

资料来源：International Financial Statistics Yearbook 1992.

　　从国内状况看，从 1995 年开始物价一路走低，近几年来通货紧缩压力不断加大。实体经济领域出现了经济增长速度下滑和物价持续走低的衰退状况，同时虚拟经济迅速发展，证券市场异常活跃。从 1994～2000 年，上证指数涨了 3 倍多，市值和成交量也增长迅速，同期消费物价和批发物价指数不断走低，降幅达到了 20% 多，实体经济与虚拟经济冷热不均，出现了股票市场与实体经济背离，通货紧缩与资产膨胀并存的局面（见图 5-10）。越来越多的研究表明中国进入 20 世纪 90 年代以来，物价下跌和资产膨胀并存这一悖论是不容置疑、客观存在的，因此科学的解释这种反常关系无疑具有重要的理论和现实意义。

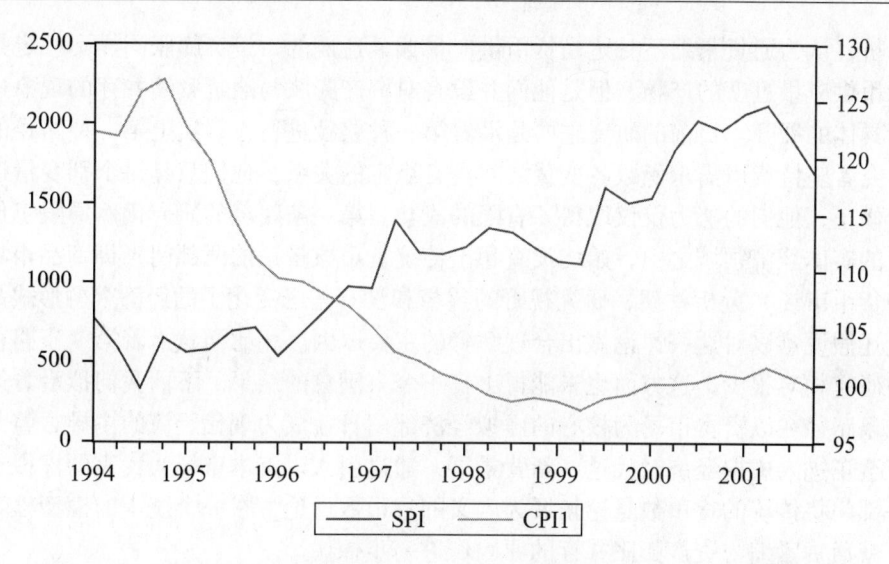

>>>>>>> 第五章 广义货币存量—流量模型（GSFC）的修正及其应用

图 5-10 1994 年 1 月～2001 年 12 月中国的上证综合指数和 CPI 指数变化趋势

  面对我国当前经济中存在的通货紧缩和资产膨胀并存的局面，许多学者提出了不同的解释。总地说来，关于这种怪现象的解释主要是沿着两条路径进行的。第一条路径是将资产膨胀与通货紧缩分离开来进行解释。有学者在坚持传统货币数量论的基础上对某一个和两个变量进行修改从而减小甚至消除"超额"货币供应问题，提出了价格指数偏低假说，被迫储存假说，将货币化假说与价格指数偏低假说糅合在一起的所谓综合成因假说等，认为中国并不存在所谓的"超额"货币供应量问题，中国货币政策并不是扩张性的而是偏紧，通货紧缩是货币政策偏紧的结果，但是他们对于资产膨胀却存而不论，否认资产膨胀的货币成因，将两者分离开来。另一部分人却相反，他们严格按照传统货币数量论来判断货币供应量是否正常，认为中国存在"超额"货币供应问题，中国货币政策偏松而不是偏紧，资产膨胀是货币政策偏松的结果，但是他们对于通货紧缩却存而不论，否认通货紧缩的货币成因。他们将资产膨胀与通货紧缩分离开来进行研究，都没有能够将两者放在一起进行综合研究，他们都只是局部均衡分析，这样对货币供应量到底是多了还是少了，要不要对中国悖论生成负责依然没有得出令人满意的答案。第二条路径是试图将两者纳入一个共同的模型框架下进行分析。石建民（2001）通过引入股票市场将传统的 IS-LM 模型修正，在修正的 IS-LM 框架下分析了股票市场与实体经济的关系。易纲、王召（2002）提出了一个货币政策的股市传导机制模型，分析了商品价格与股市价格之间的几种关系。他们将资产价格与物价纳入同一个模型中进行分析，认为通货紧缩不一定是货币供应量偏紧造成的，资产膨胀同样不一定是货币供应量过度的产物，但是他们并没有对资产膨胀与通货紧缩并存的现象进行具体的展开。目前的研究主要是沿着第一种路径进行，事实上第一种路径的研究者坚持货币需求函数各变量之间具有稳定的关系，他们只是对个别变量进行修正，他们的努力仅仅取得了有限的成功。第一条路径的研究仍然局限于传统的实体经济领域之中，始终没有超出传统货币数量论的两部门（即商品市场和货币市场）分析框架，研究视野的狭窄和没有考虑变化了的经济金融形式是上述假说难以对这一悖论做出合理解释的主要原因。相比而言沿着第二条路径的研究相对很少，这方面也未能得出真正令人满意的结果。下面我们拟沿着第二条路径在以资本市场为核心的虚拟经济部门日益成为现代经济的主导，整个社会正进入虚拟经济时代这一新背景下，通过引入以资本市场为代表的虚拟经济部门将传统的货币数量论拓展为广义的货币数量论，在一个统一的模型框架下就通货紧缩与资产膨胀并存的原因作进一步探讨。

二、资产膨胀与通货紧缩：基于拓展的货币数量论模型分析

20世纪70年代以来，随着虚拟经济迅速发展，金融资产存量急剧增加，以金融为核心的虚拟经济部门相对于传统的实体经济部门变得日益重要，整个社会已经进入金融经济时代。传统货币数量论是建立在实体经济之上的，反映的是商品市场和货币市场的两部门均衡，是一个两部门收入货币流量模型。它忽视了作为资产存量的货币的存在，没有考虑证券交易量和货币供应量之间的关系，正是以资本市场为核心的虚拟经济部门的扩张打破了原有的均衡，在虚拟经济条件下货币供应量与物价之间的关系发生了变化，在虚拟经济条件下重新审视传统的货币政策和货币理论，将资本市场等虚拟经济部门纳入理论无疑具有重大的理论和现实意义，同时也是更好地解释我国现阶段出现的资产膨胀与通货紧缩并存等金融怪现象的迫切需要。我们在前人研究基础上通过引进以资本市场为代表的虚拟经济部门，将传统货币数量论扩展到既包括实体经济部门又包括虚拟经济部门的广义货币数量论，试图对中国的资产膨胀与通货紧缩问题做出新的解释。我们假设：（1）整个经济体系包括两大部门：一是实体经济部门，以产品市场为代表；一是虚拟经济部门，以资本市场为代表。货币市场、商品市场和资本市场三者互相联系而不是完全隔离开来。（2）货币只充当交易媒介和财富储存职能。（3）货币流通速度不是一成不变的。（4）货

币总量由交易货币（飞着的货币）和储存货币（坐着的货币）构成。(5) 交易货币一部分参与商品交易，另一部分参与股票等金融资产交易。(6) 储存货币一方面作为狭义储存手段而存在，另一部分以广义储存手段而存在。具体模型如下：

$$MS = M_Y + M_K \tag{5.16}$$

(5.16) 式表示一国货币供应量包括两大部分：一是充当交易媒介的货币 M_Y；二是作为财富储存手段的货币 M_K，MS 代表总货币供应量。

$$M_Y = qMS = tM_Y + (1-t)M_Y \tag{5.17}$$

(5.17) 式表示充当交易媒介所需的货币量，由流入实体经济部门的 tM_Y 和流入虚拟经济部门的货币 $(1-t)M_Y$ 组成。

$$M_K = pMs = \lambda M_K + (1-\lambda)M_K \tag{5.18}$$

(5.18) 式表示作为财富储存手段所需的货币量，由充当狭义储存手段的货币 λM_K 和广义储存手段的货币 $(1-\lambda)M_K$ 组成。其中 $p+q=1$。

$$\begin{aligned}MS &= [tM_Y + (1-t)M_Y] + [\lambda M_K + (1-\lambda)M_K] \\ &= [\lambda M_K + tM_Y] + [(1-t)M_Y + (1-\lambda)M_K] = M_{SR} + M_{SF}\end{aligned} \tag{5.19}$$

(5.19) 式由实体经济部门所需货币量 M_{SR} 和虚拟经济部门所需货币量 M_{SF} 两部分组成，表示一国货币供应量不仅与一国实体经济部门的生产活动有关，而且与虚拟经济部门的非生产活动等有关，货币供应量由实体经济部门所需货币量和虚拟经济部门所需货币量组成。

由 $tM_Y = GDP/V_Y$

即有：$tM_Y V_Y = PY = GDP$ \qquad (5.20)

(5.20) 式表示狭义交易货币量，代表充当商品交易媒介的货币量，对应于实体经济中的交易货币

由 $\lambda M_K = M_X/V_K$

即有：$\lambda M_K V_K = M_X$ \qquad (5.21)

(5.21) 式表示狭义储存货币量，作为财富储存手段如以银行存款和不良资产等形式存在，对应于实体经济中的非交易货币。M_X 为狭义储存货币量。

由 $t'M_Y = P_K Q/V_Y$，

即有：$(1-t)M_Y V_Y = P_K Q$ \qquad (5.22)

(5.22) 式表示广义交易货币，代表充当资产交易媒介的货币量，对应于虚拟经济部门中的交易货币。p_k 代表金融资产价格，Q 为金融资产数量，其中 $1-t=t'$。

由 $\lambda'M_K = M_G/V_K$

即有：$(1-t)M_K V_K = M_G$ (5.23)

(5.23) 式表示广义储存货币量，作为财富储存手段如以股票等形式存在，对应于虚拟经济部门中的非交易货币。V_K 表示作为财富储存手段的货币的周转次数或货币流通速度。V_Y 表示作为交易媒介的货币的流通速度。M_G 为广义储存货币量，其中 $1-\lambda = \lambda'$。

进一步假设

$$dMS/MS = dM_{SR}/M_{SR} + dM_{SF}/M_{SF} = dM_Y/M_Y + dM_K/M_K \quad (5.24)$$

对 (5.20) 式、(5.21) 式、(5.22) 式、(5.23) 式分别求导，并假设货币流通速度为零，进一步将 (5.20) 式和 (5.21) 式求导结果分别代入 (5.17) 式和 (5.18) 式求导结果之中，整理得

$$\begin{aligned}dMS/MS &= dM_Y/M_Y - dq/q \\ &= dP/P + dY/Y - dt/t - dV_Y/V_Y - dq/q \\ &= dM_X/M_X - d\lambda/\lambda - dV_K/V_K - dp/p\end{aligned} \quad (5.25)$$

同理，将 (5.22) 式和 (5.23) 式求导结果分别代入 (5.17) 式和 (5.18) 式求导结果之中，整理得：

$$\begin{aligned}dMS/MS &= dM_Y/M_Y - dq/q \\ &= dP_k/P_k + dQ/Q - dt'/t' - dV_Y/V_Y - dq/q \\ &= dM_G/M_G - d\lambda'/\lambda' - dV_K/V_K - dp/p\end{aligned} \quad (5.26)$$

由 (5.25) 式，得到

$$dp/p = \Psi(dMS/MS;\ dY/Y;\ dt/t;\ dV_Y/V_Y;\ dV_K/V_K;\ dq/q;\ d\lambda/\lambda;\ dM_X/M_X) \quad (5.27)$$

(5.27) 式表示实体经济部门的均衡函数，物价变化取决于 8 个方面的因素。

由 (5.26) 式，得到 (5.28) 式，

$$dP_K/P_K = \Omega(dMS/MS;\ dQ/Q;\ dV_Y/V_Y;\ dV_K/V_K;\ dt'/t';\ d\lambda'/\lambda';\ dq/q;\ dM_G/M_G)$$

公式 (5.28) 表示虚拟经济部门的均衡函数，说明资产价格变化取决于 8 个方面的因素。

利用金融资产价格波动作为金融稳定的代表变量，那么我们可以发现，金融不稳定实际上就是虚拟经济部门的不均衡或者失衡状态，金融危机就是金融不稳定的极端状态和结果。那么影响金融稳定的因素，我们可以用公式 (5.28) 表示出来。下面我们利用我们的模型框架来分析金融稳定与物价稳定的典型冲突——中国悖论。

金融稳定与物价稳定的冲突——"中国悖论"的生成机理分析

为更好地认识和理解资产膨胀与通货紧缩的生成机理,我们构造了一个简单的包括虚拟经济部门的货币流程图(见图5-3),结合三部门模型进行分析。由模型公式可以清楚发现,相对于传统的仅仅局限于实体经济部门的货币数量论,加入虚拟经济部门之后的广义货币数量论公式变得复杂得多,虚拟经济部门的存在改变了传统的货币传导机制和货币的作用对象及其流向。货币增加之后其流向存在多种可能的选择和结果,货币不再局限于商品等传统实体经济部门。在三部门模型下,货币供应量变动将影响商品价格和资产价格,至于两者变化的规律则因时间、资本市场和商品市场发育程度、资本市场和货币市场联通状况以及两大市场收益对比等因素而不同。当纳入资本市场后,如果货币能够在商品市场与资本市场之间自由流动,这时不仅货币总量的改变而且货币结构的变化都可能改变各变量之间的关系,使资产价格和物价之间关系失去稳定性,变量之间传统的简洁明了的关系不再存在。短期来看,根据(5.27)式、(5.28)式,我们知道影响物价和资产价格变化的因素很多,其中物价取决于(dMS/MS;dY/Y;dt/t;dV_Y/V_Y;dV_K/V_K;dq/q;$d\lambda/\lambda$;dM_X/M_X)等8个因素,资产价格变化取决于(dMS/MS;dQ/Q;dV_Y/V_Y;dV_K/V_K;dt'/t';$d\lambda'/\lambda'$;dq/q;dM_C/M_C)等8个因素。假设短期物价具有粘性,那么货币供应量的变化将通过资产价格变化体现出来。假设货币中性成立,货币流通速度不变,那么影响物价和资产价格变化的因素主要取决于货币总量和货币结构等的变化,我们发现在中国物价和资产价格变化方向存在长期的反常关系,中国的货币政策要不要对此负责是一个极富争论的话题,这里我们重点考察"中国悖论"的货币政策成因,只考虑货币总量和货币结构因素对物价和资产价格的影响,而将其他因素存而不论。根据货币主义理论,不论是通货紧缩还是资产膨胀归根到底都是一种货币现象,货币总量及其结构是否合理最终都会通过资产价格和物价反映出来。长期来看,根据我们的假定,物价和资产价格变化只与货币总量和货币结构指标有关,用公式表示就是:

$$Z(dP/P;dP_K/P_K) = Y(dMS/MS;dq/q;dt/t;d\lambda/\lambda)$$

传统理论认为实体经济是虚拟经济的基础,两者之间应该协调发展,如果虚拟经济发展与实体经济部门发展脱节,将导致货币在两大部门的配置失衡,这样货币总量和货币结构失衡最终将通过资产价格和物价反映出来。理论上货币在两大部门的配置取决于货币在两大部门的投资收益率对比,资金的本质在于增值,而且资金具有平等增值的本性,要求在两大部门获得相等的报酬。如果违背了资金的内在要求将出现货币在两大部门的套利，并使收益率最终趋于相等。这时候货币平均分布在两大部门之中，即 p＝q＝0.5，货币结构实现最优化，不存在货币结构畸形。事实上，货币平均分布只是一种理想的假定状态，货币在两大部门之间的不相等分布是常态，两者出现一定程度的脱节是不可避免的。如果存在人为的管制，限制资金的自由流动等因素导致两大部门投资收益率的差别过大，将导致货币资金配置的失衡。如果虚拟经济部门投资收益率高于实体经济部门，那么会出现货币对经济虚拟的过度偏好，导致大量货币流向虚拟经济部门，虚拟经济部门收益率与实体经济部门收益率差别越大，货币在两大部门的配置越不平等。如果货币总量有限，将出现虚拟经济部门与实体经济部门争夺资金的情况，进而可能出现资产价格膨胀和通货紧缩。根据模型，当纳入虚拟经济部门，这时候货币总量及其结构是否均衡不仅取决于实体经济部门还取决于虚拟经济部门，物价和资产价格变化取决于货币供应量增长率和货币在两大部门之间的分布情况，物价和资产价格变化方向可能存在多种可能性（见表5-14）。为进一步考察货币总量和货币结构对资产价格和物价变动的影响，我们用图5-11来分析，这样更加简洁直观：我们可以将之分为4个区。Ⅰ区——表示资产缩水和通货膨胀；Ⅱ区——表示资产缩水和通货紧缩；Ⅲ区——表示通货紧缩与资产膨胀；Ⅳ区——表示资产膨胀与通货膨胀。将上述情形进行细分，如图5-11A点（20，0.5）为均衡点，这时候货币总量和结构都合理，对应的物价和资产价格为（10，10）。B点（20，0.7）表示货币总量合适和货币结构严重失衡，这时候货币过度集聚在虚拟经济部门，对应的物价和资产价格为（6，14），出现了通货紧缩和资产膨胀并存的"中国悖论"。C点（20，0.3）表示货币总量合适和货币结构严重失衡，大量货币集聚在实体经济部门，这时候对应的物价和资产价格水平为（14，6），出现了通货膨胀与资产缩水并存的局面。D点（16，0.5）表示货币偏紧和货币结构合适，对应的物价和资产价格水平为（8，8），出现了通货紧缩与资产缩水并存的局面。E点（24，0.5）表示货币偏松和货币结构合适，对应的物价和资产价格水平为（12，12），出现了通货膨胀与资产膨胀并存局面。F点（16，0.7）表示货币偏紧和货币过度流向虚拟经济部门，对应的物价和资产价格水平为（4.8，11.2），出现了"中国悖论"。G点（24，0.7）表示货币总量偏松和货币过度流向虚拟经济，对应的物价和资产价格为（7.2，16.8），出现了"中国悖论"。

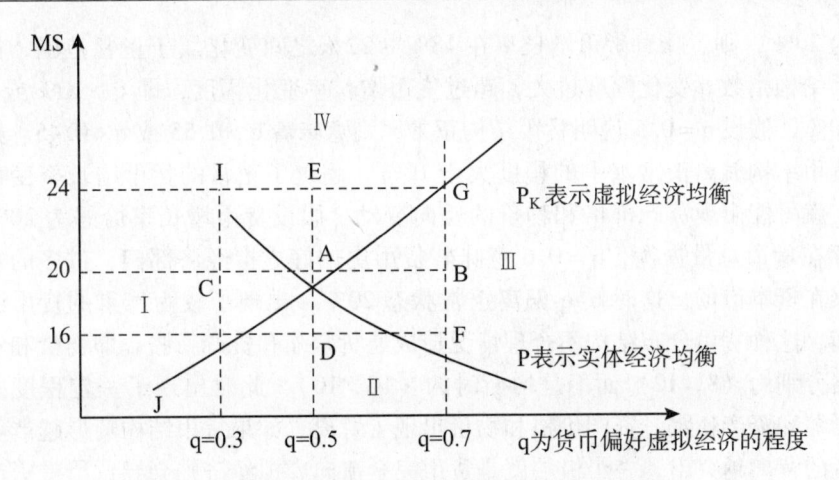

第五章 广义货币存量—流量模型（GSFC）的修正及其应用

图5-11 实体经济与虚拟经济部门之间的变动情况

表5-14 实体经济与虚拟经济部门均衡之间的几种情形

货币总量	货币结构	实体经济	虚拟经济	图形中的位置
均衡	均衡	物价稳定	资产价格稳定	A
均衡	偏好虚拟	一定通货紧缩	一定资产膨胀	B
均衡	偏好实体	一定通货膨胀	一定资产紧缩	C
偏松	偏好虚拟	通货紧缩	严重资产泡沫	G
偏松	偏好实体	严重通货膨胀	资产缩水	I
偏松	均衡	通货膨胀	资产膨胀	E
偏紧	偏好虚拟	严重通货紧缩	一定资产上涨	F
偏紧	偏好实体	一定物价上涨	严重资产下跌	J
偏紧	均衡	物价下降	资产价格下跌	D

通过上述分析我们发现：当货币增长率变化幅度小于货币结构畸形程度，即意味着货币结构失衡比货币总量失衡严重，则会出现物价和资产价格反向变动的"中国悖论"。其中B点的情形说明即使在货币供应量合适情况下，如果货币结构失衡仍可能出现悖论；F点情形说明即使在货币供应量偏紧情况下，如果货币结构严重失衡则可能出现悖论；G点情形说明即使在货币供应量偏松情况下，如果货币结构严重失衡也可能出现悖论。总地说来，"中国悖论"取决于货币总量和货币结构变化幅度，造成实体经济与虚拟经济脱节的背离与货币总量和货币结构失衡有关。下面我们就B、F、G点所属的三种情形进行进一步的分析。

（1）货币总量合适情况下的货币结构失衡——货币增长率变化不大或者说货币总量失衡很轻，即在正常区间-10%~10%变动。假设正常的货币增长率为20%，则意味着货币增长率在18%~22%之间变化属于正常范围，如果货币结构指数 q 变化幅度过大，超过货币增长率变化幅度，即 q > 10% 或 q < −10%，假设 q = 0.5 说明货币结构正常，则意味着 q > 0.55 或 q < 0.45。这时候货币结构偏离正常水平的幅度大于10%，超过了正常的货币增长率变化程度，就可能出现资产价格和物价的反向变动。假设货币增长率恰好为20%即不存在货币总量失衡，q = 0.6 意味着货币更偏好虚拟经济部门，过多的货币集聚在资本市场，这时候 q 偏离正常状态20%，出现了较为严重的货币结构失衡，这种货币分布结构不合理情况造成通货紧缩和资产膨胀，即物价和资产价格分别为（8,12）而不是均衡时的（10,10），此时出现了一定程度的通货紧缩和资产膨胀，资产价格和物价出现了背离，如果货币结构畸形越严重则两者的背离越突出，一个极端就是货币完全流向虚拟经济则会导致严重资产泡沫（0,20），另一种极端就是货币完全流向实体经济部门，导致严重通货膨胀（20,0），理论上这些都是有可能出现的。

（2）货币供应量偏紧情况下的货币结构失衡——货币供应量低于正常范围即 ms < 18%，假设为16%，意味着紧缩了20%，如果货币结构没有问题则会出现通货紧缩和资产缩水，即物价和资产价格分别为（8,8）；假如货币结构出现了失衡，q = 0.55，这时对应的物价和资产价格水平为（7.2,8.8），当 q = 0.6 时，物价和资产价格为（6.4,9.6），这时货币结构畸形程度都没有超过货币总量紧缩幅度20%，不会出现物价和资产价格的背离，两者都低于均衡水平（10,10）；当货币结构严重畸形，q = 6.5 意味着货币结构失衡程度为30%，大量的货币流转于虚拟经济部门，这时物价和资产价格为（5.6,10.4），出现了严重通货紧缩和较轻的资产膨胀并存的"中国悖论"。

（3）货币供应量偏松情况下的货币结构失衡——货币供应量超出正常范围，即 ms > 22%，假设货币增长率为24%，意味着扩张了20%，如果货币结构没有问题则物价和资产价格为（12,12）；假如货币结构出现了轻度失衡，当 q = 0.55 时，物价和资产价格为（10.8,13.2），两者同方向变化，没有出现背离；假如货币结构出现了严重失衡，当 q = 0.65 时，这时物价和资产价格为（8.4,15.6），当 p = 0.7 时，物价和资产价格为（7.2,16.8），出现了资产价格和物价的背离，货币结构失衡超过货币总量失衡程度，而且货币结构失衡越严重，则物价和资产价格背离程度越突出。总地说来，当货币结构失衡程度大于货币总量失衡程度，会出现物价和资产价格的背离，失衡程度越严重，两者背离越突出，否则不会出现背离。"中国悖论"说明我国现在货币结构失衡比货币总量失衡更为突出和严重。根据理论分析，解决"中国悖论"就是

>>>>>>> 第五章 广义货币存量—流量模型（GSFC）的修正及其应用

使货币结构和货币总量失衡尽可能的小，尤其是要使货币结构失衡尽可能小，要小于货币总量失衡程度，这样就可以化解"中国悖论"。根据我们的模型可以清楚地发现：中国悖论可能与货币总量不当有关，也可能与货币结构失衡有关，还可能是两者综合作用的结果。我们的理论分析更是证明了这样一种基本事实，就是"中国悖论"是货币结构严重失衡的产物，只有货币结构失衡程度大于货币总量失衡程度才可能出现"中国悖论"。这对于我们认识"中国悖论"十分关键。我国当前货币结构失衡已经成为一个不争的事实，但是货币总量失衡与否，货币总量失衡要不要对"中国悖论"负责，我国当前出现的物价和资产价格反向变动到底是上述三种情形的哪一种，当前存在不同看法，大体说来有三种观点。为更好的认识"中国悖论"的货币政策成因，我们就当前关于中国货币总量是否合适的种种争论展开分析：第一种观点认为我国货币政策偏松，货币供应量过多。第二种观点认为我国货币政策偏紧，货币供应量偏少。第三种观点认为我国货币总量合适，主要是货币结构问题。为支持各自的观点，他们提出了不同的理由和证据，并围绕这些证据和判断指标展开了争论。下面我们将对这些观点进行评论分析，在此基础上提出我们的看法。

第一种观点的支持者认为我国目前面临的问题不是货币供应量太少而是过多，并给出了相应的理由和判断指标。第一个指标是中国存在大量的超额货币供应量。据计算，我国广义货币供应量1998～2001年四年年均增长14.6%，几乎是GDP增长的2倍。近几年来我国广义货币供应量年均增长率比经济增长率加上物价上涨率之和平均高出6～7个百分点，因此不能说这一时期的货币供应量是紧缩性的，这是一种主流观点（戴根有，2002）。中国存在大量的超额货币供应量这是他们提出的第一个有利而且有力的支持证据。第二个指标是资产膨胀或资产泡沫，资产膨胀是他们提出的又一个有力证据。我国货币供应量多了，为过高的证券投资收益率预期的自我实现提供了资金基础，中国股市的长期牛市，归结到底是资金推动的结果，使得固定投资更加没有吸引力，增加的货币流向股市导致股市泡沫。货币供应量中有一部分流向了股市，成了股市一级市场的申购资金和二级市场的炒作资金，滞留在股市的资金数量很大，货币供应量过多导致了资产膨胀。第三个指标就是存贷差扩大，商业银行头寸也已经处于历史上最宽松时期，银行出现大量的富余资金贷不出去。1995年之前我国金融机构的资产运营状况是贷款大于存款，1995年出现存差，1998年之后存差明显扩大。1998年、1999年、2000年、2001年分别比前一年增长1697.6亿元、5870.8亿元、9338.7亿元、6869.2亿元。到2002年6月底，存差余额为3.7万亿元，相当于同期存款余额的23.4%。我国货币供应量过多导致银行信贷资金过于充裕。第四个指标就是同业拆借利率偏低。银行同业拆借利率仅比央行准备金利率高6个基本点，接近于实行零利率政策的日本，我国央行已8次降低存贷款利率。我国目前面临的问题不是货币供应量太少而是过多，导致银行资金成本过低（同业拆借利率低）。第五个指标是三大法宝的运用情况。我国两次下调存款准备金比例，法定准备金水平已经很低，通过公开市场业务操作，再贷款和再贴现投放基础货币，频繁对商业银行实施"窗口指导"等，我国实际上实行的正是扩张性货币政策。第一种观点的持有者提出了一系列证据来支持他们的观点，这基本上代表了以中央银行为首的一部分人的观点。他们坚持传统的两部门货币数量论有效，坚持从实体经济角度来考虑货币供应问题，坚持以第二版本的货币数量论公式作为判断货币供应量是否正常的标准，认为我国目前面临的问题不是货币供应量太少而是过多。

第二种观点与第一种观点针锋相对，认为中国目前货币供应量少了，不存在超额货币供应量问题，而是存在货币供应量不足。他们从以下几个方面对第一种观点进行了全面反驳。主要有：

（1）我国的贷款利率并不低，相反通过国际和国内的比较，我国贷款利率不是低了而是高了。相对于其他国家，特别是相对于美国、英国、日本、加拿大和韩国等国家的实践来说，我国贷款利率偏高。根据美联储统计数据表明，从1959~2000年美国联储系统商业银行贷款优惠利率与美国一年期政府债券利率的差额和美国联邦基金利率的差额分别平均为2.06个百分点和1.72个百分点。与此相对照，我国现行存贷利差比上述两个指标分别高1.27个和1.61个百分点。另据IMF《国际金融统计》资料表明，从1996~2000年美国一年期存贷利差为2.8个百分点，英国为2.19个百分点。五国1996~2000年间存贷利差为2个百分点，我国同期存贷利差水平比之高出1.08个百分点。纵向看，我国8次降息，存款利率下调了4.5倍，但是贷款利率仅仅下调了1.3倍，贷款利率下调幅度明显小于存款利率下调幅度，贷款利率实际上是相对上升的，这客观上制约了贷款需求。总地说来，我国现行利率政策问题一定程度上造成了货币扩张的乏力，不利于资金流向实体经济部门。我国的利率虽然经过了多次调整，但是我国的利率水平不论是在国内比还是与国际比都不低。从利率水平来看，我国货币政策是紧缩性的而不是扩张性的。

（2）关于准备金水平指标。他们认为我国准备金利率水平偏高而不是偏低。虽然经过6次法定准备金利率的下调，法定准备金利率水平已经很低仅为1.89%，低于一年期城乡居民储蓄存款利率1.98%，但仍接近于我国销售额达500万元以上的工业企业年均利润率水平1.96%，高于一年期城乡居民储蓄存款税后利率1.6%，现行法定准备金利率并不算低，这也可能是"银行惜贷"，宁愿持有大量准备金和超额准备金的一个重要原因，大量的货币资金滞留在银行内部。从国际上看，很多国家都是法定准备金利率为零，而我国法定准备金利率水平高达1.89%。因此我国准备金水平并不低，我国货币供应量并不是多了。

(3) 存贷利差持续扩大问题。第一种观点的反对者认为我国存贷差扩大，大量资金滞留在银行内部并不能说明我国货币供应量多了，而是与银行资金运用问题有关。在我国目前银行居于主导的金融体系下，银行资金运用合理与否对货币政策的有效性影响很大。目前我国银行资金投资渠道狭窄，资金运用结构不合理，资金运用效率低下导致货币滞留在银行内部而没有有效流向实体经济部门。我国银行资金不能投资各种基金和进入股市，投资企业债券的也很少，主要用于企业流动性贷款和居民消费贷款，购买政府债券和作为在中央银行的存款。在企业亏损和消费不振的情况下，在风险加大的压力下，商业银行明智的选择就是多持有政府债券和在中央银行存款。商业银行这种资金安排和投资选择等于把相当大一部分货币资金投到了不能直接促进实体经济增长的领域，商业银行资金配置问题严重影响了货币正常合理的流向实体经济部门，导致货币游离于实体经济部门之外成为非生产货币。我国银行存贷差扩大不仅不是货币供应量过多的结果，相反而是导致货币供应量偏紧的一个重要原因，导致实际货币供应量偏紧。

(4) 超额货币供应量问题。超额货币供应量问题是双方争论的又一个焦点，关于这一问题不同观点的持有者提出了不同的解释，主要分为两种：一是认为中国目前并不存在超额货币供应量问题。二是认为中国存在大量的超额货币供应量问题。由于两者的理论基础和考察问题的角度不同，得出了不同的结论。关于这一问题的详细讨论我们已有专文论述，这里不再展开。根据我们的三部门模型研究，我们认为中国并不存在超额货币供应量问题，中国实际货币供应量基本合适。

(5) 股票市场的游资和资产膨胀问题。第一种观点的反对者认为目前大量资金滞留在股票市场等虚拟经济部门，导致资产泡沫滋生，这并不是货币供应量过多的结果，而是股票市场存在多种制度缺陷等原因导致股票市场对国民经济的刺激作用没有得到充分发挥，虚拟经济与实体经济发展相脱节的结果，是否认资产膨胀的货币成因。关于股市泡沫的成因，一直存在不同的看法，比较典型的有资金推动假说、消息推动假说和政策市假说等。我们认为资产膨胀归结到底是一种货币现象，是货币供应量推动的结果，但是流转于虚拟经济部门的货币只是货币供应总量的一部分，资产膨胀只是流转于虚拟经济部门的货币量过多，而不能等同于货币供应总量过多。我国资产膨胀是大量货币从实体经济领域流向虚拟经济部门的结果。由于人们的时间偏好和风险偏好不一致等诸多原因，导致证券投资增加，实业投资和当前消费减少。而这种偏好和预期的不一致与系列改革带来的冲击，与虚拟经济发展所带来的不确定性差别有关。正是由于虚拟经济部门和实体经济部门的不确定性程度有别，金融投资和实业投资收益差别不合理，企业风险偏好和时间偏好不一致，在现行产权制度存在缺陷，公司治理结构不合理的情况下短期行为明显，投机盛行，大量的货币以投机货币形式存在，游资数额巨大。正是由于种种不确定性问题使得货币流转于股票市场。大量货币滞留在股票等虚拟经济部门并不是由于货币供应量过多，而是由于股票市场自身存在种种缺陷，对股票投资收益和固定资产投资收益预期不一致所致，是股票市场货币需求没有得到正常满足的结果和反映。反驳者认为第一种观点持有者的理由很多是难以成立的，经不起仔细推敲，所以中国目前货币供应量偏松并不成立。

在反驳第一种观点的同时，第二种观点持有者提出了自己的证据和判断指标。

第一个指标是物价指数持续走低。他们认为货币政策偏紧，是造成经济增长速度持续下滑和通货紧缩趋势挥之不去的主要原因，因此应对这种紧缩性的货币政策进行调整，采取切实的积极宽松的货币政策或扩张性货币政策（王松奇，2002）。通货紧缩归结到底是一种货币现象，物价下跌不可能脱离货币供应量问题而存在。在正常条件下，较多的货币供应量注入实体经济部门最终必然反映在物价上涨上，我国近几年通货紧缩压力增加正是由于货币供应量偏紧造成的。第一种观点支持者对第二种观点的证据进行反驳，提出了自己的解释和看法。关于通货紧缩问题，他们认为目前发生的通货紧缩与货币政策无关。对于物价下降要做具体的分析，当前市场价格下降是受加入世界贸易组织和科技进步的影响，以及收入分配差距扩大等因素综合作用的结果，不是货币供应总量偏紧造成的（戴根有，2002）。认为扩张性货币政策同样可以造成长期物价下跌和资产价格膨胀并存的局面。当投资具有规模经济效应或可以使劳动生产率提高，扩张性货币政策的长期结果就可能使物价下跌和资产膨胀并存。因此通货紧缩并不能成为作为货币供应量偏紧的依据。

第二个指标是中小企业贷款难，农民贷款难，企业货币供给偏紧。从银行资产运用结构看，我国企业部门出现货币供应量偏紧，据有关部门统计，从1998年起，我国银行体系国外净债权年均增长17.9%，累积增长93.4%；对政府部门净债权增长 61.6%，累计增长 581.4%；对非金融部门债权增长 10.4%，累计增长 48.6%。从信贷角度看，企业信贷量占全社会信贷量的比例由 1997 年底的 84.96% 下降为 2001 年底的 72.35%，下降了 12 个百分点（夏斌，2002）。上述情况表明我国企业部门的货币供应量偏紧。针对第二种观点持有者的这一证据有人提出了不同的看法。一是从微观层面企业的资金紧张并不能倒推出宏观层面的货币供应量偏紧，如果货币政策传导机制中间环节出现问题时就可能出现宏观松微观紧的情况，第一种观点的持有者认为目前中国宏观层面的货币供应量多了，并将微观层面的货币供应量偏紧归因于货币传导机制梗阻。二是在直接融资和间接融资并存的金融体系下，不能单纯通过银行体系的资金运用状况及其变化来判断货币供应量是否合理，当直接融资比重上升时，间接融资比重下降不可避免。居民直接投资比重上升，企业信贷比例减少不能说明问题。企业部门货币偏紧到底是什么原因造成的，是货币供应量偏紧造成的还是其他因素？或者说宏观总量偏紧造成微观企业层面货币供应量偏紧还是宏观偏松由于货币传导机制问题造成微观偏紧呢？当货币传导机制畅通无阻的时候，货币结构没有问题的时候，货币能够顺利流向实体经济和虚拟经济部门，宏观层面的货币供应量合理与否将通过微观层面反映出来，同时也可以由微观层面货币松紧反过来判断宏观层面的货币供应量是否合理。这种情况比较容易判断货币供应量是否合理。难就难在当宏观层面和微观层面脱节时（这种情况是经济中的一种常态，只是脱节的程度有别），如果两者存在比较严重的脱节情况，这时候就不能单纯的通过看两头两尾（只看宏观和微观）来判断货币供应量是否正常，要进行综合权衡，既要看两头两尾又要看中间环节如银行信贷和居民的资产选择等。因此微观层面指标的局限性往往并不能说明真正的问题。

第三个指标是股票市场等虚拟经济部门货币需求没有得到满足，证券公司等融资难。近几年来在国家采取种种扩张政策情况下，我国经济迟迟未能启动，货币政策与经济增长率目标多次落空，这与货币供应量偏紧是有很大关系的（石建民，2001）。理由之一就是货币政策当局忽视了股票市场的货币需求效应（发育阶段，股票市场对货币需求总地说来是增加的）。第二种观点认为货币供应量少，中国不存在超额货币供应量问题，而是存在货币供应量不足，尤其是相对于新兴虚拟经济部门而言不足，货币供应量偏紧。他们是基于三部门的判断，加入了新的部门，因而得出了与第一种观点不同的结论。反驳者认为，股票市场等新兴部门的发展虽然增加了直接融资渠道的货币需求，但是减少了银行等间接融资渠道的货币需求，总地说来对货币需求几乎没有影响，支持这两种观点的事实证据都不少，问题是双方所持的这些证据是否成立，有很多学者对这些证据能否成立提出了不同的看法，似乎是"公说公有理，婆说婆有理"，难分高下。中国的货币供应量到底是多了还是少了，双方争论得难解难分。鉴于此有学者采取了一种调和态度，提出了他们的第三种观点：认为我国货币供应量总量合适，但是货币供应结构问题突出。主要表现为：一是投资于实体经济部门的货币份额偏少；二是就实体经济部门内部而言，大都投资于大城市和大型企业，投资于农村和中小企业的资金偏少。因此难免产生实体经济部门的货币供应量偏紧，这种观点更强调货币结构问题（夏斌，2002）。他们认为银行存贷差扩大，商业头寸处于历史上最宽松时期，并不能说明货币供应量偏松，一个直接的反例就是中小企业贷款难，农民贷款难。所以这更多可以说只是反映了一个货币结构问题。近两年我国高流动性货币增长相对放慢，一定时期内不被动用的准货币过多，准货币不能及时转化为高流动性货币为实体经济部门所用，结果物价下降，我国物价下跌反映为 M_0、M_1 偏少而不是 M_2 偏少。我国的货币结构出现了问题，货币结构不合理。目前出现了很多看似矛盾的现象，如银行存贷差扩大，商业头寸处于历史上最宽松时期，同时存在中小企业贷款难，农民贷款难问题。还有银行惜贷与银行违规操作并存，资产膨胀与通货紧缩并存，货币当局不断扩张货币出现了宏观松和微观紧并存的局面等。这些金融怪现象暴露出中国货币结构存在严重问题，然而中国的货币结构问题是总量合适下的货币结构问题还是货币总量失衡下的货币结构问题，却是一个十分复杂的问题，不同的判断将导致不同的政策结论。总地说来，导致上述观点差异的原因主要是两者考虑问题的角度和理论基础不同，前者是在坚持传统的货币数量论公式有效的基础上来判断货币供应量是否合适，是基于实体经济这一角度的。后者则认为传统的货币数量论有问题，从虚拟经济部门这一新的角度进行判断，因而得出了不同的结论。其次由于选择的证据指标有别和方法不同，导致得出不同的结论。上述大多数都是微观层面和中观层面的指标，即使有些指标是宏观层面的，但几乎所有的分析都没有将物价和资产价格纳入一个统一的框架进行，将之割裂开来，都是局部均衡分析，这样得出来的结论往往是片面的。目前由于经济金融体系的新变化，以及直接融资的发展和虚拟经济的兴起，情况变得越来越复杂，在这种变化了的新形势下如何科学判断我国货币供应量是否正常成了一个重大的研究课题。

我国货币供应量是否出现了较严重的失衡，要不要对"中国悖论"负责？根据我们的三部门货币数量论模型公式和流程图，我们主张从宏观角度进行分析判断，而放弃中观、微观层面的指标证据，因为这些往往都只是反映了个别现象。根据我们的理论模型公式，我们发现传统的单纯根据物价或者资产价格变动来测度货币供应量是否正常都可能得出错误的结论，因为这相对于三部门模型都只是一种局部均衡分析，应该通过对物价和资产价格变化进行综合权衡来考察货币供应量是否正常（我们认为构造一个综合价格指数对于判断虚拟经济条件下货币供应量是否正常是十分必要的，因为在三部门模型框架下单纯依据物价或资产价格可能得出错误的结论）。根据理论，资产和物价膨胀归结到底都是一种货币现象，货币最终通过价格变化反映出来。据此我们提出一个新的判断货币供应量是否正常的指标，就是货币增长率应该等于物价和资产价格变化率，而且物价和资产价格变化幅度不应该过大，如果两者之和与货币增长率差别过大则说明货币总量失衡，两者之差过大则说明货币结构有问题。我们运用1994~2001年的数据进行验证，发现物价和资产价格之和为（11.08%＋4.29%）15.37%，假设波动幅度不超过10%则为正常，即货币增长率范围为13.8%~16.9%。我国1994~2001年M_2增长率为20.63%，通过对比说明理论上货币供应量偏松。另外我们通过国内外物价和股票价格指数对比，发现我国金融资产价格增长率过高，由表5–15计算发现十个国家1929~1963年平均波动幅度为18.63%，不超过20%；而我国股票价格波幅大大高于物价变动幅度，两者差别为4.83%，在11个国家中为最大，两者之差为物价水平的77.22%，资产价格涨幅过大，物价和资产价格变动出现了较大的脱节，该指标较好地反映了我国货币结构失衡问题。综上分析可以发现，我们现阶段存在的物价和资产价格反向变动是货币总量偏松（理论上货币供应量偏松而实际上货币供应量比较合适）情况下货币结构严重扭曲的结果。下面我们将结合中国实际就"中国悖论"出现的原因进行分析。

表5–15　　一般物价水平和资产价格变动情况对比（1929~1963年）　　单位：%

	SPI（1）	GPD（2）	差别（1）-（2）	波动幅度绝对值
意大利	13.1	13.2	-0.1	0.75
日本	12.7	18.8	-6.1	32.4
法国	8.1	12.9	-4.8	37.2
墨西哥	5.7	6.9	-1.1	15.9
瑞典	3.6	3.9	-0.3	7.7
澳大利亚	4.2	3.7	0.5	13.5
英国	3.5	3.2	0.3	9.4
印度	3.4	3.2	0.2	6.3

续表

	SPI（1）	GPD（2）	差别（1）-（2）	波动幅度绝对值
加拿大	2.6	2.2	0.4	18.2
美国	2.9	2.0	0.9	45
中国*	11.08	6.25（4.29）	4.83（6.79）	77.22（158.28）

注：*中国为上涨综合指数变化率，是 1994~2001 年平均值，GPD 为 1978~1998 年平均数。SPI 为股票价格指数变化率，GPD 为国民生产总值冲减指数。其中 4.29 为 1994~2001 年的 RPI 平均数。

资料来源：中国的数据整理自中国资讯行数据库，其他国家的数据整理自雷蒙德·W·戈德斯密斯著：《金融结构与发展》。

三、中国悖论的现实成因：货币过度虚拟化

（一）货币虚拟化：中国悖论出现的大前提

我们依据模型分析了"中国悖论"出现的理论可能性，我们的结论就是："中国悖论"是货币总量偏松（理论上偏松，实际上偏紧）情况下货币结构严重失衡的产物，是货币结构失衡大于货币总量失衡的结果。究竟是什么现实因素造成中国实际货币供应量偏紧和货币结构严重失衡呢？基于对中国现实状况的观察，我们提出了货币过度虚拟化假说来解释这种"中国悖论"。我们认为"中国悖论"与虚拟经济发展带来的货币过度虚拟化造成的货币结构严重失衡密切相关。首先我们有必要回顾一下我国的货币虚拟化进程。从经济史来看，我们发现在解放后的中国，经济交易方式发生了很大的变化，先后经历了不同类型的交易方式的转变。就商品而言，经济交易方式很多，总的可以分为两大类：W—W 和 W—M—W，即传统的物物交易和以货币为媒介的商品交易。这是市场经济条件下或者货币经济条件下的主要交易类型，随着市场化进程也就是货币化进程的加速和成熟，传统的物物交易逐渐退出舞台，失去了自己的市场，以货币为媒介的商品交易成为实体经济部门的处于绝对主导地位的交易方式（为便于分析我们不考虑非货币化问题）。随着虚拟经济发展壮大，金融商品和虚拟资产的丰富，以货币为媒介的金融交易越来越重要，同样我们就虚拟经济部门的交易可以分为两大类型：F—M—F 和 F—F，即以货币为媒介的金融交易和直接的金融产品与金融产品之间的交易（当然还存在其他交易方式如用商品购买金融资产即 W—F、资产置换、股票收购等，为便于分析这里我们不予考虑）。随着虚拟经济发展，货币作用和媒介对象呈现扩大化，不仅包括

实物商品还包括金融商品。在当代，以金融为核心的虚拟经济成为现代经济核心，虚拟资产与货币的关系远比实物资产与货币的关系密切得多，这在国际领域表现尤为突出。作为金融资产的交易额正在迅速超过产品和非金融劳务的交易额。货币作为一种资产和财富储存手段扮演着越来越重要的角色，货币作为传统的产品交易手段的作用日益下降，在虚拟经济中的作用日益突出。随着经济虚拟化程度的提高，货币虚拟化进程开始凸现。通过上述分析我们发现我国经济交换方式经历了物物交换（非货币化）——W—M—W（货币化）——F—M—F（虚拟化）为主导的不同阶段。经济形态也经历了自然经济——商品经济或货币经济——金融经济或虚拟经济的三个阶段的演变，目前正处于虚拟经济或金融经济时代。

我国的货币虚拟化进程可以追溯到1978年甚至更早，与货币化进程同时发生和存在。随着我国市场化进程的加速，货币化已经得到了很多关注，关于货币化的研究也相当多，但是货币虚拟化显然还没有得到足够的注意。货币化主要发生在实体经济领域，而目前货币日益脱离实体经济领域流转在虚拟经济部门作为虚拟资产的交易媒介，我们将之称为虚拟化过程以便与货币化过程相对应分析。根据上面的分析，我们将货币化定义为货币媒介实物商品交易的过程。关于货币化的定义和测度存在不同的看法，有人按照经济主体用货币购买的实物商品和劳务占一个国家经济中全部商品和劳务的比重来测算。我们定义的货币化有所不同，我们认为货币化就是流转于实体经济部门的货币比重，据此我们可以根据货币媒介对象来进行测算，我们把货币看作财富的载体和媒介，财富由实物财富GDP和虚拟财富FJRZC两部分构成，这样货币化比例p = GDP/(GDP + FJRZC)×100%，即实物财富占整个社会财富的比重。同样货币虚拟化就是货币媒介虚拟资产交易的过程。用一句通俗的话说就是"钱随物走"和"钱生钱"，他们很好的揭示了货币化和货币虚拟化的实质。货币虚拟化使货币逐利性变得越来越明显。货币化和非货币化是相对于实体经济而言的，而货币虚拟化和非虚拟化则是相对于虚拟经济而存在。两者有不同的作用对象，货币化作用的是实物商品，流转于实体经济部门；而货币虚拟化媒介的是虚拟资产，流转于虚拟经济部门。我们发现随着我国虚拟经济发展，货币虚拟化进程呈加速上升趋势，已经取代货币化成为当前经济金融运行中的一个重要现象。在过去由于虚拟化水平很低，货币化处于主导地位，货币虚拟化没有引起重视。随着虚拟经济发展壮大和货币化水平进入一个成熟期并不断下降，虚拟化进程不断加速和凸现，这一过程带来了一些新变化，逐渐为我们所认识。我们认为目前中国货币化过程已经基本完成，进入了货币虚拟化阶段，这是一个比货币化更高级更复杂的阶段。在我国货币虚拟化过程已经涉及到方方面面，并朝着深化的方向发展，目前主要处于货币虚拟化初级阶段，总地说来货币虚拟化程度还不高。货币虚拟化是一个客观过程，是虚拟经济发展的必然结果和反映，这是有利于经济发展的。货币虚拟化只是为"中国悖论"的出现提供了一种理论可能性，它本身并不必然带来资产价格和物价变动的反常关系，问题的关键在于中国货币虚拟化过程出现了货币的过度虚拟化。归根结底，"中国悖论"产生于中国的货币虚拟化过程之中，与虚拟经济发展壮大所带来的货币虚拟化进程的种种问题密切相关，是货币过度虚拟化的结果和反映。

（二）货币过度虚拟化的表现及其测度分析

所谓货币过度虚拟化是指货币超过了虚拟经济发展的客观要求，超出了实体经济承受能力的一种不正常的货币虚拟化，本身与虚拟经济发展有关，但是更多源于虚拟经济发展过程中虚拟经济与实体经济的脱节和背离，虚拟经济发展过快而实体经济发展滞后和过慢往往导致资产过度膨胀和泡沫经济，表现为投机性货币过多。目前我国存在货币虚拟化过度现象，为更好地认识这一问题，我们给出了一个比较简单的货币流程图（见图5-3），借助于流程图5-3，我们可以较好地分析货币过度虚拟化的种种情形。这里我们分三种情况考虑。

情形1. 狭义货币过度虚拟化的表现及其测度。

狭义货币过度虚拟化相当于暂不考虑货币储存财富的职能，只考虑货币的交易职能，是货币作为虚拟资产交易手段相对于传统商品交易手段过度，过多的货币追逐虚拟资产，货币出现过度投机现象，大量的货币参与虚拟经济部门的虚拟资产交易而脱离实体经济部门的生产和流通。根据流程图5-3，我们只考虑货币交易职能，不考虑货币财富储存手段职能，只看流程图的右半部分，有

$$Z(dP/P; dP_K/P_K) = Y(dMS/MS; dq/q;)$$

表示物价和资产价格变化取决于货币增长率和货币作为交易手段（不考虑其他职能）流转于实体经济部门的结构比例，这时候 $q=t$。如果货币增长率变化幅度小于货币结构 t 的变化幅度则会出现背离即 $dMS/MS < dt/t$。这时候物价和资产价格变化方向取决于货币供应量和货币结构 t。就作为交易手段的货币而言，我们发现存在货币过度虚拟化现象，这就是狭义货币过度虚拟化。目前我国狭义货币虚拟化过度主要表现为大量货币积聚在股票市场等虚拟经济部门而游离于实体经济部门之外，这种过度主要是相对于实体经济而言的，我们

知道实体经济是虚拟经济的基础,如果实体经济发展过慢而虚拟经济发展过快,货币虚拟化过度就不可避免。我们利用三个指标 $q-p=R$ 或 $t-t'=R$,$q/p=k$ 或 $t/t'=k$,$dt/t-dt'/t'=L$ 来测度狭义货币过度虚拟化。首先我们通过指标 R,来分析中国货币过度虚拟化程度,从表 5-16 我们发现 1986 年为 0.019,一直到 1995 年都没有超过 0.10,1995 年我国货币化水平为 0.46,虚拟化水平为 0.54,两者差距不大仅为 0.08,1996 年货币化水平为 0.42,货币虚拟化水平为 0.58,1996 年形势发生了明显变化,为 0.16,差距是 1995 年的 2 倍,差距比 1995 年扩大一倍,出现了过度虚拟化现象;1997 年货币化水平为 0.39,货币虚拟化水平为 0.61,两者相差 0.22。2000 年货币化水平为 0.3,货币虚拟化水平为 0.7,到 2000 年差距扩大为 0.4,已经超出了货币化水平,货币过度虚拟化越来越明显和严重。然后我们看一看指标 k,由表 5-15 可以发现,我国货币化和货币虚拟化进程在进入 20 世纪 90 年代中后期以后,差距拉大,背离的程度越来越大,背离和脱节的趋势越来越明显,一方面是货币化水平的明显下降,另一方面是货币虚拟化水平的大幅提高,此外通过对比物价和资产价格变化趋势与货币化和虚拟化趋势可以发现,两者具有惊人的趋同性。1995~1996 之间的突然转变可能与"软着陆"有关,导致货币流出实体经济部门,转向虚拟经济部门。通过对比货币化比例和货币虚拟化比例,可以发现我国出现了货币过度虚拟化,货币虚拟化水平过高,2000 年的货币虚拟化水平是货币化水平的 2 倍多。这说明流向虚拟经济部门的货币过多,虚拟经济的分流使得实体经济部门货币相对不足,导致实体经济部门货币供应量偏紧,结果是通货紧缩。最后我们以 $dt/t-dt'/t'=L$ 作为狭义货币过度虚拟化的指标。我们发现 1996 年 L 为 14.5,大大超过上一年水平,而且 L 水平越来越高,说明货币投机性越来越强,货币在实体经济与虚拟经济部门之间的流动和分布变化越来越快,货币结构失衡越来越突出。

情形 2. 作为财富储存手段的货币过度虚拟化的表现及其测度。

根据流程图 5-3,我们只考虑货币财富储存手段职能。不考虑货币交易手段职能,只看流程图 5-3 左半部分,有:

$$Z(dP/P;\ dP_K/P_K)=Y(dMS/MS;\ dp/p)$$

表示物价和资产价格变化取决于货币增长率和货币作为财富储存手段职能流转于实体经济部门的结构比例,这时候 $p=\lambda$。如果货币增长率变化幅度小于货币结构 λ 变化幅度则会出现背离即 $dMS/MS<d\lambda/\lambda$。这时候物价和资产价格变化方向取决于货币供应量和货币结构,与不同流动性层次的货币数量及其比例有关。我们发现流动性差的货币数量及其比例上升,货币作为财富储存手

段的职能越来越重要。这里我们主要选择 $\lambda - \lambda' = g$ 和 $\lambda/\lambda' = H$ 作为这一部分货币过度虚拟化的测度指标。从表 5-17 我们发现 2000 年两者之差为 0.31，即作为广义储存手段的货币大大多于狭义储存货币，就指标 H 而言，我们发现 2000 年为 0.475，即作为广义储存手段的货币是狭义储存货币的 2.1 倍多。这些指标说明我国就作为财富储存手段的货币而言，结构十分不合理。除此之外，我们发现 M_0，$M_1 - M_0$，M_1，$M_2 - M_1$ 占 M_2 的比重分别为 0.1，0.3，0.4 和 0.6。通过上述分析我们发现作为财富储存手段的货币其内部结构高度不合理。作为财富储存手段的货币过度虚拟化是与虚拟经济正常发展无关的脱离于实体经济部门之外的货币虚拟化，是一种异化的货币过度虚拟化。一方面大量货币滞留在银行内部，另一方面大量货币以股票等证券形式存在，游离于实体经济部门之外。主要表现为种种不正常的货币虚拟化，如资本外逃、银行不良资产的累积、银行违规资金和游资等，没有作为交易媒介参与正常的实体经济部门的商品生产和流通。这种不正常的货币虚拟化，导致实际参与商品生产和流通的货币量大大少于理论上的货币供应量。究其原因十分复杂，既有经济因素又有非经济因素。下面我们就这种货币过度虚拟化的表现作一点分析。

1. 资本外逃。资本外逃是一种不正常的货币虚拟化现象，我们可以使用资本外逃数量/货币供应量指标来反映我国国际收支领域的货币虚拟化情况。据估算，我国 1987～1997 年的 11 年中，资本外逃数额累计达 2457.62 亿美元，平均每年外逃 223.42 亿美元；资本平均外逃额约占 1997 年 M_2 的 2.03%，1997 年资本外逃金额占该年 M_2 的 3.95%。这说明我国的资本外逃数额较大，问题相当严重。根据我们的分析发现，资本外逃与"中国悖论"有较强的相关性，这是因为一国的货币供应量由两部分组成，用公式表达就是 MS = E + D，即货币供应量由国内和国外货币两部分组成，如果货币流出的多，那么参与国内市场流通的就少，这种结构将导致国内市场货币供应量偏紧。资本外逃越严重，对国内物价和资产价格正常关系的影响越大，由于大规模的资本外逃，可能导致国内货币实际供应量不足，远远低于理论上的货币供应量。如果按照资本外逃占 M_2 的 4% 计算，假设我国理论上的货币供应量增加 20%，由于资本外逃带来的货币虚拟化影响，使得实际参与国内商品生产和交易的货币只增长了 19.2%，出现了 0.8% 的缺口，结果导致实际货币供应量偏紧，导致实体经济与虚拟经济部门争夺资金的情况出现，由于货币对虚拟经济的偏好大于实体经济，结果可能出现实际货币供应量偏紧（理论上货币供应量不紧）情况下的资产膨胀与通货紧缩。由于我国大量外逃资本出于追逐高额利润的动机最终又通过种种不正常渠道进入国内股票市场等虚拟经济部门进行炒作，可能加剧资产泡沫。对于资本外逃的不利影响我们应该引起足够的重视,它可能破坏正常的物价和资产价格的关系,在一定程度上对中国悖论负责。

2. 不良资产。据透露中国银行不良资产比例高达38%,另有人估计我国不良资产比例1996年为15.81%,根据我们的计算我国1979~1995年不良资产比例平均为10%,我们假设国内货币由银行间接配置和资本市场直接配置,即D=B+S,在目前银行居于主导地位的金融体系下,银行体系资金运行效率对于国内资金平衡起着至关重要的作用,进一步假定B=B1+B2,BI表示有效利用的资金,B2表示无效资金。我国1996年金融机构贷款总额为61153亿元,按照10%不良贷款计算为6115.3亿元,占同年M_2比重为8.04%。如果不良贷款越多,资金滞留和沉淀在银行系统内部的越多,那么银行体系资金利用效率越低。巨额不良资产是银行资金利用效率低下的表现,大量的不良资产等无效资金相当于是对货币的一种架空,使得真正参与流通的货币大大减少。同样可能影响物价和资产价格的正常关系,由于不良资产增加造成的不正常的货币虚拟化一定程度上可能加剧物价和资产价格变动的反常关系。

3. 银行违规资金规模。由于种种原因目前传统投资收益率偏低,结果银行"惜贷",大量货币滞留在银行内部不能有效流向实体经济部门;同时由于虚拟经济部门发展过程中的诸多原因,金融投资可以获得高额利润,在自身利益的驱动下,银行纵容大量违规资金进入股市。自我国股票市场建立以来,商业银行信贷资金流向股票市场的现象一直或明或暗的存在着,大多是通过违规渠道进行。我们可以用银行部门违规资金规模/M_2指标从一个侧面反映银行资金配置过程中的货币过度虚拟化程度,因为这些银行违规资金基本上都不是流向固定资产投资,而是流向股票市场等高风险领域获取高收益。在2001年中,有权威部门宣布我国股市中的银行违规资金,有5000亿~6000亿元之多。如果按照银行违规资金规模5000亿元计算,占2000年M_2比重为3.71%。银行"惜贷"和违规操作结果使得货币结构严重失衡,不仅没有优化货币在不同部门的配置反而扰乱了货币秩序和流向,我国资产价格与物价关系异化和银行密切相关。巨额银行违规资金加剧了货币总量和货币结构失衡,大量货币通过不正常渠道进入股市等虚拟经济部门牟取暴利,导致资产膨胀;同时实体经济部门由于虚拟经济部门资金的分流而出现资金不足,结果是加剧通货紧缩压力。由于银行问题带来的不正常的货币虚拟化进一步扭曲了正常的物价和资产价格关系。

4. 社会游资。在整个金融体系资金流转不畅、生产企业资金紧张的同时,社会游资的规模却在日益膨胀。据估计,目前社会游资规模已达5000亿元人民币以上。这些巨额游资属"体外循环",既不受计划控制,也逃避了银行监管,且投机性强,稳定性差,因而增强了社会资金流向的不确定性,构成随时可以冲击各个金融市场的潜在威胁。而一些非银行金融机构的不规范行动和"炒作"则使这些巨额游资不断升温,变成"热钱",加大了游资的冲击效应。我们可以用游资/M_2指标来初步测度游资带来的货币过度虚拟化问题。据夏斌测算我国1997年第一季度的游资为5499亿元,按此规模计算,游资数量占该年M_2比重为6.04%(我国游资很大一部分来自银行违规资金和外逃资金的内流,这里可能与前面的外逃资本和银行违规资金出现重复计算问题,虽然如此依然有助于我们加深对中国种种不正常的货币虚拟化现象的认识)。通过上述分析,可以初步计算出我国由于资本外逃和银行违规以及贷款管理中的问题造成的不正常货币虚拟化水平大约为20%,这种不正常的货币分流使得实际流通的货币量大大减少。假设货币供应量M_2增加了20%,结果只有16%参与真正的流通和生产过程。虽然理论上货币供应量不少甚至偏多,但是由于货币不正常的过度虚拟化结果导致实际参与流通的货币量偏紧,不正常的货币虚拟化导致理论和实际的货币供应量脱节甚至背离,结果物价和资产价格不能正常反映流通中的货币状况,出现"宏观松微观紧"的怪现象。

情形3. 广义货币过度虚拟化测度及其表现。

广义的货币过度虚拟化是指货币作为财富储存手段和交易手段同时存在过度虚拟化。根据流程图5-3,我们综合考察(1.2.3.4),不考虑其他变量,只考虑货币总量和货币结构变量,有

$$Z(dP/P; dP_K/P_K) = Y(dMS/MS; dt/t; d\lambda/\lambda)$$

表示资产价格和物价变化取决于货币增长率,即货币作为交易手段流转于实体经济部门的比例和货币作为财富储存手段流转于实体经济部门的比例。如果货币增长率失衡程度小于货币结构失衡,即$dMS/MS < dt/t + d\lambda/\lambda$,则会出现背离。如果两者过少,意味着货币更偏好于虚拟经济,这时候实体经济和虚拟经济会出现冷暖不均的局面。这里我们用W作为广义货币过度虚拟化的测度指标,我们发现2000年W为0.78,即作为财富储存手段的货币与作为交易手段职能的货币比相差悬殊,货币作为财富储存手段越来越突出。我国货币过度虚拟化主要表现为大量的货币以财富储存手段存在,集聚在虚拟经济部门。一个巨大的资金蓄水池可能形成对商品和资产的冲击,在利润的驱动下大量储存货币将转化为交易工具,货币投机性质越来越明显。货币过度虚拟化具体说来主要表现为:第一,大量的资金滞留在银行体系内部,银行体系存贷差扩大,这是货币过度虚拟化的一个表现。存贷差/M_2指标可以作为一个较好的指

标从一个侧面反映我国货币过度虚拟化水平。自 1996 年我国金融机构存差不断扩大，存款中用于实体经济的比例越来越少。现阶段存款增量中只有 60% 左右转化为贷款。2002 年 1~8 月份，各项存款增加 1.84 亿元，各项贷款增加 1.0655 亿元，只有 58% 左右的存款转化为贷款，并且贷款增长速度远远低于其他资产增长速度。到 2002 年 6 月底，存差余额为 3.7 万亿元，相当于同期存款余额的 23.4%，意味着我国约有 1/4 的存款滞留在银行内部而没有参与流通市场，游离于实体经济部门之外。第二，大量资金通过货币市场流入资本市场，成为一级和二级市场资金。从货币市场来看，脱节还表现在货币资金的流向上。从 1999 年 8 月开始，证券公司和基金公司可以进入银行间同业拆借市场，2002 年 2 月起，证券公司可以用自营股票和证券投资基金券作为抵押向银行贷款。货币市场与股票市场在一定程度上联通起来，在利率倒挂等不合理的动因驱使下，货币市场资金大量流入股市，货币市场资金交易活动变化在一定程度上可以反映银行资金偏离实体经济活动的情况，据统计 2001 年我国商业银行净拆出资金 4496.5 亿元，其中拆借给证券公司资金为 3459.3 亿元，比重为 76.9%（夏斌，2002）。据 2001 年国全证券的一份研究报告统计，单是深圳股票市场每月平均冻结的新股申购资金，1999 年月均在 1600 亿元，2000 年前 9 个月则平均在 3300 亿元以上，每年新股申购所冻结的资金数量十分惊人。据人民银行对全国 5000 户大中型企业的检测显示，1999 年 1 月~2000 年 9 月企业短期投资余额约增长率高达 31%，其中 90% 投资于证券。1999~2000 年企业从股票市场筹集的资金年增长率由 12% 上涨为 123%，而股市筹集资金中用于固定资产投资的比例却由 11% 下降为 5.9%。大量资金从实业投资流向股市等虚拟经济部门，虚拟经济部门和实体经济部门发展相脱离。第三，大量货币过度集聚在资本市场等虚拟经济部门造成金融资产价格过度上涨，资产价格增长大大快于物价增长率。我们发现我国金融资产增长大大快于实物资产增长，1979~2000 年居民金融资产增长率比实物资产增长率快得多，20 多年间平均说来金融资产增长为 28.98%，实物资产增长为 15.89%，平均快 13 个百分点，是 1.82 倍；同期 GDP 平均增长 10.7%，金融资产增长率比之快 18.28 个百分点。虚拟资产的过度膨胀必然带来货币的过度虚拟化，大量货币参与虚拟资产交易而越来越脱离实物商品的生产和交易，我们通过对比金融资产增长率与实物资产增长率从一个侧面较好地反映了我国货币过度虚拟化程度，分析表明我国由于虚拟经济发展过快带来的货币过度虚拟化问题相当严重。

综合上述分析我们发现我国货币过度虚拟化状况十分严重，大约有 30%

的货币脱离实体经济部门使之超过了虚拟经济部门正常发展的货币需要，增长的货币供应量中有大约 1/3 的货币成为无效货币供应量，虽然理论上货币供应量偏松。据统计，我国 1994～2001 年 M_2 平均增长率为 20.63%，高于同期物价和资产价格涨幅之和 5.26 个百分点（20.63 − 15.37 = 5.26，20.63 × 0.7 = 14.4）。当考虑到货币过度虚拟化对货币供应量的影响，我们发现中国货币供应量总量失衡并不严重，实际货币总量与理论上货币总量相差并不大。假设波动幅度不超过 10% 为正常，即货币增长率范围为 13.8%～16.9%，13.8 < 14.4 < 16.9，由此可以发现我国实际货币总量基本合适。目前我国资产价格和物价反向变动这一怪现象与货币过度虚拟化密切相关。不正常的货币虚拟化造成大量的货币作为投机手段而存在使得实际参与生产和交易的货币供应量大大减少，同时货币过度虚拟化进一步扭曲了正常的货币结构，大量货币对虚拟资产的过度偏好导致巨额资金集聚在股票市场等虚拟经济部门。货币过度虚拟化对于实体经济和虚拟经济的正常发展十分不利，是造成虚拟经济和实体经济关系扭曲和背离的主要原因。总地说来，中国目前存在的物价和资产价格反向变动是货币供应量偏松（理论上）情况下货币过度虚拟化造成的货币结构严重扭曲的产物。

四、小结

"中国悖论"说明现有的货币数量论正面临着挑战，这是传统货币数量论模型不足的悖论，在广义货币数量论模型下反映了货币结构失衡问题，至于货币供应量是否合理，应该根据物价和资产价格变化情况进行综合权衡，单看某一个指标可能得出错误的结论。我们的研究发现理论上我国的货币供应量偏松，但是由于不正常的货币虚拟化，实际货币供应量并不多且基本合适，"中国悖论"是实际货币供应量基本合适（理论货币供应量偏松）情况下货币过度虚拟化造成货币结构严重失衡的产物。"中国悖论"暴露的不仅仅是一个货币总量问题，更多的是一个货币结构问题，是虚拟经济发展与实体经济脱节和背离的表现。解决"中国悖论"的关键在于调整货币供应总量和货币结构，货币当局应把优化货币结构放在第一位，高度重视虚拟经济发展中的货币过度虚拟化现象，减少货币对虚拟经济部门的过度偏好，使两大部门货币结构尽可能的优化。如果货币结构失衡问题没有解决，即使增加货币供应量也不一定有助于两者的解决，除非以加重货币总量失衡为代价换取两者背离的一定程度的缓解。优化货币结构对于实现虚拟经济与实体经济协调发展至关重要，而我国目前的货币结构状况却令人担忧,如表5-16和表5-17所示。

表5-16　　　　　货币化、货币虚拟化水平测度　　　　　单位:亿元

年份	1=GDP	2=FJRZC	3=M₂	M₂/GDP	M₂/FJRZC	P=t'	q=t	3/1+2	2/1=k	R
1978	3624.1	2258.4	1159.1	0.319	0.513	0.61	0.383	0.197	0.623	-0.23
1979	4038.2	2541.9	1458.1	0.361	0.573	0.61	0.386	0.221	0.629	-0.22
1980	4517.8	3102.9	1842.9	0.40	0.593	0.59	0.407	0.241	0.686	-0.18
1981	4862.4	3596.6	2186.1	0.44	0.607	0.57	0.42	0.258	0.739	-0.14
1982	5297.7	4316.5	2589.8	0.48	0.599	0.55	0.44	0.269	0.814	-0.102
1983	5934.5	4684	3075	0.51	0.65	0.558	0.44	0.289	0.789	-0.11
1984	7171	6396.7	4146.3	0.57	0.648	0.528	0.47	0.305	0.892	-0.05
1985	8964.4	7924.4	4884.3	0.54	0.616	0.53	0.46	0.289	0.883	-0.06
1986	10202.2	10606.7	6261.6	0.61	0.590	0.490	0.509	0.300	1.039	0.019
1987	11962.5	13267.5	7664.5	0.64	0.57	0.474	0.525	0.303	1.109	0.051
1988	14928.3	15838.1	9288.9	0.62	0.586	0.48	0.514	0.301	1.060	0.029
1989	16909.2	19197.1	10919.9	0.64	0.56	0.468	0.531	0.302	1.135	0.063
1990	18547.9	21939.6	15293.4	0.82	0.697	0.458	0.541	0.377	1.182	0.083
1991	21617.8	26432.1	19349.9	0.89	0.73	0.44	0.550	0.402	1.222	0.100
1992	26638.1	29009.8	25402.2	0.95	0.875	0.47	0.52	0.456	1.089	0.042
1993	34634.4	41170	34879.8	1.00	0.84	0.456	0.54	0.460	1.188	0.086
1994	46759.4	53969.1	46923.5	1.00	0.86	0.464	0.53	0.465	1.154	0.071
1995	58478.1	68524.2	60750.5	1.03	0.88	0.46	0.53	0.478	1.171	0.079
1996	67884.6	92051.3	76094.9	1.120	0.82	0.424	0.57	0.475	1.355	0.151
1997	74772.4	118183.2	90995.3	1.216	0.76	0.387	0.61	0.471	1.580	0.224
1998	79395.7	137567.9	104498.5	1.316	0.75	0.36	0.63	0.481	1.732	0.268
1999	81910.9	164235.5	119898	1.46	0.73	0.332	0.66	0.48	2.005	0.334
2000	89404	204620.1	134610	1.50	0.65	0.30	0.69	0.45	2.28	0.391

资料来源:由中国资讯行数据库整理计算而来,链接 http://www.bjinfobank.com/。其中 q=t=2/1+2 表示货币虚拟化水平,P=t'=1/1+2 表示货币化水平。3/1+2 表示广义货币化。q-p=R

表5-17　　　　　初级证券化、高级证券化水平测度

年份	dp=dt'	dt=dq	L	λ'	λ	g	W	H	d	M₀/M₂
1979	-0.38	0.62	1.007	0.133	0.683	0.549	0.634	5.135	0.817	0.182
1980	-3.40	5.40	8.80	0.138	0.677	0.538	0.63	4.905	0.81	0.183
1981	-3.03	4.42	7.46	0.153	0.658	0.505	0.624	4.300	0.81	0.187
1982	-4.13	5.59	9.73	0.162	0.65	0.494	0.637	4.012	0.818	0.181
1983	1.42	-1.74	-3.17	0.172	0.65	0.485	0.66	3.77	0.83	0.16
1984	-5.43	6.87	12.31	0.186	0.641	0.455	0.655	3.44	0.827	0.17
1985	0.42	-0.47	-0.90	0.187	0.621	0.43	0.617	3.32	0.808	0.191
1986	-7.63	8.63	16.26	0.209	0.588	0.37	0.595	2.81	0.79	0.20
1987	-3.29	3.16	6.45	0.235	0.57	0.33	0.61	2.42	0.805	0.194

续表

年份	dp = dt′	dt = dq	L	λ′	λ	g	W	H	d	M_0/M_2
1988	2.33	-2.10	-4.44	0.269	0.540	0.27	0.62	2.00	0.81	0.189
1989	-3.48	3.28	6.76	0.286	0.483	0.19	0.54	1.68	0.770	0.229
1990	-2.17	1.91	4.097	0.342	0.443	0.10	0.57	1.29	0.785	0.214
1991	-1.79	1.515	3.307	0.54	0.281	-0.26	0.65	0.52	0.82	0.172
1992	6.39	-5.23	-11.6	0.55	0.281	-0.27	0.67	0.51	0.83	0.164
1993	-4.55	4.18	8.73	0.53	0.291	-0.24	0.65	0.54	0.82	0.170
1994	1.60	-1.34	-2.95	0.53	0.298	-0.23	0.66	0.56	0.83	0.16
1995	-0.81	0.70	1.512	0.56	0.282	-0.27	0.68	0.50	0.84	0.155
1996	-7.81	6.67	14.4	0.60	0.265	-0.34	0.74	0.44	0.87	0.129
1997	-8.70	6.41	15.12	0.62	0.259	-0.36	0.76	0.417	0.88	0.115
1998	-5.56	3.52	9.08	0.61	0.270	-0.34	0.77	0.44	0.88	0.111
1999	-9.06	5.23	14.29	0.62	0.265	-0.36	0.78	0.427	0.89	0.10
2000	-8.62	4.30	12.9	0.61	0.270	-0.34	0.77	0.44	0.88	0.11
2001				0.60	0.285	-0.31	0.78	0.47	0.89	0.108

注：$\lambda = (M_1 - M_0)/M_2$ 表示初级证券化，$\lambda' = (M_2 - M_1)/M_2$ 表示高级证券化水平。$g = \lambda - \lambda'$，$H = \lambda/\lambda'$，$W = (M_2 - M_0)/M_2 - M_0/M_2$，其中 $(M_2 - M_0)/M_2$ 表示作为储存手段货币的比例，M_0/M_2 表示作为交易媒介货币的比例。$(M_2 - M_0)/M_2 = d$。

资料来源：由中国资讯行数据库整理计算而来，链接 http://www.bjinfobank.com/

第五节 小 结

我们利用拓展的广义货币数量论模型讨论了转型时期中国的物价稳定、货币稳定和金融稳定的关系，发现物价稳定与货币稳定存在冲突。随着金融部门的发展状况开始凸现，金融部门的发展壮大对传统的货币数量论提出了挑战，中国之谜就是典型的例子，对中央银行的货币政策的管理提出了更高的要求。对金融部门发展和金融稳定的忽视，可能导致物价和资产价格背离的格局，"中国悖论"就是一个典型的反映。中国目前出现的通货紧缩与资产膨胀并存的怪现象，说明金融稳定值得关注。调整货币政策目标，将金融稳定纳入货币政策操作视野成为中国央行面临的新挑战。正如古德哈特所说，我们在应对通货膨胀的战争中，积累了丰富的经验，并取得了巨大的胜利，但是对于金融稳定，这一新的战争才刚刚开始。如何应对金融不稳定给中央银行带来的种种挑战，应该引起中国的足够重视。随着中国货币化和金融化进程的提高，及时转变政策，高度重视金融稳定的研究，对于转型时期中国的经济金融可持续发展具有至关重要的意义。第六章将对中国金融体系的稳定状况进行综合诊断。

第六章

中国金融稳定的综合判断[①]

第一节 金融不稳定的测度：文献述评

金融稳定的评估，是金融稳定研究的关键环节。20世纪90年代中后期以来，金融稳定研究得到前所未有的重视。越来越多的力量投入金融稳定的研究洪流当中。关于金融稳定的评估方法众多，归结起来可以分为三大类。一是定性比较。以图表形式比较经济基本面，预测那些在正常情况下发生危机或在"控制"中没有发生危机的国家。Aziz 等（2000），Caramazza 等（2000），Eichengreen，Rose 和 Wyplosz（1995），Eichengreen 和 Rose（1998）[②]，Frankel 和 Rose（1996），Glick 和 Moreno（1999），IMF（1998），Kaminsky 和 Reinhart（1999）使用了这一方法。二是计量模型。主要使用 Logit 或 Probit 等分析方法来检验指标是否与金融危机的高概率相关。Caramazza 等（2000），Corsetti 等（1998），Demirgüç-Kunt 和 Detragiache（1998），Deutsche Bundesbank（1999），Eichengreen 和 Rose（1998），Eichengreen 等（1995），Frankel 和 Rose（1996），Glick 和 Moreno（1999），Hardy 和 Pazarbaşioğlu（1998），IMF（1998），Kruger 等（1998），Milesi-Ferritti 和 Razin（1998），Persaud（1998），Sachs 等（1996），Tornell（1999）使用了这一方法。三是非参数评估。评估一系列指标对预测将要到来的危机的使用效果。Edison（2000），Goldstein

---

[①] 作者从2001年开始关注金融脆弱性的测度，并相继在《经济科学》、《金融研究》、《数量经济与技术经济研究》等刊物发表了一些前期研究成果。论文第六节部分内容已经发表在《经济评论》2003年第2期。

[②] Eichengreen, Barry 和 Andrew K. Rose, 1998, Staying Afloat When the Wind Shifts: External Factors 和 Emerging Market Banking Crises, NBER Working Paper, No. 6370.

(1998)，Goldstein 等（2000），Kaminsky 等（1998），Kaminsky（1999），Kaminsky 和 Reinhart（1999）使用了这一方法。早期主要使用定性分析，如历史事件分析法，近年来越来越多的研究开始采用量化分析，主要包括统计分析法和计量分析法。风险模型法代表了金融风险评估的前沿。风险模型是用来计量风险的统计工具。由于风险指标仅能提供风险存在的证据，而不能量化它（风险模型比风险指标更具有优势）。银行专家将风险定义为金融机构在某一置信区间内可能遭受的潜在损失，一旦对潜在损失做出了估计，可以将金融机构现有资本与相应的风险水平结合起来，建立适当的资本充足率，风险模型可以量化潜在的损失而且建立起银行资本充足率。绝大多数的风险模型与不同形势和条件下估算这种投资组合的价值有关。有几个适用于风险管理者或监管者的风险计量模型，主要包括：（1）持续期模型。（2）风险价值模型（VAR）。（3）历史拟合方法。（4）蒙特卡罗拟合方法。（5）风险价值和信用风险——风险价值模型。（6）其他模拟方法，包括极值理论、信用风险的期权方法和保险方法。尽管风险模型可能为分析单个机构和金融系统所面临的潜在风险提供了有用工具，但是这些方法也存在一些内在缺陷，因此我们应该避免过分依赖于这种技术。

关于金融系统性风险的测度一直是研究的难点和重点，如何科学测度一国或者地区乃至全球金融体系的系统性风险，对于维护一国乃至整个国际金融稳定具有重要的理论和现实意义。这里我们拟对当前国内外关于金融系统性的风险，尤其是金融系统稳定的测度研究进行总结分析，以便为进一步的研究指明方向。连续的金融稳定综合指数的开发是目前金融稳定研究的难点和重点，代表了金融稳定评估的新方向。对金融稳定的测评，现有的研究大体上沿着三条路径展开。

第一条路径的研究者依然坚持利用离散的虚拟变量来测度金融稳定，我们称之为离散变量分析法，代表人物包括卡佩罗等。离散变量法是一种传统的主流分析方法，最为常见的是 2 进制的虚拟变量法，此外也有 4 进制和 10 进制的虚拟变量法。准确定义金融危机，是构建虚拟金融危机变量的关键。对金融危机的不同定义，导致构建的金融危机指数存在差别。至今，关于金融危机的定义并没有达成一致，导致不同作者构建的金融危机指数存在差别。Alicia García Herrero 和 Pedro del Río（2003）在《金融稳定与货币政策设计》[①] 一文提供了几种银行业危机的定义。早期 Friedman 和 Schwartz（1963），Bordo

---

[①] Alicia García Herrero and Pedro del Río, financial stability and the design of monetary policy, Documen to de Trabajo No. 0315, 2003.

(1986) 的定义着眼于银行恐慌, 之后有了更多定义。Lindgren 等 (1996) 的定义着眼于银行业的不成熟, 表现为低效率、低收益和资本化, 并导致银行业危机。Caprio 和 Klingebiel (1997) 把银行业危机定义为, 真正的或者最初的挤兑或者破产导致银行负债的内部兑换中止, 或者强迫政府通过替代相当大一部分银行资本份额来干预银行, 以阻止这种情况发生。Gupta (1996) 把银行业危机描述为, 很多金融机构的负债超过其资产的市场价值, 导致投资组合的转换或存款挤兑和/或金融机构倒闭和/或政府干预的情形。在这样的情况下, 不良贷款比例增加、金融损失增加以及银行投资的价值降低, 将导致偿付能力问题, 并可能导致停业清算、银行并购和重组。国际货币基金组织 (1998) 给出了一种宽泛的定义, 将银行危机定义为真正的或者潜在的挤兑或破产导致银行负债的内部兑换中止, 或者强迫政府给予银行大规模援助。除了 Lindgren 等 (1996) 的定义, 这些定义基本上都描述了银行业危机。他们使用了一个 1/0 模型来反映一场金融危机的发生与否, 从极端的金融危机来研究金融稳定。对于虚拟变量的构造, 近年来开始突破传统的事件分析法的窠臼, 另辟蹊径。Alicia García Herrero 和 Pedro del Río (2003) 对金融不稳定的衡量问题进行了讨论, 并利用银行业危机来构建一个二元的虚拟变量, 作为金融不稳定的代表变量。在对金融不稳定的不同定义中, 他们关注的是极端观点, 即危机突发事件。为了讨论银行业危机, 他们使用现有的对危机突发事件的调查, 并且区分系统性危机阶段和非系统性危机阶段, 其划分依据是 Caprio 和 Klingebiel (2003)[①] 以及 Domaç 和 Martinez Peria (2000) 提供的信息和大事年表。他们选择的调查是最新的综合性调查。他们检查两者之间的矛盾, 如果确实存在, 就选用其他资料 (比如货币基金组织监察报告和金融消息)。台湾的沈中华 (2000) 和陈梦婷 (2000) 分别提出了一个衡量宏观经济稳定和金融稳定的指标方法, 主要从过度投资、过度消费和经常账户赤字三个指标进行度量, 但这依然停留在离散的虚拟变量分析阶段, 没有构筑出一个连续的脆弱性指数。James R. Barth, Gerard Caprio, Jr. 和 Ross Levine (1999)[②] 利用金融危机来构建金融脆弱性指数。对一个国家的银行系统在过去 15 年中是否遭受到危机, 使用了两个重大的系统性测度指标。系统性是 Caprio 等于 1999 年用来确定一个国家是否经历系统性的银行危机的测度。当存在系统危机时 S = 1, 不存在

[①] Caprio, G. Jr. and D. Klingebiel. 2003. "Bank Insolvencies: Cross-country Experience." World Bank. Manuscript.

[②] James R. Barth, Gerard Caprio, Jr., and Ross Levine, *Banking Systems Around the Globe: Do Regulation and Ownership Affect Performance and Stability?*, 1999.

时取 0。Caprio 等关于系统危机的定义是全部或大部分银行系统的资本在危机期间已经损失掉。对 20 世纪 70 年代以来直到 1999 年相关国家的数据作了评估。重大的一般等于系统性的，除了以下两种调整：(1) Caprio 等关于系统性银行危机的指标被扩展到 1985~1997 年间发生重大的银行危机但有可能没有发生系统性银行危机的国家。(2) 在 Caprio 等关于发生系统性银行危机的国家名单中，剔除了两个国家（以色列和西班牙）。Norman Loayza，Romain Ranciere (2002)[①] 采纳 Caprio 等 (1999) 所使用的方法确定大量样本国家发生银行危机的时间。根据 Caprio 等的分类，系统性银行危机发生在银行大部分甚至全部资本金已经损失的情况下。此时，即使银行仍然具有清偿能力，银行系统整体的净值已经是负值了。银行危机总是与不良资产比例超过 10% 以及救助成本超过 GDP 的 2% 存在联系。Marco Arena (2005)[②] 对银行失败进行了定义，并提出了一个 4 进制的虚拟的银行失败指标。大多数对于银行失败的经验研究都认为，如果一家金融机构没有得到外部的支持或是直接倒闭，那么这家金融机构就失败了。Marco Arena 对银行失败给出了新的判断标准，如果一家金融机构符合以下的任一标准，它就是失败的：(1) 为了解决危机，金融机构被中央银行或其他组织重组，或被货币监管机构注入流动性。(2) 金融机构的运营被政府暂时停止（"冻结"）。(3) 政府关闭了金融机构。(4) 该金融机构被另外一家金融机构吸收或兼并（Bongini，Claessens 和 Ferri, 2001；Gonzalez-Hermosillo, 1999）。这些标准要比传统意义上的失败（倒闭）涉及更广泛的经济概念。总地说来，目前关于金融危机的虚拟变量研究法，主要是基于 Lindgren 等 (1996)、Caprio 和 Klingebiel (1997)，Domaç 和 Martinez Peria (2000)，Caprio 和 Klingebiel (2003) 的研究。

由于连续的金融稳定指数难以获得，大多数经验研究选择把银行业危机处理为事件，用一个通过跨国调查建立起来的二进制变量来解释（Lindgren 等，1996；Caprio 和 Klingebiel, 2003）。离散的虚拟变量法的优点是简单，数据比较容易获取。如何用一个或者一组定量的指数来总结这些描述使事情变得更为复杂。现有的指数，比如 Lindgren 等[③] (1996) 所提及的指数，并不易懂，许多国家不能加以利用，要不然就是缺乏可比的跨国数据来建立该指数。关于离散的事件分析法和连续的统计分析法的优缺点的比较，可以参见表 6-1。

[①] Norman Loayza, Romain Ranciere, financial development, financial fragility, and growth, CESifo Working Paper No. 684 (5), 2002.

[②] Marco Arena, Bank Failures and Bank Fundamentals: A Comparative Analysis of Latin America and East Asia during the Nineties using Bank-Level Data, Bank of Canada Working Paper 2005-19, July 2005.

[③] Lindgren, Garcia and Saal, "Bank Soundness and Marcoeconomic Policy" IMF, 1996.

表6-1　　金融危机的事件分析法和统计分析法的优缺点比较

方法	事件分析法	统计分析法
缺点	只能采用年度数据来确定危机的日期，这对在一个月度的范围内预测和讨论银行危机没有用；一般，采用危机年份作为被解释变量，这种离散的虚拟变量（logit，probit 等），由于观察点有限，为了增加观察点，不得不要求进行多国比较研究。政府干预的日期作为确定银行危机的日期，这不一定反映了特定的真实的银行危机的实际发生日期。判断一个银行危机是系统性的还是非系统性的，并不容易，尤其是采用政府干预的信息来判断更加困难。对于单个研究者，很难收集世界上不同国家银行危机的信息。	可靠的连续的月度数据对于很多国家来说获取困难。由于报道失真和具体国家法律制度的原因，一些关键数据可能存在偏差（如不良贷款）。因此 BSF 指数不一定反映了确切的政府干预日期。
优点	相对而言，更容易发现政府干预的日期和银行规制变化的信息。	BSF 指数有助于监测和解释银行部门的发展变化；月度的 BSF 指数在单一危机国家中很容易采用；通过分析 BSF 指数的波动，可以很好的区分系统性和非系统性危机或者脆弱，这样就建立了一个新的判断标准。

资料来源：整理自 Aykut Kibritcioglu, Excessive Risk-Taking, Banking Sector Fragility, and Banking Crises, July 2002, Working Paper Series 266, 链接 http://papers.ssrn.com/sol3/results.cfm.

　　第二条路径的研究者都倾向于认为，难以找到一个单一变量指标来度量金融稳健性，他们强调金融稳健性的复杂性、广泛性和多维性，致力于开发一个包括众多指标的核心指标集，本文称之为多指标分析法。金融稳定核心指标集的开发是金融稳定评估的重点和难点之一。其中以 IMF 的金融部门评估规划（FSAPs）最具代表性和权威性。关于测度指标的有用性及其检验，国际货币基金组织根据国别采用情况等进行了统计打分，以便发现一个共同使用的核心指标集合，以便进行国际比较。同时通过压力测试检验指标的敏感性，以便寻找出预警性良好的指标。此外，一些经济金融学家也对此进行了深入的探讨，取得了很多重要研究成果。其中以 Caprio 和 Klingebiel（1996）；Honohan（1997）；Dmirguc-kunt 和 Detragiache（1998）；Kaminsky（1999）等的研究最具代表性，但是他们并没有开发出一个连续的衡量金融稳健性的指标，各种指标的构成及其分类五花八门。下面，对这方面的研究成果进行介绍。

表 6-2　　16 个国家衡量金融脆弱性的指标比较及其汇总

名　称	喀麦隆	加拿大	哥伦比亚	El salvador	Estonia	匈牙利	冰岛	印度
资本充足性								
风险加权资产的充足率		×	×	×	×		×	×
一级资本充足率		×				×	×	×
资本资产比率	×		×	×		×		×
资产质量								
A 贷款机构								
部门贷款或者信贷		×	×					
大额风险暴露比资本或者资产	×	×	×	×	×		×	
不良贷款比总资产或者总贷款					×			
准备金（加抵押品价值）比总贷款		×	×	×	×			×
准备金比总贷款	×							
不良贷款净额比准备金								×
贷款比抵押品价值			×					
B 借款机构								
总债务比股本		×	×	×				
收入比债务			×					
外债比总债务						×		
收益								
ROA	×	×	×	×	×	×	×	×
ROE		×	×	×	×	×	×	×
利息收入比总收入			×		×	×	×	×
非利息收入比总收入			×			×	×	×
非利息费用比例				×			×	×
人力资本成本比例				×				
流动性								
流动性资产比例								
贷款（或者存款）比总资产	×	×		×				
贷款比存款	×	×				×	×	
货币贷款或者（和）存款			×	×			×	×
中央银行信用比银行总债务						×		
波动性比例								×
银行间拆借交易量及其差价						×		
市场风险敏感度								
资产和负债的久期		×	×					
外汇敞口头寸		×	×	×		×		

续表

表 6-2　16 个国家衡量金融脆弱性的指标比较及其汇总

名称	伊朗	爱尔兰	哈萨克斯坦	黎巴嫩	秘鲁	波兰	南非	也门
资本充足性								
风险加权资产的充足率		×		×	×	×	×	
一级资本充足率		×	×	×				
资本资产比率			×	×				×
资产质量								
A 贷款机构								
部门贷款或者信贷		×					×	
大额风险暴露比资本或者资产		×	×	×	×	×		
不良贷款比总资产或者总贷款				×				
准备金（加抵押品价值）比总贷款		×		×		×	×	
准备金比总贷款		×	×		×			
不良贷款净额比准备金								×
贷款比抵押品价值								
B 借款机构								
总债务比股本								
收入比债务								
外债比总债务					×			
收益								
ROA	×	×	×	×	×	×	×	×
ROE		×		×	×	×	×	
利息收入比总收入	×	×	×	×	×		×	
非利息收入比总收入		×	×	×			×	
非利息费用比例	×		×	×	×	×		
人力资本成本比例				×	×			
流动性								
流动性资产比例			×	×	×			×
贷款（或者存款）比资产			×					×
贷款比存款		×	×	×	×			
货币贷款或者（和）存款			×	×	×	×		
中央银行信用比银行总债务	×							
波动性比例								
银行间拆借交易量及其差价				×				
市场风险敏感度								
资产和负债的久期				×				
外汇敞口头寸	×			×	×			

货币双轨制、政府治理和金融稳定 <<<<<<<

一、各国政府当局关于金融稳定核心指标开发的研究成果及其新进展

尽管许多国家的中央银行和监管机构长期以来一直在监控和报告关于金融系统稳定性的问题，然而这种工作大多数仅仅涉及宏观审慎方向，尚未以正式的框架使用宏观审慎指标体系来评估金融系统稳健性。直到最近，还只有少数国家深入关注其国家层次的宏观审慎分析。因为宏观审慎分析十分复杂，需要以易于加总和分析的方式收集和存储大量的单个银行的高质量数据。下面本文对一些具有代表性的国家关于金融稳定宏观审慎指标的开发研究进行总结。表6-2给出了具有可比性的、16个国家选定的指标清单。这一清单，无论对那些选定的国家还是那些使用的指标而言，显然并不全面。本文的目的仅仅是提供一个不同类型的研究方法和关键性指标的主框架，并希望对中国有所借鉴。目前中国对金融稳定的评估，还没有上升到国家层次的宏观审慎分析，也没有提出正式的宏观审慎分析框架和指标体系。

表6-2列举了16个国家测度金融稳定的指标。从中可以发现，这些国家用来衡量金融稳定的指标共有35个，其中伊朗最少，仅有5个指标，黎巴嫩则达到22个指标。几乎没有一个国家衡量金融稳定的指标是一模一样的，都存在差别。此外我们还对一些发达国家，比如美国、英国、日本、瑞士、瑞典开发的金融稳定指标进行了总结分析。英国开发了约270个指标来衡量金融稳定[1]（2005），涵盖银行、保险、证券等金融部门，涉及的指标不仅仅局限于金融方面，而且包括经济和社会指标，分类十分详细，此外还包括一系列的基于市场的金融稳定指标，比如穆迪评级的英国公司的平均违约率，穆迪对英国最大银行的评级，包括汇丰银行、苏格兰皇家银行、Barclays等八大银行。这是英国金融稳定评估的一大特色。德国开发了约170个指标来衡量金融稳定，没有包括保险部门。瑞典开发了105个左右的金融稳定指标，涵盖房地产、股市、外汇市场、银行、保险等部门，分成家庭、企业、银行、政府、对外等6个部门，分类十分详细。新加坡开发了约90个衡量金融稳定的指标，分成企业、家庭、银行和保险部门稳健性四大部分。我们发现瑞典和新加坡的金融稳定性测度指标比较有代表性，值得借鉴。美国虽然没有参加FSAPS计划，但是美国对金融稳定的研究处于领先水平，建立了一套复杂的评估系统。美国开

---

[1] United Kingdom: Financial System Stability Assessment, IMF Country Report No. 03/46, February 2003.

发的一套宏观和微观金融风险监测指标体系，大约有 160 个指标。美国开发的银行破产概率预警指标体系 FIMS，大约有 50 个指标，包括资本、流动性、管理、赢利、资产质量、经济状况六大方面。美国开发出的衡量国际收支状况（国际部门风险）的指标大约有 30 个。瑞士开发的金融稳定评估指标有 70 个左右，没有包括保险部门。日本开发了 80 多个衡量金融稳定的指标，包括保险、银行、证券等部门。此外，日本还开发了 30 来个衡量国际收支部门状况的指标[1]。欧盟国家开发的国际收支状况指标超过 30 个。香港和澳门也开发出了约 30 个衡量金融稳定的指标，香港的金融稳定评估指标分成 5 部分，值得我们借鉴。俄罗斯开发了 10 多个衡量经济金融稳定的指标。此外，本书还收集了法国、墨西哥、智利、韩国等国家的金融稳定指标。表 6-3 列出了四个具有代表性的国家的中央银行的金融稳定指标。根据 IMF 的统计，截至 2005 年 4 月 1 日，已经有 80 个国家、地区参加 FSAP 计划，18 个国家正在审核阶段，16 个国家已经正式提交申请，要求将来参加[2]。另外，根据 IMF 对各国参与金融稳定评估计划的调查，工业国家参与比例最高，回应国家数占调查国家数的比例高达 100%。新兴经济体次之，该指标为 88%。发展中国家处于第三位，该指标为 56%（表 6-4）。其中美国、中国还没有参加金融稳定评估计划。美国虽然目前还没有参加金融稳定评估计划，但是很重视金融稳定研究，这可能与其争夺金融霸权有关。

表 6-3　　　　　　若干国家当局采用的金融脆弱性指标的比较

	芬兰银行 1	挪威银行 2	瑞典银行	美联储
银行部门变量	银行费用评估	资本/资产比率	利润率变化趋势	有形资产/资产比率
	贷款损失及其他注销坏账评估	利润率变化趋势	资产收益率	贷款逾期 30~89 天
		资产收益率	总利差	贷款逾期 90 天以上
		总利差		停计利息贷款
		短期利率与长期利率之间的利差	短期利率与长期利率之间的利差	扣押抵债的房地产
		营业成本变化趋势	营业成本变化趋势	净收入/资产比率

---

[1] Japan: Financial System Stability Assessment and Supplementary Information, IMF Country Report No. 03/287, September 2003.
[2] Financial Sector Assessment Program—Review, Lessons, and Issues Going Forward, by the Staffs of the International Monetary Fund and the World Bank, Approved by Tomás J. T. Baliño and Cesare Calari, international monetary fund the world bank, February 22, 2005.

续表

	芬兰银行1	挪威银行2	瑞典银行	美联储
银行部门变量		存款/贷款比率	银行股票价格	准备金
		存款，贷款增长率	破产趋势	证券投资/资产比率
		公司债务风险变化	按部门的逾期贷款的变化趋势	UBSS资产增长百分数3
		部门债务和偿债率	部门债务和偿债率	UBSS综合百分数3
		预计的逾期贷款	交易对象的风险暴露	事前管理评级
		银行从其他来源融资的变化趋势		事前综合CAMEL评级
宏观经济变量	市场利率和汇率	利率变化的影响	实际利率水平	
	资产价格	贷款增长率	贷款增长率	
	产出与收入	资产价格	通货膨胀趋势及预期	
	储蓄与投资	GDP增长率	中介的趋势及竞争	
	货币总量	公司债务水平		
	国际收支			

资料来源：整理自 Evans. O. Leone, A. Gill. M and Hilbers. P., "Macroprudential indicators of Financial System Soundness", IMF Occasional Paper 192, April, Washington D. C., (2000)。

注：(1) 用于预测银行利润率的变量；(2) 包括对储蓄银行和证券市场的单独分析；(3) 统一银行监督体系（UBSS）通过将金融机构的财务比率与其同类比较确定哪些金融机构的经营较差。

中国目前也开始评估参与 IMF 的金融稳定评估计划的可能性，并发布了《中国金融稳定报告》。我们通过对 30 多个国家和地区的金融稳定指标的收集比较发现，目前开发出来的用于衡量金融稳定的指标高达 270 多个，以英国为最。美国虽然没有参加 IMF 的金融稳定评估计划，但是有一套复杂的金融稳定评估方案，其详尽和复杂程度居世界之最。此外，对于指标的分类，目前并没有统一的方案，指标的分类方案五花八门。其中，从市场主体的角度来分解金融稳定指标体系，是一个比较常见的做法。从市场客体的角度，将金融市场分解为多个子市场，相应地来分解金融稳定指标的做法也比较多见。同时还可以发现，一些发达国家用于测度金融稳定的指标体系，并不仅仅局限于金融部门，往往包括经济和社会指标，指标涵盖的范围十分广泛，已经跳出就金融部门测度金融稳定的局限。而且，他们的指标都具有可操作性，相应的数据都可以获得，而非仅仅停留在理论层面。限于篇幅，没有详细列举所汇总的指标体系①。

二、国际组织关于金融稳定核心指标开发的研究成果述评

一些国际组织和机构的研究，比如 IMF、世界银行、BIS 等的研究，加强了开发宏观审慎指标体系和宏观审慎分析能力的工作，下面本文拟对这方面的努力作一个选择性综述，重点介绍 IMF 的研究工作。

1997 年 4 月，十国集团新兴市场经济体金融稳定小组出版了一份有关新兴市场金融稳定的报告。这份报告既确认了造成脆弱性的宏观经济原因，也确认了造成脆弱性的部门性因素（法人治理和管理、市场基础设施和约束及监管）。这份报告还包括了一份金融系统稳健性指标清单。这些指标被划分为下列六类：（1）法律和司法框架；（2）会计、披露和透明度；（3）所有者的监督和机构治理；（4）市场结构；（5）监管当局；（6）安全网设计。在这些分类下，这份报告列出了一些重要领域而不是具体的指标，报告中提到的领域与其他机构（包括国际货币基金组织）确认的基本相同。世界银行一直在为一些国家进行金融部门评估项目（FSAS）。为了避免在这一领域工作的交叉和重复，1999 年国际货币基金组织与世界银行合作，根据基金组织协定第 4 款对成员国经济监督的要求，启动了一个"金融部门评估规划（FSAP）和金融系统稳定性评估（FSSAS）"项目。这些评价计划力求识别出金融系统内部可能产生重大宏观经济后果的潜在脆弱性。对金融系统脆弱性评价的分析方法主要包括以下几大类：第一种类型的脆弱性是与个别机构资产负债表内、表外的不可分散风险有关。不可分散风险一般分为信用风险、市场风险、流动性风险和操作风险。第一种类型的脆弱性与个别机构和市场小的潜在的损失和倒闭有关。第二种类型的脆弱性与金融系统作为整体的脆弱性有关。对金融系统潜在脆弱性的评估需要对一系列因素进行考察，包括不同参与者的资产负债表状况、单个机构的风险管理系统的复杂性、风险得到管理的金融市场的发展程度、不同参与者的激励结构、由监管框架提供的审慎安全标准（例如最低资本标准）、金融安全网及危机管理系统。IMF 为了加强金融系统稳定性，致力于将金融稳健指标（FSIs）作为宏观审慎监管的关键工具。2001 年 7 月对金融稳健指标 FSIs 的讨论中，IMF 执行董事局提出了一个金融稳健指标的指导文

---

① 这里的指标参阅了 30 多个国家的《金融稳定报告》（英文电子版），这里没有一一列举。

件，介绍金融部门评估计划（FSAPs）使用金融稳健指标（FSIs）的经验。调查显示大部分参与金融部门评估计划（FSAPs）的国家的核心金融稳健指标分为资本充足、资产质量、盈利性以及流动性四类（表6-5），但是每一类中并非所有的金融稳健指标（FSI）都使用了。相比较而言，参与金融部门评估计划（FSAPs）的国家中有43%并没有使用市场风险敏感度指标，大额资本风险、资产与负债的持续期等几个指标使用比例分别为23%、6%和8%，这三个指标在FSAPs国家中不常使用。此外，由于缺少数据，鼓励使用的金融稳健指标（FSIs）使用的频率更低。

表6-4　　　　各国对于参与金融稳定评估计划的调查反映情况

名称	所有经济体 回应数量	所有经济体 占调查比例（%）	工业国家 回应数量	工业国家 占调查比例（%）	新兴经济体 回应数量	新兴经济体 占调查比例（%）	发展中国家 回应数量	发展中国家 占调查比例（%）
回应总数	122	74	24	100	53	88	45	56
其中SDDS订阅者	46	96	20	100	26	93		
非洲	24	60			4	100	20	56
亚太地区	26	76	3	100	14	82	9	64
欧洲	40	87	19	100	15	94	6	55
中东	6	43			5	71	1	14
西半球	26	83	2	100	15	94	9	69

资料来源：整理自Financial Sector Assessment Program—Review, Lessons, and Issues Going Forward, by the Staffs of the International Monetary Fund and the World Bank, Approved by Tom. á. s J. T. Baliño and Cesare Calari, International Monetary Fund, The World Bank, February 22, 2005。

表6-5　　　　　　　　国际货币基金组织的研究成果汇总

IMF金融稳健性指标FSI	IMF的审慎指标MPIS		IMF对金融稳健性指标优劣情况的调查	
核心部分	汇总微观审慎指标（32个指标）	宏观经济指标（19个指标）	FSI	平均分数
接受存款者	资本充足率	经济增长率	第一组 有用分数在3.5以上的指标	

续表

IMF 金融稳健性指标 FSI		IMF 的审慎指标 MPIS		IMF 对金融稳健性指标优劣情况的调查	
核心部分		汇总微观审慎指标（32个指标）	宏观经济指标（19个指标）	FSI	平均分数
资本充足率	受监管资本对风险加权资产比率	加权资本比率	总增长率	巴塞尔协议的资本充足率	3.7
	第一层资本对风险加权资产比率	资本比率频率分布	行业萧条	加权的一级资本充足率	3.6
资产质量	不良贷款对总贷款毛额比率	资产质量	国际收支	贷款的部门分布	3.6
	扣除拨备之不良贷款对资本比率	贷款机构	经常账户赤字	信用扩张的部门分布	3.5
	按行业划分之贷款结构	信贷部门集中度	外汇储备充足性	大额贷款比资本	3.5
	对资本而言的大额贷款	以外币标价的贷款	外债（包括期限结构）	不良贷款比总资产	3.9
收入和盈利性	资产回报率	不良贷款与准备金比例	贸易条件	不良贷款计提的准备金比总资产	3.8
	股本回报率	向亏损的公共部门企业的贷款	资本流动结构与期限	ROA	3.6
	利息差额对收入毛额比率	关联贷款	通货膨胀	ROE	3.6
	非利息支出对收入毛额比率	杠杆率	通货膨胀波动	利息净收入比总收入	3.5
资产流动性	流动资产对总资产比率（流动资产比率）	借款实体	利率和汇率	参考的存贷利差	3.5
	流动资产对短期负债比率	债务—股权比率	利率和汇率波动	流动性资产比总资产	3.5

续表

IMF 金融稳健性指标 FSI		IMF 的审慎指标 MPIS		IMF 对金融稳健性指标优劣情况的调查	
核心部分		汇总微观审慎指标（32个指标）	宏观经济指标（19个指标）	FSI	平均分数
对市场风险的敏感度	资产持久性	公司利润率	国内实际利率水平	流动性资产比流动性债务	3.5
	负债持久性	其他公司状态指标	汇率可持续性	第二组 分数在3.0～3.4间的指标	
	未完成的外汇合约净值对资本比率	家庭债务	汇率担保	一级、二级资本对总资产	3.4
鼓励部分		管理上的稳健性	贷款剧增和资产价格暴涨	一、二、三级资本对总资产	3
接受存款者	资本资产比率	费用比率	贷款剧增	资本充足率的分布（机构数量）	3.3
	按地区划分之贷款结构	雇员人均收益	资产价格暴涨	表内资产比资本	3.2
	金融衍生工具资产总额对资本比率	金融机构数量的增长	蔓延效应	表内资产分布（根据巴塞尔协议的风险类型）	3.4
	金融衍生工具负债总额对资本比率	收益与赢利能力	贸易外溢效应	商业性房地产贷款投资	3.2

资料来源：整理自 Financial Sector Assessment Program—Review, Lessons, and Issues Going Forward, by the Staffs of the International Monetary Fund and the World Bank, Approved by Tomás J. T. Baliño and Cesare Calari, IMF, THE WORLD BANK, February 22, 2005。以及 Evans, O. Leone, A. Gill M. and Hilbers, P., "Macroprudential indicators of Financial System Soundness", IMF Occasional Paper 192, April, Washington D. C., (2000).

续表 6–5　　　　　　　　国际货币基金组织的研究成果汇总

IMF 金融稳健性指标		IMF 的 MPIS		IMF 调查的金融稳健性指标优劣情况	
	证券买卖收入对总收入比率	资产收益率	金融市场相关效应	居民房地产投资贷款	3.2
	人力资源支出对非利息支出比率	股本收益率	其他因素	信用扩张的国家和地区分布	3.1
	参考贷款息率与存款息率之差价	收入和支出比率	指令性贷款和投资	关联信用比总信用	3.4
	最高与最低银行同业拆息之差价	结构性赢利能力指标	银行业对政府提供资金	公司债务比股本	3.4
	客户存款对非银行同业贷款总额比率	流动性	经济中的拖欠	公司利润比股本	3.3
	外币贷款对总贷款比率	中央银行对金融机构的贷款		公司债务成本比公司总收入	3.2
	外币负债对总负债比率	同业利率的分割		公司外币风险暴露	3.2
	未完成的股权投资净值对资本比率	存款与货币总量的比率		住户债务比GDP	3
其他金融机构	资产对金融系统总资产比率	贷款与存款的比率		交易和外汇收入或者损失比总收入	3.3
	资产对本地生产总值比率	资产和负债的期限结构（流动资产比率）		营业费用比净利息收入	3.4
非金融机构部门	债务总额对股本比率	二级市场流动性手段		工资成本比营业费用	3.2
	股本回报率	对市场风险的敏感度		资产成熟期	3.4
	收入对利息及本金支出比率	外汇风险		债务成熟期	3.4
	外汇承担净值对股本比率	利率风险		客户存款比总贷款	3.2

续表

IMF 金融稳健性指标		IMF 的 MPIS	IMF 调查的金融稳健性指标优劣情况	
住户	向债权人申请保护的次数	股权价格风险	外汇总资产比自有资金	3.1
	住户债务对本地生产总值比率	商品价格风险	净外汇头寸比自有资金	3.4
	住户债务服务及本金支出对收入比率	以市场为基础的指标	资产的利率定价期限	3
市场资金流动性	证券市场之平均买卖差价	金融工具市场价格，包括股权的	债务的利率定价期限	3
	证券市场之每天平均交易比率	收益率过高的指标	资产的持续期	3.2
房地产市场	房地产价格	信用评级	债务的持续期	3.2
	私人楼宇贷款对总贷款比率	主权收益率利差	证券净头寸比资本	3
	商用楼宇贷款对总贷款比率			

资料来源：同表 6-5。

三、国际大投行和资信评级机构研究成果述评

一些国际大投行和资信评级机构，比如高盛、穆迪、标普、惠誉、J.P.摩根、英国银行家杂志、世界商业评论等民间非官方组织也纷纷投入金融稳定评估的研究。资信评级机构等专业组织提供了另一种评估金融系统脆弱性的有用的信息来源，其评价包括：（1）金融系统；（2）国别风险；（3）单个金融机构；（4）非金融机构。资信评估机构一般拥有其所评价机构的良好数据库，也是跨国和跨机构信息的良好来源。这些跨国信息主要来源于跨国公司，填补了关于单一国家的金融系统脆弱性评估的不足。信用评估等级一般被设计用来提供有关机构健全状况和机构承担它发行的不同种类债务违约的概率信息。这里对高盛公司的金融稳健性指标进行简要介绍。高盛公司的稳健性指数由15

个指标构成，包括宏观经济波动、贷款比 GDP、房地产贷款、资产膨胀、金融自由化、政府直接贷款、关联企业贷款、信息披露、贷款准备金、银行监控、私人银行脆弱、非银行机构脆弱等方面，最终构筑出一个整体脆弱指数。

四、国际专家学者的个人研究成果述评

金融稳定的量化分析这一重大课题吸引了一批重量级经济金融学家，他们就具体指标的选择问题等进行了深入的探讨，取得了很多重要研究成果（见表 6-6、表 6-7）。比较具有代表性的研究包括卡明斯基等的 KLR 模型、刘遵义的信号分析法、Caprio 和 Klingebiel (1996)、Honohan (1997)[1]、Dmirguç-kunt 和 Etragiache (1998)、Kaminsky (1999) 等的研究。他们认为下列指标可以反映银行体系正趋于脆弱，这些指标有：不良资产比率过高、资本充足率过低、信贷增长率过快、利率过高、货币发行量增长过快等。Kaminsky 等[2] (1998) 对亚洲金融危机之前的相关文献做了一个良好的总结，他们研究了 28 个货币危机，测试了 105 个指标，发现其中 43 个相当重要。最重要的是国际储备、实际汇率、信用增长、通货膨胀及实际 GDP（表 6-7）。对于银行危机的研究已有了相应的计量经济学研究。很多分析都指出，货币危机和银行危机是高度相关的[3]（例如，Kamisnky 和 Reinhart (1999)，Glick 和 Hutchison (2000)）。在新兴经济体中银行危机会导致货币危机，也许反过来也是如此。Demirgüç-Kunt 和 Detragiache (1998) 的研究发现，当宏观经济环境不好的时候会爆发银行危机，尤其是增长缓慢且通货膨胀很高的时候，高的实际利率也与系统性银行问题相关。Hardy 和 Pazarbaşioğlu[4] (1998) 又加了几条：信用扩张、资本流入、实际汇率的急剧下降与贸易状况的急剧变化。他们认为银行的国外借贷在亚洲金融危机中扮演了重要的角色。Rossi (1999) 构架了谨慎监管的参数，他发现更好的监管将减少银行危机的发生。Eichengreen 和 Rose (1998) 强调实际利率的重要性，发达国家经济体的实际利率变动将给新兴市场的银行系统带来压力。低利率或许会促使基金经理将资金投资于新兴市场中，但是

---

[1] Honohan, P. 1997. "Banking System Failures in Developing 和 Transition Countries: Diagnosis and Prediction." Bank for International Settlements Working Paper No. 39.

[2] Kaminsky, Graciela, Saul Lizondo and Garmen Reinhart (1998): "Leading Indicators of Currency Crises". IMF Staff Papers, 45, pp. 1 – 48.

[3] Kaminsky, G. and Reinhart, C. (1999), The twin crises: the causes of banking and balance-of-payments problems, American Economic Review, Vol. 89, pp. 473 – 500.

[4] Hardy, C. Daniel, and Ceyla Parbaşioğlu, 1998, Leading Indicators of Banking Crises: Was Asia Different? IMF Working Paper WP/98/91.

表6-6　　关于金融危机的若干最新研究成果所采用的衡量指标

论文作者	C-K	H	GH-P-B	E-R	H-P	K	DK-D
发表年份	1996	1997	1997	1998	1998	1999	1998
研究重点	B	B	B	B	B	B&C	B
微观汇总审慎指标							
外汇风险		※		※	※	※	
信贷的部门集中			※				
不良贷款			※				
资本充足比率			※				
央行对金融机构的信贷		※			※		
（贷款）细分		※				※	
存款与GDP的比率		※	※		※	※	
股票交易所价格						※	
总量平均收益			※				
宏观经济指标							
信贷与GDP的比率	※	※		※	※	※	※
资产价格暴涨					※	※	※
对外赤字				※	※		
总经济增长率			※		※	※	
利率和汇率波动性			※		※		
贸易条件					※	※	※
国内利率水平	※		※		※	※	※
汇率错位			※	※	※	※	※
银行向政府融资		※					
通货膨胀波动			※				※

资料来源：整理自 John Hawkins and Marc Klau，measuring potential vulnerabilities in emerging market economies，bis working papers No. 91，October 2000。B＝银行危机。C＝货币危机。

注：Caprio and Klingebiel（C-K）；Honohan（H）；Gonzalez-Hermosillo，Pazarbasioglu and Billings（GH-P-B）；Eichengreen and Rose（E-R）；Hardy and Pazarbasioglu（H-P）；Kaminsky（K）；Dmirguc and Detragiache（DK-D）。RS：Radelet and Sachs（1998）。以上是对不同作者的缩写。

续表6-6　　关于金融危机的若干最新研究成果所采用的衡量指标

论文作者	F-R	S-T-V	B-G	B-P	E-L	F	K-L-R	R-S
发表年份	1996	1996	1999	1999	1998	1998	1998	1998
研究重点	C	C	C	C	C	C	C	C
微观汇总审慎指标								
外汇风险	※	※				※		

续表

论文作者	F-R	S-T-V	B-G	B-P	E-L	F	K-L-R	R-S
发表年份	1996	1996	1999	1999	1998	1998	1998	1998
研究重点	C	C	C	C	C	C	C	C
信贷的部门集中						※		
不良贷款								
资本充足比率								
央行对金融机构的信贷（贷款）细分				※			※	
存款与GDP的比率							※	
股票交易所价格				※			※	
总量平均收益			※					
宏观经济指标								
信贷与GDP的比率	※	※		※	※		※	※
资产价格暴涨		※		※	※	※	※	
蔓延效应					※			
对外赤字	※	※		※	※	※	※	※
总增长率	※			※			※	
利率和汇率波动				※				
贸易条件				※	※		※	
国内利率水平			※	※		※		
汇率错位	※	※		※	※		※	
银行向政府融资								
通货膨胀波动								

资料来源：同表6-6。

当发达国家的实际利率上涨后他们就会带回资金，这就给新兴市场带来了流动性的问题，尤其是在他们的支付平衡不稳（高利率也降低新兴市场国家的出口市场的需求）以及公司要面临更高的还款义务的时候。从表6-6可以发现，银行危机最重要的原因是高估的汇率、不充分的国际储备、萧条、高实际利率及过度的信用扩张。通过更好的方式和收集更全面和更好的数据，这种计量检查仍在继续。现在的许多模型仅仅是区别了危机和没有危机的状况，而不是金融问题的严重程度。未来研究的方向可能包含更多的使用由BIS编制的国际银行数据。并且，也应对相关变量的影响做出一些调整，例如中央银行的独立性、政治稳定与监管质量。一些人认为应该更关注于政治变量，因为市场情绪受它们的影响很大。如果可以加入机构投资者的活动信息，将使指标列表更加完备，还可以进一步研究传染的作用。Bussière 和 Mulder（1999）研究指出，IMF 的一个项目可能会帮助抵御或是减少危机的严重性。表 6－7 对新近的一些实证研究成果进行了汇总，从中可以发现研究者对指标重要性有不同看法。Berg 和 Pattillo（1999）指出：如果在 1996 年末就使用了这些模型，对于预测亚洲金融危机来说，我们会有多大胜算？他们总的结论是结果是模糊的。Furman 和 Stiglitz（1998）的一个相关研究与经济学家（1998）的一个非正式调查有相似的结论。部分原因是由于可以解释一个危机的指标与另一个危机可能就没有什么联系。Glick 和 Moreno（1999）指出，在更加开放的亚洲经济体中，危机的发生更可能是由于竞争的问题；而在拉丁美洲则更可能是内部货币问题或是日用品的价格问题。墨西哥的危机是一场政府金融的危机，而东亚的危机是私营部门金融的危机。在反思其对新兴市场危机的早期预警信号的研究中，Goldstein 等（2000，第 104 页）说道——当我们没有足够的信心来精确地评估不同国家的脆弱性顺序时，我们认为不同国家的脆弱性顺序似乎对列表中最顶端与最末端的国家更有用，这就是说，它可以用于"首次筛选"，接下来再对相关国家进行深入分析。

表 6－7　　若干金融危机研究的最新指标汇总

指标	1997年之前	CPR	KLR	KB	KR	GM	EL	KMP	Frat	KOP	MR	Torn
GDP，产出缺口	6		√	√	√		√	√				
预算平衡	3			√				√				
资产价格	1		√		√							
国际储备	11	√		√	√	√	√			√	√	√
实际汇率	12								√	√	√	
经常项目	4	√		√			√		√	√		
出口	2		√		√		√					
外部借贷												
信用	5					√				√	√	
实际利率	1				√				√			
国际银行的贷款												
其他指标												
通货膨胀	5							√				
资本项目	3											

续表

指　　标	1997年之前	CPR	KLR	KB	KR	GM	EL	KMP	Frat	KOP	MR	Torn
货币供给	2		√	√	√		√			√		√
贸易条件	2			√	√		√				√	
传染性	1						√	√		√		
政治/法律	3											

资料来源：整理自 John Hawkins and Marc Klau，measuring potential vulnerabilities in emerging market economies，BIS working papers No. 91，October 2000。注意：Pre-97：Kaminsky et al.（1998）；CPR：Corsetti et al.（1998）；KLR：Kaminsky et al.（1998）；KB：Kamin and Babson，s.（1999）；KR：Kaminsky and Reinhart（1999）；GM：Glick and Moreno（1999）；EL：Esquivel and Larrain（1998）；KMP：Kumar et al.（1998）；Frat：Fratzner（1998）；KOP：Kruger et al.（1998）；MR：Milesi-Ferretti and Razin（1998）；Torn：Tornell（1999）。DD：Demirgüç-Kunt and Detragiache（1998）. HP：Hardy and Pazarbaşioǧlu（1998）. ER：Eichengreen and Rose（1998）. Ros：Rossi（1999）. GKR：Goldstein et al.（2000）. Gold：Goldstein（1998）. JPM：JP Morgan 开发的模型所使用的指标，用来预测新兴市场货币危机，参见 Persaud（1998）. IMF 指数：包括在脆弱性的综合指标当中的指标 IMF（1999b）. IMF WEO：衡量危机发生前的反常行为的指标，IMF（1998）. IMF ICM：预测货币和银行危机的指标，P.143 of IMF（1999）. IMF EWS：IMF 的早期预警指标体系，参见 Bussière and Mulder（1999）and Berg et al.（2000）. 以上是对不同作者的缩写。

续表 6-7　　　　　　若干金融危机研究的最新指标汇总

指　　标	DD*	HP*	ER*	Ros*	GKR*	Gold	JPM	IMF indices	IMF WEO	IMF ICM	IMF EWS
GDP，产出差距	√	√	√	√	√	√		√			
预算平衡		√						√			
资产价格					√	√	√				
国际储备						√	√	√	√		√
实际汇率		√			√	√	√	√	√√		
经常项目						√					
出口						√					
外部借贷						√					
信用		√		√		√		√	√√		
实际利率	√	√				√					
国际银行的贷款								√			
其他指标											
通货膨胀	√	√									

续表

指　　标	DD*	HP*	ER*	Ros*	GKR*	Gold	JPM	IMF indices	IMF WEO	IMF ICM	IMF EWS
资本项目											
货币供给					√	√		√	√√		
贸易条件	√								√		
传染性							√		√		
政治/法律	√										

资料来源：同表6-7。

第三条研究路径致力于开发一个连续的综合的金融稳健性指标，强调金融稳健性的国际可比性和可操作性。Sundararajan，Marston和Basu（2001）使用不良贷款作为评估金融稳定性的指标。Kent和Debelle（1999）从政策制定者角度观察到了金融混乱的程度与导致的宏观经济损失来衡量体系稳定性。他们建立了一个反映各种金融混乱的可能性及由此引起的宏观经济损失的大小的金融稳定指数。Corsetti，Pesenti和Roubini（1999）在亚洲危机中使用指数方法，建立了一个基于不良贷款和信贷膨胀的金融脆弱性指数。Johnston等人（2000）明确建议使用该指数方法。一些私人部门的工作中已经采用了这一方法。Aykut Kibritcioglu（2002）[1] 提出了一个加权的银行部门脆弱性指数来测度银行对危机易感性的变化，并证明这种脆弱性指数在衡量和监管银行部门的脆弱性时似乎有很大用处。Michael D. Bordo，Michael J. Dueker和David C. Wheelock[2]（2000）根据企业破产率和银行破产率指标建立了两个连续的衡量金融稳健性状况的时间序列指数，使用Probit模型来估计美国1790～1997年间的总体价格冲击对金融稳健产生的影响。他们设计出来的连续时间序列的金融稳定指数得到Bergman，U. M.和J. Hansen（2002）的采用。Udaibir S. Das，Marc Quintyn和Kina Chenard（2004）建立了一个由资本充足率（CAR）和不良贷款比率两个变量组成的金融稳健性指数FSSI，来研究管制和金融稳定的关系。他们使用银行信贷占GDP的份额来进行加权，进而计算出综合的金融稳健性指数。Morris Goldstein等在《金融脆弱性实证分析——新兴

---

[1] Aykut Kibritcioglu, Excessive Risk-Taking, Banking Sector Fragility, and Banking Crises, July, 2002, Working Paper Series 266, http：//papers.ssrn.com/sol3/results.cfm.

[2] Michael D. Bordo, Michael J. Dueker and David C. Wheelock "Aggregate price shocks and financial instability: an historical analysis", NBER Working Paper No. 7652, 2000.

表 6-8　　各种组织和机构制定的货币状况指数和金融状况指数（MCI 与 FCIs）

组织/机构	短期利率	长期利率	汇率	资本市场	其他变量	趋势分离	权重来源
加拿大银行	名义90天商业票据		名义C-6汇率			与基期相比的变化	IS曲线
法国银行为7国集团制定	3个月实际市场利率	10年期实际政府债券利率	实际有效汇率			与加拿大银行的参数"相似"	IMF和OECD的宏观模型
Mayes and Virén (2001) 为17国制定	3个月实际市场利率		相对美国的实际双边汇率	实际股票市场价格	实际房地产价格	实际利率和汇率为水平变量，对其余的进行一阶差分	IS曲线（单一方程）
Goldman Sachs 为加拿大制定	3个月实际市场利率		实际有效汇率	股票价值测量法	产出曲线	未知	简单平均
Goldman Sachs (2000) 为美国制定	3个月实际LIBOR	A级公司债券实际利率	实际贸易权重	资本市场资本/GDP比率		利率及汇率（以历史的方法分离）	美联储宏观模型
J. P. Morgan 为加拿大制作 (2002)	3个月名义市场利率	10年公司债券利差	名义C-6汇率	名义TSX参数	(1) 产出曲线 (2) M_1 (3) M_2++	偏离度，即指标值减去平均值再除以方差	简单平均
Macroeconomic Advisers (1998) 为美国制定	实际联邦基金利率	10年期实际国债收益	实际有效汇率	(1) 股息/价格比率 (2) 居民资本财富		没有详细说明；被称为"技术调整"	华盛顿大学宏观模型（WUMM）
Goodhart and Hofmann (2001) 为G-7制定	3个月实际市场利率		实际有效汇率	实际股票市场价格	实际房地产价格	趋势分离：利率长期均知；汇率和房地产价格的线性趋势；HP过滤器股票价格	1）简化形式的IS和PC模型 2）VAR脉冲反映函数
Lack (2002)	3个月实际LIBOR		实际贸易权重		实际房地产价格	一阶差分	1）VAR脉冲反映 2）结构性的宏观模型

资料来源：整理自 Céline Gauthier, Christopher Graham, and Ying Liu, Financial Conditions Indexes for Canada, Bank of Canada Working Paper 2004-22, June 2004。

市场早期预警体系的构建》一书中提出了一个由 24 个指标合成的脆弱性指数。他们采用信号分析法构建金融脆弱性合成指数。Liang 和 Rhoades (1991) 和 McAllister 和 McManus (1992) 提出以银行无清偿能力风险指数的高低,作为观察银行安全与否的指标。他们提出的无清偿风险能力风险指数的计算方法是:将已实现银行收益的波动率除以预期收益率与股东权益比率两者的和。对于无清偿能力风险的研究主要集中在对问题银行或失败银行财务特性的探讨。穆迪公司开发出了银行财务状况指数,该指数定义如下:"银行财务状况评级所考虑的因素包括银行具体的因素,诸如金融基本面,特许权价值,业务以及资产的分散化。尽管银行财务实力指数没有包括外部因素,但它已经考虑到了银行运营环境的风险因素,这包括该国的经济实力和预期走势,金融体系的结构以及相对脆弱性,以及银行监督管理的质量。近年来,金融状况指数的开发得到了越来越多的关注,美国、英国、加拿大等国家都开发出各自的金融状况指数。一些学者、国际大投行和央行纷纷投入金融状况指数的开发之中。Macroeconomic Advisers (1998)、Dudley 和 Hatzius (2000)、Carmichael (2002)、Mayes 和 Virén (2001)、Goldman Sachs (2000)、J. P. Morgan (2002)、Goodhart 和 Hofmann (2001)、Lack (2002) 开发了一系列的金融状况指数 (参见表 6-8)。Goodhart 和 Hofmann (2002) 为英国构建了一个金融状况指数 FCI,所有的变量都使用 HP 滤波进行趋势分离。高盛 (2005) 发布了中国金融状况指数 (FCI),FCI 是通过净 M_2 货币供应增长、实际贷款利率、实际汇率按照 29%、46% 和 25% 的比重加权计算出来的。Céline Gauthier, Christopher Graham 和 Ying Liu (2004) 利用 IS 曲线模型、脉冲反映函数、因子分析三种方法构建金融状况指数 (FCIs),他们也发现金融状况指数 (FCIs) 在很多方面要比加拿大银行的货币状况指数 (MCI) 强得多。

五、国内关于金融脆弱性测度研究成果述评

目前国内关于金融稳定的研究,也得到了越来越多的重视。1998 年中国人民银行就曾提出了一套监测银行运行的指标体系,并给出了指标的具体临界值。2003 年,中国人民银行联合其他部委,对金融稳定开展自评工作。2005 年《中国金融稳定报告》的问世标志着政府当局研究金融稳定的一大突破,并对中国金融稳定状况作出了判断。中央人民银行法也正式将金融稳定写入法律,维护金融稳定成为中央银行的重要任务之一。这些举措充分说明中国政府当局开始高度重视金融稳定的研究。虽然,至今官方没有公布金融稳定的评估

指标体系和方案，但是评估金融稳定的基本框架已经形成。

除了官方的研究，越来越多的研究者也投入金融稳定研究当中，对于金融稳健性的测度研究也出现了一些初步成果，代表人物包括伍志文、孙立坚、刘锡良、何帆等。伍志文（2001）、王元龙（2005）构筑了一套衡量金融稳定的指标体系，并给出了指标的临界值，对中国金融稳定状况进行了测度。刘锡良（2004）和孙立坚（2004）[①]采取主成分分析法计算出金融安全或者金融稳健性综合指数。刘锡良将金融安全指标分成宏观、中观和微观风险三级，采用SPSS因子分析法构筑了一个衡量金融安全的指标。孙立坚从金融功能的角度来界定金融脆弱性，采用月度数据构建了一个衡量金融脆弱性的指标。2005年银监会也给出了监测银行绩效与稳健的7个指标的临界值，但是还很不全面[②]。一些研究者也尝试构筑了衡量金融风险的指标体系，但是十分抽象，缺乏可操作性，比如秦海英、韩俊、陈华等。此外，还有一些学者和机构从某一个侧面来研究金融稳定问题，还没有上升到宏观的整体研究层次，属于微观和中观的研究，这一类的研究成果十分丰富。范小芸（2005）在研究系统性风险的时候，利用矩阵法对中国银行同业拆借市场的系统性风险进行了深入研究。郑振龙等利用风险极值模型来分析证券市场风险。张新、郑鸣、樊纲、曾诗鸿分别从银行价值创造能力、银行清偿力、国家综合负债水平、银行不良资产角度就银行稳健性的测度进行过研究。整体来看，国内对金融稳健性测度方面的研究尚处于初级阶段，有待深入研究。对风险的认识经历了主观到客观、定性到定量、感性到理性的过程。随着中国经济转型和金融改革的深入，如何在经济金融转型的过程中维护金融稳定，防止金融系统崩溃，这对维护经济金融稳定乃至整个社会稳定都具有极其重要的意义。

通过对现有的关于金融稳定评估的相关文献的梳理，可以发现金融稳定评估面临着诸多问题，有待进一步深入。总地说来，以下几个问题值得进一步深入研究。

（1）金融稳定测度的理论基础是什么。这是一个有待进一步研究和解决的基础性问题。通过对国内外不同组织、个人的研究成果的汇总和比较分析，发现金融系统脆弱性的测度指标规模越来越庞大，指标的选择也是多种多样，国家之间几乎都存在差别，很少有两个国家是一模一样的，但是认真分析又可

[①] 孙立坚、牛晓梦、李安心：《金融脆弱性对实体经济影响的实证研究》，载《财经研究》2004年第1期，第61~69页。

[②] 来自2005年银监会主席刘明康在南开大学的演讲，题为"当前中国银行业的改革开放与发展"。

以发现，一些指标在国别研究中出现的频率很高。国际货币基金组织对此进行了比较研究，试图找到一些用于国际比较研究的指标体系。但是，关于金融稳定测度的理论基础是什么，这一关键性问题至今没有得到很好的解决。（2）谁应该成为金融稳定评估的中坚力量，如何建立一套科学的评估金融脆弱性的制度，来保证金融稳定评估的权威性、独立性和可信度。如何整合不同的评估力量，实现研究成果在更大范围内的共享与合作，开发出一个具有国际可比性的金融稳定指数，是一个有待研究的问题。相比较而言，第三方评估是金融稳定评估的新兴力量，是对政府评估和金融组织自我评估的有效补充和检验。我国应该重视专业性中介组织的评估工作，这是中国未来金融稳定工作应该重视和引入的一个新兴力量。（3）为了更好地评估金融风险，如何刻画金融脆弱性状态和对金融风险进行细分，开发出具有国际可比性的连续的金融脆弱性指数，更是一个有待进一步研究的重大问题。随着金融稳定评估的深入，风险评估越来越强调准确性、连续性、可比性和可操作性。我们认为脆弱性是金融风险的中间地带，居于安全区和危险区中间，风险的转移和风险状态的变化，可能导致不同的结局。脆弱性是一个常态，是需要重点关注的地带。危机和安全是风险的极端，是一个小概率事件，大部分时间都处于脆弱性状态。关注金融风险的两个极端还是广阔的风险中间地带，是两种不同的管理风险的方法。越来越多的研究倾向于关注广阔的金融风险的中间地带，也就是金融脆弱性，而不是金融危机和金融抑制或者低风险乃至无风险状态（比如金融不发达地区或者国家），对于银行的信贷风险管理来说，同样如此。我们不应该将重点放在已经发生的灾难性危机，而应该关注金融脆弱性，防止金融脆弱性转变为金融危机。应该以金融脆弱性为重点，研究金融安全（抑制）、金融脆弱性和金融危机三者之间的转换关系，防止金融脆弱性转换为金融危机，同时又要防止金融脆弱性抑制经济增长和金融发展，在风险、发展和稳定中寻求平衡。这意味着风险管理范式的转变，由事后走向事前，由极端走向常态（常规）的风险管理模式的方向转变。（4）如何处理好金融稳定评估指标的国际可比性和特殊性问题。在成熟市场经济国家和转轨国家，金融不稳定的测度指标存在不同点。在转型国家，可能出现宏观和微观金融市场的悖论，存在典型的风险转移现象。对于转型和发展中国家，金融稳定评估更多应该关注转型和发展中的风险问题，金融稳定评估重点应该与发达国家有别。因此，在构建金融稳定评估指标体系的过程中，协调好共性和个性的关系值得注意。（5）如何保障数据和信息的真实性、可获得性、国际可比性，是搞好金融稳定评估的基础性工作。信息、信用和数据资信是评估的基础性因素，对于中国尤其重要。建立社会征信和信用评估体系，加快信息化和电子化工作，对于维护中国金融稳定，搞好金融稳定评估至关重要。长远来看，信息是金融稳定评估的关键。

第二节　关于中国金融稳定程度的不同判断

中国的金融脆弱性程度到底有多高，是下一个发生危机的国家吗？对中国经济增长质量的怀疑和对中国金融稳定的种种猜测，不时见诸报端。中国的金融体系是否稳健，不仅是关乎中国自身发展的重要问题，而且对亚太地区，乃至整个世界的经济都将产生重大影响。因此，中国的金融安全问题向来为国内外学界、政界和商界所关注。亚洲金融危机爆发以后，关于中国金融安全问题的争论更是吸引了越来越多的目光，争论不断升温，莫衷一是。因此，尽可能全面地梳理亚洲金融危机之后，尤其是近年来各种关于中国金融安全问题的争论，对于防范金融危机，维护金融稳定无疑是大有裨益的。为了澄清种种关于中国金融状况的不利谣传，对中国金融稳定状况有一个更加全面的把握，准确科学衡量中国金融体系的稳定性，变得越来越重要。

目前海内外对中国金融安全状况的总体评价，大致可以分为以下几大类观点：

第一种观点认为中国金融即将崩溃，中国金融体系十分脆弱，已经处于崩溃边缘，中国将成为下一个发生金融危机的国家。Gordon C. Chang（2001）的《中国即将崩溃》和 Studwell（2002）的《中国梦》大胆给出中国即将崩溃的论断。章家敦认为中国四大银行的不良贷款占其贷款总量的比重接近50%，甚至更高，并预言在外资银行可以经营人民币业务以后，四大银行将出现流动性问题，进而爆发银行危机。Joe Studwell 在书中写道，向中国投入数百亿美元的西方企业不过是在体验他们的中国幻想，中国经济就像建在沙滩上的大厦一样脆弱。他预言中国的前景有两种可能：一种是陷入长期的经济停滞；另一种是银行破产，伴随着财政危机和社会动荡。

第二种观点认为，中国金融体系并不脆弱，不论是短期还是长期中国都不会发生金融危机，对中国的金融稳定前景十分乐观。樊纲（2002）指出，中国是一个发展中国家，且处于经济转型的过程中，的确存在许多复杂的问题，这些问题短期内不可能解决，但中国不会因此而崩溃。关于中国的金融体系，樊纲认为，银行体系的坏账从某种意义上说属于国家负债的一部分，国家负债的另外两个组成部分是政府债务和外债。尽管银行的坏账高达GDP的40%，但政府债务水平相当低，不超过GDP的16%。银行坏账、政府债务和外债的总和占GDP的60%~70%，如果剔除长期外债，这一比例只有57%~58%，低于警戒线，其风险是可以控制的。因此，尽管银行坏账比率很高，但是中国没有发生金融危机，更不会崩溃。余永定（2000）指出，经济增长率下降、巨额贸易逆差、外商直接投资减少，并不一定导致存款挤兑。即使存款者对银行体系丧失信心，他们也无法轻易地向国外转移资产。因此，"只要存在政府对存款的隐性担保，只要储蓄人不能把存款自由转化为境外资产，银行危机就不会发生"。R. Dornbusch和P. Givazzi（1999）认为，尽管中国的金融体系存在严重的脆弱性，但"中国金融体系不会发生大面积的银行破产，中国政府也能够应对大范围的银行破产，只要储蓄者要求的现金是人民币而非美元"。胡永泰（2003）认为，"即使国有银行面临挤兑的压力，也不一定意味着危机的条件已经成熟了"，换言之，金融危机不一定会发生，因为"中央银行可以发行通货为国有银行提供流动性。由于资本管制的存在，基础货币的增加不会轻易导致外汇储备的流失。基础货币的增加也不会造成太大的通胀压力，因为居民提取存款的后果，主要使存款变成了现金，或者是在一家银行的存款变为在另一家银行的存款，而不是现金转化为商品。"他进一步指出，"在通货紧缩的环境中，银行存款转化为商品，具有稳定宏观经济的作用。政府在技术上具有调节和承受居民储蓄偏好变化甚至适度银行破产的能力，而不必冒汇率崩溃或通货膨胀的风险"。任志刚（2005）、郭树清（2005）也认为，中国金融体系处于稳定状态，不会发生金融危机。

第三种观点认为，中国短期内不会发生金融危机，但是中国金融体系蕴含着极大的风险，长期内可能发生金融危机，对中国的金融稳定前景相当悲观。需要指出的是，持这一类观点的学者对中国金融形势的判断是一致的，都认为尽管存在风险，短期内却不至于发生金融危机。但是，他们对中国金融稳定前景的看法不尽相同。一种比较悲观，另一种则较为积极和正面。前者主要以Lardy为代表。N. R. Lardy（2002）认为中国存在巨大的风险，其中之一就是金融体系的风险，但是，就中国的前景而言，他认为自己比崩溃论者乐观，"如果能够控制这些风险，中国很可能在10年内成为全球最大的信息产业硬件生产地以及仅次于美国的世界第二大贸易国"。Lardy（1998）[①]认为，"从短期来看，中国不可能发生像墨西哥在1994~1995年和一些东南亚国家及韩

---

① Lardy, N. (1998). China's unfinished economic revolution. Washington, D. C.: Brookings Institution Press.

国在1997年所经历的那种危机"，原因在于：（1）中国实行严格的资本管制；（2）流入中国的资本绝大多数是直接投资；（3）相对于发生危机的亚洲国家而言，中国短期外债的数量较低；（4）中国在20世纪90年代中期保持着巨额的贸易盈余；（5）1997年末，中国积累了高达1399亿美元的外汇储备。从长期来看，Lardy（1998）认为中国银行业和金融体系需要深入的改革，这样的改革如果不能在一定期限内完成，"中国发生金融危机的可能性将大大增加"，这对中国是一个巨大的挑战。Lardy甚至认为，"发生危机的前提条件——缺乏清偿能力的银行体系——已经存在。" Lardy（1998）预测了这样的危机场景：经济增长放慢将进一步削弱银行体系，巨额经常账户赤字或外商直接投资大幅回落将导致本币大幅度贬值，这两种因素都会导致国内储蓄者丧失对政府为其银行存款提供的隐性担保的信心，从而引发挤兑，部分大银行的支付问题将演变为全国性的流动性危机，银行体系面临两种选择：其一，中央银行履行最后贷款人职能，向银行注入流动性，由此造成高通胀；其二，银行严格限制存款提取，这将进一步打击储蓄者对银行体系的信心，加剧资本外逃，或者，促使居民减少以储蓄存款形式持有的资产，转而抢购商品，进一步推动通胀。Lardy的结论是，中国银行危机极有可能表现为螺旋上升的通货膨胀。有趣的是，Lardy在2002年所描绘的危机场景是：加入世界贸易组织以后，"中国将被推入越来越多的国际竞争，中国经济将滑下悬崖"，值得注意的是，在勾画危机场景的同时，他也对中国的前景进行了颇为积极的预测。O. J. C. Fernald 和 O. D. Babson（1999）认为，中国可能只是推迟而不是避免了金融危机。也有人认为，中国只是转移了而不是避免了危机，把金融领域的问题转移到社会领域，通过牺牲社会福利来为金融危机埋单，也就是花掉将来的钱来处理危机。中国面临的风险主要包括：（1）随着中国居民设法逃避资本管制向海外投资，银行破产的可能性将会增加；（2）经济增长将大幅度放缓，从而降低外国投资者向中国投资的意愿，更为重要的是，增长放慢的风险将降低迅速推进国企和银行重组的可能性，如果不尽快推进国企和银行业改革，"中国长期的前景会变得更糟"。虽然Fernald和Babson（2001）注意到中国在亚洲金融危机之后所进行的国企和银行业改革，但他们认为"改革进展缓慢"，"中国的转轨经济仍然蕴藏着极大的风险"。科学准确测度中国金融稳定水平，是回答这些争论的一个关键工作。下面本书利用不同的指标方法，尝试从多个角度对中国金融稳定状况进行测度。

第三节　中国金融稳定的综合判断方案（I）
——主体分解法

本书采用主体分解法来构建中国的金融稳定综合指数。第三章的 GSFC 模型框架为建立金融稳定指数提供了理论基础。下面进一步对金融稳定指数编制的原理进行说明。对金融脆弱性的不同定义，导致对金融不稳定的衡量出现不同的方案。本书从银行作为现代经济核心的角度出发来研究金融脆弱性，把金融脆弱性看作银行的过度风险承担。这种过度风险承担集中体现在银行体系身上，主要来自银行服务的对象，也就是金融活动的参与主体。根据第三章开发的 GSFC 模型，可以把现代货币资金循环看作是以银行为核心的，由众多主体参与的一个复杂系统，可以用图 6-1 表示。

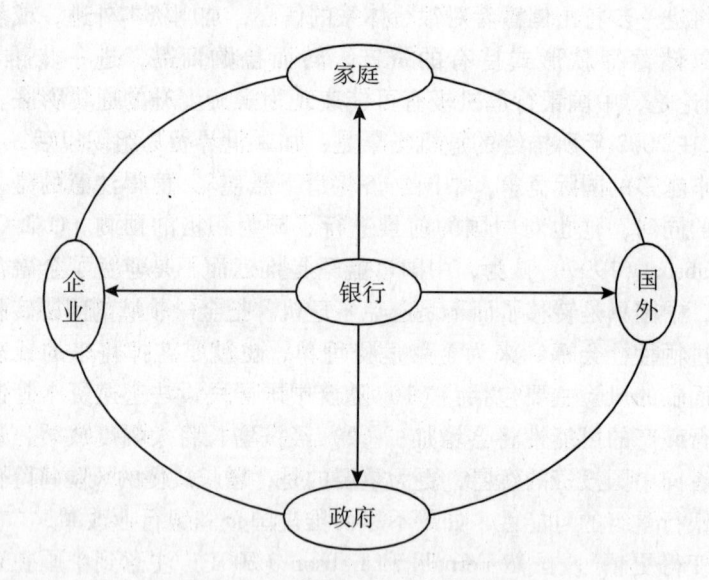

图 6-1　以银行为核心的资金循环

这样就可以根据参与主体的多少，构筑不同的金融稳健性指数，我们称之为主体（部门）分析法。一般而言，主要包括家庭、企业、银行、政府和国外五大主体或者部门。可以根据参与主体的多少，构筑出不同的金融稳定指数 BSF。本章对国际上不同国家金融稳定评估指标体系的比较分析也发现，主体分解法是比较常用的一种方法。国外很多国家的金融稳定指数都包括不同主体的资产负债情况。从经济主体的收入—支出，现金流量角度观察金融稳定，是很多国家的做法。因此，从主体角度构筑金融稳定指数具有可行性，同时可以避免重复计算。这较市场分解法是一种进步，但是收入—支出和资产—负债的主体分解法对数据要求很高，必须观察和获得收入—支出表、现金流量表和资产负债表等重要数据。本书构筑的宏观金融脆弱性指数[①]，考虑4个部门的情形，主要包括家庭、企业、银行和国外4大主体。假设货币资金围绕这4大主体进行流转。通过分析货币资金在4大主体之间的流转配置结构情况，分析整体金融风险状况及其来源。根据第三章提出的广义货币存量—流量一致性模型，现代经济包括实体经济和金融两大部门。根据传统的国民收入核算等式，有：

$Y = C + I + G + FOB$，

当纳入虚拟或者金融部门，那么就出现了一个广义的经济核算等式，有：

$GY = C + I + G + FOB + FY = Y + FY$

这时候加入了一个虚拟经济部门FY，传统的实物经济变成了现代经济，包括实物经济和虚拟经济两个部门，也就是凯恩斯的实物流通和金融流通同时纳入了一个模型之中，这时候变成了一个五部门的模型，其中包括家庭居民（消费储蓄主体）、企业（投资生产主体）、政府（市场管理者和生产秩序的维护者）、国外部门（国际交易活动）和银行部门（负责从事金融流通活动）。这时候的模型纳入了以银行为代表的金融部门，货币金融因素可以得到很好的体现。银行是创造和经营货币资金的主体。当引入货币这个计算尺度和衡量单位，可以改写传统的以实物为计算单位的经济核算等式，相应地可以变形为：

$GY = C + I + G + FOB + FY = Y + FY = MS = MD$

根据第三章的模型，可以发现所有的货币创造和流通都是以银行为核心展开的，银行才是货币的真正创造者或者主体。银行掌管着社会的货币资金的配置使用流通，银行在生产、分配、交换和消费货币资金之间形成一个以银行为核心的新的金融部门，称之为虚拟经济部门或者金融部门，这时候银行的生产对象不是传统的商品而是一种特殊的货币商品，称之为符号产品或者虚拟产品。货币是最为基本的一种虚拟产品，在货币的基础上创造衍生出更多的虚拟产品，进而形成一个虚拟经济系统，这就是现代金融部门。新的虚拟经济部门的产品包括现金货币、存款、贷款、债券、股票、期货期权等金融衍生产品，

[①] 类似地，我们可以构建宏观经济稳定指数。这是从实物而不是从货币的角度进行计算，但是问题的实质和原理是一样的，只是计算单位不同而已。

货币双轨制、政府治理和金融稳定

随着金融的发展，金融资产的虚拟性特征越来越明显，也开始越来越强调增殖性。这样，可以把 FY 独立出来描叙，用公式表示如下：

$$FY = C_m + I_m + G_m + FOB_m,$$

这里的 m 代表货币符号。对应的是货币的消费（作为交易媒介和资产财富，这里主要是消费"钱"本身，而不是用于购买实物产品，这表现为对流动性的偏好，强调货币的资本化或者增殖，这里主要是银行对货币的消费或者使用配置，主要以贷款形式发放出去，货币的生产（银行的货币创造）、货币管理和货币秩序的维护（中央银行）、货币的国际化（货币在国际范围内被使用），相对应的为银行信贷（对货币资金使用的最基本形式）、银行吸收存款（这是银行创造货币的原材料和基础，表现为吸收储蓄存款）、中央银行的准备金（或者说是银行系统的准备金，这是为了管理风险的需要，需要保有部分准备金，中央银行集中管理这部分货币，以应付金融风险，还可以获得铸币税）、银行的国际债务或者资产（也就是银行参与国际货币金融活动，这是国外货币部分）。相应地，这些业务活动最终都会反映在银行的资产负债表上，因此公式可以变形为：

$$FY = CPS + DEP + CBR + FL$$

或者更准确地说对应的是银行的资产业务（主要是贷款 CPS）、负债业务（主要是存款 DEP）、中央银行和金融监管业务（准备金管理业务 CBR）、国际业务（对外债务或者债权 FL）。本书将金融稳定定义为银行的过度风险承担，因此金融稳定可以通过银行承担风险的变化情况进行测度，这样可以构筑相应的金融稳健性或者银行稳健性指数，这里把两者等同起来，公式为：

$$\Delta FY = \Delta CPS + \Delta DEP + \Delta CBR + \Delta FL$$

这里实际上是分析了以银行为核心的金融活动的参与主体的资产—负债表和收入—支出表情况。4 大主体的收入—支出和资产—负债情况最终都要反映在银行的资产—负债和收入—支出总表上来。这些数据在资产负债表当中都可以获得。我们考虑的是金融部门的稳定性，也就是 FY 部门的稳定性。因为中央银行是维护金融的重要组织保障，暂不考虑中央银行的角色，也就是说不考虑中央银行对金融稳定的影响[①]。本书认为，金融不稳定是金融风险过度承担的反映，尤其是对于国有银行主导的中国金融系统而言，更是如此。因此，要测度金融不稳定，关键就是刻画银行风险承担，并判断风险承担是否

[①] 实际上，这对中国而言，中央银行由于扮演着传统银行业务，比如再贷款等，成为影响中国金融稳定的一个新来源，这是中国的特殊之处，很有研究的必要，考虑到数据的可获得性，本书暂不考虑。

过度。现代经济实质上是以银行为核心的货币经济，这可以通过本书的广义货币流量—存量模型得到很好的体现和说明。银行作为现代经济的核心，银行风险承担状况是银行业务或者交易的函数，主要与它的服务对象或者客户有关。银行的主要客户是家庭、企业和国外部门，相对应的活动可以简单归为存款、贷款和国外业务，对应的风险类型主要是（挤兑）流动性风险、（信用）违约风险和（汇率风险）市场风险，也就是说银行风险承担过度的主要来源是家庭、企业和国外部门[①]。然后设定一个判断过度的标准，并进行标准化和指数化。这是从银行风险承担的关联方来测度银行稳定，原理简单明了。我们可以根据一国的情况进行选择设计，可以根据研究的需要，将3个部门拓展为5个部门，以便更真实地反映一个国家的银行体系的风险承担状况。为了去掉量纲的影响，便于比较和观察，先取相对数，再标准化，这样可以消除量纲不同的影响，就获得了金融稳定指数（BSF），可以用公式表示为：

$$BSF_t = \left\{ \frac{(cps_t - \mu_c)}{\sigma_c} + \frac{(fl_t - \mu_f)}{\sigma_f} + \frac{(dep_t - \mu_d)}{\sigma_d} \right\} \Big/ 3 \qquad (6.1)$$

其中：$cps_t = \dfrac{(lcps_t - lcps_{t-4})}{lcps_{t-4}}$ (6.2)

$$fl_t = \frac{(lfl_t - lfl_{t-4})}{lfl_{t-4}} \qquad (6.3)$$

$$dep_t = \frac{(ldep_t - ldep_{t-4})}{ldep_{t-4}} \qquad (6.4)$$

等式（6.1）中，BSF3 指数定义为 cps、fl 和 dep 的标准值的平均，其中 μ、σ 分别表示这三个变量的算术平均和标准差。等式（6.2）、(6.3) 和 (6.4) 中，lcps、lfl 和 ldep 分别表示金融体系对私人部门的真实债权总额、金融体系的真实外债和真实存款总额。这样 cps、fl 和 dep 便是与它们分别对应的季度变化。为了消除季节性的影响，本书利用 4 个季度的百分比变化数据取代了季度的变化，用 BSF3 指数测度一国/地区金融部门的盛衰。BSF3 指数值的减少可以解释为金融系统有增加脆弱性的趋势。对该现象的理论解释是事实上金融危机通常是由下列因素的实质下降引起的：一是金融系统的存款（比

---

① 这里没有考虑中央银行和政府部门。主要适合于市场化国家，对于转型和非市场国家，由于银行缺乏真正的独立性，是政府的附属物，银行风险承担状况不是银行自身能够决定的，而取决于政府战略，尤其是中国，这一点表现得十分明显，由于产权制度等缺陷，经济活动主体，尤其是国有企业，将风险转嫁给银行部门，造成银行过度风险承担，加上银行自身独立性差，风险管理功能残缺，银行风险承担过度更为严重。

如银行挤兑），主要来自居民家庭部门；二是对私人部门的债权（对不良贷款显著增加的反映），主要来自企业部门；外债（特别是本币面值的真实或潜在贬值），主要来自国外经济部门。因此，很显然三个事件的同时发生会加重金融系统即将产生的问题的严重性。另一方面，BSF3指数的下跌并不都是指金融体系将陷入系统性危机。因此，要通过定义两个任意端点来区分高度和中度脆弱性。在本书的研究中，如果金融稳健性BSF3指数是在0到-0.5之间，那么它处于中度脆弱时期，小于-0.5则意味着十分脆弱。因此，只有当BSF指数再一次达到它的样本期间平均值（0）时金融体系才能完全从危机中恢复。本书开发的金融稳健性综合指数借鉴了Aykut Kibritcioglu（2002）的研究成果①。连续的金融稳定指数的优点之一是可以排序和进行国际比较，数据比较容易获取，同时考虑了三大类（三个主体）风险来源。

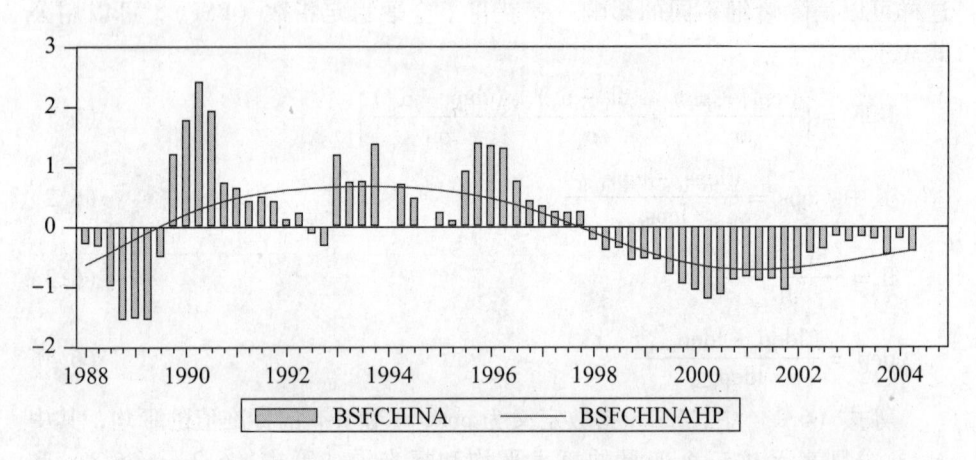

图6-2 1988年1季度~2004年3季度中国金融稳健性指数的演变趋势

从图6-2可以发现，中国金融体系稳健性经历了一个脆弱—稳定—脆弱的周期性变化，在1989年前后中国的金融体系由于"八九事件"风波几乎处于瘫痪状态，1989年第二季度金融稳健性水平为-1.56，处于历史最低水平，金融体系处于十分脆弱状态，很快中国就恢复了正常。在1997年之前中国金融体系一直处于稳健状态，这也可以解释为什么1997年的东南亚金融危机冲击没在中国发生，很大的一个原因就是中国的金融体系相当稳健，抵抗风险

---

① Aykut Kibritcioglu, Excessive Risk-Taking, Banking Sector Fragility, and Banking Crises, http://papers.ssrn.com/sol3/cf_dev/AbsByAuth.cfm?per_id=43040 July, 2002, Working Paper Series 266, Available at http://papers.ssrn.com/sol3/results.cfm.

的能力强，因此即使面临巨大的外部冲击，中国金融体系并没有立时崩溃。但是这次冲击，依然给中国造成了巨大的影响，其后遗症开始凸现。1997年的东南亚危机使得中国的金融体系稳健性发生了根本的变化，1998年第一季度中国金融稳健性指数水平为-0.23，这标志着金融体系进入了比较脆弱的状态。随着时间的延长，这种不利影响开始严重化，2000年前后，中国的金融体系稳健性进一步恶化，2000年第二季度金融稳健性降至-1.22，意味着金融体系进入十分脆弱的状态。中国的金融体系又一次陷入困境，这可能与1997年的外部冲击密切相关。中国金融体系稳健性经历了脆弱—稳定—脆弱的周期性变化，实际上已经发生了两次隐性的金融危机。第一次发生在1989年前后，第二次发生在1997年前后，2000年第二季度金融稳健性指数达到谷底，降至历史第二低水平，金融体系又一次陷入困境。近年来，中国采取了一系列措施来改革金融体系，已经取得初步成效，问题依然比较严峻，但是，根据我们的研究，中国金融即将崩溃的论点是站不住脚的。2004年第二季度，中国的金融稳健性指数为-0.428，已经降至警戒线之下，并没有出现继续恶化的趋势，而是出现了改善的迹象，这是一个可喜的变化，但是任务依然十分艰巨。

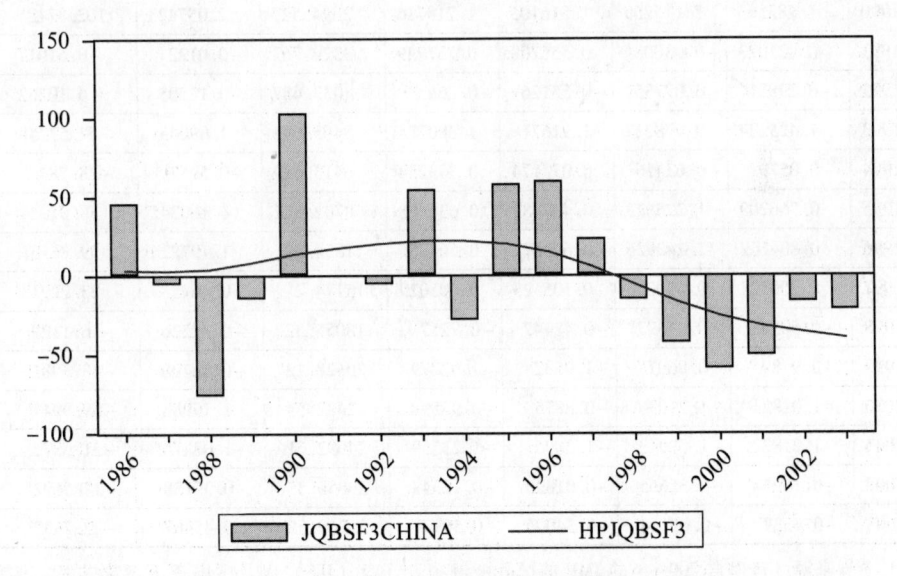

图6-3 1986~2003年中国银行稳定指数（加权）

总地说来，我们开发的金融稳定指数（BSF）是建立在广义货币存量—流量模型（GSFC）基础之上的，为判断宏观经济金融形势提供了新的理论依据，这里主要是运用该模型来判断宏观金融形势。该指数的原理简单说来，就是看以银行为核心的经济系统所创造的货币，究竟为谁所用。当出现货币过度偏在于某一主体的活动当中，货币在不同主体之间的分布出现严重的结构性失衡，则意味着金融不稳定。通过监测不同主体的金融交易活动，从中可以监测金融不稳定的不同风险来源。本书的一大创新之处就是为该指数的编制提供了一个更为科学合理、坚实的理论模型和基础。

表6-9　　　　　1986~2003年中国银行稳定指数的指标数据

时间	bsf3（简单平均）	bsf2cd	bsf2cf	bsf2df	银行交易（总业务）活动量	加权的银行稳定指数	标准化处理的银行加权稳定指数
1985						JQBSF3	KJQBSF3
1986	0.897089	0.887395	0.963195	0.840677	1200.892	0.917157	45.85783
1987	-0.0719	-0.08015	-0.15441	0.018867	1460.632	-0.11567	-5.78362
1988	-1.2644	-1.58349	-1.04148	-1.16824	1546.244	-1.53377	-76.6884
1989	-0.28055	-0.3118	-0.24763	-0.28221	1847.646	-0.30262	-15.1311
1990	1.783363	2.115269	1.516105	1.718716	2694.527	2.057423	102.8712
1991	0.421023	-0.03008	0.555208	0.737939	3324.763	-0.0122	-0.61017
1992	-0.29831	-0.07735	-0.55126	-0.26633	4033.487	-0.12205	-6.10262
1993	1.425234	0.978217	1.91671	1.380774	5465.692	1.09045	54.52248
1994	-0.05791	-0.63416	0.077174	0.383254	6413.659	-0.5757	-28.7849
1995	0.766209	1.225673	0.437487	0.635468	8702.532	1.160345	58.01724
1996	0.804162	1.243926	0.60381	0.56475	11854.59	1.197226	59.86131
1997	0.200203	0.490056	0.105523	0.005029	15174.2	0.464583	23.22913
1998	-0.50565	-0.31377	-0.48147	-0.7217	18055.32	-0.32226	-16.1129
1999	-0.97895	-0.86077	-1.05328	-1.02279	20428.12	-0.86796	-43.3981
2000	-1.01821	-1.21098	-0.88768	-0.95598	22432.54	-1.19988	-59.9941
2001	-1.21822	-1.02943	-1.38965	-1.23559	24992.61	-1.03374	-51.6872
2002	-0.16944	-0.35665	-0.02825	-0.12342	29856.3	-0.35138	-17.5692
2003	-0.4337	-0.45184	-0.34006	-0.5092	35269.55	-0.45467	-22.7337

资料来源：整理自2004年的IMF的国际金融统计光盘（IFS）以及中国资讯行数据库，链接http://www.bjinfobank.com/。

第四节　金融脆弱性的量化分析及其国际比较

20世纪90年代中期以来，金融稳定在国际政策讨论中已经成为一个很活跃的学术课题。目前关于全球金融体系稳健性存在不同的看法，总的说来，可以归结为5大问题：（1）全球金融体系是越来越脆弱还是越来越稳健，全球金融体系面临崩溃的危险吗？（2）谁是全球金融体系中最为脆弱的国家？（3）哪一个洲的金融体系最脆弱？全球金融风险的中心发生了重大转移吗？（4）哪一个时期金融体系最为稳健或者最为脆弱？20世纪六七十年代的金融体系稳健性好于现在吗？（5）金融稳定的周期有多长？金融危机是可以预测的吗？下一次金融危机将在何时爆发？对于这些问题，学者们见仁见智。关于金融稳健性的现有文献可以参考 Allen 和 Gale（2000，2001）；Carletti 和 Hartmann（2002），Debandt 和 Hartmann（2002）。金融稳健性在大多数国家成为了一个焦点问题，在设计金融体系时成了一个十分重要的因素。我们试图对全球的金融稳健性状况进行刻画，在此基础上尝试着回答这些问题。

一、金融脆弱性的量化结果及其比较分析

下面我们将利用45个样本国家/地区[①]1958年1季度～2004年4季度的金融稳健性指数，对下列问题进行逐一剖析，并在此基础上给出我们的判断。

问题之一：全球金融体系越来越脆弱还是越来越稳健，全球金融体系面临即将崩溃的危险吗？

从图6-4可以发现，1958年1季度～2004年4季度，日本、美国、马来西亚、新西兰、菲律宾5国平均的金融稳健性指数具有明显的下降趋势，40多年来，5国的金融体系越来越脆弱。从图6-5可以发现，1967年1季度～2004年2季度，15个国家的金融稳健性指数平均值为 -0.03。1973年1季度15国平均的金融稳健性指数为历史最高，达到0.74，2003年1季度处于历史最低水

[①] 44个样本国家/地区为澳大利亚、加拿大、法国、德国、日本、新西兰、挪威、瑞士、土耳其、俄罗斯、波兰、匈牙利、瑞典、英国、阿根廷、巴西、智利、巴拿马、哥伦比亚、中国香港特别行政区、印度、印度尼西亚、以色列、韩国、马来西亚、墨西哥、秘鲁、菲律宾、新加坡、南非、阿尔及利亚、摩洛哥、埃及、泰国、牙买加、肯尼亚、尼日利亚、巴拉圭、委内瑞拉、葡萄牙、乌拉圭、巴基斯坦、玻利维亚。

平，为-0.66。1967年第1季度15国平均的金融稳健性指数为-0.019，2004年第2季度15国平均的金融稳健性指数为-0.14，整体来说，30多年来15个国家的金融稳健性程度下降了。从图6-6可以发现，19个样本国家1976年第4季度~2004年第3季度的金融稳健性指数具有明显的下降趋势。该时期19个国家的金融稳健性指数的平均值为-0.06，中位数为-0.10，1976年第4季度达到最大值，为0.54，2003年第1季度降至最低，为-0.57，2004年第2季度的金融稳健性指数为-0.20，与1976年相比，出现了明显的下降。从图6-7中的21个样本国家1988年第3季度~2004年第2季度的数据来看，该时期21国金融稳健性指数的平均值为-0.17，中位数为-0.21。1988年3季度的金融稳健性指数为0.13，2003年第3季度为-0.435，2004年第2季度为-0.24，1989年第1季度金融稳定程度达到历史最高，为0.31，2002年第4季度处于最低水平，仅为-0.54，与1988年相比，出现了明显的下降。对于目前全球金融体系系统性风险的演变趋势，是否是整体上提高了，存在不同的判断。在哈利法克斯高峰会晤时，法国总统希拉克警告说，现在世界金融市场上存在一个庞大的投机泡沫，世界经济面临危险。希拉克说这是"金融癌症"，它是由金融体系的不健康状况造成的。诺贝尔经济学奖获得者法国经济学家阿莱1994年在法国《世界报》的连载文章中警告说，世界经济已成为"赌场"。在这个赌场中，每日金融交易与实物物品贸易有关系的不超过2%。大量的纯粹"虚拟的"金融资产近年来无控制地增长，结合整个世界的真正物质生产的停滞和下降，已经造成下世纪全球性金融崩溃的条件。美国经济学家拉鲁什1994年6月发表一篇题为《即将到来的金融市场的解体》的文章，他预言："近期内现行世界金融和货币体系即将解体。崩溃可能发生在今春，或者夏天，或者秋天；可能在下一年；几乎可以肯定是在克林顿任期。"自从1994年夏季拉鲁什的文章发表以来，世界各地连续发生了一系列大金融危机（曹荣湘，2004）。从图6-4~图6-7可以发现，进入20世纪90年代以来，全球金融系统性风险呈上升趋势，金融体系变得越来越不稳定。根据我们计算出来的四个金融稳健性指数BSF5，BSF15，BSF19，BSF21可以清楚发现这一点（图6-4~图6-7）。全球很多国家的金融稳健性程度下降，整体来说，金融体系越来越脆弱，爆发全球性金融危机的可能性大大增加而不是减少了，金融系统性风险上升而不是下降了，我们的研究支持全球金融体系越来越脆弱的结论。不过值得欣喜的是，近期出现改善的迹象。未来的金融系统性风险是否会进一步上升，是否会出现全球性金融大崩溃，值得密切关注。

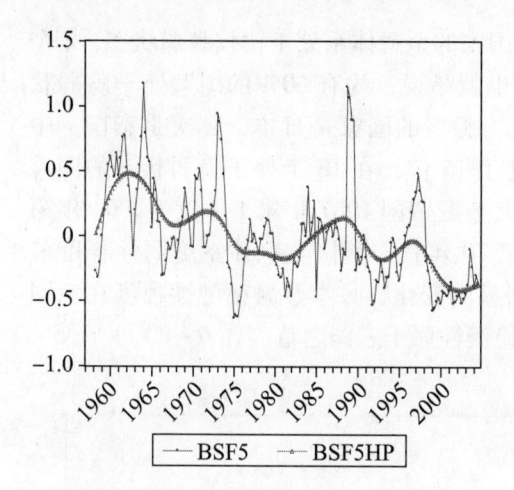

图 6-4　5 个国家的金融脆弱性指数

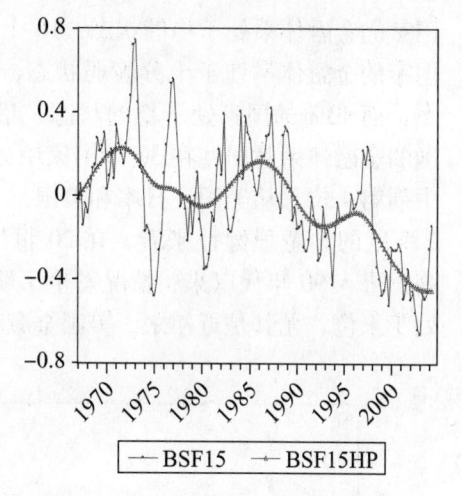

图 6-5　15 个国家的金融脆弱性指数

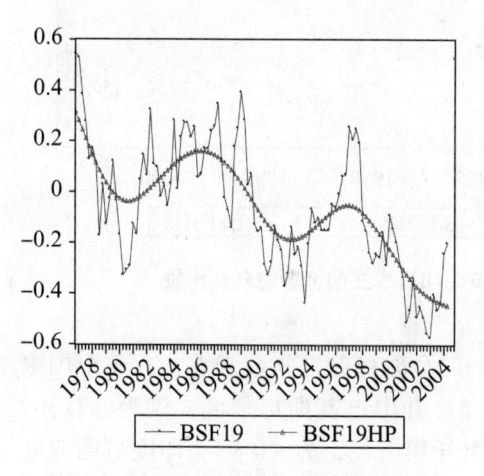

图 6-6　19 个国家的金融脆弱性指数

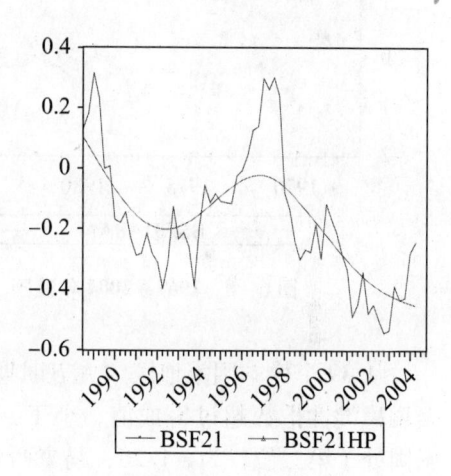

图 6-7　21 个国家的金融脆弱性演变趋势

问题之二：谁是全球金融体系中最为脆弱的国家？

谁是全球金融体系中最为脆弱的国家，下一个爆发金融危机的国家是谁，这是一个极具挑战性的课题。我们利用金融稳健性指数试图对不同国家的金融稳定性进行打分和排序，从而识别那些可能爆发金融危机的国家。就 10 个发达国家 1980~2003 年的季度数据而言，除了挪威之外，其余 9 个国家的金融体系都比较脆弱，金融稳健性指数都小于 0，其中日本最差，美国第二，德国第三，英国第四。就 30 个样本国家 1998~2004 年的季度数据而言，有 12 个国家的金融体系处于稳健状态，16个国家的金融体系处于比较脆弱状态，2个国家的金融体系处于十分脆弱状态，也就是说，约有60%的国家处于脆弱状态，而40%的国家处于稳健状态，最为脆弱的国家是日本，其次是泰国。中国的金融体系脆弱性在30个国家中处于15位，在18个处于脆弱状态的国家中列第4位。从美国、日本和英国三大金融帝国1967年第1季度～2004年第2季度的金融稳健性来看，在20世纪70年代，美国金融体系脆弱性程度最高，进入90年代以来，情况发生了明显的变化，日本金融稳健性程度在三国处于末位，尤其是近年来，美国金融稳健性居于三国之首（图6-8）。

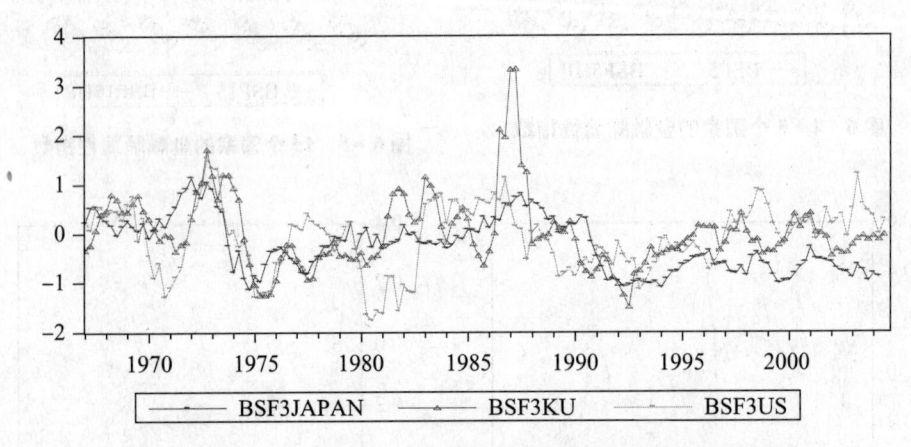

图6-8 1967～2004年美国、英国和日本三国金融脆弱性比较

从39个样本国家地区"九五时期"的金融稳健性指数来看，有8个国家金融稳健性指数超过警戒值，小于－0.5，其中巴基斯坦最低，仅为－1.36，泰国处于第二位，为－1.26，马来西亚处于第三位，为－0.94，印度尼西亚处于第四位，为－0.79，中国在39个样本国家中处于倒数第五位，为－0.71。从国别情况来看，九五时期，巴基斯坦、泰国、马来西亚、印尼、中国、菲律宾、日本和新加坡8个国家的金融脆弱性特别值得关注（见表6-10）。"八五"时期，在41个样本国家中，日本的金融体系最为脆弱，为－0.74；其次为巴基斯坦，为－0.69。"七五"时期，只有埃及一个国家的金融稳健性指数小于－0.5，其余34个国家都比较理想。"六五"时期，共有5个国家的金融稳健性指数小于－0.5，其中加拿大最差，为－0.98，智利、德国、巴拉圭、南非的金融体系都处于十分脆弱状态。这一时期金融体系稳定性程度并不理想。"五五"时期，美国的金融脆弱性程度最高，为－0.73，其次为澳大

利亚，为-0.45，这一时期除了美国金融体系处于十分脆弱的状态外，其余25个国家都比较理想。"四五"时期，日本和牙买加的金融体系相对来说最为脆弱，日本的稳健性指数为-0.44，牙买加为-0.41，但是都大于-0.50，整体来说23个样本国家都比较稳定。"三五"时期，相比较而言，巴基斯坦的金融脆弱性程度最高为-0.38，第二是埃及，为0.31，但是都没有超过-0.50的警戒值，整体来说21个样本国家的金融体系都比较稳健。"二五"时期，摩洛哥的金融稳健性程度最低，为-0.72，埃及第二，为-0.50，处于十分脆弱的状态。"一五"时期，相比较而言，新西兰的稳健性指数最低，为-0.28，但是没有一个国家处于十分脆弱的状态，整体来说都比较理想①。

表6-10　　"九五"时期39个样本国家地区的金融稳健性

	平均值	中位数	最大值	最小值	标准差
阿根廷	-0.29039	-0.2559	-0.02217	-0.65658	0.176574
阿尔及利亚	0.505495	0.408469	1.843884	-0.09057	0.432961
澳大利亚	-0.09321	0.044645	0.241338	-0.5553	0.28399
玻利维亚	-0.49612	-0.49475	0.006688	-0.9941	0.322559
巴西	-0.29039	-0.2559	-0.02217	-0.65658	0.176574
加拿大	-0.27002	-0.21831	0.53395	-1.30922	0.584536
智利	-0.19785	-0.29112	1.093222	-0.86182	0.577607
中国	-0.71748	-0.80729	-0.17513	-1.2166	0.314386
埃及	0.036032	0.07102	0.518297	-0.3889	0.22802
哥伦比亚	-0.23093	-0.19787	1.44751	-1.34141	0.788436
中国香港（地区）	-0.26339	-0.38811	0.63968	-1.20385	0.527117
印度尼西亚	-0.79234	-0.83577	1.561498	-2.46835	0.874972
以色列	-0.05349	-0.03144	0.083958	-0.35165	0.117128
牙买加	-0.22038	-0.17917	0.302221	-0.7742	0.327013
日本	-0.68868	-0.66786	-0.29686	-1.02137	0.197069
肯尼亚	-0.36352	-0.28339	0.048004	-0.85666	0.238199
韩国	0.055804	0.067676	1.11933	-0.78912	0.559855
英国	-0.10208	-0.13294	0.402308	-0.45927	0.276231
马来西亚	-0.94646	-0.95102	-0.30941	-1.75905	0.362403
摩洛哥	0.115772	-0.03677	1.951834	-0.82788	0.740514
墨西哥	-0.24444	-0.23902	-0.01053	-0.40441	0.107567
新西兰	-0.144	-0.13438	-0.03779	-0.29526	0.078161
尼日利亚	0.321494	0.184181	1.473479	-0.3734	0.509995

① 限于篇幅，这里没有列出不同时期的相应的表格。

续表

	平均值	中位数	最大值	最小值	标准差
挪威	0.310103	0.35082	1.181198	-0.62224	0.422144
巴基斯坦	-1.36033	-1.10443	-0.50375	-2.71855	0.610148
巴拉圭	-0.54597	-0.5245	0.016881	-1.29777	0.386343
秘鲁	-0.38608	-0.62063	0.651042	-0.80664	0.473655
菲律宾	-0.70136	-0.68583	-0.01379	-1.22744	0.291111
波兰	0.248108	0.181583	0.835804	-0.22876	0.315259
俄罗斯	0.00498	0.18321	1.076163	-1.81482	0.738183
南非	0.179713	0.147231	1.400684	-1.11984	0.576108
新加坡	-0.53142	-0.68609	0.376261	-1.49773	0.551481
瑞士	-0.2272	-0.03487	1.720929	-2.14887	1.063012
泰国	-1.2612	-1.30456	-0.53136	-1.91805	0.391539
土耳其	-0.37914	-0.25989	0.342436	-1.31147	0.412769
乌拉圭	0.167223	-0.07244	1.386143	-0.44164	0.570679
美国	0.243677	0.219849	0.868684	-0.23289	0.298729
委内瑞拉	-0.14195	-0.0035	0.925208	-1.14059	0.620899
匈牙利	0.209503	0.114226	0.655153	-0.26019	0.29307

资料来源：由 IMF 的 2002 年 IFS（国际金融统计），世界银行的 2002 年的 WDI（世界发展指标）整理计算而来。

表 6–11　39 个国家和 34 个国家 2003 年、2004 年的金融稳健性指数

观察时期	2003:2001	2003:2002	2003:2003	2003:2004	2004:2001	2004:2002	2004:2003
样本国数			39			34	
十分脆弱国家数	16	18	19	17	12	6	2
比较脆弱国家数	16	12	10	9	14	16	9
阿根廷	-0.36226	-0.5692	-0.7179	-0.5584	-0.5074		
阿尔及利亚	2.0345	0.985	0.33041	-0.1618	-0.058	-0.0014	0.2095
澳大利亚	0.1356	0.3065	0.2556	0.4272	0.4978	0.4113	0.3025
玻利维亚	-0.1287	-0.6963	-0.7756	-0.7577	-0.7081	-0.583	-0.5656
巴西	-0.3622	-0.5692	-0.7179	-0.55847	-0.5074		
加拿大	-0.805	-0.8144	-0.8092	-0.6293	-0.49	0.192	0.283
智利	-0.3739	-0.3025	-0.1727	0.0229	-0.0666	0.2085	
中国	-0.2672	-0.1832	-0.2195	-0.4796	-0.215	-0.4283	
埃及	0.217	0.1076	0.3898	0.0325	-0.6899	-0.913	
哥伦比亚	-0.2074	-0.6191	-1.0370	-0.7689	-0.8532	-0.4503	0.0930
中国香港	-0.5336	-0.4835	0.0988	0.3996	0.6881	0.77051	0.5244

续表

观察时期	2003:2001	2003:2002	2003:2003	2003:2004	2004:2001	2004:2002	2004:2003
样本国数			39			34	
印度尼西亚	-0.7533	-0.6283	-0.6865	-0.6487	-0.4828	-0.3705	-0.4109
以色列	-0.5311	-0.6256	-0.5740	-0.4878	-0.2967	-0.2743	-0.3468
牙买加	0.47440	0.3535	0.29658	0.19786	0.10694	0.0633	0.16016
日本	-0.9116	-0.6564	-0.7636	-0.9754	-0.8293	-0.9002	
肯尼亚	-0.65639	-1.1159916	-0.768	-0.5518	-0.3484	0.2641	-0.0509
韩国	0.0877	-0.076	-0.6523	-0.8959	-1.1641	-1.4636	
英国	-0.23598	-0.1225	-0.0581	-0.139	-0.067	-0.1359	-0.0441
马来西亚	-0.6517	-0.31915	-0.1537	-0.5648	-0.4513	-0.3851	0.19638
摩洛哥	-0.5716	-0.5766	-0.37725	0.06658	0.21842		
墨西哥	-0.1939	-0.23	-0.1042	-0.0956	-0.0474	-0.0323	
新西兰	-0.255	-0.113	-0.1746	-0.083	-0.0092	-0.1116	-0.0827
尼日利亚	-0.0804	-0.2069	-0.5963	-0.4749	-0.2851	-0.2043	0.611
挪威	-0.432	0.0840	0.1494	0.0235	0.4972	0.11083	0.0542
巴基斯坦	-2.23378	-1.1942	-1.7104	-1.0661	-0.5501	0.19954	0.5788
巴拉圭	-1.1713	-1.1775	-0.9013	-1.4345	-0.999	-0.4766	-0.4905
秘鲁	-0.8808	-0.9113	-1.0602	-0.6992	-0.5667	-0.3543	-0.4448
菲律宾	-0.5484	-0.5986	-0.665461	-0.7090	-0.5542	-0.3823	-0.4245
波兰	-0.03794	-0.1133	-0.0444	0.23745	0.05501	0.09605	
俄罗斯	0.165463	0.3646	0.69295	0.8095	1.0125	0.76731	0.3723
南非	-0.2253	0.7568	0.96567	1.5627	0.5825	-0.1563	0.1315
新加坡	-1.2378	-0.961	-0.8626	-0.6025	-0.461	-0.5662	-0.6517
瑞士	-0.5045	-0.1581	-0.0143	-0.1006	0.3731	-0.1232	-0.2689
泰国	-1.1228	-1.03941	-0.8860	-0.90397	-0.8524	-0.8737	
土耳其	-0.2994	-0.4854	-0.2789	0.0363	0.1316		
乌拉圭	-0.6702	-0.731	-1.035	-0.8274	-0.4821		
美国	0.4785	1.1773	0.5740	0.4278	0.3369	-0.0329	0.2602
委内瑞拉	-1.0846	-0.893	-0.7389	-0.1126	0.5777	0.7111	1.5152
匈牙利	0.9164	1.1781	1.4090	1.4343	0.5114	0.3478	0.3123

从2003年39个样本国家的季度数据来看，2003年第1季度，金融体系处于十分脆弱的国家有16个，处于比较脆弱的国家也有16个。在39个样本国家中约有82.05%的国家处于脆弱状态，约有41.03%的国家处于十分脆弱状态。2季度有18个国家处于十分脆弱状态，12个国家处于比较脆弱状态，约有76.92%的国家处于脆弱状态，大约46.15%的国家处于十分脆弱状态。3季度，有19个国家处于十分脆弱状态，10个国家比较脆弱，处于脆弱状态的国家约占样本国家的74.36%。4季度有26个国家处于脆弱状态，约占样本国家的66.67%，这说明2003年全球金融体系稳定状况十分令人担忧。从2004年

的34个样本国家的季度数据来看，1季度有14个国处于比较脆弱状态，12个国家的稳健性指数小于-0.5，其中韩国和巴拉圭的金融风险特别值得关注，脆弱性指数小于-1.0，约有76.47%的国家处于脆弱状态，与"九五期间"相比，处于十分脆弱状态的国家的数目和比例都增加了。2004年第2季度，有6个国家的金融体系处于十分脆弱状态，16个国家的金融体系比较脆弱，约有64.70%的国家处于脆弱状态。2004年第3季度，2个国家的金融体系十分脆弱，9个国家金融体系比较脆弱，约有32.35%的国家处于脆弱状态，这些表明2004年全球金融体系稳定出现了明显的改善迹象（见表6-11），这与国际货币基金组织的分析也是一致的①。

问题之三：哪一个洲的金融体系最脆弱？全球金融风险的中心发生了重大转移吗？

从图6-9可以发现，近10年来亚洲金融稳健性程度在五大洲②中处于末位，金融稳健性程度最低。亚洲国家的金融稳健性从20世纪90年代中后期以来弱于拉丁美洲，也低于21个样本国家的平均水平。金融体系稳健性指数小于-0.5，处于十分脆弱的状态。近年来虽有所好转，但是依然没有走出困境。从洲际情况来看，亚洲和拉丁美洲成为全球金融系统性风险的主要来源。就不同的洲来看，从图6-11可以发现，"九五"时期，亚洲处于十分脆弱的阶段，而拉丁美洲和澳洲处于比较脆弱的阶段，欧洲和非洲的金融体系比较稳健。从图6-10发现，1967年1季度至2004年2季度，拉丁美洲、亚洲和欧洲的金融稳健性水平发生了明显的变化，20世纪80年代亚洲和欧洲的金融稳健性程度较高，而拉丁美洲的金融体系处于比较脆弱的状态，这期间拉丁美洲发生了债务危机。在20世纪70年代中期，亚洲和欧洲的金融体系比较脆弱，而拉丁美洲的金融比较稳健，在20世纪60年代后期和70年代前期，三大洲的金融稳健性程度都较高。而进入20世纪90年代，90年代中前期欧洲金融稳健性下降，发生英镑危机，而亚洲和拉丁美洲的金融体系稳健性程度较高。90年代中后期以来，全球三大洲的金融体系的脆弱性程度上升，出现了同时陷入病态的局面。这在40多年来还是第一次，三大洲的金融系统性风险同时上升，金融危机的国际化趋势越来越明显。值得欣喜的是，近年来，三大洲都开始呈现改善迹象。在80年代后期和90年代前期，欧洲最差，进入90年代

---

① Global Financial Stability Report *on March* 18, 2005. IMF.
② 欧洲国家包括丹麦，芬兰，土耳其，意大利，西班牙。拉美国家包括墨西哥，阿根廷，智利，哥伦比亚，巴西。亚洲国家/地区包括中国，韩国，印度尼西亚，菲律宾，泰国，马来西亚，中国台湾地区，中国香港地区，新加坡。非洲国家包括南非，津巴布韦。澳洲包括新西兰，澳大利亚。

中后期以来，亚洲金融体系最为脆弱，近年来欧洲的金融稳健性居于三者之首，处于比较稳健性状态，而拉丁美洲金融稳健性指数小于0，处于比较脆弱的状态。拉丁美洲和欧洲都好于21个样本国家的平均水平，而亚洲则大大低于21个样本国家的平均水平。从三大洲的比较来看，可以发现欧洲和亚洲的金融稳健性都经历了大起大落，欧洲的英镑危机曾经给英国，乃至整个欧洲带来了严重的影响。1997年的东亚危机，同样令亚洲乃至整个世界伤筋痛骨，好像经历了一次金融大地震。拉丁美洲相比较而言，没有出现很大的起伏，而是一种小危机不断的格局。

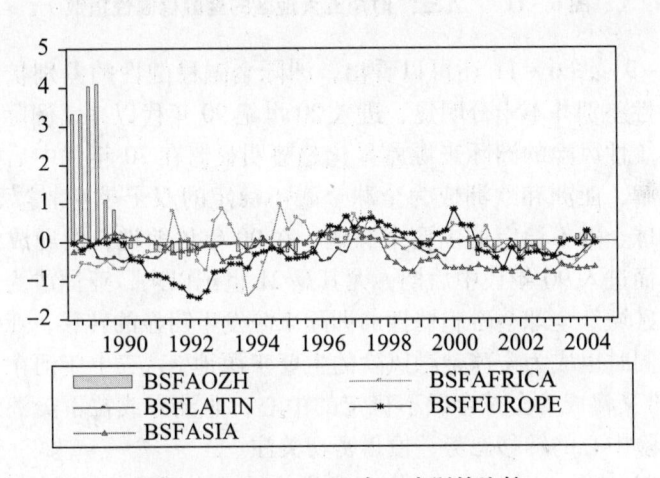

图6-9　1988~2004年五大洲的比较

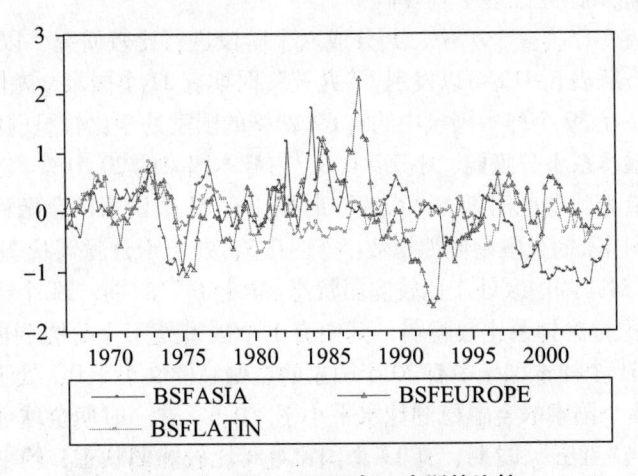

图6-10　1967~2004年三大洲的比较

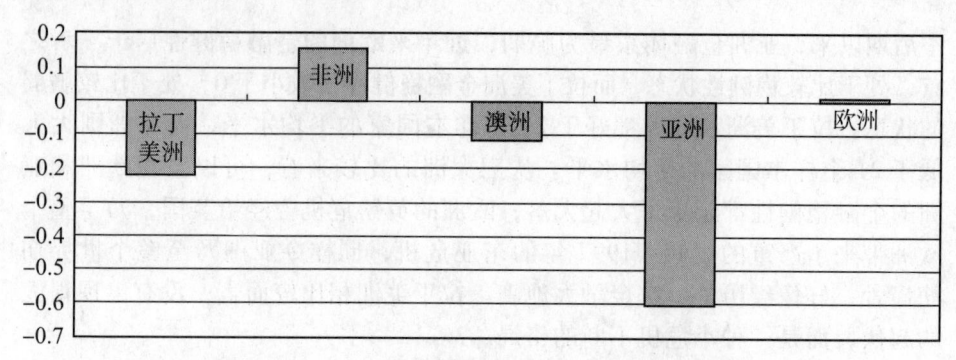

图6-11 "九五"时期五大地区的金融稳健性指数

从图6-9～图6-11还可以看出，洲际金融稳健性的差别扩大。以前洲际金融稳健性差别并不十分明显，进入20世纪90年代以来，洲际差别开始凸显，金融系统性风险的洲际来源差异化趋势明显。在70年代中后期，布雷顿森林开始瓦解，亚洲和欧洲成为全球金融不稳定的双子星座。拉丁美洲在80年代成为全球金融不稳定的主要来源地。在90年代前期，欧洲成为金融不稳定的中心，而进入90年代中后期，尤其是21世纪以来，亚洲成为全球金融不稳定的中心区域。全球金融脆弱性的洲际来源发生明显的转移，亚洲成为全球金融重心，同时也成为全球金融风险的主要来源地。"三十年河东，三十年河西"，未来谁又将成为全球金融不稳定的中心，非洲亦或拉丁美洲？关于全球金融体系风险中心的转移态势，值得密切关注。

问题之四：哪一个时期金融体系最为稳健或者最为脆弱？20世纪六七十年代的金融体系稳健性好于现在吗？

我们以五年作为一个单位，共分成六个阶段进行比较研究，以1958年1季度作为起点。从表6-12可以发现，"九五"时期有27个国家金融体系处于比较脆弱的状态，在39个样本国家中约有69.23%的国家处于比较脆弱状态，其中8个国家的金融体系十分脆弱，小于-0.5，占样本国家的20.51%。这一时期是全球金融体系最为脆弱的时期。"八五"时期，有24个国家的金融稳健性水平小于0，有3个国家的金融稳健性指数小于-0.5，处于十分脆弱状态，在41个国家中约有58.54%的国家处于比较脆弱状态。"七五"时期，35个样本国家约有71.43%的国家金融体系比较脆弱，其中有1个国家处于十分脆弱的状态。"六五"时期在31个样本国家中有20个国家的金融稳健性小于0，处于比较稳健状态，其中有5个国家的金融稳健性水平小于-0.5。这一时期全球金融体系稳定性并不理想。"五五"时期，有13个国家处于比较脆弱状态，约占样本国家的50%，只有一个国家小于-0.5。"四五"时期，23个国家中有12个处于比较脆弱状态,但是都大于 -0.5。"三五"时期,21 个国家中有 7 个处于比较脆弱状态,而且都大于 -0.5,这一时期的金融稳健性相当理想。"二五"时期,14 个样本国家有 5 个处于脆弱状态,其中有 2 个国家的金融稳健性指数小于 -0.5,这一时期整个金融体系的稳健性也比较好。"一五"时期,10 个样本国家有 5 个国家的金融体系处于比较脆弱状态,但是没有一个国家的金融稳健性指数小于 -0.5,这说明该时期全球的金融体系稳健性还是比较好的。根据 Diamond 和 Dybvig(1986)的研究,20 世纪五六十年代,北美的银行业是稳定的,但是到了 80 年代却经历了高频率的失败。在世界银行最近的一份报告里,Caprio 和 Klingebiel(2003)观察了自 20 世纪 70 年代末以来发生在 93 个国家的 117 次系统性银行危机事件。同一时间段,他们在 45 个国家还观察到了 51 个非系统性银行危机事件。我们的研究进一步证实了六七十年代是近 50 年来国际金融体系稳健性最好的时期(表 6-12)。通过对 10 个时期的比较分析发现,有 6 个时期处于十分脆弱的国家的数量占总样本国家数不到 8%,其中有 3 个时期分布在 20 世纪 50～70 年代,这说明该时期的金融体系稳健性程度较高。从"五五"时期以来,金融稳健性程度小于 0 的国家占总样本国家的比例大于 50%,而且出现了异常脆弱的国家,这说明 80 年代以来的金融稳健性大大低于六七十年代。相比较而言,九五时期是金融体系最不稳定的时期,这一时期是多事之秋,爆发了大量的金融危机。近年来,金融体系稳健性有所好转,但是形势依然十分严峻。

表 6-12　　　1958 年 1 季度～2004 年 2 季度金融稳健性程度比较　　　单位:%

代码 时间	样本国家数 A	BSF<0 的 国家数 B	BSF< -0.5 的 国家数 C	B/A	C/A	C/B
1958.1～1962.4	10	1	0	10	0	0
1963.1～1967.4	14	5	2	35.714	14.285	40
1968.1～1972.4	21	7	0	33.333	0	0
1973.1～1977.4	23	12	0	52.173	0	0
1978.1～1982.4	26	13	1	50	3.846	7.69
1983.1～1987.4	31	20	5	64.516	16.129	25
1988.1～1992.4	35	25	1	71.428	2.857	4
1993.1～1997.4	41	24	3	58.536	7.317	12.5
1998.1～2002.4	39	27	8	69.230	20.512	29.62
2003.1	39	31	15	79.487	38.461	48.38
2004.2	34	22	6	64.705	17.647	27.27

资料来源:由 IMF 的 2002 年 IFS(国际金融统计),世界银行的 2002 年的 WDI(世界发展指标)整理计算而来。

问题之五：金融稳定—脆弱的周期有多长？

寻找金融稳定的周期一直是研究的难点和热点，引起了一大批经济学家的兴趣。自从大萧条以来，世界范围内银行业的稳定已被视为周期性的。寻找金融稳定的周期，更是自 1997 年东南亚危机以来预警金融危机的一个核心工作。危机的周期有多长？10 年还是不确定或者不规则？金融危机有规律可循吗？可以预测吗？如果可以预测，那么下一次全球性金融危机将发生在何时？2007年还是 2008 年还是未知？寻找金融稳定的周期，研究金融危机的持续期，这是一个极具挑战性的工作。金融稳健性指数的开发，为我们研究金融稳定周期提供了一个新的方法。我们试图对此作初步的大胆的探讨。

从图 6-4~图 6-7 可以发现，金融系统性风险演变具有明显的周期性和阶段性特征，金融稳健—金融脆弱的演变轨迹好像一条正弦曲线或者余弦曲线。从 5 个国家 1958 年 1 月~2004 年 4 月的金融稳健性指数演变趋势来看，大约经历了 4 个周期，平均约为 12 年左右。从 15 个国家 1967 年 1 月~2004年 3 月的金融稳健性指数的演变趋势来看，大约经历了 3 个周期变化，平均约为 12 年左右。进入 20 世纪 90 年代以来金融稳定—金融脆弱的周期性特征发生了变化，越来越不规则，脆弱阶段长于稳定阶段，而且似乎有扩大的趋势。目前全球金融体系处于脆弱阶段。从 21 个国家 1988 年 3 月~2004 年 3 月的金融稳健性指数演变来看，金融稳定周期大约为 10 年左右。总的说来，我们发现，金融稳定—金融脆弱的周期大约为 10~12 年，这与国际上的一些研究结果是比较一致的。根据 10~12 年的周期性假设，我们可以推测下一次金融危机的发生时间大约为 2007~2009 年。不过需要留意的是，正如前面分析所指出的，近年来金融稳定周期的不规则性越来越明显，脆弱性阶段有延长趋势。当前国际金融体系稳健性正处于谷底反弹阶段，呈现改善的迹象，但是会不会出现反弹仍然值得观察。下一次金融危机的爆发时间很大程度上取决于这一轮脆弱性阶段的调整。预测金融危机的爆发是十分困难的，我们运用金融稳健性指数对此作了一次试验，但愿不会言中。

二、小结

我们利用 45 个样本国家的金融稳健性指数，对当前关于全球金融体系稳健性的 5 大问题进行了逐一剖析，我们的研究发现：（1）目前全球金融体系系统性风险不是下降而是上升了，全球金融体系正变得史无前例的脆弱和不稳定，未来的金融系统性风险是否会进一步上升，是否会出现全球性金融大崩溃，值得密切关注。不过值得欣喜的是,近期出现了改善的迹象。(2)"九五"时期,39个样本国家中有8个金融稳健性指数超过警戒值,小于-0.5,其中巴基斯坦最低,仅为-1.36。泰国处于第二位,为-1.26。马来西亚处于第三位,为-0.9。印度尼西亚处于第四位,为-0.7。中国处于第五位,为-0.71。中国在39个样本国家中处于倒数第五位,金融体系十分脆弱,值得警惕。(3)全球金融风险的中心发生了几次明显的重大转移。我们发现,在20世纪70年代中后期,布雷顿森林开始瓦解的时代,亚洲和欧洲成为全球金融不稳定的双子星座,拉丁美洲在80年代成为全球金融不稳定的主要来源地。在90年代前期,欧洲成为金融不稳定的中心,而进入90年代中后期,尤其是21世纪以来,亚洲成为全球金融不稳定的中心区域。全球金融脆弱性的洲际来源发生明显地转移,亚洲成为全球金融重心,同时也成为全球金融风险的主要来源地。(4)我们的研究发现六七十年代是近50年来国际金融体系稳健性最好的时期,而"九五"时期是全球金融体系最为不稳定的时期。六七十年代的金融体系稳健性明显地好于现在。我们的实证研究与明斯基的判断相符合。(5)金融系统性风险的演变具有明显的周期性和阶段性特征,金融稳健—金融脆弱的演变轨迹好像一条正弦曲线或者余弦曲线。我们发现,金融稳定—金融脆弱的周期大约为10~12年,这与国际上的一些研究结果是比较一致的。

第五节 中国金融稳定的判断方案(2)
——市场分解法

市场分解法也是一种常见的分析金融稳定的方法,它主要考虑一个国家的金融结构和金融发展状况,比较适合于金融结构多样化和金融发展程度较高的国家,而主体分解法主要适合于银行主导型国家。市场分解法有利于识别不同类型的风险,但是容易出现重复计算问题,此外还存在加总问题,不同子市场的指标选择往往也难以确定,存在较大的随意性。根据研究的需要,可以对金融市场进行细分,这样有利于进一步找出风险来源,可以分为不同的子市场,一般主要包括银行信贷市场、股票市场、债务市场、外汇市场、货币市场、黄金市场、期货市场等,也有人把房地产市场纳入进来。新兴市场往往成为金融不稳定的来源,因此,重点关注新兴市场的不稳定,这是维护金融稳定工作应该注意的地方。在上述不同的子市场中,外汇市场稳定的研究已经取得了较大的进展,并达成了一定的共识,目前一些研究者试图将外汇市场稳定性测度方面的研究拓展用于分析股票市场等其他市场。市场分解法主要是从金融交易活动的客体而不是主体的角度进行监测，诊断金融风险的来源及其程度。根据一国金融市场发展程度，可以分为2～7个子市场，但是各个子市场的区分并不是绝对的，有时候存在交叉现象。根据第三章提出的GSFC模型，现代经济主要包括传统的实体经济和新兴的虚拟经济或者金融部门，因此现代经济的稳定性主要与两大部门有关，本书重点研究金融部门的稳定性，因此，对金融部门进行细分，主要从6个子市场展开分析。由于金融部门的稳定性与实体经济部门的稳定性密切相关，本书也把实体经济部门纳入进来，这样与国际上分析金融稳定的指标框架大体是一致的，只是具体的指标选择存在不同。本书的GSFC模型为国际上盛行的市场分解法提供了理论模型基础，这是本书的一大创新之处。现在国际上关于金融稳定的测度指标越来越多，但是缺乏一个坚实的理论模型基础，GSFC模型很好地解决了这一问题。

关于中国金融稳定指数的构建，主要包括以下问题：

1. 指标的选择及其确定[①]。选择多少个指标是最优的，一直是一个悬而未决的问题。我们的指标选择是在总结和借鉴国际上数十个国家的研究基础之上进行的，同时又考虑了中国的国情。在构筑金融周期指数的过程中，选择了21～34个指标，分成4～6个子市场。

2. 指标临界值的确定及其方法。本书采用两种方法来确定指标及其临界值。（1）国际共同经验。对于一些比较成熟的指标，根据国际经验来确定临界值。（2）偏离度指标。对于一些缺乏国际经验的指标，根据偏离原则来确定临界值。计算偏离度的方法很多，包括HP滤波、标准指数化方法、差分和GARCH模型等。确定合适的临界值并不是一件容易的事情，本书对于均衡值的确定采用的是历史趋势法。摩根采用HP滤波来确定偏离度，还有人采用差分方法来确定缺口等[②]。总的说来，寻找不同指标的合适的临界值或者均衡值，是一件十分复杂的工作，这一工作的质量直接决定后续研究的成败。数据处理的一点说明：超出临界值范围的赋值为0或者100，计算过程中出现大于

[①] 我们的指标选择是建立在大量的整理国外研究成果基础之上进行的选择。具体的指标34个，包括消费增长率，投资增长率，经常账户差额比GDP，ICOR（投资比GDP增量），价格变化率（通货膨胀水平），M_2增长率，外汇储备增长率，汇率变化率，外汇储备/进口（月数），实际存款利率变化率，进口增长率，出口增长率，短期外债比外债余额，偿债率，负债率，债务率，外债增长率，财政赤字比GDP，内债（国债和金融债）增长率，流动性（贷款比存款），资本充足率，不良资产率，税前ROA，存款增长率，贷款增长率，实际贷款利率变化率，金融机构数量变化率，换手率，市盈率，股价波动，房价变化率，房价收入比，空置率，房地产开发企业数量变化率。

[②] 资料引自Céline Gauthier, Christopher Graham, and Ying Liu, Financial Conditions Indexes for Canada, Bank of Canada Working Paper 2004-2022, June 2004 和第六章的表6-8。

100 或者小于 –100 的情况，赋值为 100 或者 –100。除了一些比例指标之外，一般地，都利用相对数也就是增长率指标，然后计算相对指标的偏离度或者波动幅度范围。

在计算金融稳定指数的过程中，原则上采用标准化的公式法来计算偏离度，平均值和标准差的确定主要是依据历史数据获得。此外，对于一些国际上比较常用的指标，并没有根据中国的历史数据来判断，而是将国际经验和中国的历史数据分析结合起来寻找临界值。我们的研究发现，根据历史数据分析来确定临界值与国际经验对比，很多指标相当一致。例如，根据国际上的研究，以下指标的临界值为：财政赤字比 GDP 临界值是 –3%，不良贷款比例为 10%，资本充足率为 8%，银行税前资产利润率临界值为 1%，短期债券比外债为 25%，房价收入比临界值为 6 倍，空置率临界值为 10%，经常项目差额比 GDP 临界值为 –3%，外汇储备比进口原则是以 3 个月为临界值，也就是说外汇储备比年进口总额不能低于 25%。国际货币基金组织将偿债率的安全线划定在 15% ~20% 之间，一般认为，偿债率不能超过 25%，否则就被认为出现偿债困难。债务率的安全线为 100%，国际上公认负债率的安全线一般为 15% 左右。低于 10% 为偿债能力强，超出 20% 为偿债能力欠佳。资本产出率（ICOR）的临界值为 5%（吴敬琏，2006），超出 5% 往往意味着会发生金融危机。本书参考这些研究，并利用中国的历史数据进行对比，发现这些指标的平均值加上一个标准差的值与国际经验研究确定的临界值十分接近。在 13 个比例指标中，我们发现，除了流动性指标存在较大的差异外，其他指标根据历史数据分析法来确定临界值与国际经验相当一致。我们对流动性指标进行了相应的调整处理。根据美国的 CAMEL 评级系统的规定，如果银行的贷款总额比存款总额大于 80%，则表明该银行的资产流动性较差。如果该数值在 60% ~80% 之间，则表明该银行的资产流动性一般；如果该数值小于 60%，则表明该银行的资产流动性较好。流动性指标根据中国的历史数据来判断临界值偏高。我们以贷款比存款作为衡量银行流动性的指标，以 80 作为平均值，20 作为标准差，而没有采用中国的历史数据来确定平均值和标准差。通过数据不难发现，我国四大国有银行的资产流动性普遍较差。除了流动性指标外，都是根据历史趋势和标准的指数化方法进行处理。

3. 数据来源、指标的计算公式和标准化过程[①]。标准的指数化公式为：

$$\eta = (X - \mu)/\sigma$$

---

① 文中数据整理自中国资讯行数据库的中国统计数据库，链接 http://www.bjinfobank.com/。

其中，μ，σ 分别为平均值和标准差。当标准化的指数 η 处于 0~0.5，0.5~1，1~1.5，1.5~2① 之间，相对应的风险状况为 0~25，25~50，50~75，75~100。我们以 50 作为界限，50~100 是高度扩张区，0~50 是低度扩张区。这是图 6-12 中的上半部分或者上行周期阶段，这时候只能反映波动大小，而不能反映波动的性质和变动方向，是扩张性波动还是紧缩性波动，为此，需要引入正负符号来区分。当 η 处于 0~-0.5，-0.5~-1，-1~-1.5，-1.5~-2.0 之间，相对应的风险状况为 0~-25，-25~-50，-50~-75，-75~-100。本书以 -50 作为界限，-50~-100 是高度收缩区，0~-50 是低度收缩区。这是图 1 中的下半部分，处于下行周期阶段。η 小于 0 为脆弱，小于 -0.5 为十分脆弱，大于 0 为稳定，大于 0.5 为高度稳定②。可以利用图形来表示，如图 6-12：

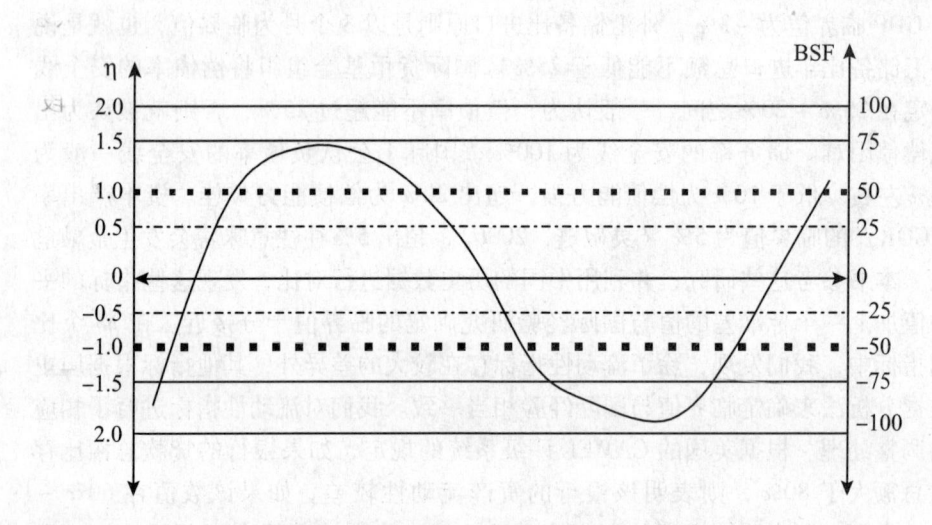

图 6-12　中国金融稳定指数的编制原理

---

① 另一种版本就是 0.25，0.5，0.75，1.0，这是比较严格的版本，考虑到我国处于发展阶段，这一时期波动幅度较大，本身反映了发展的特征，因此我们选择一个比较宽标准的波动幅度。具体的划分可以根据需要进行设定，具有较强的主观判断色彩。

② 关于标准化的指数 η 的含义的解读并没有统一的意见，我们这里主要是研究金融不稳定或者金融脆弱性，这往往表现为衰退，是一种紧缩状态而不是扩张状态，因此我们根据负号来判断是否脆弱。小于 0 归结为脆弱状态，大于 0 归结为稳定状态。这实际上是便于与我们前面开发的 BSF3 指数比较。实际上，过度扩张只是代表了一种乐观的预期，并不一定意味着稳定，可能只是危机的前夜。我们可以将标准化指数 η 处于绝对值 1 之外，看作是不好的信号，也就是意味着金融过度波动或者风险承担过度。处于绝对值 1 以内，看作比较正常的状态。这时候我们对 η 取绝对值，就可以变成一个反映金融是否正常的指数，进而可以开发出新的综合指数来判断经济金融形势是否处于适度区间，我们在计算过程中整理出了这个金融状况指数（我们称之为 FCI 指数），我们发现目前中国金融状况处于正常区间。限于篇幅，我们没有具体报告这一研究结果。

4. 指标的加总和比较。在前面工作的基础上，构筑中国的金融稳定指数，具体又包括 6 个子市场，分别为产品市场、债券市场、银行市场、房地产市场、外汇市场（对外经济）、股票市场。这里的产品市场（宏观经济部门）作为参考。下面，我们利用中国的数据计算出 6 个子市场的稳定指数，进一步计算出金融稳定综合指数。

（1）经济稳定指数。具体包括消费增长率、投资增长率、经常账户差额比 GDP、社会固定投资比新增 GDP（ICOR）、通货膨胀水平（GPI，CPI，RPI）5 个指标。本书使用经过标准的指数化处理后的指标，构筑 3 个不同的经济稳健性指数，其中 MACRO3 = [消费增长率 + 投资增长率 + 标准化的经济项目差额比 GDP（AD）]/3，MACRO = [消费增长率 + 投资增长率 + 经济项目差额比 GDP 的变化率]/3，另外，我们还构筑了不同的经济波动指数，包括 MAS2 - MAS6。相关分析发现这些指数存在很强的正相关，都能较好的反映宏观经济状况。这说明选择 2 到 6 个指标简单平均得到的宏观经济波动状况指数并不存在显著的差异。从图 6 - 13 可以发现，2003 年我国处于下行周期阶段，出现了紧缩态势，宏观经济处于比较脆弱状态。

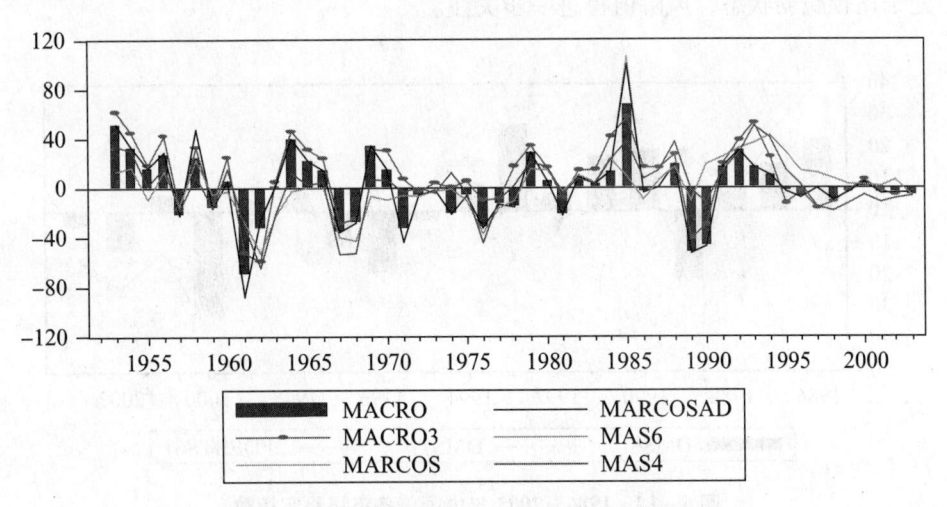

图 6 - 13　1953 ~ 2003 年中国宏观经济稳定指数

（2）债券市场稳定指数。这里主要包括外债市场和内债市场，具体包括短期外债比外债余额、偿债率、负债率、债务率、财政赤字比 GDP、外债增长率、内债增长率（国债和金融债）8 个指标。国务院发展研究中心课题组（2004）研究指出，地方债务风险已经超过银行不良贷款风险，上升为头号风险来源，债务风险引起了社会的广泛关注①。如何科学的衡量中国的综合债务风险是一个巨大的挑战。本书构筑了多个衡量债务市场风险的指数，包括 DMS2，DMS5，DMS7，FDEBTS61，FDEBTS5。其中 FDEBTS61 = [外债规模变化率 + 财政赤字比 GDP 的变化率 + 债务率的变化率 + 负债率的变化率 + 偿债率的变化率 + 短期外债比外债总额的变化率]/6，FDEBTS5 = [标准化的财政赤字比 GDP 稳健性指数 + 债务率的标准化 + 负债率的标准化 + 偿债率的标准化 + 短期外债比外债总额标准化]/5，DMS7 = [国债期末余额增长率（指数化）+ 外债规模变化率 + 修正的财政赤字比 GDP 的变化率 + 修正的债务率的变化率 + 修正的负债率的变化率 + 修正的偿债率的变化率 + 修正的短期外债比外债总额的变化率]/7。DMS5 = [外债规模变化率 + 修正的债务率的变化率 + 修正的负债率的变化率 + 修正的偿债率的变化率 + 修正的短期外债比外债总额的变化率]/5。DMS2 = [国债期末余额增长率（指数化）+ 修正的财政赤字比 GDP 的变化率]/2。相关分析发现，DMS2、DMS5、DMS7、FDEBTS61 存在很强的正相关关系，四个指标具有很高的一致性。从图 6 – 14 可以发现内债风险增加，高于外债风险，整体的债务风险呈现上升趋势。近年来，我国债务市场处于比较脆弱状态，风险值得进一步关注。

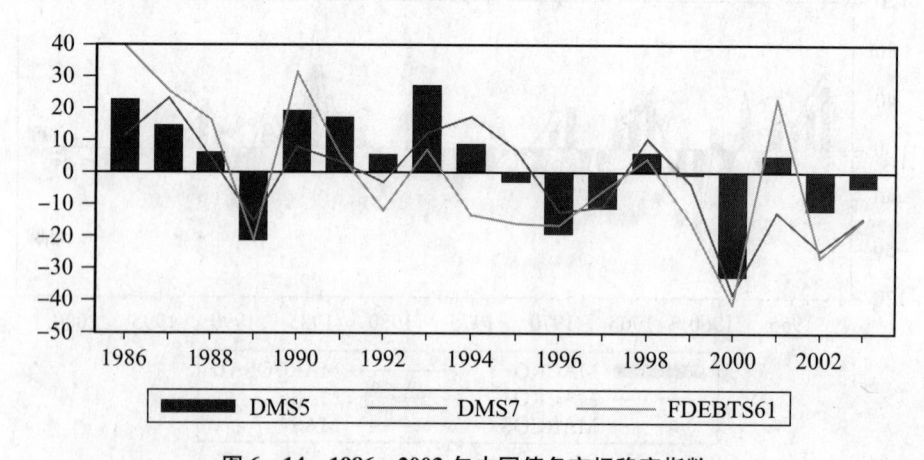

图 6 – 14　1986 ~ 2003 年中国债务市场稳定指数

① "头号杀手"曝光地方政府隐性债务风险严重，2004 年 2 月 23 日，中华工商时报，http://www.mof.gov.cn/news/20050302_ 1843_ 4776. htm。

此外，本书还利用樊纲（2004）的国民经济综合债务风险指数[①]来计算中国金融脆弱性状况，构筑了不同的国家综合债务风险指数，其中 GJZHZWLV1 = [国债期末余额 + 银行不良贷款 + 外债期末余额]/名义 GDP 核实，GJZHZWLV2 = [国债期末余额 + 银行不良贷款 + 外债期末余额 + 财政赤字]/名义 GDP 核实，SDEBT = [企业债 + 金融债 + 国债 + 外债 + 银行不良贷款 + 财政赤字]/名义 GDP 核实。从图 6 – 15 可以发现我国综合债务风险呈上升趋势，已经步入脆弱阶段。总的说来，目前我国债务风险处于较高状态，值得关注。

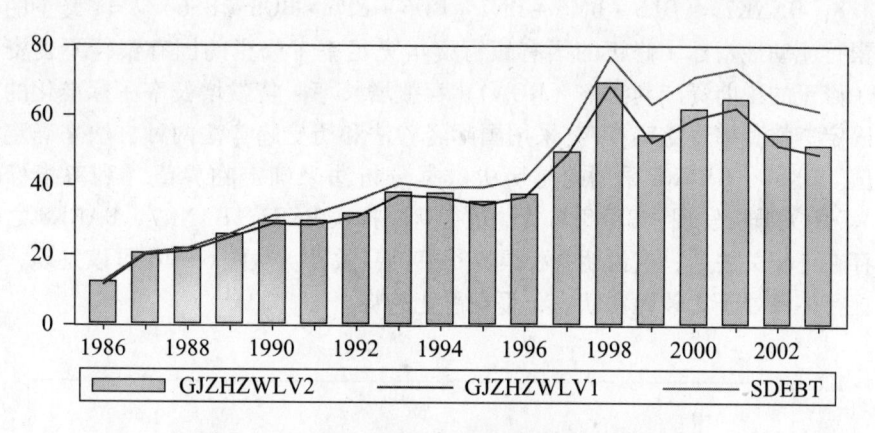

图 6 – 15　1986 ~ 2003 年中国的国家综合债务率

（3）银行稳定指数。具体的指标包括流动性（贷款比存款）、资本充足率、不良资产率、税前 ROA、存款增长率、贷款增长率、国内信贷比 GDP 的增长率、金融机构数量变化率、金融企业职工变化率、实际固定贷款利率和一年期实际存款利率 11 个指标。对于中国的金融稳定而言，银行扮演着至关重要的角色，银行部门的稳定是分析金融稳定的关键。本书选择不同的指标构筑了 10 多个银行稳定指数，指标构成由 3 个到 8 个不等，限于篇幅，不一一列举。这里重点介绍几个代表性指标，包括 BKS7、BKS8、BANK7、BANK8 等。其中：

BKS8 = (BL6 + BM6 + BN6 + BO6 + BP6 + BQ6 + BS6 + BT6)/8 = [修正的国有银行流动性指标 + 修正的国有银行资本充足率 + 修正的国有银行不良资产率 + 修正的税前资产利润率（ROA）+ 存款增长率 + 贷款增长率 + 银行数量变

[①]　樊纲，论"国家综合负债"，2004 年 11 月 23 日，链接 http：//blog.wswire.com/read.jsp？aid = 6862&uid = 2701。

化率+标准化的实际固定贷款利率变化率]/8。BKS7 =（BM6 + BN6 + BO6 + BP6 + BQ6 + BS6 + BT6)/7 = [修正的国有银行资本充足率+修正的国有银行不良资产率+修正的税前资产利润率（ROA）+存款增长率+贷款增长率+银行数量变化率+标准化的实际固定贷款利率变化率]/7。BANK8 =（BL8 + BM8 + BN8 + BO8 + BP8 + BQ8 + BT8 + BU8)/8 = [修正的国有银行流动性指标+修正的国有银行资本充足率+修正的国有银行不良资产率+修正的税前资产利润率（ROA）+存款增长率+贷款增长率+银行数量变化率+银行职工数量变化率]/8。BANK7 =（BL6 + BM6 + BN7 + BO6 + BP6 + BQ6 + BS6)/7 = [修正的国有银行流动性指标+修正的国有银行资本充足率+修正的国有银行不良资产率+修正的税前资产利润率（ROA）+存款增长率+贷款增长率+标准化的实际固定贷款利率变化率]/7。采用国际经验法和历史趋势法两种方法来确定临界值。BKS7、BANK8 采用的是历史数据分析法来确定临界值（利率指标除外）。相关分析发现，BKS8 与其他银行状况指数 BKS7、BANK7、BANK8 之间都存在正相关关系，这说明指标具有很好的一致性。从图 6 - 16 可以发现，我国银行体系处于比较脆弱状态，呈现恶化趋势。

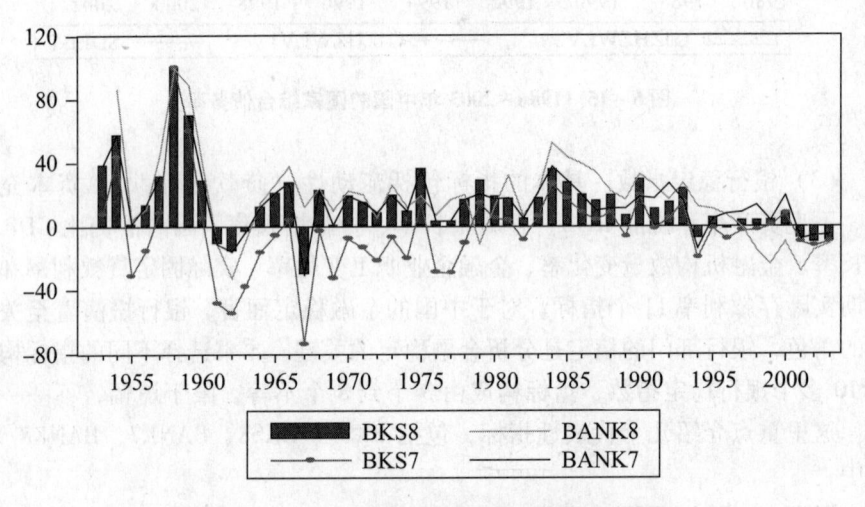

图 6 - 16　1953 ~ 2003 年中国银行体系稳定指数

（4）房地产稳定指数。具体指标包括房价变化率、房价收入比、空置率、房地产开发企业数量变化率。本书开发了 3 个衡量房地产市场稳健性的指数，其中 HMS4 =（房地产开发企业数量变化率+房价收入比+空置率+房价变化率)/4，HMS3 =（房价变化率 ZSPRICE + 房地产开发企业数量变化率 ZFDCK-

YQYS + 房地产开发投资额增长率)/3，HMS2 = [房价收入比标准化（AD）+ 空置率标准化(AD)]/2。从图 6-17 可以发现，我国房地产市场处于比较脆弱状态，有恶化趋势。

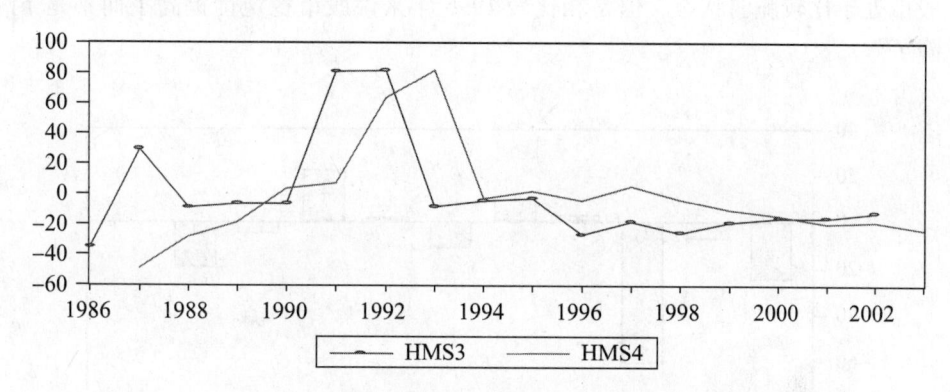

图 6-17 1987~2003 年中国的房地产市场稳定指数

（5）外部经济部门稳定指数。主要包括外汇市场和其他涉外部门，具体包括外汇储备增长率、汇率变化率、外汇储备/进口比例、进口增长率、出口增长率 5 个指标。本书构筑了 FMSI5，FMSI6 指标来测度外部经济部门的稳健性，其中，FMSI6 =（外汇储备增长率 + 汇率变化率 + 外汇储备/进口比例 + 进口增长率 + 出口增长率 + 1 年期实际储蓄存款利率变化率）/6，FMSI5 =（外汇储备增长率 + 汇率变化率 + 外汇储备/进口比例 + 进口增长率 + 出口增长率 + 1 年期实际储蓄存款利率变化率）/5。从图 6-18 可以发现，我国对外经济部门处于上行扩张阶段，外部经济部门整体来说比较稳定。

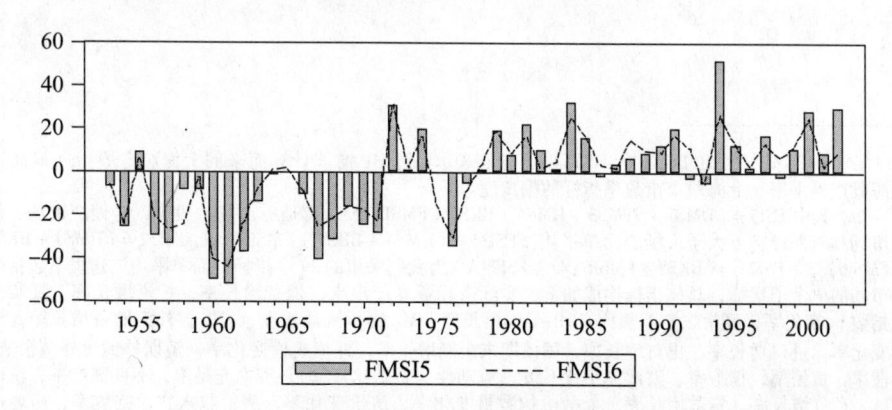

图 6-18 1952~2003 年中国对外经济部门稳定指数

（6）股票市场稳定指数。包括换手率、市盈率和股价波动。本书开发了一个衡量股市稳定的指数，STMS3 = (SHPGAP + SHHSLGAP + SHSYLGAP)/3，这里本书采用的是 HP 滤波方法来确定偏离度[1]。从图 6-19 可以发现，我国股市处于比较脆弱状态，但是相比较 1995 年来说股市稳定性提高了而不是下降了。

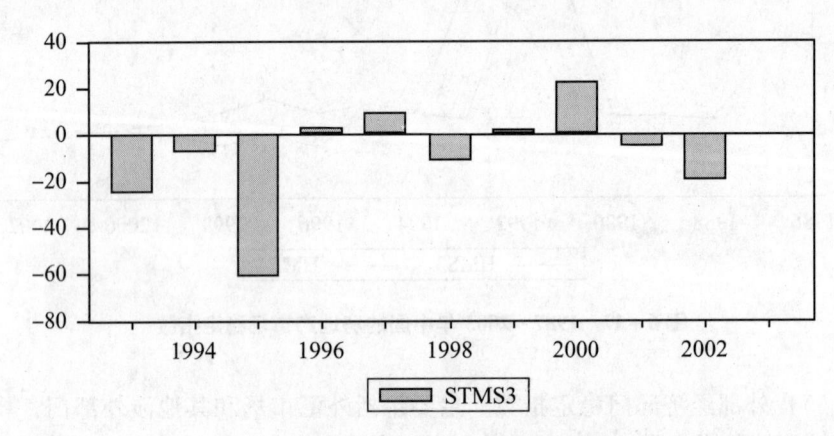

图 6-19　1993~2004 年中国股市稳定指数

5. 中国金融周期综合指数的构建及其结论性评价。在上述计算分析的基础上，本文根据简单平均计算出多个金融稳定综合指数，包括 FSI5、FSI31、FSI32、FSI21、FSI29AD[2]。

---

[1] SHPGAP, SHHSLGAP, SHSYLGAP 分别表示经过 HP 滤波计算而来的上海综合股指（最高），上海股市换手率，上海股市市盈率指标的偏离度。

[2] 其中 FSI5 = (DMS7 + STMS3 + HMS4 + BKS7 + FMSI5)/5，即债务市场、股市、房地产市场、银行市场和对外经济五大子市场的简单平均。FSI31 = (HMS4 + BKS7 + FMSI5)/3，FSI32 = (HMS4 + BKS8 + FMSI6)/3，FSI21 = (BKS8 + FMSI6)/2，FSI29AD 为我们采用的 29 个指标的简单平均，这里不包括股市市场的 3 个子指标。具体指标构成如下：实际边际资本产出率，消费增长率，投资增长率，真实价格指数 pt 变化率，经常账户差额比 GDP，M_2 增长率，M_2 货币流通速度（V2），外汇储备增长率，汇率变化率，进口增长率，出口增长率，国债期末余额增长率，外债规模变化率，短期外债比外债余额，偿债率，负债率，债务率，财政赤字比 GDP，流动性（贷款比存款），资本充足率，不良资产率，税前 ROA，存款增长率，贷款增长率，金融机构数量变化率，房价变化率，房价收入比，空置率，房地产开发企业数量变化率。

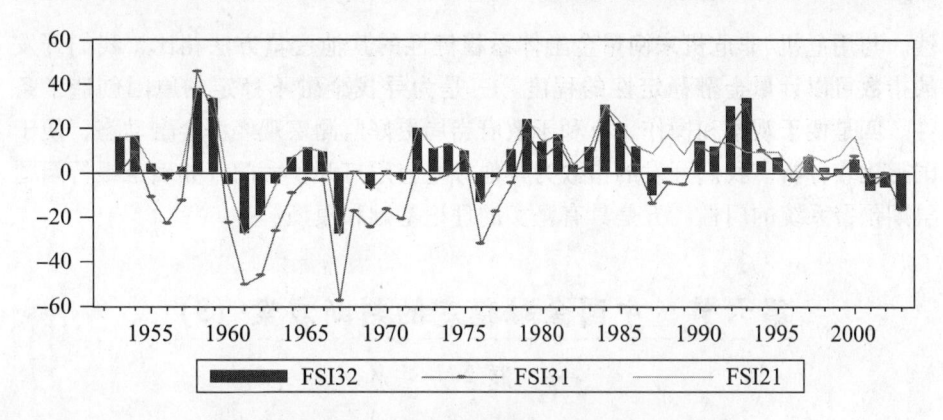

图 6−20 1952~2002 年的简单平均的金融稳定指数

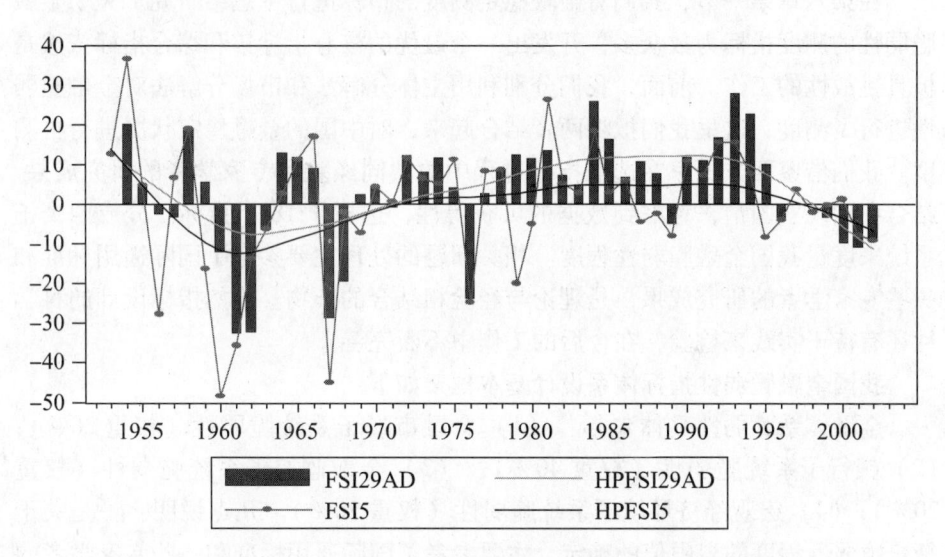

图 6−21 1953~2002 年的中国金融稳定指数 FSI29 和 FSI5

从图 6−20、图 6−21 可以发现，我国金融整体状况近年来处于比较脆弱阶段，但是宏观金融风险状况处于可控范围，处于 50 点以下。利用主体分解法和市场分解法得出了类似的结论。相关分析发现，BSF3 和 FSI29AD，FSI5 存在显著的正相关关系，分别为 0.52，0.44。FSI29AD 和 FSI5 相关系数为 0.72。说明我国目前整体金融稳定水平不理想，处于比较脆弱状态，呈现下降趋势，不过趋势并不十分明显。

与传统的离散指数的比较，连续的金融稳定指数具有以下几个优点：（1）有利于更好地确定干预时机。（2）使得最优稳定水平的确定具有可能性。与用危机/非危机来衡量金融体系稳健性的其他变量方法相比，我们开发的指数可以计量金融稳定性的程度。三是为寻找金融不稳定的原因创造了条件。四是便于观察和操作，有利于政府当局更好监测宏观经济金融动态，便于国际比较分析。我们开发的指数为其他一些应用打开了大门，如确定银行问题早期预警系统的门槛。五是具有坚实的理论基础和模型。

第六节　中国金融稳定的判断方案（3）
——混合方法[①]

在第六章第一节，我们对金融稳定测度的指标进行了总结研究。关于金融脆弱性的测度指标为数众多，开发出一个最优的核心指标集和综合指标依然是极具挑战性的工作。前面，我们分别利用主体分解法和市场分解法对金融脆弱性进行了测度，这里我们拟将两者结合起来，对中国的金融稳定状况进行再测度。我们借鉴西方国家在选取指标过程中的共同经验和专家学者的研究成果，结合我国现实国情，考虑到数据的可获得性，选择了18个指标，分成四个子系统来度量我国金融脆弱性程度。相关问题的处理主要参考了国际通用标准和一些专家学者的研究成果，是理论与经验相结合的产物。当然指标设计的科学性还有待于实践来检验，在今后的工作中不断完善。

我国金融脆弱性指标体系设计基本框架如下：

金融体系脆弱性具体包括：（1）金融市场子系统脆弱性（权重20%）；（2）银行子系统脆弱性（权重40%）；（3）金融监控子系统脆弱性（权重20%）；（4）宏观经济环境子系统脆弱性（权重20%）。几点说明：一是关于衡量脆弱性程度的界限值的确定，主要参考了国际通用标准和一些专家学者的研究成果，同时有个别指标根据历史数据先计算出平均值，然后依据偏离度来确定其安全性。二是数据处理，为了便于比较分析将具体的指标数值映射为相应的分数值。举例说明如1999年的经济增长率为8.1%，所处的脆弱性程度为安全，将8.1置于该区间上限为6.5和下限为9.5之间，$(8.1-6.5)/3=53.3\%$，然后按照相同的比例映射到对应的脆弱性区间0~20，则指标的分数值为10.7分，其他的类似计算。三是脆弱性程度综合分数的计算，各个子系统以简单算术平均计算，以银行子系统综合分数计算为例，其公式如下：B1 =

[①] 是主体分解法和市场分解法的混合使用，所以称之为混合方法。

(B11 + B12 + B13)/3；整个金融体系脆弱性程度的综合分数计算以加权平均计算，其公式为 Z = (A1 + 2B1 + C1 + D1)/5，考虑到我国银行系统在整个金融体系中的特殊重要性，将银行子系统的脆弱性权重确定为2，其他三个各为1。四是脆弱性程度划分。指标映射值在0~20之间为安全；20~50之间为正常；50~80之间为关注；80~100之间为危险。

关于指标的选取、临界值和权重的确定，一直是研究的难点。在第五节我们利用30多个指标构筑了一个综合的金融稳定指数，尝试对1952~2003年间的金融稳定状况进行测度。这里我们重点对1991~2000年间的金融稳定状况进行测度，作为对方案1和方案2的综合和补充。这里我们选择了18个指标，临界值和权重的确定都不同于方案1和方案2，见表6-13~表6-16。

表6-13　金融市场子系统若干脆弱性指标及临界值

A11 市盈率	<40	40~60	60~80	>80
A12 股市总价值/GDP	<30	30~60	60~90	>90
A13 上证综合指数波幅	<40	40~60	60~80	>80
A14 债务依存度	<10	10~20	20~30	>30
A15 财政赤字/GDP	<1	1~3	3~9	>9
指标映射分数值区间	0~20	20~50	50~80	80~100
脆弱性程度	安全	正常	关注	危险

表6-14　银行子系统若干脆弱性指标及临界值

B11 国有银行不良贷款比率	<12	12~17	17~22	>22
B12 国有银行资本充足比率	>12	8~12	4~8	<4
B13 国有银行资产收益比率	>0.4	0.2~0.4	0~0.2	<0
B14 企业资产负债比率	<45	45~65	65~85	>85
指标映射分数值区间	0~20	20~50	50~80	80~100
脆弱性程度	安全	正常	关注	危险

表6-15　金融监控子系统若干脆弱性指标及临界值

C11 M_2 增长率	5~15	15~20	20~25或0~5	>25或<0
C12 M_2/M_1	1~2	2~2.5	2.5~3	>3
C13 一年期实际存款利率	0~4	4~7或0~-4	7~10或-8~-4	>10或<-8
C14 金融机构贷款增长率	5~15	15~20	20~25或0~5	>25或<0
C15 外汇储备/进口用汇月	>6	4~6	3~4	<3
C16 经常项目差额/GDP	0~3	3~4.5	4.5~5	>5或<0
指标映射分数值区间	0~20	20~50	50~80	80~100
脆弱性程度	安全	正常	关注	危险

表 6-16　　　宏观经济环境子系统若干脆弱性指标及临界值

D11GDP 增长率	6.5~9.5	5~6.5 或 9.5~11	3.5~5 或 11~12.5	<3.5 或 >12.5
D12 固定投资增长率	13~19	10~13 或 19~22	7~10 或 22~25	<7 或 >25
D13 通货膨胀水平 CPI	<4	4~7	7~10 或 0~-2	>10 或 <-2
指标映射分数值区间	0~20	20~50	50~80	80~100
脆弱性程度	安全	正常	关注	危险

我们认真收集整理了 1991~2000 年关于四个子系统的 18 项指标的原始数据，计算出相应的分数值，然后再计算出各子系统金融脆弱性的综合指数，其量化处理的结果如表 6-17~表 6-20：

表 6-17　　　　　　金融市场子系统综合指数

年份	1991	1992	1993	1994	1995	1996	1997	1998	1999	2000
A11 市盈率	17.3	17.3	19	5.2	4.7	19.3	23.6	16.1	19.1	45.5
A12 股市总价值/GDP	2.62	2.62	6.8	5.26	3.96	9.67	15.6	16.3	21.8	43.8
A13 上证综指波幅		77.9	37.9	63.5	25.1	48.9	23.6	13.4	24.5	17.9
A14 债务依存度	19.6	45.2	31.4	57.5	64.4	69.8	75.8	95	90	85
A15 财政赤字/GDP	21.5	100	77.4	23	100	74	75.2	1.8	37.1	78.7
A1 综合指数	15.3	48.6	34.5	30.9	39.6	44.3	42.8	28.5	38.5	54.2

表 6-18　　　　银行子系统若干脆弱性指标综合指数

年份	1991	1992	1993	1994	1995	1996	1997	1998	1999	2000
B11 国银不良贷款比率	68	68	68	95	95	95	95	98	99	93
B12 国银资本充足比率	53.3	51.1	51.1	53.6	60.1	69.7	71	66.5	68.7	66.9
B13 国银资产收益比率	7.4	10	20	36.5	36.5	48.5	65.3	62	56	62
B14 企业资产负债比率	43.3	44.8	60.1	52.6	54.4	49.6	48.4	48.1	43.3	44.3
B1 综合指数	43	43.5	49.8	59.9	61.5	65.7	69.9	68.7	66.8	66.6

表 6-19　　　　　金融监控子系统综合指标数值

年份	1991	1992	1993	1994	1995	1996	1997	1998	1999	2000
C11 M_2 增长率	82	87	92.7	90	84.9	81	47.6	19.6	19.4	14.6
C12 M_2/M_1	34.4	30.2	28.4	36.8	51.8	60.2	56.6	60.8	57.2	55.4
C13 一年期实际存款利率	21.6	5.8	47.9	100	65.9	26.2	14.4	35.7	18.3	9.3

续表

年份	1991	1992	1993	1994	1995	1996	1997	1998	1999	2000
C14 金融机构贷款增长率	15.4	70.4	100	57.8	100	55.4	65	23	2	6.6
C15 外汇储备/进口用汇月	21.5	80.7	83.3	41	17.9	13.2	10.2	9.7	10.7	8
C16 经常项目差额/GDP	19.3	8.8	85	9.4	1.5	5.9	42.2	25.6	10.5	12.7
C1 综合指数	32.4	47.2	72.9	40.8	53.7	40.3	41.3	25.5	19.7	17.8

表6-20　　　　　宏观经济环境子系统综合指标数值

年份	1991	1992	1993	1994	1995	1996	1997	1998	1999	2000
D11 GDP增长率	26	96	90	85	65	38	18	8	1	10
D12 固定投资增长率	85	95	100	90	25	9	68	4.5	88	73
D13 CPI变动率	17	44	84	94	87	63	14	62	71	2
D1 综合指数	42.7	78.3	91.3	89.7	59	36.7	33.3	24.8	53.3	28.3

表6-21　　　　　金融脆弱性综合指标数值

年份	1991	1992	1993	1994	1995	1996	1997	1998	1999	2000
A1	15.3	48.6	34.5	30.9	39.6	44.3	42.8	28.5	38.5	54.2
B1	43	43.5	49.8	59.9	61.5	65.7	69.9	68.7	66.8	66.6
C1	32.4	47.2	72.9	40.8	53.7	40.3	41.3	25.5	19.7	17.8
D1	42.7	78.3	91.3	89.7	59	36.7	33.3	24.8	53.3	28.3
$Z=(A+2B+C+D)/5$	35.3	52.2	59.7	56.2	55.1	50.5	51.4	43.2	49	46.7

表6-22　　　　　金融脆弱性子系统各自影响因子

年份	1991	1992	1993	1994	1995	1996	1997	1998	1999	2000
A1	8.8	18.6	11.6	11	14.4	17.5	16.7	13.2	15.7	23.2
B1	48.8	33.4	33.4	43	44.6	52	54.3	63.6	54.5	57
C1	18.2	18	24.4	15	19.5	16	16	11.8	8	7.6
D1	24.2	30	30.6	31	21.5	14.5	13	11.4	21.8	12.2

从量化处理的结果可以发现：近10年来我国整体金融脆弱性水平大体上呈现先升后降的趋势，10年中有6年处于脆弱性程度令人关注的状态，1993

年脆弱性综合指数最高为 59.7 分，10 年脆弱性综合指数平均水平约为 49.9 分，我国整体金融脆弱性问题令人关注，尤其是银行系统脆弱性程度偏高，10 年平均水平高达 59.94 分，比整体金融脆弱性水平高出 10 多个百分点，成为影响我国整体金融脆弱性的主要诱因。就各子系统对整体脆弱性的影响来看，1995 年以前 4 个子系统脆弱性按由高到低排列为：银行子系统，宏观经济环境子系统，金融监控子系统，金融市场子系统；而从 1996 年起情况发生了明显的变化，金融市场子系统由第四位上升到第二位，2000 年金融市场子系统对整体金融脆弱性的影响因子高达 23.2%，比 1991 年的 8.8% 翻了 2.64 倍，金融市场尤其是股市脆弱性应引起我们的高度警惕。（见表 6 – 21、表 6 – 22 和图 6 – 22）

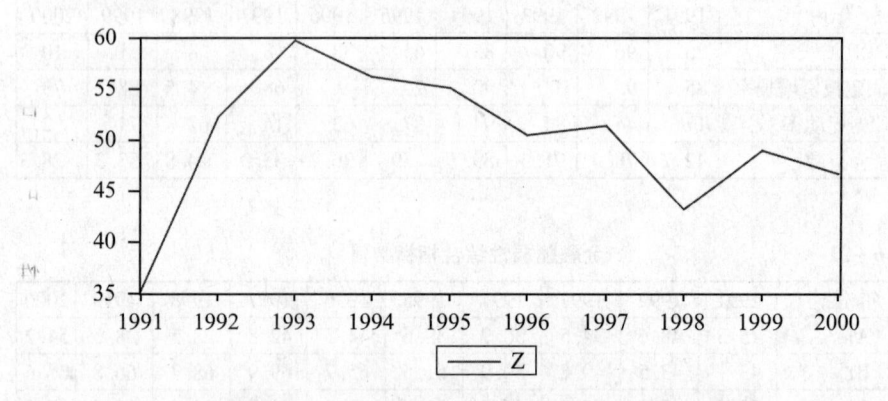

图 6 – 22 1991～2000 年中国金融脆弱性总体趋势

从各子系统分析，银行子系统脆弱性程度最高，十年间有 7 年处于脆弱性程度令人关注状态，10 年脆弱性水平平均为 59.94 分，高出正常水平 9.94 个百分点。1997 年为最高达到 69.9 分，比 1991 年上升了约 163%，1999 年后有所下降，但降幅不大。2000 年为 66.6 分比 1997 年下降了 3.3 个百分点。银行系统对整体金融脆弱性的影响因子自 1995 年以来高于 50%，1998 年高达 63.6%，2000 年为 57% 下降了 6.6 个百分点。这与近年来银行改革如 "债转股" 等降低不良资产的政策措施有关，改革虽取得了一定成效但并没有从根本上降低银行系统脆弱性水平，其脆弱性程度令人担忧。搞好银行系统改革降低银行系统既有的脆弱性事关整个金融体系的稳健和安全，应引起我们的特别重视。（见表 6 – 21、表 6 – 22 和图 6 – 23）

>>>>>>> 第六章 中国金融稳定的综合判断

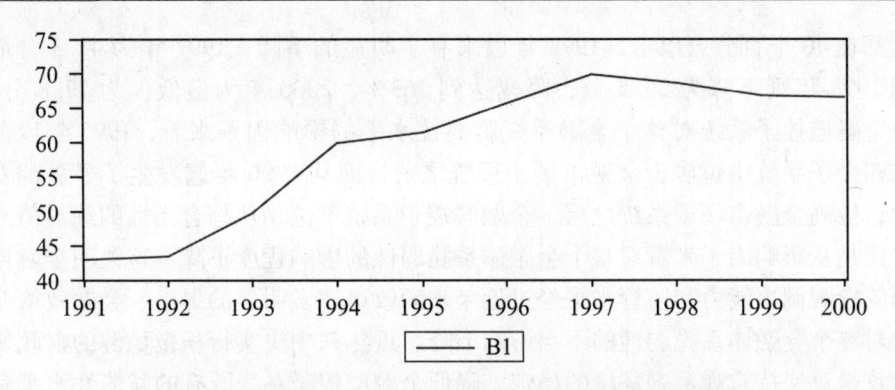

图 6-23　1991~2000 年中国银行系统脆弱性变化情况

十年间金融市场子系统脆弱性水平变化起伏相当大，1991 年脆弱性水平为 15.3 分，而到 2000 年则为 54.2 分，上升了 354%，为十年间的最高水平。1999 年以前一直都处于脆弱性正常状态，近年来呈上升趋势，2000 年脆弱性水平处于令人关注状态。金融市场子系统对整体金融脆弱性的影响因子相对于其他子系统而言越来越突出，影响因子从 1991 年的 8.8% 上升到 2000 年的 23.2%，在四大子系统中仅次于银行系统位居第二并呈上升趋势。今后我们应更多关注金融市场尤其是股市的脆弱性，及时化解股市风险，防止股市脆弱性累积，最终影响整个金融体系稳定。（见表 6-21、表 6-22 和图 6-24）

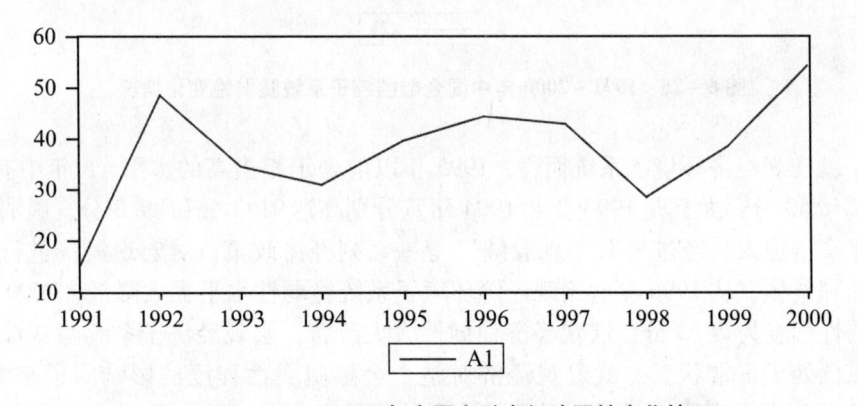

图 6-24　1991~2000 年中国金融市场脆弱性变化情况

就金融监控子系统而言，系统脆弱性水平比较正常，十年中有两年处于偏高状态，其脆弱性综合指标 1993 年和 1995 年分别为 72.9 和 53.7 分，其余 8 年都处于小于 50 分的正常水平。1997 年以前金融监控子系统综合指数分数值

货币双轨制、政府治理和金融稳定 <<<<<<

大都在 40 个百分点以上，1998 年以来有了明显的下降，1997 年为 41.3 分而到 1998 年则下降为 25.5 分，降幅达到 163%，2000 年为最低仅为 17.8 分。就金融监控子系统对整个金融系统脆弱性水平的影响因子来看，1995 年以前在四个子系统中位居于金融市场子系统之前，而从 1996 年起发生了显著的变化，位列金融市场子系统之后，金融监控子系统不论是从综合指数的绝对值来看还是从影响因子来看对整个金融体系脆弱性的影响程度下降。这说明金融当局的宏观调控能力和监管水平经过近年来的改革有了明显的提高，金融政策变量对整个金融体系脆弱性的不当影响下降。近年来中央实行积极稳健的财政货币政策对保持宏观金融环境的稳定，降低金融监控子系统既有的脆弱性水平和维持宏观金融环境稳定效果显著。（见表 6-21、表 6-22 和图 6-25）

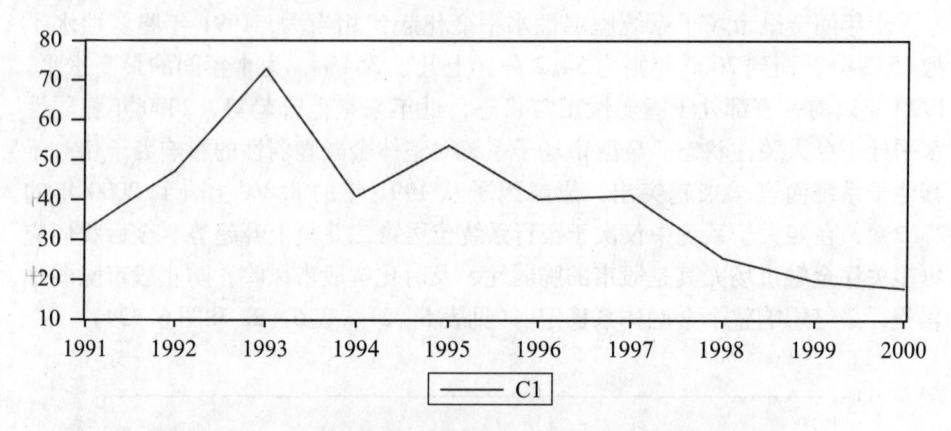

图 6-25 1991~2000 年中国金融监控子系统脆弱性变化情况

就宏观经济环境子系统而言，1995 年以前处于相当高的水平，5 年中有 4 年高于 50 分，尤其是 1993 年和 1994 年竟分别高达 91.3 分和 89.3 分，脆弱性水平高得惊人。经过采取"软着陆"等一系列经济政策，对宏观经济进行综合治理整顿，从 1996 年起宏观经济环境子系统脆弱性水平大大降低，2000 年脆弱性程度为 28.3 分，宏观经济稳健性大大改善，宏观经济子系统脆弱性程度较低处于正常状态。就宏观经济对整个金融脆弱性程度的影响因子来看，1995 年以前宏观经济子系统对整体金融脆弱性的影响较大，在 4 个子系统中仅次于银行系统位居第二位，1992 年、1993 年和 1994 年其影响因子都在 30% 以上，1994 年为最高达到 31%，从 1996 年开始其影响因子数值下降，除 1999 年外都在 15% 以下，1998 年为最低仅为 11.4%，对整个金融脆弱性水平的影响程度大大降低，在 4 个子系统中的位次位于银行和金融市场子系统之后。这说明近年来我国宏观经济环境较好，系统脆弱性水平较低，宏观经济环境处于 1990 年以来的最佳时期。（见表 6 – 21、表 6 – 22 和图 6 – 26）

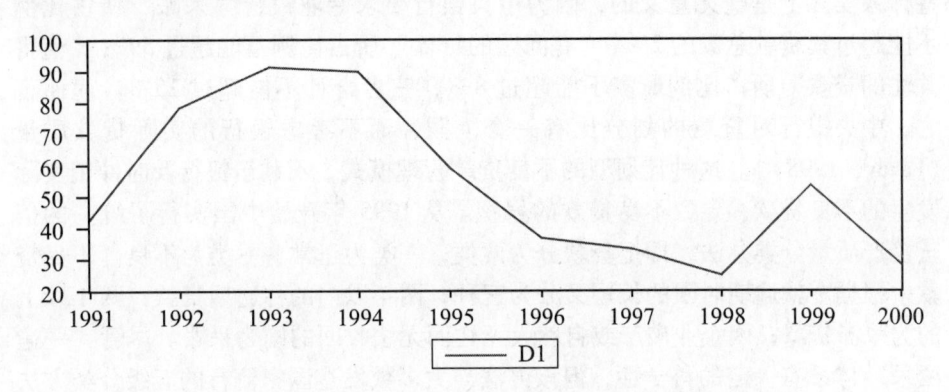

图 6 – 26　1991 ~ 2000 年中国宏观经济环境脆弱性变化情况

总的说来，通过对 1991 ~ 2000 年中国金融脆弱性程度的量化分析结果发现，近 10 年来中国金融脆弱性程度大体呈现先升后降的趋势，10 年中有 6 年处于脆弱性程度令人关注的状态，金融脆弱性状况不容乐观。尤其是银行系统脆弱性程度偏高，10 年平均水平高达 59.94 分，比整体金融脆弱性水平高出 10 多个百分点，成为影响我国整体金融脆弱性的主要诱因。

第七节　中国金融稳定的判断方案（4）
——辅助性的国内国际证据

一、中国银行体系稳健性——辅助性证据

中国的银行体系在整个金融系统中占据重要位置，银行稳定是维护金融稳定的重中之重，因此，准确的评估银行稳定对于诊断金融稳定具有特殊重要的意义。要准确的评估银行体系的稳定性，不良贷款数额的估计无疑是首要任务。对于不良贷款及其比例至今一直未有公论。这里我们试图对中国不良贷款规模进行再估计，并力图构建一个连续的不良贷款率指标。要对中国不良贷款的规模做出估计，必须对其统计口径有一个清楚的认识。由于我国对贷款的分类管理处于变化之中，对不良贷款的划分经历了由粗到精，由无到有，由不规

范到规范的发展演变过程。在 20 世纪 80 年代中国几乎没有试图去划分银行贷款的质量。到 1994 年以前每一个银行都有划分不良贷款的体系和标准,但这些体系实际上是毫无意义的,因为中央银行要求专业银行"呆账"所占比例不能超过其贷款总额的 2%;"有问题的贷款"所占比例不能超过 5%;"值得关注的贷款"所占比例最多不能超过 8%,三者合计不能超过 15%。简而言之,中央银行对贷款的划分比有一个上限,而不考虑银行的实际贷款质量(Lardy,1998)[1]。这种计划型的不良贷款管理模式,不利于银行及时冲销实际发生的不良贷款,导致不良贷款的累积。从 1995 年开始中国实行了统一的信贷资产质量分类办法,即把贷款分为两类,一类为正常,一类为不良。不良贷款中根据贷款逾期时限的长短又分为三种,两年以内的称逾期贷款;两年以上的为呆滞贷款;因企业破产或自然人死亡而无法收回的则为呆账。尽管"一逾两呆"体系有一定的科学性,但该方法与大多数发达国家流行的五级分类方法相比显得更为宽松。1998 年中国开始要求各商业银行按国际惯例执行新的贷款分类办法。该办法将贷款质量分为正常贷款、关注贷款、次级贷款、可疑贷款、损失贷款五类[2],简称贷款风险分类办法[3](聂凌云,2005)。对不良贷款的分类及其演变清楚地说明中国银行缺乏风险管理功能和风险管理能力,缺乏自主的风险管理权力。政府主导下的风险管理与控制开始逐步过渡为银行组织主导的风险管理和控制,中国的风险管理模式逐步由计划集中型走向市场分散型模式。很长一段时间,中央银行行政命令式的风险管理模式替代了市场风险管理,对不良贷款的管理不是基于市场变化,而是基于中央银行的行政命令与规定。中国金融不稳定归结到底是风险管理的失败,这无疑是正确的。历史上重视数量忽视质量的信贷风险管理模式,我们称之为粗放式的风险管理模式,给银行不良贷款的累积创造了制度性条件。从图 6-27 可以发现,1980~2004 年的 25 年间我国国有银行不良贷款率平均为 14.04%,不良贷款占 GDP 的比例平均为 10.75%。从不良贷款指标来看,1989 年以来几乎都超过 10%,只有 1991 年例外,从 1993 年至今都超过 15%。不良贷款占 GDP 的比例从 1993 年

---

[1] Lardy, N. (1998). China's unfinished economic revolution. Washington, D. C.: Brookings Institution Press.

[2] 正常贷款,指借款人能严格履行合同,有充分把握按时、足额偿还贷款本息。关注贷款,指借款人目前有偿还能力,但存在一些可能对贷款偿还产生不利影响的因素。次级贷款指,借款人的还款能力以及抵押和担保都不足以保证贷款本金与利息的完全偿还。可疑贷款,指借款人无法足额偿还贷款本息,即使执行抵押或担保,也可能会造成一部分贷款损失。损失贷款,指在采取所有可能的措施和一切必要的法律程序后,预计贷款仍无法收回,或只能收回极少部分。后三类称为非正常贷款,即通称的不良贷款。

[3] 聂凌云,中国银行业不良贷款成因、所带来的金融风险及对策,北京大学硕士论文,北京大学中国经济研究中心,1999 年。

至今，每年都超过 10%，1999 年高达 30.4% 左右。这意味着我国银行体系制造了大量的无效货币，银行体系的资金使用效率十分低下，银行体系的稳健性十分令人担忧。

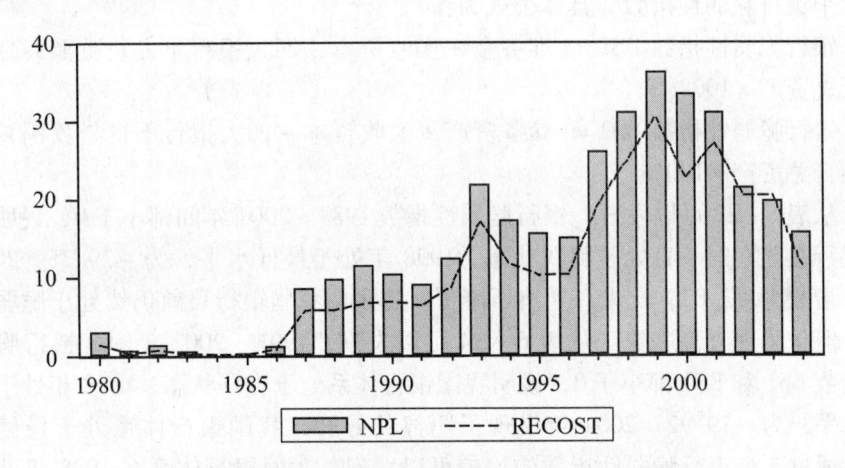

图 6-27 1980～2004 年中国国有银行的不良贷款率和
政府救助成本（不良贷款占 GDP 比例）

为了更全面的测度中国银行体系脆弱性状况，本书还构筑了一些银行脆弱性指数，作为补充指标。Brenda Gonzales-Hermosillo（1999）提出了一个测度银行体系脆弱性的指标[①]，本书根据该指标选择四大国有银行作为分析对象，具体指标内容包括银行资产、银行准备金（三种）、银行资本和银行不良贷款。银行脆弱性指数计算公式为：

银行脆弱性指数 BGH =（银行总资本 + 银行准备金总额 - 不良贷款）/ 银行总资产 × 100%

原则上该指数小于 0 为脆弱，否则稳健。根据该指数可以发现 1987 年是一个转折点，国有银行体系由稳健变得脆弱。1997 年是一个重要的转折点，国有银行在外来冲击作用下变得更为脆弱，风险开始显化出来，这一年中国银行体系稳健性发生了显著的变化，脆弱性程度显著增加。2003 年是否是国有银行体系稳健性好转的一个转折点，还有待进一步检验。通过对 1986～2004

[①] 我们借鉴了 Brenda Gonzales-Hermosillo 对银行体系的脆弱性定义。银行体系脆弱性（资本 + 贷款准备金 - 不良贷款）/ 总资产。为与中文习惯一致，做了修改。资料来源：Brenda Gonzales-Hermosillo, "Developing indicators to provide early warnings of banking crises"（Financial Markets）Finance & Development, June 1999 v36 i2 p36（4）。曾诗鸿（2004）作了类似的处理。

年间四大国有银行脆弱性的分析，我们发现国有银行体系经历了稳定走向脆弱，由脆弱走向稳定的周期性演变。

此外本书还利用《中国人民银行统计季报》1996～2004年的数据，计算了2个银行脆弱性指数。具体公式为：

银行脆弱性指数BS1=(准备金+实收资本-四大银行不良贷款额)/四大银行总资产×100%

银行脆弱性指数BS2=(储备资产+实收资本-四大银行不良贷款额)/四大银行总资产×100%

从表6-23可以发现，银行脆弱性指数1987～2004年间都小于0，说明我国银行在此期间一直处于脆弱状态，1998年处于最低水平，为-29.35。2004年该指数为-3.82，比上一年有所降低。这说明我国银行目前仍然处于脆弱状态，但是呈现改善迹象。从表6-24可以发现，1997～2002年间，银行脆弱性指数BS1和BS2都小于0，说明我国银行体系处于脆弱状态，1998年处于最低水平，为-19.92。2004年出现了明显的好转，我国银行体系处于稳健状态。通过3个银行脆弱性指数的比较可以发现，我国银行体系在1998年处于十分脆弱的状态，此后出现改善迹象。2004年银行体系稳健状况有了很大的改善[1]。

表6-23　　　　　1986～2004年四大国有银行脆弱性指数BGH

年份	四大行总资产	四大行总资本（股本）	四大行总准备金	国有银行不良贷款	国有银行脆弱性指数BGH
1985				12.86	
1986	12311.29	315.89	34.46	90.27	2.112532
1987	14802.65	399.94	36.31	850	-2.79511
1988	18808.81	500.19	51.82	1110	-2.96664
1989	21978.91	597.93	86.22	1560	-3.98496
1990	27889.47	688.5	117.8	1740	-3.34786
1991	35817.5	1104.93	149	1862	-1.69769

---

[1] 为进一步严格考察近年来的银行体系脆弱性的变化，我们利用BANKSCOPE数据对四大国有银行的脆弱性进行考察分析。银行脆弱性指数计算公式为：银行脆弱性指数3=(银行总资本+银行准备金总额-不良贷款)/银行总资产×100%，从上述公式，我们可以发现影响银行脆弱性的因素可以分解为资本充足率，银行贷款拨备覆盖率，不良贷款率，贷款占资产的比例（该指标可以衡量银行业务多样化程度或者资金运用的分散化程度）。我们利用公式计算出工行2004年的脆弱性指数为-9.99%，说明工行相当脆弱，2004年建行脆弱性指数为4.63%，说明建行相当稳健。2001年中行脆弱性指数为-2.55%，说明中行也处于脆弱状态。

续表

年份	四大行总资产	四大行总资本（股本）	四大行总准备金	国有银行不良贷款	国有银行脆弱性指数 BGH
1992	45397.49	1316.29	184.02	3000	-3.30346
1993	58125.04	1536.83	189.99	6500	-8.21192
1994	71224.53	1831.12	319.51	7000	-6.80857
1995	80562.44	1983.47	451.89	8000	-6.90724
1996	93288.59	2096.7	479.93	11000	-9.02937
1997	84242.04	2201.19	412.23	20218	-20.8976
1998	96602.07	4930.27	523.7	33811	-29.3545
1999	106348.6	4890.47	775.07	20000	-13.4788
2000	115836.6	4890.43	639.6	27993	-19.3919
2001	121949.4	5238.99	897.31	30971	-20.3648
2002	126997	5171.97	1244.55	20881	-11.3896
2003	151940.6	6672.4	1962.74	19168	-6.93222
2004	169320.5	6730.9	2536.50	15751	-3.82919

资料来源：2003 年、2004 年的四大银行总资产、国有银行不良贷款来自银监会网站，2003 年、2004 年四大银行总准备金来自 BANKSCOPE 网站数据（Loan Loss Reserves（Memo））。1995 年以前的国有银行不良贷款数据来自张杰，1995 年以后的数据资料来源 1995 年和 1996 年的数据是根据张杰 1998 年的数据整理而得，1999～2001 年的数据来自于彭兴韵 2002 年以及施华强和彭兴韵 2003 年和 2002～2004 年来自于中国银监会的网站 http://www.cbrc.gov.cn/。准备金数据来自四大行的资产负债表整理而来。

表 6 – 24　　1995～2004 年四大国有银行脆弱性指数 BS1 和 BS2

年份	储备资产	#准备金	实收资本	四大银行总资产	四大银行不良贷款额	银行脆弱性指数 BS1	银行脆弱性指数 BS2
1996	10195.9	9789.8	1926.5	93288.59	11000	0.767832	1.203148
1997	10915.8	10412.7	2105.8	84242.04	20218	-9.13974	-8.54253
1998	9722.7	9196.9	4845.5	96602.07	33811	-20.464	-19.9197
1999	10158.6	9052.6	4783.7	106348.6	20000	-5.79575	-4.75577
2000	9548.4	8773.2	4793	115836.6	27993	-12.4544	-11.7852
2001	10847.5	10158.4	4814.5	121949.4	30971	-13.1186	-12.5536
2002	11943.1	11189.2	5082.3	126997	20881	-3.62961	-3.03598
2003	13507.5	12673.4	6672.4	151940.6	19168	0.117019	0.665984
2004	15171	14281.6	6730.9	169320.5	15751	3.107421	3.632697

资料来源：这里的储备资产、准备金、实收资本都来自《中国人民银行统计季报》2005 年 6 月，为国有独资银行的资产负债表数据。2003 年、2004 年的四大银行总资产、国有银行不良贷款来自银监会网站。由于数据来源不同，2003 年、2004 年导致计算结果出现较大差别。

二、金融脆弱性的国际比较——辅助性的国际证据

从图6-28可以发现，2004年59个国家的穆迪财务稳健指数的排名中，中国位居倒数第六。为便于比较，本书还选择2002年的6个指标进行国际比较分析，2002年不良资产比例中国在82个国家排第六位，不良贷款准备金率在82个国家中排名倒数第一，银行资产回报率排名在82个国家中排名倒数第四位。资本资产比例排名在82个国家中为倒数第六位。风险加权资本充足率排名倒数12位。

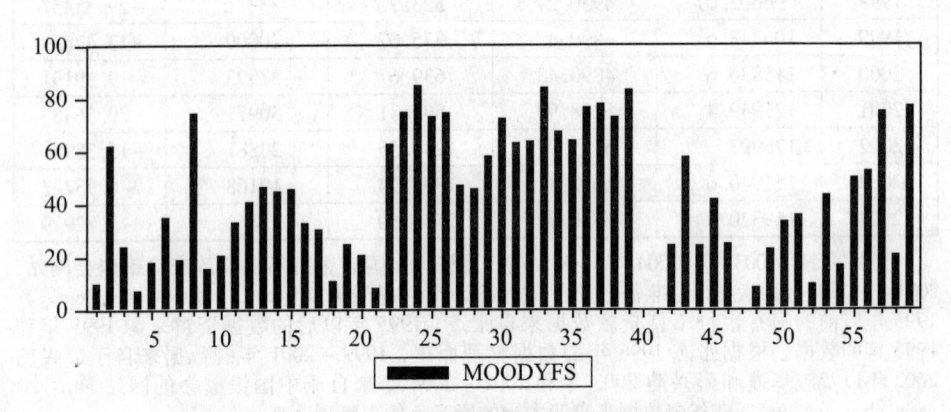

图6-28　2004年59个国家的穆迪金融稳健指数及其比较①

表6-25　80多个国家2000~2004年6个银行行业变量的统计分析

	NPLPJ 不良贷款率	ECAPJ 加权资本充足率	CAPJ 资本充足率	ROAPJ 资产回报率	ROEPJ 资本回报率	BLDKZBJLVPJ 不良贷款准备金率
平均值	9.412114	14.12004	8.513816	1.249137	13.65302	65.87803
中位数	7.190000	12.82000	7.830000	0.900000	12.72000	55.88000
最大值	28.34000	38.36000	24.48000	11.46000	64.60000	190.8800
最小值	0.380000	5.560000	3.060000	-2.740000	-20.34000	3.800000
标准差	7.669221	6.084085	3.866264	1.699002	11.93871	35.76302
观察数	82	81	76	80	80	66
中国5年平均	23.9	4.68	7.4	0.05	na	3.8

① 第一个国家为中国，以便比较。数据来源于2005年的IMF《全球金融稳定报告》（英文版）整理而来。

从表6-25，我们发现中国的不良贷款率5年平均值为23.9，较国际平均水平9.41高出约14.5个百分点。贷款损失拨备率为3.8，远远低于国际平均水平65.87，在82个国家中处于倒数第一位。中国的银行资产回报率为0.05，大大低于国际平均水平13.65。风险加权资本充足率为4.68，大大低于国际平均水平14.12。从以上7个指标的国际排名来看，我国金融体系稳健状况不容乐观。

第七章

中国金融不稳定的成因及其治理

第一节 不同理论观点述评

维护金融稳定,进一步推动金融改革是目前中国备受瞩目的一件大事,也是学术界最为关心的焦点问题之一。随着市场化改革进程的加快和经济开放程度的不断提高,金融改革已经成为当务之急和重中之重。中国的金融改革处在十字路口,何去何从?学者们对我国金融体系的病根,可以说是见仁见智。在盘根错节之中,寻找金融不稳定的源头,找到金融改革的突破口,一直是学术界最具挑战性的任务。我们试图对金融不稳定的种种理论假说进行梳理,寻找金融不稳定的根源和化解之道,以期进一步推动中国的金融改革和金融发展,维护中国金融稳定。关于中国金融不稳定的来源及其成因,研究者看法不同[①]。总的来说,主要有以下几种代表性的假说:

1. 金融不稳定的市场结构观及其争论。在国内,林毅夫(2003)认为,四大银行的改革固然重要,但从发展的角度来讲,最重要的是改变我国的金融结构,改变大银行与中小银行、国有与民营银行的结构问题。金融结构的有效性取决于金融结构资金配置的有效性,一个国家最有效的配置以及金融结构的有效性可能依赖于不同的发展阶段。中国现阶段最有竞争力,最有比较优势和发展潜力、风险最小的是劳动力密集型产业或区段,而这类产业和产业区段中企业的特性是劳动力密集以及中小型企业居多。因此,这个阶段的最有效配置以及金融结构的有效性的核心内容在于动员更多的资金支持劳动力密集的中小

[①] 第二章,我们对国际上关于金融不稳定的种种理论假说进行了回顾,一些理论假说都可以套用来分析中国的金融稳定问题。这里,我们重点介绍国内相关的研究。

型银行，更多更好地服务于中小型企业。

徐滇庆（2000）提出，对内开放金融，中国没有其他选择。他认为：（1）民营金融机构是国有金融体制的重要补充；（2）民营金融机构的建立必然会促进国内金融市场的公平竞争，促进国有金融机构的改革；（3）建立具有国际先进水平的民营金融机构，有助于金融业参与国际竞争，缓和WTO对国内金融业的冲击。办民营银行的目的是"补台"，而不是"拆国有银行的台"。国有银行的症结是体制问题，如果能够做到政企分开，有合格的企业家人才，即使维持国有产权，也存在着成功的可能性。民营金融机构最大的优越性就是它是由下而上产生的，其成长过程也就是在竞争中挑选金融企业家的过程。同时，由于民营银行产权清晰，比较容易实现政企分开。因而，从金融改革的战略安排上来看，应当把建立民营银行放在首位，通过建立民营银行来加速国有银行改革步伐。总之，对于国有银行来说，主要是内部体制改革问题，要明晰产权，找到合格的代理人，做到政企分开。要改革国有银行非得创造一个良好的竞争环境。在对外开放的同时建立民营银行，可以促使国有银行的内部改革。

田国强、王一江（2003）[①]认为中国银行业改革面临两难：一是对内开放加大了银行业整体风险，但不开放则不能形成竞争的市场，无法促进国有商业银行的改造，提高效益；二是银行业改革的迫切性与制度环境建设长期性的两难，即快与慢的矛盾。通过外资银行参股、合资及独资，可走出银行业改革的两个两难困境，提高中国银行业的效率，降低体系转型的风险，加速银行业的改革过程。基于此，他们提出了三个步骤改革的建议：（1）创造条件，尽快、全面对外资银行开放。首先积极鼓励外资参股、合资，进而按WTO协定向独资的外资银行开放，形成银行业竞争；（2）在竞争的环境中改造国有商业银行，同时建立内资民营银行试点；（3）待制度成熟后全面开放内资银行与外资银行。田国强对现有的银行业改革思路提出了质疑，这四种思路分别是"国有商业银行通过内部改造和上市提高效益"、"分拆国有商业银行，以加强竞争"、"发展地方政府银行"、"发展国内民营银行"。

杨小凯（2000）指出，中国的金融系统基本上是国有垄断的，对民间金融实行压制。不放弃国有银行的垄断权，商业银行就是起不来。银行体系的改革可以学我国的台湾，搞银行自由化，而不是已有的国有银行私有化，就是让私人经营，让别人进来。中国的银行，如果让私人进来，是可以搞得很大的。剩余索取权是对企业家的无形资产的定价，没有这个定价机制，一切都是空

---

① 田国强：《中国银行业：改革两难与外资利用》，载于《中国金融家》，2004年第3期。

的，根本的动力就在这里。

此外，李扬（2003）也特别强调积极引进市场竞争对于国有商业银行改革的重要意义，认为大力发展多样化的金融机构、大力发展资本市场，以及积极引进国外竞争者，是创造这种竞争环境的三个主要方面。

这里提到的市场结构观，主要着眼点在于创造一个银行业的竞争环境，打破国有银行相对垄断的市场结构，为国有银行改革提供一种外在的市场竞争压力。对于如何引入市场竞争主体，学者们提出的观点并非完全相同。杨小凯的自由化思路是对这种改革模式的一种概括。徐滇庆等指出通过对内开放，引入民营主体。田国强、王一江等则指出，对外开放则更为紧迫。林毅夫的观点则具有鲜明的现实意义，他的着眼点是如何创造一种更为有效的市场结构安排，发挥金融的功能，更好地满足中小企业的融资需求。

基于市场结构的改革观实际上是从外部增加国有银行改革的动力，通过一种"鲶鱼效应"的发挥来促进国有银行改革的进程。然而，国有银行的问题最终必须从内部解决，国有银行的经营理念、经营机制和治理结构必须有彻底的变革。市场压力或许可以增强国有银行改革的压力，但是不按市场原则经营的国有银行可能会置市场压力于不顾。此处也有一个简单的逻辑，国有银行属于国家，国家对于国有银行的困境不可能坐视不管，问题最终需要国家来解决，行为上的惰性和依赖性有可能导致更大的困境。尤其是在现有的经营机制下，相对于民营和外资银行，国有银行的竞争力相对较弱。因而，外在的诱因如果过于强烈则有可能成为不利因素。银行业的全面开放对现有的监管体制也会形成较大的冲击，对新风险的控制也是必要的。但是，开放民营和外资银行是必然的趋势，WTO相关协议也明确规定了对外资开放的时限。如何顺应这种趋势，并创造一种适当的竞争环境加快国有银行的改革步伐，是一项需要探讨的课题。而且，民间资本的巨大势能需要有发挥的途径，民营企业的融资问题也需要金融结构的相应调整，在银行业整体改革的规划中，重外而轻内不是得当的举措。

此外，需要指出的是也有学者提出了将国有银行拆分，然后通过市场竞争推进改革进程的方案。其中李稻葵（2002）的观点比较有代表性。他指出，应将现有几家国有商业银行拆分成5至10家小银行。每家拆小后的商业银行，资产规模相当，结构相同，都是跨地区、跨部门的，可以通过市场规则由小变大。这不失为一种思路，但是应当尊重业已形成的寡头竞争的市场格局，也应当遵从渐进性改革中的路径依赖的逻辑，既有利益格局也是很难被打破的，而且一定的市场集中度也是银行业发展的趋势。刘伟、黄桂田（2002）就曾指出中国银行业的主要问题不是行业集中问题。

2. 金融不稳定的产权制度观及其争论。吴敬琏[①]（2002）针对政府提出的"商业化经营、公司化和上市"方案所存在的问题提出了自己的观点：一是把商业化经营和公司化合并进行；二是选择整体改制的方式而摒弃分拆上市的办法；三是根据国有工商企业改革的经验指出，应当把企业改制放到优先于上市融资的地位，为了造成企业制度的实质性转变，应当在组建股份有限公司时吸收有足够分量的中外民间企业、机构投资者和个人参股，在股权多元化的基础上完善公司治理结构。

刘伟、黄桂田[②]（2002）对运用SCP（结构—行为—绩效）框架及从行业结构的角度揭示中国银行业主要问题的思路及提炼出的政策含义提出了批评，认为中国银行业保持一定程度的集中率是符合国际银行业发展趋势的。中国银行业的主要问题是国有银行产权结构单一，而不是行业集中问题。把行业结构作为突破口的改革将可能导致中国经济的震荡。改革的侧重点不能从行业结构的调整为起点，而是相反，要充分利用进入WTO后的有限的过渡期，在国有银行的市场份额发生萎缩之前，坚决地进行国有商业银行的产权改革，努力避免潜在金融风险的总爆发。中国的国有商业银行存在的问题是系统性的，但核心是产权结构问题。通过股份制改造实现彻底的非国有化是不现实的，保持国家的控股地位是必然的选择。在引入一般个人投资主体和国有法人投资主体的同时，关键是要引入有经济实力且规范运作的民营投资主体及境外投资主体。一方面能够保持国有商业银行在产权多元化后国家的控股地位，另一方面能够改善单一产权结构条件下的银行治理结构及其运作机制。

吴敬琏和刘伟的观点，明确了以产权改革为突破口的国有银行改革模式，强调产权多元化应当成为完善公司治理结构的基础，或者改革的侧重点应以产权多元化为起点，而不是通过行业结构的调整创造竞争性的市场环境。吴敬琏指出应选择整体上市，而刘伟则强调保持行业集中率是银行业的趋势，二者都在很大程度上尊重了目前的银行业垄断竞争的格局。另外，邱兆祥（2002）也认为，应在更深层次对国有银行进行所有制改革，实现产权主体多元化。曹凤岐（2003）也认为产权制度改革是银行改革最核心的问题。

当然，一些学者针对产权多元化对于银行改革的实质作用也提出了质疑，比较有代表性的观点是朗咸平和王大用提出的。郎咸平（2003）认为银行改革与产权无关，四大国有商业银行整体上市后，市场的压力有助于银行治理结构的改

---

① 吴敬琏：《银行改革：当前中国金融改革的重中之重》，载《世界经济文汇》，2002年第4期。
② 刘伟、黄桂田：《中国银行业改革的侧重点：产权结构还是市场结构》，载《经济研究》，2002年第8期。

革，但解决不了国有银行的根本问题。朗咸平和王大用其实都考虑到了国有银行改革的特殊背景，因而他们认为产权并不是国有银行改革所面临的根本问题。吴晓灵（2003）则较为含蓄地表达了她的置疑。她认为环境不同，所有制的改变是不可能完全改变金融机构的行为，指出要研究除了产权之外中国银行业的改革最主要的是要改革哪几个方面，没有哪些方面的配套改革，产权改革就不能成功。

按照一般的理解，产权多元化是形成良好的公司治理的必要基础，如果国家垄断了国有银行的产权，任何改善公司治理的努力都是徒劳的。只有形成多元化的产权，才能形成相互制衡的利益机制，这对于公司治理机制的构建是具有决定意义的一个环节。实践中的银行改革思路已经认同了这种观点，这应当算是一个突破。但是，问题在于是否应当把国有银行的产权多元化作为改革的突破口，这是值得商榷的。最终国有银行的产权安排中必须形成国家的控股地位，这是不容置疑的。目前的国有银行改革是在政府的推动下进行的，政府也只有通过调动各种社会资源才能消化国有银行的不良资产，改革的风险很大，在前景不明朗的情况下，任何民间和国外的投资者恐怕都不会轻易试水。而且，在改革的进程中，如果贸然进行产权多元化可能使国有银行的价值大大被低估。如何合理定价，这是不能回避的一个难题。许多人认为，目前的国有银行在经营上实际已经破产，国家信用应当是最大的一笔无形资产，产权改革中国家的进退可能会陷入一个两难的困境。如果国家占有的股权份额过多，则产权多元化的约束作用是有限的；如果国家占有的股权份额过少，投资者可能谋求更大的风险贴水，国有资产则会蒙受损失。另外，如果银行国有的观念不能彻底改变，尤其是政府不放弃对银行的行政控制，产权多元化的制约可能只是徒有其表而无实质的作用。

3. 金融不稳定的政府行政干预观。蔡重直[①]（2004）提出，银行改革不破"死结"没结果。如果暂时抛开银行经营的产品是"货币"外，银行就是企业，是经营货币的企业。一个没有产品创新冲动的企业；一个几乎在所有方面没有自主权利的企业；一个常年大量生产废品（贷款）还可以存活的企业；一个领导人（行长）是组织任命的企业；它要进行一场洗心革面的改革，恐怕靠"输血"是不能奏效的。银行改革能否成功，前提是要改革政府对待银行的监管哲学和理念，不能仅把银行看成是管理和统治经济的工具，而是首先要把它看成是一个企业和产业。由于银行经营产品的公益性和社会性，由于银行产业对国民经济的重要性，导致政府权力在其他产业和行业不断减小的同

[①] 蔡重直：《解读2004年的中国金融政策》，载于《中国企业家》，2004年第3期。

时，在银行产业中被毫无忌惮地扩大，而且现在还有更进一步的"强化和加强监管"的趋势，银行的权利已荡然无存，这怎能产生出具有竞争力的银行和金融产业。要提及的是，一个从政治科学和思想学说讨论中的关于"权力"和"权利"引出的命题，在中国金融界很有市场，这就是，"坏政府也比无政府好"，即"一个效率低下，但'稳定'的金融体系也比具有竞争力，但更具'破坏'性的金融体系好"。如何制度性的安排好政府的"权力"与银行的"权利"，是中国银行改革的"死结"。

钟伟（2003）认为，中国银行业面临的问题和国有企业有些类似，在经营管理上党、政、企三位一体，相互不分、相互纠缠，其内部管理、风险控制机制主要是以行政性约束为主，使得银行很难按市场化规则去运作。其次，银行产权改革缓慢，包括民营银行在内也没有真正解决产权对经营机制的制约。同时，转轨中的国有银行背负着沉重的不良资产包袱，自我生存能力非常弱。银行和党、政府之间应该保持足够的距离，要积极尝试产权多样化的各种途径，尝试让一些机构脱离中央一级的控制，让银行成为一个真正的市场主体。

夏斌（2003）也指出从制度上彻底打破银行管理者"官本位"观念，是国有银行改革的根本。

行政金融观从政府与银行之间关系的角度揭示出了当前国有银行改革的最大困境。政府职能的错位和严格的金融控制，导致了国有银行激励机制的扭曲，致使国有银行不能按照市场的原则调整经营机制，实现经营效益的最大化。国有银行的经营者并不是真正意义上的企业家，缺乏应当具备的企业家精神，"官本位"的观念使其缺乏必要的内在激励去改善银行的经营管理，或者使其受制于行政约束而缺乏谋求变革的自主空间。政府对金融实行严格的控制，例如利率并未实现完全的市场化，金融创新存在严格的管制，金融资源的最终分配也基本反映了政府的行为偏好。虽然中国的货币化程度已经相当高，但是金融抑制的现象并未完全消除。政府对金融资源的控制，使政府的社会目标代替了银行的经营目标。许多地方政府也对银行管理者施加了一定的行政压力，甚至，地方政府与国有银行的地方分行形成了一定的利益裙带关系。

更为突出的是，在政府、国有银行和国有企业之间存在着一个稳固的三角联系。对于国有银行的经营困境，政府是不能作壁上观的，财政改革面临窘境，那么国有银行存款则是政府可以轻易调动的资源。如果国有银行的改革不能有大的突破，经营绩效不能有大的提高，国有银行不良资产的形成机制不可能有根本性的变革。家长制下的"兄帮弟"行为，使国有银行不可能对风险有严格的控制。总的说来，金融不稳定的政府观强调政府治理的重要性，这是很有见地的。

4. 金融不稳定的银行治理观及其争论。王大用（2003）指出国有银行改革效果并不显著的原因在于体制未动，治标未治本，管理进步慢。王大用主张从改革国有银行的治理结构下手，因为改革治理结构是改进治理的基础。企业治理结构的基本内涵：一是指由何人治理企业；二是通过何种权力结构来治理企业；三是企业治理的目标如何。三者是互相联系，互为因果的。要从根本上改善企业的管理和经营，必须改革其不合理的治理结构。王大用反对那种先使产权多元化再动治理结构的政策建议，因为转轨经济的政府可以比较容易回避产权多元化带来的行为约束。王大用认为从治理结构入手推行改革是比较合适的选择。尤其是对我国这样的渐进转轨国家，银行业改革治理结构、变更产权和改进管理这三者之间，改革治理结构是前提，并且是政府能够操作的改革，这一步改革成功后，可以在市场的力量作用下使其产权多元化，并且使改革后的银行有了改进管理的原动力。

许小年[①]（2004）认为，国有商业银行改革的核心任务是建立现代企业制度，完善法人治理结构。有了良好的治理结构，管理的改善、风险的控制只是技术问题。

詹向阳（2003）也认为国有商业银行改革的重点和切入点不应该是产权由单一到多元化的股份化改造，更不能坐等上市，而应从理顺和健全产权管理关系入手，完善公司治理结构。尼古拉斯·拉迪（2004）也提出，首先要加强银行的治理，形成良好的公司治理结构，培养信贷文化，银行改制为股份制公司，通过在公开市场上市加强对银行的监督。

吴敬琏（2002）则把产权多元化视为完善公司治理的基础，指出"在股权多元化的基础上完善公司治理结构。"

建立良好的公司治理机制是国有银行改革的核心任务之一。对于金融机构而言，其内部治理的核心在于建立适当的风险管理和债权评估体系，其外部治理的核心在于完善法规和监督体系。从现有的讨论来看，大多数学者更侧重于讨论银行内部治理的构建和完善。在公司治理结构中最重要的是产权结构、制衡机制和激励机制。对于目前的国有银行改革，产权多元化是否是改善治理的基础，学者们并没有取得一致的意见。主流的观点认为，公司治理的主要目标是使股东的权益最大化，但是在这一点上也是存在争论的。有的学者就认为目标应当是"利益相关者利益的最大化"。尤其是对于银行而言，独特的资产负债结构使其具有非金融类公司所不具有的特点，加之银行破产的社会成本巨大，债权人和社会公

---

① 许小年：《国有银行上市是银行体制改革的有效手段》，载《财经》，2004年1月2日。

众的利益都应当在公司治理的制衡机制中得以反映。产权多元化是否是目前国有银行改革的突破点值得斟酌。那么目前改善银行治理的着眼点是什么呢？对于目前的国有银行改革进程而言，更重要的恐怕就是能使债权人和社会公众的利益得到保障，那么政府可能是目前最好的代理人和行动者，当然这并不意味着金融控制的加强和行政约束的强化。再者，既然风险管理是内部治理的核心之一，那么推进风险管理机制的改善可能是比产权多元化更为重要的一个内容，这直接关系到不良贷款的产生。当然，也需要着手法规和监管体系的建设，完善银行公司治理的外部体系。在政府主导的国有银行改革进程中，试图通过公司治理结构的规范来制衡政府的权力，在开始阶段或许并不现实。在政府占主导的阶段，这种软约束可能很容易就被政府回避掉。他们主要从银行角度来分析金融不稳定的根源。该假说的持有者认为，中国的金融不稳定主要来自银行部门，主要与银行的过度风险承担和银行治理的落后有关。

5. 金融不稳定的预算软约束假说。该假说的代表人物包括林毅夫、许小年、钟伟等。软预算约束与科尔奈的名字紧密相连，是指社会主义制度下一个众所周知的现象，即计划者不能承诺不去解救亏损企业。他们利用科尔奈的软预算约束来解释中国金融风险的累积问题，侧重从国有企业的角度来分析中国金融，认为中国国有企业的亏损和低效率、中国经济增长不可持续是金融不稳定的根源。许小年指出中国微观经济主体的普遍软预算约束造成组织行为异化，是造成宏观金融风险居高不下的原因所在。许小年指出，中国的市场参与者的行为是非常不端正的，很多的市场参与者，不管是国有单位还是个人投资者都有喜欢冒险的倾向，这样就增加了宏观层面上的系统风险。聂凌云将银行不良贷款主要归结为国有企业的预算软约束问题。预算软约束假说在中国得到了较多的关注，反映了中国转型时期金融不稳定成因的特殊性，具有一定的解释力。对于软预算约束假说，本书提出不同的看法，认为企业的软预算约束有其更为深层次的原因，背后是政府软约束乃至无约束。政府权力约束的缺乏，往往使得微观主体约束的软化和行为的异化不可避免。

6. 金融不稳定的市场化假说。市场化假说在中国比较流行，代表包括秦海英（2003）等。他们将金融不稳定归结为中国的市场化改革，但是内部又存在分歧。一种观点认为是市场化导致了金融不稳定，金融不稳定是市场化的负效应的反映。另一种观点认为，不是市场化改革导致了金融不稳定，而是市场化改革的不到位和走形变样导致了金融不稳定（袁志刚，2006）[①]。姚洋在

[①] 来自袁志刚 2006 年 4 月 18 日在南开大学经济研究所双周论坛上的演讲。

《当代中国问题的复杂性》一文指出，市场是中立的，本身可能无所谓好坏。市场既可以促进增长，同样也可能造成危机，笔者对此表示认同。笔者认为市场化的后果归结到底取决于参与市场的活动主体，也就是取决于个人在市场中的适应能力或者自身能力，个人能力的差异是造成利益差异和冲突的根源。不同的个人能力对应不同的权力和利益。起点公平和程序正义只有建立在同质性或者无差异个人的基础之上才成立。由于个人异质性的特征使得起点公平和程序正义在动态演变过程中失效。市场化并不一定带来金融不稳定和引发金融危机，关键取决于异质性个人之间的分工和合作，取决于个人能力的分化及其约束因素，取决于个人的自律，以及制度的他律。金融市场的和谐稳定发展需要一定的条件，离开了这些条件，金融秩序难以得到和谐的维持和稳定发展。本书认为市场化是金融风险积聚和金融危机产生的前提条件，但并不是充要条件，金融市场化过程中的金融不稳定与政府转型、个体能力差异有关。

7. 增量改革和组织再造观。持这种观点的主要代表人物是朗咸平。朗咸平（2003）指出国有银行改革与产权无关，这在某种意义上与现有的一些认识是针锋相对的。他认为，在法制和经济实体不健全的情况下，急于改革银行产权是一个误区，这既不治标也不治本。想通过上市、民营化等产权改革把银行做好的想法是非常落后的。上市确实可以通过市场化压力对经营者产生约束，但通过上市改变经营绩效是不可能的。他也反对国有银行民营化（如关志雄，2003）的观点，强调中国的银行应该坚持国有。而且他认为，银行的经营主要和经济环境有关，这不是一个加强监管能改变了的问题。朗咸平主张，银行改革必须循序渐进。首先对经济成长要有自己的把握，法制建设要加强。国有银行的改革问题不是产权问题也不是监管的问题，这些问题虽然重要，但不是第一个必须要解决的问题。他建议国有银行改革可以采取通过对增量品质的控制，渐进地改变存量品质的方式来进行。在法制化没有健全之前，惟一能做的是在国有体制的基础下，从五个方面进行改革，即人员专业化、业务专业化、资讯集中化、贷款零售化和风险分散化。

朗咸平的主张实际涉及了目前国有银行改革的一个最为关键的环节，即如何根除不良资产源源不断地产生的内在机制，创造一个有效的风险控制机制，并以此化解原有的巨额不良资产。国有银行改革的难点在哪里？表面上看是奇高的不良资产率，是巨额的不良资产。根本又在哪里呢？深层次上，就是打破原有的不良资产的产生机制。不良资产并不完全是渐进改革的成本，这是不能否认的事实，银行内部机制的扭曲，导致了大量的行政性贷款的产生，导致了大量内部资本的社会化，凡此种种，都是不良贷款居高不下的诱因。不良资产率如何降低，业内的解决办法无非只有两种，即分子法则和分母法则。当然坐等国家注资也不失为一种途径。从目前的情形来看，恐怕分母法则运用得更为广泛一些，许多银行也存在信贷扩张的冲动。不断地扩大分母，在新的不良资产尚未形成之前，账面上的不良资产率肯定是降低了。但是，问题的关键可能在于目前的机制不能保证新增贷款的质量，风险没有得到更好的控制，新的不良资产还会源源不断地产生，短期行为有可能造成长期内更为被动的局面。对于一个真正的银行而言，不良资产的降低必须依赖于严格控制好增量的品质，逐步改善存量的品质。国家运用财政手段或者类似当前的动用外汇储备注资的举措也可能只是权宜之计，缺乏政策上的连贯性。从根本上打破原有的不良贷款的产生机制，全面改善风险控制机制，逐步化解不良资产，或许才是长久之策。从这个意义上说，朗咸平的主张切中肯綮。但是，这一主张可能忽视了国有银行改革的紧迫性和艰巨性。金融脆弱性的累积和金融风险的集聚，增大了潜在的金融危机爆发的可能性。强大的国家信用保持了银行业的相对稳定，但是在一个日益开放的全球背景下，许多因素是不可控的。只有从根本上增强银行的稳健性，才能应对不断增强的外部冲击。WTO的有关协议安排使得国有银行的改革必须加快步伐，唯有如此才能够适应激烈的市场竞争。国有银行改革是一项系统性的工程，单靠银行自身的力量恐怕难以解决。国有银行毕竟是国家的，国有银行的困境可能会影响经济发展的持续性，利弊权衡之下，成本如何在银行和社会之间划分或许不是一个更为重要的问题。当前的通过外汇储备"注资"的行为，实属无奈之举。

8. 金融不稳定的超额货币供应和隐性债务假说。《中国为什么不会爆发经济危机》[①]一文指出中国用透支的方式（赤字货币化或者过度的货币发行）维持经济的快速增长，是主要依靠投资带动的高速增长的经济体，其模式与之前亚洲四小龙如出一辙，是典型的亚洲增长模式。但是，与其他亚洲经济体不同的是，中国的投资来源主要是透支国内储蓄，而泰国、韩国当年的投资来源主要是对外负债。这是中国能够避免东南亚危机的主要原因。维系中国高速增长的投资，大部分是来自于货币发行的高增长。通过超高的货币增长来增加投资，进而演绎GDP的高增长率，这就是中国经济增长的本质。过量增加货币发行，换句话说，也就是对内举债。中国的经济增长是建立在债务基础上的，只不过这个债务是隐性的。根据该文的观点，中国的金融不稳定主要来自隐性债务而不是显性债务，超额发行的货币实际上是一种隐性债务。中国的显性债

---

① 中国为什么不会爆发经济危机，来自 www.cenet.org.cn 转载，作者：佚名，2005年8月28日。

务显然不足以对中国的金融构成极大的威胁，而且中国的外债有60%属于长期债务，根本不会遭遇偿债高峰。这就是乐观派认为中国经济不会崩溃的主要立足点。中国的增长支撑主要来源于隐性债务。为什么这样的隐性债务不会酿成偿债高峰从而导致国家陷入通货膨胀的泥潭呢？答案是中国经济高增长的来源主要是投资的高增长，而投资主要来源于对社会公共储蓄和其他定期存款的举债，因为中国GDP高增长是建立在相当大部分中国人医疗养老等保障资金与用于投资金融的资金的丧失之基础上的。中国向市场经济转型所必须支付的所谓"改革代价"，将不会通过经济危机表现出来，其危机已由经济领域转移到了社会领域。根据该文的观点，中国的发展是通过货币供应量的超常增加来实现的，进一步是由公共储蓄来实现的，也就是透支未来的社会保障和牺牲社会公众利益来实现的，是一种软性的隐性债务来实现货币超常增长，这实际上是一种高负债发展模式。也就是说中国经济的奇迹是以牺牲社会公众的非经济利益来达到的，出现了经济发展与社会福利改进的矛盾。根据《货币的力量》[①]一书的作者李锦彰的研究，中国历史上的社会变革，成败与否都与当时的货币环境有关，宽松的货币环境是改革成功的条件之一。中国经济改革能够成功，就在于宽松的货币环境，在于大量的超额货币。为什么大量的超额货币（赤字货币）没有引发严重的通货膨胀，原因在于大众的观念和意识还没有及时转变过来。也就是说没有预期到的超额货币供应并不会引起通货膨胀。这与克鲁格曼的管理型通货膨胀有类似之处，这是治理流动性危机的方案，是故意让大众形成通货膨胀预期，相反的一种对策就是不让大众形成通货膨胀预期，往往是通过信息不透明来进行，这是制造经济奇迹的方案。中国奇迹与缺乏货币知情权和货币政策不透明条件下的超额货币供应，与政府对货币金融的高度控制有关。中国的奇迹是在政府控制下的有意识的超额发行货币的结果。一旦这种超额货币供应长期实施，若不能有效的为实体经济所吸取，加上政府控制货币金融体系的能力的削弱和大众对超额货币供应量所潜在的通货膨胀的担心，可能成为危机的导火线。中国的超额货币供应可能成为未来金融不稳定的引发因素。

9. 金融不稳定的综合成因假说。他们强调中国金融不稳定的来源的多元化。第五届中国金融论坛（2005）[②]的与会专家认为，目前影响我国金融稳定的因素主要有十个方面。第一，粗放式的经济增长方式；第二，经济全球化；第三，当前的汇率制度与外汇储备制度；第四，财政风险向金融风险的转移；

---

① 李锦彰：《货币的力量》，电子版来自 www. cenet. org. cn。
② 王磊：《金融改革：市场化进程与金融稳定——第五届中国金融论坛会议综述》，西南财经大学中国金融研究中心。链接 http：//www. zgjr. com. cn/main. asp？Wwzid = 501。

第五，金融基础建设滞后；第六，商业银行不良资产问题与中央银行不良资产问题；第七，企业的融资结构问题；第八，金融混业经营趋势与混业监管问题；第九，金融企业的治理结构问题；第十，宏观调控政策。这是一些学术界人士对金融不稳定来源的判断。中国人民银行发布的《中国金融稳定报告》(2006)指出，中国维护金融稳定需要着重关注十个方面。一是关于经济增长方式的转变。二是关于直接融资和间接融资的协调发展。三是关于隐性财政赤字问题。四是关于资金价格的管制与放松。五是关于金融机构公司治理的完善。六是关于交叉性金融业务的风险监测和监管。七是关于金融机构风险处置中的资金筹措与道德风险防范。八是关于加强金融基础设施建设。九是关于完善金融生态环境。十是关于经济和金融全球化的溢出效应。这代表了中央银行对中国金融不稳定的来源的判断。学术界和政界人士对于中国金融不稳定的来源的判断存在一些共同之处，包括粗放式的经济增长方式、经济全球化、金融基础设施、金融企业的治理问题、融资结构五大来源。同时，也可以发现存在一些不同的判断。两者总结起来，大约有15个因素影响金融稳定。徐滇庆指出垄断、封闭和高储蓄，是中国金融稳定的三道防火墙。中国的金融不稳定主要来源于储蓄率的降低、开放和垄断的破除，尤其是储蓄率的降低将成为未来中国爆发金融危机的导火线，他预测中国在2012年左右可能会发生金融危机，依据就是高储蓄率难以维持。

关于中国金融不稳定的成因的理论观点众多，除了以上8种具有代表性的观点之外，还有外部冲击假说、融资结构失调假说、银行监管不力不当假说、转轨成本假说和金融腐败假说等。总的说来，现有的关于中国金融不稳定的原因的探讨，大体主要沿着以下几条路径展开：一是实体经济路径，从经济基本面角度来解释金融不稳定（韩俊，2000）；二是从虚拟经济或者金融角度展开，从金融系统内部寻找金融不稳定的原因（黄金老，2001；张荔，2001；曾诗鸿，2004）；三是从政府角度展开，强调政府在金融不稳定中的重要性（胡祖六，1998；邵英昕，1999）。下面我们拟对一些可以检验的假说作初步的实证分析。

第二节　影响中国金融稳定因素的实证检验

影响金融不稳定的因素众多，研究者提出了各种各样的理论假说。下面拟对一些理论假说进行检验，试图找出影响中国金融不稳定的关键因素。考虑到中国金融结构的特殊性,下面拟重点研究国有银行脆弱性的来源,并对一些理论假说进行初步的检验。

一、数据、方法和指标选择

关于银行体系脆弱性问题量化分析的方法很多,归结起来基本上可以分为四类:一是 Kaminsky 等的信号分析法;二是 Frankel and Rose 等人提出的概率单位模型,如 Probit 模型和 Logit 模型;三是 Sachs、Tornell 和 Velasco 等人提出的横截面回归模型简称 STV 模型;四是刘遵义的主观概率法。本书利用 Logit 模型、Probit 模型,以虚拟变量 Z 作为被解释变量①进行比较分析。选择了 23 个指标作为解释变量,其中(1)宏观经济变量,具体包括 7 个指标:Y1 表示实际经济增长率;Y2 表示财政赤字/GDP;Y3 表示通货膨胀率以 CPI 指数计算;Y4 表示出口增长率;Y5 表示进口增长率;Y6 表示固定资产投资增长率;Y7 表示资本产出比率;作为经济基本面决定观的代理变量。(2)金融变量,具体包括 8 个指标:Y8 表示 M_2/外汇储备;Y9 表示储蓄存款增长率;Y10 表示贷款增长率,作为增量改革观的代理变量;Y11 表示 1 年期流动贷款利率;Y12 表示 1 年期实际储蓄存款利率;Y13 表示存贷款利差;Y14 表示汇率变化;Y15 表示 $\Delta V2$。(3)其他变量,具体包括 8 个指标:Y16 表示不良资产比率,Y17 表示银行资产利润率,Y18 表示银行经营费用/银行资产,这 3 个指标作为银行治理观的代理变量。Y19 表示银行资本资产比率,Y20 表示银行存款/银行资产,Y21 表示外资流入额/GDP。Y22 表示国有贷款占金融机构贷款总额比重,作为银行市场结构观的代理变量。Y23 为虚拟变量,作为外部冲击假说的代理变量,考察 1997 年东南亚金融危机这一外部冲击对银行稳健性的影响,1997 年之前 Y23 = 0,1997 年之后 Y23 = 1。本文数据主要来源于《中国金融统计年鉴》和《中国经济统计年鉴》1981~2003 年各期,《中国对外经济统计年鉴》1995~2003 年各期,北大经济研究中心网站 www.sinofin.net 及其相关链接网站。此外有个别指标数据由各年官方领导人讲话总结而来,如不良资产比率。

---

① 关于 Z 的确定是一件复杂的事情,这里采用了本人的前期研究成果,关于 Z 的确定,可以参见笔者的文章:《中国银行体系脆弱性的测度及其成因的实证分析》,载于《金融研究》,2002 年第 12 期。此外还构筑了 3 个不同的虚拟变量 ZC1、ZC2、ZC3,分别由 BSF3、FSI5、FSI29 三个指标来确定,ZC1 = 1 当三个指标中有任意一个小于 0,ZC2 = 1,当 1986~2003 年间的 BSF3 小于 -1.0,1978~1985 年间当另外两个指标任意一个小于 0,ZC3 = 1,当 1986~2003 年间的 BSF3 小于 -0.25,1978~1985 年间当另外两个指标任意一个小于 0。将数据拓展到 2003 年,进一步的检验发现,与以 Z 作为被解释变量回归的结果变化不大,为免重复,没有列出新的实证分析结果。

二、回归估计和判别结果分析

本书运用 EVIEWS4.0 软件，对上述解释变量进行了 Probit 模型回归分析。表 7-1 列出了 5 个回归方程的回归结果，第 1 个回归方程包括了宏观经济变量和部分金融变量；第 2 个回归方程包括了全部宏观经济变量；第 3 个回归方程包括 6 个其他变量；第 4 个方程包括全部金融变量；第 5 个方程对指标进行了优选，为最优指标。通过单一回归分析发现，银行脆弱性变化和市场结构指标 Y22 不存在直接关系，回归分析没有通过置信水平为 5% 显著性检验，市场结构观没有得到实证支持。同样银行脆弱性大小与虚拟变量 Y23 不存在直接关系，回归方程没有通过 5% 显著性检验，1997 年金融危机这一外部冲击对银行脆弱性变化没有造成显著影响。单一回归分析初步排除了市场结构观和外部冲击假说。通过运用 probit 模型估计，可以得出以下结论：

（1）表 7-1 的回归方程（1）和回归方程（2）中宏观经济变量对金融脆弱性的影响均不显著，说明宏观经济状况对金融体系稳健性的影响并不显著。早期研究人员认为经济基本面的变化是金融体系脆弱性的根源，经济决定金融，良好的宏观经济环境为金融制度的稳健运行创造了坚实的平台。反过来宏观经济不稳定将对金融制度的稳健性构成巨大的威胁。对金融体系造成冲击的宏观经济因素主要包括：经济增长率的波动；通货膨胀水平的变化；财政收支状况的变动；经济结构变化等。宏观经济恶化将通过影响人们的行为选择和信心等进而影响整个金融体系稳定。由表 7-1 的回归方程（2）可以看出，在 7 个宏观经济变量之中，Y2 是财政赤字/GDP；Y3 是通货膨胀率以 CPI 指数计算；Y5 是进口增长率；Y6 是固定资产投资增长率与金融脆弱性之间存在弱相关性；而 Y1 是实际经济增长率；Y4 是出口增长率；Y7 是资本产出比率与金融脆弱性相关性很低。国外的研究表明：政府过度的财政恶化导致了债务危机进而引发金融危机。但在我国实证分析结果发现该指标与金融脆弱性呈弱相关，似乎说明我国财政赤字对整个金融体系脆弱性并不存在最直接的重要影响。关于这种结论可能的解释：一是可能与样本数据过少和金融脆弱性测度比较粗糙有关；二是我国该指标比率尚不高，处于国际公认安全区间之内。资本产出比率指标不显著说明我国资本利用效率对金融体系脆弱性影响不大。按道理一个社会资本产出比率越低，金融体系运转越高效健全，而我国实证分析结果并不支持这一结论。总的说来，实证分析结果与传统的经济周期决定论的观点相悖，这与近年来的研究结论和现实是比较一致的，许多发生过金融危机的国家宏观经济状况良好，如东南亚金融危机发生前夕，亚洲国家的宏观经济状况良好。对此可能的解释是整个金融体系越来越独立于宏观经济，因此传统的从宏观经济层面来解释金融脆弱性问题在新形势下值得重新审视。

（2）对回归方程（3）分析结果说明其他变量主要是与银行有关的变量对金融体系脆弱性的影响也不显著。在20世纪80年代由于大量的银行倒闭，一些学者从分析传统宏观经济层面等影响金融脆弱性的因素转而关注银行部门有关的变量，尤其是强调银行总的资产负债表中有关变量对金融脆弱性的影响，但分析结果并不理想。从表7-1回归方程（3）的分析可以发现我国不良资产比率，银行资产利润率，银行经营费用/银行资产，银行资本资产比率，银行存款/银行资产，外资流入额/GDP等指标的变动对我国金融体系的脆弱性无显著影响。这一分析结论与国外一些学者的研究结论是一致的。当前如果单从我国银行资产负债表来分析判断金融体系脆弱性，往往会得出我国金融体系异常脆弱的结论，然而事实上我国自1978年以来整个金融体系都保持了相对稳定，中国的现实也说明与银行部门相关的变量并不是决定金融体系脆弱性的重要变量。单纯通过分析银行资产负债表的方法来分析和判断金融体系脆弱性的方法得出的结论是值得商榷的

（3）对回归方程（4）分析结果说明金融变量对金融体系脆弱性状况存在一定的影响。其中贷款增长率和流动贷款利率指标对金融脆弱性有较大的显著性。贷款增长率与脆弱性程度呈负相关，即贷款增长率越高，金融体系越稳定。贷款利率与金融体系脆弱性成正相关，这可以通过逆向选择和道德风险来解释。其他金融变量除储蓄存款增长率之外，在不同的回归方程中有些变量效果比较显著，但总体说来都没能通过检验，这说明我国金融变量相对而言对金融脆弱性存在一定影响但是并不强。根据西方学者研究成果，M_2/外汇储备，储蓄存款增长率，贷款增长率，1年期流动贷款利率，1年期实际储蓄存款利率，存贷款利差，汇率变化，$\Delta V2$等金融变量与整个金融体系脆弱性有明显的相关关系，而在我国实证分析中并没有得到显著性结论。关于这种结果可能的解释是：我国金融经济尚处于转轨阶段，金融活动尚未完全市场化，整个金融体系脆弱性状况主要并不是来自于金融当局和宏观金融变量的影响，更多可能来自于金融经济制度层面。

总的说来，5个方程的回归结果都不理想，其中只有回归方程（4）和回归方程（5）中进口增长率，贷款增长率，1年期流动贷款利率，$\Delta V2$等四个变量对金融脆弱性的影响比较显著。计量回归分析结果发现金融脆弱性状况与宏观经济变量和其他变量之间并不存在显著相关关系，这说明我国金融体系脆

弱性受到外部宏观经济冲击和与银行管理等相关因素的影响较少，主要受制于制度等深层次因素的影响。当前关于银行改革重点存在不同的争论：一是银行行业结构论，认为银行绩效低下主要是由于国有银行处于垄断地位，主张引入竞争从而提高银行整体绩效；二是产权制度论，认为银行效率低下主要是由于银行不合理的公有产权制度安排，主张进行产权改革，通过银行股份化优化银行资本结构。通过实证分析发现我国银行不良资产与银行资本充足率呈正相关关系，这是与国外学者研究结果相悖的，这一反常结果可能与中国现有公有产权制度安排下内部人控制和道德风险问题有关。此外，有国外学者通过实证分析发现国有银行效率低于私有银行，主张银行股份化私有化，20世纪80年代以来在国际上兴起了一股银行私有化股份化的浪潮并取得了显著成功。

表7-1　　影响中国银行体系脆弱性因素 Probit 模型估计结果

变量	(1) 相关系数	(1) Z统计量	(2) 相关系数	(2) Z统计量	(3) 相关系数	(3) Z统计量	(4) 相关系数	(4) Z统计量	(5) 相关系数	(5) Z统计量
Y1	-0.1	-0.49	-0.08	-0.43						
Y2	-133	-1.52	-89.7	-1.26					-2.8	0.01
Y3	-0.15	-1.27	-0.08	-1.53					-2.7	0.01
Y4	-0.67	-0.15	0.74	0.18						
Y5	-5.16	-1.37	-2.52	-0.9					-11.8	-1.77
Y6	0.03	1.07	0.03	1.07					0.05	1.28
Y7	0.29	0.52	-0.02	-0.05						
Y8	1.27	1.20					3.92	0.73		
Y9							0.04	0.46		
Y10							-53.3	-2.14		
Y11							1.03	1.79	0.7	1.61
Y12	-0.12	-0.72					0.12	0.63		
Y13	-0.34	-0.69					-0.58	-0.55	-2.2	-1.58
Y14							0.84	0.25		
Y15							-6.53	-0.42	47.0	1.76
Y16					-1.19	-0.07				
Y17					15.3	0.43				
Y18					2.38	0.38				
Y19					1.49	0.75				
Y20					-0.99	-0.72				
Y21					-0.62	-0.69				

三、银行体系脆弱性决定因素分析

这里给出了两组回归分析结果,第一组由 10 个综合变量组成,包括全部宏观经济变量和部分金融变量。第二组包括 7 个优选变量。由表 7-2 回归方程(1)可知,在 10 个指标中有 5 个指标的统计量大于 1。经过不断的优化选择,我们挑选了一组最优综合变量,包括 4 个宏观经济变量和 3 个金融变量,从表 7-2 回归方程(3)和(4)可以发现,7 个变量的 Z 统计量都大于 1,说明该组变量对银行体系脆弱性状况影响比较显著。其中财政赤字/GDP,通货膨胀率,进口增长率,存贷款利差等变量与银行脆弱性负相关。按照理论和西方研究结果,这些变量与银行脆弱性正相关,而在我国却相反,对此种反常结果难以进行合理解释。可能的解释是:(1)与数据粗糙有关;(2)源于中国银行体系的特殊性。现阶段我国行政金融特征明显的金融体制使得我国银行体系脆弱性更多来源于制度层面而不是市场变量和银行行业因素,以及宏观经济层面。我们在实证分析中国不良贷款成因的过程中,就曾注意到中国的不良贷款与自有资本/资产比率呈反向变动,与储蓄存款/资产比率成正相关,这与国外许多学者的研究都相反,关于这种中国怪现象,有人认为这与中国现有产权制度安排缺陷有关。

表 7-2   影响国有银行体系脆弱性因素的 Logit、Probit 分析

变量	Logit (1) 相关系数	Z 统计量	Probit (2) 相关系数	Z 统计量	Logit (3) 相关系数	Z 统计量	Probit (4) 相关系数	Z 统计量
Y1	-0.18	-0.50	-0.1	-0.48				
Y2	-221.8	-1.36	-133	-1.52	-675.45	-1.596	-394.25	-1.553
Y3	-0.251	-1.14	-0.15	-1.26	-0.944	-1.806	-0.53	-1.886
Y4	-1.558	-0.20	-0.67	-0.14				
Y5	-8.58	-1.30	-5.16	-1.37	-21.03	-1.647	-11.78	-1.770
Y6	0.064	1.05	0.03	1.07	0.091	1.243	0.050	1.283
Y7	0.52	0.49	0.29	0.52				
Y8	2.222	1.11	1.27	1.20				
Y11					1.276	1.527	0.724	1.61
Y12	-0.16	-0.52	-0.12	-0.72				
Y13	-0.561	-0.69	-0.33	-0.69	-3.882	-1.531	-2.206	-1.584
Y15					81.22	1.698	47.02	1.768
Dep = 0	11		Dep = 0	11	Dep = 0	11	Dep = 0	11
Dep = 1	8		Dep = 1	8	Dep = 1	8	Dep = 1	8

四、小结

银行体系稳健与否是事关国家金融稳定和金融发展的重大课题，本书就银行体系脆弱性状况的测度进行了初步的定量和定性分析，并运用Probit模型，Logit模型等方法，就银行体系脆弱性状况的成因进行了量化分析，结果发现财政赤字/GDP，通货膨胀率，进口增长率，固定资产投资增长率，1年期流动贷款利率，存贷款利差，ΔV2等几个指标对银行体系脆弱性状况有着比较明显的影响。在宏观经济变量，金融变量与银行行业相关的变量中，就单组的宏观经济变量和银行行业变量来说，并不是影响银行脆弱性的主要因素。研究发现：国有银行脆弱性状况与宏观经济变量和银行资产负债表变量之间并不存在显著相关关系，这说明我国国有银行体系脆弱性受到宏观经济冲击和与银行管理等相关因素的影响较少，研究没有支持银行治理观、市场结构观、增量改革观和外部冲击假说，也没有支持传统的经济基本面决定观。由于中国现阶段处于经济金融转轨阶段，现阶段我国行政金融特征明显的金融体制使得我国银行体系脆弱性可能更多来源于制度层面而不是市场变量和银行行业因素，以及宏观经济层面，我国银行脆弱性可能主要受制于制度等深层次因素的影响。由于数据和指标选择以及分析方法等多重局限，在这里未能考虑产权制度和政府等因素对银行脆弱性的影响，使得分析效果大打折扣，制度因素是不是比市场因素发挥着更加重要的作用，有待于进一步考察。科学的考察制度和政府因素对银行脆弱性的影响是今后值得进一步研究的方向。

第三节 转型时期中国的金融稳定：基于中国式 GSCP 假说分析

本书第四章提出了一个 GSCP 假说来解释国际社会20世纪80年代以来的金融不稳定，强调政府对于金融稳定的重要性。考虑到中国目前处于转型阶段，因此有必要结合中国的国情进行适当的调整，本文把中国的金融稳定放在转型的背景下进行研究。中国的转型是多重的，与国际上一样，中国也在经历经济——金融结构关系的转型，此外中国还在经历经济转型、金融转型、政府转型和社会转型等，中国正处于一个大转型的时代。影响中国金融不稳定的因素更为复杂，转型风险更应引起中国的高度关注。处理好货币、经济、金融和政府四者的关系，对于转型时期的中国金融稳定具有特殊的意义。维护中国的金融稳定需要一个大视野，应该在更大范围和更高的层次进行统筹安排。

正是基于对转型时期中国的观测，我们提出一个中国式的 GSCP（政府权力—市场结构—组织行为）框架来解释中国转型时期的金融不稳定。中国正处于转型时期，存在典型的二元特征，使得中国的货币运行更为复杂，影响中国金融稳定的因素，除了一些国际共性因素之外，还存在诸多的特殊因素。本书认为组织治理缺损和行为异化，是中国金融不稳定的微观基础。组织治理的缺损必然导致货币金融结构的偏在，导致货币双轨制运行异化，而这成为中国金融不稳定的直接来源或者市场基础。组织和市场的双重治理缺损和失灵与政府治理的缺损密切相关。政府治理的缺损成为中国金融不稳定的宏观成因，具有决定性的作用。本书强调政府治理在维护金融稳定中的重要性，遵循从上而下的治理模式（参见图7-1）。

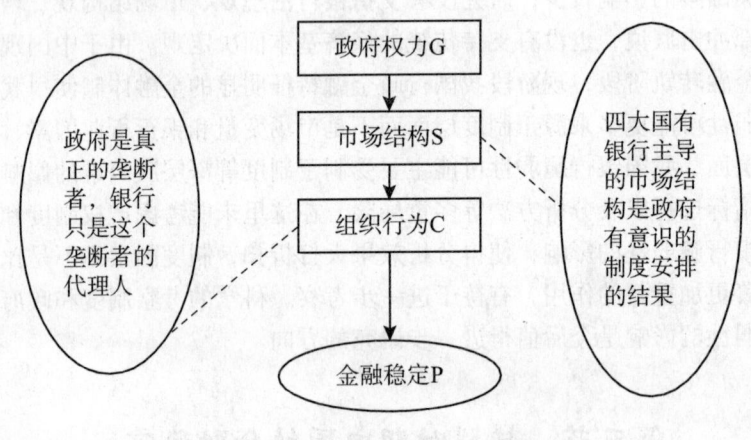

图7-1 中国式的 GSCP 分析框架

一、转型过程中组织治理缺损和行为异化，金融不稳定的微观基础

本书主张从组织的角度来分析金融不稳定的根源，提出组织治理缺损假说来解释中国金融不稳定的微观成因。根据第三章提出的 GSCP 分析框架，金融稳定是利益冲突和治理的函数。从微观层面来看，它与组织层面的利益冲突和组织治理有关。如果组织之间的利益冲突严重，加上组织治理缺损，那么金融不稳定就具备了微观的组织基础。市场参与主体的利益冲突成为金融不稳定的

源头，利益成为主体行为异化的诱因。关于主体行为异化的原因，可以从信息、不确定性、竞争、代际遗忘等角度进行解释。转型时期中国微观组织行为的异化除了国际共性因素之外，还存在诸多的特殊性因素，表现为多个方面，组织性质不清楚，并不是真正的市场主体，组织自身经济利益激励不够，各种利益高度一致，软预算约束严重，公司治理缺损。组织（主体）之间的权责利不清，风险和收益可以转嫁。根据GSFC模型，在一个市场化的国家，五大主体之间的约束是硬化的。但是在转型时期中国，由于政府、央行、国有银行、国有企业"四位一体"，在和家庭居民的利益分配过程中，居民家庭难以与之对抗，往往出现公权对私权的掠夺。另一方面，居民可以"搭便车"，化公为私。由于国有企业和国有银行处于转型当中，存在双重身份，导致风险和收益出现分离趋势，国有银行和国有企业将风险转嫁给央行和政府，导致最终风险累积在政府身上。国有银行和国有企业为获得高利益，将大量的资金投资于高利润行业，比如房地产等，结果货币的过度积聚不可避免。这是国有银行和国有企业缺乏风险约束条件下的必然选择和结果，金融偏在也就不可避免。与此同时，政府对金融机构的直接控制，使得金融机构（组织）行为异化不可避免。

本书利用第三章的GSFC模型来分析，假定有5大组织参与经济金融活动，包括居民家庭、国有企业、国有银行、中央银行和政府，由于国有企业、国有银行、中央银行和政府四位一体，都是公共利益的代表，因此，他们四类组织实际上可以归为一类，都是公共组织，利益高度一致，不存在明显的利益差别和冲突，因为国有银行、国有企业的利润都要上缴国家，中央银行的收支也是财政包干。于是五大组织实际上变成了两大类组织：一类是私有组织，具有明确的个人利益目标；另一类是公共组织，是公共利益或者社会利益的代表。这时候财富（货币）分配主要在两大类组织之间进行。国有企业、国有银行、中央银行和政府（包括地方政府）在利益分配过程中，由于缺乏明确的利益激励，加上管理不力，在与居民家庭的利益冲突过程中，将出现有利于居民家庭的局面，这也就可以解释中国市场化改革以来藏富于民格局的形成。于是大量的财富（货币）流到居民手中，国有企业和国有银行由于利益激励不足，软预算约束和内部人控制等诸多问题，可能出现风险转嫁给国家，利润转嫁给相关的居民家庭的结局，出现典型的货币体制外循环现象，以国有银行和国有企业为核心的货币循环，由于货币的不断漏损，将导致国有金融逐渐萎缩，进而危及国有金融的安全和稳定。

此外，由于政府是全民利益的代表，一旦居民家庭出现集体性的存款亏损和集体性的证券投资失败，政府将出面救助，这样可能导致居民家庭在资产选择和证券投资过程中的逆向选择，纵容居民家庭的冒险行为，导致居民家庭缺乏风险承担意识，居民搭政府的"便车"现象泛化，利益的高度相容，导致风险的处理最终都落在政府身上，中国的金融稳定寄望于一个精明的政府，这就是中国的现实状况。这种高度集中的风险承担和处理模式，有利于稳定，但是导致风险处理的成本高昂，效率低下。加上，除居民家庭之外的组织普遍缺乏利益激励，导致资金使用效率低下，长此以往，将损害金融稳定的基础。在转型时期的中国，由于产权等基础性制度的缺陷，主体（组织）行为的异化有着更为复杂的原因。由于组织性质模糊，并不是真正意义上的市场组织（主体），在转型过程中经济金融活动的参与主体存在普遍的预算软约束，这是社会主义国家的基本特征，使得参与主体的行为异化，几乎都具有过度冒险和承担过度风险的倾向。缺乏硬预算约束的金融活动参与主体，结果就容易沦为明斯基所说的蓬勃企业。

本书强调特殊组织和个体的异质性在维护金融稳定中的重要性，认为组织和个体能力的差异是金融不稳定的深层次原因。异质性的个体（组织）应对风险的能力不同，从中获利的能力存在差别，加上特殊利益组织的存在，好的组织和坏的组织并存，导致市场失灵不可避免，这客观上要求政府进行干预和管理。主流经济学将金融市场失衡的根源归结为价格和工资刚性。为什么工资和价格不能及时进行调整，为什么会出现大量的非自愿失业，劳动力不能自由流动呢？奥尔森从分利集团或者分利组织进行了新的解释，认为特殊利益集团的阻力和利益分化，特殊的利益组织成为市场不能自动出清和政府干预失灵的一个重要根源。本书将明斯基的企业类型和奥尔森的特殊利益集团和组织结合起来进行分析。奥尔森的关于组织类型和明斯基的企业类型存在共通之处，他们都强调组织的重要性，只是对于组织或者企业的分类存在不同标准，但是认真思考，仍然可以发现两者的相通之处，就是都强调那种特殊的企业或者组织的坏的作用，国家的衰落和金融市场的崩溃都与这种特殊的组织有关。这种组织具有投机性、寄生性、垄断性和非生产性，主要通过不正当的手段来转移财富而不是创造财富，通过损害社会利益而达到增进集团或者部门利益，对社会的发展进步是有害的，是社会经济金融稳定和国富民强的毒瘤。这类特殊的组织（个体）好像安装在市场经济上的水龙头，掠夺和欺诈是这类组织的行为特征之一，掠夺的结果形成了一个漏斗型经济，形成了一个新的货币循环，这样就出现了货币双轨制循环。掠夺形成的货币体制外循环，一个结果是导致货币使用的低效率。这种特殊的组织破坏了正常的游戏规则，导致负激励效应，逆向选择和道德风险泛滥，使货币金融体系演变为一个财富转移的坏机制，而不是财富创造的好机制。我们可以利用这种特殊的不正当的利益集团所控制的财富占整个社会的财富的比例来衡量社会的不和谐程度。特殊利益集团成为社会的祸害，成为市场失灵和政府失灵的重要根源。

明斯基从企业层面来解释金融不稳定，将企业分为三类型，其中旁氏企业占比越高，金融越不稳定。本书结合中国转型时期的经济和金融特征，对企业类型进行重新分类。企业是金融体系的服务对象，不同的企业对金融体系的金融服务的要求不同，反过来对金融体系的影响也不相同。对企业的重新分类有助于认识中国金融体系的不良资产成因和金融脆弱性的来源。本书将中国的企业（组织）分为两大类，四种类型：一类是市场型组织，具体又可以为套期企业、投机企业和蓬荠企业三种类型；另一类是非市场型（准）组织，主要是政府支持和控制的企业，我们将之归为第四类企业，实际上就是国有企业（包括国有银行等）。本书认为中国金融体系的脆弱性与政府支持的第四类企业密切相关。为贯彻国家战略和体现国家意志的第四类企业在政府能力下降的情况下，严重依赖银行体系的资金支持，第四类企业对国有银行的高度依赖及其产生的不良贷款成为金融体系的沉重负担，这种政策性因素造成的金融脆弱性成为中国金融体系健康发展的最大障碍。中国金融体系的脆弱性具有明显的政府烙印。由于第四类企业承担特殊使命，不具有一般市场契约型企业特征，对于这一类企业的金融支持具有特殊性。如果继续采用市场型金融支持方式，将对中国货币金融体系的稳健运行造成负担和伤害，为支持第四类企业造成的负担是一种政策性负担，应该由财政来承担，而不应由金融体系来承担。中国金融体系的脆弱性的一大特殊来源就是银行为支持这类企业造成的政策性负担，本书称为政策性原因造成的金融脆弱性。金融体系承担的政策性负担越重，金融体系的功能异化越严重，从而越不利于金融体系的金融支持作用的提升。因此化解政策性负担，防止政策性负担转嫁到银行体系头上，对于再造一个内生性的货币金融体系，维护金融体系的稳健运行具有重要意义。

二、转型过程中货币双轨制运行的多重异化，金融不稳定的直接原因

转型时期中国的经济——金融呈现典型的二元格局，与国际上的货币双轨制不同，中国的货币运行具有更多的特殊性。由于市场分割、市场发育不完

全、市场横向和纵向联系不畅、市场资金和要素的自由流动度不高、地方政府行政封闭和诸侯经济等问题，导致货币运行呈现"多元—双轨"特征，货币金融的跛行发展特征十分明显，主要表现为：一是实体经济和虚拟经济之间的双轨制货币运行；二是市场和计划之间的双轨制货币运行；三是城市和农村的货币双轨运行；四是以国有企业为核心的正规金融和以民营企业为核心的非正规金融的货币双轨运行，此外还有国内和国外、发达地区和落后地区、市场化地区和非市场化地区等多种"小二元"运行模式。货币多元—双轨运行过程中出现大量相对分割和封闭的货币资金循环格局，形成互相分割的独立的层级或者圈状结构，使得中国的货币循环变得异常复杂和难以管理控制。大量的货币偏居一隅，形成过度集中现象。我们认为货币循环和金融循环之间及其内部关系的异化，是造成金融不稳定的直接原因。中国多元—双轨货币运行过程中的货币分布结构失衡主要表现在以下几个方面：

1. 城市和区域间的金融发展不平衡，货币资金区域分布十分不平衡，主要集中在京津冀、长三角和珠三角三大区域和部分发达城市。

Andrew Yeh（2003）在"内陆省份资金严重短缺"一文中指出，由于行政问题及在公共支出方面的巨大地区差异，中国内陆省份正面临严重的资金短缺。以上海和河南为例，上海市的累计资本支出约为河南省的 10 倍。经合组织估计，近些年，中国在医疗、教育、文化和科研等领域的支出一直徘徊在国内生产总值（GDP）的 5.5% 左右。相比之下，经合组织成员国平均比例超过 28%。经济合作与发展组织（OECD）调查报告指出："中国不均衡的财政分权已经成为公共开支发挥效力的重要阻碍。"这是政府用于公共产品的资金支出在各地区和省市分布的不平衡状况。考虑到市场型金融嫌贫爱富的天生倾向，通过市场型金融来配置的货币资金在各省市地区的分布可能更加不平衡。

根据中国人民银行最近的统计调查，乌鲁木齐的农户万元贷款成本为 120 元，而鸡西高达 1428 元，是前者的 11.9 倍左右。深圳百万元企业贷款成本仅为 10000 元，而鸡西高达 111875 元，是深圳的 11.187 倍。人均储蓄来看，宜春仅为 2661 元，而深圳高达 88465 元，深圳人均储蓄是前者的 33.245 倍。人均固定资产投资额上饶仅为 171.82 元，而深圳为 47598.13 元，后者是前者的 277.01 倍。人均教育事业费支出，赣州仅为 49 元，而深圳高达 1673 元，后者是前者的 34.14 倍。对 29 个城市的比较调查可以发现①，我国区域资金分布极

---

① 数据参见谢平、陆磊著：《中国金融腐败的经济学分析》，中国中信出版社，197 页。

端不平衡，区域资金回报率和成本差异十分不合理，长此以往，将加剧地区利益冲突。区域资金分布的严重不平衡不利于全国统一性的金融市场的建设，不利于货币金融的管理和金融稳定。

表7-3 1995~2004年京津冀、珠三角和长三角三大地区金融发展及其比较

单位：%

年份	京津冀金融发展水平	全国金融发展水平	珠三角金融发展水平	长三角金融发展水平	上海金融发展水平
1995	70.03	50.72	72.06		
1996	76.53	56.74	85.82		
1997	79.31	61.89	91.83		
1998	85.68	67.26	98.01	57.13	64.33
1999	91.44	72.78	97.13	59.25	64.36
2000	87.46	71.95	90.00	55.16	55.45
2001	89.49	76.88	91.71	58.46	60.63
2002	93.83	82.93	98.10	69.87	90.88
2003		88.79	97.59	72.06	96.86
2004				69.14	93.43

资料来源：整理自中国资讯行数据库的中国统计数据库，链接http://www.bjinfobank.com/。长三角为上海、江苏和浙江，珠三角为广东省韶关、河源、梅州、清远、肇庆、云浮、汕头、汕尾、揭阳、潮州、阳江、湛江和茂名13市，京津冀为北京、河北和天津市。这里我们利用城乡储蓄存款比GDP来衡量金融发展水平。以京津冀为例，京津冀地区的城乡储蓄存款比当地的GDP，得到京津冀地区的金融发展水平指标。其他类似计算。

进一步，我们对区域间的货币资金分布进行比较。我们利用城乡储蓄存款比GDP来衡量金融发展或者货币化水平。从表7-3可以发现，京津冀都市圈的储蓄占GDP的比例1988~2002年间平均为68.7%，远远高于全国平均水平，两者相差为12.5个百分点，最大差距超过20个百分点。2002年两者的差距约为11个百分点，这说明我国区域货币化程度存在显著差异。1998年珠三角的货币化高于全国30多个百分点。1998~2004年短短的6年时间上海的货币化程度提高了约30个百分点。2002年作为长三角龙头的上海货币程度也高出全国平均水平20多个百分点。1995~2003年间珠三角的货币化程度高于京

津冀地区。1988~2003年京津冀地区的城乡储蓄存款比当地GDP平均为68.72%，高于同期全国平均水平大约12.72个百分点（见表7-3）。我国区域金融发展存在巨大的差异，不利于货币资金的合理分布，造成大量货币资金过度集中于大城市金融发展的巨大地域差异加大了货币金融管理难度，成为金融不稳定的新来源。

2. 货币资金的城乡分布、产业分布严重不平衡。从贷款分布来看，我国信贷资金分布十分不平衡。从图7-2可以发现，1978~2002年的25年间非农业贷款占农业贷款的比例（KFNBNY）平均为9.84倍，最大为18.37倍，最小为4.5倍，中位数为10.47倍，农业获得的信贷支持远远低于工业信贷支持。1978~2002年的25年间农业贷款比金融机构总贷款（KNYBJR）平均仅为14.9%，最大为26.28%，最小为6.4%，这说明农业获得的信贷支持远远低于平均水平。1953~2002年间中国新增第一产业产值比新增GDP（NYBGDP）50年间平均为11.22%，最大为58.07%，中位数为18.10%，1953~2002年间中国新增农业贷款比新增金融机构总贷款（NYDKBZDK）最大为19.10%，中位数为2.26%，平均值为2.11%。第一产业或者农业对经济贡献度1953~2002年间平均为11.22%，而农业信贷对整个信贷的贡献度仅为2.11%。这说明农业的信贷投入或者信贷对农业的支持，与农业对经济的贡献度和地位不符。1997年情况发生了变化，两者的比例几乎1:1，此后新增对农业信贷投入呈现负增长，大量的银行贷款并没有进入第一产业。农村的农业产业化没有得到金融的有力支持。大量的信贷资金过度集中于非农产业部门，不利于"三农问题"的解决。本书认为农村货币资金的空洞化和外流，是造成"三农问题"严重化的重要原因。本书利用农业贷款比第一产业产值（NYDKBYICH）衡量农村的货币化水平，利用非农业贷款比非农业产出（FNYDKBFNCC）衡量城市的货币化水平。从农村货币化和城市货币化程度对比可以发现，1978~2003年间城市货币化水平是农村货币化水平的9.84倍，并且呈现扩大趋势。2002年城市货币化水平是农村货币化水平的18.37倍。这种二元结构下货币资金分布的极端不平衡可以解释中国之谜等一系列怪现象。从图7-3可以发现，2002年农业存贷款比第一产业产出仅为10.86%，呈现下降趋势，说明我国农村金融发展水平低，农村资金外流和空洞化趋势明显。农村金融深化水平远远低于全国平均水平，甚至出现了背离的趋势。我国农村货币化不足和货币化程度低，而城市货币化过度，货币在农村和城市的分布严重不均，长此下去，不利于我国的金融稳定与金融发展。

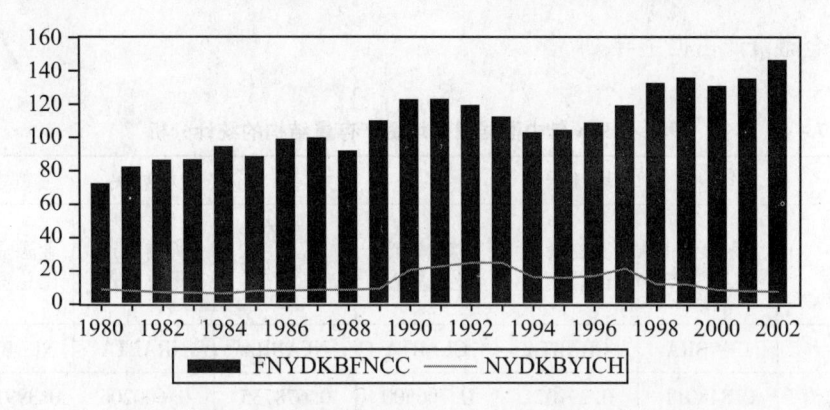

图 7-2　1980～2002 年中国农村货币化和城市货币化程度比较

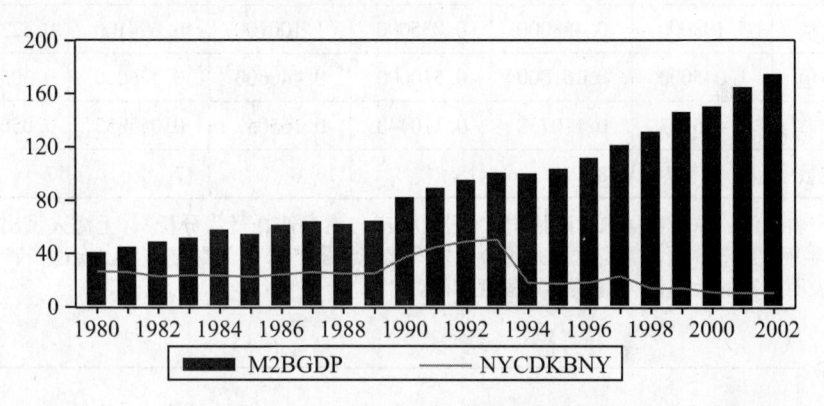

图 7-3　1980～2002 年中国农村金融深化水平与全国金融深化水平比较

3. 城市与农村的金融化程度差距巨大，大量的货币资金积聚在城市金融部门。

从表 7-4 和图 7-5 中国城乡居民人均资产存量结构的比较可以发现，1982 年城镇居民金融资产是实物资产的 1.13 倍，农村为 1.10 倍。到了 1988 年城市变为 2.01 倍，而农村下降为 0.664。1998 年城市上升为 4.59，农村为 0.713。最高为 1997 年，城市为 5.2 倍，而同年农村为 0.702。我们利用金融资产占总资产的比例来衡量金融化程度，发现城市金融化程度越来越高，而农村出现了先降后升的局面，两者存在显著的差异。1982 年农村金融化程度为 0.524，城市为 0.531，差别不大。1998 年城市金融化为 0.821，而农村仅为 0.416，两者几乎差 1 倍。通过农村和城市的财富结构对比，可以发现我国农村还处于落后的旧经济时代，实物资产占据主导，而城市已经进入新经济时代，金融资产占据主导。

表7-4　　　1981~1998年中国居民人均资产存量结构的统计分析

	城镇居民			农村居民		
	金融资产比实物资产	实物资产比总资产	金融资产比总资产	金融资产比实物资产	实物资产比总资产	金融资产比总资产
	CFABRA	CRABTA	CFABTA	NFABRA	NRABTA	NFABTA
平均值	2.848011	0.297021	0.700500	0.678735	0.600206	0.399124
中位数	2.471000	0.288500	0.710500	0.672300	0.597900	0.402000
最大值	5.198000	0.488000	0.835000	1.100700	0.694100	0.523900
最小值	1.045000	0.161000	0.510000	0.440600	0.476000	0.305800
标准差	1.445683	0.110738	0.110448	0.165057	0.055853	0.056145
观察数	18	18	18	17	17	17

资料来源：原始数据来自藏旭恒：《居民资产与消费选择行为分析》，上海人民出版社2003年版，第363页。我们这里采用金融资产比实物资产来衡量财富结构。金融资产占比越高说明财富的金融化（虚拟化）程度越高。

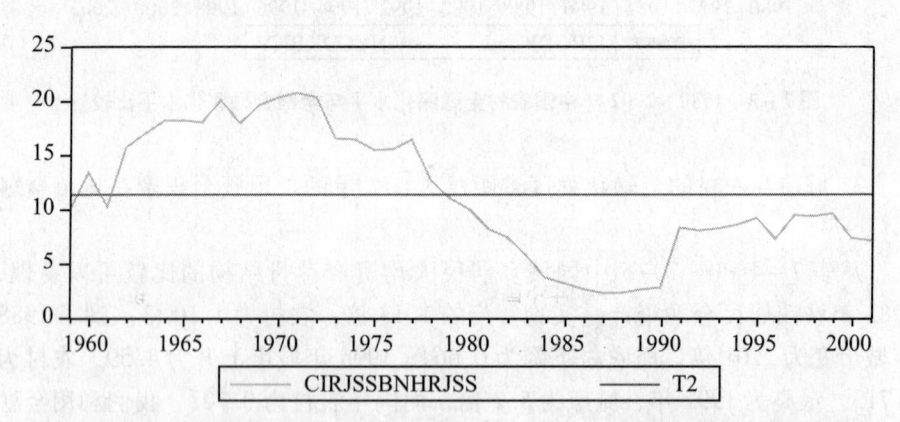

图7-4　1959~2001年中国城镇人均储蓄存款与农户人均储蓄存款比较及其演变[①]

[①] 整理自中国资讯行数据库的中国统计数据库，链接 http://www.bjinfobank.com/。其中T2为指标的平均值。

从储蓄存款的分布来看，我国货币资金分布十分不平衡。从图7-4可以发现，1959~2001年间城镇人均储蓄存款是农户人均储蓄存款的11.39倍，2001年为7.17倍，近年来已经低于平均水平。1959~2002年城镇人均储蓄存款比全国人均储蓄存款（CIRJSSBCHIRJSS）平均值为3.3428倍，最高为1972年的4.72倍，最低为1988年的1.41倍。同期，城镇人均储蓄比农户人均储蓄（CIRJSSBNHRJSS）平均值为11.39倍，最高为1971年的20.79倍，最低为1987年的2.36倍。农户人均储蓄存款比全国人均储蓄存款（NHRJSSBCHIRJSS）平均为34.08%，最高为1987年的61.13%，最小为1971年的22.64%。

农村滞后的货币化和低货币化水平成为影响农村发展的瓶颈，农村投资资金短缺，成为制约"三农问题"的关键，而部分城市超前的货币虚拟化和过高的货币化程度成为影响金融稳定的重要因素，成为投机资金的需要来源。发展农村金融，城市金融反哺和支持农村金融的发展，优化城乡金融结构和金融制度安排对于解决转型时期中国的金融稳定问题至关重要。

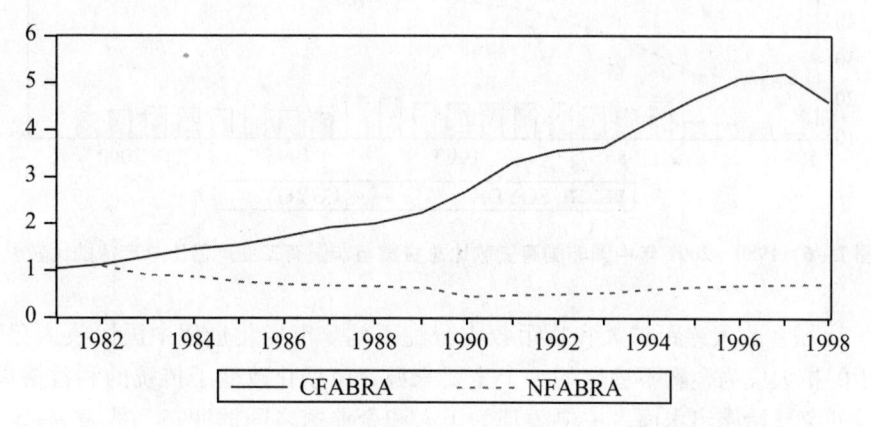

图7-5 1981~1998年中国城市财富结构与农村财富结构的比较

4. 大量的资金集中于国有企业和国有经济部门，非公有经济获得的货币资金偏少。从图7-6可以发现货币资金在国有和非国有经济的分布极端不平衡。我国正规金融居于主导地位，非国有贷款占总贷款的比重1980年为11.81%，1993年为最高达20.96%，2001年为16.86%，比1993年降低了4个多百分点，仅仅比1980年提高了5个百分点。大量的信贷资源流向国有经济部门，由于国有经济部门资金使用的低效率，导致大量的信贷资源变成了不良贷款。我国经济转型主要是由民间经济推动的，1980年非国有工业占工业总产值比重仅为24.04%，2000年高达71.99%，2001年为71.03%，提高了约47个百分点。非国有投资占总投资的比重1980年为18.11%，到2001年高达52.69%，提高了约34.58个百分点，吸纳就业占城镇就业比例1980年为23.81%，2002年高达71.1%，提高了约48个百分点。我国经济增长和经济波动的微观组织基础发生了重要的变化，已经由国有企业变为非国有企业。但是金融发展和金融风险承担的微观组织基础并没有发生相应的变化。国有银行依然一统天下，民间金融组织发育滞后，金融风险的来源依然是国有企业。大量的货币资金偏在于以国有企业为核心的正规金融部门，不利于货币资金的有效使用和顺利循环。

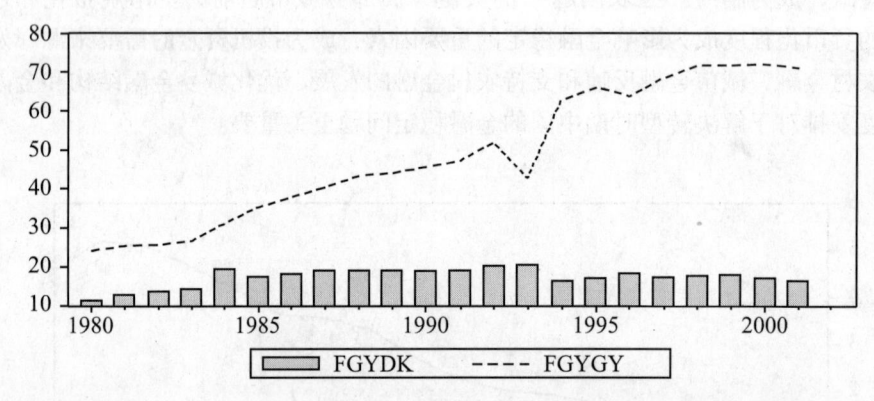

图7-6 1980~2001年中国非国有贷款比总贷款与非国有工业产值比总产值的比较[①]

5. 城乡收入差距扩大和货币收支分配不均。市场化进程中国民收入分配差距的扩大成为金融不稳定的一个重要来源，市场化改变了传统的利益格局，利益冲突开始浮出水面，主要表现为工人和企业家之间的冲突。从表7-5可以发现1992~2004年间劳动者报酬尤其是工资与企业盈余对比，发生了很大的变化，利息收入的比重超过工资收入的比重。工资收入占劳动者报酬比重很低，说明我国工资并不是收入的主要来源，而是非工资收入占据主流。其中可以反映我国工资的不透明和收入分配的不合理之处。因为作为普通工人，工资收入无疑是主要乃至惟一的收入来源。我国工资收入和劳动者报酬的反常现象耐人寻味，背后说明了什么问题呢？这说明我国非普通工人阶层占有大量的劳

---

① 数据整理自中国资讯行数据库的中国统计数据库，链接http://www.bjinfobank.com/。

动果实，反映了我国劳动报酬分配不合理。普通劳动者只占有不到1/4的劳动果实，非普通劳动者占有75%的劳动果实，这也可以通过分析储蓄存款得到证实，我国20%的富人阶层占有80%的银行存款。在改革过程中财富分配的高度不均，造成大量的货币过度积聚在富人阶层和特权阶层手中，造成严重的货币结构失衡和金融偏在现象，是我国金融不稳定的重要原因。1952~2003年间平均工资占比为15.44%，而1978~2003年间降低为14.60%，1992~2004年间进一步降低为12.958%，工资占比呈现下降趋势。从图7-7可以发现，税收占比在1978~2004年间经历了低—高—低—高的变化，目前呈现上升趋势，相关分析发现，1992~2004年间税收收入和工资收入之间存在明显的负相关关系，为-0.432。这说明税收收入的提高不利于工资占比的增加，出现政府与普通工人争利的格局。1992~2004年间利息收入占比高达16.28%，资本成本占比相比较而言居于四者之首。资本成本的占比过高不利于企业利润的增长，利息占比与利润占比存在负相关关系，系数为-0.25，银行和企业的利益冲突矛盾值得关注。不过，从图7-8可以发现，近年来企业利润呈现上升趋势，矛盾有所缓解。进一步调整国民收入分配格局，有利于推动不同主体之间的利益关系的和谐化。

表7-5　中国工资、税收、利息、利润占GDP的比例的统计分析

	WBGDP2	TBGDP2	WBGDP3	WBGD1P	TBGDP1	RBG	PROFITBG
	工资比GDP	税收比GDP	工资比GDP	工资比GDP	税收比GDP	利息比GDP	企业利润比GDP
时间	1978~2003	1978~2003	1952~2004	1992~2004	1992~2004	1992~2004	1992~2004
平均值	14.60423	14.25362	15.44193	12.95873	12.87962	16.28000	4.023909
中位数	15.40172	13.21215	15.72497	12.55940	12.54060	17.10000	3.984000
最大值	17.09682	23.21163	23.00820	14.78784	16.47360	22.54000	11.70500
最小值	11.86607	10.11237	10.05891	11.86607	10.11237	10.17000	-1.520000
标准差	1.700540	3.081928	2.649623	1.004295	2.263758	4.018751	4.075730
观察数	26	26	53	13	12	11	11

资料来源：整理自中国资讯行数据库的中国统计数据库，链接http://www.bjinfobank.com/。

货币双轨制、政府治理和金融稳定

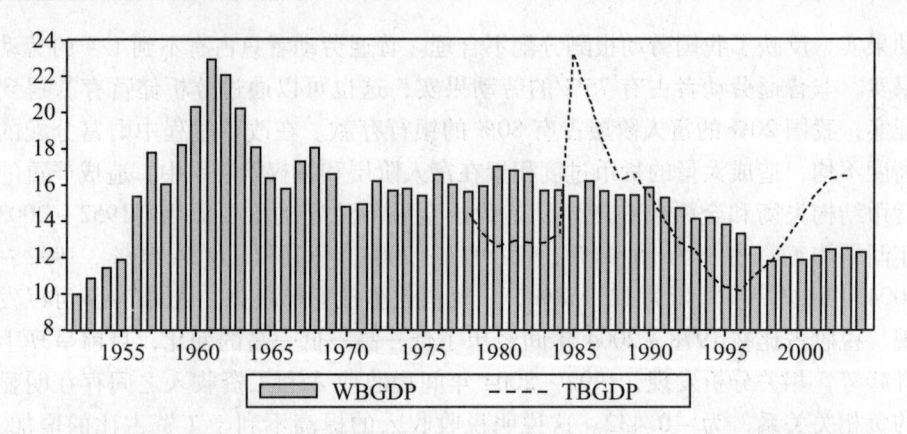

图 7-7 1952~2004 年中国工资占 GDP 比例比与税收占 GDP 比例的比较

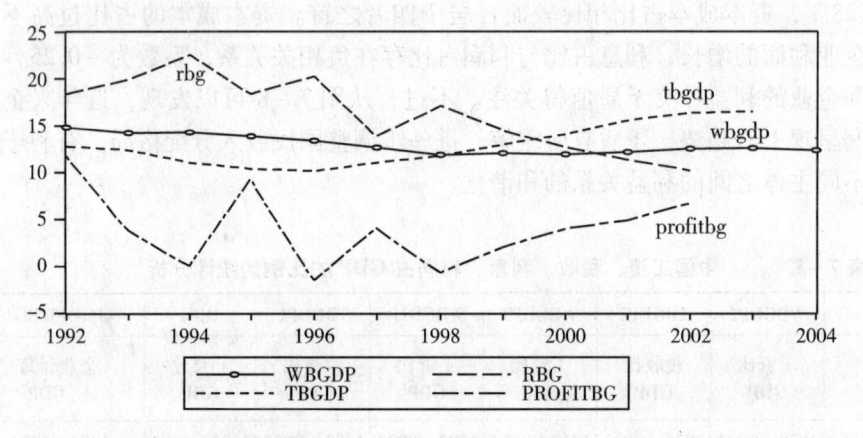

图 7-8 1992~2004 年中国工资、税收、利息、利润占 GDP 的比例及其比较[①]

随着商品市场化的逐渐完成，金融市场化进程的加快，财富转移和利益分配机制越来越虚拟化和隐蔽化，过去依靠行政命令和工农产品价格剪刀差从农村转移财富的时代逐渐结束，土地市场化、医疗卫生和教育市场化等公共产品的市场化，开始成为从农村转移财富和货币收入的新机制，此外农村邮政储蓄机构成为从农村抽血的新机制。在农村金融市场化进程加快的过程中，农民工的商品化使无知的农民成为利益博弈中的失败者，他们的利益被一系列复杂市场化的货币金融机制剥夺得所剩无几。农民工的收入通过文教

---

① 数据整理自中国资讯行数据库的中国统计数据库，链接 http://www.bjinfobank.com/。其中，利息来自资金流量表的实物交易部分。

卫、通过邮政储蓄和农村信用社等回流到城市，在货币追逐高额利润和嫌贫爱富的天性下，现代版的"逆流法则"存在于广大农村—城市之间，农村资金和金融的空洞化趋势越来越明显，金融市场化将使农村、农民、农业在资金争夺战中成为最大的受害者，农村出现典型的货币化不足，而城市出现典型的货币过度虚拟化倾向。这种农村货币化不足和城市货币过度虚拟化并存，将造成通货紧缩和资产膨胀并存的怪现象，一边是实体经济的滑落、农业的下降，一边是虚拟经济的膨胀、金融泡沫的扩大。城乡的不和谐将严重影响整个社会的稳定，最终利益的严重分化和财富的严重分配不均，将可能导致信任和信心的丧失，可能引发系统性金融危机。中国的货币金融体系必须重建，需要统筹城乡的金融，构建一个统一的、和谐的金融新秩序，打破传统的城乡金融分割和对立。

三、转型过程中政府治理缺损，金融不稳定的决定性因素

第四章从多个层面对政府治理和金融稳定的关系进行了检验，包括法律法规、产权、价格等直接控制、发展战略和其他公共治理等。西方国家是一种弱政府格局下的治理模式，更多的是间接控制，强调制度的规范化、法律化，政府更多扮演的是中立的守夜人角色。利用国际数据的实证分析发现金融脆弱性与政府治理密切相关。政府的隐形担保、道德风险、金融腐败、政府监管和财政货币政策的不当，都可能成为金融不稳定的来源。转型时期中国的政府治理除了具有国际共性之外，还存在诸多的特殊性，主要表现在以下几个方面：

第一，对货币金融的高度行政控制的强势政府格局长期存在，政府投资行为和货币金融使用权力缺乏有效的监督机制。国有金融和非国有金融并存的过渡性制度安排，形成了独具中国特色的"漏斗型经济"和大量货币资金的体制外循环。在政府治理缺损情况下，这种货币双轨制运行不利于金融稳定。

在社会主义国家，政府通过高度行政金融控制和公有产权制度安排，使得政府、生产者企业（垄断性企业和非垄断性企业，国有企业和非国有企业）、消费者个人（暂不考虑国外主体）的利益冲突相对缓和，这为社会主义国家维护金融稳定提供了好的制度基础，是社会主义国家的优越性所在。但是同样带来的一个问题，就是激励不足和效率损失，久而久之，稳定不可持续。政府的直接行政控制有助于维护短期的金融稳定，但是不利于资金的高效使用和长

期的金融稳定，所以政府对货币金融的高度控制难以维持。

中国政府治理的特殊性在于强势政府格局的长期存在，政府采取一系列直接的行政性手段来控制货币金融体系，包括产权控制、利率控制、利润控制和人事控制等。金融机构的党委作为特设机构存在，金融机构具有准机关性质。政府对产权的控制是国家控制银行的集中体现，公有产权制度安排为国家干预银行提高了理论可能性和现实必然性。中国的金融不稳定与政府通过对货币金融的高度控制来实施的不平衡发展战略有关。在货币短缺情况下，这是一种不得已的选择，但是一旦进入货币资本过剩时代，依靠传统的货币金融管理方式，将导致大量的货币资金得不到合理的使用，如何提高货币使用效率和维护金融稳定变得更为重要而困难。政府作为货币资金的管理者和配置者，容易出现政府利益与社会利益的不相容乃至背离。政府为了满足财政支出的需要，可能造成财政赤字的货币化发行和货币超额供应，制造通货膨胀税。政府凌驾于一切其他组织之上，其他市场组织难以与之进行博弈抗衡，加上缺乏对政府投资行为和货币金融控制的权力及其使用的监管，政府治理的缺乏往往导致政府主导型投资的低效率和坏账。转型过程中市场化带来的巨大利益诱因，加上政府官员权力缺乏有效的约束，容易出现政府官员利用市场化来达到个人利益最大化，出现公权对私权的掠夺。政府权力约束的缺乏导致对经济金融运行的干扰和伤害，不利于金融稳定。政府权力的市场化，加上权力的软约束，必然导致主体的软约束和组织行为的异化。在中国转型过程中存在典型的双重软约束现象，表现为国有企业、国有银行的预算软约束和政府机构的权力软约束。转型过程中双重软约束的破除，必须从政府治理着手，通过加强对权力的约束来硬化企业的预算约束。否则，只能是上梁不正下梁歪。

转型时期的中国实际上是一个混合经济，出现了两种金融模式，一种是以国有银行—国有企业—中央银行—政府—国企工人为主体的国有金融循环模式；另一个是民间企业—股份制银行—央行—政府—家庭为主体的非国有金融循环模式。国有金融的特点是稳定，非国有金融的特点是效率高。国有金融和非国有金融并存的过渡性制度安排，一定程度上解决了效率和稳定的两难问题。但是，过渡性金融制度安排天生的不确定性和高度模糊性，容易导致负向激励和逆向选择。在货币双轨制运行格局和缺乏有效的政府管理的情况下，一旦二元结构之间的差异过大，往往会出现货币资金过度集中和投机现象。由于产权不清、行政权力市场化加上缺乏权力的约束等制度安排缺损，一旦投资失败，就会出现风险转移、利润截留现象，金融风险转嫁到政府身上，出现政府支配的国有银行的过度风险承担现象。公权对私权的侵害和化公为私，这是腐蚀金融稳定基础的毒瘤，形成了独具中国特色的"漏斗型"经济和大量货币资金的体制外循环。货币双轨制运行下的政府治理缺损不利于金融稳定。市场化过程中政府权力的滥用，结果往往造成效率损失和公平受损，不利于金融稳定。对市场化改革的反思关键是要处理好政府与市场的关系，加快推进政府转型，加强对权力的约束和监督，是治理金融不稳定，建设和谐稳定健康的金融新秩序的内在要求。

第二，政府主导的货币资金配置和市场主导的货币资金配置并存，财政支出结构不合理，政府支配的货币偏在于非公共产品领域，与民争利，这种双重货币循环不利于金融稳定。

长期以来，由于政府职能转变滞后，特别是部门利益和特殊利益集团的作用，政府和市场的职能范围始终厘定不清，财政支出不能真正退出应由市场承担的领域，政府对竞争性投资仍然介入过多，财政的"越位"现象严重。财政的"越位"同时导致财政支出的"缺位"和"不到位"，导致社会保障等公共事业发展滞后。例如，中国总医疗费用占财政支出比例仅为17%，而同期美国至少占45%，几乎是中国的3倍[①]。迟福林（2004）[②]指出我国政府对货币金融的行政控制程度依然较高。这种政府主导型的货币资金分配格局，不利于金融稳健发展。中国经济的信贷总量是明显地向政府倾斜。大量的事实证明，在货币供给的"超常增长"中，各级政府扮演了重要角色，发挥了重要影响。例如到2002年，政府部门和国有经济约占全部信贷资金的65%，就是说，国有商业银行的信贷行为仍在一定程度上受各级政府的影响。政府在全社会固定资产投资方面尚未完全摆脱"投资主体"的角色。由于近几年实施的积极财政政策，政府投资主体的角色实际上得到了加强，政府经营城市成为较为普遍的现象。例如2002年投资总量中，政府占了44%，民间占到56%。我国公共财政支出的比例有所增加，但是各级财政支出的相当比例仍是竞争性行业。我国实行的仍是一个投资型财政体制。中央财政在竞争性行业的投资，1998年为40.54%，2002年为36.7%。1998年公益性投资占当年财政支出的比例为11.94%，卫生、体育和社会福利业三项加在一起只占当年财政支出的1.23%，而国家机关、党政机关和社会团体的支出却占到了6.18%。到2002

[①] 我国经济形势分析与预测，商务部政策研究室，北京师范大学经济与资源管理研究所，2006年4月，第33页。

[②] 迟福林：《以政府转型为重点的结构性改革》，2004-7-29，链接http://www.cenet.org.cn/cn/ReadNews.asp?NewsID=16395。

年，这个情况并没有多大改变。世界银行（World Bank）估计，在90年代，中国约1/3的固定投资被浪费掉了。中国央行报告，2000～2001年，政府指令的贷款占不良贷款的60%。这种漠视经济效率的行为，在中国的银行里孕育了不负责任和无问责制度的文化。根据2002年一份对3500位银行雇员的调查，20%的雇员反映，当经理人的错误导致不良贷款时，他们不会得到任何处分；另外46%的雇员说，银行没有任何发现坏账的措施。超过80%的雇员说，分行的腐败行为要么"很普遍"，要么"经常"发生。近几年的银行改革没能解决这些缺陷。改革的五项措施——注销坏账、注资、在香港上市、西方战略投资者持有少数股权，以及总部改善公司治理，都没有改变中国资本配置制度的根本特征。几乎所有银行高管都由党任命，党在金融体系内部维持了广泛的组织网络。国际货币基金组织的一项研究发现，没有证据显示，这些改革改善了银行的风险管理和信贷分配[①]。政府直接主导的投资行为，由于缺乏对政府投资行为和货币金融控制的权力及其使用的监督，导致政府主导型投资的低效率和大量坏账的孳生。由于政府自身定位不当，不是作为市场裁判和稳定的维护者，而是一身多任，参与直接的投资活动，出现与民争利的情况。政府参与竞争性行业的投资情况严重，政府与民争利，导致政府利益和社会利益、市场主体利益冲突，不利于金融稳定。政府主导下的货币资金的低效率使用成为金融不稳定的重要来源。

第三，随着中国转型进程的推进，依靠"精英型政府"来维护金融稳定的机制逐步丧失，而依靠法律和制度来维护金融稳定的制度安排尚未出台。在信任关系和信任结构的转换过程中，转型时期的过渡性金融制度安排具有高度的不确定性和模糊性，容易出现制度真空，造成系统性危机，这是中国金融转型过程中应该注意的。

历史上，我国采取的是计划金融模式。政府通过对货币金融功能实施严格限制和直接控制，有计划地调节货币资金的流向和分配。计划金融秩序是由完全理性的全知全能的领导者和完全无知的被领导者构成的，可能出现完全理性和完全非理性的对立及冲突，也就是能力的差别和权力的对立，即精英和大众的对立。由于能力的巨大差别，造成了权力的极度分化，造成了利益冲突。计划金融秩序的萎缩及其瓦解在于个人利益和国家利益的冲突或者不相容。计划金融秩序的维持往往依赖于愚民政策的实施。这种精英模式的金融制度设计没有考虑大众的心智差异，导致制度流于形式，缺乏大众基础，公众认知度低，

[①] 卡内基国际和平基金会裴敏欣，中国坏账危机远未告结，2006-5-9，金融时报中文网，来自 www.cenet.org.cn。

风险意识和成本意识淡薄。这可以通过历史上对资本和资金的概念之争得到印证。计划经济坚持集体理性至上，通过否认个体理性来达到集体理性和解决集体非理性，计划金融秩序不利于促进人的理性和发展。计划金融秩序有利于个体的金融安全感，不利于个体的自由发展和提高理性计算能力，计划金融秩序使人变傻，傻是获得稳定的代价。在计划金融秩序下，个体的非理性导致了集体的理性，也就是通过牺牲个体利益来获得整体稳定，整体的稳定取决于个体对权威的信任，权威对于维护稳定具有重要意义。计划金融依靠权威来维护金融稳定，政府领导人成为稳定的象征，政治领袖是金融稳定的"真神"。这可以解释金融稳定和金融效率并存的中国金融之谜。计划金融秩序是一种自下而上的、纵向的、单向的信任结构，是一种命令等级型信任结构，不存在个人对个人的信任，而只是存在个人对政府的信任。命令主义的信任结构是指信任不是发生在平等主体之间的，民众对政府信任具有依附性。信用重叠是转型时期货币金融制度安排的最大特点和缺点所在。信用重叠不利于信用的拓展，也容易造成风险转嫁和转移，加剧道德风险和逆向选择。

现代市场经济实际上是货币经济，是"钱生钱"的经济，也就是用货币生产货币。市场金融制度不同于传统的计划金融制度。在使用货币生产货币的过程中，由于金融分工和金融市场的深化进程拓展，寻找专业的金融代理人来从事金融投资活动，便是金融经济下的必然产物。在"钱生钱"的委托代理过程中，由于不确定性和心智结构差异等多种原因，信任和制度变得特别重要。知识的分裂、生产的不确定性和利益的不一致性造成了协调分工的成本乃至协调失败。只有制定游戏规则，才能保障"钱生钱"的货币循环顺利进展下去。信托责任、诚信意识和个体自律变得十分重要，同时通过法律等制度他律也必不可少。市场纪律、个体自律和制度他律对于维护信任和信用至关重要。市场金融并不是天生稳定和谐的制度，经济权力和政治权力成为市场经济的主宰。权力会制造社会的不公平和不稳定，客观上要求政治权力来维护市场经济秩序。制度和秩序既可以解决利益冲突带来的不稳定和危机，同时也成为制造利益冲突和不稳定的根源，这是制度的二重性。好的制度有利于解决利益冲突和维护金融稳定，而坏的制度成为不稳定的根源。

市场金融秩序不同于计划金融秩序，表现在制度结构、信任结构、权益结构、产权和法律制度结构等的不同。从信任结构比较来看，计划金融秩序是一种自下而上的、纵向的、单向的信任结构。信任不是发生在平等主体之间的，民众对政府信任具有依附性，这与公有制的产权制度安排有关。市场秩序的信任是一种横向的、网络化的、普遍主义的信任，是个人对个人的信任，而政府只是一种信任关系的服务者和维护者。这与私有制的产权制度安排有关。从人格信任拓展到系统信任,信任的广度和宽度大大拓展了。信任的拓展过程同时也是理性计算能力拓展的过程。同时,由于市场金融秩序下的信任是一种对抽象符号和规则的信任,是一种对"信任的信任",货币是一种普遍主义的信任结构,所以包含了风险和不确定性。市场金融秩序下的信任结构及其特征决定了金融系统具有内在的脆弱性。

不同的信任结构造成了不同的法律体系,与普通法相应对的是市场网络型信任结构,而大陆法相对于等级命令型信任结构,其他法律相对于的是介于市场和命令之间的中间型信任结构。存在一个产权—信任—法律—政府链条①,这些内在逻辑决定了维护金融稳定的不同制度安排。市场金融依靠市场主体的自律来维护金融稳定、对非人格化市场的内在和谐的信任及对自由和公平这个"真神"的信仰。西方国家是人人自信,而不是他信,在中国则是人人不自信,而是他信。由于信任结构的不同,以及维护信任关系的制度安排和机制不同,造成了不同的稳定结果。在西方成熟的市场国家,信任关系的维护制度相当完善,因此人与人的信任关系在竞争中得到拓展,同时能够保持稳定。但是一旦出现重大的事件或者创新造成原来的维护信任制度失灵,将可能造成灾难性的后果,也就是系统性危机。尤其是在发展中的新兴市场国家,由于维护信任关系的很多制度还不成熟,信任结构还处于成长变化之中,正在由传统的关系型信任转型为市场型信任。在这个转换过程中,如果缺乏制度的保障和政府的维护,那么将可能出现信任结构转型失败乃至倒退,东南亚危机就是如此,东南亚奇迹背景下的东南亚危机与信任结构转型失败有关,与裙带资本主义的泛滥密切相关。这是因为信任关系和信任结构的制度化和法律化需要一个过程,需要相当长的时间,在这个过程中,依靠权威性的政府来维护金融稳定的机制逐步丧失,而依靠法律和制度来维护金融稳定的制度安排尚未出台,在信任关系和信任结构的转换过程中,由于维护金融交易关系的制度处于过渡阶段,容易出现制度真空,造成系统性危机,这是中国金融转型过程中应当注意的。

随着社会的发展,计划金融秩序的弊端越来越明显,个体利益和政府利益的冲突开始凸显,命令等级型的信任结构开始瓦解,垂直型(纵向)信任结构转向水平型信任结构,货币信用的功能得到释放和发展,市场金融得到发展。从计划金融向市场金融的转型,客观上要求调整原有政府高度的直接行政

---

① 产权或者利益是信任的基础,法律是信任的正式化和制度化。

控制的货币金融制度安排。转型时期我国金融领域的道德风险泛滥，这与心智差异造成的权力支配差异及缺乏恰当的激励约束机制密切相关，实质上是精英对大众的掠夺。权力异化和维护金融秩序的成本高昂是造成中国金融秩序混乱的重要原因。权力异化的坏的货币金融制度导致负向激励和效率低下，金融腐败泛滥。正如郎咸平所说，中国缺法制化建设下的纪律，缺一个法制化的游戏规则，这是强国的关键，也是维护金融稳定的关键。法制化建设形成以后才能够形成一套制度化的游戏规则，而这个游戏规则是用来规范政府及每一个个人的行为的。只有在每一个个体都被规范了以后才不会形成大欺小、强欺弱的现象。因为只有在游戏规则建立起来以后，中产阶级才能够兴起，等中产阶级真正的兴起以后才有真正的民主自由。

政府在解决个体理性和集体理性的矛盾冲突过程中扮演关键角色。我们强调政府治理的重要性，政府治理决定市场治理进而决定组织治理。正是转型过程中政府治理的缺损导致了市场治理缺损。政府和市场治理的双重缺损，使得企业组织的约束硬化难以建立，预算软约束问题在组织层面泛滥开来。本书提出政府主导的三位一体的（由上而下）治理层级结构假说来解释转型时期中国的金融不稳定。本书倾向于赞成制度是自然演进和社会构建的混合物。政府治理必须基于市场治理和组织治理来展开，且将组织治理和市场治理的共同经验和游戏规则制度化，上升为法律法规。制度设计是政府治理的重要内容，对于建立和谐健康的金融秩序十分重要。金融制度的设计必须建立在尊重和了解市场主体共同利益的基础之上，也就是马克思所说的发挥政府主观能动性和尊重市场客观规律相结合，处理好政府能动性和市场内在规律之间的关系。一个好的制度是构建和演进的混合物。脱离市场自然演进规律的制度设计将缺乏大众基础而难以实施。这是计划秩序和政府强制性制度变迁难以持续的原因所在[①]。

总的说来，我们认为，货币化和金融化进程中的货币双轨运行是金融不稳定的大前提和大背景。货币循环双轨制的正常平稳运行需要一系列条件，而政府无疑扮演着决定性的角色。政府治理缺损结果造成两个货币循环关系异化和货币金融的偏在现象。货币双轨制使得金融不稳定成为可能，使得政府对货币

[①] 如何衡量货币金融制度的好坏？关于制度好坏的测度指标和评价标准是一件复杂的事情，越来越重要。我们前面第四章在借鉴新政治经济学和新制度经济学的研究基础上，利用大量的指标进行了测度和实证分析。此外，卿志琼（2003）提出了12个指标来衡量好的秩序和坏的秩序，这同样可以用来衡量金融制度，如果一个金融制度越来越不满足这些标准，意味着这个秩序需要进行变革，这个秩序的成本超过收益，于是金融危机可能发生，金融违规和金融不稳定上升。参见卿志琼：《有限理性、思维成本与经济秩序》，南开大学博士论文，2003年，第157页。

的管理变得复杂困难。我们认为转型时期货币化和金融化进程中的政府治理缺损和政府转型滞后是造成金融不稳定的关键所在[①]。政府治理的目的是提供"屋顶和地板",防止金融不稳定演变为危机。为防止政府本身演变为不稳定的来源,必须加强对政府权力的约束,并致力于建设一个强化和服务市场型政府,实现政府利益和市场利益的相容[②]。

第四节 对"中国式"货币双轨制异化假说的再检验

中国金融转型过程中的"货币循环的双轨制"表现在诸多方面,这种多元的货币双轨循环给中国的货币金融管理带来了巨大的挑战,为金融不稳定埋下了货币的种子。根据第三章的模型,货币经济条件下的利益冲突一般会通过三个层面表现出来,其中市场是最为直接的层面。货币分布的结构失衡,是利益冲突的显化,不利于金融稳定,这可以很好的根据我们的模型进行解释。假设有 100 元货币在五大市场之间进行分配,产品市场 P,股票 S,房地产市场 R,债券市场 B,外汇市场 F,暂不考虑其他市场,则有:

$$MS = 100 = P + S + R + B + F$$

货币过度偏在于某一市场,比如房地产市场当中,不利于金融稳定。可以把金融稳定看做货币在不同市场分布结构的函数,货币过度分布于金融市场,不利于实体经济部门和虚拟经济部门的协调发展。这里拟对货币双轨制异化假说(可能是货币偏在于金融部门,也可能是货币偏在于实体经济部门)作进一步的实证检验。本书选择多个指标来衡量金融脆弱性,包括新开发的离散指

[①] 1997 年中国为什么没有发生危机,我们认为关键在于中国对货币金融的控制能力强,加上中国的货币虚拟化程度还不高,也就是说大众手中还存有较多的虚拟资产,主要是初级金融资产,而高级衍生性的虚拟化程度高的金融资产数量还很少,主要是货币性资产,也就是银行存款和国债,而股票、房地产等高级虚拟资产还很少,金融资产的杠杆度还不高,这与西方发达国家不同。通过比较,我们可以发现西方国家的货币虚拟化程度高达 400%,金融资产占 GDP 比例高达 700% 左右,而中国金融化程度还不高,不足 300%,而且主要是货币性资产。因此,缺乏恐慌的金融基础。更为深层次的原因在于政府对金融的强有力的控制。近年来,中国的货币虚拟化程度大大提高,货币化和货币虚拟化进程出现脱节乃至背离的情况,应当引起警惕。

[②] 我们曾经尝试利用城乡收入差距作为衡量政府治理好坏的代表变量,发现该指标和金融稳定的几个变量都存在显著的关系,通过了检验,城乡收入差距扩大不利于金融稳定。此外政府财政赤字占比提高有助于金融稳定,而税收占比没有通过显著性检验。考虑到变量设定可能存在的争议,这里我们没有列出分析结果。由于数据获取困难,我们不能很好地测度中国的政府治理状况并把所有的指标放在一起进行研究,究竟是市场治理还是政府治理的失灵造成金融不稳定,有待进一步检验。但是来自国际的证据,支持我们的政府治理高于一切的假说,国际的实证结果为我们的判断提供了一个佐证。

标 ZC3，国有银行不良贷款率 NPL 和新开发的连续金融稳健指标 BSF、BGH1 等[①]，利用 1980～2003 年的数据进行研究。

（一）解释变量

（1）传统变量包括 ICORZ（资本产出比例）以及 TFP（技术进步）作为经济增长方式的代表变量，OPEN（进出口的平均值/GDP）衡量经济全球化或者经济开放，MARKET、ASS、X3、CFZH 分别代表市场化、储蓄率、银行市场结构、资本外逃假说，MACRO4 和 T10 用来衡量经济波动。Z2 代表外部冲击假说，以 1997 年东南亚金融危机为标志，1997 年为 0，1997 年后为 1。TB-GDP，GOVT 作为政府干预的代理变量。（2）货币双轨制异化假说的代理变量，具体包括 FIR、L、WBGDP、CXSRB4 个指标。其中 L 表示货币化程度（M_2/GDP），FIR 为金融资产总额比 GDP 的比例，表示金融化程度，是衡量社会的财富结构或者利益结构的重要指标，FIR 可以表示现代经济下货币在金融和经济部门的双轨运行。WBGDP 为工资比 GDP 的比例，衡量货币是否偏在于非家庭部门（非消费部门）。CXSRB 为城镇居民收入比农村居民收入，衡量货币是否偏在于城市。以这 4 个指标作为货币双轨制的代理变量。货币双轨制异化的代表变量包括 ZFIR（等同于 FIRZ）、DFIR。FIRZ 为金融资产比 GDP 的变化率，FIR 在为正，意味着经济——金融协调发展，否则，出现了经济——金融异常的现象。DFIR 为 FIR 的一阶差分，DFIR 为正，表示货币偏在金融部门，金融化进程加快，为负，表示经济——金融关系出现了异化，金融化速度减慢。

（二）回归分析结果及其解释

对数据进行平稳性处理，结果发现经过一阶差分，都通过了平稳性检验。在此基础上利用平稳处理后的数据进行检验，采用 DNPL 作为被解释变量，逐一回归分析发现，DNPL 和 DSS、DSMARKET、T10（4）、DCFZH 都没有通过显著性检验，而 DICORZ、DOPEN、DWBGDP、DL、DFIR 则通过了置信水平为 5% 的显著性检验，单一回归分析发现，市场化假说、储蓄率假说、宏观经济波动假说、资本外逃假说没有得到有力的支持，而经济增长质量（资本利用效率）假说、开放假说、货币分布结构失衡假说得到了初步的支持。

[①] NPL 和 BSF3 存在负相关，相关系数为 -0.49，这是在解释的时候需要注意的。

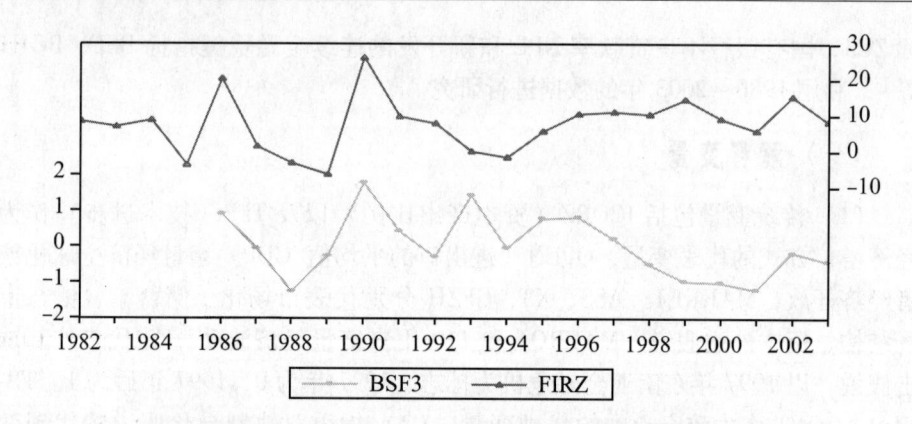

图 7-9 1982~2003 年中国的财富结构变动和金融稳定的关系

表 7-6 1982~2003 年中国的财富结构变动和金融稳定的因果关系检验

零假设	观察数	F 统计量	概率
BSF3 不是 FIRZ 的葛兰杰原因	16（2）	0.36374	0.70312
FIRZ 不是 BSF3 的葛兰杰原因		4.76643	0.03230
FIR 不是 ZC3 的葛兰杰原因	18（2）	3.28408	0.07007
ZC3 不是 FIR 的葛兰杰原因		0.93871	0.41610

从图 7-9 可以发现，财富虚拟化（金融化）程度的提高和金融不稳定存在密切的正相关关系。FIRZ 是金融——经济比率的变化率（可以看做是财富结构的变动），如果该指标为正，意味着财富的金融化程度提高，也就是货币偏在于金融部门。因果关系检验发现 FIRZ 和 BSF3 存在单向因果关系，FIRZ 是 BSF3 的葛兰杰原因。本书还利用 FIR 和 ZC3 进行因果关系检验，结果发现 FIR 是 ZC3 的葛兰杰原因，因果关系检验，初步支持了本书的货币金融偏在假说。

从表 7-6 发现，因果关系检验发现，滞后 1、2 期的 ZFIR 是 BSF3 的单向葛兰杰原因，通过的置信水平为 5% 的显著性检验。滞后 2~4 期的 ZFIR 是 ZC3 的葛兰杰原因，通过置信水平为 5% 的显著性检验。从表 7-7 回归方程（1）、（2）可以发现，DWBGDP 和 DNPL 存在显著的负向关系，工资占 GDP 的比例降低得越多，不良贷款率提高得越多，这说明实体经济内部的货币偏在于非消费品部门，不利于金融稳定。从表 7-7 回归方程（3）可以发现，DFIR 和 DNPL 存在显著的正向关系，意味着货币虚拟化（金融化）程度的提高，会增加不良贷款率。也就是说，货币流向虚拟经济部门的越多，流向实体经济部门的越少，不良贷款率增加得越多。从表 7-7 回归方程（4）可以发现，ZFIR 和 BSF3 存在正向关系，也就是说经济——金融关系的协调发展有助于金融稳定，而经济——金融关系的异化或者反向变动不利于金融稳定。从表 7-8 回归方程（1）和（4）可以发现，DFIR 和 DNPL 存在正向关系，通过了置信水平为 5% 的显著性检验，其他变量都没有通过。从表 7-9 回归方程（1）可以发现，DFIR 和 DNPL 存在正向关系，财富结构的虚拟化程度的提高不利于金融稳定，通过了置信水平 5% 的显著性检验，而开放度指标并没有通过置信水平为 5% 的显著性检验，在回归方程（3）和（4）中，DOPEN 和 DNPL 都没有通过显著性为 5% 的检验，这说明开放程度的提高对金融稳定的影响并不显著。从表 7-9 回归方程（4）可以发现，金融化进程加快会增加不良贷款率，两者存在显著的正向关系，货币虚拟化程度的提高不利于金融稳定。从表 7-9 可以发现，只有经济——金融相关率（我们作为货币双轨制的代表变量）通过了显著性为 5% 的检验，而城乡收入比，开放度都没有通过。来自表 7-8 和表 7-9 的回归结果也很好地支持了本文的货币偏在假说。从表 7-10 回归方程（1）、（2）可以发现金融化程度的提高会增加金融危机发生的概率，这是与西方国家不同的，中国的货币虚拟化程度的提高不利于金融稳定，一个可能的解释就是中国目前还不具备坚实的实体经济基础和基本制度来抵抗风险。在游戏规则不健全的情况下发展金融（虚拟）经济，可能加剧贫富差距，出现富人更富，穷人更穷的结局。从表 7-10 回归方程（4）可以发现，WBGDP 和 ZC3 存在负向关系，也就是说实体经济内部的货币偏在于非消费品部门，不利于金融稳定，会增加金融危机发生的可能性。从表 7-10 的回归方程（5）发现 ZFIR 和 ZC3 存在负向关系，也就是说金融—经济的协调发展有助于减少金融危机发生的概率，而金融—经济关系的不和谐不利于金融稳定。

表 7-7　　　　　　　　货币双轨制异化假说的实证检验之一

解释变量	相关系数	概率	相关系数	概率	相关系数	概率	相关系数	概率
	(1)		(2)		(3)		(4)	
	DNPL		DNPL		DNPL		BSF3	
DICORZ			1.27654	0.0684	0.32201	0.6275		
DWBGDP	-5.05293	0.0228	-3.2048	0.1244	-3.5711	0.0492		
DFIR					0.35791	0.0148		
ZFIR							0.062705	0.0932
C	-0.12506	0.8991	0.77499	0.4454	-1.2187	0.2871	-0.249064	0.4162
R^2	0.233314		0.29913		0.53448		0.201620	
$\bar{R}^2$	0.194980		0.21153		0.44137		0.140206	
D.W	1.920725		2.26491		1.93792		0.935279	

表 7-8　　货币双轨制异化假说的实证检验之二　　（被解释变量 DNPL）

解释变量	相关系数 (1)	概率	相关系数 (2)	概率	相关系数 (3)	概率	相关系数 (4)	概率
DICORZ	0.238511	0.7426	0.94332	0.1444	0.36409	0.6123		
DWBGDP	-3.28163	0.1081	-3.4173	0.0761	-3.5675	0.0576		
DFIR	0.350680	0.0215			0.32357	0.1539	0.37979	0.0115
DL			38.1822	0.0513	5.67297	0.8404		
DL(-2)							36.5304	0.0995
DOPEN	-0.08375	0.7338					-0.2860	0.2010
C	-0.96866	0.4839	-1.5736	0.2874	-1.3763	0.3341	-1.7711	0.3474
R^2	0.538450		0.46051		0.53587		0.54953	
$\bar{R}^2$	0.406578		0.35261		0.40327		0.44557	
D.W	1.927192		1.90585		1.89717		2.27567	

转型时期中国的货币双轨制呈现多元格局特征，"多元—双轨"货币运行是中国货币运行的特色。货币双轨制异化主要表现为三个方面：（1）表现为经济——金融关系的异化，可能是货币偏在于金融部门，也可能是货币偏在于实体经济部门，进入 90 年代以来，更多的是偏在于金融部门；（2）表现为实体经济内部的多元格局，比如大量的货币偏在于重工业，偏在于局部发达地区和沿海城市；（3）表现为虚拟经济内部的多元格局，比如大量的货币偏在于房地产市场，大量的金融资产集中于银行存款等。

此外，本书还选择 ZC3 作为被解释变量，分别与传统变量进行回归，结果发现，只有 ICORZ、SS 通过置信水平为 10% 的显著性检验，其他变量包括 OPEN，MARKET，TBGDP，CXSRB 都没有通过显著性检验，ZC3 和 FIR，WBGDP，L，GOVT 存在显著的关系，从表 7-10 可以发现，3 个代表货币分布结构代表的变量都通过了置信水平为 10% 的显著性检验，发现货币过度积聚在非消费品部门不利于金融稳定，而货币化程度的提高会增加金融危机发生的概率，但是并没有通过置信水平为 5% 的显著性检验，金融化程度的提高或者财富结构的虚拟化不利于金融稳定。总的来说，货币分布结构失衡假说得到了较好的支持，而开放度和储蓄率假说并没有通过置信水平为 5% 的显著性检验。

表7-9 货币双轨制异化假说的实证检验之三 （被解释变量 DNPL）

解释变量	相关系数	概率	相关系数	概率	相关系数	概率	相关系数	概率
	(1)		(2)		(3)		(4)	
DFIR	0.290760	0.0310	0.392252	0.0021				
DWBGDP			-3.645873	0.0391				
DOPEN	-0.40108	0.0879			-0.458	0.066		
DCXSRB	7.944589	0.1673						
DICORZ							1.336	0.066
C	0.491511	0.6610	-1.399680	0.1878	2.42036	0.021	1.605	0.088
R^2	0.508789	1.72473	0.526865	1.724737	0.18483		0.18396	
$\bar{R}^2$	0.410547	4.15298	0.467723	4.152981	0.13687		0.13595	
D.W	2.560153	0.01179	1.878281	0.002511	1.90902		2.26519	

本书的实证分析发现，经济基本面变量对金融稳定的解释力有限。货币双轨制的异化，表现为经济——金融关系异化，实体经济内部的货币分布结构失衡等都不利于金融稳定。此外，中国的金融化（或者货币虚拟化）程度的提高，不利于金融稳定，这是与西方国家的实证检验结果不一致的地方，特别值得我们警惕。这同时也进一步印证了，货币双轨制作为金融不稳定出现的大背景，只是为金融不稳定制造了条件，并不一定带来金融不稳定，关键取决于货币双轨制运行是否出现了异化现象，取决于对货币双轨制运行的管理是否得当。本书认为中国的金融不稳定不在于市场化，而是市场化过程中出现了问题，出现了货币过度虚拟化现象。金融不稳定和货币双轨制下的货币虚拟化密切相关。大量的实证结果发现，货币双轨制过程中的过度货币偏在（偏在于金融部门我们称之为金融偏在）不利于金融稳定，货币过度偏在假说得到有力的支持。

表7-10 财富结构变动和金融稳定的 Probit 分析 （被解释变量 ZC3）

变量	相关系数	概率	相关系数	概率	相关系数	概率	相关系数	概率	相关系数	概率
	(1)		(2)		(3)		(4)		(5)	
SS	-6.152	0.415								
FIR(-2)	0.146	0.082								
OPEN	-0.216	0.103								
FIR			0.023	0.04						
L					1.97	0.054				
WBGDP							-0.43	0.024		
ZFIR									-0.069	0.094
C	-6.173	0.111	-3.218	0.018	-2.326	0.020	5.74	0.034		
Dep = 0	12	18	14	20	14	20	15	23	13	19
Dep = 1	6		6		6		8		6	

第五节 中国金融不稳定的综合治理

国际上治理货币金融不稳定和危机的对策很多，很多理论流派提出了不同的稳定经济和金融的对策，比较具有代表性的包括以下几种观点：一是凯恩斯的有效需求管理；二是弗里德曼稳定的货币规则；三是后凯恩斯主义的稳定的收入政策；四是马克思的根本性变革；五是自由主义者的自由银行论，代表人物包括哈耶克，主张市场调节，对银行也一视同仁，通过竞争和破产来自行调节和处理；六是明斯基的大政府—大银行框架；七是新古典学派，以自由为基准，实施有限管理原则。总的来说，可以分为三大类：一是主张市场调节派；二是主张政府管理派；三是综合派，强调市场和政府的合作，关键在于找到一个完美的结合度和合作模式。其中，马克思是最为彻底的管理派，主张通过废除私有制，加强政府作用来消除根本性的利益冲突和维护金融稳定，马克思对于金融危机的治理具有根本性的指导价值。

近年来，对于近期的国际金融危机及其治理，许多经济学家和金融学家都提出了自己的观点。梯若尔对此进行了很好的总结，提出了治理金融危机的七大对策。一是消除货币错配；二是消除偿还期错配；三是加强制度建设；四是加强审慎的规制；五是提高国家层面的透明度；六是套牢；七是避免固定汇率制度。我们称之为治理金融危机的七大法宝，其中第一、第二条措施旨在反对危险的融资方式，让内（2000）和梯若尔（2003）对此进行了批判，认为消除危险融资方式的改革建议具有误导性。除了在治理金融危机的七大法宝上经济学家达成了一定的共识之外，经济学家还提出了一些相互冲突的建议。

在众多的治理金融危机的政策措施当中，我们可以发现，对于政府和制度在治理金融危机中的重要性得到了越来越多的共识。究竟什么样的措施是合意的，如何降低维护金融稳定的成本？依然是有待深入探讨的问题。社会主义国家的金融稳定治理对策是什么？社会主义如何建立和维持一个和谐稳定的金融新秩序？结合我国的国情和前面的研究，我们提出以下几点对策建议：

第一，以共容利益观为指导，协调各方利益冲突，加强货币金融制度设计，构建和谐健康的金融新秩序，是维护金融稳定的根本所在。

金融不稳定归根结底是一种利益冲突恶化的显现。因此，对于金融不稳定的治理，我们主张坚持利益导向，以共容利益观为治理指南。为解决市场和政府的利益冲突，实现利益共容，奥尔森提出了强化市场型政府的概念，强调市场和政府的利益共容，这的确是值得借鉴的，但是奥尔森的强化市场型政府，必须加以修正拓展。本书提出了一个广义的利益共容，而不仅仅是市场和政府的利益共容，引入社会利益、市场利益和政府利益的三方共容。在西方资本主义国家，由于政府就是资本家的代言人，政府和作为市场主体的资本家的利益整体来说是一致的，这种冲突表现为资本家内部的利益冲突，政府可能代表某一类型资本集团的利益，而忽视了其他类型的资本集团的利益，此外作为市场的另一方的消费者利益往往也没有得到重视，出现政府、权贵资本家、在野资本家、消费者和国外主体之间的利益冲突。生产者和消费者之间的利益冲突导致"萨伊规则"失灵，导致无形之手可能成为罪恶之手。

在社会主义的中国，政府、生产者企业（垄断性企业和非垄断性企业，国有企业和非国有企业）、消费者个人（暂不考虑国外主体）的利益冲突相对缓和，这与参与主体的公有产权制度安排有关。这为社会主义国家维护金融稳定提供了好的制度基础，这是社会主义国家的优越性所在。高度的利益共容和有限的利益冲突是中国金融发展和金融稳定的关键。但是长期以来，对经济主体的利益的抑制，不利于调动各方的积极性和提高货币资金的使用效率，不利于长期的金融稳定。市场化改革实质上就是引入经济利益激励的过程，同时也是承认利益差别的过程。随着市场化的深入，利益冲突开始显化。转型时期的利益冲突与西方国家不同，西方国家是绝对利益冲突，而且难以调和，中国则存在绝对利益冲突和相对利益冲突并存的格局，而且主要表现为相对利益冲突。中国的市场化改革的确使得每一个人的福利都增进了，这是符合帕累托效率改进原则的。但是对中国的现实观察，可以发现并不是每个人的福利都得到改进的政策措施就是社会满意的或者是最优的。虽然每个人都改进了福利，但是如果不同社会成员之间的福利改进差别过大，同样会引发问题。比如有人社会福利改进了10万元，而农民只改进了100元，两者改进的差别是1000倍，同样会引发不满，在中国典型的表现为城乡收入差距过度扩大带来的社会不和谐问题，这是一种相对利益冲突的表现。还可以举一个例子来说明，比如一个的士司机，每个人每月收入2000元，而一个大学教师每小时收入1万元，1个月收入为20万元，两者的收入差距为100倍，则会引发的士司机这个社会阶层对大学教师的集体不满，因为这种差距过大，这是一个真实的例子。这种帕累托改进并不是社会满意的改进，虽然都改进了，但是，这是在利益严重分化基础上的改进，这种改进将引发新的不满，这在中国十分普遍而明显。中国20多年的改革，确实每个人的社会福利都改进了，但是不同阶层改进的差幅过大，这种贫富差距的悬殊造成了新的社会不和谐问题。这种不和谐最终将反映在金融领域，表现为80%的人占有20%的存款，这种财富严重不均将成为金融不稳定的隐患，甚至引发金融危机。因此，需要对帕累托进行修正，必须引入公平因素，忽视正义和公平的改进是不和谐的，也是难以持续的。利益差别是一种重要的激励机制，是进步和效率改进的源泉和动因，但关键是注意利益冲突的度，利益差别过大，则成为不稳定之源，进而可能引发危机。中国需要建立培育强化和服务市场型政府，加强市场治理，挖掘市场的积极的正面功能，消除市场的负面的消极功能，协调各方利益冲突，防止利益冲突严重化。以共容利益观为指导，构建和谐健康的金融新秩序，是建设和谐社会的重要内容，也是维护金融稳定的根本所在。

第二，以政府治理为龙头，以市场治理为纽带，以组织治理为落脚点，实施三位一体的综合治理模式，通过加强治理来化解利益冲突和风险累积，是维护金融稳定的制度保障。

组织治理、市场治理和政府治理是风险治理的三种机制或者模式。其中组织治理（也就是公司治理）已经得到较多重视，组织治理可以解决企业利益相关者之间的利益冲突而造成的危机，但是组织治理只能解决局部的微观层次的风险，而对中观的行业风险、宏观的系统性风险无能为力，因此需要市场治理，市场治理对于解决中观产业层次的风险是十分重要，同时也有利于分散宏观的系统性风险，市场治理有助于克服企业之间的冲突而造成的危机，比如典型的市场分割造成的金融风险问题，这在中国十分严重而明显，表现为地方政府出于局部利益而带来的风险。但是由于市场分割、金融网络的特殊性和外部性等原因，宏观的系统性风险的治理关键在于政府。政府治理是风险治理的最高层次。政府治理可以克服局部的部门利益和社会利益的冲突，比如中国银行业引入外资，可能出于部门利益冲动，而置社会利益而不顾，那么政府的调控治理有助于解决这种部门利益或者行业利益与整个社会利益之间的冲突而引发的危机。

风险管理具有层次性，不同的风险治理模式其成本—收益有别，中国需要全方位的风险管理方法和全方位的多样化的风险治理机制，建立一个多维的风险治理网络。不同的风险等级对应不同的风险维护机制，从低到高依次为道德诚信、契约、法律三种机制。一是法律制度。法律致力于解决重大违约犯罪事件，防范重大金融风险，这是风险的最高层次或者最大规模的风险，法律具有强制性，如果法律的维护成本过高，将导致风险治理失效，或者人们在面对违约的时候不会选择法律来治理该种风险。二是契约。契约对应可以明示的中等规模或者以上的风险，契约的维护成本小于法律，更强调风险双方的自律和协商性质，如果契约的维护成本过高，交易双方将不会选择契约方式，而是选择非契约方式，或者非明示契约，比如口头承诺。三是诚信和感情维系。口头承诺是一种简化的非明示契约类型，依靠诚信和道德、血缘、地缘、师生缘来维系，这种诚信维护成本相对于契约以及法律来说最低，也最为简便自由。在中国亲戚朋友之间的借贷十分普遍，这种借贷关系是依靠非契约和非法律机制来维系的，更多的是依靠感情的纽带来维系。我们可以发现3种不同的风险治理机制，分别是感情、道德和诚信，契约和法律，分别对应的为熟人之间的信用风险、中小规模的生人之间的信用风险和大规模的生人之间的信用风险的治理。金融生态可以看作是依赖道德、感情、诚信来治理金融风险的一种模式，这是中国转型时期的一个重大问题，构建一个和谐健康的金融生态是金融稳定的客观要求。

此外，转型风险是中国面临的最大的宏观风险，这是中国金融不稳定的最大特殊性。政府实施战略风险治理，对于维护中国转型时期的金融稳定至关重要。战略性的风险管理和经常性（常规性）风险管理相比，对于中国具有特殊的意义。战略性风险管理具有主动性和长远性、整体规划性和战略性，主动开发新的投资机会，谋求金融控制权而事先有计划的对风险进行规划，通过战略性风险管理来获得战略性的国家利益，进入新兴产业和开拓国际金融市场业务，比如外汇管理和实施赶超战略就需要战略性的风险管理。中国实施不平衡发展和赶超战略注入的大量超常货币供应，为中国奇迹提供了原材料或者原预付，这种成果能否得到巩固和维持，取决于中国的战略性风险管理战略实施的效果，中国应该将转型时期的宏观金融风险管理提上议事日程，并上升到国家安全战略层次，这是中国目前面临的最大挑战。实施战略性风险管理对于维护转型时期的金融稳定意义重大。

与战略性风险管理相比，日常的市场性的常规风险管理，具有被动性、经常性等特征。技术对于常规性的风险管理十分重要，尤其是一些微观风险的治理，技术显得更为重要。但是对于宏观的战略性风险的管理，需要大视野和大智慧，需要一系列的制度设计和对市场运行规律的深入把握。

伊藤诚等（2001）指出，对于整个经济的社会主义重建，包括货币与金融领域的重建，可以提供货币与金融稳定的最终答案。本章强调政府治理在维护金融稳定中的重要性，认为维护金融稳定的长远之道在于政府转型，政府对金融的抑制与政府对金融的放任自由都不是理想和明智的选择，不是要放弃政府对金融的控制，而是要转变政府对金融的控制管理方式，分解政府对金融控制的权力，防止金融控制权过分集中化。加快政府转型，强化政府治理，优化政府职能，致力于建设一个强化和服务市场型政府，是维护金融稳定的制度性保障。政府应该通过转型逐步改革对货币金融体系的直接控制，政府应该通过转变职能为维护基于市场导向的货币金融体系稳健运行和发展服务，重新塑造政府、银行和企业的关系，树立服务型政府——服务型金融——经济可持续发展的新理念。政府治理的目标：致力于建设一个强化市场积极功能，弱化市场消极功能的服务于市场的政府，实现政府利益、市场利益和社会利益的共容，这是政府治理的最高准则。

总而言之，实施政府、市场和组织三位一体的宏观治理战略，构建全方位的、多元化的风险治理机制，实施战略性风险管理战略，建立健全一套科学的治理体系，这是维护金融稳定的需要。

第三，转变金融风险的管理范式，高度重视对金融脆弱性的研究工作，开发出适合中国的金融稳定监测指标体系，有效识别我国金融脆弱性水平，这是防范和化解金融脆弱性的前提。

维护金融稳定应该转变风险管理范式，由危机的事后救助转向事前预防、事中管理，由危机不可预测向危机可以预测的转变，由被动转向主导，由不可知转向可知。在传统观念和大量学术文献的影响下，很多管理人员都认为金融危机难以预测，对于危机采用放任自流的消极态度。金融风暴不仅仅源于失败的宏观经济政策，而且在于微观经济层面深层次的结构性问题以及金融系统的重大缺陷。地区之间和国家之间固然存在差异，然而危机形成和爆发的模式也存在共性。金融危机是可以预见的[①]，危机发生的规模也是可以估算的，可以采取预防性措施避免危机发生，也可以制定和实施相关战略方案并采取补救性措施以缓解金融风暴造成的最终影响。加强政府的治理，加强对金融稳定应对机制的设计和管理，实施战略性的风险管理方案，采取有效措施加以应对，不仅能在危机爆发后、更能够在危机爆发前对危机加以战略管理。

随着中国的金融对外开放步伐的加快和国际化进程的加速，建立广义货币资金循环监测系统——全景式广义货币总流量循环系统，加强对货币金融状况的监测分析，开发出适合中国的一套衡量金融稳定的指标体系，加强对货币资金流动的监测，改革现有的会计制度，加强信息数据的收集、披露和分析，成立专门的金融稳定管理机构，建立一套维护金融稳定的制度安排和长效机制，

---

① 鲍达民、罗伯托·纽厄尔、格雷戈里·威尔逊在《危险的市场：金融危机的管理之道》（经济科学出版社）一书全面考察和阐释了一般情况下预示危机到来的五大预警信号：随着整个行业部门的赢利无法维持资本成本，整个经济持续出现价值破坏；国民经济过度依赖无法盈利和经营低效的银行，且银行无法维持现有增长速度；宏观经济政策有误，包括无法维持现有汇率，银行业监督不够严格；短期国际资本迅速流入；房地产和基础商品等国民经济组成要素出现人为的资产泡沫。

是维护中国金融稳定的基础性条件。鉴于金融脆弱性问题的重要性，一些国家和国际机构纷纷成立了专门的金融脆弱性工作小组，如世界银行和IMF、欧洲中央银行等，对金融脆弱性展开了深入研究。目前美国对银行系统脆弱性的识别和防范处于领先水平，如著名的CAMEL指标体系和"及时纠正措施"。"及时纠正措施"是以计算银行自有资本比率来识别银行脆弱性程度的行之有效的方法。美国按银行自有资本将银行分成五类，对于自有资本低于0%的银行，在90天内自动进入破产处理程序。日本为避免今后再次出现巨额不良债权累积问题，于1998年4月引进了"及时纠正措施"。我国应学习和借鉴西方国家先进的经验，成立专门的金融脆弱性研究小组加强对金融脆弱性的研究，认真分析其根源，建立科学有效的指标体系和方法来度量分析我国金融脆弱性状况，及时根据变化的情况和最新研究成果改进金融脆弱性的识别方法和技术。高度重视对金融脆弱性的研究工作，这是防范和化解金融脆弱性的前提。

第四，积极进行金融制度创新，积极主动适时实施战略性的金融大爆炸，攻克金融改革瓶颈，这是防范和化解金融脆弱性的关键。

随着金融活动和金融创新的深入进行，原有的金融制度越来越不适应新的经济金融形势，结果是导致金融效率低下、金融风险累积和金融体系的脆弱性程度日益加深。这时金融制度面临着三种可能的选择：一种是对原有金融制度进行修补放大，保持原结构框架只是对制度内部进行局部调整这就是所谓的渐进式改革；另一种是对原来的制度进行彻底改革，用新制度结构取代旧制度或者在旧制度旁边生成新结构，金融制度演变成新形态，这是彻底的根本性变革；第三种情况是当不主动对原有制度进行大手术式的改革时，旧制度所隐藏的金融风险越来越大，金融体系变得十分脆弱，最终将通过金融危机的方式进行强迫性的破坏性的调整和变革，这是我们所不希望看到的但却是现实发生着的，应引起我们的重视。从长远来看我们应积极主动地用新金融制度取代旧制度，从原来的修修补补的小圈子中跳出来，从根本上改革旧有的金融体制，消除金融脆弱性的体制根源，这是防范和化解金融脆弱性的关键。当前为解决国有银行巨额不良资产，消除银行系统既有的脆弱性，中国成立了四大资产管理公司集中处理国有银行剥离的不良资产和实施"债转股"，这些措施虽取得了一定的成效但都只是治标之策，长期来看必须进行金融组织制度创新，这才是治本之策。20多年来以"管理为中心"的银行制度改革效果甚微，在产权制度改革方面一直没有取得突破性进展，今后我们应以产权制度改革为核心进行银行制度创新，实现国有银行的企业化和公司化。20世纪80年代以来国有银行的公司化在许多国家已经成为一种潮流，并取得了很好的效果。我国应以股份制改造等多种形式推进银行制度改革，搞好银行内部治理结构。同时应重视金融市场制度创新，大力开发多种衍生金融工具，创造众多的避险工具和技术使风险私人化。借鉴国际经验，积极主动适时的推动金融大爆炸，化被动为主动。积极主动地通过"金融大爆炸"尽早地将金融风险化解掉，防止进一步积累酝酿成金融危机。积极主动实施战略性的金融大爆炸，变金融危机这种破坏性的被动的解决金融累积风险的方式为主动，通过金融改革积极主动的化解与防范金融风险，具有重要的意义。

第五，实施金融分化战略，优化金融结构，这是当前化解和防范金融脆弱性的明知选择。

金融体系的脆弱性与金融体系结构上的问题有很大的关系。如果一个金融体系过于单一，金融机构和金融市场的种类和数量有限，金融产品欠丰富，就会具有较大的脆弱性。金融分化简单说来就是指金融制度多样化，由传统的只重数量和速度的外延粗放型金融增长方式向重质量和效率的内涵金融增长方式转变，从而达到金融结构优化，金融功能细化和金融风险分散化等诸多目标的一种金融发展战略，是经济增长方式转变在金融领域的具体体现和应用。金融体系好比一棵树，金融分化程度高，则枝繁叶茂，即使其中一枝出了问题也无伤大雅。如20世纪80年代美国就经历了一次大的银行倒闭风潮，但整个金融体系保持稳定，这与美国金融分化程度高密切相关。目前我国金融制度结构存在诸多矛盾，金融结构不合理十分突出。从金融资产的结构来看，我国金融资产结构畸形。我国金融资产97.9%以债权形式存在，股权形式只占2.1%；而美国1998年股权占金融总资产的46.7%。从金融组织来看，国有银行居于垄断地位，中小金融机构数量偏少，就金融市场而言，货币市场发展滞后，资本市场简直成了股市的代名词，票据市场和企业债券市场规模严重偏小。为解决目前金融制度结构不合理问题，必须实施金融分化战略。一是要重视培育中小非国有金融机构，使金融活动主体多样化，通过引入竞争增强金融机构抗风险能力，从而提高金融体系的自生能力。二是大力发展多层次多元化的金融市场，在规范发展股市的同时，重视发展票据市场和企业债券市场。三是要处理好直接融资和间接融资的关系，稳步提高直接融资比重，将集中于银行系统的脆弱性分散化。实施金融分化对我国金融结构转型、金融发展方式的转变、分散金融风险和提高金融体系的稳健性具有特殊的意义。

第六，转变金融活动管理方式，加强金融监管，通过金融监管制度创新提高监管水平，这是防范和化解金融脆弱性的重要保障。Dimitri Vittas（1992）[①]

---

① Dimitri Vittas, Financial Regulation: Changing the Rule of the Game, EDI, 1992.

认为：金融监管有三个目标——稳定性、效率性和多样性。其中金融体系的安全性和稳健性是金融监管的核心。健全的金融监管制度是现代金融业赖以生存发展的保障，也是防范金融风险和金融监管的依据。目前我国金融监管制度存在一些问题，如监管行为扭曲、监管主体独立性差、监管中的行政干预明显等等。因此我们应积极通过"有破有立"的方式改革现有的监管制度，进一步加强对金融活动的监管，转变对金融活动的调控方式，破除传统的划框框、定条条、设禁区的以计划行政手段为特征的金融管制，实现监管手段和方式由直接干预向间接调控，由人治向法制的转变，加快金融立法将金融活动纳入法制的轨道。同时应该顺应世界监管潮流，由机构监管向功能监管，由被动的滞后监管向积极主动的超前监管转变。通过监管制度创新构筑金融体系安全网，有效防范金融风险累积加剧金融脆弱性。

第六节 小 结

随着中国市场化进程的拓展，越来越多的利益冲突反映在市场层面，表现为中国典型的货币过度积聚在一些新兴市场的现象，比如房地产、股票、外汇等，货币分布结构的失衡通过城乡金融，区域金融等多个小二元循环体现出来。转型时期中国经济的二元特征通过货币的体制内外双轨制循环、城乡二元循环、内外双重循环等多个货币双轨制循环体现得淋漓尽致，这是中国货币双轨制的特殊性和复杂性所在。中国的货币运行具有典型的多重双轨特征，货币的跛行、块状运行和分割，反映了中国转型时期的过渡性制度安排特征。

随着经济金融的发展，一些新的二元货币循环在政府控制之外孳生了，表现为典型的现代经济——金融二元货币循环，这种新的循环还没有很好的被政府所管理和控制。随着经济金融开放，国内－国外的二元货币循环也变得越来越复杂和难以控制，尤其是在以地方政府为核心的区域金融市场分割的情况下，中国出现了星罗密布的网状货币循环状况，这种条块分割的货币循环和货币割据，不利于统一、公平的货币金融市场的形成，也不利于整个货币金融的顺利运行。中国的货币政策有效性差，与货币循环的特殊网状格局有关，这背后反映了深层次的区域利益冲突。协调好区域层次的利益冲突，改变货币长期过度偏在于局部地区的现象，应该引起政府当局的高度重视。

第八章

结 论

本书以转型时期中国的金融不稳定作为重点研究对象,把中国的金融不稳定放在20世纪80年代以来国际金融不稳定的大背景下进行研究。试图通过国内外的比较研究,寻找影响金融不稳定的共性和特殊性因素。关于金融稳定的研究,至今缺乏一个科学的理论基础和分析框架。传统的宏观经济模型,尤其是新古典经济学的宏观经济理论,对货币金融因素的忽视,导致他们对金融危机的解释缺乏说服力。论文在批判吸收传统的宏观经济理论和货币理论的基础上,着眼于变化了的经济——金融环境,尝试建立一个广义货币存量—流量一致的二元结构模型(GSFC模型),作为分析金融不稳定的理论框架。本书得出了以下几点结论:

第一,货币经济天生就是不和谐的,具有内在的不稳定缺陷,金融不稳定是货币经济的特质,深深根植于内生的货币当中,围绕货币展开的利益冲突是金融不稳定的总根源。本文的研究遵循的是马克思传统,强调利益和制度因素的重要性,而不是信息和技术因素,强调危机的可管理与可预测,强调政府在维护金融稳定中的重要性。

通过对金融不稳定的理论文献的梳理,可以发现两条研究金融不稳定的路线,一条是马克思—凯恩斯—明斯基路线,强调市场的内在缺陷与不和谐,强调政府(治理)在金融稳定中的重要性,更多关注金融不稳定的非技术性因素,也就是制度和利益因素。另一条是遵从斯密传统的主流新古典经济学分析路线,坚持市场的完美无缺,强调技术因素,将金融不稳定归结为外部冲击,而不是寻找金融不稳定的源头。在文献整理过程中可以清晰地发现,两条路线呈现越来越明显的融合趋势。对金融因素的重视,新古典越来越接近金融凯恩斯主义,金融不稳定的金融观点具有融会贯通的趋势。除此之外,源于两条不同路线的治理观点也开始走到一起,主流新古典经济学强调信息在治理中的重要性,而马克思—明斯基强调制度设计在治理中的重要性。在诸多解释金融不稳定的观点中,金融观点和治理观点得到越来越多的重视,并呈现融合的趋势,而自由观和冲击观,由于对危机无能为力,采取消极的放任自流态度,对金融不稳定的解释和对策越来越难以令人信服。

第二,金融不稳定是利益冲突程度和治理水平的函数。利益冲突和组织行为异化,是金融不稳定的微观基础。货币双轨制运行使得金融危机的发生成为可能,货币双轨制的异化是造成金融不稳定的直接原因。政府治理缺损是金融不稳定演变为金融危机的关键,是导致金融不稳定成为必然的决定性因素。论文利用货币收支表、资产负债表和现金流量表(三大表)对马克思所说的复杂的社会利益关系进行了具体的刻画和分解。通过从宏观层面分解和监测现金流量表、资产负债表和货币收支表的变化情况,可以寻找金融不稳定的利益冲突之源。透过货币现象去发现其背后的深刻利益关系,这是解决和洞悉金融不稳定的关键。

第三,论文对金融不稳定的实体经济观、虚拟经济观和三级治理观进行了实证检验。我们发现经济基本面(实体经济部门)和金融因素(虚拟经济部门)并不是解释金融不稳定的关键,金融不稳定因素更多来自于政府部门。在影响金融不稳定的诸多因素中,对所有的金融体系利益相关者的治理是一个关键的主导性因素,政府治理有助于创造稳健的宏观经济条件,提升金融监管的有效性和提供金融稳定相关的公共产品,为维护金融稳定奠定良好的市场基础。政府治理成为金融稳定的三个支柱的核心所在。好的政府治理有利于金融稳定,能够协调利益冲突,化解金融不稳定,比听任经济发展和金融深化等自由市场的力量来化解金融不稳定更为重要。

我们从三个方面来衡量政府治理的质量,实证检验发现法律制度的质量比法律制度的起源更为重要,对价格、利率的直接控制不利于金融稳定,对产权的高度控制不利于金融稳定,而政府转移支付有利于金融稳定。信息透明度高、收入差距小、腐败程度低、信任度高、政治稳定、官员权力受到约束、不实施赶超战略(政府不主导投资)、其他公共治理程度高的国家和政府有利于金融稳定。好的政府对于维护金融稳定至关重要,这较好的印证了马克思的判断。无政府和坏的政府都不利于金融稳定,关键是要建立一个与金融市场利益相容的好政府。政府对金融市场的放任自由和过度干预都不利于金融稳定。金融危机归结到底是政府管理金融风险的失败。与传统治理观的不同之处在于,我们强调治理的结构性和层次性,强调政府治理高于其他治理(市场治理和组织治理),政府治理才是解决金融危机的关键。正是基于此，本章提出以政府治理为核心的三级治理模式，作为治理金融不稳定的对策。

第四，本书提出了一个货币双轨制异化假说来解释金融不稳定，并利用国际数据和中国数据进行检验，实证分析发现，实体经济和金融部门关系的异化不利于金融稳定，这较好地支持了货币双轨制异化假说。

第五，转型时期中国的"货币供应量与物价反常变动"以及"通货紧缩与资产膨胀并存"的两大金融怪现象是虚拟经济和实体经济发展相背离的结果，它反映的不仅仅是一个货币总量失衡问题，更多的是货币结构失衡问题。必须高度重视虚拟经济发展中货币过度虚拟化现象，减少货币对虚拟经济部门的过度偏好，使两大部门货币结构尽可能的优化。如果货币结构失衡问题没有解决，即使增加货币供应量也不一定有助于两者的解决，除非以加重货币总量失衡为代价换取两者背离的一定程度上的缓解，优化货币结构对于实现虚拟经济与实体经济协调发展至关重要。

第六，全球金融体系变得史无前例的脆弱，20世纪90年代以来的金融脆弱性不是改善了而是恶化了。中国金融体系并不是亚洲最为脆弱的国家。目前中国金融体系处于比较脆弱状态，金融稳健性程度有待提高，尤其是银行稳定值得关注。我们利用四种方案对中国金融稳定进行了诊断分析，开发出了多个连续的金融稳定指数。通过对中国金融稳定状况的测度和国际比较，可以得出以下几点结论：（1）我国金融体系稳健性状况不容乐观，处于脆弱状态，尤其是1998～2001年间我国金融体系相当脆弱。（2）从金融脆弱性的演变趋势来看，通过国内的历史趋势比较，可以发现我国金融体系稳健性经历了由低到高再降低的过程，近年来我国金融体系不稳定状况有所好转。（3）目前我国银行稳定状况依旧不容乐观，处于相当脆弱的状况。（4）新兴市场的不稳定同样值得关注，尤其是房地产市场和股市的稳定性值得关注。（5）债务风险呈现明显的上升趋势，值得关注。

第七，中外政府治理的差别表现为西方是弱势政府治理，以放任自由为特征，而中国是强势政府治理，以直接行政控制为特征。它们共同的特点就是政府与市场不相容，治理效果都不理想，不是强化和服务市场型政府。本书借鉴奥尔森的研究，提出一个强化金融市场型政府的概念，试图调和金融市场与政府的冲突。政府应该以强化和完善金融市场功能作为政策的理论基础和制定依据，政府的政策不是替代市场，更不能损害金融市场的功能和金融市场的健康运行。一个好的政府政策，应该建立在对金融市场运行的内在规律及其弱点的深刻洞察的基础之上，了解金融脆弱性的来源，并制定相应的措施来纠正金融市场弱点，让金融市场更好的发挥作用。市场和政府不是替代也不是互补的关系，而是社会生态学上的共生关系。政府不是守夜人和中立者，而是致力于纠正市场缺陷和弱点的帮助者，为金融市场的健康平稳运行创造更好的大环境，并提供基础设施等公共服务。

第八，中国的货币金融结构失衡，更多的与政府过度控制货币金融有关，而这是与西方国家不同的，西方国家的货币双轨制进程中的异化，与经济——金融大环境的变化和政府政策调整滞后有关，更多时候也与政府对货币金融的忽视和放任自由有关。

中国的货币运行具有典型的多重双轨特征。转型时期中国的二元特征通过货币的体制内外循环、城乡二元循环、国内国外双重循环等多个货币双轨制循环体现得淋漓尽致，这是中国货币双轨制的特殊性和复杂性所在。货币的跛行、块状运行和分割，反映了中国转型时期的过渡性制度安排特征。这种有意无意地过渡性货币制度安排，一方面大大促进了货币效率和金融效率的提高，另一方面，也为金融不稳定创造了制度条件。防止货币双轨制的过度脱节乃至背离，协调各方利益，对于维护中国的金融稳定至关重要。本章认为造成中国多重的货币双轨循环，有其深刻的制度和政府背景。政府赶超战略和不平衡的区域发展战略的实施，货币资金短缺下政府优先发展重工业的战略，是政府有意识控制和人为安排的结果，所有制歧视是故意制度设计的产物。要消除国有金融的垄断和歧视，关键在于政府转型。

由于本书的研究对象是一个国际难题，需要进一步讨论的问题很多，今后我们的研究可以沿着以下几个方面进行：（1）广义货币存量—流量一致的二元结构模型有待进一步拓展和检验。可以进一步将该模型拓展于分析开放经济条件下的金融稳定和国际金融体系的稳定，这项工作有待展开。（2）开发出更为科学合理的金融稳定指数，对金融稳定指数的具体指标的选择、均衡值的确定、权重等问题作进一步的探讨。金融稳定的测度是一个国际难题，我们开发出的金融稳定指数为进一步的研究和政策应用打下了基础。今后，还需要进一步提高金融稳定指数的精度和可靠性，除了扩大样本国家的数量外，还要求收集和银行部门紧密联系的非银行部门的指标，开发出更具代表性、更为广泛的金融稳定指数。通过引入其他指标，如流动性测度和金融市场基础质量的指标，对金融稳定指数 BSF 进行调整。（3）开发出更为科学合理的衡量政府治理质量的指标。什么样的政府有利于金融稳定，如何衡量政府治理的质量，如何改善政府治理和监管治理的质量，并通过它来改善金融体系稳健性，依然是有待深入研究的问题。（4）三级治理链之间的内在关系，也就是政府治理、金融市场治理和金融组织治理之间的内在逻辑关系有待进一步探讨和证明。(5) 什么样的金融稳定是理想的？金融稳定和政府治理的最优限度是什么？如何处理好政府与货币金融的关系，降低维护金融稳定的成本，寻找维护金融稳定的最优模式？这些依然是有待深入研究的问题。

参考文献

一、中文参考文献

（一）著作

[1] K·F·齐默尔曼主编：《经济学前沿问题》，中国发展出版社2002年版。

[2] M·宾斯维杰，张建森译：《股票市场，投机泡沫与经济增长》，上海三联书店2003年版。

[3] P. 尼米诺、P. A. 克莱因：《金融与经济周期预测》，中国统计出版社1998年版。

[4] 爱德华·S·肖：《经济发展中的金融深化》，上海三联书店1988年版。

[5] 奥村洋彦：《日本"泡沫经济"与金融改革》，中国金融出版社2000年版。

[6] 巴里·克拉克、王询译：《政治经济学——比较的视点》，经济科学出版社2001年版。

[7] 巴塞尔银行监管委员会，中国人民银行译：《巴塞尔银行监管委员会文献汇编》，中国金融出版社2002年版。

[8] 鲍达民、罗伯托·纽厄尔、格雷戈里·威尔逊：《危险的市场：金融危机的管理之道》，经济科学出版社2005年版。

[9] 北京奥尔多投资研究中心：《金融系统演变考》，中国财政经济出版社2002年版。

[10] 布赖恩·斯诺登、霍华德·R·文主编：《现代宏观经济学发展的反思》，商务印书馆2000年版。

[11] 蔡鄂生、王立彦、窦洪权：《银行公司治理与控制》，经济科学出版社2003年版。

[12] 藏景范：《金融安全论》，中国金融出版社2001年版。

[13] 曹荣湘主编：《风险与金融安排》，社会科学文献出版社2004年版。

[14] 查理斯P. 金德尔伯格：《经济过热、经济恐慌及经济崩溃—金融危

机史》，北京大学出版社2000年版。

[15] 多恩布什等：《宏观经济学》，中国人民大学出版社1997年版。

[16] 范恒森：《金融制度学探索》，中国金融出版社2000年版。

[17] 弗里德曼：《弗里德曼文萃》，北京经济学院出版社1991年版。

[18] 弗里德曼：《货币稳定方案》，上海人民出版社1991年版。

[19] 福克兹·兰道、林捷瑞恩主编：《迈向金融稳定的框架》，中国金融出版社1998年版。

[20] 富兰克林·艾伦、道格拉斯·盖尔：《比较金融系统》，中国人民大学出版社2002年版。

[21] 戈德史密斯：《金融结构与金融发展》，上海三联书店1994年版。

[22] 宫崎义一：《泡沫经济的经济对策——复合萧条论》，中国人民大学出版社2000年版。

[23] 国际货币基金组织国际资本市场部编写：《全球金融稳定报告》，中国金融出版社2003年版。

[24] 韩俊：《银行体系稳健性研究》，中国金融出版社2000年版。

[25] 黄金老：《金融自由化与金融脆弱性》，中国城市出版社2001年版。

[26] 霍华德和金：《马克思主义经济学史1929~1990》，中央编译出版社2003年版。

[27] 姜波克等著：《开放条件下的宏观金融稳定与安全》，复旦大学出版社2005年版。

[28] 杰拉尔德·M·梅尔、詹姆斯·E·劳赫主编，黄仁伟、吴雪明等译：《经济发展的前沿问题》，上海人民出版社2004年版。

[29] 卡尔·E·瓦什：《货币理论与政策》，中国人民大学出版社2001年版。

[30] 凯恩斯：《货币论》（上下），商务印书馆1997年版。

[31] 凯恩斯：《就业、利息和货币通论》，商务印书馆1981年版。

[32] 凯文·多德：《竞争与金融》，中国人民大学出版社2005年版。

[33] 克莱森斯、格莱森纳著，江时学译：《金融部门的软弱性是否损害了东亚奇迹》，中国财政经济出版社1998年版。

[34] 克鲁格曼：《汇率的不稳定性》，北京大学出版社、中国人民大学出版社2000年版。

[35] 李拉亚：《通货膨胀与不确定性》，中国人民大学出版社1995年版。

[36] 李拉亚：《通货膨胀与预期》，中国人民大学出版社1991年版。

[37] 梁勇:《开放的难题:发展中国家的金融安全》,高等教育出版社1999年版。

[38] 林平:《金融危机监管论》,中国金融出版社2002年版。

[39] 刘洪军:《货币理论的逻辑结构——凯恩斯与新古典》,中国财政经济出版社2004年版。

[40] 刘骏民:《从虚拟资本到虚拟经济》,山东人民出版社1998年版。

[41] 刘仁伍、吴竞择:《国际金融监管前沿问题》,中国金融出版社2002年版。

[42] 刘士余:《银行危机与金融安全网的设计》,经济科学出版社2003年版。

[43] 刘锡良:《中国经济转轨时期金融安全问题研究》,中国金融出版社2004年版。

[44] 刘絜敖:《国外货币金融学说》,中国展望出版社1983年版。

[45] 柳欣:《中国宏观经济运行与经济波动》,人民出版社2003年版。

[46] 柳欣:《资本理论——有效需求和货币理论》,人民出版社2003年版。

[47] 卢森贝:《资本论》(第三卷),三联出版社1975年版。

[48] 罗伯特·阿尔布里坦等主编,张余文主译:《资本主义的发展阶段》,经济科学出版社2003年版。

[49] 罗伯特·布伦纳,王生升译:《繁荣和泡沫》,经济科学出版社2003年版。

[50] 罗伯特·J·希勒:《非理性繁荣》,中国人民大学出版社2001年版。

[51] 罗纳德·麦金农:《经济发展中的货币与资本》,上海三联书店1997年版。

[52] 罗纳德·麦金农:《金融市场化的次序》,上海三联出版社1997年版。

[53] 马克思:《资本论》第一、第二、第三卷,人民出版社1975年版。

[54] 迈克尔·佩蒂斯:《中国经济存在软肋吗——国家资本结构陷阱与金融危机》清华大学出版社2003年版。

[55] 曼库尔、奥尔森:《国家兴衰探源——经济增长、滞胀与社会僵化》,商务印书馆出版1999年版。

[56] 曼瑟、奥尔森:《权力与繁荣》,上海人民出版社2005年版。

[57] 米尔顿·弗里德曼等编著:《货币数量论研究》,中国社会科学出版社2001年版。

[58] 米什金:《货币金融学》,中国人民大学出版社1998年版。

[59] 莫里斯·戈尔茨坦等著,刘光溪等编译:《金融脆弱性实证分析——

新兴市场早期预警体系的构建》，中国金融出版社2005年版。

[60] 欧文·伊文斯等，肖亦华等译：《金融体系稳健性的宏观审慎指标》，中国金融出版社，国际货币基金组织2001年版。

[61] 普拉萨德、罗高夫、魏尚进、柯赛：《金融全球化对发展中国家的影响：实证研究结果》，中国金融出版社，国际货币基金组织2004年版。

[62] 秦国楼：《现代金融中介论》，中国金融出版社2002年版。

[63] 秦海英：《中国经济转型过程中的金融风险问题研究》，经济科学出版社2003年版。

[64] 让·梯若尔：《金融危机、流动性与国际货币体制》，中国人民大学出版社2003年版。

[65] 石俊志：《金融危机生成机理与防范》，中国金融出版社2001年版。

[66] 史东明：《经济一体化下的金融安全》，中国经济出版社1999年版。

[67] 世界银行报告：《金融与增长——动荡条件下的政策选择》，经济科学出版社2001年版。

[68] 世界银行等编；张青松等译：《银行危机的防范：近期全球银行倒闭风潮的教训》，中国财政经济出版社1998年版。

[69] 斯蒂格利茨等，王玉清等译：《东亚奇迹的反思》，中国人民大学出版社2003年版。

[70] 苏同华：《银行危机论》，中国金融出版社2000年版。

[71] 孙执中：《日本泡沫经济新论》，人民出版社2001年版。

[72] 唐旭等：《金融理论前沿课题（第二辑）》，中国金融出版社2003年版。

[73] 王爱俭主编：《虚拟经济与实体经济关系研究》，经济科学出版社2004年版。

[74] 王洛林、李扬主编：《金融结构与金融危机》，经济管理出版社2002年版。

[75] 王曙光：《金融自由化与经济发展》，北京大学出版社2003年版。

[76] 王元龙：《中国金融安全论》，中国金融出版社2003年版。

[77] 吴敬琏：《中国增长模式抉择》，上海远东出版社2006年版。

[78] 西美尔：《货币哲学》，华夏出版社2003年版。

[79] 希法亭：《金融资本》，商务印书馆1999年版。

[80] 向新民：《金融系统的脆弱性与稳定性研究》，中国经济出版社2005年版。

[81] 谢平：《中国金融制度的选择》，上海远东出版社1996年版。

[82] 徐滇庆、于宗先、王金利:《泡沫经济与金融危机》,中国人民大学出版社 2000 年版。

[83] 徐滇庆:《危机意识与金融改革》,机械工业出版社 2003 年版。

[84] 薛敬孝:《泡沫经济论》,经济科学出版社 1996 年版。

[85] 亚当·斯密著,杨敬年译:《国民财富的原因和性质的研究》,陕西人民出版社 2001 年版。

[86] 亚历山大·兰姆弗赖斯:《新兴市场国家的金融危机》,西南财经大学出版社 2002 年版。

[87] 杨家才:《存款保险制度及中国模式》,中国金融出版社 2001 年版。

[88] 叶振勇:《美国金融宏观监测指标体系的构建与运用分析》,西南财经大学出版社 2003 年版。

[89] 伊藤·诚、考斯达斯·拉帕维查斯:《货币金融政治经济学》,经济科学出版社 2001 年版。

[90] 易纲:《中国的货币化进程》,商务印书馆 2003 年版。

[91] 余明:《资产价格、金融稳定与货币政策》,中国金融出版社 2003 年版。

[92] 约翰·G·格利、爱德华·S·肖:《金融理论中的货币》,上海三联书店 1988 年版。

[93] 约翰·G·格利、爱德华·S·肖:《金融理论中的货币》,上海三联书店、上海人民出版社 1996 年版。

[94] 岳希明、张曙光、许宪春:《中国经济增长速度研究与争论》,中信出版社 2005 年版。

[95] 张灿:《金融泡沫理论研究》,上海财经大学出版社 2003 年版。

[96] 张杰:《经济变迁中的金融中介与国有银行》,中国人民大学出版社 2003 年版。

[97] 张杰:《中国国有银行体制变迁分析》,经济科学出版社 1998 年版。

[98] 张杰:《中国金融制度的结构和变迁》,山西经济出版社 1998 年版。

[99] 张军:《话说企业家精神、金融制度与制度创新》,上海人民出版社 2001 年版。

[100] 张礼卿:《资本账户开放与金融不稳定:基于发展中国家相关经验的研究》,北京大学出版社 2004 年版。

[101] 张晓峒:《计量经济分析》,经济科学出版社 2000 年版。

[102] 张晓晶:《符号经济与实体经济》,上海三联书店 2002 年版。

[103] 张宇等:《高级政治经济学:马克思主义经济学的最新发展》,经

济科学出版社 2002 年版。

[104] 赵纯均：《破解中国经济之谜》，工人日报出版社 2003 年版。

[105] 中国人民银行金融稳定分析小组：《中国金融稳定报告》，中国金融出版社 2005 年版。

（二）中文论文

[106] 白钦先：《金融结构、金融功能演进与金融发展理论的研究历程》，载《经济评论》，2005 年第 3 期。

[107] 陈建青、周晔、赵涛：《银行市场结构研究新进展》，载《经济学动态》，2004 年第 6 期。

[108] 杜佳：《新兴市场国家金融体系内在脆弱性分析》，载《南开经济研究》，2002 年第 2 期。

[109] 高杰英：《银行效率问题研究综述》，载《经济学动态》，2004 年第 5 期。

[110] 何建雄：《建立金融安全预警系统：指标框架与运作机制》，载《金融研究》，2001 年第 1 期。

[111] 瞿强：《资产价格和货币政策》，载《经济研究》，2001 年第 7 期，第 60~67 页。

[112] 李京文：《国家经济实力与国际竞争力的测评系统和模型》，载《当代财经》，2002 年第 4 期。

[113] 李晓西、杨琳：《虚拟经济、泡沫经济与实体经济》，载《财贸经济》，2000 年第 6 期。

[114] 刘国光、刘迎秋：《结构性松动货币 抑制通货紧缩趋势》，载《经济研究》2002 年第 10 期，第 3~8 页。

[115] 刘俊民、伍超明：《虚拟经济和实体经济关系模型》，载《经济研究》，2004 年第 4 期。

[116] 刘仁伍：《金融结构健全性和金融发展可持续性的实证评估方法》，载《金融研究》，2002 年第 1 期。

[117] 刘伟、黄桂田：《中国银行业改革的侧重点：产权结构还是市场结构》，载《经济研究》，2002 年第 8 期。

[118] 柳永明：《通货膨胀目标制的理论与实践：十年回顾》，载《世界经济》，2002 年第 1 期。

[119] 毛小威、巴曙松：《论国有银行有效治理结构的构建》，载《国际经济评论》2001 年第 3、4 期。

[120] 毛一文:《加入 WTO 后中国金融脆弱性监测指标体系之设计》,载《经济科学》,2002 年第 5 期。

[121] 牛晓帆:《西方产业组织理论的演化与新发展》,载《经济研究》,2004 年第 3 期。

[122] 平祥任:《论央行金融稳定》,载《武汉金融》,2004 年第 4 期。

[123] 钱文挥、宋海林:《我国金融风险预警系统设计及监测分析》,载《经济社会体制比较》,2002 年第 1 期。

[124] 钱颖一、黄海洲:《加入世界贸易组织后中国金融的稳定与发展》,载《经济社会体制比较》,2001 年第 5 期。

[125] 沈中华、谢孟芬:《事件风险:以货币危机及银行危机为例》,载《企银季刊》,1999 年第 3 期,第 1~17 页。

[126] 石建民:《股票市场、货币需求与总量经济:一般均衡分析》,载《经济研究》,2001 年第 5 期,第 45~51 页。

[127] 孙立坚、牛晓梦、李安心:《金融脆弱性对实体经济影响的实证研究》,载《财经研究》,2004 年第 1 期,第 61~69 页。

[128] 孙涛:《最终贷款人理论述评》,载《经济学动态》,2000 年第 8 期。

[129] 王延春:《夏斌谈银行改革思路》,载《经济观察报》,2003 年 7 月 26 日。

[130] 王自力:《金融稳定与货币稳定关系论》,载《金融研究》,2005 年第 5 期。

[131] 吴军:《金融稳定内涵综述及框架分析》,载《外国经济与管理》,2005 年第 3 期。

[132] 伍志文、鞠方:《通货紧缩、资产膨胀与货币政策》,载《管理世界》,2003 年第 11 期。

[133] 伍志文、张琦、周熠:《国有银行改革的普遍观点和当务之急》,载《经济界》,2004 年第 40 期。

[134] 伍志文:《货币供应量与物价反常关系的深层原因探讨》,载《改革》,2003 年第 3 期。

[135] 伍志文:《中国之谜:文献综述和一个假说》,载《经济学季刊》,2003 年第 1 期。

[136] 夏斌:《中国社会游资变动分析》,载《经济研究》,1997 年第 12 期,第 13~16 页。

[137] 徐亚平:《金融结构与新兴市场国家的金融危机》,载《上海经济

研究》，2003 年第 5 期。

［138］易纲、郭凯：《中国银行业改革思路》，载《经济学季刊》，2002 年第 1 期。

［139］易纲、王召：《货币政策与金融资产》，载《经济研究》，2002 年第 3 期，第 13～20 页。

［140］易纲、赵先信：《中国的银行竞争：机构扩张、工具创新和产权改革》，载《经济研究》，2001 年第 8 期。

［141］曾诗鸿：《金融脆弱性理论》，2004 年《中国优秀博硕士学位论文全文数据库》（简称 CDMD），中国标准刊号：CN11-9246/G；国际统一刊号：ISSN1671-6779。

［142］张炳申、李华民：《寡头竞争均衡、效率促进与市场稳定——一个福利经济学视角》，载《中国工业经济》，2004 年第 4 期。

［143］张晓晶：《金融结构与经济增长：一个理论综述》，载《世界经济》，2001 年第 2 期。

［144］赵志君：《金融资产总量、结构与经济增长》，载《管理世界》，2000 年第 3 期，第 126～135 页。

［145］郑振龙：《新兴市场经济国家金融危机原因探析》，载《当代经济科学》，1999 年第 1 期。

二、英文文献

[146] Aerdt Houben, Jan Kakes, and Garry Schinasil, Toward a Framework for Safeguarding Financial Stability, IMF Working Paper WP/04/101, June 2004.

[147] Allen, F., "Capital Structure and Imperfect Competition in Product Markets," working paper, University of Pennsylvania, 1986.

[148] Allen, F. and D. Gale, Financial Innovation and Risk Sharing, MIT Press, Cambridge, Massachusetts. 1994.

[149] Allen, F. and Gale, D, Optimal Financial Crises, Journal of Finance, Vol. 53, pp. 1245-1284. 1998.

[150] Allen, Franklin and Gale, Douglas. "Comparing Financial Systems". Cambridge, MA: MIT Press, 1999.

[151] Andrew Crockett, Marrying the micro-and macro-prudential dimensions of financial stability, Financial Stability Forum, Basel, Switzerland 21 September 2000.

[152] Antonio J. A. Meirelles, Debt, Financial Fragility and Growth: A Post-

Keynesian Macromodel, August 2003.

［153］Asli Demirgus-Kunt and Enrica Detragiache, "Financial Libearlization and Financial Fragility". 1998.

［154］Bell, J. och D. Pain, "Leading Indicator Models of Banking Crises——A Critical Review," Financial Stability Review, 9, pp. 113 – 129, 2000.

［155］Bemink, H. A, Coping With Financial Fragility and Systemic Risk. Boston: Klumer Academic Publishers, 1995.

［156］Bergman, U. M. and J. Hansen, "Financial Instability and Monetary Policy: The Swedish Evidence", Sveriges Risksbank Working Paper Series NO. 137 June., 2002.

［157］Blanchard and Fisher, Lecture on Macroeconomics, MIT. 1994.

［158］Bordo, Michael D. and Schawartz, Anna J. "Monetary Policy Regimes and Economic Performance: The Historical Record," Handbook of Macroeconomics. North Holland, 1999.

［159］Borio, English and Filardo: "A tale of two perspectives: old or new challenges for monetary policy?", BIS Working paper, No 127, 2003.

［160］Caprio G. and D. Klingbiel, . Episodes of Systemic and Borderline Financial Crises, . mimeo World Bank. 1999.

［161］Charles M. Kahn, Endogenous Financial Fragility and Prudential Regulation, 2003.

［162］Chung-Hua, Shen, Meng-Fen, Hsieh, Capital Inflows and Banking Vulnerability-A Cross-Country Comparison, Journal of Financial Studies Vol. 8 No. 3 December 2000（1 – 40）.

［163］Daltung, S., "The Relationship Between Price Stability and Financial Stability," Sverige Risksbank Economic Review, 2001: 4, 5 – 27.

［164］Daniel Kaufmann, Aart Kraay and Massimo Mastruzzi. "Governance Matters III: Governance Indicators for 1996 – 2002". WBER, Volume 12, No. 12, 2003.

［165］Daniel Kaufmann, Aart Kraay and Massimo Mastruzzi（2005）. "Governance Matters IV: Governance Indicators for 1996 – 2004". Draft, May 2005.

［166］Daniel Kaufmann, Aart Kraay and Pablo Zoido-Lobaton. "Aggregating Governance Indicators". World Bank Policy Research Department Working Paper No. 2195. 1999.

[167] Daniel Kaufmann, Aart Kraay and Pablo Zoido-Lobaton. "Governance Matters". World Bank Policy Research Department Working Paper No. 2196. 1999. available at http: //www.worldbank.org/wbi/governance/wp-governance.htm.

[168] David Romer, advanced macroeconomics, McGraw-Hillm, 1996.

[169] Demirguc-Kunt, A. and Levine, R., Financial Structures and Economic Growth: A Cross-Country Comparison of Banks, Markets and Development, Cambridge, MA: MIT Press. 2001.

[170] Detragiache, Enrica, Bank Fragility and International Capital Mobility, IMF Working Paper 99/113, 1999.

[171] Edwin Dickens, A Political-Economic Critique of Mingsky's Financial Instability Hypothesis: the Case of the 1966 Financial Crisis, Review of Political Economy Volume 11 Number 4, 1999.

[172] Falko Fecht, On the stability of different financial systems, Deutsche Bundesbank, 2002.

[173] Fisher, Irving, "The Debt Deflation Theory of Great Depressions," Econometrica, 1933, pp. 337 – 357.

[174] Franklin Allen, Financial structure and financial crisis, International Review of Finance, 2001, pp. 1 – 19.

[175] Gertler, M., "Financial Structure and Aggregate Economic Activity: An Overview," Journal of Money, Credit, and Banking 20, pp. 559 – 588. 1988.

[176] Godley, W. "Macroeconomics without Equilibrium or Disequilibrium," The Jerome Levy Economics Institute Working Paper No. 205.

[177] Goldsmith, R. W., Financial Structure and Development, New Haven, CT: Yale University Press. 1969.

[178] Gonález-Hermosllo, Pazarbaşioğlu, and Billings, Determinants of Banking System Fragility: A Case Study of Mexico, IMF Staff Papers Vol. 44, No. 3, pp. 295 – 314. 1997.

[179] Governor Svein Gjedrem, "The Macroprudential Approach to Financial Stability" at the conference entitled "Monetary Policy and Financial Stability", Hosted by the Oesterreichische Ntionalbank in Vienna on 12 May 2005.

[180] Gracieal Kamingsky, "Currency and Banking Crises: the Early Warning of Distress." 1999.

[181] Grane, Dwight (et al.), The Global Financial System: A Functional

Perspective, Harvard Business School Press, 1995.

［182］Hyman P. Minsky, Financial Crises: Systemic or Idiosyncratic, The Jerome Levy Economics Institute Bard College Working Paper No. 51, 1991.

［183］International Monetary Fund. International Financial Statistics. Washington, D. C. 2002.

［184］Ishii et. al, Capital Account Liberalization and Financial Sector Stability, IMF Occasional Paper No. 211, IMF. 2002.

［185］Issing, O. Monetary and financial stability: is there a trade-off?, conference on Monetary stability, financial stability and the business cycle, Bank for International Settlements, Basle. March pp. 28 – 29, 2003.

［186］Ito, T., Iwaisako T. Explaining asset bubbles in Japan, National Bureau of Economic Research Working Paper No. 5358. NBER, Cambridge, MA, 1995.

［187］James R. Barth, Gerard Caprio, Jr., and Ross Levine, Regulation and Ownership Affect Performance and Stability? 1999.

［188］James R. Crotty and Jonathan P. Goldstein, The Investment Decision of the Post Keynesian Firm: A Suggested Microfoundation for Minsky's Investment Instability Thesis, The Jerome Levy Economics Institute Bard College Working Paper No. 79, 1992.

［189］Kaminsky, G and Reinhart, C 'On crises, contagion, and confusion', Journal of International Economics, Vol. 51 (1), pp. 145 – 168. 2000.

［190］Kaufmann, D., A. Kraay, and P. Zoido-Lobaton. "Governance Matters." World Bank Policy Research Working Paper No. 2196. 1999.

［191］Kindleberger, C. P., Manias, Panics and Crashes: A Hisory of Financial Crises, Basic Books, New York. 1989.

［192］King, R. G., and R. Levine, "Finance and Growth: Schumpeter Might Be Right," Quarterly Journal of Economics 108, pp. 717 – 738. 1993.

［193］Klavin, M., Excess Volatility in the Financial Markets: A Reassessment of the Empirical Evidence, Journal of Political Economy, Vol. 91, pp. 929 – 956. 1983.

［194］Kose, Eswar S. Prasad, and Marco E. Terrones, Financial Intergration and Macroeconomic Volatility, Staff Papers, IMF. 2003.

［195］Kregel J. A. "Margins of Safety and Weight of The Argument in Generating Financial Fragility" Journal of Economics Issues Vol. xxxi No. 2 June, 1997.

［196］La Porta, R. ; F. Lopez-de-Silanes; A. Shleifer, and R. W. Vishny, "The Quality of Government," Journal of Law, Economics, and Organization 15, pp. 222 – 279. 1999.

［197］Lardy, N. The challenges of bank restructuring in China, in BIS policy papers, no. 7. Strengthening the banking system in China: Issues and experience (pp. 17 – 39). Basel. October 1999.

［198］Large, Sir Andrew, "Financial Stability: Maintaining Confidence in a Complex World," in Financial Stability Review (London: Bank of England), December, pp. 170 – 74. 2003.

［199］Levine, R. "Bank-based or Market-based Financial Systems: Which is Better?", Journal of Financial Intermediation, 11 (4), pp. 398 – 428. 2002.

［200］Levine, R., "Financial Development and Economic Growth: Views and Agenda," Journal of Economic Literature 35, pp. 688 – 726. 1997.

［201］M. J. Gordon, Is China's financial system threatened by its policy loans debt? Journal of Asian Economics 14 (2003) pp. 181 – 188.

［202］Mario Draghi, Frnacesco, Giavazzi, Robert C. Merton, TRANSPARENCY, RISK MANAGEMENT AND INTERNATIONAL FINANCIAL FRAGILITY, Working Paper 9806, http://www.nber.org/papers/w9806, June 2003.

［203］Martin H. Wolfson, minsky's Theory of Financial Crises in A Global Context, Journal of Economic Issues Vol. xxxvi no. 2, June, 2002.

［204］Mayer, C. "Financial Systems, Corporate Finance and Economic Development", in G. Hubbard (ed.), Asymmetric Information, Corporate Finance and Investment, Chicago: The University of Chicago Press. 1990.

［205］Mckinnon Ronald, "Money and Capital in Economic Development", Washington DC: Brookings institution, 1973.

［206］Merton, Robert C. and Bodie, Zvi. "A conceptual Framework for Analyzing the Financial Environment," in The global financial system: A functional perspective. Eds.: Dwight B. Crane et al. Boston, MA: Harvard Business School Press, 1995, p. 3.

［207］Michael Chui, Leading indicators of balance-of-payments crises: a partial review, Bank of England Working Paper No. 171, 2002.

［208］Mishkin, F. S., Understanding financial crises: a developing country's perspective, NBER Working Paper n. 5600, National Bureau of Economic Research, Cambridge, Mass. 1996.

［209］Mishkin, Frederick, "Global Financial Instability: Framework, Events, Issues," Journal of Economic Perspectives, Vol. 13 (Fall), pp. 3 – 20. 1999.

［210］Mitchell, W. C. Business Cycles and their Causes. University of California Press. 1941.

［211］Monetary Stability, Financial Stability and the Business Cycle: Five Views, Monetary and Economic Department, BIS Papers No 18, September 2003.

［212］Paul Hilbers, Russell Krueger, and Marina Moretti, 2000. "New Tools For Assessing Financial System Soundness," Finance and Development, Sep. 2000. Vol. 37, No. 3.

［213］Qinglai Meng and Andres Velasco, Can Capital Mobility be Destabilizing? NBER Working Paper 7263, July 1999.

［214］Romer, Advanced Macroeconomics, McGraw-Hill, 1996.

［215］Sander Oosterloo, Jakob de Haan, Central Banks and Financial Stability: A Survey, Journal of Financial Stability 1 (2004) 257 – 273.

［216］Santoni. GJ., "The Great Ball Markets 1924 – 1929 and 1982 – 1987: Speculative Bubbles or Economic Fundamentals?" Review of Federal Reserve Bank of ST. Louis, 1987, pp. 16 – 29.

［217］Smt. K. J. Udeshi, Deputy Governor, "The pursuit of financial stability" Reserve Bank of India at the 7th Money and Finance Conference organised by Indira Gandhi Institute of Development Research (IGIDR) on February 10, 2005.

［218］Takatoshi, I., Tokuo, I., Expaining Asset Bubbles in Japan, NBER, working paper, No. 5358. 1995.

［219］Tobin, James. "Money and Finance in the Macroeconomic Process." Journal of Money, Credit, and Banking 14 (2), May: pp. 171 – 204. 1982.

［220］Vincent Brousseau, Carsten Detken, "Monetary policy and fears of financial instability, European Central Bank, Working Paper, no. 89, 2002.

［221］Wolfson, Martin H. "A Post Keynesian Theory of Credit Rationing." Journal of Post Keynesian Economics 18 (3), Spring: pp. 443 – 470. 1996.

［222］World Bank. World Development Indicators. Washington, D. C. 2003.

［223］Xavier Vives, External discipline and Financial stability, European Economic Review 46 (2002) pp. 821 – 828.

附 录

附表1　第四章使用的指标汇总（国际部分）

代码	名称	变量含义及其说明	来源
CC	金融危机	发生危机取值为1，没有发生危机取值为0	基于 Caprio 和 Klingebiel（1997），Domac 和 Martinez Peria（2000），Caprio 和 Klingebiel（2003），Alicia García Herrero and Pedro del Rio（2003）
Z	金融危机	发生危机取值为1，没有发生危机取值为0，18个国家1982~2002年的面板数据	同上
ZS	系统性金融危机	ZS表示系统性危机，当存在系统危机时ZS=1，不存在时取值为0	同上
ZM	重大的金融危机	发生危机取值为1，没有发生危机取值为0	同上
NPLPJ	不良贷款率	不良贷款率越高，说明银行系统越脆弱，2000~2004年的平均数	2001~2005年IMF的《全球金融稳定报告》统计附录整理而来
BSF	银行脆弱性指数	指标值小于0，说明银行系统处于脆弱状态，小于-0.5，说明十分脆弱	自行计算而来，原始数据来自IMF的IFS、DOT、BOP（CD-ROM）、2004年世界银行的WDI（CD-ROM）
DEVP	经济发展阶段	LOGGNP，1980年的数据	同上
GDPPAZ	人均经济增长率		同上

418

续表

代码	名称	变量含义及其说明	来源
GPDZ	通货膨胀		同上
ASS	储蓄率		同上
GIBGDP	固定资本形成比GDP		同上
CABGDP	经常账户赤字比GDP		同上
SD	宏观经济波动		Shinobu Nakagawa, Naoto Osawa (2000)
M2BRE	广义货币比外汇储备		整理自 IMF 的 IFS、DOT、BOP (CD-ROM)、2004 年世界银行的 WDI (CD-ROM)
DTLIBPJ	贸易自由化	1980~1998 年的平均数	SACHE & WARNER, 1995
M2BGDP	广义货币比国内生产总值		整理自 Beck, T.; A. Demirguc-Kunt, and R. Levine (1999) 开发的金融发展和金融结构数据库
CREDITBGDP	银行信贷比GDP		同上
STVBGDP	股票市值比GDP		同上
PRIVATEC	金融机构对私人部门信贷		同上
NPBP10WP	每10万人的银行数量		同上
NIM	净利差		同上
TBABGDP	银行总资产比GDP		同上

续表

代码	名称	变量含义及其说明	来源
PD5	最大5家银行占有的存款份额		同上
CONCENTRATION	最大3家银行资产占总资产的比重		同上
FINSTR	股市交易总量比银行向私人部门贷款额		同上
DMBABGDP	存款货币银行总资产比GDP		同上
SMCBGDP	股票市场总值比GDP		同上
BONDBGDP2	债券余额比GDP		同上
ECAPJ	加权资本充足率	2000~2004年平均数	2001~2005年IMF的《全球金融稳定报告》统计附录整理而来
CAPJ	资本充足率	2000~2004年平均	同上
ROEPJ	资本回报率	2000~2004年平均	同上
BLDKZBJLVPJ	不良贷款准备金率	2000~2004年平均	同上
BQ	政府官质量	BQ政府官僚质量，用来衡量在政治过渡时期在没有剧烈的政策变化或者干预变化的情况下，官员管理的能力和强度。指标值越高，表示制度的结果越好，1984~2001年平均	同上
DA	政府的可信度	指标值越高，表示制度的结果越好，1984~2001年平均	同上
GE	政府行动和执行能力	衡量政府采取和执行政策的能力的综合指标	Michael Francis (2003)
GR	公权对私权益的保护程度	衡量公共权力对私产或者私人权益的保护	Michael Francis (2003)

续表

代码	名称	变量含义及其说明	来源
GS	政府稳定性	衡量政府执行宣布的计划和任期长短的能力指标。指标值越高，表示制度的结果越好，1984~2001年平均	国际国家风险指南（ICRG）政治风险评级表
IP	投资者保护	衡量投资风险和投资保护情况的综合指标。指标值越高，表示制度的结果越好，1984~2001年平均	国际国家风险指南（ICRG）政治风险评级表
LAWORD	法律执行质量	衡量法律制度的强度和能力，法律的遵守情况的综合指标，指数值越高，法律的公正、遵守、强度越好。1984~2001年平均	国际国家风险指南（ICRG）政治风险评级表
PCON	价格控制	使用的测量为指数，取值从1~10，更高的值对应较少的政府干预	Michael Francis（2003）
POLRSK	政治风险	衡量一个国家政治稳定的综合指标，指标值越高，意味着政治风险越低	同上
PRIGHT	政府权力		同上
PS	政治稳定程度	衡量一个国家政治稳定的综合指数	同上
RG	政府干预负担	衡量过度的干预和控制，指标值越高，意味着过度的干预和控制越少	同上
VA	选民的参与度	衡量市民能够参与政府选举的程度和能力的一个综合指标	同上
ROL	法律规则健全	衡量一个国家的法律规则的综合指标，指数越高，说明该国法律规则越完善	同上
RICON	利率控制	使用的测量为指数，取值从1~10，更高的值对应较少的政府干预	同上
COMLAWA	法律起源		同上
GG	好的政府治理	是三个变量的汇总：（1）政府的征用风险；（2）腐败程度；（3）国家的法律规章制度，政府征用制度越小，风险越少的腐败以及更严格的法律规章制度	

续表

代码	名称	变量含义及其说明	来源
GOV	财政补贴和转移支付	使用的测量为指数,取值从1~10,更高的值对应较少的政府干预	同上
GOB	私有银行持有的存款比例	使用(1~10)的指数来测量私营银行持有的存款的百分比,其中10对应0~5%,1对应于100到90%。作为衡量政府所有权或控制权的变量	Gwartney, J., R. Lawson, W. Park, C. Edwards, and S. Wagh (2002)
GB-PER	前10大银行的资产政府所有程度	测量给定国家前10大银行的资产中政府所有或控制,使用的测量为指数,取值从1~10,更高的值对应较少的政府干预	La Porta, Lopez-de-Silanes and Shleifer (2002)
GC20	国家是最大股东,至少占有银行资产的20%		同上
GC50	国家是最大股东,至少占有银行资产的50%		同上
GC90	国家是最大股东,至少占有银行资产的90%		同上
SOBA	国有银行的资产比例		Barth, James R., Gerard Caprio, Jr. and Ross Levine (2001) 全球银行监管数据库
TBAFO	外国投资者占有总资产的比例		同上
TBAGO	政府占有银行总资产的比例		同上
PSPB	监管专业人员数量		同上

续表

代 码	名 称	变量含义及其说明	来 源
INS	对保险业的限制情况		同上
SEC	对证券业的限制情况		同上
ZEDIS	是否有显性的存款保险制度		同上
ZSLLFA	监管者是否应该对他们的行为负责		同上
RESTRICT	对银行业务的限制情况	衡量银行参与混业经营的限制情况,取值范围为 1~4,值越大代表该国对银行业务的管制力度越大,反之则越小	同上
REALEST	对房地产的限制情况		同上
OAAORESTRICT	对银行业务和所有权的综合管制情况		同上
NFFOB	非金融机构拥有银行的限制情况	衡量对银行与商业结合程度的限制情况。指标数值为 1~4,指数值越高,表示限制越严格	同上
BONFF	银行拥有非金融企业的限制情况	衡量对银行与商业结合程度的限制情况。指标数值为 1~4,指数值越高,表示限制越严格	同上
BB10BIA	10家最大银行被国际机构的评估情况		同上
ZC	是否存在多个监管机构	如果存在多个监管机构,则为 1,否则为 0	同上
ZD	监管的权威性情况	监管机构如果对议会或者国会负责,则为 1,对财政部或者中央银行或者总督之类的机构或者个人负责则为 0	同上
GINI	基尼系数		整理自 Richard Breena and Cecilia García-Peñnalosab (1999)

续表

代 码	名 称	变量含义及其说明	来 源
TCI3	国家发展战略指数	指数水平越高,说明实施赶超战略越明显;指数水平越低,说明保护就业的意愿越明显。1990~1992年的3年平均值	整理自林毅夫、章奇(2002)
GCR96	腐败指数	GCR为1~7。更低数值意味着更加腐败,为了便于解释我们进行了调整,调整后的ADGCR=8-原始的GCR。这样经过调整后的ADGCR数值越高意味着越腐败	世界经济论坛对1996~1997年全球竞争力报告的调查。由Kaufmann开发的腐败数据库和Daniel Kaufmann和Shang-Jin Wei(1999)整理而来
GCR97	腐败指数	GCR为1~7。更低数值意味着更加腐败,为了便于解释我们进行了调整,调整后的ADGCR=8-原始的GCR。这样经过调整后的ADGCR数值越高意味着越腐败	哈佛国家发展学院对1996~1997年全球竞争力报告的调查。由Kaufmann开发的腐败数据库和Daniel Kaufmann和Shang-Jin Wei(1999)整理而来
WDR97	腐败指数	WDR调查为1~6。更低数值意味着更加腐败,为了解释我们进行了调整,调整后ADWDR=7-原始的WDR。这样经过调整后的ADWDR数值越高意味着越腐败	世界银行1997年世界发展报告。由Kaufmann开发的腐败数据库和Daniel Kaufmann和Shang-Jin Wei(1999)整理而来
COR	腐败指数	数值越高,意味着腐败治理越好,1984~2001年平均数	国际国家风险指南(ICRG)政治风险评级表
MAPOP	宏观经济政策透明度		整理自R. Gaston Gelos, Shang-Jin Wei(2002)
CORP	公司透明度		同上
COFA	综合透明度		同上
ACCOP	会计透明度		同上
MAOP	宏观经济透明度		同上

附表2　　第四章实证检验的部分数据（1984~2000年的数据的平均值）

Countries	国民储蓄总额占GDP（%）	金融危机变量	政治风险	官员质量	腐败	民主
COUN	ASS	CC	PORISK	BQ	COR	DA
Argentina	15.38324	1	66.88	2.19	3.38	4.44
Australia	19.39788	0	82.06	4	5	6
Austria	22.33165	0	86	3.88	4.81	5.38
Bahrain	20.59824	0	59.56	2.69	3.31	1.63
Bangladesh	20.52765	1	44.69	0.69	1.13	3.5
Belgium	22.79618	0	79.69	4	4.69	5.5
Bolivia	9.615359	1	52.63	0.63	2.19	3.44
Botswana	17.77747	0	70.25	2.5	3.63	3.88
Brazil	19.27953	1	65.31	2.81	3.63	3.5
Canada	19.04106	0	83.44	4	6	6
Chile	19.02839	0	64.19	2.25	3.25	3.63
Colombia	18.04535	1	56.19	2.81	2.69	3.75
Congo Rep	12.06593	1	51	1	3.2	3
Costa Rica	16.48929	1	70.25	2	5	5
Cote d'Ivo	7.277986	1	62.43	2.81	3	3
Cyprus	22.55019	0	65.88	3.34	3.94	4.19
Denmark	21.10653	0	86.31	4	6	6
Dominican Rep.	17.08068	0	58.56	1.81	3.25	3.88
Ecuador	13.95176	1	59.63	2	3.06	4
Egypt	19.97905	0	55.19	2	2.5	3.56
El Salvador	14.45165	1	50.13	0.56	2.69	2.81
Finland	23.40982	1	87.81	3.97	6	6
France	20.09753	0	79.38	3.97	4.88	5.56
Gabon	26.50241	0	60.31	2.81	1.5	3.13
Germany	21.006	0	83.88	4	5.13	5.44
Ghana	12.40054	1	56.63	2.13	2.75	2.06
Greece	22.06371	0	68.38	2.63	4.75	4.25
Guatemala	10.27318	0	48.94	0.56	2.5	3.06
Guinea-Bissau	7.300364	1	45.07	1	2	1.07
Guyana	6.522071	0	54.31	1.06	1.81	3.06
Haiti	13.19552	0	36.38	0	1.31	1.56
Honduras	20.75788	0	49.44	1	2	2.88
Iceland	17.01224	0	85	4	6	6
India	22.70688	0	52.94	3	2.81	4.06

续表

Countries	国民储蓄总额占GDP（%）	金融危机变量	政治风险	官员质量	腐败	民主
Indonesia	25.59865	1	51.75	1.06	1.63	2.88
Ireland	21.65929	0	80.75	3.78	4.5	5.69
Israel	16.302	0	55.56	3.47	4.63	5.19
Italy	20.91388	0	75.56	3.25	3.69	4.75
Jamaica	21.60306	1	66.56	2.38	2.44	4.19
Japan	31.50329	1	84	3.97	4.56	5.81
Jordan	22.41829	0	58.38	2.19	3.5	3.31
Kenya	15.66582	1	57.5	2.75	2.81	3.19
Kuwait	24.01459	0	58.63	1.88	2.81	2.44
Madagascar	5.116251	1	57.94	1.44	4	3.88
Malawi	9.741024	0	57.56	1.19	3.44	2.31
Malaysia	32.06135	1	69.19	2.5	4	4.31
Mali	12.15904	1	48.56	0	1.94	2.06
Malta	24.706	0	72.43	2.43	3.64	4.64
Mexico	19.80112	1	67.94	2.06	2.81	4
Morocco	20.91335	0	59	2.19	2.81	2.25
Netherlands	25.32876	0	87.81	4	6	6
New Zealand	16.95524	0	85.06	4	5.75	5.88
Nicaragua	−6.61695	1	50.06	1	4.69	3.63
Niger	14.86532	1	49.2	1.8	2.6	3.13
Nigeria	27.40229	1	48.25	1.44	1.88	2.25
Norway	16.91904	1	85	3.72	5.75	6
Oman	18.73106	0	65.19	2.38	3	2.25
Panama	20.1574	1	54.06	0.75	2	3.06
Pap. New Guinea	21.86806	0	60.56	2.81	3.13	4.81
Paraguay	14.57286	1	60.19	0.88	1.38	2.38
Peru	16.21945	1	48.5	1.19	3	2.5
Philippines	20.33876	1	52.88	1.13	2.38	4.31
Portugal	23.35482	0	76.63	2.56	4.75	5.06
Senegal	8.711318	1	56.75	1.81	3	3.56
Singapore	46.74982	0	80.88	3.59	4.5	2.88
South Africa	18.66529	0	63.94	3.56	4.94	4.63
South Korea	34.36482	1	70.6	3.19	3.38	3.69
Spain	22.34847	0	72.81	3.06	4.25	5.31
Sri Lanka	20.43829	1	45.75	2	3.25	4.31

续表

Countries	国民储蓄总额占GDP（%）	金融危机变量	政治风险	官员质量	腐败	民主
Sweden	20.32676	1	85.25	4	6	6
Switzerland	30.16188	0	89.56	4	5.75	6
Thailand	31.22606	1	62.63	3.06	2.88	3.19
Togo	12.37334	1	47.31	0.81	2	1.63
Trinidad & Tob	19.56835	0	62.69	2.19	2.81	3
Tunisia	23.14059	0	61.88	2	3	2.69
Uganda	12.4167	1	44.88	0.75	2.44	1.81
United Kingdom	15.74306	0	81.81	4	5.19	5.69
United States	16.72959	0	83.38	4	4.75	6
Uruguay	13.31018	1	64.81	1.31	3	4.19
Venezuela	22.71594	1	65.75	1.81	3	4.94
Zambia	2.630028	1	56.69	1	2.75	3.19

附表3 第四章实证检验的部分数据（1984～2000年的数据的平均值）

国　家	法律执行	政府稳定	投资状况	人均经济增长率（%）	通货膨胀（%）	货币和准货币比GDP（%）
COUN	LAWORD	GS	IP	GDPPCZ GPD		M2BGDP
Argentina	3.88	6.56	5.69	1.157226	417.8458	17.21536
Australia	6	7.75	6.56	2.193431	3.643735	51.42112
Austria	6	8.38	8.31	2.175002	2.382132	NA
Bahrain	4.63	7.19	6.44	1.327748	-0.0255	67.24276
Bangladesh	1.88	4.81	4.81	2.283904	6.270928	24.29671
Belgium	5.81	7.5	7.88	2.191106	2.631853	NA
Bolivia	1.88	6.25	6	0.392009	833.1132	28.96285
Botswana	4.75	7.81	8.06	4.289714	11.60186	22.82324
Brazil	3.38	6.44	5.56	1.361164	648.156	22.46592
Canada	6	7.75	7.63	2.011207	2.552457	51.65253
Chile	4.38	6.88	7.06	5.0776	13.81482	37.42371
Colombia	1.38	6.5	5.69	1.337894	23.05547	18.75982
Congo Rep	2	6.67	4.63	-2.02482	6.728894	16.96065
Costa Rica	4	7.13	6.56	2.360232	18.57385	32.17765
Cote d'Ivo	3.38	5.56	6.25	-1.29936	5.040396	26.20206
Cyprus	3.94	7.94	8.5	4.197973	4.217682	82.82229
Denmark	6	7.38	7.31	1.908703	3.093706	56.49571

续表

国　家	法律执行	政府稳定	投资状况	人均经济增长率（%）	通货膨胀（%）	货币和准货币比GDP（%）
Dominican Rep.	3.44	6.13	5.88	2.545978	19.81249	23.39906
Ecuador	3.88	6.75	5.06	0.142399	0.493976	21.18224
Egypt	3.06	7.5	6.06	2.292964	11.93765	78.77635
El Salvador	2.06	5.88	5.31	1.761091	11.96775	5.991053
Finland	6	8.69	7.88	2.228246	3.600317	NA
France	5.25	7.69	7.56	1.805306	2.661506	NA
Gabon	2.63	6.69	5.94	−0.71471	5.024248	17.73124
Germany	5.63	8.06	8.06	2.140263	2.123194	NA
Ghana	2.38	7.31	6.5	1.893316	28.43488	16.03426
Greece	4.13	6.75	5.81	1.600579	13.10582	NA
Guatemala	1.75	6.06	5.5	0.655731	14.74834	22.56841
Guinea-Bissau	1	5	5.53	0.222947	49.86946	20.40514
Guyana	2.25	5.94	5.88	2.073838	33.02935	68.00947
Haiti	1.56	3.88	2.5	−2.55383	15.74566	31.80824
Honduras	2.31	6.06	5.94	0.406621	13.78076	29.48129
Iceland	6	8.38	6.31	1.953288	11.50508	33.17888
India	2.94	6.38	5.94	3.650759	8.109424	42.16376
Indonesia	2.88	7.13	6.31	3.655624	12.89247	37.20712
Ireland	5	8.19	7.69	5.565271	3.747701	NA
Israel	3.69	6.56	6.31	2.139723	51.64538	71.14106
Italy	5.31	6.75	6.88	2.009182	5.561241	NA
Jamaica	2.44	6.69	6.31	0.769143	24.05602	39.44824
Japan	5.5	7.63	7.75	2.403831	0.72267	105.5628
Jordan	3.31	7.75	6	−0.58683	3.91818	105.3534
Kenya	3.44	6.31	6.19	0.116491	11.35747	34.13418
Kuwait	3.88	7.19	6.69	1.147673	1.465779	86.4684
Madagascar	3.25	6.31	5.56	−0.8277	16.42028	17.16788
Malawi	2.75	5.5	6.38	0.940344	25.63793	17.80141
Malaysia	4.19	7.69	6.81	3.873571	3.004245	73.86018
Mali	2.5	5.94	5.19	0.166892	5.275095	21.57965
Malta	4.36	8.21	7.57	4.416759	2.427167	142.5759
Mexico	2.94	7.44	6.81	1.124898	40.06175	21.31312
Morocco	3.88	8.5	6.31	1.411379	4.444772	55.97276
Netherlands	6	8.44	8	2.427889	1.69541	NA
New Zealand	6	7.5	7.69	1.118142	4.929469	65.15206

续表

国　　家	法律执行	政府稳定	投资状况	人均经济增长率（%）	通货膨胀（%）	货币和准货币比GDP（%）
Nicaragua	2.88	6.75	4.31	-1.50323	1708.928	35.59794
Niger	2.67	5.73	4.73	-1.95838	2.888957	14.99908
Nigeria	2.13	6.63	5.63	0.546856	26.7478	20.49818
Norway	6	7.69	7.06	2.926813	3.887842	54.19394
Oman	4.13	7.94	7.06	1.608638	1.519006	30.43847
Panama	2.44	5.56	5.5	1.445279	2.148748	49.61776
Pap. New Guinea	3.38	6.25	5.44	0.950575	5.714788	32.54076
Paraguay	3.06	6.38	7.13	0.126976	19.98005	23.62612
Peru	1.94	6	5.63	0.424795	655.2119	19.07412
Philippines	2.44	5.88	5.25	0.000472	11.80144	39.46971
Portugal	5.19	7.88	6.88	3.283542	9.895	NA
Senegal	2.31	7.38	6.56	0.203401	4.44784	23.32718
Singapore	5.38	8.75	7.63	4.862394	1.552366	85.78282
South Africa	2.5	7.31	6.81	-0.58677	12.26376	49.95324
South Korea	3.5	7.81	7.19	6.311465	5.546082	40.49829
Spain	4.75	7.81	8.19	2.772966	5.758288	NA
Sri Lanka	1.75	5.5	6.06	3.471289	9.708159	30.89818
Sweden	6	8.06	7.13	1.907994	4.169865	NA
Switzerland	6	9.56	8.19	1.023063	2.241015	125.0394
Thailand	4.25	6.88	6.31	5.100418	3.926647	71.74059
Togo	2.38	6	5.88	-0.70935	4.834426	32.47818
Trinidad & Tob	4	6.88	6.56	0.640629	5.160559	45.00171
Tunisia	3.44	7.69	6.5	2.37344	5.021247	46.078
Uganda	2.38	6.75	5.81	2.079849	55.9343	10.2791
United Kingdom	5.31	7.5	7.94	2.450687	4.170665	NA
United States	6	8.25	8.31	2.364542	2.634229	61.53347
Uruguay	3	6.75	7.06	2.314166	51.95304	39.32676
Venezuela	4	7.13	5.38	-0.17134	37.65705	25.18647
Zambia	2.81	5.44	6.06	-1.61893	61.78188	20.09787

附表 4　第四章实证检验的部分数据（1984～2000 年的数据的平均值）

国　家	货币和准货币比国际储备总额	固定资本形成总额比GDP（%）	经常项目差额比GDP（%）	银行提供的信贷比GDP（%）	股票交易总值比GDP（%）
代码	M2BRE	GIBGDP	CABGDP	CREDITBGDP	STVBGDP
Argentina	4.11E+00	18.56588	-2.47392	35.10018	3.70344
Australia	1.11E+01	23.7	-4.44664	70.09412	33.99413
Austria	NA	23.215	-1.02126	119.3956	6.127167
Bahrain	2.55E+00	20.74959	-2.13456	28.83241	4.92976
Bangladesh	7.36E+00	18.36953	-1.13668	26.02	0.778209
Belgium	NA	19.86994	3.471457	107.6877	10.15383
Bolivia	2.68E+00	15.61829	-6.60351	41.05982	0.026718
Botswana	2.81E-01	27.14594	-12.595	-44.8139	0.805293
Brazil	1.75E+03	19.99076	-1.37697	79.48453	11.87434
Canada	1.63E+01	20.20753	-1.89201	85.00888	37.94327
Chile	2.06E+00	21.51388	-3.76356	77.67912	7.2738
Colombia	2.20E+00	17.71182	-1.51453	35.4708	0.949039
Congo Rep	3.82E+01	24.18753	-13.9985	23.19646	NA
Costa Rica	3.38E+00	19.26888	-4.08705	28.66171	NA
Cote d'Ivo	6.81E+01	11.82525	-5.08063	36.54041	0.173398
Cyprus	4.06E+00	23.21538	-3.98544	128.8129	19.92089
Denmark	7.18E+00	19.66059	-0.10678	65.24324	23.13761
Dominican Rep.	8.49E+00	22.26071	-3.18295	33.23247	NA
Ecuador	2.56E+00	18.90441	-3.61784	27.68447	0.40339
Egypt	1.31E+01	22.16965	-0.0855	98.24482	3.340027
El Salvador	6.94E-01	15.22059	-1.19298	32	0.188539
Finland	NA	22.73041	0.317037	68.67582	46.18409
France	NA	20.19771	0.578433	101.5272	31.7937
Gabon	2.05E+01	28.85035	-1.23089	22.18359	NA
Germany	NA	22.32429	0.687293	117.6282	35.752
Ghana	2.39E+00	16.52541	-4.70999	22.92476	0.451164
Greece	NA	21.18194	-3.41046	93.366	25.22073
Guatemala	3.88E+00	14.14209	-4.20481	20.08659	0.032337
Guinea-Bissau	NA	28.75118	-28.9199	20.16073	NA
Guyana	2.41E+01	29.62653	-13.1726	212.5847	NA
Haiti	2.41E+01	16.68869	-2.24951	32.36476	NA
Honduras	1.10E+01	21.51947	-5.56671	36.70424	NA
Iceland	5.90E+00	20.14735	-2.97349	56.62788	11.07206

续表

国　家	货币和准货币比国际储备总额	固定资本形成总额比GDP（%）	经常项目差额比GDP（%）	银行提供的信贷比GDP（%）	股票交易总值比GDP（%）
India	1.07E+01	21.86571	-1.48051	50.84712	24.71677
Indonesia	4.56E+00	25.66806	-1.20921	42.79929	18.77536
Ireland	NA	18.74265	0.122346	68.11435	25.62126
Israel	6.25E+00	21.30765	-1.84061	108.6055	19.70412
Italy	NA	20.01188	0.131351	93.02553	21.44386
Jamaica	7.60E+00	25.92512	-4.19317	39.10224	2.698492
Japan	3.24E+01	28.73324	2.633671	267.6306	40.525
Jordan	5.48E+00	25.03941	-3.58381	98.71847	10.99276
Kenya	8.96E+00	15.63065	-2.83725	51.30576	0.498715
Kuwait	4.47E+00	17.23535	5.838212	112.4857	30.89774
Madagascar	5.15E+00	11.89219	-6.58043	27.643	NA
Malawi	3.83E+00	15.36485	-7.42091	23.08973	0.6845
Malaysia	2.99E+00	32.30447	0.048951	123.6842	75.9801
Mali	5.21E+00	21.19247	-9.94622	15.72694	NA
Malta	2.46E+00	27.60341	-3.46819	97.23118	2.365284
Mexico	5.41E+00	18.92806	-2.31466	40.919	9.357047
Morocco	8.67E+00	22.02	-1.78606	71.03688	2.390272
Netherlands	NA	21.55806	3.662453	116.084	77.94193
New Zealand	9.12E+00	20.66906	-5.73206	79.39747	12.67322
Nicaragua	1.33E+01	24.34971	-33.9665	135.074	NA
Niger	2.31E+00	9.711518	-7.36723	13.98401	NA
Nigeria	5.89E+00	17.87564	2.471102	27.59429	0.311147
Norway	3.91E+00	22.84682	2.949866	79.57235	19.04533
Oman	2.51E+00	NA	-1.57301	25.35239	5.326548
Panama	1.11E+01	18.51046	-1.44818	67.78371	0.516703
Pap. New Guinea	4.62E+00	20.6614	0.580847	31.02188	NA
Paraguay	2.47E+00	22.63147	-3.06034	22.65982	NA
Peru	2.57E+00	20.761	-5.61729	19.77912	3.421241
Philippines	4.95E+00	20.97147	-1.16808	48.01382	12.69569
Portugal	NA	24.94276	-2.28703	92.17088	15.12537
Senegal	3.32E+01	14.45012	-7.44737	32.83306	NA
Singapore	1.16E+00	35.52347	10.34588	84.12888	69.99507
South Africa	1.82E+01	17.74041	0.739883	120.1023	27.39652
South Korea	7.44E+00	32.81706	1.646817	71.04106	85.9105

续表

国　家	货币和准货币比国际储备总额	固定资本形成总额比GDP（%）	经常项目差额比GDP（%）	银行提供的信贷比GDP（%）	股票交易总值比GDP（%）
Spain	NA	22.83835	-1.07826	105.0161	60.65742
Sri Lanka	4.22E+00	24.39276	-4.70144	38.40394	1.624979
Sweden	NA	18.972	0.156531	114.4462	55.56448
Switzerland	4.60E+00	23.19388	6.8969	173.6706	NA
Thailand	4.83E+00	32.72612	-2.09113	110.5732	32.66305
Togo	2.21E+00	16.53176	-6.62697	23.89794	NA
Trinidad & Tob	6.19E+00	20.18294	-0.68676	57.35071	1.513919
Tunisia	6.68E+00	26.28953	-4.12543	68.87471	1.237651
Uganda	5.59E+00	13.78996	-3.65861	14.59308	NA
United Kingdom	NA	17.79476	-1.67146	107.3404	70.34527
United States	2.77E+01	18.30165	-2.10104	123.9602	118.1114
Uruguay	3.56E+00	13.07404	-0.99445	47.89465	0.03179
Venezuela	1.47E+00	17.98353	2.561771	34.22624	2.028117
Zambia	6.07E+00	11.75561	-12.1705	59.5895	0.394433

附表5　　　　　　　　　第六章第五节使用的指数汇总表

类别	代码	内涵（值）
经济稳定指数	MACRO3	［消费增长率+投资增长率+标准化的经济项目差额比GDP（AD）］/3
	MACRO	［消费增长率+投资增长率+经济项目差额比GDP的变化率］/3
债务市场风险的指数	FDEBTS61	［外债规模变化率+财政赤字比GDP的变化率+债务率的变化率+负债率的变化率+偿债率的变化率+短期外债比外债总额的变化率］/6
	FDEBTS5	［标准化的财政赤字比GDP稳健性指数+债务率的标准化+负债率的标准化+偿债率的标准化+短期外债比外债总额标准化］/5
	DMS7	［国债期末余额增长率（指数化）+外债规模变化率+修正的财政赤字比GDP的变化率+修正的债务率的变化率+修正的负债率的变化率+修正的偿债率的变化率+修正的短期外债比外债总额的变化率］/7
	DMS5	［外债规模变化率+修正的债务率的变化率+修正的负债率的变化率+修正的偿债率的变化率+修正的短期外债比外债总额的变化率］/5
	DMS2	［国债期末余额增长率（指数化）+修正的财政赤字比GDP的变化率］/2

续表

类别	代码	内涵（值）
国家综合债务风险指数	GJZHZWLV1	[国债期末余额+银行不良贷款+外债期末余额]/名义GDP×100
	GJZHZWLV2	（国债期末余额+银行不良贷款+外债期末余额+财政赤字）/名义GDP×100
	SDEBT	（企业债+金融债+国债+外债+银行不良贷款+财政赤字）/GDP×100%
银行稳定指数	BKS8	[修正的国有银行流动性指标+修正的国有银行资本充足率+修正的国有银行不良资产率+修正的税前资产利润率（ROA）+存款增长率+贷款增长率+银行数量变化率+标准化的实际固定贷款利率变化率]/8
	Bks7	[修正的国有银行资本充足率+修正的国有银行不良资产率+修正的税前资产利润率（ROA）+存款增长率+贷款增长率+银行数量变化率+标准化的实际固定贷款利率变化率]/7
	Bank8	[修正的国有银行流动性指标+修正的国有银行资本充足率+修正的国有银行不良资产率+修正的税前资产利润率（ROA）+存款增长率+贷款增长率+银行数量变化率+银行职工数量变化率]/8
	Bank7	[修正的国有银行流动性指标+修正的国有银行资本充足率+修正的国有银行不良资产率+修正的税前资产利润率（ROA）+存款增长率+贷款增长率+标准化的实际固定贷款利率变化率]/7
房地产稳定指数	HMS4	[房地产开发企业数量变化率+房价收入比+空置率+房价变化率]/4
	HMS3	[房价变化率ZSPRICE+房地产开发企业数量变化率ZFDCK-YQYS+房地产开发投资额增长率]/3
	HMS2	[房价收入比标准化（AD）+空置率标准化（AD）]/2
外部经济部门稳定指数	FMSI6	[外汇储备增长率+汇率变化率+外汇储备/进口比例+进口增长率+出口增长率+1年期实际储蓄存款利率变化率]/6
	FMSI5	[外汇储备增长率+汇率变化率+外汇储备/进口比例+进口增长率+出口增长率+1年期实际储蓄存款利率变化率]/5
股票市场稳定指数	STMS3	（SHPGAP+SHHSLGAP+SHSYLGAP）/3

附表6　　　　　　　第七章第二节使用的解释变量汇总表

类别	代码	内涵（值）
宏观经济变量	Y1	实际经济增长率
	Y2	表示财政赤字/GDP
	Y3	通货膨胀率以CPI指数计算
	Y4	出口增长率
	Y5	进口增长率
	Y6	固定资产投资增长率
	Y7	资本产出比率
金融变量	Y8	M_2/外汇储备
	Y9	储蓄存款增长率
	Y10	贷款增长率
	Y11	1年期流动贷款利率
	Y12	1年期实际储蓄存款利率
	Y13	存贷款利差
	Y14	汇率变化
	Y15	ΔV2
其他变量	Y16	不良资产比率
	Y17	银行资产利润率
	Y18	银行经营费用/银行资产
	Y19	银行资本资产比率
	Y20	银行存款/银行资产
	Y21	外资流入额/GDP
	Y22	国有贷款占金融机构贷款总额比重
	Y23	虚拟变量

附表7　　　　　　　第七章第四节使用的解释变量汇总表

类别	代码	内涵（值）	注释
传统变量	ICORZ	资本产出比例	经济增长方式的代表变量
	TFP	技术进步	
	OPEN	进出口的平均值/GDP	衡量经济全球化或者经济开放
	MARKET	市场化	
	ASS	储蓄率	
	X3	银行市场结构	
	CFZH	资本外逃	
	MACRO4	宏观经济波动	
	T10	宏观经济波动	

续表

类别	代码	内涵（值）	注释
传统变量	Z2	1997 年为 0，1997 年后为 1	代表外部冲击假说
	TBGDP		政府干预的代理变量
	GOVT		
货币双轨制异化假说的代理变量	FIR	金融资产总额比 GDP 的比例	表示金融化程度
	L	货币化程度（M_2/GDP）	
	WBGDP	工资比 GDP 的比例	衡量货币是否偏于非家庭部门（非消费部门）
	CXSRB4	城镇居民收入比农村居民收入	衡量货币是否偏在于城市
货币双轨制异化的代表变量	FIRZ	金融资产比 GDP 的变化率	正，意味经济——金融协调发展，否则，出现了经济——金融异常的现象
	DFIR	FIR 的一阶差分	正，表示货币偏在金融部门，金融化进程加快；负，表示经济——金融关系出现了异化，金融化速度减慢
金融稳健指标	BSF/BGH1		连续金融稳健指标
	ZC3		离散金融稳健指标

一、学术成果

至今在《中国社会科学》（英文版）、《经济学季刊》、《管理世界》等 CSSCI 刊物发表论文 30 多篇，被《新华文摘》、《中国社会科学文摘》、《金融与保险》全文转载 4 篇。代表作：

1. Comprehensive Conclusions on the Realization of a Well-off Society in China (1990 – 2003)：on the Construction of a Harmonious Society，Social Sciences in China，Winter 2005（与导师合作）。

2. 《中国之谜：文献综述和一个假说》，载于《经济学季刊》，2003 年 10 月。（独立作者）。

3. 《利率政策的有效性研究—兼论加息之争》，载于《管理世界》2004 年第 10 期（与导师合作）。

4. 《国有银行改革：传统观点和一个新视角》，载于《中国金融学》，2004 年 12 月（第一作者）。

5. 《金融脆弱性：理论及基于中国的经验分析》，载于《经济评论》2003

年第1期，被《新华文摘》2003年第8期全文转载（独立作者）。

6.《通货紧缩、资产膨胀与货币政策》，载于《管理世界》2003年第11期，为《中国社会科学文摘》全文转载（第一作者）。

7.《中国银行体系脆弱性状况测度及其成因实证分析》，载于《金融研究》2002年第12期（独立作者）。

8.《货币供应量与物价反常规关系：理论及基于中国的经验分析》，载于《管理世界》2002年第12期（独立作者）。

二、科研情况（2002~2005年）

个人研究兴趣广泛，参与了一系列横向和纵向课题，其中重大项目有：

1. 京津冀都市圈的崛起与中国经济发展（教育部文科重大课题攻关项目，批准号05JZD00016，负责人周立群教授，经费45万元），子课题负责人，2005年。

2. "工业反哺农业和城乡协调发展战略研究"（国家社科基金重大项目，A级中标项目，编号05&ZD032，负责人周立群教授，经费50万元），子课题负责人，2005年。

3. 市场治理和中介组织创新研究（教育部人文社科重点研究基地重大项目，经费30万元），子课题负责人，2005年。

后　记

性格决定命运，我喜欢这句话。我的性格，使我选择了金融稳定这个"又新又旧"的大题目。金融稳定是金融危机的后身和衍生，文献汗牛充栋。我对金融危机的关注直接源于1997年东南亚金融危机带来的巨大影响。1997年东南亚金融危机对我的直接影响是，造成我毕业之后找工作面临困难，国际贸易专业由热转冷，步入低谷，国际金融专业升温。我惊诧于金融危机的破坏性影响，并开始对金融危机产生兴趣。1997年东南亚金融危机使我改变专业方向，开始转入对金融问题的研究和学习。2001年我进入南开大学金融系从事国际金融专业的学习，这无疑是我人生的一个重要事件。随着研究的深入，我转入了宏观金融领域，从金融系转入经济研究所攻读博士学位。

南开五年，弹指间过。南开求学，能够在周立群老师门下学习，是我人生的一大幸事。周老师的忘我工作给我留下深刻印象。从周老师身上，我终于知道成功之源。不拘一格、因材施教，是周老师的风格，也体现了周老师学术胸襟的博大宽广。正是周老师的放纵和宽容，使我能够无拘无束，自由天真地幻想，也使得这篇论文得以问世。十分感谢周老师对我研究的支持，给我创造的良好的研究条件。师母宋雪玲老师和我的硕士生导师韩文霞老师也给予我各种各样的帮助，铭感于心。

此外，我还要感谢柳欣教授、马君璐教授、刘俊民教授、安虎森教授、谢思全教授、周冰教授、张仁德教授、蔡孝箴教授、邱立成教授、何自立教授、梁琪教授、梁秀山副教授等。同时要感谢我的同门师兄弟，他（她）们是邓宏图、刘刚、杨国新、曹利群、潘宏胜、刘文、何恒远、李锋、任一、周卫星等。

在我的求学路上，我还遇到了很多好老师，他们是北京大学的霍德明教授、台湾政治大学的沈中华教授、北京师范大学的李晓西教授、上海财经大学的王西民老师，感谢他（她）们对我的鼓励和帮助。

这些年来，我的同学，北京大学的綦树利博士、中国人民大学的熊昆博士、上海财经大学的胡春燕博士、南开大学的曾庆久博士，一直给予我各种各样的帮助，感谢他们。

最后我要感谢我的家人，特别是我的父母和我的女朋友，他（她）们是我前进的最大动力。贫困和落后，是农村的代名词。每一次回家，回到农村，我都会获得更多节省和努力的动力。作为一个从农村走出的博士，每一步留下的印记是那么的难以忘记。衷心感谢这些年来，在我求学路上一直支持、关心和鼓励我的老师、同学和朋友。

责任编辑：于　源
责任校对：徐领弟
版式设计：代小卫
技术编辑：邱　天

货币双轨制、政府治理和金融稳定

伍志文　著

经济科学出版社出版、发行　新华书店经销
社址：北京市海淀区阜成路甲 28 号　邮编：100036
总编室电话：88191217　发行部电话：88191540
网址：www.esp.com.cn
电子邮件：esp@esp.com.cn
北京汉德鼎印刷厂印刷
永胜装订厂装订
787×1092　16 开　29 印张　520000 字
2007 年 10 月第一版　2007 年 10 月第一次印刷
印数：0001—2000 册
ISBN 978-7-5058-6620-1/F·5881　定价：48.00 元
（图书出现印装问题，本社负责调换）
（版权所有　翻印必究）